JULIA CHLADEK

Rechtsschutzverkürzung als Mittel der Verfahrensbeschleunigung

Schriften zum Deutschen
und Europäischen Infrastrukturrecht

Herausgegeben von
Ralf Brinktrine und Markus Ludwigs

Band 19

Rechtsschutzverkürzung als Mittel der Verfahrensbeschleunigung

Völker- und europarechtliche Anforderungen an Umweltprüfungen und Umweltrechtsschutz in der gestuften Infrastrukturplanung unter besonderer Berücksichtigung des MgvG

Von

Julia Chladek

Duncker & Humblot · Berlin

Die Juristische Fakultät der Ruhr-Universität Bochum hat diese Arbeit
im Jahre 2021 als Dissertation angenommen.

Bibliografische Information der Deutschen Nationalbibliothek

Die Deutsche Nationalbibliothek verzeichnet diese Publikation in
der Deutschen Nationalbibliografie; detaillierte bibliografische Daten
sind im Internet über http://dnb.d-nb.de abrufbar.

Satz: 3w+p GmbH, Rimpar
Druck: CPI buchbücher.de GmbH, Birkach
Printed in Germany

ISSN 2198-0632
ISBN 978-3-428-18476-7 (Print)
ISBN 978-3-428-58476-5 (E-Book)

Gedruckt auf alterungsbeständigem (säurefreiem) Papier
entsprechend ISO 9706 ♾

Internet: http://www.duncker-humblot.de

Vorwort

Die vorliegende Arbeit wurde im Sommersemester 2021 von der Juristischen Fakultät der Ruhr-Universität Bochum als Dissertation angenommen. Das Manuskript wurde im Dezember 2020 fertiggestellt. Rechtsprechung und Literatur konnten noch bis September 2021 berücksichtigt werden.

Herausragender Dank gilt zuvorderst meinem Doktorvater, Herrn Prof. Dr. Norbert Kämper, der an mich und mein Vorhaben von Beginn an geglaubt hat, sich stets Zeit für meine Gedanken nahm und mir beratend zur Seite stand, mir aber dennoch großen Freiraum bei der Themenfindung und Ausarbeitung ließ. Seine Erfahrungen aus Wissenschaft und Praxis haben die Arbeit an dieser Dissertation ungemein bereichert. Herrn Prof. Dr. Wolfram Cremer gebührt mein Dank für die rasche Erstellung des Zweitgutachtens.

Mein Dank gilt darüber hinaus Prof. Dr. Dr. h. c. Martin Ibler und Prof. Dr. Hans Christian Röhl dafür, die Begeisterung für umwelt- und planungsrechtliche Themen in mir geweckt zu haben. Meine Schwerpunktseminararbeit zum Thema „Umweltprüfungen bei der Planung von Höchstspannungsleitungen", die ich im Mai 2018 am Fachbereich Rechtswissenschaft der Universität Konstanz vorgelegt habe, war Ausgangspunkt dieser Arbeit. Ich danke außerdem der Bischöflichen Studienförderung des Cusanuswerks, das mich mit einem Promotionsstipendium während der intensivsten Phase des Promotionsprozesses finanziell und ideell unterstützt hat.

Der größte Dank gebührt schließlich meiner Familie, namentlich meinen Eltern Elke und Bernd Chladek und meinem Verlobten Jörn-Philipp Wulff, die mich nicht nur auf meinem juristischen Weg seit dem ersten Semester und darüber hinaus begleiten und unterstützen. Ihnen und meinem Großvater Josef Chladek ist diese Arbeit gewidmet, dessen größte Freude es gewesen wäre, dieses gedruckte Werk in Händen zu halten.

Allensbach, im September 2021 *Julia Chladek*

Inhaltsverzeichnis

A. Einleitung 17

I. Relevanz und Kontext 17

II. Zielsetzung der Arbeit und Eingrenzung des Untersuchungsgegenstandes 21
1. Zielsetzung 21
2. Forschungsfragen 22
3. Eingrenzung des Untersuchungsgegenstandes 23
4. Begriff der „Rechtsschutzverkürzung“ 24

III. Gang der Untersuchung 25

B. Infrastrukturplanung in Deutschland 27

I. Begriff der Planung 27

II. Planungssysteme 28
1. Bedarfsplanung 28
a) Begriff der Bedarfsplanung 28
b) Verkehrsinfrastrukturen 29
c) Energieinfrastrukturen 32
2. Korridorplanung 33
a) Verkehrsinfrastrukturen 33
b) Energieinfrastrukturen 35
3. Projektzulassung 36
a) Projektzulassung durch Planfeststellungbeschluss 36
b) Projektzulassung durch Gesetz 37

III. Europäische Vorgaben 38

IV. Bindungswirkungen und Fehlerbehebungsinstrumente 42
1. Bedarfsplanung 42
a) Verkehrsinfrastrukturen 42
b) Energieinfrastrukturen 44
2. Korridorplanung 45
a) Raumordnungsverfahren 45
b) Linienbestimmung 46

c) Bundesfachplanung ... 46

V. Umweltprüfungen im System der Infrastrukturplanung ... 47
1. Begriff und Charakteristika der Umweltprüfungen ... 47
2. Berücksichtigung von Umweltbelangen mithilfe der traditionellen Instrumente des deutschen Planungsrechts ... 50
3. Formalisierte Umweltprüfungen nach europäischen Vorgaben ... 55
a) Bedarfsplanung ... 55
b) Trassen- und Korridorplanung ... 57
c) Projektzulassung ... 59
4. Deutsche und europäische Perspektive im Vergleich ... 60

VI. Fazit ... 64

C. Historische Betrachtung ... 66

I. Beschleunigung: Die Iteration in der Infrastrukturplanung ... 66

II. Legalplanung als Mittel der Wahl bei Beschleunigungsbedarf ... 73
1. Historie der Idee und Begriff der Legalplanung ... 73
2. Die „Stendal-Entscheidung" des BVerfG als „Freifahrtschein" für die Projektzulassung per Gesetz? ... 73

III. Fazit ... 75

D. Inhalte der Umweltprüfungen ... 77

I. Prüfungsinhalte ... 77
1. Bedarfsplanung ... 77
a) Prüfungsgegenstand und Bewertungsmaßstäbe ... 77
b) Prüfungsablauf ... 84
c) Alternativenprüfung ... 87
d) FFH-Verträglichkeitsprüfung ... 93
e) Abschichtungspotenzial ... 95
2. Korridorplanung ... 96
a) Prüfungsgegenstand und Bewertungsmaßstäbe ... 96
b) Prüfungsablauf ... 98
c) Alternativenprüfung ... 99
d) FFH-Verträglichkeitsprüfung ... 102
aa) Anforderungen an Prüfungsumfang und -tiefe ... 103
bb) Alternativenprüfung ... 105
e) Abschichtungspotenzial ... 108

3. Projektzulassung ... 109
a) Prüfungsgegenstand und Bewertungsmaßstäbe ... 109
b) Prüfungsablauf ... 109
c) Alternativenprüfung ... 110
d) FFH-Verträglichkeitsprüfung ... 113

II. Bindungswirkungen ... 114

III. Fazit ... 115

E. Verfassungsrechtliche Anforderungen an die Rechtsschutzmöglichkeiten in umweltrelevanten Planungsverfahren ... 117

I. Normbefund ... 118
1. Art. 19 Abs. 4 S. 1 GG ... 118
a) Anwendbarkeit auf Legislativakte ... 118
aa) Wortlaut ... 119
bb) Systematik ... 119
cc) Historie ... 119
dd) Telos ... 121
b) Keine isolierte Anwendung ... 123
aa) Schutz von sonstigen abwägungserheblichen Belangen ohne Verfassungsrang ... 124
bb) Schutz der durch das UmwRG gewährten Rechtspositionen ... 124
2. Art. 14 Abs. 1 S. 1, Abs. 3 GG ... 125
3. Grundsatz der Gewaltenteilung, Art. 20 Abs. 2 GG ... 128
4. Art. 2 Abs. 2 S. 1 GG ... 129

II. Umfang der Rechtsschutzgarantien ... 129
1. Verfassungsrechtlicher Grundsatz der Effektivität ... 130
a) Kein unbeschränkter Zugang zu Gericht ... 130
b) Keine unbeschränkte materielle Prüfungsdichte ... 131
aa) Erfordernis eines Rechtswidrigkeitszusammenhangs ... 132
bb) Kein Anspruch auf Durchsetzung „bloßer“ Verfahrensfehler ... 132
cc) Keine umfängliche Kontrolle von Abwägungsentscheidungen ... 133
dd) Grundrechtsschutz durch Verfahren ... 134
2. Effektivität in gestuften Verwaltungsverfahren ... 135

III. Fazit: Grundlegende Rechtsschutzanforderungen des Verfassungsrechts ... 137
1. Rechtsschutz (nur) bei Verletzung subjektiver öffentlicher Rechte ... 138
2. Vollüberprüfung nur bei Maßnahmen der Exekutive ... 138
3. Gesteigerte Anforderungen an die Effektivität des Rechtsschutzes in gestuften Planungssystemen ... 139

F. Völker- und europarechtliche Anforderungen an die Rechtsschutzmöglichkeiten in umweltrelevanten Planungsverfahren . . . 140

I. Rechtssetzungskraft des EuGH . . . 140

II. Normbefund . . . 142
1. Århus-Konvention . . . 142
a) Verbindlichkeit . . . 142
b) Rechtsschutzvorgaben . . . 148
aa) Art. 9 Abs. 2 AK . . . 148
bb) Art. 9 Abs. 3 AK . . . 149
c) Anwendbarkeit auf Legislativakte . . . 149
aa) Wortlaut . . . 150
bb) Systematik . . . 150
cc) Telos . . . 151
(1) Entscheidung des ACCC zum *Crossrail Act* . . . 151
(2) Inhaltliche Reichweite der notwendigen Kontrollmöglichkeit . . . 152
2. EU-Grundrechtecharta . . . 154
3. UVP-Richtlinie . . . 155
a) Verbindlichkeit . . . 155
b) Rechtsschutzvorgaben . . . 155
c) Anwendbarkeit auf Legislativakte . . . 156
aa) Wortlaut und Systematik . . . 157
bb) Historie . . . 157
cc) Telos . . . 160
4. SUP- und FFH-Richtlinie . . . 163

III. Umfang der Rechtsschutzgarantien . . . 163
1. Weiter Zugang zu Gericht im Sinne der Århus-Konvention . . . 164
a) Keine Einschränkung der Klagebefugnisse von Umweltverbänden . . . 164
b) Kein Ausschluss „bloßer“ Verfahrensfehler . . . 166
c) Direkte Klagebefugnisse aus dem Völker- und Unionsrecht . . . 171
2. Effektivität des Rechtsschutzes . . . 175
a) Völker- und europarechtlicher Grundsatz der Effektivität . . . 175
b) Effektivität in gestuften Verwaltungsverfahren . . . 176
3. Der „missing link“ in der Rechtsprechung des EuGH . . . 178

IV. Fazit: Grundlegende Rechtsschutzanforderungen der Århus-Konvention und des Europäischen Umweltrechts . . . 179
1. Rechtsschutz in sämtlichen Umweltangelegenheiten . . . 180
2. Weitgehend uneingeschränkter Rechtsschutz für Verbands- und Individualkläger unabhängig von der Qualität der gerügten Normen . . . 180

3. Effektiver Rechtsschutz auch in gestuften Planungssystemen und bei Vorhabenzulassung durch Maßnahmengesetz ... 181

G. Analyse und Bewertung der gegenwärtigen Rechtsschutzsituation in Deutschland 183

I. Ebenenspezifische Betrachtung ... 183
1. Bedarfsebene ... 183
a) Vorgehen gegen Bundesverkehrswegeplan und Bundesbedarfsplan ... 183
b) Vorgehen gegen die Bedarfsplangesetze ... 186
c) Keine Kompensation durch Beteiligungsmöglichkeiten ... 187
2. Korridorebene ... 189
a) Vorgehen gehen das Ergebnis des Raumordnungsverfahrens ... 189
b) Vorgehen gegen die Linienbestimmung ... 189
c) Vorgehen gegen das Ergebnis der Bundesfachplanung ... 190
3. Projektzulassungsebene ... 191
a) Zulassung durch Planfeststellungsbeschluss ... 191
b) Zulassung durch Maßnahmengesetz ... 192
aa) Die Verfassungsbeschwerde als einziger Rechtsbehelf ... 192
bb) Prüfungsmaßstab des BVerfG ... 196
cc) Höhere Darlegungslast auf Seiten des Beschwerdeführers ... 200
dd) Keine Kompensation durch andere Rechtsschutzmöglichkeiten ... 202
(1) Erhebung einer Feststellungsklage ... 202
(2) Erhebung eines Normenkontrollantrags ... 203
(3) Vorgehen gegen nachfolgende Verwaltungsakte ... 204
(4) Vorgehen gegen Maßnahmen nach §§ 11–13 MgvG ... 205
(5) Vorgehen wegen Unterlassung eines Planfeststellungsverfahrens ... 205
(6) Fazit ... 207
ee) Europarechtskonforme Auslegung des nationalen Rechts ... 207
ff) Unmittelbare Anwendung von Art. 11 UVP-RL ... 210
gg) Neue Ansätze in „Recht auf Vergessen" und dem „Klimaschutz-Beschluss" ... 211
(1) „Recht auf Vergessen II" ... 211
(2) Der „Klimaschutz-Beschluss" ... 213
c) Fazit ... 215

II. Betrachtung des Gesamtsystems ... 217
1. Wirkungslosigkeit der Inzidentkontrollen? ... 218
a) Formale Ausgestaltung der Inzidentkontrollen ... 218
b) Effektivität der Inzidentkontrollen ... 220
2. Einfluss von Abschichtungsmöglichkeiten und Bindungswirkungen ... 221
3. Zwischenfazit ... 223
4. Intensivierung der Problematik durch Einführung des MgvG ... 224

III. Fazit ... 225

H. Praktische Auswirkungen fehlender Rechtsschutzmöglichkeiten ... 228

I. Bedarfsplanung ... 228
1. Bestimmung des Prüfungsgegenstandes ... 229
2. Einschränkung der Prüfung je nach Prüfungsgegenstand ... 230
3. Potenzieller Bedarf ... 231
4. Grenzen der gewählten Methodik ... 232
5. Alternativenprüfung ... 233
6. FFH-Verträglichkeitsprüfung ... 235

II. Korridorplanung ... 235
1. Bestimmung des Prüfungsgegenstandes ... 235
2. Standorte von Nebenanlagen ... 236
3. Alternativenprüfung ... 237
4. FFH-Verträglichkeitsprüfung ... 238

III. Projektzulassung ... 239
1. Bestimmung des Prüfungsgegenstandes ... 240
2. Ermittlung der Berechnungsgrundlagen ... 240
3. Einschränkung der Prüfung durch zu geringe Differenzierung ... 241
4. Einschränkung der Prüfung durch Vorgaben des MgvG ... 242
5. Alternativenprüfung ... 243
6. FFH-Verträglichkeitsprüfung ... 243

IV. Fazit ... 245

I. Lösungsvorschlag ... 246

I. Zur politischen Notwendigkeit eines systemischen Umdenkens ... 246

II. Vergleich mit anders gestalteten Systemen auf nationaler Ebene und im europäischen Ausland ... 254
1. StandAG ... 254
a) (Rechtsschutz-)Situation ... 254
b) Parallele Entstehungsgeschichte ... 256
c) Schwachstellen des StandAG-Systems ... 257
2. Dänemark ... 258
a) Schnelle Planung trotz umfangreicher Öffentlichkeitsbeteiligung und Rechtsschutzmöglichkeiten ... 258
b) Schwachstellen des dänischen Systems ... 260
3. England und Wales ... 261

III. Strukturelle Defizite und entsprechende Beschleunigungspotenziale abseits einer Einschränkung der Rechtsschutzmöglichkeiten ... 262
1. Verzögerungen durch die Gestaltung des Planungssystems ... 263
a) Zu komplexe Strukturen ... 263
b) Abschichtung und überlange Planungsdauer als Fehlerquellen sui generis 264
c) Projektverhinderungstaktiken der Umweltverbände als Konsequenz nicht rechtsmittelfähiger Vorentscheidungen ... 264
2. Verzögerungen auf Seiten von Behörden und Antragstellern ... 265
3. Verzögerungen durch fehlende Akzeptanz in der Bevölkerung ... 268

IV. Gesetzgebungsvorschlag für den Bereich der Infrastrukturplanung ... 271

V. Fazit ... 274

J. Abschließende Betrachtung ... 276

K. Zusammenfassung der Ergebnisse in Thesenform ... 278

Literaturverzeichnis ... 281

Rechtsquellenverzeichnis ... 306

Staatliche Dokumente ... 315

Sachwortverzeichnis ... 320

Abkürzungsverzeichnis

a. A.	anderer Ansicht
a. a. O.	am angegebenen Ort
ABl.	Amtsblatt der Europäischen Union
Abs.	Absatz
ACCC	Århus Convention Compliance Committee
AöR	Archiv des öffentlichen Rechts [Zeitschrift]
Art.	Artikel
Aufl.	Auflage
BASE	Bundesamt für kerntechnische Entsorgungssicherheit
BBPl	Bundesbedarfsplan
Begr.	Begründer
BfN	Bundesamt für Naturschutz
BGBl.	Bundesgesetzblatt
BMUB	Bundesministerium für Umwelt, Naturschutz und nukleare Sicherheit
BMVI	Bundesministerium für Verkehr und digitale Infrastruktur
BMWi	Bundesministerium für Wirtschaft und Energie
BNetzA	Bundesnetzagentur
BVerfG	Bundesverfassungsgericht
BVerfGE	Entscheidungen des Bundesverfassungsgerichts
BVerwG	Bundesverwaltungsgericht
BVerwGE	Entscheidungen des Bundesverwaltungsgerichts
BVWP	Bundesverkehrswegeplan
DÖV	Die Öffentliche Verwaltung [Zeitschrift]
DVBl	Deutsches Verwaltungsblatt [Zeitschrift]
EBA	Eisenbahn-Bundesamt
EL	Ergänzungslieferung
EnWZ	Zeitschrift für das gesamte Recht der Energiewirtschaft [Zeitschrift]
ER	Energierecht [Zeitschrift]
et	Energiewirtschaftliche Tagesfragen [Zeitschrift]
EuGH	Europäischer Gerichtshof
EuR	Europarecht [Zeitschrift]
EurUP	Zeitschrift für Europäisches Umwelt- und Planungsrecht [Zeitschrift]
f./ff.	folgend/folgende
Fn.	Fußnote
FS	Festschrift
gem.	gemäß
h. M.	herrschende Meinung
Hrsg.	Herausgeber
Hs.	Halbsatz
i. S. d.	im Sinne des

i. V. m.	in Verbindung mit
I+E	Zeitschrift für Immissionsschutzrecht und Emissionshandel [Zeitschrift]
insb.	insbesondere
IPCC	Intergovernmental Panel on Climate Change („Weltklimarat“)
IR	Infrastrukturrecht [Zeitschrift]
Jura	Juristische Ausbildung [Zeitschrift]
JuS	Juristische Schulung [Zeitschrift]
JZ	Juristenzeitung [Zeitschrift]
m. w. N.	mit weiteren Nachweisen
NEP	Netzentwicklungsplan
NJW	Neue Juristische Wochenschrift [Zeitschrift]
Nr.	Nummer
NuR	Natur und Recht [Zeitschrift]
NVwZ	Neue Zeitschrift für Verwaltungsrecht [Zeitschrift]
NWVBl	Nordrhein-Westfälische Verwaltungsblätter [Zeitschrift]
NZBau	Neue Zeitschrift für Baurecht und Vergaberecht [Zeitschrift]
O-NEP	Offshore-Netzentwicklungsplan
OVG	Oberverwaltungsgericht
RdE	Recht der Energiewirtschaft [Zeitschrift]
RdU	Recht der Umwelt [Zeitschrift, Österreich]
RELP	Renewable Energy Law and Policy [Zeitschrift]
s.	siehe
S.	Seite
st. Rspr.	ständige Rechtsprechung
SRU	Sachverständigenrat für Umweltfragen
THG	Treibhausgas-Emissionen
u. a.	und andere
UBA	Umweltbundesamt
UFR	Unzerschnittene Funktionsräume
UPR	Umwelt- und Planungsrecht [Zeitschrift]
UTR	Umwelt- und Technikrecht. Schriftenreihe des Instituts für Umwelt- und Technikrecht der Universität Trier [Tagungsbände]
v. a.	vor allem
VerwArch	Verwaltungsarchiv [Zeitschrift]
VG	Verwaltungsgericht
VVDStRL	Vereinigung der Deutschen Staatsrechtslehrer [Tagungsbände]
wbl	Wirtschaftsrechtliche Blätter [Zeitschrift, Österreich]
ZaöRV	Zeitschrift für ausländisches öffentliches Recht und Völkerrecht [Zeitschrift]
ZfU	Zeitschrift für Umweltpolitik & Umweltrecht [Zeitschrift]
ZG	Zeitschrift für Gesetzgebung [Zeitschrift]
ZNER	Zeitschrift für Neues Energierecht [Zeitschrift]
ZöR	Zeitschrift für öffentliches Recht [Zeitschrift, Österreich]
ZRP	Zeitschrift für Rechtspolitik [Zeitschrift]
ZUR	Zeitschrift für Umweltrecht [Zeitschrift]

Im Übrigen richtet sich die Verwendung von Abkürzungen nach: *Kirchner*, Hildebert: Abkürzungsverzeichnis der Rechtssprache, 9. Auflage, Berlin 2018.

A. Einleitung

I. Relevanz und Kontext

Die „konsequente[n] Umsetzung der Energie- und Mobilitätswende“[1] hat sich die Bundesregierung für das gerade angebrochene neue Jahrzehnt auf die Fahne geschrieben. Die Klimaschutzziele 2020[2] wurden in Deutschland zwar sogar leicht übertroffen – jedoch nur aufgrund der durch die Corona-Pandemie bedingten weitgehenden Einschränkungen des öffentlichen Lebens im Jahr 2020.[3] Und die Klimapläne reichen noch sehr viel weiter: Die am 24. Juni 2021 vom Deutschen Bundestag beschlossene Novelle des Bundes-Klimaschutzgesetzes (KSG) strebt die völlige Treibhausgasneutralität statt wie bisher für 2050[4] gem. § 3 Abs. 2 KSG n. F. nun bereits für 2045 an[5]. Auch die zulässigen Jahresemissionsmengen wurden noch einmal verschärft, um die relative Emissionsreduktion von 65 Prozent gegenüber dem Vergleichsjahr 1990 bis zum Jahr 2030 sicherzustellen.[6]

Erforderlich zur Erreichung dieser Ziele ist aber nicht nur der Umstieg auf klimafreundliche Energieträger, sondern ebenso ein umfassender Aus- und Umbau der

---

[1] *Bundesregierung*, Klimaschutzprogramm 2030, S. 20.

[2] Im Anschluss an den Klimagipfel von Cancún 2010 hatte die Bundesregierung ursprünglich eine Reduktion der Treibhausgasemissionen um 40 Prozent gegenüber 1990 bis zum Jahr 2020 anvisiert: *Bundesregierung*, Energiekonzept, S. 4. Dieses Ziel war im Anschluss an die Weltklimakonferenz in Paris 2015 aber zwischenzeitlich revidiert und die Reduktion um 40 Prozent bis zum Jahr 2030 verlängert worden: *Bundesregierung*, Klimaschutzprogramm 2030, S. 7.

[3] Das Umweltbundesamt gab am 16. 03. 2021 bekannt, dass die Emissionen Deutschland im Jahr 2020 um 40,8 Prozent geringer als im Vergleichsjahr 1990 ausgefallen sind; dies jedoch nur infolge des coronabedingten Lockdowns: https://www.tagesschau.de/inland/klimaziel-2020-101.html (abgerufen am 14. 08. 2021, 09:24 Uhr). Dieses Ergebnis entspricht auch den im März 2020 veröffentlichten Prognosen der *Agora Energiewende*, Auswirkungen der Corona-Krise auf die Klimabilanz Deutschlands, S. 13.

[4] So die auf dem UN-Klimaschutzgipfel in New York 2019 getroffene Vereinbarung, der sich auch die Bundesregierung verpflichtet hat: *Bundesregierung*, Klimaschutzprogramm 2030, S. 7.

[5] BT-Drucks. 19/30230, S. 7; diesbezüglich unverändert angenommen, vgl. BT-Drucks. 19/30949.

[6] BT-Drucks. 19/30230, S. 1; diesbezüglich unverändert angenommen, vgl. BT-Drucks. 19/30949.

Verkehrs[7]- und Energieinfrastruktur[8]. Im Verkehrsbereich sollen umweltfreundliche Verkehrsträger gefördert,[9] die Bedeutung der Straße im Gesamtsystem gleichzeitig aber nicht infrage gestellt werden.[10] Das erscheint gerade auch mit Blick auf die Förderung der Elektromobilität sowie alternativer Kraftstoffe[11] durchaus schlüssig. Im Energiesektor müssen vor allem Transportkapazitäten geschaffen werden, um den Strom, der bereits heute in erheblichem Umfang in den Offshore-Windkraftanlagen in Nord- und Ostsee gewonnen wird, den Großverbrauchern im Süden und Westen Deutschlands zur Verfügung zu stellen.[12] Hier steht Deutschland vor der Herausforderung, ein SuperGrid[13] zu schaffen, integriert in einen europäischen Verbund.[14]

Da zahlreiche Großprojekte – vor allem im Verkehrswegebereich – ihren Terminplan jedoch nicht einhalten können,[15] ist die Bundesregierung[16] in den letzten

[7] Nach dem Verständnis des Klimaschutzplans 2050 umfasst der Verkehrssektor neben den Straßen, dem Schienenverkehr und der Schifffahrt auch den zivilen Luftverkehr: *BMUB*, Klimaschutzplan 2050, S. 49 f. Diesen Begriff übernimmt auch das Klimaschutzprogramm der Bundesregierung: *Bundesregierung*, Klimaschutzprogramm 2030, S. 61. Der hier im Weiteren zugrunde gelegte Bundesverkehrswegeplan des BMVI umfasst jedoch den zivilen Luftverkehr nicht; für diesen wird ein eigenständiges Luftverkehrskonzept aufgestellt: *BMVI*, BVWP 2030, S. 51. Wird im Folgenden der Begriff „Verkehr" verwendet, sind damit also ausschließlich Straßen-, Schienen- und Wasserwege gemeint.

[8] Für den Energieinfrastrukturausbau im Rahmen der Energiewende ist hauptsächlich der Ausbau der Höchstspannungsleitungen mit Gleichstromübertragung (HGÜ) relevant, da nur sie entsprechende Strommengen über große Distanzen hinweg und ohne große Übertragungsverluste transportieren können: *Kistner*, EnWZ 2014, 405 (406) m. w. N. Soweit nicht ausdrücklich anders angegeben, wird der Begriff der Energieinfrastrukturen daher im Folgenden synonym für den Höchstspannungsbereich verwendet. Höchstspannungsleitungen sind in Deutschland Leitungen mit einer Nennspannung von 220 kV oder 380 kV: BR-Drucks. 342/11, S. 26; *Sötebier*, in: Britz/Hellermann/Hermes, EnWG, § 12, Rn. 9; *Wagner*, DVBl 2011, 1453 (1453).

[9] *BMVI*, BVWP 2030, S. 42.

[10] *BMVI*, BVWP 2030, S. 5; kritisch mit Blick auf die im Verkehrssektor bisher weitgehend fehlende Reduktion von Treibhausgasemissionen *Groß*, ZUR 2021, 75 (76).

[11] Vgl. *BMVI*, BVWP 2030, S. 48 f.

[12] *Appel*, UPR 2011, 406 (407); *Bundesregierung*, Energiekonzept, S. 21; zur geografischen Problematik allgemein *Battaglini/Lilliestam/Knies*, in: Schnellnhuber/Molina/Stern u. a., Global sustainability, S. 291; *Kistner*, EnWZ 2014, 405 (405).

[13] Gemeint ist damit ein „leistungsfähiges Energieleitungsnetz, welches dazu geeignet ist, große Mengen aus erneuerbaren Energien generierten Stroms von den entlegenen Orten der Erzeugung in die Zentren des Verbrauches zu transportieren": *Kistner*, EnWZ 2014, 405 (405); ähnlich *Battaglini/Lilliestam*, On Transmission Grid Governance, S. 2; *Blarke/Jenkins*, Energy Policy 2013, 381 (383); *FOSG*, Position paper on the EC Communication for a European Infrastructure Package, S. 3; *Watson*, RELP 2012, 87 (87, Fn. 1).

[14] Zu Letzterem vgl. *Bundesregierung*, Energiekonzept 2010, S. 21; ausführlich zu einem europäischen Energieinfrastrukturverbund in Form eines SuperGrids: *Battaglini/Lilliestam*, On Transmission Grid Governance, S. 1 f.; *FOSG*, Position paper on the EC Communication for a European Infrastructure Package, S. 3 ff.; *Kistner*, EnWZ 2014, 405 (405 ff.).

[15] Für den Verkehrswegebereich: *BMVI*, Endbericht Reformkommission Bau von Großprojekten, S. 7; *Bundesregierung*, Aktionsplan Großprojekte, S. 1.

Jahren verstärkt dazu übergegangen, die erhoffte Durchsetzungsfähigkeit der Planungsvorhaben in Gesetzesneuvorhaben und -novellierungen zu suchen. Einschneidende Änderungen erfolgten zunächst auf Ebene der Bedarfs- und Korridorplanung, etwa durch Einführung der Bedarfsfeststellung durch Gesetz. Doch die ergriffenen Maßnahmen scheinen weiterhin nicht auszureichen. Erstmals im Koalitionsvertrag zur 19. Legislaturperiode[17] sowie im Klimaschutzprogramm 2030[18] wagten sich die Regierungsparteien bzw. die Bundesregierung daher auf seit Zeiten der Wiedervereinigung[19] nicht mehr betretenes Terrain und schlugen vor, die Genehmigung von Infrastrukturprojekten durch Gesetz zu ermöglichen. Am 2. Dezember 2019 brachte die Bundesregierung den Entwurf eines Gesetzes zur Vorbereitung der Schaffung von Baurecht durch Maßnahmengesetz im Verkehrsbereich (MgvG-E) in den Bundestag ein. Dieser wurde nach Durchlaufen des Gesetzgebungsverfahrens am 31. Januar 2020 in der dritten Lesung mit nur wenigen Veränderungen vom deutschen Bundestag angenommen.[20] Der Bundesrat beschloss in seiner Sitzung vom 14. Februar 2020, den Vermittlungsausschuss nicht anzurufen.[21] Am 1. April 2020 trat das MgvG in Kraft. Durch Art. 4 des Strukturstärkungsgesetzes Kohleregionen vom 8. August 2020 wurden zuletzt weitere 16 Infrastrukturprojekte als § 2a in das MgvG aufgenommen.

Gegenüber anderen Planungsverfahren im Infrastrukturbereich hat sich die Gangart damit verschärft, da nicht nur die Bedarfsfestlegung, sondern sogar die abschließende Zulassungsentscheidung per Gesetz ergeht, das den bisher am Ende der letzten Planungsstufe stehenden Planfeststellungsbeschluss gem. § 74 Abs. 1 S. 1 VwVfG ersetzt.

Bisher enthält das MgvG zwar nur Vorhaben im Bereich der Verkehrsinfrastrukturen. Auch im Energieleitungsausbau sind die gewünschten Zahlen jedoch bei Weitem noch nicht erreicht. Bereits 2011 hatte die Bundesregierung das ehrgeizige Ziel ausgerufen, 2022 aus der Atomkraft aussteigen zu wollen.[22] Von den 12.234 km geplanter neuer Höchstspannungsleitungen fehlen jedoch immer noch 10.537 km.[23]

---

[16] Gemeint sind damit hier insbesondere die Kabinette Merkel I – IV von 2005 bis 2021.

[17] *CDU/CSU/SPD*, Koalitionsvertrag 19. Legislaturperiode, S. 75.

[18] *Bundesregierung*, Klimaschutzprogramm 2030, S. 64 f.

[19] Am prominentesten hier wohl die „Südumfahrung Stendal" der Eisenbahnstrecke Berlin-Oebisfelde, die per Maßnahmengesetz vom 29. 10. 1993 genehmigt wurde.

[20] Vgl. Plenarprotokoll 19/144 der 144. Sitzung des Deutschen Bundestages vom 31.01. 2020, S. 18016.

[21] BR-Drucks. 41/20 vom 14. 02. 2020.

[22] Diese Aussage wurde in verbindlicher Form erstmals getätigt auf der Pressekonferenz zum Energiekonzept der Bundesregierung am 30. Mai 2011, Mitschrift abrufbar unter https://archiv.bundesregierung.de/archiv-de/dokumente/pressekonferenz-zum-energiekonzept-der-bundesregierung-mit-bundeskanzlerin-merkel-bm-roesler-bm-roettgen-und-bm-ramsauer-843206 (abgerufen am 14. 08. 2021, 09:27 Uhr); vgl. auch Art. 1 des Dreizehnten Gesetzes zur Änderung des Atomgesetzes vom 31. Juli 2011 (BGBl. I, S. 1704).

[23] Nach dem ersten Quartal 2021 waren von den Leitungsvorhaben des BBPlG mit einer Gesamtlänge von 10.407 km nur 635 km realisiert, von den Leitungsvorhaben nach dem

Auch hier sollte die Beschleunigung vor allem mittels gesetzlicher Neuregelungen, ebenfalls zunächst auf Bedarfs- und Korridorebene, bewirkt werden. Zuvorderst zu nennen ist hier die Einführung der Bundesfachplanung nach dem NABEG im Jahr 2011. Abgeschlossen wird die Energieinfrastrukturplanung zwar derzeit noch per Planfeststellungsbeschluss. Der federführende Verkehrsausschuss des Bundesrates hat jedoch bereits im Vorfeld die Empfehlung ausgesprochen, das MgvG auf Projekte im Energieleitungsausbau auszuweiten.[24] Perspektivisch ist also eine Zunahme solcher Legalplanungsverfahren zu erwarten.

Die Entscheidung für die Legalplanung als Mittel der Wahl in Sachen Verfahrensbeschleunigung wirft dabei nicht nur verfassungsrechtliche Probleme auf. Denn je nach Berechnungsmethode beruhen mittlerweile zwischen 67 und 80 Prozent der deutschen Gesetze im Umweltrecht[25] auf europäischen Vorgaben.[26] Auch sie stellen Anforderungen an den Rechtsschutz insbesondere in Umweltbelangen, die bei der Ausgestaltung eines Gesetzes wie des MgvG zu berücksichtigen sind.

Verfahrensbeschleunigung und Akzeptanzsteigerung sind dabei wie stets die diametralen Pole, zwischen denen der Gesetzgeber einen Ausgleich zu schaffen versuchen muss.[27] Planfeststellungsverfahren mit ihren zahlreichen Betroffenen sind gerade in Umweltbelangen fehleranfällig, die Erfolgsquoten der Verbandsklagen hoch.[28] Das europäische Umweltrecht setzt daher traditionell auf umfassende Öffentlichkeitsbeteiligungen und korrespondierende Rechtsschutzmöglichkeiten, um den Vorschriften zu faktischer Durchsetzungskraft zu verhelfen. Die Bundesregierung hingegen geht einen anderen Weg und erhofft sich durch die Einbindung des Parlaments in das MgvG-Verfahren eine Steigerung der Akzeptanz für die dort genannten Großprojekte.[29]

Die schlichte Feststellung, dass das MgvG völker- und unionsrechtskonform sei,[30] kann jedoch zur Auflösung der entstehenden Spannungen zwischen europäischem

---

EnLAG mit einer Gesamtlänge von 1.827 km nur 1.062 km. So die Informationen zum Stand der Leitungsvorhaben auf der Website der Bundesnetzagentur, abrufbar unter https://www.netzausbau.de/Vorhaben/uebersicht/report/de.html (abgerufen am 14.08.2021, 09:27 Uhr).

[24] BR-Drucks. 579/1/19, S. 14 f.

[25] Unter dem Begriff des Europäischen Umweltrechts versteht diese Arbeit sämtliche umweltbezogenen Vorschriften, die das Unionsrecht vor allem in Form von Richtlinien bereithält. Ebenfalls vom Begriff des Umweltrechts umfasst sind daneben sämtliche nationalen Gesetze mit Umweltbezug, unabhängig davon, ob sie auf europäischen Vorgaben beruhen oder nicht.

[26] *Kahl/Gärditz*, Umweltrecht, § 2, Rn. 2.

[27] Zum Ausbau des Höchstspannungsnetzes in diesem Sinne *Kümper*, DÖV 2016, 929 (929) m. w. N.

[28] Vgl. *Führ/Schenten/Schreiber* u. a., in: UBA (Hrsg.), Evaluation der Verbandsklagemöglichkeiten, S. 95; *Groß*, JZ 2020, 76 (79); *Schmidt/Zschiesche*, NuR 2018, 443 (449 f.); kritisch mit Verweis auf die Tatsache, dass sämtliche Infrastrukturgroßprojekte letztlich doch verwirklich werden: *Hien*, DVBl 2018, 1029 (1031).

[29] BT-Drucks. 19/15619, S. 11.

[30] BT-Drucks. 19/15619, ebd.

Umweltrecht und Vorhabenzulassung durch Gesetz nicht genügen. Denn die Aufgabe, einen Ausgleich zwischen politischen, wirtschaftlichen und Umwelt-Belangen, aber auch zwischen schützenswerten Umweltbelangen untereinander zu schaffen, kommt originär dem Umwelt- und Planungsrecht und seinen Verfahren zu.[31] Kann das Parlament diese Rolle wirklich allein übernehmen und die Akzeptanz für Infrastrukturgroßprojekte sogar positiv beeinflussen oder dient die Einführung des MgvG nicht doch eher der Abschaffung des fachgerichtlichen Rechtsschutzes gegen bestimmte Verkehrsinfrastrukturprojekte,[32] sodass Konflikte gar nicht erst ausgetragen werden können? Diese Frage soll Ausgangspunkt der nachfolgenden Überlegungen sein.

II. Zielsetzung der Arbeit und Eingrenzung des Untersuchungsgegenstandes

1. Zielsetzung

Übergreifend verfolgt diese Arbeit daher das Ziel, die völker- und unionsrechtlichen Problematiken aufzuarbeiten, die mit der Einführung des MgvG, ebenso aber mit der derzeitigen Ausgestaltung des mehrstufigen Planungssystems in seiner Gesamtheit, einhergehen.

Wie schon in Zeiten der „Südumfahrung Stendal" richtet sich der Blick der deutschen Rechtswissenschaft bei der Frage nach der Zulässigkeit von Vorhabenzulassungen durch Gesetz, nach der Effektivität von Rechtsschutzmöglichkeiten in gestuften Planungssystemen sowie der Zulässigkeit von Rechtsschutzkonzentrationen und Inzidentkontrollen typischerweise zunächst auf das nationale Verfassungsrecht. Hierzu ist sowohl im Allgemeinen als auch anlässlich der Investitionsmaßnahmengesetze der 1990er Jahre sowie der aktuellen Bestrebungen verschiedentlich bereits geschrieben worden.[33]

Verfassungsrechtliche Überlegungen stehen daher in der vorliegenden Arbeit nicht im Mittelpunkt. Gänzlich außer Acht bleiben können sie aber nicht, ist die verfassungsrechtliche Perspektive doch essentiell, um Unterschiede gegenüber und Konflikte mit dem Unionsrecht zu verstehen. Das gilt gleichermaßen für das deutsche Verwaltungsrecht unabhängig von den europäischen Vorgaben und die Art und Weise, wie es die hier aufgeworfenen Probleme bisher gelöst hat. Das deutsche Verfassungs- und Verwaltungsrecht werden daher jeweils vergleichend in die Betrachtung einbezogen. Der Fokus aber liegt auf den bisher weniger intensiv diskutierten völker- und unionsrechtlichen Fragestellungen. Angeklungen ist eine entsprechende Debatte bereits im Vorfeld der Einführung des StandAG, wurde dort aber

---

[31] Ähnlich *Groß*, JZ 2020, 76 (78).

[32] So der Vorwurf von *Wegener*, ZUR 2020, 195 (195).

[33] Dazu im Einzelnen unter C. II. 2. sowie in den Kapiteln E. und G.

mit Verweis auf die Tatsache, dass das Standortauswahlverfahren keine abschließende Zulassungsregelung trifft und damit jedenfalls nicht unter Art. 2 UVP-RL fällt,[34] weitgehend abgeschnitten. Gänzlich im Hintergrund bewegten sich bisher die Rolle des Århus Convention Compliance Committee und die eigenständigen Anforderungen, die die Århus-Konvention als völkerrechtliches Übereinkommen an den Rechtsschutz in Umweltbelangen stellt. Zahlreiche Fragestellungen entfalten sich, ausgelöst durch das MgvG, mithin nun erstmals in vollem Maße. Das gilt insbesondere für die Auswirkungen, die das MgvG auf den Rechtsschutz im Gesamtsystem hat, dem bisher ohnehin nur vergleichsweise geringe Aufmerksamkeit zuteil wurde.

Ausgehend von der zwingenden Anknüpfung der völker- und europarechtlichen Rechtsschutzanforderungen an umweltrechtliche Vorschriften konzentriert sich die gesamte Arbeit, auch hinsichtlich der verfassungsrechtlichen Überlegungen, auf den Rechtsschutz in umweltrelevanten Planungsverfahren. Diese Schwerpunktsetzung entspricht auch den Bedürfnissen der Praxis, berufen sich die Klagen gegen die hier interessierenden Infrastrukturgroßprojekte doch inzwischen zum weit überwiegenden Teil auf umweltrechtliche Verstöße.

Ebenfalls geringe Aufmerksamkeit haben in diesem Zusammenhang bislang die materiellen Anforderungen erhalten, die die europäischen Richtlinien parallel zu oder in Verbindung mit dem bestehenden deutschen System an Planungsentscheidungen stellen und wie die zuständigen Behörden in Deutschland diese in der Praxis umsetzen. Nur auf Grundlage einer umfassenden Beschäftigung mit dieser Thematik können aber eine fundierte Bewertung etwaiger Rechtsschutzprobleme in der deutschen Infrastrukturplanung und eine Beurteilung deren praktischer Auswirkungen erfolgen. Daher liegt auch hierauf ein Schwerpunkt der Arbeit.

2. Forschungsfragen

Als Forschungsfragen ergeben sich mithin:

1) Welche konkreten Anforderungen stellen Völker- und Europarecht an die Rechtschutzmöglichkeiten in Umweltangelegenheiten? Dabei wird es mit Blick auf den Schwerpunkt dieser Untersuchung insbesondere ankommen auf
   - die Anwendbarkeit der Århus-Konvention auf Entscheidungen in Gesetzesform,
   - die Anwendbarkeit und Reichweite der Bereichsausnahme des Art. 2 Abs. 5 UVP-RL mit Blick auf die Projektzulassung in Gesetzesform,
   - die Zulässigkeit der Einschränkung von Klagebefugnissen von Umweltverbänden und Privaten in formeller und materieller Hinsicht,

[34] Vgl. dazu zutreffend *Keienburg*, NVwZ 2014, 1133 (1138 f.).

- die generelle Zulässigkeit von Legalplanungen und Rechtsschutzkonzentrationen.

2) Welche konkreten Anforderungen stellt demgegenüber das nationale Verfassungsrecht an die Rechtsschutzmöglichkeiten in Umweltangelegenheiten?
3) Sind Maßnahmengesetze auf Projektzulassungsebene in der konkreten Konzeption des MgvG mit den sich (ihre Anwendbarkeit vorausgesetzt) aus Århus-Konvention und europäischen Richtlinien ergebenden Anforderungen an die Rechtsschutzmöglichkeiten vereinbar?
4) Sind Rechtsschutzkonzentrationen auf Projektzulassungsebene am Ende mehrstufiger Planungsprozesse mit den sich aus Århus-Konvention und europäischen Richtlinien ergebenden Anforderungen an die Rechtsschutzmöglichkeiten vereinbar, insbesondere mit Blick auf ihre Effektivität?
5) Sind bedarfsfeststellende Gesetze und ähnliche Entscheidungsformen auf höherstufigen Planungsebenen mit den sich (ihre Anwendbarkeit vorausgesetzt) aus Århus-Konvention und europäischen Richtlinien ergebenden Anforderungen an die Rechtsschutzmöglichkeiten vereinbar?
6) Welche praktischen Auswirkungen haben möglicherweise fehlende Rechtsschutzmöglichkeiten im Gesamtsystem der gestuften Infrastrukturplanung?
7) Wie können die klimaschutz- und damit ebenfalls europarechtlich indizierten Ziele der Beschleunigung von Verkehrsinfrastrukturprojekten und der Realisierung der Energiewende einerseits und die umwelt- und damit gleichermaßen europarechtlich indizierten Anforderungen hinsichtlich der Durchführung von Umweltprüfungen und der entsprechenden Rechtsschutzmöglichkeiten andererseits in einer unionsrechtskonformen Weise in Einklang gebracht werden?

3. Eingrenzung des Untersuchungsgegenstandes

Der Untersuchungsgegenstand wird dabei wie folgt eingegrenzt: Unter dem Begriff der Infrastrukturgroßprojekte in die Betrachtung einbezogen werden Bundesautobahnen, Wasserstraßen, die für Schiffe ab 1.350 t zugänglich sind, sämtliche Schienenwege sowie sämtliche Energieleitungsvorhaben im Anwendungsbereich des NABEG. Damit sind alle relevanten linienförmigen Infrastrukturvorhaben erfasst, die eine unbedingte UVP-Pflicht auslösen und die entweder bereits aktuell in §§ 2, 2a MgvG aufgeführt sind oder deren Aufnahme perspektivisch zu erwarten ist. Dabei handelt es sich gleichzeitig auch um solche Projekte, die große politische und gesellschaftliche Relevanz besitzen und bereits Gegenstand der öffentlichen Debatte sind oder es erfahrungsgemäß werden. Nicht untersucht werden hingegen Offshore-Energieleitungsvorhaben, die erst kürzlich aus dem eigenständigen Offshore-Netzentwicklungsplan herausgelöst und in den allgemeinen Netzentwicklungsplan integriert wurden, allerdings zahlreiche Besonderheiten und somit eine geringere

Vergleichbarkeit aufweisen. Ebenfalls nicht Teil der Untersuchung sind alle nichtlinienförmigen Großvorhaben, insbesondere Flughäfen, die aufgrund ihrer räumlich eher konzentrierten Auswirkungen und den damit verbundenen spezifischen Herausforderungen sowie der größeren Bedeutung des Raumordnungsrechts genauso über eine zu geringe Vergleichbarkeit mit den Vorhaben des MgvG verfügen.

Hinsichtlich der Rechtsschutzmöglichkeiten stehen Umweltverbände und Private im Fokus der Untersuchung, nicht hingegen Klagen von Behörden und Gemeinden. Zum einen stützen sich Letztere nur selten auf die hier interessierenden umweltrechtlichen Verstöße.[35] Vor allem aber betreffen sowohl Århus-Konvention als auch die europäischen Richtlinien primär den Zugang zu Gericht in Umweltangelegenheiten für die Öffentlichkeit und Verbände. Eine zusätzliche Befassung mit Behörden und Gemeinden würde daher den Rahmen dieser Untersuchung überschreiten. Rechtsschutz im Sinne dieser Arbeit meint schließlich den verwaltungsgerichtlichen Rechtsschutz vor deutschen Fachgerichten ebenso wie – unabhängig von der Definition des Art. 19 Abs. 4 S. 1 GG[36] – den verfassungsgerichtlichen Rechtsschutz vor dem BVerfG, der in der Diskussion um das MgvG eine zentrale Rolle spielt und daher hier zwingend betrachtet werden muss. Nicht erfasst ist zivilrechtlicher Rechtsschutz gegen Privatpersonen in Umweltangelegenheiten, ebensowenig Umweltstraftaten oder Rechtsschutz vor den europäischen Gerichten.

4. Begriff der „Rechtsschutzverkürzung“

Ausgehend von den vorgenannten Überlegungen hat sich diese Arbeit zum Ziel gesetzt, „Rechtsschutzverkürzung(en) als Mittel der Verfahrensbeschleunigung“ zu untersuchen. Der weiteren Untersuchung vorangestellt sein muss daher die Frage, was unter einer Verkürzung des Rechtsschutzes in diesem Sinne zu verstehen ist.

Definiert man einen formell sowie materiell unbeschränkten Rechtsschutz als Ausgangspunkt, so verkürzt bereits jede Frist, die zur klageweisen Geltendmachung einer Rechtsverletzung beachtet werden muss, diesen Rechtsschutz. Das gilt auf Zulässigkeitsebene erst recht für eine Verknüpfung von Klagebefugnissen mit subjektiven öffentlichen Rechten, hinsichtlich der materiellen Kontrolle für den Ausschluss von Einwendungen über eine materielle Präklusion oder Fehlerheilungs- und Planerhaltungsvorschriften.

Bereits diese kurze Betrachtung macht deutlich, dass der Begriff der Rechtsschutzverkürzung per se weder negativ noch positiv konnotiert ist. Denn uferlosen Rechtsschutz fordern, so viel kann vorweggenommen werden, weder Verfassungs- noch Unionsrecht. So betont auch der EuGH in ständiger Rechtsprechung, dass die Festsetzung angemessener Ausschlussfristen für die Rechtsverfolgung im Interesse

---

[35] Vgl. zu den Schwerpunkten der Rügetätigkeit von Gemeinden *Rubel*, DVBl 2017, 585 (592 f.).

[36] Dazu im Folgenden unter E. I. 1.

der Rechtssicherheit zulässig ist.[37] Das Konzept subjektiver öffentlicher Rechte und das Instrument der materiellen Präklusion sorgten vor dem EuGH hingegen für weitaus größere Kontroversen.[38] Die Diskussion verschärft sich naturgemäß da, wo der Rechtsschutz nicht nur eingeschränkt, sondern – gewissermaßen als schärfste Form der Rechtsschutzverkürzung – gänzlich ausgeschlossen wird. So prägt der Vorwurf des bewussten Ausschlusses fachgerichtlichen Rechtsschutzes[39] die Debatte um das MgvG insbesondere aus umwelt- bzw. europarechtlicher Perspektive.

In Beantwortung der zuvor aufgeworfenen Frage legt diese Arbeit also ein sehr weites Verständnis des Begriffs der Rechtsschutzverkürzung zugrunde. Umfasst sind formelle und materielle Einschränkungen ebenso wie faktische Erschwerungen und der gänzliche Ausschluss von Rechtsschutzmöglichkeiten. Dabei soll der Begriff der Rechtsschutzverkürzung selbst keine Wertung vornehmen. Er dient vielmehr zur Beschreibung eines klassischen Instruments des Verwaltungs- und Verfassungsrechts, bei dem jeweils im Einzelfall zu beurteilen ist, ob es insbesondere im Interesse der Rechtssicherheit oder unter Beschleunigungsgesichtspunkten zulässig und geboten ist oder ob es das Maß des Zulässigen zulasten der Rechtsschutzsuchenden und unter Verstoß gegen die völker- und unions- oder verfassungsrechtlichen Anforderungen überschreitet.

Eine weitere Auseinandersetzung mit der Bedeutung von Begriffen wie Rechtsschutzkonzentration, Planung, Legalplanung, Bedarf oder Umweltprüfung erfolgt an der entsprechenden Stelle im Laufe der Untersuchung.

III. Gang der Untersuchung

Als Grundlage der Diskussion steht am Anfang dieser Arbeit eine überblicksartige Darstellung des Systems der Infrastrukturplanung in Deutschland unter Berücksichtigung der europäischen Anforderungen, der Bindungswirkungen zwischen den einzelnen Planungsebenen sowie der korrespondierenden Umweltprüfungen einschließlich der Frage, wie sich deutsche und europäische Herangehensweise an die Prüfung von Umweltbelangen unterscheiden (dazu unter B.). Es schließt sich eine historische Betrachtung der Bemühungen um Verfahrensbeschleunigung und der Verwendung von Legalplanungen insbesondere seit der Wiedervereinigung an (dazu unter C.), bevor eine ausführliche inhaltliche Auseinandersetzung mit den ver-

[37] Vgl. EuGH, Urt. v. 12.02.2008, Kempter, C-2/06, ECLI:EU:C:2008:78, Rn. 58; EuGH, Urt. v. 24.09.2002, Grundig Italiana, C-255/00, ECLI:EU:C:2002:525, Rn. 34; EuGH, Urt. v. 17.07.1997, Haahr Petroleum, C-90/94, ECLI:EU:C:1997:368, Rn. 48; EuGH, Urt. v. 10.07. 1997, Palmisani, C-261/95, ECLI:EU:C:1997:351, Rn. 28; EuGH, Urt. v. 27.03.1980, Denkavit Italiana, C-61/79, ECLi:EU:C:1980:100, Rn. 23; EuGH, Urt. v. 16.12.1976, Comet, C-45/76, ECLI:EU:C:1976:191, Rn. 11/18; EuGH, Urt. v. 16.12.1976, Rewe, C-33/76, ECLI: EU:C:1976:188, Rn. 5.

[38] Dazu ausführlich unter F. III. 1.

[39] So etwa der Vorwurf von *Wegener*, ZUR 2020, 195 (195).

schiedenen auf den jeweiligen Planungsstufen durchzuführenden Umweltprüfungen stattfindet (dazu unter D.). Anschließend erfolgt zunächst eine Analyse der verfassungsrechtlichen Anforderungen an die Rechtsschutzmöglichkeiten in umweltrelevanten Planungsverfahren (dazu unter E.), bevor im Vergleich dazu die völker- und europarechtlichen Anforderungen und die diesbezügliche Spruchpraxis bzw. Rechtsprechung des ACCC und des EuGH in den Mittelpunkt gestellt werden (dazu unter F.). Es schließt sich eine umfassende Analyse und Bewertung der derzeitigen Rechtsschutzmöglichkeiten im deutschen Infrastrukturplanungsrecht insbesondere mit Blick auf die Anforderungen des Völker- und Europarechts an (dazu unter G.). Nachfolgend werden anhand exemplarischer Fälle aus der Praxis die praktischen Auswirkungen der gewonnen Erkenntnisse verdeutlicht (dazu unter H.).

Die Dissertation schließt mit einem Lösungsvorschlag, wie – orientiert an positiven Beispielen aus anderen Bereichen des deutschen Planungsrechts und Vorbildern aus dem europäischen Ausland – eine Verbesserung der Rechtsschutzsituation unter gleichzeitiger Berücksichtigung der Beschleunigungserfordernisse erreicht werden kann und warum ein systemisches Umdenken in umweltrelevanten Planungsverfahren erforderlich ist (dazu unter I.).

B. Infrastrukturplanung in Deutschland

Verstanden und bewertet werden können die Beschleunigungsbemühungen der vergangenen Jahre und die damit korrespondierenden Rechtsschutzfragen nur vor dem Hintergrund des mehrstufigen Planungsverfahrens, das ein Infrastrukturvorhaben in Deutschland derzeit bis zu seiner endgültigen Realisierung durchlaufen muss. Bevor auf dessen Einzelheiten im Hinblick auf Umweltprüfungen und Rechtsschutz näher eingegangen wird, soll daher das komplexe Planungssystem im Überblick dargestellt werden.

I. Begriff der Planung

Dabei stellt sich zunächst die Frage, was unter dem sowohl im alltäglichen Sprachgebrauch als auch in der juristischen Fachsprache verwandten Begriff des „Plans“ oder der „Planung“ zu verstehen ist. Juristische Lehrbücher definieren „Planung“ als „das vorausschauende Setzen von Zielen und gedankliche Vorwegnehmen der zu ihrer Verwirklichung erforderlichen Verhaltensweisen“[1]. Sie setzen also ein gewisses prognostisches Element voraus ebenso wie die sogenannte planerische Gestaltungsfreiheit, „weil Planung ohne Gestaltungsfreiheit ein Widerspruch in sich wäre“[2].

Diesen und die weiteren zunächst für die Bauleitplanung entwickelten Grundsätze übertrug das BVerwG schrittweise auch auf die Infrastrukturplanung.[3] Als Korrektive der planerischen Gestaltungsfreiheit wurden dabei planungsbezogene Bindungen wie die Planrechtfertigung[4], das dem Planungsermessen selbst inhärente Abwägungsgebot[5] sowie Planungsziele, -leitsätze und Optimierungsgebote[6] identifi-

---

[1] *Ehlers*, in: *Erichsen/Ehlers*, Allgemeines Verwaltungsrecht, § 1, Rn. 54; *Maurer*, in: Maurer/Waldhoff, Allgemeines Verwaltungsrecht, § 16, Rn. 14; *Wolff/Bachof/Stober/Kluth*, Verwaltungsrecht I, § 56, Rn. 2.

[2] BVerwG, Urt. v. 12.12.1969 – IV C 105.66 = BVerwGE 34, 301, juris Rn. 20.

[3] Dabei zunächst insbesondere auf die Fernstraßenplanung, vgl. *Marschall*, in: ders., FStrG, Vor §§ 16 ff., Rn. 3; *Steinberg/Wickel/Müller*, Fachplanung, § 3, Rn. 96.

[4] Allgemein dazu *Marschall*, ebd.; *Steinberg/Wickel/Müller*, Fachplanung, § 3, Rn. 96 ff.; zur Bedeutung der Planrechtfertigung im Rahmen der Straßenplanung BVerwG, Urt. v. 14.02. 1975 – IV C 21.74 = BVerwGE 48, 56, juris Rn. 34; im Rahmen der Energieleitungsplanung: *Pielow*, in: Säcker, Energierecht, § 43 EnWG, Rn. 36.

[5] Dazu im Folgenden ausführlich unter B. V. 2.

ziert, ebenso aber planungsneutrale rechtliche Beschränkungen[7]. Im Sinne dieser Entwicklung lässt sich der Begriff des Planungsrechts daher heute definieren als „die Gesamtheit der die raumbedeutsamen Planungen des Staates oder sonstiger Planungsträger betreffenden Rechtsnormen"[8]. Dazu gehört auch das Infrastrukturplanungsrecht für Fernstraßen, Schienen- und Wasserwege sowie Energieleitungen.

II. Planungssysteme

1. Bedarfsplanung

a) Begriff der Bedarfsplanung

Am Anfang jeder Infrastrukturplanung steht die Bedarfsfeststellung. Der Begriff des Bedarfs ist dabei nicht gleichzusetzen mit dem gleichnamigen marktwirtschaftlichen Konzept, sondern betrifft vielmehr den Bedarf im Sinne der öffentlichen Daseinsvorsorge.[9] Schon das traditionelle Verständnis des Begriffs der *Daseinsvorsorge* nach *Ernst Forsthoff*[10] umfasste als für das Leben der Menschen existenziell notwendige Leistungen und Güter die Bereitstellung von Wasser, Gas, Elektrizität, Verkehrsmitteln, Hygiene und sozialer Sicherung.[11] Auch heute ist der von *Forsthoff* geprägte Begriff im Zusammenhang mit der staatlichen Leistungsverwaltung noch immer zentral.[12] Zur öffentlichen Daseinsvorsorge gehörte also seit jeher die

---

6 *Marschall*, in: ders., Vor §§ 16 ff., Rn. 6; ausführlich zur Bedeutung von Optimierungsgeboten *Hoppe*, DVBl 1992, 853 (853 ff.); beispielhaft zu § 1 BNatSchG, § 50 BImSchG und § 1 FStrG BVerwG, Urt. v. 22.03.1985 – 4 C 73.82 = BVerwGE 71, 163, juris Rn. 8 ff.

7 *Marschall*, in: ders., FStrG, Vor §§ 16 ff., Rn. 8.

8 *Marschall*, in: ders., FStrG., Vor §§ 16 ff., Rn. 3.

9 *Köck*, ZUR 2016, 579 (579 f.).

10 *Ernst Forsthoff* prägte den Begriff der „Daseinsvorsorge" in seiner Schrift „Die Verwaltung als Leistungsträger", 1938. Kritisch zu würdigen ist dabei der Umstand, dass *Forsthoff* den Nationalsozialismus zunächst unterstützte und die Abhängigkeit des Menschen von staatlicher Daseinsvorsoge wohl als Argument für einen autoritären Staat verstand, dazu *Klein*, in: Kolloquium Forsthoff, S. 21 (32 f.). *Ronellenfitsch* stuft Forsthoffs Engagement für den Nationalsozialismus hingegen als von Anfang an vordergründig ein und verweist auf die kritische Rezeption seiner Schriften bereits ab Beginn der 1930er Jahre: *Ronellenfitsch*, in: Kolloquium Forsthoff, S. 53 (55 ff.). A. A. zumindest im Hinblick auf *Forsthoffs* Engagement in den ersten Jahren nach der Machtergreifung *Meinel*, Ernst Forsthoff, S. 50 ff., 87 f. Inzwischen dürften aber jedenfalls gegen die Verwendung des Begriffs der Daseinsvorsorge keine gewichtigen Bedenken mehr bestehen, vgl. dazu etwa *Maurer*, Allgemeines Verwaltungsrechts, § 1, Rn. 17, der den Begriff der Daseinsvorsorge unter Verweis auf die Definition *Forsthoffs* als „Allgemeingut" bezeichnet sowie die Auflistung zahlreicher weiterer juristischer Lehrbücher, die den Begriff *Forsthoffs* verwenden bei *Ronellenfitsch*, in: Kolloquium Forsthoff, S. 53 (69 f.).

11 *Maurer*, in: Maurer/Waldhoff, Allgemeines Verwaltungsrecht, § 1, Rn. 17; *Pielow*, Grundstrukturen öffentlicher Versorgung, S. 18.

12 Vgl. *Pielow*, Grundstrukturen öffentlicher Versorgung, S. 19, der die Aktualität des Begriffes für die staatliche Leistungsverwaltung betont, aber gleichzeitig auf die Problematik

Schaffung von Infrastrukturen.[13] Dabei ist die Daseinsvorsorge nicht Rechtsbegriff oder Anspruchsgrundlage, sondern wesentliche Aufgabe der öffentlichen Hand in einem sozialen Rechtsstaat.[14]

Ihrem Bedarfsverständnis liegen nicht vorrangig Angebot und Nachfrage zugrunde, sondern politische Entscheidungen und politisch-wertende Zielbetrachtungen.[15] Diese müssen nicht ökonomisch begründet, sondern können auch an künftigen Entwicklungen[16] und dem Gemeinwohl[17] orientiert sein oder normative Konzepte wie Nachhaltigkeit und Generationengerechtigkeit[18] verfolgen. Bezugnehmend auf die vorangestellte Definition der Planung erfüllt die Bedarfsplanung also strenggenommen nur einige der dort genannten Kriterien: Sie ermittelt und bewertet den Bedarf und setzt Ziele fest – die Verwirklichung hingegen überlässt sie den nachfolgenden Planungsstufen.[19] Die einzelnen Planungsebenen müssen daher zwar separat betrachtet und bewertet werden – nicht aus dem Blick geraten darf jedoch, dass sie Teil eines mehrstufigen, komplexen Planungssystems sind, das nur in seiner Gesamtheit eine „Planung" im juristischen Sinne zu schaffen vermag. Definiert werden kann die Bedarfsplanung im engeren Sinne so als

> „alle administrativen Ermittlungs- und Abschätzungsvorgänge, die sektoral ansetzen und nach Maßgabe von Zielen auf die Vorbereitung von Entscheidungen über Infrastrukturen und andere Einrichtungen der Daseinsvorsorge bezogen sind (Öffentliche Güterversorgung)"[20].

b) Verkehrsinfrastrukturen

Manifestiert wird diese Bedarfsplanung für den Verkehrsbereich im Bundesverkehrswegeplan (BVWP),[21] einem verkehrsträgerübergreifenden Infrastruktur-

---

des Begriffes in denjenigen Kontexten hinweist, in denen es darum geht, „die rechtliche Verortung von Versorgungsdienstleistungen zwischen Staat und Markt in einzelnen EU-Staaten näher zu bestimmen" (*Pielow*, ebd.).

[13] *Köck*, ZUR 2016, 579 (581); *Martini*, Grundrechte statt Daseinsvorsorge, insb. S. 31 ff.; *Ronellenfitsch*, in: Symposium Blümel, S. 28 (34); *ders.*, in: Hrbek/Nettesheim, Europäische Union und mitgliedstaatliche Daseinsvorsorge, S. 89 ff.

[14] *Maurer*, in: Maurer/Waldhoff, Allgemeines Verwaltungsrecht, § 1, Rn. 17; zum Verfassungsauftrag für Infrastrukturvorsorge weiterführend: *Dörr*, VVDStRL 73 (2014), 323 (340 ff.).

[15] *Köck*, ZUR 2016, 579 (580); vgl. auch BVerwG, Urt. v. 08.06.1995 – 4 C 4.94 = BVerwGE 98, 339, juris Rn. 20.

[16] So etwa das BVerwG in Bezug auf die Nachtflugregelung für den Flughafen München: BVerwG, Urt. v. 20.04.2005 – 4 C 18.03 = BVerwGE 123, 261, juris Rn. 27.

[17] Vgl. *BMVI*, BVWP 2030, S. 5.

[18] *Köck*, ZUR 2016, 579 (580).

[19] Vgl. *Köck*, ZUR 2016, 579 (581).

[20] *Köck*, ZUR 2016, 579 (582 f.).

[21] Aktuell ist dies der Bundesverkehrswegeplan 2030.

plan,[22] der anders als üblicherweise im föderal geprägten deutschen Planungsrecht die Rolle einer räumlichen Gesamtplanung für die ganze Bundesrepublik übernimmt[23] und vom Bundesverkehrsministerium (BMVI) erstellt wird.

Gesetzlich oder anderweitig normierte Vorgaben bezüglich des Inhalts und des Aufstellungsverfahrens existieren nicht. Ursprünglich vor allem aus finanzpolitischen Erwägungen zur Rechtfertigung und Verteilung teils erheblicher Finanzierungskosten heraus entstanden,[24] trat schnell die Beschleunigungsfunktion einer gesetzlichen Bedarfsfestlegung, die die Planrechtfertigung für nachfolgende Planungsstufen verbindlich feststellt, in den Vordergrund.[25] Grundlage ist allein die im Laufe der vergangenen Jahre gefestigte Verwaltungspraxis.[26] § 3 Abs. 2 S. 1 BSWAG geht ausweislich des Wortlauts zwar von einem bestehenden BVWP aus, normiert aber keine eigenständige Aufstellungsverpflichtung.[27] Lediglich die §§ 39 ff. UVPG enthalten Verfahrensvorschriften hinsichtlich der im Aufstellungsverfahren durchzuführenden Strategischen Umweltprüfung (SUP).[28] Die SUP als unselbstständiger Verfahrensbestandteil[29] ist damit der einzige gesetzlich geregelte Bereich eines ansonsten nicht normierten Trägerverfahrens.[30] Die Abgrenzung, wann ein bestimmter Aspekt noch eine Umweltauswirkung im Sinne des UVPG darstellt – denn nur im Hinblick auf solche kann das UVPG Anforderungen stellen – dürfte im Einzelfall allerdings nicht immer leichtfallen. Vieles spricht daher dafür, die Einführung der §§ 39 ff. UVPG als Wendepunkt für eine „wichtige Neuausrichtung der Bundesverkehrswegeplanung“[31] von einer projektbezogenen hin zu einer integrierten Netzplanung zu betrachten.[32]

Am Anfang der Planaufstellung steht die Ermittlung der verkehrspolitischen Ziele.[33] Dazu gehören derzeit neben der reibungslosen Mobilität im Personenverkehr, der Sicherstellung der Güterversorgung und der Erhöhung der Verkehrssicherheit ebenso – wenn auch nicht vorrangig – die Reduktion von Emissionen und die Begrenzung der Inanspruchnahme von Natur und Landschaft.[34] Danach werden drei

---

[22] *Sauthoff*, in: Ziekow, Handbuch des Fachplanungsrechts, § 11, Rn. 14.

[23] *Wulfhorst*, DVBl 2012, 466 (467).

[24] Vgl. *Buus*, Bedarfsplanung durch Gesetz, S. 233.

[25] *Buus*, Bedarfsplanung durch Gesetz, S. 234 f.

[26] *Wulfhorst*, DVBl 2012, 466 (467).

[27] A. A. *Hendler*, in: Ziekow, Aktuelle Probleme des Fachplanungs- und Raumordnungsrechts, S. 267 (273).

[28] Die SUP-Pflicht des BVWP ergibt sich aus § 35 Abs. 2 Nr. 1 UVPG i. V. m. Ziffer 1.1 Anl. 5 UVPG. Dazu im Folgenden ausführlich unter B. V. 3. a).

[29] Vgl. § 33 UVPG.

[30] *Wulfhorst*, DVBl 2012, 466 (468).

[31] *BMVI*, Umweltbericht zum BVWP 2030, S. 138.

[32] *Wulfhorst*, DVBl 2012, 466 (469).

[33] *BMVI*, BVWP 2030, S. 5 f.

[34] *BMVI*, BVWP 2030, S. 6.

verschiedene Gesamtinvestitionsszenarien entwickelt, basierend auf unterschiedlich starken Fokussierungen auf die und Verlagerungen zwischen den einzelnen Verkehrsträgern.[35] Je nach Kompromissfähigkeit von wirtschaftlicher Machbarkeit und politischen Zielen werden die Investitionen in der Folge an einem dieser Szenarien orientiert bzw. jedenfalls daran angenähert.[36]

In einer zweiten Phase haben die Länder – im Bereich der Schienenwege ebenso die DB Netz AG, weitere Eisenbahninfrastrukturunternehmen, Verbände, Initiativen und Bürger,[37] im Bereich der Wasserstraßen Verbände und die Wasser- und Schifffahrtsverwaltung des Bundes[38] – dann die Möglichkeit, konkrete Projekte für den BVWP anzumelden.[39] Schließlich wird unter Berücksichtigung von Aspekten des Klima-, Umwelt- und Lärmschutzes entschieden, wie die öffentlichen Mittel verwandt werden.[40] Dabei wird unterschieden zwischen Projekten mit „vordringlichem Bedarf" und „weiterem Bedarf".[41]

Es folgt der parlamentarische Teil der Planung, in dem aus dem BVWP zunächst fachbereichsspezifische Bedarfspläne entwickelt werden,[42] die der Bundestag dann in Gesetzesform als Anlage zu den jeweiligen Ausbaugesetzen – dem FStrAbG, WaStrAbG und BSWAG – beschließt. Durch die Beifügung als Anlage zu den Gesetzen erhalten die Bedarfspläne selbst Gesetzesqualität.[43] Die Zuweisung von Dringlichkeitsstufen durch den BVWP wird hier durch eine entsprechende Stufung der Projekte gespiegelt.[44] Diese Bedarfspläne werden gem. § 4 S. 1 FStrAbG, § 4 S. 1 WaStrAbG, § 4 Abs. 1 S. 1 BSWAG spätestens nach fünf Jahren auf ihre Aktualität hinsichtlich der Wirtschafts- und Verkehrsentwicklung überprüft und gegebenenfalls wiederum durch Gesetz angepasst. Konkret benennen die Bedarfspläne Anfangs- und Endpunkte für Trassen, in der Regel durch Angabe von Ortsnamen bzw. Autobahnanschlussstellen und Gewässerabschnitten.[45] Da im Verkehrsbereich, gerade bei Schienen- und Wasserwegen, Ausbauvorhaben gegenüber Neubauvorhaben deutlich im Vordergrund stehen, wird sich der Trassenverlauf oftmals dennoch be-

---

[35] *BMVI*, BVWP 2030, S. 33.

[36] Der aktuelle BVWP sieht so zwar keine ausschließliche Entscheidung für ein Szenario vor, will aber die Investitionen „soweit wirtschaftlich vertretbar und umsetzbar" in Richtung von Szenario 3, das die Verkehrsverlagerung auf umweltverträgliche Verkehrsträger begünstigt, verschieben: *BMVI*, BVWP 2030, S. 35.

[37] *BMVI*, BVWP 2030, S. 39.

[38] *BMVI*, BVWP 2030, S. 41.

[39] *BMVI*, BVWP 2030, S. 35 f.

[40] *BMVI*, BVWP 2030, S. 5.

[41] Ohm*s/Weiss*, in: Säcker, Energierecht, § 1 EnLAG, Rn. 26.

[42] *BMVI*, BVWP 2030, S. 7.

[43] *Hendler*, in: Ziekow, Aktuelle Probleme des Fachplanungs- und Raumordnungsrechts, S. 269.

[44] Ohm*s/Weiss*, in: Säcker, Energierecht, § 1 EnLAG, Rn. 26.

[45] Zu den Bundesfernstraßen: *BMVI*, BVWP 2030, S. 75 ff., zu den Schienenwegen: *BMVI*, a. a. O., S. 155 ff., zu den Bundeswasserstraßen: *BMVI*, a. a. O., S. 171 ff.

reits sehr konkret abzeichnen. Festgelegt werden hier außerdem etwa die Anzahl der Fahrstreifen bei Straßen und die Anzahl der Gleise, die zugelassene Geschwindigkeit und die Frage der Elektrifizierung bei Schienenwegen.[46]

c) Energieinfrastrukturen

Parallel zur Bedarfsplanung bei den Verkehrsinfrastrukturen verläuft auch die Erstellung des Bundesbedarfsplans (BBPl) für den Energieleitungsausbau. 2011 wurde die Bedarfsfeststellung grundlegend neu strukturiert[47] und findet anders als die Erstellung des BVWP in den §§ 12a – 12e EnWG eine gesetzliche Grundlage, die das Verfahren bei der Bundesnetzagentur (BNetzA) als zentraler Behörde bündelt. Das entspricht der europäischen Idee einer Energienetzplanung im „One-stop-shop-Prinzip".[48] Als Vorbild für das neue Planungssystem diente ausweislich der Gesetzesbegründung die Bedarfsplanung für Straßen und Schienenwege.[49]

Die Bundesbedarfsplanung nach dem EnWG lässt sich grob in drei Stufen unterteilen und beginnt gem. § 12a Abs. 1 S. 1 EnWG alle zwei Jahre[50] mit der Erstellung eines Szenario-rahmens durch die Übertragungsnetzbetreiber.[51] Ein Großteil der Planungsverantwortung liegt also in diesem Stadium bei Privaten, kontrolliert allerdings durch die BNetzA. Auch hier werden gem. § 12a Abs. 1 S. 2 EnWG drei verschiedene Entwicklungspfade (Szenarien) betrachtet. Grundlage sind ähnlich wie bei den Verkehrsinfrastrukturen gem. § 12a Abs. 1 S. 4 EnWG entsprechende Prognosen zu Erzeugung, Versorgung, Verbrauch und Abstimmungen mit den europäischen Nachbarländern unter Berücksichtigung der mittel- und langfristigen energiepolitischen Ziele der Bundesregierung. Dazu gehören auch der Klima- bzw.

---

[46] Vgl. *BMVI*, Umweltbericht zum BVWP 2030, S. 178.

[47] Zu den Änderungen im EnWG weiterführend *Appel*, UPR 2011, 406 (407 f.); *Calliess/Dross*, JZ 2012, 1002 (1005 f.); *Moench/Ruttloff*, NVwZ 2011, 1040 (1041 f.); *Ruge*, ER 2016, 154 (154 f.); *Schmitz/Jornitz*, NVwZ 2012, 332 (333); *Steinbach*, DÖV 2013, 921 (922 ff.).

[48] Zum „one-stop-shop-Prinzip": *Fest/Operhalsky*, NVwZ 2014, 1190 (1194 f.); *Fischerauer*, EnWZ 2013, 56 (59); *Guckelberger*, DVBl 2014, 805 (808); *Kistner*, EnWZ 2014, 405 (408); *Linßen/Aubel*, DVBl 2013, 965 (965).

[49] BT-Drucks. 16/10491, S. 1, 15; dazu *Appel*, in: Säcker, Energierecht, Vor § 1 BBPlG, Rn. 33. Die Wasserstraßenplanung wurde erst 2016 in den BVWP aufgenommen und konnte daher nicht als Vorbild dienen: *Buus*, Bedarfsplanung durch Gesetz, S. 102.

[50] Bei Erstellung dieser Arbeit befand sich die Bedarfsplanung für das Zieljahr 2035 in der Aufstellung. Der Szenariorahmen 2021 – 2035 wurde am 26. Juni 2020 von der Bundesnetzagentur genehmigt: https://www.netzausbau.de/Wissen/Ausbaubedarf/Szenariorahmen/de.html (abgerufen am 14.08.2021, 09:29 Uhr). Die Öffentlichkeitsbeteiligung hierzu lief noch bis zum 20. Oktober 2021: https://www.netzausbau.de/Wissen/Ausbaubedarf/Netzentwicklungsplan/de.html (abgerufen am 14.08.2021, 09:31 Uhr). Daher liegt der weiteren Untersuchung der NEP 2019 – 2030 mit zugehörigem Umweltbericht zugrunde.

[51] In Deutschland gibt es vier Übertragungsnetzbetreiber im Höchstspannungsbereich: TenneT TSO GmbH, Amprion GmbH, 50Hertz Transmission GmbH und TransnetBW GmbH, vgl. *BNetzA*, Umweltbericht zum NEP 2019 – 2030, S. 17.

Umweltschutz[52] und damit mittelbar der Ausbau erneuerbarer Energien. Hier wird die beschriebene Orientierung der Bedarfsplanung an politischen Zielsetzungen besonders deutlich.[53]

Auf Basis des Szenariorahmens wird nach Genehmigung durch die BNetzA sodann gem. § 12b EnWG der Netzentwicklungsplan (NEP) erarbeitet, der die erforderlichen Netzausbaumaßnahmen sowie Netzverknüpfungspunkte festlegt, also die Anfangs- und Endpunkte der in den folgenden Planungsstufen genauer zu bestimmenden Trassenverläufe.[54] Seit 2019 werden auch die Maßnahmen für das Küstenmeer nicht mehr separat im Offshore-Netzentwicklungsplan (O-NEP), sondern unmittelbar im NEP erfasst.[55] Anders als der BVWP unterscheidet der NEP nicht zwischen verschiedenen Bedarfsstufen, sondern legt lediglich Projekte mit „vordringlichem Bedarf“ fest.[56] Die BNetzA bestätigt im dritten Schritt den NEP und übermittelt ihn gem. § 12e Abs. 1 S. 1 EnWG mindestens alle vier Jahre der Bundesregierung als Entwurf für einen BBPl. Der BBPl wird schließlich parallel zur Verkehrsinfrastrukturplanung als Anlage zum BBPlG vom Bundestag beschlossen und erlangt damit Gesetzeskraft. Entsprechend dem NEP kennt auch der BBPl keine Dringlichkeitsstufung der Projekte; hier obliegt es den Übertragungsnetzbetreibern selbst, eine entsprechende Priorisierung vorzunehmen.[57]

2. Korridorplanung

a) Verkehrsinfrastrukturen

Es schließt sich die Ebene der Korridor- oder Trassenplanung an. Für Straßen- und Wasserwege verläuft sie zweistufig. Zunächst ist gem. § 1 S. 3 Nr. 8, Nr. 11 RoV ein Raumordnungsverfahren i. S. d. § 15 ROG durchzuführen.[58] Zuständig ist dafür gem. § 15 Abs. 1 S. 1 ROG die jeweilige Raumordnungsbehörde auf Landesebene. Ausgenommen sind von dieser Verpflichtung gem. § 15 Abs. 6 S. 1 ROG nur die Stadtstaaten. Seit dem 9. Juni 2021 sieht § 15 Abs. 5 S. 1 ROG infolge entsprechender Änderung durch das Investitionsbeschleunigungsgesetz vom 3. Dezember

---

[52] Als energiepolitische Ziele nennt die Bundesregierung ein Dreieck aus Versorgungssicherheit, Umweltverträglichkeit und Wirtschaftlichkeit, vgl. *Bundesregierung*, Klimaschutzprogramm 2030, S. 32 bzw. Klimaschutz, Wirtschaftlichkeit und Versorgungssicherheit, vgl. *Bundesregierung*, Energiekonzept, S. 18.

[53] *Köck*, ZUR 2016, 579 (586).

[54] BR-Drucks. 819/12, S. 15; *BNetzA*, Leitfaden zur Bundesfachplanung, S. 3.

[55] *BNetzA*, Umweltbericht zur Bedarfsermittlung 2019–2030, S. 17.

[56] Ohm*s/Weiss*, in: Säcker, Energierecht, § 1 EnLAG, Rn. 27.

[57] Ohm*s/Weiss*, ebd.

[58] Dies betrifft nur diejenigen Vorhaben, die auch einer Linienbestimmung nach § 16 FStrG bzw. § 13 WaStrG bedürfen. Ausgenommen sind davon im Fernstraßenbereich jedoch gem. § 16 Abs. 1 S. 2 FStrG nur Ortsumgehungen, die hier nicht weiter in den Fokus genommen werden sollen. § 13 WaStrG sieht eine solche Regelung gar nicht vor.

2020 jedoch vor, dass ein Raumordnungsverfahren nur noch auf Antrag des Vorhabenträgers durchgeführt wird. Die zuständige Behörde soll gem. § 15 Abs. 5 S. 3 ROG ein entsprechendes Verfahren dann einleiten, wenn sie im Hinblick auf die Übereinstimmung mit den Erfordernissen der Raumordnung und die Abstimmung mit anderen raumbedeutsamen Planungen und Maßnahmen i. S. d. § 15 Abs. 1 S. 2 Halbs. 2 ROG befürchtet, dass die Planung oder Maßnahme zu raumbedeutsamen Konflikten führen wird. Ob mit der Neuregelung ein signifikanter Rückgang der Raumordnungsverfahren in der Infrastrukturplanung verbunden sein wird, wird die Planungspraxis erst noch zeigen müssen.

Beim Raumordnungsverfahren handelt es sich um ein raum- und fachübergreifendes[59] Prüfverfahren, das jedoch auf ein konkretes Projekt ausgerichtet ist.[60] Anders als die Fachplanungen will das Raumordnungsverfahren aus Perspektive einer räumlichen Gesamtplanung sämtliche Raumnutzungsansprüche fachgebietsübergreifend zu einem Ausgleich bringen.[61] Abgrenzungsprobleme zwischen Raumordnungsverfahren und Fachplanung ergeben sich naturgemäß da, wo sich Prüfung und Planung auf ein bestimmtes Vorhaben konzentrieren, wie bei Standorten für Flughäfen oder Großkraftwerke oder eben Trassen für Verkehrswege.[62] Grundsätzlich lässt sich zwar eine Trassenführung als Ziel der Raumordnung festlegen[63] und das Raumordnungsverfahren wird in der Regel auch einen Trassenverlauf vorschlagen, den die anschließende Linienbestimmung häufig übernimmt.[64] Eine abschließende und verbindliche Planungsentscheidung kann das Raumordnungsverfahren aber nicht treffen und die Fachplanungsbehörde auch nicht zur Umsetzung an einem bestimmten Standort zwingen.[65]

Eigentlich zentrales Instrument der Korridorplanung bei Straßen- und Wasserwegen ist daher das anschließende Linienbestimmungsverfahren, dessen Erfordernis sich für die Bundesfernstraßen aus § 16 Abs. 1 S. 1 FStrG und für die Bundeswasserstraßen aus § 13 Abs. 1 S. 1 WaStrG ergibt. Hier wird der Verlauf der Trasse zwischen den im BVWP vorgesehenen Anfangs- und Endpunkten verbindlich

---

[59] In diesem Sinne spricht auch das BVerfG im Baurechtsgutachten von 1954 von einer „übergeordnete[n] Planung und Ordnung des Raumes" im fachlichen Sinne: BVerfG, Urt. v. 16.06.1954 – 1 PBvV 2/52 = BVerfGE 3, 407, juris Rn. 79.

[60] *Dietz*, in: Kment, ROG, § 15, Rn. 17.

[61] *Kümper*, in: Kment, ROG, Einl., Rn. 2; vgl. auch *Jarass/Schnittker/Milstein*, JuS 2011, 215 (216).

[62] *Kümper*, in: Kment, ROG, Einl., Rn. 28.

[63] BayVerfGH, Urt. v. 15.07.2002 – Vf. 10-VII-00 = VerfGHE BY 55, 98, juris Rn. 72; *Goppel*, DVBl 2000, 86 (88); *Marschall*, in: ders., FStrG, Vor §§ 16 ff., Rn. 33.

[64] *Wagner*, NVwZ 1992, 232 (233).

[65] Zur Flughafenplanung BVerwG, Urt. v. 16.03.2006 – 4 A 1075.04 = BVerwGE 125, 116, juris Rn. 76. Die dort aufgestellten Maßgaben gelten nach Ansicht von *Hendler*, in: FS Peine, S. 103 (106 f.) sowie *Schink*, DÖV 2011, 905 (912) auch für andere Bereiche des Fachplanungsrechts.

festgelegt.[66] Zuständig ist gem. § 16 Abs. 1 S. 1 FStrG, § 13 Abs. 1 S. 1 WaStrG das BMVI. Trotz der Parallelität zum Raumordnungsverfahren handelt es sich bei der Linienbestimmung nicht nur um eine raumordnerische Entscheidung.[67] Sie erfordert vielmehr eine umfassende Abwägung aller öffentlichen Belange, trifft also die eigentliche fachplanerische Festlegung und enthält vorgreifend bereits auch Elemente der Planfeststellung.[68]

Im Wasserstraßenbereich relativiert sich die Bedeutung der Linienbestimmung in der Praxis jedoch erheblich durch den Umstand, dass ein Neubau von Wasserstraßen in Deutschland kaum mehr stattfindet; die Linienführung wird daher regelmäßig bereits auf Ebene des BVWP faktisch feststehen.[69]

Bei der Planung der Bundesschienenwege entfällt die Linienbestimmung. Es ist gem. § 1 S. 3 Nr. 9 RoV lediglich ein Raumordnungsverfahren in Länderzuständigkeit durchzuführen. Die Trassenfestlegung erfolgt separat davon durch die Eisenbahnunternehmen des Bundes als Vorhabenträger selbst.[70] Die eigentliche planerische Bewältigung des im BVWP dargestellten Verkehrsbedürfnisses zwischen den Start- und Zielorten ist damit letztlich allein Aufgabe der Planfeststellung.[71]

b) Energieinfrastrukturen

Ist ein Vorhaben im BBPlG als länderübergreifend oder grenzüberschreitend gekennzeichnet,[72] unterfällt es für Korridorplanung und Planfeststellung dem Anwendungsbereich des NABEG. Ausgehend von den im Bedarfsplan ausgewiesenen Netzverknüpfungspunkten sollen in der Bundesfachplanung Trassenkorridore von etwa 500 bis 1000 Metern Breite festgelegt werden.[73] Einen Schwerpunkt bildet dabei die Prüfung der Raumverträglichkeit,[74] sodass gem. § 28 S. 1 NABEG ein Raumordnungsverfahren entbehrlich wird.[75] Korrespondierend dazu erlaubt § 16

---

[66] *Neumann/Külpmann*, in: Stelkens/Bonk/Sachs, VwVfG, § 72, Rn. 67.

[67] So noch die inzwischen veraltete Einschätzung in BT-Drucks. 12/4328, S. 36 und bei *Wagner*, NVwZ 1992, 232 (233); vgl. dazu *Marschall*, in: ders., FStrG, § 16, Rn. 8.

[68] *Lampe*, in: Erbs/Kohlhaas, Strafrechtliche Nebengesetze, § 16 FStrG (Stand: 201. EL Jan. 2015), Rn. 1.

[69] *BMVI*, Umweltbericht zum BVWP 2030, S. 178.

[70] *BMVI*, Abschlussbericht Innovationsforum Planungsbeschleunigung, S. 25.

[71] *Appel*, in: Säcker, Energierecht, Vor § 1 BBPlG, Rn. 35; vgl. dazu auch BVerwG, Beschl. v. 26.03.1998 – 11 B 27.97, juris Rn. 9.

[72] Vgl. Kennzeichnung „A1" für länderübergreifende und Kennzeichnung „A2" für grenzüberschreitende Vorhaben im Bundesbedarfsplan gem. der Anlage zum BBPlG.

[73] BT-Drucks. 17/6073, S. 19, 23.

[74] Vgl. die Aufgabenbeschreibung in § 3 Nr. 7 NABEG; *Erbguth*, NVwZ 2012, 326 (328); *Leidinger*, et 63 (4/2013), 89 (90); *Schink*, NVWBl 2018, 45 (47).

[75] § 28 S. 1 NABEG stellt insofern eine lex specialis-Regelung gegenüber § 15 Abs. 1 ROG dar: BT-Drucks. 17/6073, S. 31; *Nebel/Riese*, in: Steinbach/Franke, Netzausbau, § 28 NABEG, Rn. 10 ff.

Abs. 2 S. 1 ROG den Verzicht auf ein Raumordnungsverfahren, soweit sichergestellt ist, dass die Raumverträglichkeit anderweitig geprüft wird.[76] *Calliess/Dross* bezeichnen die Bundesfachplanung nach dem NABEG daher als „modifizierte[s] Raumordnungsverfahren."[77] Tatsächlich aber stellt sie mehr als ein hochgezontes Raumordnungsverfahren dar.[78] Ziele der Raumordnung sind für die Bundesfachplanung nicht ohne Weiteres bindend.[79] Ihr Hauptinteresse liegt vielmehr im energiewirtschaftlichen und fachplanerischen Bereich.[80] Dabei enthält sie ein „ganzes Bündel von rechtlichen Elementen aus verschiedenen hochstufigen Planungsentscheidungen"[81], neben der Ersetzungsfunktion gegenüber dem Raumordnungsverfahren vor allem Elemente der Linienbestimmung, der raumordnerischen Zielbindung und teils sogar der nachfolgenden Planfeststellung.[82]

3. Projektzulassung

a) Projektzulassung durch Planfeststellungbeschluss

Auf Projektzulassungsebene wird im Planfeststellungsverfahren schließlich der konkrete und grundstücksgenaue Verlauf der Trasse festgelegt.[83] Seine Aufgabe besteht vor allem darin – sofern noch nicht auf höheren Planungsebenen geschehen oder von Bindungswirkungen gesperrt[84] –, eine umfassende Abwägung der öffentlichen und privaten Belange vorzunehmen.[85]

Das Erfordernis der Planfeststellung ergibt sich für die hier untersuchten Verkehrsinfrastrukturen aus § 17 Abs. 1 S. 1 FStrG, § 14 Abs. 1 S. 1 WaStrG und § 18 Abs. 1 S. 1 AEG sowie für die Energieinfrastrukturen, die dem NABEG unterfallen –

---

[76] Zum problematischen Verhältnis der Bundesfachplanung zu Zielen der Raumordnung: *Schink*, NWVBl 2018, 45 (47 ff.).

[77] *Calliess/Dross*, JZ 2012, 1002 (1003, Fn. 17); ähnlich *Erbguth*, DVBl 2012, 325 (325 f.), der die Bundesfachplanung ebenfalls vornehmlich als Raumordnung einordnet und ihre Bezeichnung als „bewussten begrifflichen Fehlgriff".

[78] Vgl. *Appel*, UPR 2011, 406 (410); ähnlich *Bunge*, in: Storm/Bunge, HdUVP, 0540 (Lfg. 1/12), S. 35 f.; *Schmitz/Uibeleisen*, in: dies., Netzausbau, Rn. 423.

[79] Zum Streitstand *Schink*, NVWBl 2018, 45 (47 ff.) m. w. N.

[80] *Appel*, UPR 2011, 406 (410).

[81] *Schink*, in: FS Jarass, S. 483 (491).

[82] *Schink*, in: FS Jarass, S. 483 (491 f.); *ähnlich* Schlacke, NVwZ 2015, 626 (627).

[83] *Neumann/Külpmann*, in: Stelkens/Bonk/Sachs, VwVfG, § 72, Rn. 67.

[84] Dazu ausführlich unter B. IV.

[85] Zum eisenbahnrechtlichen Planfeststellungsverfahren beispielsweise BVerwG, Urt. v. 14. 12. 1979 – IV C 10.77 = BVerwGE 59, 253, juris Rn. 23; zur Planfeststellung in der Straßenplanung BVerwG, Urt. v. 14. 02. 1975 – IV C 21.74 = BVerwGE 48, 56, juris Rn. 37; allgemein zum Abwägungsgebot im Folgenden ausführlich unter B. V. 2.

gleich ob Freileitung oder Erdkabel[86] – aus § 18 Abs. 1 NABEG. Auffällig sind dabei die unterschiedlichen Zuständigkeitszuweisungen. Die Zuständigkeit im Wasserstraßen-, Schienenwege- und Energieleitungsbereich liegt mit der Generaldirektion Wasserstraßen und Schifffahrt, dem Eisenbahnbundesamt (EBA) und der BNetzA gem. § 14 Abs. 1 S. 3 WaStrG, § 3 Abs. 1 S. 1 Nr. 1 BEVVG und § 1 PlfZV bereits lange bei zentralen Behörden. Infolge der Verfassungsreform vom 13. Juli 2017, die unter anderem die Änderung des Art. 90 GG hin zu einer Privatisierung der Bundesautobahnen beinhaltete, ist auch die Ausführung der Straßenbaulast für die Bundesfernstraßen mit allen zugehörigen Aufgaben – darunter auch der Planung – gem. § 5 Abs. 1 S. 3 InfrGG mit Wirkung zum 1. Januar 2021 einer Gesellschaft privaten Rechts übertragen worden, der „Autobahn GmbH des Bundes".[87] Auch hier wird künftig also eine zentrale Stelle tätig werden. Die übrigen Bundesstraßen des Fernverkehrs allerdings verbleiben in Bundesauftragsverwaltung.[88]

b) Projektzulassung durch Gesetz

Für inzwischen 29 Verkehrsinfrastrukturprojekte bietet das MgvG abweichend davon seit dem 1. April 2020 bzw. seit Hinzufügung des § 2a MgvG mit Wirkung zum 14. August 2020 die Grundlage dafür, die Projektzulassung nicht wie soeben beschrieben durch Planfeststellung, sondern per Gesetz zu realisieren. Dabei trifft das MgvG noch nicht selbst die endgültige Zulassungsentscheidung, sondern schafft lediglich die gesetzliche Grundlage, damit später konkret auf das jeweilige Projekt bezogene Maßnahmengesetze ergehen können.[89] Da das MgvG in dieser Form ein Novum im deutschen Planungsrecht darstellt, soll das vorgesehene Verfahren im Folgenden etwas ausführlicher beschrieben werden.

§ 2 MgvG trifft zunächst eine abschließende Auswahl von acht Schienenwegevorhaben, darunter „prominente" Projekte wie der Ausbau der „Marschbahn" von Niebüll über Klanxbüll nach Westerland,[90] und fünf Wasserstraßenvorhaben, auf die das nachstehende Verfahren Anwendung finden soll. Hinzugekommen sind in § 2a MgvG inzwischen weitere zwölf Schienenprojekte sowie vier Bundesstraßenver-

---

[86] *Elspaß/Heinrich*, in: Rosin, Praxiskommentar zum EnWG, §§ 12a–e EnWG (Stand: 06/2015), Rn. 143; *Schmitz/Uibeleisen*, Netzausbau, Rn. 43, 149.

[87] Vgl. § 5 Abs. 1 S. 2 InfrGG, dazu *Gröpl*, in: Maunz/Dürig, Art. 90 (Stand: 89. EL Okt. 2019), Rn. 54. Zum aktuellen Stand siehe auch die Website der Autobahn GmbH unter https://www.autobahn.de (abgerufen am 14.08.2021, 09:33 Uhr).

[88] *Gröpl*, in: Maunz/Dürig, Art. 90 (Stand: 89. EL Okt. 2019), Rn. 127.

[89] Vgl. § 1 MgvG.

[90] Vgl. § 2 Nr. 6a MgvG. Für den zweigleisigen Ausbau der „Marschbahn" von Niebüll über Klanxbüll wurde am 23.10.2018 eine Petition mit 42.876 Unterstützenden an das Bundesverkehrsministerium und den Petitionsausschuss des Deutschen Bundestags gerichtet, vgl. https://www.openpetition.de/petition/online/endlich-zweigleisig-nach-sylt-marschbahnausbau-jetzt (abgerufen am 14.08.2021, 09:38 Uhr). Die dazugehörige Werbekampagne der Sylt Marketing Gesellschaft (SMG) sorgte für ein großes Medienecho, vgl. https://www.sylt.de/catapult-air.html (abgerufen am 14.08.2021, 09:38 Uhr).

bindungen. Vorhabenträger bleiben gem. § 3 Abs. 2 MgvG das EBA bzw. die Generaldirektion Wasserstraßen und Schifffahrt oder das Fernstraßen-Bundesamt, die auch das vorbereitende Verfahren nach § 4 MgvG durchführen, für das gem. § 4 Abs. 3 MgvG ergänzend zu den Regelungen des MgvG die allgemeinen Vorschriften über das Planfeststellungsverfahren aus § 73 VwVfG, nicht jedoch die fachgesetzlichen Spezialregelungen Anwendung finden. Die §§ 4–8 MgvG kombinieren Elemente des aus § 73 VwVfG bekannten Verfahrens der Öffentlichkeitsbeteiligung mit demjenigen nach §§ 15 ff. UVPG zu einem einheitlichen Prozedere. Mit der Durchführung betraut ist auch hier weiterhin die zuständige Behörde. Stellt sie während des Verfahrens fest, dass kein ausreichendes Beschleunigungspotenzial vorhanden ist, um die Zulassung per Maßnahmengesetz zu rechtfertigen, hat sie das Verfahren gem. § 7 Abs. 2 MgvG in ein Planfeststellungsverfahren zu überführen, wobei die diesbezügliche Letztentscheidungskompetenz beim BMVI liegt. Bis hierhin gleicht das gesamte Verfahren also in großen Teilen der Planfeststellung.[91]

Erst die Fertigstellung des Abschlussberichts nach § 8 MgvG markiert den Übergang des Verfahrens auf den Deutschen Bundestag. Dieser Bericht soll gem. § 8 Abs. 1 MgvG zwar inhaltlich einem Planfeststellungsbeschluss entsprechen, ist dabei aber „so zu erstellen, dass durch ihn die Entscheidung des Deutschen Bundestages nicht vorweggenommen wird. In ihm muss so weit wie möglich Raum für eigene Abwägungen des Gesetzgebers gelassen werden“, vgl. § 8 Abs. 3 MgvG a. E. Die Abwägung als zentrales Element der planerischen Gestaltungsfreiheit[92] soll also dem Bundestag überantwortet werden. Der Bundestag beschließt sodann auf Grundlage der vorstehend genannten Unterlagen das jeweilige Maßnahmengesetz, das nach Maßgabe des § 9 MgvG verkündet und den Betroffenen übersandt bzw. öffentlich bekanntgemacht wird. § 11 MgvG enthält schließlich einen Änderungsvorbehalt zugunsten der Bundesregierung im Wege der Rechtsverordnung. Auch die Behörde ist gem. § 13 MgvG in begrenztem Umfang zu Änderungen befugt, die nach den für die Planfeststellung geltenden Vorschriften durchgeführt werden müssen.

III. Europäische Vorgaben

Infrastrukturen überwinden – insbesondere innereuropäische – Grenzen, Energie wird grenzüberschreitend transportiert. Vor diesem Hintergrund überrascht es nicht, dass sich auch die EU-Kommission der Verwirklichung eines europäischen Energiebinnenmarktes verschrieben hat.[93] Deutschland kommt dabei aufgrund seiner

---

[91] *Reidt*, EurUP 2020, 86 (88).

[92] Dazu bereits oben unter B. I.

[93] BR-Drucks. 333/13, S. 4; *Fest/Operhalsky*, NVwZ 2014, 1190 (1190); *Guckelberger*, DVBl 2014, 805 (807); *Nettesheim*, in: Giegerich, Herausforderungen und Perspektiven der EU, S. 84; ausführlich zur Historie des EU-seitigen Engagements *Gundel*, in: Grabitz/Hilf/Nettesheim, Recht der EU, Art. 170 AEUV (Stand: 65. EL Aug. 2018), Rn. 1 ff.

zentralen Lage in Europa eine entscheidende Bedeutung nicht nur mit Blick auf Verbindungen zu den europäischen Nachbarländern, sondern auch auf innerdeutsche Verbindungen zu.[94] Die EU verfügt zwar nicht über eine entsprechende Kompetenz im Bereich der Energiepolitik,[95] gleichwohl hat sie 2013 auf Grundlage von Art. 171, 172 AEUV[96] die sogenannte TEN-E-VO zur transeuropäischen Energieinfrastruktur erlassen. Hier werden 140 Stromtrassenprojekte sowie weitere Projekte aus dem Bereich der Gas-, CO_2- und Ölpipelines als Vorhaben von gemeinsamem Interesse (Projects of Common Interest – PCI) festgelegt.[97] Orientiert hat sich die Kommission dabei an der Schaffung des Natura 2000-Netzes auf Grundlage der FFH- und Vogelschutzrichtlinie.[98] Langwierige Umsetzungsprobleme in diesen Bereichen veranlassten die Kommission jedoch, hier auf eine direkte Festlegung der Projekte auf europäischer Ebene umzusteigen.[99] Die Erstellung des europäischen Energiebedarfsplans verläuft dabei ähnlich wie das Verfahren nach den §§ 12a – 12e EnWG.[100]

Konfliktfelder mit dem deutschen Planungssystem ergeben sich vor allem in zwei Bereichen: Zum einen enthält die TEN-E-VO abweichend vom Grundsatz der Verfahrensautonomie der Mitgliedstaaten[101] ein eigenständiges Genehmigungsverfahren, das zwar gem. Art. 8 TEN-E-VO von den Mitgliedstaaten zu konkretisieren ist[102] und in der deutschen Energieleitungsplanung bereits im Wesentlichen seine Entsprechung findet.[103] Es setzt jedoch zeitliche Obergrenzen für die Dauer der jeweiligen Planungsstufen fest.[104] Diese engen Vorgaben von beispielsweise acht-

---

[94] *Appel*, UPR 2011, 406 (407); *Fest/Operhalsky*, NVwZ 2014, 1190 (1194). Dass die Leitung grenzüberschreitend verläuft ist nämlich keine zwingende Voraussetzung für eine Priorisierung nach der TEN-E-VO, dazu *Kistner*, EnWZ 2014, 405 (407).

[95] *Fest/Operhalsky*, NVwZ 2014, 1190 (1191).

[96] Ob die EU tatsächlich auf Grundlage des Art. 171, 172 AEUV zum Erlass der Verordnung berechtigt war, ist jedoch umstritten. Positiv die EU-Kommission selbst: KOM(2011) 658 endg., S. 9; kritisch: *Guckelberger*, DVBl 2014, 805 (808); *Nettesheim*, in: Giegerich, Herausforderungen und Perspektiven der EU, S. 77 (98 f.). Vor allem aber die Rechtsform der Verordnung wird als problematisch angesehen: *Armbrecht*, DVBl 2013, 479 (482 ff.); *Gärditz*, Europäisches Planungsrecht, S. 26 f.; *Giesberts/Tiedge*, NVwZ 2013, 836 (839 f.); *Nettesheim*, in: Giegerich, Herausforderungen und Perspektiven der EU, S. 77 (99 f.); *Reichert/Voßwinkel*, IR 2012, 98 (100); *Strobel*, ZEuS 2013, 167 (183 ff.); *Vogt/Maaß*, RdE 2013, 151 (158 f.).

[97] *Fest/Operhalsky*, NVwZ 2014, 1190 (1191).

[98] *Fest/Operhalsky*, NVwZ 2014, 1190 (1194).

[99] Vgl. *Fest/Operhalsky*, ebd. und die entsprechende Liste der transeuropäischen Energienetze im Anhang zur Entscheidung des Europäischen Parlaments und des Rates der Europäischen Union Nr. 1364/2006 vom 06. 09. 2009.

[100] *Fischerauer*, EnWZ 2013, 56 (58); *Kistner*, EnWZ 2014, 405 (408).

[101] Zu dieser Problematik *Guckelberger*, DVBl 2014, 805 (808); *Nettesheim*, in: Giegerich, Herausforderungen und Perspektiven der EU, S. 77 (101 ff.); *Strobel*, ZEuS 2013, 167 (212 f.)

[102] Dazu *Guckelberger*, DVBl 2014, 805 (808); *Reichert*, IR 2012, 98 (100); *Schadtle*, ZNER 2013, 126 (130).

[103] *Fest/Operhalsky*, NVwZ 2014, 1190 (1194).

[104] *Fest/Operhalsky*, NVwZ 2014, 1190 (1192).

zehn Monaten für die Bundesfachplanung[105] dürften in der Realität kaum umzusetzen sein.[106] Welche Konsequenzen ein Verstoß gegen diese Fristvorgaben hat, ist jedoch bisher nicht abschließend geklärt.[107]

Zum anderen wird die europäische Netzentwicklungsplanung zwar in Kooperation mit den Mitgliedstaaten und auf Basis der nationalen Planungen entwickelt. [108] Innerhalb des Zwei-Jahres-Rhythmus bis zur nächsten Fortschreibung haben die Mitgliedstaaten jedoch keinen Zugriff auf die Unionslisten, selbst wenn sie – wie bis 2015 auch in Deutschland – jährliche Planungen durchführen. Entsprechend wurde der in § 12a Abs. 1 S. 1 EnWG vorgesehene Turnus im Dezember 2015 von einem auf zwei Jahre angepasst.[109] Derzeit sind zwar alle in der TEN-E-VO vorgesehenen Projekte ohnehin in den nationalen Bedarfsplanungen vorgesehen.[110] Theoretisch erscheint es jedoch denkbar, dass ein Vorhaben allein aufgrund der europäischen Festsetzungen gebaut werden muss, wenn es – europarechtswidriger Weise, da die TEN-E-VO zur Aufnahme des Vorhabens in den BBPl zwingt[111] – auf nationaler Ebene wieder aus dem BBPl gestrichen wurde.[112] Denn Streichungswünsche aus rein politischen Gründen sind in der Systematik der TEN-E-VO nicht vorgesehen.[113] Zudem greifen die aktuellen europäischen Planungen unter dem Titel „E-Highway 2050" den nationalen Planungen teilweise auch bereits vor.[114] Hier wird der deutsche BBPl im jeweiligen Einzelfall entsprechend anzupassen sein.[115]

[105] Art. 10 TEN-E-VO sieht für das Genehmigungsverfahren zwei Schritte vor: Eine indikative Frist von zwei Jahren zwischen Beginn des Genehmigungsverfahrens und Annahme der eingereichten Unterlagen und eine Frist von weiteren 18 Monaten für den formalen Genehmigungsabschnitt zwischen Annahme der Unterlagen und Ergehen einer abschließenden Entscheidung, was hier der relevante Zeitraum für das Verfahren der Bundesfachplanung sein dürfte.

[106] So im Ergebnis auch *Armbrecht*, DVBl 2013, 479 (481); *Fest/Operhalsky*, NVwZ 2014, 1190 (1194); *Giesberts/Tiedge*, NVwZ 2013, 836 (839).

[107] *Fischerauer*, EnWZ 2013, 56 (60); *Frey*, ZeUS 2013, 19 (35); *Guckelberger*, DVBl 2014, 805 (810 f.).

[108] Vgl. die Beschreibung des Auswahlverfahrens bei *Fischerauer*, EnWZ 2013, 56 (58).

[109] *BNetzA*, Umweltbericht zur Bedarfsermittlung 2019–2030, S. 17.

[110] Vgl. Delegierte Verordnung (EU) 2018/540 der Kommission vom 23. November 2017 zur Änderung der Verordnung (EU) NR. 247/2013 des Europäischen Parlaments und des Rates in Bezug auf die Unionsliste der Vorhaben von gemeinsamem Interesse.

[111] BT-Drucks. 17/14131, S. 1; *Giesberts/Tiedge*, NVwZ 2013, 836 (839).

[112] *Fest/Operhalsky*, NVwZ 2014, 1190 (1194).

[113] *Fest/Operhalsky*, NVwZ 2014, 1190 (1196).

[114] Weitere Informationen zum Stand des von der Deutschen Energie-Agentur GmbH (dena) durchgeführten Forschungsprojekts „E-Highway 2050" im Factsheet „e-Highway2050. Modular Development Plan oft the Pan-European Transmission System 2050", abrufbar unter https://www.dena.de/fileadmin/dena/Dokumente/Pdf/9013_MOB_Brochure_ehighway2050_englisch.pdf (abgerufen am 14.08.2021, 09:39 Uhr).

[115] So im Ergebnis wohl *Fest/Operhalsky*, NVwZ 2014, 1190 (1193).

Implikationen für die nationalen Planungsverfahren hat die TEN-E-VO außerdem in einem weiteren Bereich: Während sich Anforderungen an die Öffentlichkeitsbeteiligung im deutschen Recht nur aus dem VwVfG bzw. den umweltrechtlichen Vorschriften des UVPG ergeben, enthält die TEN-E-VO eigene umfangreiche Vorgaben zur Öffentlichkeitsbeteiligung unabhängig von jeglichen umweltrechtlichen Bezügen.[116] Jedenfalls für in der europäischen Bedarfsliste aufgeführte Vorgaben dürfte sich also jegliche Diskussion erübrigen, ob die Öffentlichkeitsbeteiligung allein auf den umweltrelevanten Teil der Planung[117] – so ein solcher denn überhaupt abzugrenzen ist – reduziert werden kann.

Auch im Verkehrsbereich ist die Idee transeuropäischer Netze schon länger bekannt: Bereits durch den Vertrag von Maastricht 1992 wurde sie – als Reaktion auf den zunehmenden inneuropäischen Transitverkehr – in den damaligen EG-Vertrag aufgenommen.[118] Heute basiert die TEN-Verordnung auf Art. 171 AEUV und wurde zuletzt 2013 neu gefasst.[119] Ergänzt wird sie von der Richtlinie RL 2008/57/EG zur Interoperabilität des Eisenbahnsystems. Gegenüber der Bedarfsfestlegung für Energieleitungen auf Basis der TEN-E-VO kommt der TEN-VO jedoch geringeres Gewicht zu. Sie stellt keine eigenständige europäische Planungsstufe dar.[120] Zwar impliziert der weiterhin verwandte Begriff der Leitlinien[121] missverständlich eine Unverbindlichkeit, die aufgrund des inzwischen gewählten Verordnungscharakters tatsächlich nicht gegeben ist.[122] Geschuldet ist hier jedoch nur ein Bemühen der Mitgliedstaaten um den entsprechenden Erfolg.[123] Zusätzlich kommt den Mitgliedstaaten bei der Umsetzung ein weiter Beurteilungsspielraum zu.[124] Inhaltlich stellt die TEN-VO auch nicht in vergleichbar konkreter Weise wie die TEN-E-VO den Bedarf bestimmter PCI fest, sondern beschränkt sich auf die Festlegung von Kernnetzkorridoren als zentrale europäische Verbindungslinien.[125] In ihrer Impli-

---

[116] Dazu ausführlich *Fischerauer*, EnWZ 2013, 56 (61).

[117] Dazu bereits oben unter B. II. 1. b).

[118] *Marschall*, in: ders., FStrG, Vor §§ 16 ff., Rn. 47.

[119] Durch die Verordnung (EU) Nr. 1315/2013 des Europäischen Parlaments und des Rates vom 11. Dezember 2013 über Leitlinien der Union für den Aufbau eines transeuropäischen Verkehrsnetzes und zur Aufhebung des Beschlusses Nr. 661/2010/EU (ABl- L 348/1).

[120] Vgl. *Marschall*, in: ders., FStrG, Vor §§ 16 ff., Rn. 47.

[121] Zur Diskussion um die Rechtsform der Leitlinien: *Bogs*, Die Planung transeuropäischer Verkehrsnetze, S. 138 ff.; *Gundel*, in: Grabitz/Hilf/Nettesheim, Recht der EU, Art. 171 AEUV (Stand: 65. EL Aug. 2018), Rn. 2 f.; *Schröder*, in: Streinz, EUV/AEUV, Art. 171, Rn. 4.

[122] *Frenz/Ehlenz*, IR 2010, 173 (174); *Voet van Vormizeele*, in: Schwarze/Becker/Hatje/Schoo, EU-Kommentar, Art. 171 AEUV, Rn. 6; zur Kritik um die Wahl der Verordnung als Umsetzungsmittel: *Reichert/Nader*, IR 2012, 34 (36).

[123] *Calliess*, in: Calliess/Ruffert, EUV/AEUV, Art. 171 AEUV, Rn. 5; *Voet van Vormizeele*, in: Schwarze/Becker/Hatje/Schoo, EU-Kommentar, Art. 171 AEUV, Rn. 6.

[124] *Epiney/Gruber*, Verkehrsrecht in der EU, S. 348 ff.; *Schröder*, in: Streinz, EUV/AEUV, Art. 171 AEUV, Rn. 7.

[125] Vgl. Art. 42 TEN-VO; dazu *Gundel*, in: Grabitz/Hilf/Nettesheim, Recht der EU, Art. 171 AEUV (Stand: 65. EL Aug. 2018), Rn. 17.

kation für die weitere Planung sind die TEN-Vorgaben daher nicht mit den europäischen Vorgaben im Energieleitungsbereich vergleichbar.

IV. Bindungswirkungen und Fehlerbehebungsinstrumente

Mit Blick auf die hier hauptsächlich interessierenden Rechtsschutzmöglichkeiten ist zudem von zentraler Bedeutung, inwiefern Bindungswirkungen zwischen den einzelnen Planungsebenen bestehen und ob die nachfolgenden Planungsbehörden über Fehlerbehebungsinstrumente verfügen. Denn ob das vorhandene Rechtsschutzsystem völker- und europarechtlichen Anforderungen entspricht, wird sich (auch) danach entscheiden, inwiefern dieses System eine effektive Kontrolle vorheriger Planungsentscheidungen ermöglicht.

1. Bedarfsplanung

a) Verkehrsinfrastrukturen

Der Verbindlichkeitsgrad des BVWP ist nicht gesetzlich geregelt,[126] er entfaltet keine unmittelbare Bindungswirkung.[127] Dies trifft erst auf die Ausbaugesetze bzw. die dort als Anlage enthaltenen fachbereichsspezifischen Bedarfspläne zu. Sie sind sowohl für die nachfolgende Linienbestimmung als auch für die Planfeststellung verbindlich.[128] Die Bindungswirkung gilt vor allem für die Festlegung der Netzverknüpfungspunkte,[129] aber auch für sonstige bereits getroffene planerische Festlegungen.[130] Für das Planfeststellungsverfahren ist vor allem die verbindliche Feststellung der Planrechtfertigung relevant.[131] Im Fall der Schienenwegeplanung konzentrieren sich durch den Entfall der Linienbestimmung sogar sämtliche Bindungswirkungen auf die Planfeststellung.[132] Für alle Verkehrsinfrastrukturen gilt, dass die nachfolgenden Behörden keine Möglichkeit mehr haben, die Bedarfsfest-

---

[126] *Wulfhorst*, DVBl 2012, 466 (467).

[127] *Appel*, in: Säcker, Energierecht, Vor § 1 BBPlG, Rn. 34.

[128] *Sauthoff*, in: Ziekow, Handbuch des Fachplanungsrechts, § 11, Rn. 18.

[129] Vgl. BVerwG, Urt. v. 11.01.2001 – 4 A 13.99, juris Rn. 32; BVerwG, Urt. v. 12.12.1996 – 4 C 29.94 = BVerwGE 102, 331, juris Rn. 47; *Maaß/Vogt*, in: dies., FStrAbG, § 1, Rn. 40.

[130] Etwa die Anzahl der Fahrstreifen oder der Gleise, dazu bereits oben unter B.II.1.b).

[131] Für den Schienenwegeausbau: *Appel*, in: Säcker, Energierecht, Vor § 1 BBPlG, Rn. 34.; *Seegmüller*, in: Ziekow, Handbuch des Fachplanungsrechts, § 12, Rn. 3; für die Fernstraßenplanung: BVerwG, Beschl. v. 30.07.2008 – 9 VR 8.08, juris Rn. 5; BVerwG, Urt. v. 17.01.2007 – 9 A 20.05 = BVerwGE 128, 1, juris Rn. 23; *Marschall*, in: ders.: FStrG, Vor §§ 16 ff., Rn. 51; für die Energieleitungsplanung: *Keienburg*, in: Theobald/Kühling, Energierecht, § 18 NABEG (Stand: 104. EL Dez. 2019), Rn. 29.

[132] Vgl. *Appel*, in: Säcker, Energierecht, Vor § 1 BBPlG, Rn. 35.

legung durch Abwägung oder anderweitige Fehlerbehebungsinstrumente zu überwinden oder zu korrigieren.[133] Ebensowenig können sie einen im BVWP festgelegten Anfangs- oder Endpunkt schlicht unberücksichtigt lassen.[134] Für den Verkehrsbereich ist diese Bindungswirkung in § 1 Abs. 2 S. 2 FStrAbG, § 1 Abs. 2 WaStrAbG und § 1 Abs. 2 BSWAG gesetzlich normiert. Eigene planerische Gestaltungsmöglichkeiten verbleiben den nachfolgenden Behörden also lediglich innerhalb dieser bereits getroffenen Festlegungen.[135]

Es bleibt die Frage, auf welches der beiden Elemente – BVWP oder fachbereichsspezifische Bedarfspläne als Teil der Ausbaugesetze – für die weitere Untersuchung abzustellen ist. Infolge der grundsätzlich bestehenden Änderungskompetenz des Parlaments muss die gesetzliche Bedarfsfestlegung zwar nicht vollständig deckungsgleich mit dem BVWP sein.[136] Angesichts der umfangreichen Planungsleistung und zahlreicher Vorentscheidungen erscheint jedoch fraglich, inwieweit von einer wirklich freien Entscheidung des Deutschen Bundestags gesprochen werden kann.[137] *Köck* wendet deshalb ein, die gesetzliche Bedarfsplanung sei auf eine „notarielle Beurkundungsfunktion"[138] reduziert, da das Parlament faktisch keine Möglichkeit habe, Bedarfsfestlegungen wie die des BVWP oder NEP zu kontrollieren.[139] Dafür sprechen auch die Zahlen zur Bundesverkehrswegeplanung 2030. Zwar wurde das Investitionsvolumen im parlamentarischen Verfahren zu den Ausbaugesetzen gegenüber den im BVWP vorgesehenen Mitteln nochmals um 1,3 Mrd. Euro erhöht.[140] Gegenüber einem Gesamtinvestitionsvolumen von rund 270 Mrd. Euro[141] bedeutet dies jedoch lediglich eine Erhöhung um etwa 0,5 Prozent. Gestrichen wurde demgegenüber keines der im BVWP vorgesehenen Projekte.

---

[133] Zur Fernstraßenplanung so BVerwG, Urt. v. 18.06.1997 – 4 C 3.95, juris Rn. 16f.; differenzierend hinsichtlich des verbleibenden Spielraums der Planfeststellungsbehörde BVerwG, Urt. v. 12.12.1996 – 4 C 29.94 = BVerwGE 102, 331, juris Rn. 47; *Sauthoff*, in: Ziekow, Handbuch des Fachplanungsrechts, § 11, Rn. 18.

[134] BVerwG, Urt. v. 15.01.2004 – 4 A 11.02 = BVerwGE 120, 1, juris Rn. 18; BVerwG, Urt. v. 12.12.1996, 4 C 29.94 = BVerwGE 102, 331, juris Rn. 47.

[135] Vgl. BVerwG, Urt. v. 15.01.2004, 4 A 11.02 = BVerwGE 120, 1, juris Rn. 18; BVerwG, Urt. v. 12.12.1996 – 4 C 29.94 = BVerwGE 102, 331, juris Rn. 47; BVerwG, Urt. v. 21.03.1996 – 4 C 19.94 = BVerwGE 100, 370, juris Rn. 44.

[136] *BMVI*, BVWP 2030, S. 7.

[137] So zur Annahme des NEP in Form des BBPlG *Hermes*, ZUR 2014, 259 (266), der diesbezüglich die fehlende demokratische Legitimation der BNetzA für solch weitgreifende Vorgaben kritisiert.

[138] *Köck*, ZUR 2016, 579 (588).

[139] *Köck*, ebd.

[140] Vgl. die Übersicht zum weiteren Prozess der Umsetzung von Verkehrsinfrastrukturprojekten nach dem BVWP unter https://www.bmvi.de/DE/Themen/Mobilitaet/Infrastrukturplanung-Investitionen/Bundesverkehrswegeplan-2030/bundesverkehrswegeplan-2030.html (abgerufen am 14.08.2021, 09:41 Uhr).

[141] *BMVI*, BVWP 2030, S. IV.

Auch, wenn das Parlament zwar tatsächlich nicht zur Übernahme des BVWP in die Bedarfsgesetze gezwungen ist, zeigt sich so doch zumindest eine *faktische* Bindungswirkung, die angesichts der bei der zuständigen Behörde und gerade nicht im Bundestag gebündelten Fachkompetenz sogar wünschenswert erscheint. Primärer Untersuchungsgegenstand soll unter der Prämisse weitgehender Übereinstimmung mit dem Ergebnis des Gesetzgebungsverfahrens daher im Folgenden der BVWP selbst sein.

b) Energieinfrastrukturen

Ähnlich gestaltet sich die Situation in der Energieleitungsplanung. Auch bei Erlass bzw. Änderung des BBPlG ist der Gesetzgeber in seiner Entscheidung grundsätzlich frei und nicht an den auf dem NEP basierenden Entwurf gebunden.[142] Bei der Verabschiedung des ersten BBPlG 2013 erfolgte bei Überführung des Entwurfs der BNetzA in Gesetzesform allerdings praktisch keine eigenständige Auseinandersetzung mit der Projektauswahl.[143] Zwar änderte sich das diesbezügliche Bewusstsein des Gesetzgebers in der Folge rasch, sodass bei der ersten Änderung des BBPlG im Dezember 2015 gegenüber den Vorschlägen des NEP 2014 ein Projekt gänzlich gestrichen und ein Netzverknüpfungspunkt verschoben wurden.[144] Dabei handelte es sich jedoch im Falle der Streichung um das Nachgeben gegenüber einer (politischen) Einzelinitiative des Landes Thüringen, im Falle der Ortsveränderung um die Wahl einer ohnehin bereits durch die BNetzA geprüften und zur Disposition des Gesetzgebers gestellten Alternative.[145] Im Rahmen der letzten Änderung des BBPlG wurden bis auf die Ausweisung einer Leerrohrmöglichkeit für das Vorhaben Wolmirstedt – Isar gar keine Änderungen des BBPl vorgenommen.[146] Auch hier erscheint es daher sachgerecht, den BBPl in den Fokus der weiteren Untersuchung zu stellen.[147] Von der Feststellung der energiewirtschaftlichen Notwendigkeit und des

---

[142] *Appel*, UPR 2011, 406 (408); *Moench/Ruttloff*, NVwZ 2011, 1040 (1042); *Schink*, in: FS Jarass, S. 483 (487).

[143] Vgl. den Gesetzentwurf zum BBPlG, in dem die Bundesregierung weitgehend auf die Auswahl der Vorhaben durch die Bundesnetzagentur verweist: BT-Drucks. 17/12638, S. 18; zurecht dahingehend die Kritik von *Hermes*, ZUR 2014, 259 (266).

[144] So wurden das gesamte Projekt 44 mit den Maßnahmen M28a Netzverstärkung Altenfeld – Schalkau und M28b Netzausbau Schalkau – Grafenrheinfeld nicht in das BBPlG übernommen und der südliche Netzverknüpfungspunkt der Maßnahme D18 Wolmirstedt – Gundremmingen im Korridor D auf einen anderen Ort verschoben: vgl. *BNetzA*, Bestätigung des Netzenwicklungsplans Strom 2024, S. 8 gegenüber der Anlage zum BBPlG, neu eingefügt mit Wirkung zum 31.12.2015 durch Gesetz vom 21.12.2015 (BGBl. I S. 2490), sowie BT-Drucks. 18/6909, S. 46; dazu *Appel*, in: Säcker, Energierecht, Vor § 1 BBPlG, Rn. 24.

[145] Vgl. *Appel*, ebd.

[146] Vgl. die Kennzeichnung „H" zu Vorhaben Nr. 5, Anl. BBPlG, Sp. 3.

[147] Gegenüber der Bundesverkehrswegeplanung ergeben sich dabei insofern begriffliche Unterschiede, als dass der Bundesbedarfsplan eigentlich die Parallele zu den fachbereichsspezifischen Bedarfsplänen gemäß den Anlagen zu den Ausbaugesetzen darstellt. Anders als beim BVWP wird der NEP jedoch „automatisch" zum Entwurf des BBPl, sobald er der

vordringlichen Bedarfs können die zuständigen Behörden bei Durchführung der Bundesfachplanung und Planfeststellung ebensowenig abweichen wie im Verkehrsbereich. Noch einschneidendere Bindungswirkungen ergeben sich, wenn das Projekt gleichzeitig in der TEN-E-VO als PCI aufgeführt ist. Denn auch die TEN-E-VO enthält weder Anpassungs- oder Fehlerbehebungsinstrumente noch entsprechende Fristen.[148]

2. Korridorplanung

Auf Ebene der Korridorplanung hingegen ergeben sich große Unterschiede zwischen den Verkehrs- und Energieinfrastrukturen.

a) Raumordnungsverfahren

Der Tatsache entsprechend, dass das Raumordnungsverfahren keine eigene fachplanerische Entscheidung trifft, haben die Fachplanungsbehörden sein Ergebnis – sofern der Trassenverlauf nicht ausnahmsweise als Ziel der Raumordnung festgelegt wird – lediglich gem. § 4 i. V. m. § 3 Abs. 1 Nr. 4 ROG als sonstiges Erfordernis der Raumordnung zu berücksichtigen. Es entfaltet also nur eine eingeschränkte Bindungswirkung.[149] Zwar muss die nachfolgende Behörde – hier das BMVI im Verfahren der Linienbestimmung – das Ergebnis in die Abwägung mit einstellen und wird regelmäßig den dort unterbreiteten Vorschlag zum Trassenverlauf übernehmen,[150] eine strikte Bindung besteht jedoch nicht.[151] Letztlich kann sie sich über die im Raumordnungsverfahren gefundene Entscheidung hinwegsetzen.[152]

Bundesregierung übermittelt wird, vgl. *BNetzA*, Umweltbericht zur Bedarfsermittlung 2019–2030, S. 40. Änderungen durch das parlamentarische Verfahren finden allenfalls nach der Übermittlung und vor Verabschiedung des BBPlG statt, nicht aber wie in der Verkehrswegeplanung schon bei Aufstellung der fachbereichsspezifischen Bedarfspläne. Auch § 35 Abs. 1 Nr. 1 i. V. m. Anl. 5 Nr. 1 UVPG setzt mit Blick auf die im weiteren Verlauf vor allem interessierenden Umweltprüfungen den BBPl und nicht den NEP auf eine Stufe mit dem BVWP. Für die weitere Untersuchung stellt auch diese Arbeit daher begrifflich stets auf den BBPl ab.

[148] Vgl. *Fest/Operhalsky*, NVwZ 2014, 1190 (1194).

[149] *Appold*, in: FS Hoppe, S. 21 (28); *Bunge*, in: Storm/Bunge, HdUVP, 0540 (Stand: Lfg. 1/12), S. 33 f.; *Engel*, in: Rosin, Praxiskommentar zum EnWG, §§ 43 bis 43h EnWG (Stand: 07/2015), Rn. 31.

[150] *Wagner*, NVwZ 1992, 232 (233).

[151] *Henning/Lühmann*, UPR 2012, 81 (83); zur Unterscheidung zwischen dem Ergebnis eines Raumordnungsverfahrens und der Aufstellung verbindlicher Ziele der Raumordnung BVerwG, Beschl. v. 30.08.1995 – 4 B 86.95, juris Rn. 6.

[152] *Schmitz/Uibeleisen*, Netzausbau, Rn. 201.

b) Linienbestimmung

Auch das Ergebnis des Linienbestimmungsverfahrens hat mangels Gesetzescharakters nur behördeninterne Bindungswirkung.[153] Es erlangt rechtliche Verbindlichkeit gegenüber dem Träger der Straßenbaulast und Dritten erst, wenn seine Bestimmungen durch den Planfeststellungsbeschluss bzw. das Maßnahmengesetz umgesetzt werden.[154] Daher kann der Linienbestimmung am ehesten der Charakter einer „– vorbereitende[n] – Grundentscheidung“[155] zugesprochen werden. Anders als im Bereich der Bauleitplanung ist die Entscheidung des Linienbestimmungsverfahrens jedoch nicht unabdingbar und auch kein Rechtmäßigkeitskriterium der nachfolgenden Planfeststellung.[156] Der Planfeststellungsbeschluss muss den rechtlichen Anforderungen genügen, auch wenn die Linienbestimmung fehlerhaft war.[157] Geringe Abweichungen von der Linienbestimmung bedürfen dabei sogar gar keiner erneuten Auseinandersetzung.[158]

c) Bundesfachplanung

Anders gestaltet sich die Lage für Vorhaben, die dem NABEG unterfallen: Gem. § 15 Abs. 1 S. 1 NABEG ist die Entscheidung der Bundesfachplanung für das nachfolgende Planfeststellungsverfahren verbindlich. Das gilt insbesondere mit Blick auf die Festlegung des Trassenkorridors, die geprüften Alternativen und die Raumverträglichkeit.[159] Gegenüber dem vorherigen Planungsweg über die Festlegung des Trassenverlaufs als Ziel der Raumordnung mit korrelierendem Raumordnungs- und anschließendem Planfeststellungsverfahren können sich „raumordnungsexterne“ Belange auch bei erheblicher Gewichtigkeit nun nicht mehr gegen die auf der höheren Planungsstufe getroffene Standortwahl durchsetzen. Fehlerbehebungsinstrumente stehen der Planfeststellungsbehörde nach dem NABEG nicht zur

---

[153] BVerwG, Urt. v. 14.02.1975 – IV C 21.74 = BVerwGE 48, 56, juris Rn. 33; *Neumann/Külpmann*, in: Stelkens/Bonk/Sachs, § 72 VwVfG, Rn. 67.

[154] BVerwG, Beschl. v. 22.06.1993 – 4 B 45.93, juris Rn. 12; BVerwG, Urt. v. 26.06.1981 – 4 C 5.78 = BVerwGE 62, 342, juris Rn. 13; *Neumann/Külpmann*, ebd.

[155] BVerwG, Urt. v. 14.02.1975 – IV C 21.74 = BVerwGE 48, 56, juris Rn. 33; zu den Schwierigkeiten der Einordnung in bekannte rechtliche Kategorien *Ibler*, DVBl 1989, 76 (79 ff.).

[156] BVerwG, Urt. v. 29.01.2001 – 4 B 87.00, juris Rn. 4; BVerwG, Beschl. v. 15.05.1996 – 11 VR 3.96, juris Rn. 7; *Marschall*, in: ders., FStrG, § 16, Rn. 6.

[157] BVerwG, Urt. v. 23.04.2014 – 9 A 15.12 = BVerwGE 149, 289, juris Rn. 19; *Neumann/Külpmann*, in: Stelkens/Bonk/Sachs, § 72 VwVfG, Rn. 67.

[158] So ist für die Durchführung einer korridorübergreifenden FFH-Verträglichkeitsprüfung bspw. kein erneutes Linienbestimmungsverfahren erforderlich: BVerwG, Urt. v. 28.03.2013 – 9 A 22.11 = BVerwGE 146, 145, juris Rn. 20. Selbiges gilt für Abweichungen um wenige hundert Meter: *Marschall*, in: ders., FStrG, § 16, Rn. 7.

[159] *Appel*, UPR 2011, 406 (409).

Verfügung.[160] Bei planerischen Abwägungsmängeln wird ihr teilweise eine eigenständige Befugnis zur Modifikation des Trassenkorridors zugesprochen,[161] ebenso bei habitat- oder artenschutzrechtlichen Verstößen[162]. Der eindeutige Wortlaut sowie die Gesetzesbegründung[163] sprechen jedoch dafür, dass Mängel in der Bundesfachplanung zwingend auf die Ebene der Planfeststellung durchschlagen.[164] Treten diese Mängel im Laufe des Planfeststellungsverfahrens zutage, muss separat eine Änderung der Bundesfachplanung – in der Regel wohl im vereinfachten Verfahren nach § 11 NABEG[165] – durchgeführt werden.[166] Zwar wird dieser Umstand in der Praxis teilweise relativiert durch die Tatsache, dass die BNetzA für Vorhaben nach dem NABEG sowohl die Bundesfachplanung als auch die Planfeststellung durchführt. Die formelle Einleitung eines neuen Verfahrens bleibt aber dennoch notwendig.

V. Umweltprüfungen im System der Infrastrukturplanung

1. Begriff und Charakteristika der Umweltprüfungen

Begleitet wird die Infrastrukturplanung schließlich auf sämtlichen Ebenen von korrespondierenden Umweltprüfungen. Auch im Hinblick auf die Untersuchung von Umweltauswirkungen stellt sich zunächst die Frage, was unter den Begriff der „Umweltprüfungen“ zu subsumieren ist. Das UVPG versteht darunter gem. § 2 Abs. 8 UVPG die Umweltverträglichkeitsprüfung (UVP) und die Strategische Umweltprüfung (SUP). Beide Prüfungen haben ihren Ursprung im Unionsrecht und fanden durch die UVP-Richtlinie von 1985 und die SUP-Richtlinie von 2001 Eingang in die Rechtsordnungen der Mitgliedstaaten. Ihr Hauptanliegen ist die frühzeitige und systematische Ermittlung und Bewertung von Umweltauswirkungen, um deren Berücksichtigung im weiteren Planungsverlauf sicherzustellen.[167] Dabei

---

[160] *Buschbaum/Reidt*, RdE 2015, 385 (392); *de Witt/Durinke*, ER 2016, 22 (25); *Durner*, NuR 2012, 369 (372).

[161] *Calliess/Dross*, JZ 2012, 1002 (1007); *Moench/Ruttloff*, NVwZ 2011, 1040 (1043); *Wagner*, DVBl 2011, 1453 (1458).

[162] *Appel/Rietzler*, NuR 2017, 227 (237).

[163] BT-Drucks. 18/4655, S. 38; BT-Drucks. 17/6073, S. 27.

[164] Vgl. *Appel*, UPR 2011, 406 (413 f.); *de Witt/Durinke*, ER 2016, 22 (28).

[165] Ausführlich dazu: *Buschbaum/Reidt*, RdE 2015, 385 (393 f.).

[166] *de Witt/Durinke*, ER 2016, 22 (28); *Dippel/Hamborg*, I+E 2014, 248 (255); *Lau*, in: BNetzA, Tagungsband Wissenschaftsdialog 2016, S. 30 (30); *Leidinger*, DVBl 2014, 683 (691); *Ruge*, ER 2016, 154 (156); *Sangenstedt*, in: Steinbach/Franke, Netzausbau, § 15 NABEG, Rn. 23.

[167] Vgl. den Wortlaut des § 3 UVPG; zur SUP dahingehend *BMVI*, Umweltbericht zum BVWP 2030, S. 2; *BNetzA*, Umweltbericht zur Bedarfsermittlung 2019–2030, S. 1; *Schink*, NVwZ 2005, 615 (616); zur UVP dahingehend *Beckmann*, ZUR 2014, 541 (541); *Erbguth*, ZUR 2014, 515 (516); *Meßerschmidt*, Europäisches Umweltrecht, § 8, Rn. 1.

fungieren beide Prüfungen gem. § 33 UVPG bzw. § 4 UVPG als unselbstständige Verfahrenselemente und werden stets in ein Trägerverfahren integriert. Maßgeblich sind also die übergreifenden fachgesetzlichen Vorschriften in Verbindung mit den SUP- und UVP-Regelungen, hinter denen Erstere nicht zurückbleiben dürfen.[168]

Aber auch vor der umfangreichen Europäisierung des Umweltrechts war die Prüfung von Umweltbelangen bereits Bestandteil einer jeden Planungsentscheidung nach dem VwVfG respektive dem jeweiligen Fachrecht. Umweltbelange wurden und werden als Teil des Abwägungsmaterials ermittelt und in die Abwägung eingestellt. Um ein formalisiertes Prüfverfahren wie das der UVP und SUP handelt es sich bei dieser Herangehensweise jedoch nicht. Zudem liegt den europäischen Umweltprüfungen im Unterschied zum traditionellen deutschen Verständnis keine mediale[169], sondern eine querschnittsartige, integrative Sichtweise zugrunde.[170] Während die UVP schwerpunktmäßig auf konkret projektbezogenen Planungsstufen zum Einsatz kommt, verfolgt die SUP das Ziel, bereits auf hochstufigen Planungsebenen Konflikte zu identifizieren und Lösungen zu erarbeiten.[171] Zentral für beide Umweltprüfungen sind umfangreiche Partizipationsmöglichkeiten. Auch wenn die europäischen Umweltprüfungen inzwischen die Hauptrolle spielen, so wurden die traditionellen Instrumente des deutschen Verwaltungsrechts nicht durch sie ersetzt, sondern treten zu ihnen hinzu und sind daher stets ergänzend zu berücksichtigen.

UVP und SUP werden, ebenfalls basierend auf europäischen Vorgaben, außerdem von anderen Umweltprüfungen im weiteren Sinne ergänzt: Weniger integrativ als die zuvor genannten agiert die FFH-Verträglichkeitsprüfung. Sie ist allein auf die Natura 2000-Gebiete ausgerichtet, also die nach der FFH-Richtlinie und Vogelschutzrichtlinie geschützten Lebensräume.[172] Inhaltlich ist die FFH-Verträglichkeitsprüfung jedoch eng mit SUP und UVP verknüpft.[173] Sie ist ebenso unselbstständiges

[168] Zur UVP: *Ziekow*, Handbuch des Fachplanungsrechts, § 2, Rn. 129; zur SUP: *Hendler*, NVwZ 2005, 977 (979).

[169] Allgemein zu den sich gegenüberstehenden Schutzkonzepten im Umweltrecht: *Reese*, ZUR 2010, 339 (339 ff.); kritisch zur Entscheidung für ein integratives Umweltrecht in der Diskussion um die Einführung eines deutschen Umweltgesetzbuches so etwa *Di Fabio*, NVwZ 1998, 329 (337); befürwortend: *Wahl*, NVwZ 2000, 502 (503 f.); zur Diskussion zusammenfassend *Wolf/von Danwitz/Seitz* u. a., JZ 1993, 82 (83 f.).

[170] *Bunge*, in: Storm/Bunge, HdUVP, 0100 (Stand: Lfg. 3/08), S. 2 f.; *Kahl/Gärditz*, Umweltrecht, § 4, Rn. 42 ff.

[171] Vgl. zur Gegenüberstellung der beiden Prüfungen *Appel*, in: Säcker, Energierecht, § 5 NABEG, Rn. 171; *Hendler*, NVwZ 2005, 977 (977); *Schink*, NVwZ 2005, 615 (616); *Weingarten/Peters*, UVP-report 27 (1+2/2013), 93 (98); vgl. auch SUP-RL, 17. Erwägungsgrund.

[172] Die Begrifflichkeiten sind insoweit missverständlich, als dass die im Folgenden beschriebene FFH-Verträglichkeitsabschätzung, FFH-Vorprüfung sowie FFH-Verträglichkeitsprüfung nicht nur eine Beeinträchtigung der Schutzgebiete i. S. d. FFH-Richtlinie prüfen, sondern die Schutzgebiete i. S. d. Vogelschutzrichtlinie einschließen. Da sämtliche hier untersuchten Planungen aber weitgehend den Begriff der FFH-Prüfung und nicht den Natura 2000-Begriff verwenden, folgt diese Arbeit im Folgenden ebenfalls diesem Sprachgebrauch.

[173] Dazu ausführlicher unter D. I.

Verfahrenselement[174] und kann an verschiedene Planungsebenen angegliedert werden.[175] Auch formell spiegelt das UVPG die inhaltliche Nähe wider: Für das Planfeststellungsverfahren eröffnet § 32 S. 2 i. V. m. S. 1 UVPG explizit die Möglichkeit, die FFH-Verträglichkeitsprüfung mit der UVP zu verbinden. Auch für die übrigen Planungsstufen ist diese Möglichkeit nach überwiegender Ansicht gegeben.[176] Für die weitere Betrachtung wird daher auch die FFH-Verträglichkeitsprüfung unter den Begriff der Umweltprüfungen im weiteren Sinne subsumiert.

Schließlich bleibt die Artenschutzprüfung. Sie stellt trotz Verwandtschaft mit dem Habitatschutz einen eigenständigen Rechtsbereich dar[177] und ist daher auf jeder Planungsstufe zu berücksichtigen. Allerdings verfügt sie weder im europäischen noch im deutschen Recht über ein eigenständig normiertes Verfahren[178] und kann daher nicht unmittelbar den Umwelt-„Prüfungen" im engeren Sinne gleichgestellt werden. Da auch in Fragen des Rechtsschutzes typischerweise UVP, SUP und FFH-Verträglichkeitsprüfung im Vordergrund stehen, wird sich die Arbeit entsprechend ihrer übergeordneten Zielsetzung im Folgenden auf diese drei Prüfungen konzentrieren. Eine Integration in UVP und SUP wird sich für die Artenschutzprüfung ebenso wie für die FFH-Verträglichkeitsprüfung dennoch zumeist empfehlen, sodass an ausgewählten Stellen auf Aspekte des Artenschutzes hingewiesen werden wird.

Im Folgenden soll zunächst kurz dargestellt werden, welche Mechanismen das deutsche Planungsrecht vor bzw. unabhängig von den europäischen Vorgaben zur Berücksichtigung von Umweltbelangen bereithielt und -hält, bevor sich eine ausführliche Darstellung des Systems von Umweltprüfungen anschließt, wie sie hauptsächlich durch die Vorgaben des europäischen Umweltrechts Eingang in die deutsche Systematik gefunden haben.

---

[174] BVerwG, Urt. v. 10.40.2013 – 4 C 3.12 = BVerwGE 146, 176, juris Rn. 11; *Gellermann*, in: Landmann/Rohmer, Umweltrecht, § 34 BNatSchG (Stand: 72. EL Apr. 2014), Rn. 16; *Lüttgau/Kockler*, in: Giesberts/Reinhardt, BeckOK Umweltrecht, § 34 BNatSchG, Rn. 9.

[175] Vgl. *Meßerschmidt*, BNatSchR, § 34 BNatSchG (Stand 146. Akt. Sept. 2019), Rn. 3, 50.

[176] Allgemein zur Verbindung mit der SUP: *Sangenstedt*, in: Ziekow, Aktuelle Probleme des Fachplanungs- und Raumordnungsrechts, S. 245 (266); *Sydow*, DVBl 2006, 65 (69 f.); zur SUP bei Erstellung des NEP: *BNetzA*, Umweltbericht zur Bedarfsermittlung 2019–2030, S. 36; zur SUP bei der Erstellung des BVWP: *BMVI*, Umweltbericht zum BVWP 2030, S. 18, zur SUP bei der Bundesfachplanung: *Sporbeck/Drygalla-Hein*, UVP-report 26 (3+4/2012), 156 (162 ff.).

[177] BVerwG, Urt. v. 09.07.2008 – 9 A 14.07 = BVerwGE 131, 274, juris Rn. 57.

[178] *Appel/Rietzler*, NuR 2017, 227 (229); *Lau*, in: BNetzA, Tagungsband Wissenschaftsdialog 2016, S. 30 (31); zur Problematik des fehlenden formellen Verfahrens ausführlich: BVerwG, Urt. v. 09.07.2008 – 9 A 14.07 = BVerwGE 131, 274, juris Rn. 57 ff.

2. Berücksichtigung von Umweltbelangen mithilfe der traditionellen Instrumente des deutschen Planungsrechts

Betrachtet man die Berücksichtigung von Umweltbelangen, wie sie „ohne“ den Einfluss der europäischen Anforderungen nach der Konzeption des deutschen Rechts vonstatten gehen würde und geht,[179] so ist besonders ein zentraler Mechanismus zu nennen: Das der planerischen Gestaltungsfreiheit als Korrektiv immanente[180] planerische Abwägungsgebot. Allgemein gesprochen

> „verlangt das Abwägungsgebot, daß – erstens – eine Abwägung überhaupt stattfindet, daß – zweitens – in die Abwägung an Belangen eingestellt wird, was nach Lage der Dinge in sie eingestellt werden muß, und daß – drittens – weder die Bedeutung der betroffenen öffentlichen und privaten Belange verkannt noch der Ausgleich zwischen ihnen in einer Weise vorgenommen wird, die zur objektiven Gewichtigkeit einzelner Belange außer Verhältnis steht.“[181]

Eine darüber hinausgehende inhaltliche Priorisierung gibt das Abwägungsgebot nach Ansicht des BVerwG aber nicht vor. Es werde mithin nicht verletzt, wenn sich der Plangeber bei einer Kollision verschiedener Belange für die Bevorzugung des einen und die Zurückstellung des anderen entscheide.[182] Darin liege im Gegenteil, so das BVerwG, ein wesentliches Element planerischer Gestaltungsfreiheit, das als solches einer verwaltungsgerichtlichen Kontrolle entzogen sei.[183] Eng verbunden mit der Überlegung, welche Elemente das Abwägungsgebot umfasst, ist also notwendig die Frage nach der anschließenden gerichtlichen Kontrolldichte. Diese muss sich folgerichtig auf die Fragen beschränken, ob die Planfeststellungsbehörde die abwägungserheblichen Gesichtspunkte rechtlich und tatsächlich zutreffend bestimmt hat und ob sie auf Grundlage des zutreffend ermittelten Abwägungsmaterials die soeben beschriebenen Maßgaben des Abwägungsgebots eingehalten hat.[184] Eine weitergehende inhaltliche Kontrolle oder detaillierte Nachvollziehung der planerischen Überlegungen der Behörde erfolgt also gerade nicht.

---

[179] Eine klare Trennung zwischen „deutscher“ und „europäischer“ Vorgehensweise im Sinne separater Prüfungen ist dabei in der Praxis heute kaum mehr möglich und soll hier lediglich dem Zweck dienen, die Unterschiede zwischen den jeweiligen Denkmustern aufzuzeigen.

[180] Dazu bereits oben unter B. I.

[181] So das BVerwG, Urt. v. 14.02.1975 – IV C 21.74 = BVerwGE 48, 56, juris Rn. 37 zur Übertragung der zum damaligen Bundesbaugesetz entwickelten Grundsätze auf die Fernstraßenplanung.

[182] BVerwG, Urt. v. 14.02.1975 – IV C 21.74 = BVerwGE 48, 56, juris Rn. 37; so ursprünglich zum Bauplanungsrecht auch BVerwG, Urt. v. 05.07.1974 – IV C 50.72 = BVerwGE 45, 309, juris Rn. 45; BVerwG, Urt. v. 12.12.1969 – IV C 105.66 = BVerwGE 34, 301, juris Rn. 29.

[183] BVerwG, Urt. v. 14.02.1975 – IV C 21.74 = BVerwGE 48, 56, juris Rn. 37; so ursprünglich zum Bauplanungsrecht auch BVerwG, Urt. v. 12.12.1969 – IV C 105.66 = BVerwGE 34, 301, juris Rn. 29.

[184] BVerwG, Urt. v. 14.02.1975 – IV C 21.74 = BVerwGE 48, 56, juris Rn. 37.

Die praktische Umsetzung der vorstehenden Ausführungen bringt jedoch eine tiefergehende Überprüfung mit sich, als dies auf den ersten Blick naheliegen mag. Tatsächlich findet der Abwägungsvorgang nämlich keineswegs auf „sozusagen planerisch freiem Felde“[185] statt. Zu berücksichtigen ist zum einen, dass der eigentlichen Abwägung zahlreiche Schritte vorausgehen, die einer strengeren im Sinne einer vollständigen Kontrolle unterliegen. So wird zunächst die Einhaltung rechtlicher Rahmenbedingungen überprüft; dazu gehören Verfahrensvorschriften ebenso wie planerische Festsetzungsmöglichkeiten einschließlich der verbindlichen Vorgaben höherer Planungsebenen und sonstiger strikt zu beachtender Regelungen.[186] Darunter fallen beispielsweise zahlreiche Vorgaben des (auch nationalen) Umweltrechts wie etwa die naturschutzrechtliche Eingriffsregelung der §§ 14, 15 BNatSchG.[187]

Auch die anschließende Kontrolle der eigentlichen Abwägung hat nach Ansicht des BVerwG in mehreren Schritten zu erfolgen: Zu unterscheiden ist zwischen Abwägungsvorgang und Abwägungsergebnis.[188] Der Abwägungsvorgang basiert notwendig auf einer zutreffenden und vollständigen Ermittlung des Abwägungsmaterials. Für die Berücksichtigung von Umweltbelangen dürfte dies wohl die Schlüsselstelle markieren. Denn obwohl das BVerwG selbst feststellt, dass die Ermittlung des Abwägungsmaterials

> „erstens die abstrakt-begriffliche (tatbestandliche) Abgrenzung der Gesichtspunkte, die abwägungserheblich sind, und zweitens die Entscheidung darüber, welche konkret vorliegenden Umstände unter diese Begriffe subsumiert werden können“[189]

umfasse und einräumt, dass die strenge Trennung zwischen Bestimmung des Abwägungsmaterials und seiner Gewichtung in der Praxis oftmals nicht durchgehalten werden könne,[190] geht es grundsätzlich von einer vollständigen gerichtlichen Kontrolle dieses Schrittes aus.[191] Zwar müsse ein etwaiger Mangel in der praktischen Anschauung daher möglicherweise auf die Gewichtung und nicht auf die Ermittlung

---

[185] In diesem Sinne zum Bauplanungsrecht auch BVerwG, Urt. v. 05.07.1974 – IV C 50.72 = BVerwGE 45, 309, juris Rn. 47.

[186] *Schmidt-Aßmann*, in: Maunz/Dürig, GG, Art. 19 Abs. 4 (Stand: 92. EL Aug. 2020), Rn. 210; vgl. in diesem Sinne zur Fernstraßenplanung BVerwG, Urt. v. 14.02.1975 – IV C 21.74 = BVerwGE 48, 56, juris Rn. 32.

[187] *Sanden*, in: Koch/Hofmann/Reese, Umweltrecht, § 13, Rn. 160.

[188] St. Rspr.: BVerwG, Urt.v. 11.12.1981 – 4 C 69.78 = BVerwGE 64, 270, juris Rn. 17; BVerwG, Urt. v. 14.12.1979 IV C 10.77 = BVerwGE 59, 253, juris Rn. 23; BVerwG, Urt. v. 07.07.1978 – IV C 79.76 = BVerwGE 56, 110, juris Rn. 59; BVerwG, Urt. v. 10.02.1978 – IV C 25.75 = BVerwGE 55, 220, juris Rn. 35; BVerwG, Urt. v. 15.04.1977 – IV C 100.74 = BVerwGE 52, 237, juris Rn. 34; BVerwG, Urt. v. 14.02.1975 – IV C 21.74 = BVerwGE 48, 56, juris Rn. 38.

[189] BVerwG, Urt. v. 06.07.1974 – IV C 50.72 = BVerwGE 45, 309, juris Rn. 56.

[190] BVerwG, Urt. v. 06.07.1974 – IV C 50.72 = BVerwGE 45, 309, juris Rn. 57.

[191] Vgl. BVerwG, Urt. v. 06.07.1974 – IV C 50.72 = BVerwGE 45, 309, juris Rn. 56; *Schmidt-Aßmann*, in: Maunz/Dürig, GG, Art. 19 Abs. 4 (Stand: 92. EL Aug. 2020), Rn. 212.

des Abwägungsmaterials bezogen werden; eine grundsätzliche Relativierung der Kontrolldichte folge aus diesem Umstand jedoch nicht.[192]

Die Kontrollmaßstäbe des Abwägungsvorgangs selbst erschöpfen sich sodann darin, dass eine Abwägung überhaupt stattgefunden haben muss – andernfalls ist ein rechtswidriger Abwägungsausfall zu konstatieren[193] – sowie dass alle abwägungserheblichen Belange in die Abwägung einbezogen worden sein müssen, die Abwägung mit anderen Worten nicht defizitär ist.[194] Eher dem schließlich zu überprüfenden Abwägungsergebnis zuzurechnen sind weiterhin die Kontrollfragen nach der Abwägungsfehleinschätzung und der Abwägungsdisproportionalität,[195] ob also die Gewichtung einzelner Belange verkannt worden ist[196] oder der gefundene Ausgleich außer Verhältnis zum objektiven Gewicht der einzelnen Belange steht.[197]

Teil des abwägungserheblichen Materials, das vollständig und zutreffend ermittelt und nach den vorstehenden Maßgaben bewertet werden muss, sind dabei stets auch die Umweltauswirkungen des jeweiligen Plans oder Vorhabens respektive die durch das Projekt betroffenen Umweltbelange. Während dies im hier interessierenden Bereich beispielsweise §§ 17 Abs. 1 S. 3 FStrG, 14 Abs. 1 S. 2 WaStrG, 18 Abs. 1 S. 2 AEG mit Blick auf die Umweltverträglichkeit – gemeint ist hier wohl inzwischen die Umweltverträglichkeitsprüfung im europäischen Sinne – ausdrücklich statuieren, bestünde eine Berücksichtigungspflicht nach deutschem Recht auch unabhängig von UVP oder SUP. So führte das BVerwG bereits 1996 aus:

> „Hierzu [s.c.: zum abwägungserheblichen Material] gehören nicht nur die im Rahmen der Beteiligung der Bürger und der Träger öffentlicher Belange (vgl. § 73 VwVfG) dem Planungsträger zur Kenntnis gelangten Belange, sondern auch die Belange, deren Aufklärung sich ihm nach Lage der Dinge und den verfügbaren Erkenntnismitteln aufdrängen mußte. Als in diesem Sinne abwägungserheblich können sich nicht zuletzt Belange des Umweltschutzes erweisen."[198]

Übergreifend ist außerdem der Umweltschutz über die Staatszielbestimmung des Art. 20a GG als Abwägungsgesichtspunkt zu beachten.[199] Eine erhebliche Aufwertung hat Art. 20a GG jüngst durch den sogenannten Klimaschutz-Beschluss des

---

[192] BVerwG, Urt. v. 06.07.1974 – IV C 50.72 = BVerwGE 45, 309, juris Rn. 57.

[193] *Neumann/Külpmann*, in: Stelkens/Bonk/Sachs, VwVfG, § 74 VwVfG, Rn. 57 ff.; *Riese*, in: Schoch/Schneider/Bier, VwGO, § 114 VwGO (Stand: 36. EL Febr. 2019), Rn. 209

[194] *Fischer*, in: Ziekow, Handbuch des Fachplanungsrechts, § 3, Rn. 200; *Riese*, in: Schoch/Schneider/Bier, VwGO, § 114 VwGO (Stand: 36. EL Febr. 2019), Rn. 209.

[195] So die Einordnung bei *Schmidt-Aßmann*, in: Maunz/Dürig, GG, Art. 19 Abs. 4 GG (Stand: 92. EL Aug. 2020), Rn. 215.

[196] *Martini/Finkenzeller*, JuS 2012, 126 (127); *Riese*, in: Schoch/Schneider/Bier, VwGO, § 114 VwGO (Stand: 36. EL Febr. 2019), Rn. 220.

[197] *Martini/Finkenzeller*, JuS 2012, 126 (127).

[198] BVerwG, Urt. 25.01.1996 – 4 C 5.95 = BVerwGE 100, 238, juris Rn. 20.

[199] Ausführlich zur Bedeutung des Art. 20a GG im Rahmen der Abwägung noch vor dem KSG-Beschluss des BVerfG *Schulze-Fielitz*, in: Dreier, GG, Art. 20a GG, Rn. 46 ff.; kritisch zur bisherigen Wirkkraft *Huster/Rux*, in: Epping/Hillgruber, BeckOK GG, Art. 20a GG, Rn. 50.

BVerfG vom 24. März 2021 erfahren.[200] Darin machte das BVerfG im Kontext des Art. 20a GG deutlich, dass das Gewicht CO_2-relevanter Freiheitsbetätigungen in der Abwägung mit Fortschreiten des Klimawandels immer weiter zurücktreten müsse.[201] Der Debatte um die explizite Aufnahme eines Staatsziels Klimaschutz in Art. 20a GG dürfte damit weitgehend der Wind aus den Segeln genommen worden sein.[202]

Zusammenfassend lässt sich bereits jetzt konstatieren, dass die Tatsache, dass die planerische Abwägung nicht zur Gänze einer verwaltungsgerichtlichen Kontrolle unterliegt, nicht per se eine weniger umfassende oder schlechtere Berücksichtigung von Umweltbelangen bedeutet.

Wurde nach den vorstehenden Maßgaben ein Fehler festgestellt, gilt es jedoch noch eine weitere Hürde zu überwinden: Das deutsche Planungsrecht enthält umfassende Fehlerunbeachtlichkeits- und Fehlerheilungsvorschriften, die, ausgehend von verfahrensrechtlichen Vorschriften, heute insbesondere im Baurecht auch die materielle Ebene betreffen.[203] Den Anfang machte diesbezüglich die Einführung der §§ 214 ff. BauGB, gefolgt von der Übertragung der dort implementierten Prinzipien in das Planfeststellungsrecht durch das Planungsvereinfachungsgesetz von 1993 und das Genehmigungsbeschleunigungsgesetz von 1996.[204] Zwar mag der Gedanke von Unbeachtlichkeit und Fehlerheilung den vorstehend ausgeführten extensiven Anforderungen an den Abwägungsprozess auf den ersten Blick widersprechen – nachvollziehbar erscheint er jedoch vor dem Hintergrund der „Vorstellung eines Kontinuums von Verwaltungsverfahren und gerichtlicher Kontrolle“[205]. Das gerichtliche Verfahren stellt aus dieser Perspektive keine kontradiktorische Instanz zur Aufdeckung von Fehlern der handelnden Behörde dar. Vielmehr werden die im Verwaltungsverfahren begonnenen Überlegungen unter Beibehaltung der dort angelegten Richtigkeitsgewähr im gerichtlichen Verfahren fortgesetzt.[206] Dies führt zwingend zu der Schlussfolgerung:

> „Da die nachzuholenden Verfahrensbeiträge während des gerichtlichen Verfahrens an die Stelle des fehlerhaften Behördenhandelns treten, erscheint die Annullierung der bis dahin gegangenen Verfahrensschritte in dieser Perspektive als zweckwidrig.“[207]

---

[200] Dazu ausführlich unter G. I. 3. b) gg) und I. I.

[201] BVerfG, Beschl. v. 24. 03. 2021 – 1 BvR 2656/18, 1 BvR 78/20, 1 BvR 96/20, 1 BvR 288/20, juris Rn. 185.

[202] Hinsichtlich der praktischen Wirksamkeit einer bloßen Art. 20a GG-Änderung ohnehin eher kritisch *Cremer*, ZUR 2019, 278 (insb. 281 f.); *Huster/Rux*, in: Epping/Hillgruber, BeckOK GG, Art. 20a GG, Rn. 50.

[203] Zur Historie *Battis*, in: Battis/Krautzberger/Löhr, BauGB, Vor §§ 214–216, Rn. 4 ff.; *Schoch*, NVwZ 1990, 801 (801 ff.).

[204] Vgl. *Saurer*, NVwZ 2020, 1137 (1141); *Schmidt-Aßmann*, in: Maunz/Dürig, GG, Art. 19 Abs. 4 (Stand: 92. EL Aug. 2020), Rn. 216.

[205] *Saurer*, NVwZ 2020, 1137 (1138).

[206] *Gerhardt*, in: Hoffmann-Riem/Schmidt-Aßmann, Verwaltungsverfahren, S. 413 (420).

[207] *Saurer*, NVwZ 2020, 1137 (1138).

Ob Fehler – auch bei der Berücksichtigung von Umweltbelangen – im Verwaltungsverfahren gar nicht erst unterlaufen oder im Zuge der gerichtlichen Überprüfung geheilt oder als unbeachtlich eingestuft werden, macht bei konsequentem Weiterdenken dieser Überlegungen also keinen Unterschied. Zudem ist eine Heilung auch nach traditionellem Verständnis seit jeher nicht für alle Arten von Fehlern möglich. In formeller Hinsicht war der bundesverwaltungsgerichtlichen Rechtsprechung auch schon vor dem Einfluss des Unionsrechts der Begriff eines absoluten Verfahrensfehlers geläufig, also einem Verstoß gegen eine Vorschrift, die „nicht nur der Ordnung des Verfahrensablaufs, insbesondere einer umfassenden Information der Verwaltungsbehörde, dient, sondern dem betroffenen Dritten in spezifischer Weise und unabhängig vom materiellen Recht eine eigene, nämlich selbstständig durchsetzbare verfahrensrechtliche Rechtsposition gewähren will [...]“[208]. Ein solcher Verstoß muss zur Aufhebung der angegriffenen Entscheidung führen.[209] Noch sehr viel weiter eingeschränkt sind die Fehlerheilungsmöglichkeiten auf materieller Seite: Eine Unbeachtlichkeit i.S.d. § 75 Abs. 1 lit. a) VwVfG kommt dann nicht mehr in Betracht, wenn die konkrete Möglichkeit bejaht werden kann, dass die Planung ohne den Mangel anders ausgefallen wäre.[210] Das BVerfG hat diese Vorgabe basierend auf dem Art. 14 Abs. 1 S. 1 GG immanenten Gebot effektiven Rechtsschutzes sogar dahingehend verschärft, dass eine Anwendung des § 75 Abs. 1 lit. a) VwVfG nurmehr dann in Betracht kommt, wenn „konkrete Anhaltspunkte dafür nachweisbar sind, dass die Planfeststellungsbehörde gleichwohl die gleiche Entscheidung getroffen hätte“[211]. Dem hat sich das BVerwG in der Folge angeschlossen.[212] Jedenfalls erhebliche umweltrechtliche Mängel führen nach den vorstehend genannten Maßstäben also zwingend zur Aufhebung der Entscheidung.

Somit lässt sich zusammenfassen, dass die Ausgangssituation hinsichtlich der Berücksichtigung von Umweltbelangen nach deutschem Recht trotz Fehlerheilung und Unbeachtlichkeit auch vor und unabhängig von den europäischen Maßgaben eine gute war bzw. ist. Der auf den ersten Blick möglicherweise schwer zu durchdringende Begriff der planerischen Abwägung bietet, begleitet von einer über die vergangenen Jahrzehnte entwickelten dezidierten Dogmatik, bereits von sich aus gute Möglichkeiten, Umweltbelange bei Planungsentscheidungen zu berücksichtigen bzw. deren Berücksichtigung gerichtlich zu kontrollieren. Dazu treten zahlreiche Schritte der Entscheidungsfindung, die aufgrund ihrer Verbindung mit zwingenden Vorgaben oder aufgrund entsprechender dogmatischer Einordnung sogar einer Vollkontrolle durch die Verwaltungsgerichte zugänglich sind und zahlreiche Einschränkungen der auf den ersten Blick weitläufigen Unbeachtlichkeits- und Fehlerheilungsvorschriften.

[208] BVerwG, Urt. v. 15.01.1982 – 4 C 26/78 = BVerwGE 64, 325, juris Rn. 25.

[209] BVerwG, Urt. v. 15.01.1982 – 4 C 26/78 = BVerwGE 64, 325, juris Rn. 25.

[210] *Kämper*, in: Bader/Ronellenfitsch, BeckOK VwVfG, § 75, Rn. 25a.

[211] BVerfG, Nichtannahmebeschl. v. 16.12.2015 – 1 BvR 685/12, juris Rn. 23; dazu *Kämper*, in: Bader/Ronellenfitsch, BeckOK VwVfG, § 75, Rn. 25a.

[212] BVerwG, Urt. v. 10.02.2016 – 9 A 1.15 = BVerwGE 154, 153, juris Rn. 30.

3. Formalisierte Umweltprüfungen nach europäischen Vorgaben

Mit Einführung der UVP-, SUP- und FFH-Richtlinien brach in Sachen Umweltprüfung dennoch ein neues, strengeres oder jedenfalls strenger formalisiertes Zeitalter an. Das UVPG statuiert in Verbindung mit den jeweiligen Fachgesetzen inzwischen unabhängig vom Gebot der planerischen Abwägung für alle hier relevanten Planungsstufen die unbedingte Pflicht zur Durchführung einer UVP oder SUP, je nach Konkretisierungsgrad der Planung ergänzt durch eine FFH-Verträglichkeitsabschätzung oder -prüfung. Über diese Prüfsystematik soll im Folgenden zunächst ein kurzer Überblick gegeben werden, bevor sich im weiteren Verlauf eine nähere Auseinandersetzung mit den inhaltlichen Anforderungen anschließt (dazu unter D. I.).

a) Bedarfsplanung

Ob eine SUP für den BVWP europarechtlich geboten ist, war zunächst umstritten. Abgelehnt wurde sie vor allem mit dem Argument, dass der BVWP nicht aufgrund einer (gesetzlichen) Verpflichtung ergehe und daher mangels Eröffnung des Anwendungsbereichs der SUP-Richtlinie auch keine Umweltprüfungspflicht auslösen könne.[213] Gleiches gelte für die darauf aufbauenden Bedarfsplangesetze.[214] Dem wurde entgegengehalten, die im BVWP selbst angeordnete Fortschreibung reiche als Verpflichtungsgrundlage aus.[215] Die Bundesverkehrswegeplanung habe entscheidende rahmensetzende Bedeutung für nachfolgende Zulassungsentscheidungen und sei deshalb auch SUP-pflichtig.[216] Diese Ansicht konnte sich mit Einführung des § 14b Abs. 1 Nr. 1 i. V. m. Anl. 3 Nr. 1.1 UVPG a. F. im Jahr 2005 schließlich durchsetzen. Eine SUP-Pflicht des BVWP ergibt sich heute aus § 35 Abs. 1 Nr. 1, § 2 Abs. 7 S. 1 Nr. 2 i. V. m. Anl. 5 Nr. 1.1 UVPG. Für die als Gesetz ergehenden Bedarfspläne muss nach § 53 Abs. 1 UVPG keine erneute SUP durchgeführt werden, sofern keine erheblichen Umweltauswirkungen mehr festgestellt werden, die nicht bereits Gegenstand der SUP bei der Aufstellung des BVWP waren. Aufgrund des

---

[213] *Stüer*, NVwZ 2002, 1164 (1165); *ders./Probstfeld*, Planfeststellung, Rn. 187; so auch die Stellungnahme des Landes Hessen, vgl. *Ronellenfitsch*, in: Grupp: Umsetzung und Vollzug von EG-Richtlinien im Straßenrecht, S. 35 (35) sowie des Bundesverkehrsministeriums, vgl. *Ronellenfitsch*, a. a. O., S. 35 (37); kritisch mit Verweis auf § 3 Abs. 2 S. 1 BSWAG: *Hendler*, in: Ziekow, Aktuelle Probleme des Fachplanungs- und Raumordnungsrechts, S. 267 (273).

[214] *Ronellenfitsch*, in: Grupp, Umsetzung und Vollzug von EG-Richtlinien im Straßenrecht, S. 35 (44 f.); *Stüer/Probstfeld*, Planfeststellung, Rn. 187.

[215] *Ginzky*, UPR 2002, 47 (48); *Hendler*, in: Ziekow, Aktuelle Probleme des Fachplanungs- und Raumordnungsrechts, S. 267 (273 ff.); *Sangenstedt*, in: Reiter, Neue Wege in der UVP, S. 235 (241); kritisch dazu mit Verweis auf die weiterhin bestehende Freiwilligkeit der Planung: *Ronellenfitsch*, in: Grupp, Umsetzung und Vollzug von EG-Richtlinien im Straßenrecht, S. 35 (44).

[216] *Hendler*, in: Ziekow, Aktuelle Probleme des Fachplanungs- und Raumordnungsrechts, S. 267 (276); kritisch dazu in Bezug auf die Bedeutung für das Planungssystem *Marschall*, in: ders., FStrG, Vor §§ 16 ff., Rn. 49.

vergleichbaren Konkretisierungsgrades dürfte dies nur selten erforderlich sein, weshalb der BVWP selbst die maßgebliche Instanz für die Durchführung der SUP darstellt.[217] Umgekehrt werden Fehler in der SUP mangels eigener Umweltprüfung im Gesetzgebungsverfahren zu den Bedarfsplangesetzen dann unweigerlich auf diese durchschlagen. Es bestätigt sich also die Einschätzung, dass der BVWP der weiteren Untersuchung als zentraler Prüfungsgegenstand zugrunde zu legen ist.

Für den NEP stellt § 12c Abs. 2 S. 1 EnWG bereits seit seiner Einführung zur Novellierung der Bedarfsplanungsebene 2011 klar, dass die BNetzA während des Verfahrens einen Umweltbericht i. S. d. § 40 UVPG zu erstellen hat. Diese etwas sperrige Formulierung meint nichts anderes als die Pflicht zur Durchführung einer SUP.[218] Parallel dazu sieht § 35 Abs. 1 Nr. 1, § 2 Abs. 7 S. 1 Nr. 1 i. V. m. Anl. 5 Nr. 1.10 UVPG eine SUP-Pflicht für den BBPl vor, der auch Anknüpfungspunkt für die Regelung in § 12c Abs. 2 S. 1 EnWG ist[219]. Sofern ein NEP also nicht in Vorbereitung des BBPl erstellt wird, ist auch keine SUP erforderlich.[220] Im Übrigen hat § 12c Abs. 2 S. 1 EnWG mehr klarstellende Funktion im Sinne einer Aufgabenzuweisung an die BNetzA.[221]

Auch im Hinblick auf § 36 BNatSchG und damit auf die FFH-Verträglichkeitsprüfung erweist sich die Planeigenschaft von BVWP und BBPl als problematisch. Für die Charakterisierung als Plan in diesem Sinne sind eine gewisse Steuerungsfunktion[222] sowie die Möglichkeit erforderlich, dass der Plan ein Natura 2000-Gebiet erheblich beeinträchtigt.[223] Letzteres wird teilweise mit Verweis auf den zwingenden Charakter des FFH-Regimes abgelehnt, der auf nachfolgenden Planungsebenen ohnehin zu einem Vorrang der FFH-Belange führe.[224] Andererseits sieht der EuGH eine FFH-Verträglichkeitsprüfung dann als erforderlich an, „wenn anhand objektiver Umstände nicht ausgeschlossen werden kann, dass der betreffende Plan oder das betreffende Projekt das fragliche Gebiet erheblich beeinträchtigt“[225]. Hintergrund dessen ist, dass die präventive Konzeption des Habitatschutzes eine vollständige

---

[217] So auch schon bei Einführung der SUP das UBA: *UBA*, Anforderungen der SUP-Richtlinie, S. 184.

[218] Vgl. *Bourwieg*, in: Britz/Hellermann/Hermes, EnWG, § 12c, Rn. 5; *Posser*, in: Kment, EnWG, § 12c, Rn. 18; *Sporbeck/Drygalla-Hein*, UVP-report 26 (3+4/2012), 156 (156).

[219] *Kober*, in: Theobald/Kühling, Energierecht, § 12c EnWG (Stand: 95. EL Okt. 2017), Rn. 16.

[220] *Heimann*, in: Steinbach/Franke, Netzausbau, § 12c EnWG, Rn. 14; *Schmitz/Uibeleisen*, Netzausbau, Rn. 128.

[221] *Heimann*, in: Steinbach/Franke, Netzausbau, § 12c EnWG, Rn. 2; *Kober*, in: Theobald/Kühling, Energierecht, § 12c EnWG (Stand: 95. EL Okt. 2017), Rn. 19.

[222] *Henning/Krappel*, UPR 2013, 133 (134); für eine solche als einziges Kriterium plädierend: *Tausch*, Gestufte Bundesfernstraßenplanung, S. 91 ff.

[223] So schon der Wortlaut des Art. 6 Abs. 3 FFH-RL; in diesem Sinne *Henning/Krappel*, UPR 2013, 133 (134); *Müggenborg*, in: Frenz/Müggenborg, BNatSchG, § 36, Rn. 11.

[224] *Henning/Krappel*, UPR 2013, 133 (134).

[225] EuGH, Urt. v. 07.09.2004, Waddenvereniging und Vogelsbeschermingvereniging, C-127/02, ECLI:EU:C:2004:482, Rn. 44.

FFH-Verträglichkeitsprüfung schon bei Zweifeln hinsichtlich der Auswirkungen auf Schutzgebiete erfordert.[226] Der Verweis auf nachfolgende Planungsebenen kann darüber nicht hinweghelfen, führt er doch in der Praxis angesichts strikter Bindungswirkungen eher dazu, dass Planungsträger sich auf Ausgleichs- und Verminderungsmaßnahmen und Ausnahmeregelungen verlassen.[227] Die Planung in einen Ausnahme- oder Befreiungstatbestand hinein ist aber allenfalls dann zulässig, wenn bereits auf vorgelagerter Ebene eine intensive Prüfung der Naturschutzbelange erfolgt.[228] Seit einer wegweisenden Entscheidung des EuGH aus dem Jahr 2018 im Fall *People Over Wind*[229] dürfen zur Beurteilung der notwendig vorausgehenden Frage, ob eine vollständige FFH-Verträglichkeitsprüfung erforderlich ist, auch keine Vermeidungs- oder Verminderungsmaßnahmen mehr in die Betrachtung einbezogen werden.[230] Bereits einige Jahre zuvor hatte der EuGH zudem entschieden, dass bloße Kompensationsmaßnahmen zum Ausgleich eines Eingriffs nicht mehr ausreichen, sondern Schutzmaßnahmen getroffen werden müssen.[231]

Anders als nach derzeitiger Praxis und Ansicht in der Literatur kann auch auf Bedarfsebene also bereits eine FFH-Verträglichkeitsprüfung erforderlich sein. Eine Beschränkung auf eine bloße Natura 2000-Abschätzung ist nur dann zulässig, wenn mit Sicherheit feststeht, dass eine erhebliche Beeinträchtigung auch abseits der Inanspruchnahme von Ausnahmeregelungen, etwa durch eine im Rahmen des Handlungsspielraums der nachfolgenden Behörde liegende Verschiebung des Trassenverlaufs, verhindert werden kann. Wann eine FFH-Verträglichkeitsprüfung notwendig und wann eine Natura 2000-Abschätzung erforderlich ist, muss demnach aber jeweils im Einzelfall entscheiden werden.

b) Trassen- und Korridorplanung

Für dem NABEG unterfallende Energieleitungsvorhaben ordnen § 5 Abs. 7 NABEG, § 35 Abs. 1 Nr. 1, § 2 Abs. 7 S. 1 Nr. 1 i.V.m. Anl. 5 Nr. 1.11 UVPG ebenfalls die Durchführung einer SUP an. Im FFH-Bereich wird regelmäßig zu-

---

[226] EuGH, Urt. v. 10.01.2006, Kommission/Deutschland, C-98/03, ECLI:EU:C:2006:3, Rn. 41.

[227] So verweisen sowohl das BMVI in *BMVI*, Umweltbericht zum BVWP 2030, S. 148 f. als auch die BNetzA in *BNetzA*, Umweltbericht zur Bedarfsermittlung 2019–2030, S. 36 bei der Frage nach der Erforderlichkeit einer FFH-Verträglichkeitsprüfung auf Bedarfsebene auf Ausgleichs-, Vermeidungs- und Verminderungsmaßnahmen sowie Ausnahmeregelungen auf nachfolgender Ebene, sollte eine erhebliche Beeinträchtigung im FFH-rechtlichen Sinne festgestellt werden.

[228] *Schlacke*, NVwZ 2015, 626 (633).

[229] EuGH, Urt. v. 12.04.2018, People Over Wind, C-323/17, ECLI:EU:C:2018:244, Rn. 31 ff.

[230] Ausführlich zur Entscheidung und zu den möglicherweise dennoch verbleibenden Spielräumen *Ruge*, UPR 2019, 456 (461 f.).

[231] Vgl. EuGH, Urt. v. 15.05.2014, Briels, C-521/12, ECLI:EU:C:2014:330, Rn. 31 f.

nächst nur eine Vorprüfung zur FFH-Verträglichkeitsprüfung durchgeführt.[232] Sind bereits hier erhebliche Beeinträchtigungen von Natura 2000-Gebieten sichtbar, ist sie jedoch – nunmehr auch nach überwiegender Ansicht – vollumfänglich erforderlich.[233] Denn anders als zuvor besteht hier Einigkeit, dass die Bundesfachplanung nicht nur eine Steuerungsfunktion beinhaltet, sondern Natura-2000-Gebiete auch konkret beeinträchtigen kann und daher – insbesondere aufgrund ihrer Vergleichbarkeit mit der Linienbestimmung – eine Planung parallel zu § 36 S. 1 Nr. 1 BNatSchG darstellt.[234]

Anders verhält sich das Raumordnungsverfahren in der Verkehrsinfrastrukturplanung, das nicht mit einer SUP, sondern mit einer UVP verknüpft ist.[235] Eine solche ist gem. § 49 Abs. 1 UVPG immer abhängig von der UVP-Pflichtigkeit des konkreten Vorhabens durchzuführen. Die UVP-Pflicht ergibt sich für die Planfeststellung von Bundeswasserstraßen, die für Schiffe mit mehr als 1.350 t zugänglich sind, aus § 6 S. 1 i. V. m. Anl. 1 Nr. 14.2.1, Spalte 1 UVPG, für Bundesautobahnen aus § 6 S. 1 i. V. m. Anl. 1 Nr. 14.3, Spalte 1 UVPG und für Schienenwege aus § 6 S. 1 i. V. m. Anl. 1 Nr. 14.7, Spalte 1 UVPG. Da das UVPG in § 6 S. 1 nur von „Neuvorhaben" spricht und auch die Begriffsbestimmung des § 2 Abs. 4 Nr. 1 UVPG lediglich auf die tatsächliche Komponente der Errichtung Bezug nimmt, besteht die UVP-Pflicht unabhängig davon, ob das Vorhaben per Planfeststellungsbeschluss oder per Maßnahmengesetz zugelassen wird.

Allerdings handelt es sich bei der Mehrzahl der hier in Rede stehenden Projekte um Ausbau- und nicht um Neuvorhaben. Gem. § 2 Abs. 4 Nr. 2 lit. b) unterfällt auch die Erweiterung einer Anlage dem Begriff des Änderungsvorhabens, sodass für die UVP-Pflicht § 9 UVPG maßgeblich ist. Für die Wasserstraßenausbauprojekte wird sich die UVP-Pflicht demnach regelmäßig bereits aus § 9 Abs. 1 S. 1 Nr. 1 i. V. m. Anl. 1 Nr. 14.2.1, Spalte 1 UVPG ergeben, da auch die Ausbauabschnitte für Schiffe mit mehr als 1.350 t zugänglich sind. Für Bundesautobahnen und Bundesschienenwege sind in Anl. 1 Nr. 14.3, Spalte 1 bzw. Anl. 1 Nr. 14.7, Spalte 1 UVPG jedoch keine Größenwerte vorgesehen, sodass gem. § 9 Abs. 1 S. 2 UVPG eine allgemeine Vorprüfung nach § 9 Abs. 1 S. 1 Nr. 2 UVPG erforderlich ist. Dabei ist gem. §§ 9 Abs. 4, 7 Abs. 1 UVPG entscheidend, ob nach einer überschlägigen Prüfung erhebliche nachteilige Umweltauswirkungen nach den in Anlage 3 UVPG genannten

[232] *BNetzA*, Leitfaden zur Bundesfachplanung, S. 21 f.; *Sporbeck/Drygalla-Hein*, UVP-report 26 (3+4/2012), 156 (163).

[233] *Appel*, NVwZ 2016, 1516 (1523 f.); *BNetzA*, Leitfaden zur Bundesfachplanung, S. 22; *Lau*, in: BNetzA, Tagungsband Wissenschaftsdialog 2016, S. 30 (32); *Schlacke*, NVwZ 2015, 626 (630); *Sporbeck/Drygalla-Hein*, UVP-report 26 (3+4/2012), 156 (163); darüber hinaus zugunsten einer möglichst tiefgehenden FFH-Verträglichkeitsprüfung im Sinne der Sicherung der Planfeststellung: *Matz*, in: GfU, 38. wissenschaftliche Fachtagung, S. 129 (136).

[234] *Henning/Krappel*, UPR 2013, 133 (135 f.), die eine dahingehende gesetzliche Klarstellung wie in § 36 Abs. 1 Nr. 1 BNatSchG für die Linienbestimmung auch für die Bundesfachplanung fordern.

[235] Zur Entstehungsgeschichte der unterschiedlichen Zuordnung der Umweltprüfungen *Appel*, in: Säcker, Energierecht, § 5 NABEG, Rn. 175 ff.

Kriterien zu befürchten sind, die nach § 25 Abs. 2 UVPG bei der Zulassungsentscheidung zu berücksichtigen wären. Das wird bei den hier in Rede stehenden Ausbauvorhaben, die ihrerseits faktisch als eigenständige Infrastrukturgroßprojekte zu bewerten sind, regelmäßig der Fall sein und die UVP-Vorprüfung daher positiv ausfallen. Auch für die Ausbauvorhaben ergibt sich dann eine unbedingte Pflicht zur Durchführung einer regulären UVP. Außerdem fällt das Raumordnungsverfahren nicht unter den Ausnahmetatbestand des § 36 S. 2 BNatSchG, sodass auch die Pflicht zur Durchführung einer FFH-Verträglichkeitsprüfung besteht, sofern mögliche Beeinträchtigungen festgestellt werden.[236]

Soweit im Raumordnungsverfahren eine ordnungsgemäße UVP durchgeführt wurde, entfällt in der Folge gem. § 47 Abs. 2 UVPG die Pflicht zur Durchführung einer UVP im Linienbestimmungsverfahren für Straßen- und Schienenwege.[237] Ausdrücklich bestehen bleibt gem. § 36 S. 1 Nr. 1 BNatSchG allerdings die Pflicht zur Durchführung einer FFH-Verträglichkeitsprüfung, da „der Planbegriff des Natura-2000-Rechts von dem des SUP-Rechts insoweit abweicht, als ersterer auch verkehrliche Linienbestimmungen umfasst“[238]. Wird im Einzelfall von der Möglichkeit gem. § 16 Abs. 2 S. 1 ROG Gebrauch gemacht, von der Durchführung eines Raumordnungsverfahrens abzusehen,[239] so ist die UVP vollständig auf Ebene der Linienbestimmung durchzuführen.[240]

c) Projektzulassung

Die UVP-Pflicht auf Ebene der Projektzulassung ergibt sich im Verkehrswegebereich aus den bereits genannten Vorschriften. Auch für Höchstspannungsfreileitungen von mehr als 15 Kilometern Länge besteht gem. § 6 S. 1 i. V. m. Anl. 1 Nr. 19.1.1, Spalte 1 UVPG eine unbedingte UVP-Pflicht. Sämtliche im BBPlG als länderübergreifend oder grenzüberschreitend gekennzeichneten und damit dem NABEG unterfallenden Vorhaben bewegen sich oberhalb dieses Größenkriteriums.[241] Ebenfalls UVP-pflichtig sind gem. § 6 S. 1 i. V. m. Anl. 1 Nr. 19.11, Spalte 1 UVPG alle gem. § 2 Abs. 5 BBPlG als Erdkabel auszuführenden Leitungen. Ab-

[236] *Ewer*, in: Lütkes/Ewer, BNatSchG, § 36, Rn. 8; *Gellermann*, in: Landmann/Rohmer, § 36 BNatSchG (Stand: 61. EL Apr. 2011), Rn. 6; *Müggenborg*, in: Frenz/Müggenborg, BNatSchG, § 36, Rn. 18; a. A. mit Verweis auf die fehlende Bindungswirkung des Ergebnisses des Raumordnungsverfahrens *Henning/Krappel*, UPR 2013, 133 (138).

[237] Die seltenen Fälle, in denen (auch) im Linienbestimmungsverfahren noch eine UVP durchzuführen ist, sollen daher hier nicht weiter in den Blick genommen werden.

[238] BT-Drucks. 16/12274, S. 65.

[239] Diese Möglichkeit soll gerade mit Blick auf das Linienbestimmungsverfahren gegeben sein, vgl. *Sanden*, in: Koch/Hofmann/Reese, Umweltrecht, § 13, Rn. 36.

[240] Da es sich bei dieser Konstellation allerdings wie gezeigt nicht um den Regelfall handelt, geht die Darstellung in der Folge von der Durchführung einer UVP auf Ebene des Raumordnungsverfahrens und dem Entfall derselben im Rahmen der Linienbestimmung aus.

[241] Vgl. die Übersicht über die aktuellen Leitungsvorhaben nach dem BBPlG auf https://www.netzausbau.de/Vorhaben/de.html (abgerufen am 14.08.2021, 09:54 Uhr).

weichend von § 9 UVPG bestimmt § 25 Abs. 2 NABEG außerdem Fälle von Änderungen, in denen keine UVP durchzuführen ist. Diese Regelung wurde im Zuge der NABEG-Novelle 2019 eingefügt und dürfte als nachträgliche Inanspruchnahme der Möglichkeit einer pauschalen Festlegung von Kriterien und Schwellenwerten aus Art. 4 Abs. 2 S. 1 lit. b) UVP-RL zulässig sein.[242]

4. Deutsche und europäische Perspektive im Vergleich

Die vorangehenden Ausführungen haben gezeigt, dass auch schon vor Einführung der europäischen Umweltprüfungen eine Berücksichtigung von Umweltbelangen über das Gebot planerischer Abwägung stattgefunden hat. Insbesondere mit Einführung der UVP und der SUP hielten dann aber erstmals explizite Normierungen und ein strenger formalisiertes Verfahren Einzug. Was unterscheidet also deutsche und europäische Herangehensweise bei der Berücksichtigung von Umweltbelangen in planerischen Entscheidungen?

Aufgrund der gegenüber anderen Mitgliedstaaten als durchaus vorbildlich empfundenen umweltrechtlichen Situation in Deutschland wurde plakativ kritisiert, die UVP bedeute nur „Unheimlich viel Papier"[243], könne das Schutzniveau aber nicht verbessern und verkompliziere lediglich das Verfahren.[244] Sind UVP- und SUP-Vorschriften also tatsächlich bloßes Verfahrensrecht, das die schon bisher vorgenommenen Überlegungen in komplizierteres Gewand kleidet? So jedenfalls könnte man die Tendenz in der deutschen Rechtsprechung verstehen, die die UVP weiterhin als „reines Verfahrensrecht" einstuft.[245] Und tatsächlich stellen die Umweltprüfungen des Europarechts fast ausschließlich Verfahrens- und kaum bis gar keine materiellen Anforderungen auf – „die Verbesserung der Umweltqualität soll stattdessen auf prozeduralem Weg sichergestellt werden […]"[246].

Gleichzeitig führte der EuGH im Urteil zu einem *Vertragsverletzungsverfahren Kommission/Irland* aus dem Jahr 2011 aber aus:

> „Diese vor dem Entscheidungsprozess vorzunehmende Bewertung [s.c.: gem. Art. 3 der heutigen UVP-RL 2011/92/EU] […] impliziert nämlich eine materielle Prüfung der eingeholten Angaben und eine Überlegung der Frage, ob es zweckmäßig ist, sie gegebenenfalls

---

[242] Vgl. *Schlacke/Römling*, DVBl 2019, 1429 (1434).

[243] *Wemdzio*, NuR 2008, 479 (479).

[244] Vgl. die Darstellung der Problemstellung bei *Schink*, NuR 2018, 21 (21) m. w. N.

[245] Ständige Rechtsprechung seit BVerwG, Urt. v. 08.06.1995 – 4 C 4.94 = BVerwGE 98, 339, s. dort insb. juris Rn. 58; *Schmidt/Stracke/Wegener/Zschiesche*, in: UBA, Die Umweltverbandsklage in der rechtspolitischen Debatte, S. 70.

[246] *Winkler*, in: Hoppe/Beckmann/Kment, UVPG, Einl., Rn. 3. Als wegweisend gilt insoweit die Wells-Rechtsprechung des EuGH (Eugh, Urt. v. 07.01.2004, Wells, C-201/02, ECLI:EU:C:2004:12), mit der der EuGH einer Privatklägerin die Aufhebung einer bergrechtlichen Genehmigung infolge einer nicht durchgeführten UVP zugestand, vgl. dazu *Schmidt/Stracke/Wegener/Zschiesche*, in: UBA, Umweltverbandsklage, S. 70.

um zusätzliche Daten zu ergänzen. Die zuständige Umweltbehörde muss daher sowohl ermittelnd als auch analysierend tätig werden, um zu einer möglichst vollständigen Bewertung der unmittelbaren und mittelbaren Auswirkungen des betreffenden Projekts [...] und ihren Wechselwirkungen untereinander zu gelangen."[247]

Dies nahm *Erbguth* zum Anlass, eine rein prozedurale Einordnung der UVP als direkt europarechtswidrig zu bewerten.[248] Die in Deutschland vorherrschende Wahrnehmung als reines Verfahrensrecht sei mit einer gewollten Abwertung der UVP verbunden.[249] Auch weitere Autoren schlossen sich der Einschätzung an, es handle sich faktisch um materielles Recht.[250]

Die Fronten scheinen also verhärtet, eine Entscheidung zwischen formeller und materieller Einordnung zwingend. Doch möglicherweise täuscht der erste Eindruck über das Ausmaß des Konfliktes oder jedenfalls die Berechtigung der fachlichen Diskussion, eine Entweder-Oder-Entscheidung zu fordern. Denn vermissen lässt die Debatte oftmals eine Auseinandersetzung mit der Frage, welche Bedeutungen beide Rechtsordnungen mit den Begriffen „formell" und „materiell" verbinden, in welcher Tradition beide Begriffe bezogen auf das Gesamtsystem stehen und welche rechtlichen Konsequenzen diese Einordnung mit sich bringt. Nur so kann aber beurteilt werden, ob und welche Divergenzen zwischen deutscher und europäischer Perspektive tatsächlich bestehen.

Traditionell liegt den Verfahrensvorschriften im deutschen Recht die Vorstellung der „dienenden Funktion"[251] des Verwaltungsverfahrens zugrunde. Es soll den materiellen Entscheidungsprozess „strukturieren und kanalisieren"[252], die Anwendung des materiellen Rechts also unterstützen. Die eigentliche inhaltliche Berücksichtigung von Umwelt- und sonstigen entscheidungserheblichen Belangen erfolgt aber auf materieller Ebene, insbesondere über das bereits dargestellte Gebot planerischer Abwägung, das als eigenständigen Bestandteil und verwaltungsgerichtlich voll kontrollierbar das Erfordernis der vollständigen und zutreffenden Ermittlung des Abwägungsmaterials enthält.[253] Anders das Europarecht: Gegenüber dem vom BVerfG entwickelten dreiteiligen Säulenkonzept aus funktionell-institutioneller, personeller und sachlich-inhaltlicher Legitimation[254] steht beim europäischen An-

---

[247] EuGH, Urt. v. 03.03.2011, Europäische Kommission/Irland, C-50/09, ECLI:EU:C:2011:109; Rn. 40.

[248] *Erbguth*, NVwZ 2011, 935 (935).

[249] *Erbguth*, ebd.

[250] *Kahl*, JZ 2012, 667 (671); *Walter*, EuR 2005, 302 (316); ebenso erneut *Erbguth*, ZUR 2014, 515 (520).

[251] So schon *Ossenbühl*, NVwZ 1982, 465 (465 f.); heute immer noch *Burgi*, DVBl 2011, 1317 (1317 ff.); *Rubel*, EurUP 2019, 386 (389).

[252] *Ossenbühl*, ebd.

[253] Dazu bereits oben unter B. V. 2.

[254] Vgl. etwa BVerfG, Beschl. v. 08.08.1978 – 2 BvL 8/77 = BVerfGE 49, 89, juris Rn. 74; dazu *Grzeszick*, in: Maunz/Dürig, GG, Art. 20 (Stand: 57. EL Jan. 2010), Rn. 120 ff.; *Voßkuhle/Kaiser*, JuS 2009, 803 (804); *Winkler*, in: Hoppe/Beckmann/Kment, UVPG, Einl., Rn. 3.

satz die prozedurale Legitimation[255] im Vordergrund. Das Verfahren dient – traditionell sehr formalisiert und insbesondere unter weitreichender Beteiligung der Öffentlichkeit – dazu, möglichst viele Informationen zu ermitteln, zu strukturieren und zu bewerten, um eine materielle Entscheidungsgrundlage für die anschließende (planerische) Entscheidung zu schaffen. Schon anhand dieser kurzen Gegenüberstellung fällt auf: Das Grundanliegen des europäischen und des deutschen Rechts ist in dieser Hinsicht dasselbe – nur verortet das Europarecht das Erfordernis vollständiger Ermittlung des „Abwägungsmaterials" allein in den Verfahrensvorschriften, während es nach deutscher Vorstellung eher der materiellen Ebene zuzuordnen ist. Vor diesem Hintergrund erscheint es nur konsequent, dass der EuGH im Urteil zum *Vertragsverletzungsverfahren Kommission/Deutschland* im Oktober 2015 ausführt, dass der Unionsgesetzgeber nicht

> „die Möglichkeit, einen Verfahrensfehler geltend zu machen, an die Bedingung knüpfen wollte, dass er Auswirkungen auf den Inhalt der angegriffenen endgültigen Entscheidungen hatte"[256].

Das widerspricht dem umfänglichen System der Fehlerheilungs- und Planerhaltungsvorschriften im deutschen (Planungs-)Recht eklatant. Jedoch nicht, weil das Europarecht von einem grundlegend anderen Begriffsverständnis ausgeht, weil es Verfahrensvorschriften „materialisiert" oder eine gänzlich andere Berücksichtigung von Umweltbelangen fordert. Vielmehr liegt der europäischen Perspektive schlicht eine andere Tradition zugrunde, in der Verfahrensvorschriften insbesondere bei der Prüfung von Umweltbelangen angesichts fehlender umfangreicher materieller Vorgaben besondere Bedeutung zukommt und zukommen muss. In dieser Tradition erwartet das europäische Recht bei der Verletzung von Verfahrensvorschriften zurecht gänzlich andere Konsequenzen als das deutsche. Anstatt ein Kontinuum zwischen Verwaltungsverfahren und verwaltungsgerichtlicher Kontrolle anzunehmen, zieht es eine klare Zäsur zwischen beiden Abschnitten.[257] Zwangsläufig kommt es dann dort zu Konflikten, wo versucht wird, auf Europarecht basierende rechtliche Fragen allein anhand deutscher Maßstäbe zu beantworten.

Das deutsche Recht geht demgegenüber mit seiner Methodik wie so oft einen „Sonderweg", für den dem EuGH bisweilen das Verständnis zu fehlen scheint. Während in den Jurisdiktionen anderer Mitgliedstaaten das Verfahren und dessen Kontrolle ähnlich wie im Europarecht traditionell im Vordergrund stehen,[258] setzt

---

[255] Vgl. *Lübbe-Wolff*, VVDStRL 60 (2001), 246 (279 ff.); *Winkler*, ebd.; *Winter*, EuR 2005, 255 (268).

[256] EuGH, Urt. v. 15.10.2015, Kommission/Deutschland, C-137/14, ECLI:EU:C:2015:683, Rn. 58.

[257] *Saurer*, NVwZ 2020, 1137 (1139).

[258] Insbesondere die französische Rechtsordnung hat die Entwicklung des Unionsrechts in dieser Hinsicht beeinflusst. Dort sind die Anforderungen an die Klagebefugnis sehr viel geringer als in Deutschland, erforderlich ist lediglich ein persönliches oder direktes Interesse. Es erfolgt dann aber auch nur eine begrenzte Kontrolle der objektiven Rechtmäßigkeit und der Einhaltung des Verwaltungsverfahrens: *Leidinger*, NVwZ 2011, 1345 (1347) m. w. N.

Deutschland auf eine umfassende materielle Kontrolle anhand des größtenteils gesetzlich nicht normierten, lediglich in der Rechtsprechung inzwischen fein austarierten Mechanismus der planerischen Abwägung. Zwar hat das BVerwG seine Rechtsprechung inzwischen teilweise an die europäische Herangehensweise angepasst. Während es sich lange Zeit auf den Standpunkt stellte, auch ein „Verstoß gegen UVP-Vorschriften“ sei „entscheidungserheblich nur dann, wenn die konkrete Möglichkeit besteht, daß ohne den Verfahrensfehler die Entscheidung anders ausgefallen wäre“[259], beschäftigte es sich in jüngerer Zeit ausführlicher mit der Vereinbarkeit deutscher Vorstellungen von Fehlerheilung und Unbeachtlichkeit mit den europäischen Vorgaben. Vergleichsweise progressiv entschied das BVerwG im Jahr 2008, dass zwar eine unterbliebene UVP-Vorprüfung im gerichtlichen Verfahren nachgeholt werden könne, bei deren positivem Ausgang die Nachholung der eigentlichen UVP aber ausscheide.[260] Die grundsätzliche Nachholung der UVP nach Feststellung der Rechtswidrigkeit und Nichtvollziehbarkeit der Zulassungsentscheidung erachtet das BVerwG jedoch weiterhin als zulässig, sieht eine Aufhebung der Entscheidung in solchen Fällen mit anderen Worten also nicht als zwingend geboten an.[261] Der EuGH hingegen erlaubt dies nur bei Vorliegen außergewöhnlicher Umstände und sieht die nachträgliche Legalisierung keinesfalls als Regel-, sondern als absoluten Ausnahmefall an.[262] Die Thematik ist in der Rechtsprechung mithin zwar präsent, eine klare Linie ist jedenfalls hinsichtlich einer möglichen Angleichung an europäische Maßstäbe nicht zu erkennen.

Der teils geäußerten Kritik, dass die sachlich-inhaltliche Legitimation gerade im Hinblick auf Abwägungsentscheidungen an ihre Grenzen stoße,[263] ist vor dem Hintergrund der vorangegangenen Ausführungen damit insgesamt zwar nicht vollumfänglich zuzustimmen, da das deutsche Recht mit dem Gebot gerechter Abwägung selbst gute Möglichkeiten bietet, Umweltbelange zu berücksichtigen und deren Berücksichtigung zu kontrollieren. Faktisch ist den kritischen Stimmen allerdings Folgendes zuzugeben: Die Erfahrung zeigt, dass es Probleme bereitet, wenn der EuGH die Rechtmäßigkeit einer solchen Sonder-Vorgehensweise nicht anhand seines eher an anderen Rechtstraditionen orientierten Kriterienkatalogs überprüfen kann. Dies ist in kleinerem Rahmen bereits in der Auseinandersetzung um die Außenwirkung normkonkretisierender Verwaltungsvorschriften deutlich gewor-

---

[259] So zur Fernstraßenplanung BVerwG, Urt. v. 25.01.1996 – 4 C 5.95 = BVerwGE 100, 238, juris Rn. 33; in diesem Sinne zur Flughafenplanung zuletzt BVerwG, Urt. v. 13.12.2007 – 4 C 9.06 = BVerwGE 130, 83, juris Rn. 38.

[260] BVerwG, Urt. v. 20.08.2008 – 4 C 11.07 = BVerwGE 131, 352, juris Rn. 35.

[261] BVerwG, Urt. v. 24.05.2018 – 4 C 4.17 = BVerwGE 162, 114, juris Rn. 40.

[262] EuGH, Urt. v. 26.07.2017, Comune di Corridonia, C-196/16, C-197/16, ECLI:EU:C:2017:589, Rn. 38 f.; EuGH, Urt. v. 17.11.2016, Stadt Wiener Neustadt, C-348/15, ECLI:EU:C:2016:882, Rn. 36 f.; EuGH, Urt. v. 15.01.2013, Krizan, C-416/10, ECLI:EU:C:2013:8, Rn. 87; EuGH, Urt. v. 03.07.2008, Kommission/Irland, C-215/06, ECLI:EU:C:2008:380, Rn. 57; *Saurer*, NVwZ 2020, 1137 (1142).

[263] Vgl. *Winkler*, in: Hoppe/Beckmann/Kment, UVPG, Einl., Rn. 3; *Winter*, EuR 2005, 255 (268).

den.[264] Die Chancen, den EuGH als Rechtsprechungsorgan für 27 Mitgliedstaaten respektive den Unionsgesetzgeber von der abweichenden Rechtstradition und Rechtsauffassung eines einzelnen Mitgliedstaates zu überzeugen, stehen traditionell eher gering. Die deutsche Herangehensweise an die Prüfung von Umweltbelangen mag also mit Blick auf das darüber erreichbare Schutzniveau noch so gleichberechtigt neben der europäischen Perspektive bestehen können – tatsächlich werden die europäischen Vorgaben die weitere Entwicklung dominieren. Auch vor diesem Hintergrund stehen die europäischen Anforderungen im Fokus dieser Arbeit – ebenso wie es sich selbst bei größter Berechtigung der Traditionen des deutschen Verwaltungsrechts für den Gesetzgeber empfehlen würde, eine Annäherung an die europäische Herangehensweise zu suchen.

VI. Fazit

Die vorangegangene Gegenüberstellung der Planungssysteme hat gezeigt, dass die Planung von großen Infrastrukturprojekten in Deutschland nicht nur aus der Perspektive ihrer politischen Zielsetzungen, sondern auch in rechtlicher Hinsicht in weiten Teilen parallel verläuft. Mit Novellierung des EnWG und Einführung der gesetzlichen Bedarfsplanung für Energieleitungen wurde daher verschiedentlich von einer „Parallelisierung der drei großen Netzinfrastrukturen“[265] gesprochen. Seit Aufnahme der Wasserstraßen in den BVWP im Jahr 2016[266] gilt das richtigerweise sogar für die *vier* großen Netzinfrastrukturen. Die größten Gemeinsamkeiten finden sich dabei auf Ebene der Bedarfsfeststellung, wo auf Basis der von den Übertragungsnetzbetreibern bzw. dem BMVI entwickelten Planungen gesetzliche Bedarfspläne ergehen. Aber auch auf Ebene der Korridorfindung lassen sich viele Gemeinsamkeiten zwischen Bundesfachplanung, die raumordnerische und fachplanerische Elemente vereint, und Raumordnungs- sowie Linienbestimmungsverfahren feststellen. Charakterisiert ist die Planung in der Gesamtschau außerdem von zahlreichen Bindungswirkungen, die gerade im Zusammenspiel mit den Rechtsschutzmöglichkeiten im weiteren Verlauf der Untersuchung kritisch zu betrachten sein werden. Insbesondere die in § 15 Abs. 1 S. 1 NABEG angeordnete strikte

[264] Das Argument, die TA Luft sei keine gewöhnliche Verwaltungsvorschrift, sondern werde von der Rechtsprechung als verbindlich und außenwirksam verstanden, ließ der EuGH nicht für eine hinreichende Umsetzung der Verpflichtung aus Art. 2 der RL 80/779/EWG und der RL 82/884/EWG zum Erlass zwingender Regelungen hinsichtlich bestimmter Schadstoffkonzentrationen in der Luft gelten: EuGH, Urt. v. 30. Mai 1991, Kommission/Deutschland, C-361/88, ECLI:EU:C:1991:224, Rn. 14 ff.; EuGH, Urt. v. 30. Mai 1991, Kommission/Deutschland, C-59/89, ECLI:EU:1991:225, Rn. 9 ff.

[265] *Appel*, in: Säcker, Energierecht, Vor § 1 BBPlG, Rn. 33; *Hermes*, in: Schneider/Theobald, Energiewirtschaft, § 8, Rn. 61.

[266] Dazu *Buus*, Bedarfsplanung durch Gesetz, S. 102.

Bindungswirkung ohne Fehlerbehebungsmöglichkeiten stellt ein Novum im bekannten Planungssystem dar.

Die größten Einschnitte der vergangenen Jahre hat für dieses Gesamtsystem zweifelsohne das am 1. April 2020 in Kraft getretene MgvG gebracht. Statt wie bisher im Planfeststellungsverfahren ergehen abschließende Zulassungsentscheidungen für ausgewählte Projekte nunmehr in Gesetzesform. Inwieweit tatsächlich eine eigenständige planerische Entscheidung durch den Bundestag getroffen werden wird, bleibt abzuwarten. Nicht ganz fernliegend erscheint der Gedanke, dass sich die parlamentarische Entscheidung vielfach trotz des entgegenstehenden Wortlauts des § 8 Abs. 3 MgvG a. E. auf eine Zustimmung zu den bereits im Vorfeld von der zuständigen Behörde getroffenen Entscheidungen beschränken könnte.[267] Eine trennscharfe Grenzziehung zwischen Entscheidungen, die der Vorhabenträger bereits während des Verfahrens und zur Erstellung des Abschlussberichts treffen muss und solchen, die mit Blick auf die Abwägungsentscheidung im Parlament offengelassen werden sollen, dürfte sich in der Praxis als nicht wenig schwierig erweisen. Ermittelt beispielsweise die zuständige Behörde entgegen § 8 Abs. 3 Nr. 1 MgvG nicht alle in die Abwägung einzustellenden öffentlichen und privaten Belange zutreffend, so findet bereits auf dieser Ebene ein Abwägungsfehler in Form eines Abwägungsdefizits statt, der sich zwangsläufig in der Entscheidung des Parlaments fortsetzt. § 8 Abs. 3 Nr. 2 MgvG sieht außerdem vor, dass die zuständige Behörde eine vorläufige Bewertung der Abwägungsalternativen vornimmt. Orientiert sich eine Verwaltungsbehörde im regulären Verfahren zum Erlass eines Verwaltungsakts ausschließlich an bereits vorgegebenen Optionen, wird dies üblicherweise als Abwägungsausfall gewertet. Das dürfte auch für den Deutschen Bundestag gelten. Der deklaratorische Hinweis in § 8 Abs. 3 MgvG a. E., dass die Abwägungsentscheidung des Parlaments nicht vorweggenommen werden soll, vermag daran inhaltlich nichts zu ändern.

Hervorzuheben ist gerade angesichts der Frage nach (völker- und europarechtlich gebotenen) Rechtsschutzmöglichkeiten schließlich, dass all diese Überlegungen und sämtliche Planungsstufen verknüpft sind mit Umweltprüfungen, von denen ein Infrastrukturvorhaben bis zu seiner Zulassung in Gestalt von SUP, UVP und FFH-Verträglichkeitsprüfung gleich mehrere zu durchlaufen hat. Unabhängig davon, wie gut die umweltrechtliche Situation nach der klassischen Funktionsweise des deutschen Fachplanungsrechts auch schon vor Einführung der europäischen Umweltprüfungen war, gilt dabei: Sie und nicht die traditionelle Berücksichtigung im Rahmen des planerischen Abwägungsgebots sind nunmehr zentraler Dreh- und Angelpunkt der umweltrechtlichen Betrachtung. Und ihre Rechtsgrundlagen sind es auch, an denen sich die nach deutschem Recht gegebenen Rechtsschutzmöglichkeiten im Umweltbereich vorrangig messen lassen müssen.

---

[267] *Wegener*, ZUR 2020, 195 (195).

C. Historische Betrachtung

Zwar stellt das MgvG hinsichtlich der Grundsätzlichkeit der Regelungen und der Zahl der durch Legalplanung zu realisierenden Projekte ein Novum im deutschen Planungsrecht dar. Das Bemühen um Beschleunigung von Planungsverfahren ist gerade im Infrastrukturbereich jedoch kein neues Phänomen. Insgesamt sieben Gesetze trugen seit 1985 den Begriff der „Beschleunigung" im Namen.[1] Insbesondere seit der Wiedervereinigung prägten Beschleunigungsgesetze die Entwicklung des allgemeinen Verwaltungs- und Fachplanungsrechts. Mit der „Südumfahrung Stendal" gelangte die Idee der Legalplanung bereits 1991 erstmals in der jüngeren Geschichte (wieder) zu Berühmtheit. Inwieweit in den Beschleunigungsbemühungen des Gesetzgebers Kontinuität und in der Realisierung der „Verkehrsprojekte Deutsche Einheit"[2] Parallelen zur und Vorbilder für die heute geplante Maßnahmengesetzgebung zu entdecken sind, soll im Folgenden ein kurzer historischer Rückblick zeigen.

I. Beschleunigung: Die Iteration in der Infrastrukturplanung

Untrennbar verknüpft mit dem Begriff der (Verkehrs-)Infrastrukturplanung ist in der jüngeren deutschen Rechtsgeschichte die Beschleunigungsgesetzgebung, in die sich als letzter Baustein das im April 2020 in Kraft getretene MgvG einfügt. Schon zu Beginn der 1980er Jahre wurde als Problem erkannt, dass Planung und Ausbau der Infrastruktur nicht schnell genug vonstatten gingen.[3] Angesichts der strukturellen Defizite in der früheren DDR, die nach der Wiedervereinigung zutage traten und einer umgehenden Verbesserung bedurften, verschärfte sich die Situation zusätzlich. Der Gesetzgeber entschied sich daher im Jahr 1991 erstmals für den Versuch, Planungsbeschleunigung durch eine gesetzlich angeordnete Straffung der Planungsprozesse zu erreichen – mit dem ersten Verkehrswegeplanungsbeschleunigungsgesetz (VPlBeschlG) aus dem Jahr 1991. Maßgebend waren dabei vor allem die Modifikation der Öffentlichkeitsbeteiligung i. S. d. § 73 VwVfG, die Einführung der

---

[1] *Groß*, ZUR 2021, 75 (75 f.).

[2] „Verkehrsprojekte Deutsche Einheit" war der Titel einer größeren Planungsoffensive, die 1991 ins Leben gerufen wurde und insgesamt neun Schienenprojekte, sieben Fernstraßenprojekte und ein Wasserstraßenprojekt umfasste: *Stüer*, Bau- und Fachplanungsrecht, Rn. 4636. Durch Maßnahmengesetz zugelassen wurden davon die „Südumfahrung Stendal" und der Ausbau eines Teilstücks der A20 bei Wismar. Dazu im Folgenden ausführlich.

[3] Vgl. *Groß*, ZUR 2021, 75 (75); *Schneller*, Objektbezogene Legalplanung, S. 21.

noch heute bestehenden Möglichkeit der Plangenehmigung sowie die erstinstanzliche Zuständigkeitszuweisung an das BVerwG.[4] Im Vorfeld des VPlBeschlG und schon seit den 1970er Jahren hatte sich insbesondere Bayern für eine grundlegendere Umstrukturierung der Infrastrukturplanung in der Form eingesetzt, das zeitintensive zweistufige Verfahren aus Raumordnungsverfahren und Linienbestimmung gänzlich durch das Raumordnungsverfahren zu ersetzen[5] – eine Forderung, die auch heute wieder an Relevanz gewonnen hat.[6] Nach längerer Diskussion[7] entschied man sich jedoch für einen weniger einschneidenden Weg: §§ 15, 16 UVPG, die die Durchführung einer Umweltprüfung vorsahen, sowie die Raumordnungsverordnung sollten auf das Linienbestimmungsverfahren fortan keine Anwendung mehr finden.[8] Die entsprechende Übertragung des VPlBeschlG in die zugehörigen Fachgesetze erfolgte dann zwei Jahre später mit dem Planungsvereinfachungsgesetz (PlVereinfG). Dieses sah im Hinblick auf den Umweltschutz in abgewandelter Form in § 16 Abs. 2 nun vor, die Umweltverträglichkeit als Belang im Rahmen der Abwägung zu berücksichtigen. Diese Formulierung hat sich bis heute in § 16 Abs. 2 S. 1 FStrG gehalten.

Zeitgleich mit Entstehung des VPlBeschlG erlebten auch die eher zurückhaltenden Öffentlichkeitsbeteiligungsmöglichkeiten der 1980er- und 1990er-Jahre mit Einführung der UVP-Richtlinie 1985 sowie der IVU-Richtlinie 1996, die ebenso wie die 1998 unterzeichnete Århus-Konvention die Aufbruchsstimmung und das große öffentliche Interesse an aktiver Politikgestaltung in Mittel- und Osteuropa aufgriffen,[9] ihren ersten größeren Aufwind. Sie konnten in Deutschland anknüpfen an eine lange Tradition, die nicht erst der Einfluss der Europäischen Union mit sich brachte: Erste Regelungen zur Öffentlichkeitsbeteiligung finden sich schon im Preußischen Allgemeinen Landrecht von 1794 und den Gewerbeordnungen Preußens von 1845 und des Norddeutschen Bundes von 1869.[10] Während sich das Preußische Allgemeine Landrecht in § 236 des 15. Titels, 5. Abschnitt dabei noch auf eine Art Angrenzerbenachrichtigung beschränkte, die an Vorschriften der heutigen Landesbauordnungen erinnert,[11] sah die Gewerbeordnung von 1869 insbesondere für die

[4] Vgl. *Kämper*, in: Bader/Ronellenfitsch, BeckOK VwVfG, § 72, Rn. 25; eine ausführliche kritische Darstellung der Regelungen findet sich bei *Wickel*, NVwZ 2001, 16 (16 ff.). Kritisch zum Wegfall der Öffentlichkeitsbeteiligung bei der Plangenehmigung auch *Groß*, ZUR 2021, 75 (76 f.).

[5] *Marschall*, in: ders., FStrG, § 16, Rn. 3.

[6] Vgl. *BMVI*, Abschlussbericht Innovationsforum Planungsbeschleunigung, S. 26.

[7] Zur Geschichte des § 2 Abs. 2 Verkehrswegeplanungsbeschleunigungsgesetz 1991: *Marschall*, in: ders., FStrG, § 16, Rn. 3.

[8] *Marschall*, in: ders., FStrG, § 16, Rn. 4.

[9] Vgl. *Bunge*, in: Schlacke/Schrader/Bunge, Aarhus-Handbuch, Einleitung, Rn. 5 ff.

[10] Insgesamt dazu *Bunge*, UVP-report 31 (4/2017), 261 (261 f.); im Speziellen zur Gewerbeordnung des Norddeutschen Bundes *Fisahn*, Demokratie und Öffentlichkeitsbeteiligung, S. 39 ff.

[11] § 236 PrALR betraf die Genehmigung der Anlage einer Mühle und führte aus: „Die Landespolizey-Instanz muß, ehe sie die Approbation ertheilt, die benachbarten Mühlebe-

Zulassung emittierender Gewerbebetriebe in § 17 schon eine Art allgemeine Öffentlichkeitbeteiligung mit vorheriger ortsüblicher Bekanntmachung vor.[12] Die heute in § 73 VwVfG verankerte Öffentlichkeitsbeteiligung im Planfeststellungsverfahren nahm ihren Ausgang dann schließlich im Preußischen Enteignungsgesetz von 1874,[13] wo es in § 19 heißt:

> „Plan nebst Beilagen sind in dem betreffenden Gemeinde- oder Gutsbezirke während vierzehn Tagen zu Jedermanns Einsicht offen zu legen. Die Zeit der Offenlegung ist ortsüblich bekannt zu machen. Während dieser Zeit kann jeder Betheiligte im Umfange seines Interesses Einwendungen gegen den Plan erheben. [...]"

Dabei ging es nicht nur um die Schaffung bloßer Akzeptanz als Selbstzweck, sondern um aktive Konsultation und echten Einfluss der Bürger.[14] Und auch die Rolle der Umweltverbände als „Verwaltungshelfer"[15] hat bei umweltbezogenen Entscheidungen Tradition.[16] Schon 1982, lange vor Einführung der UVP-Richtlinie, stellte *Ossenbühl* zutreffend fest, dass

> „die Beteiligung des Bürgers im administrativen Entscheidungsprozeß auch einen vom zweckgerichteten Rechtsschutz abgehobenen, eigenständigen Sinn haben [kann]. Die Bürgerbeteiligung erscheint als Rechtswert an sich, weil sie den Einzelnen aus seiner Objektstellung im Verwaltungsgeschehen befreit und ihn an der res publica aktiv teilhaben lässt."[17]

Das Bedürfnis nach mehr Strukturierung der durch die neuen Beteiligungsformen angestoßenen Veränderungen führte 1996 zur Verabschiedung des Genehmigungsverfahrensbeschleunigungsgesetzes (GenBeSchlG), das als Teil umfassender Änderungen des VwVfG[18] insbesondere die Einführung der ebenfalls schon aus der

---

rechtigten, und Andre, welchen durch den neuen Bau oder durch die Änderung, Schaden erwachsen könnte, darüber vernehmen." Dazu ausführlich *Fisahn*, Demokratie und Öffentlichkeitsbeteiligung, S. 12 ff.

[12] Dort heißt es: „Dem Antrag auf die Genehmigung einer solchen Anlage müssen die zur Erläuterung erforderlichen Zeichnungen und Beschreibungen beigefügt werden. Ist gegen die Vollständigkeit dieser Vorlagen nichts zu erinnern, so wird das Unternehmen mittelst einmaliger Einrückung in das zu den amtlichen Bekanntmachungen der Behörde bestimmte Blatt zur öffentlichen Kenntnis gebracht, mit der Aufforderung, etwaige Einwendungen gegen die neue Anlage binnen vierzehn Tagen anzubringen. Die Frist nimmt ihren Anfang mit Ablauf des Tages, an welchem das die Bekanntmachung enthaltende Blatt ausgegeben worden, und ist für alle Einwendungen, welche nicht auf privatrechtlichen Titeln beruhen, präklusorisch." Dazu ausführlich *Fisahn*, Demokratie und Öffentlichkeitsbeteiligung, S. 39 ff.

[13] *Bunge*, UVP-report 31 (4/2017), 261 (261 f.); *Fisahn*, Demokratie und Öffentlichkeitsbeteiligung, S. 43 ff.

[14] *Peters*, UVP-report 31 (4/2017), 258 (259).

[15] BVerwG, Urt. v. 12.12.1996 – 4 C 19.95 = BVerwGE 102, 358, juris Rn. 17.

[16] Vgl. BVerwG, Urt. v. 12.12.1996 – 4 C 19.95 = BVerwGE 102, 358, juris Rn. 17; BVerwG, Urt. v. 31.10.1990 – 4 C 7.88 = BVerwGE 87, 62, juris Rn. 27; *Bunge*, UVP-report 31 (4/2017), 261 (264); *Wagner*, DVBl 2011, 1453 (1459).

[17] *Ossenbühl*, NVwZ 1982, 465 (466).

[18] Vgl. dazu ausführlich *Kämper*, in: Bader/Ronellenfitsch, BeckOK VwVfG, § 72, Rn. 27.

Gewerbeordnung von 1869 bekannten[19] materiellen Präklusion gem. § 73 Abs. 4 S. 3 VwVfG und der Planerhaltungsgrundsätze gem. § 75 Abs. 1a VwVfG mit sich brachte.

In der Folgezeit bemühte sich der Gesetzgeber jedoch ebenso, bisher vor allem von außerhalb wirkende Einflüsse durch eine Ausweitung von Öffentlichkeitsbeteiligung und Umweltrechtsschutz im deutschen Rechtssystem zu etablieren. Für die Beteiligung und das rechtliche Tätigwerden der Umweltverbände markierte dabei die Einführung der eigenständigen (naturschutzrechtlichen) Verbandsklage auf Bundesebene in § 64 BNatSchG im Jahr 2002 einen zentralen Wendepunkt. Umweltverbände oder gar die Öffentlichkeit mit eigenen umweltbezogenen Klagebefugnissen auszustatten, war bis dahin lange undenkbar gewesen. Bis in die 1970er Jahre waren Verbandsklagebefugnisse kaum vorhanden und wurden äußerst kritisch betrachtet.[20] Bayern und Baden-Württemberg verschlossen sich sogar bis 2002 der Einführung einer eigenständigen Klagemöglichkeit.[21] Auch in den anderen Bundesländern waren diese schon früher bestehenden Klagebefugnisse zunächst eher restriktiv ausgestaltet und ließen zahlreiche Vorgänge durch das Raster fallen.[22] Im Sinne einer „Partizipationserzwingungsklage“[23] konnten lediglich die eingeräumten Beteiligungsrechte, nicht aber materielle Fehler der Entscheidung geltend gemacht werden. Das änderte sich zwar mit Einführung der Verbandsklagebefugnis im BNatSchG, dennoch wurde weiterhin kritisiert, dass nicht alle Bereiche des Umweltrechts erfasst würden.[24] Einen weiteren maßgeblichen Schritt in diese Richtung machte 2006 schließlich die Einführung des UmwRG.[25]

Insbesondere aus der Nachsicht stellt sich das Vorgehen des deutschen Gesetzgebers im Spannungsfeld zwischen Verfahrensbeschleunigung und Ausweitung der Öffentlichkeitsbeteiligung dabei nicht so widersprüchlich dar, wie es auf den ersten Blick erscheinen mag. So brachte die Einführung der materiellen Präklusion zwar faktisch den Ausschluss von Einwendungen im Verwaltungsgerichtsverfahren mit

---

[19] Vgl. erneut § 17 GewO 1869: „[...] und ist für alle Einwendungen, welche nicht auf privatrechtlichen Titeln beruhen, präklusorisch.“

[20] *Buchberger*, EurUP 2019, 377 (377); *Koch*, NVwZ 2007, 369 (371 f.); so beispielsweise die insgesamt sehr kritischen Darstellungen von *Weyreuther*, Verwaltungskontrolle durch die Verbände? aus 1975 sowie *Redeker*, Verfahrensrechtliche Bedenken gegen die Verbandsklage, ZRP 1976, 163.

[21] Vgl. *Wissenschaftliche Dienste des Deutschen Bundestags*, Verbandsklage, S. 6.

[22] *Buchberger*, EurUP 2019, 377 (378) mit Verweis auf die Entscheidung des VG Hamburg, Urt. v. 22.09.1988 – 7 VG 2499/88 zur Gefährdung des Robbenbestandes in der Nordsee durch (zulässigerweise) dort entsorgte chemische Abfälle aufgrund fehlender Antragsbefugnis sowohl der Seehunde als auch des Umweltverbandes sowie die Entscheidung des BVerwG, Urt. v. 19.05.1998 – 4 A 9.97 = BVerwGE 107, 1 zur Nichtberücksichtigung unter anderem von Lärmauswirkungen bei einer Klage gegen die Ostsee-Autobahn infolge eingeschränkter Verbandsklagebefugnisse.

[23] *Seelig/Gündling*, NVwZ 2002, 1033 (1034).

[24] *Buchberger*, EurUP 2019, 377 (378 f.).

[25] Dazu im Folgenden ausführlich unter F. III.

sich – ermöglichte aber gleichzeitig, dieses effizient zu gestalten und allen Beteiligten Rechtssicherheit zu bieten. Andererseits war auch die Einführung der Umweltverbandsklage von Beginn an verbunden mit einer Beschleunigungswirkung. Denn wo gegen den Planfeststellungsbeschluss für den Münchener Flughafen aus dem Jahr 1974 noch 5800 Einzelkläger ins Feld gezogen waren und die Verwaltungsgerichte insgesamt zwölf Jahre in Anspruch genommen hatten, überließen in der Folgezeit viele gern den Umweltverbänden als Alleinkläger das Feld.[26]

Das nächste Mal an den Stellschrauben der Öffentlichkeitsbeteiligung gedreht wurde sodann mit Einführung des Gesetzes zur Beschleunigung von Planungsverfahren für Infrastrukturvorhaben im Jahr 2006. Erreichen wollte man vor allem eine Verschlankung ebendieser Öffentlichkeitsbeteiligung, indem der Verzicht auf eine mündliche Erörterung i. S. d. § 73 Abs. 6 VwVfG möglich sowie die Vorschriften zur Beteiligung von Umweltverbänden eingegrenzt und denen der sonstigen Öffentlichkeit angeglichen wurden. Erst mit dem Planfeststellungsvereinheitlichungsgesetz (PlVereinhG) aus dem Jahr 2013 wurden diese Änderungen schließlich auch in die allgemeinen Regelungen des VwVfG übertragen.

Mit Einläutung der Energiewende verschob sich der Fokus der Beschleunigungsgesetzgebung derweil in Richtung Energieleitungsausbau. Mit dem ersten Gesetz zur Beschleunigung des Ausbaus der Höchstspannungsnetze wurde im Jahr 2009 das EnLAG eingeführt, das erstmals eine gesetzliche Bedarfsfeststellung für die Energieleitungsplanung vorsah. Insbesondere aufgrund unterschiedlicher Behördenzuständigkeiten und Koordinierungsprobleme brachte das EnLAG jedoch noch nicht die gewünschten Beschleunigungseffekte.[27] Mit dem zweiten Gesetz über Maßnahmen zur Beschleunigung des Netzausbaus Elektrizitätsnetze 2011 wurden bereits zwei Jahre später die §§ 12a–12e EnWG grundlegend neu strukturiert und lösten damit die bis dahin eigenständige Planung durch die Übertragungsnetzbetreiber ab, die keiner rechtsstaatlichen Kontrolle zugänglich war und als intransparent kritisiert wurde.[28] Gleichzeitig wurde auf Korridorebene mit dem NABEG das im Energieleitungsbereich in Sachen Verfahrensbeschleunigung wohl entscheidende Instrument des vergangenen Jahrzehnts eingeführt.[29] Anders als nach dem EnLAG wurde das Verfahren nun bei der BNetzA als zentraler Behörde gebündelt.[30] Maßgebend in Sachen Beschleunigung ist außerdem ein in § 15 Abs. 3 S. 2 NABEG

---

[26] *Rubel*, EurUP 2019, 386 (387).

[27] *Appel*, UPR 2011, 406 (407 f.).

[28] Vgl. *Ruge*, ER 2016, 154 (154 f.); *ders.*, ER 2013, 143 (144); *Steinbach*, DÖV 2013, 921 (922); im Sinne einer Verbesserung der Transparenz auch BT-Drucks. 17/6072, S. 2.

[29] Eine ähnliche Einschätzung findet sich bei *Kment*, in: GfU, 38. wissenschaftliche Fachtagung, S. 57 (63).

[30] Zur Begründung: BT-Drucks. 17/6073, S. 21 f. Zur Debatte um die Zuständigkeitszuweisung an die Bundesnetzagentur über den „Umweg" der Planfeststellungszuweisungsverordnung: *Appel/Eding*, NVwZ 2012, 343 (346 f.); *Calliess/Dross*, JZ 2012, 1002 (1008); *Erbguth*, NVwZ 2012, 326 (330 f.); *Steinbach*, DÖV 2013, 921 (926 f.).

angeordneter und insbesondere im Infrastrukturbereich bereits seit Langem etablierter Mechanismus: Die Rechtsschutzkonzentration.[31]

Trotz einiger einschränkender Momente im Rechtsschutzbereich wurde die Einführung des NABEG im Hinblick auf die Öffentlichkeitsbeteiligung als positiver Schritt aufgenommen, mit der der Gesetzgeber sich kurzzeitig von der vorherrschenden Tendenz abgewandt habe, die Beteiligungsvorschriften bei der Novellierung von Planungsverfahren immer weiter einzudämmen.[32] Die teils deutlich über die unionsrechtlichen Anforderungen hinausgehende Öffentlichkeitsbeteiligung wurde gar als „Beteiligungsoffensive"[33] begrüßt. Veranlasst sah sich der Gesetzgeber zu diesem Schritt auch durch die Auseinandersetzungen rund um Stuttgart 21 im Jahr 2010, durch die der Konflikt zwischen planender Verwaltung und Beteiligung der Bürger erstmals in jüngerer Zeit wieder in die Wahrnehmung einer breiteren Öffentlichkeit gelangte. Das „Phänomen des sog. Wutbürgers"[34] etablierte sich und auch die juristische Fachöffentlichkeit konzentrierte sich vermehrt auf die Öffentlichkeitsbeteiligung bei Großprojekten.[35]

Mit dem Verkehrswegeplanungsbeschleunigungsgesetz 2018 rückte der Fokus dann wieder mehr in Richtung Verkehrsbereich. Enger orientiert an den früheren Beschleunigungsbemühungen in der Infrastrukturplanung wurde unter anderem die Möglichkeit der Plangenehmigung auch für UVP-pflichtige Vorhaben eingeführt.[36] Der erste Gesetzentwurf hatte sogar die Wiedereinführung der materiellen Präklusion für das AEG, FStrG und WaStrG vorgesehen, die sich letztlich aber nicht durchsetzen konnte.[37] Diese war zwischenzeitlich – in nunmehr europarechtskonformer Weise – als Bestandteil eines weiteren Investitionsbeschleunigungsgesetzes

[31] Rechtsschutzkonzentration meint, dass in mehrstufigen Planungsverfahren Rechtsschutz nicht phasenspezifisch gegen die einzelne Planungsentscheidung, also auf der Ebene, die die Beeinträchtigung herbeigeführt hat, gewährt, sondern auf Ebene der abschließenden Entscheidung gebündelt wird, bei der dann – jedenfalls typischerweise – die Möglichkeit der Inzidentkontrolle der vorangegangenen Planungsstufen besteht; zur Definition: *Baier*, DÖV 2015, 309 (310); *Schlacke*, ZUR 2017, 456 (456). Zur Tradition im Infrastrukturbereich: *Schlacke*, ebd.

[32] *Appel*, in: Säcker, Energierecht, § 10 NABEG, Rn. 2; *Grigoleit/Weisensee*, UPR 2011, 401 (403); *Peters*, DVBl 2015, 808 (809); *Wulfhorst*, DÖV 2011, 581 (581).

[33] *Grigoleit/Weisensee*, ebd.; ebenso positiv *Franke/Wabnitz*, ZUR 2017, 462 (465 f.); *Renn/Köck/Schweizer* u. a., ZUR 2014, 281 (286); kritisch *Kümper*, DÖV 2016, 929 (937 f.).

[34] *Appel*, in: Säcker, Energierecht, § 7 NABEG, Rn. 3; ausführlich dazu *Henneke*, DVBl 2012, 1072 (1072 ff.).

[35] So das Resumée von *Appel*, ebd. mit entsprechendem Verweis u. a. auf: *Fraenkel-Haeberle*, DÖV 2016, 548; *Bertrams*, NWVBl 2012, 289; *Hien*, UPR 2012, 128; *Schink*, DVBl 2011, 1377; *Stüer/Buchsteiner*, UPR 2011, 335; *Knauff*, DÖV 2012, 1; *Kümper*, DÖV 2016, 929.

[36] Zu den Änderungen im Detail *Kämper*, in: Bader/Ronellenfitsch, BeckOK VwVfG, § 72, Rn. 31b; *Reimold/Ulland*, UPR 2019, 476 (476 ff.).

[37] *Fechter*, jurisPR-UmwR 12/2019, Anm. 1.

für Herbst 2020 angekündigt,[38] das wohl einhergehen sollte mit einem Einwirken der Bundesregierung auf die EU-Kommission zu einer entsprechenden Änderung der UVP-Richtlinie[39] bzw. mit einer Initiative zur Änderung der Århus-Konvention[40]. Teilweise erhoffte man sich scheinbar auch eine Entschärfung der Rechtsprechung zur materiellen Präklusion seitens des EuGH.[41] Der am 13. August 2020 vom Kabinett beschlossene Gesetzentwurf enthielt eine diesbezügliche Regelung allerdings nicht mehr.[42] Das inzwischen in Kraft getretene Gesetz zur Beschleunigung von Investitionen vom 3. Dezember 2020 konzentriert sich nunmehr auf eine Ausweitung des Zuständigkeitskatalogs des § 48 Abs. 1 VwGO sowie die Aufhebung der Planfeststellungspflicht für Einzelmaßnahmen im Schienenwege- und Straßenbau.[43]

Auch im Energieleitungsbereich wurde weiterhin bekundet, dass der Ausbau nicht schnell genug voranschreite.[44] Abhilfe sollte zuletzt im Jahr 2019 wiederum ein Artikel-Gesetz zur Beschleunigung des Energieleitungsausbaus schaffen, das vor allem die Einführung einer vorausschauenden Planung in Form der Genehmigung von Leerrohren für Erdkabel[45] und die an § 14 Abs. 2 WaStrG, § 17 Abs. 2 FStrG, § 18 Abs. 2 AEG orientierte Möglichkeit eines vorzeitigen Baubeginns[46] einführte. Im Verkehrsbereich erging 2020 außerdem ein erneutes Gesetz zur weiteren Beschleunigung von Planungs- und Genehmigungsverfahren, das vor allem die einfachere Realisierung von Instandhaltungsmaßnahmen betrifft.[47]

Ihren vorläufigen Höhepunkt fanden die Beschleunigungsbemühungen dann schließlich im Inkrafttreten des MgvG am 1. April 2020.

Vorbildwirkung für die Implementierung weiterer Beschleunigungsmaßnahmen im VwVfG insbesondere im digitalen Bereich könnte außerdem das am 29.05.2020 in Kraft getretene und zunächst bis zum 31.03.2021 bzw. 31.12.2025 zeitlich befristete Planungssicherstellungsgesetz (PlanSiG) entfalten, das in Reaktion auf die Herausforderungen der Öffentlichkeitsbeteiligungen in Zeiten der COVID-19-Pandemie erging.[48]

---

[38] *Kämper*, in: Bader/Ronellenfitsch, BeckOK VwVfG, § 72, Rn. 31e; kritisch mit zutreffendem Blick auf die übergreifende Motivationslage des Gesetzgebers *Langstädtler*, Effektiver Umweltrechtsschutz, S. 538.

[39] *BMVI*, Strategie Planungsbeschleunigung, S. 5; *Stüer*, DVBl 2019, 351 (357).

[40] *Stüer*, ebd.

[41] *Guckelberger*, NuR 2020, 805 (814).

[42] Vgl. BR-Drucks. 456/20, S. 30.

[43] *Kämper*, in: Bader/Ronellenfitsch, BeckOK VwVfG, § 72, Rn. 31e.

[44] *Schlacke/Römling*, DVBl 2019, 1429 (1429); *BMWi*, Aktionsplan Stromnetz, S. 1.

[45] Vgl. § 18 Abs. 3 NABEG, § 43j EnWG; dazu ausführlich *Schlacke/Römling*, DVBl 2019, 1429 (1429 ff.).

[46] Vgl. § 18 Abs. 5 NABEG i. V. m. § 44c EnWG; dazu ebenfalls *Schlacke/Römling*, DVBl 2019, 1429 (1431 f.).

[47] *Kämper*, in: Bader/Ronellenfitsch, BeckOK VwVfG, § 72, Rn. 31c.

[48] *Kämper*, in: Bader/Ronellenfitsch, BeckOK VwVfG, § 72, Rn. 31f; ausführlich dazu *Albrecht/Zschiegner*, UPR 2020, 252 (252 ff.) sowie *Wysk*, NVwZ 2020, 905 (905 ff.).

II. Legalplanung als Mittel der Wahl bei Beschleunigungsbedarf

1. Historie der Idee und Begriff der Legalplanung

Die Projektzulassung durch Gesetz ist keineswegs eine neue Idee. Erstmals am 29. März 1838 wurde im Großherzogtum Baden der Bau einer Eisenbahnstrecke per Gesetz zugelassen.[49] Hintergrund schon hier: Die Beschleunigung des Planungs- und Genehmigungsverfahrens.[50] Je nach Perspektive mag man es als Ironie oder Wink des Schicksals betrachten, dass auch der Bau des Nord-Ostsee-Kanals, dessen Vertiefung heute unter § 2 Nr. 11 MgvG für die Zulassung per Maßnahmengesetz vorgesehen ist, im Jahr 1886 per Gesetz genehmigt wurde.[51] Und auch im Energiebereich zeigt sich ein ähnliches Bild: Die wohl größte energiebezogene Herausforderung der deutschen Geschichte, die flächendeckende Versorgung der Bevölkerung mit Elektrizität, führte um die Jahrhundertwende zwischen dem 19. und 20. Jahrhundert zur gesetzesförmigen Zulassung mehrerer Elektrizitäts- und Wasserkraftwerke.[52] Schon lange gab es also auf Seiten des Gesetzgebers die Tendenz, als besonders bedeutend oder besonders drängend empfundene Planungsentscheidungen im Wege der Legalplanung zu realisieren. Legalplanung im engeren Sinne lässt sich dabei traditionell verstehen als „der Einsatz des förmlichen Gesetzes für exekutivische Planungen [...], also für Sachentscheidungen, die von Haus aus zur Zuständigkeit der Verwaltung gehören“[53].

2. Die „Stendal-Entscheidung“ des BVerfG als „Freifahrtschein“ für die Projektzulassung per Gesetz?

Die erste tatsächliche Projektzulassung durch Gesetz der jüngeren (Rechts-) Geschichte erfolgte schließlich im Rahmen der „Verkehrsprojekte Deutsche Einheit.“ Durch Maßnahmengesetz zugelassen wurde im Jahr 1993 ein Teilstück der Eisenbahn-Hochgeschwindigkeitsstrecke zwischen Berlin und Hannover bei Stendal, besser bekannt als „Südumfahrung Stendal“. Ihr folgte die Zulassung eines weiteren Vorhabens, des Ausbaus eines Teilstücks der A 20 bei Wismar, ebenfalls durch Maßnahmengesetz, die aber in der öffentlichen Debatte nicht dieselbe Be-

---

[49] *Schneller*, Objektbezogene Legalplanung, S. 24 mit Verweis auf das Großherzoglich Badische Staats- und Regierungsblatt vom 2. April 1838, S. 121 ff., abrufbar unter https://digital.blb-karlsruhe.de/blbihd/periodical/pageview/752940 (abgerufen am 14.08.2021, 10:03 Uhr).

[50] Vgl. *Schneller*, ebd.

[51] Vgl. *Schneller*, Objektbezogene Legalplanung, S. 24 f. mit Verweis auf das Gesetz, betreffend die Herstellung des Nord-Ostseekanals vom 16. März 1886 (RGBl. vom 20. März 1886, S. 58), abrufbar unter https://de.wikisource.org/wiki/Gesetz,_betreffend_die_Herstellung_des_Nord-Ostseekanals (abgerufen am 14.08.2021, 10:03 Uhr).

[52] Vgl. *Schneller*, Objektbezogene Legalplanung, S. 25; einzelne Beispiele finden sich bei *Siegel*, Elektrizitätsgesetzgebung, S. 2 ff.

[53] *Ossenbühl*, in: FS Hoppe, S. 183 (183).

achtung fand. Weitere Maßnahmengesetze, die ursprünglich geplant waren, blieben angesichts des Ausbleibens der erhofften Beschleunigungseffekte im Gesetzgebungsverfahren stecken[54] oder wurden gar nicht auf den Weg gebracht.

Die Südumfahrung Stendal hingegen war Stein des Anstoßes einer größeren verfassungsrechtlichen Diskussion, die sich vor allem an Art. 19 GG entzündete.[55] Auch damals wurde teilweise kritisiert, „daß für die Wahl der Gesetzesform die Vermeidung des Rechtsschutzes durch die Verwaltungsgerichtsbarkeit ausschlaggebend war“[56]. 1996 hielt das Investitionsmaßnahmengesetz jedoch vor dem BVerfG stand.[57] Kann die Entscheidung des BVerfG in Sachen Stendal daher gewissermaßen als „Freifahrtschein“ für weitere Projektzulassungen per Gesetz dienen, wie der Gesetzentwurf der Bundesregierung zum MgvG nahelegt?[58] Dieser Weg erscheint gleich aus mehreren Gründen nicht gangbar. Zum einen handelt es sich beim *Stendal*-Beschluss wie stets um eine Einzelfallentscheidung. Zwar gab das BVerfG in einigen Belangen auch eine grundlegende Marschrichtung vor. So sah es Beeinträchtigungen des Gewaltenteilungsgrundsatzes aus Art. 20 Abs. 2 GG und der Rechtsschutzgarantie aus Art. 19 Abs. 4 S. 1 GG respektive Art. 14. Abs. 1 S. 1 GG bei Vorliegen guter und triftiger Gründe ausnahmsweise als zulässig an.[59] Das Vorliegen derselben muss aber von Fall zu Fall sorgfältig geprüft werden. Für die „Südumfahrung Stendal“ erkannte das BVerfG sie in den Herausforderungen der Wiedervereinigung, insbesondere einem schnellen Auf- und Ausbau der Infrastruktur.[60] Durchaus nachvollziehbar, denn Deutschland befand sich bei Ergehen der *Stendal*-Entscheidung in einer „historischen Ausnahmesituation“[61] und sah sich mit der Mammutaufgabe konfrontiert, die innerdeutsche Teilung zu überwinden. Die politische Notwendigkeit der Realisierung stellte sämtliche anderen Überlegungen in den Schatten. Zu der Frage, ob eine vergleichbare Notwendigkeit auch heute im Falle des MgvG vorliegt, können dem *Stendal*-Beschluss dementsprechend aber keinerlei Erkenntnisse entnommen werden.

Umso mehr gilt das für die zentrale Fragestellung dieser Arbeit, die Zulässigkeit der insbesondere durch das MgvG geschaffenen Rechtsschutzsituation in der In-

---

54 *Blümel*, DVBl 1997, 205 (206).

55 Dazu ausführlich unter E. I. 2.

56 *Blümel*, DVBl 1997, 205 (210).

57 BVerfG, Beschl. v. 17.07.1996 – 2 BvF 2/93 = BVerfGE 95, 1. Zu den dort entwickelten Maßstäben ebenfalls ausführlich unter E. I. 2.

58 Die Bundesregierung nimmt in der Gesetzesbegründung ausdrücklich auf die Stendal-Entscheidung Bezug und zieht die dort statuierten Voraussetzungen zur Begründung für die Zulässigkeit der Maßnahmengesetzgebung heran, vgl. BT-Drucks. 19/15619, S. 14.

59 Vgl. BVerfG, Beschl. v. 17.07.1996 – 2 BvF 2/93 = BVerfGE 95, 1, juris Rn. 51, 67, dazu ausführlich unter E. I. 2.

60 BVerfG, Beschl. v. 17.07.1996 – 2 BvF 2/93 = BVerfGE 95, 1, juris Rn. 70.

61 *Wegener*, ZUR 2020, 195 (199); *ders.*, Stellungnahme MgvG, S. 17; ähnlich *Brigola/Heß*, NuR 2021, 104 (106); *Deutscher Anwaltverein*, Stellungnahme MgvG-E, S. 4; *Groß*, JZ 2020, 76 (78).

frastrukturplanung. Schon im Hinblick auf die verfassungsrechtlichen Maßstäbe wurde dem BVerfG vorgeworfen, es habe der Rechtsschutzgarantie des Art. 19 Abs. 4 GG keine ausreichende Bedeutung zugemessen.[62] Vor allem aber ist es nicht mehr allein am BVerfG, zu entscheiden, ob die Rechtsschutzmöglichkeiten gegen eine (Legal-)Planungsentscheidung als ausreichend anzusehen sind. Und auch das Grundgesetz ist nicht mehr der einzige Anlaufpunkt. Vielmehr determinieren das Völker- und Europarecht und damit insbesondere der EuGH die Entwicklung der Rechtsschutzdogmatik, gerade in umweltrelevanten Planungsverfahren. Zwar befand sich bei Erlass des *Stendal*-Maßnahmengesetzes auch das die UVP-Richtlinie umsetzende UVPG in seiner ersten Fassung bereits seit Kurzem in Kraft. Die maßgeblichen Rechtsschutzvorschriften wurden jedoch auch auf europäischer Ebene erst mit der Öffentlichkeitsbeteiligungsrichtlinie 2003/35/EG rund zwölf Jahre später in die UVP-Richtlinie eingefügt. Naturgemäß folgte auch erst dann eine umfassende Auseinandersetzung des EuGH mit den europäischen Rechtsschutzanforderungen und etwaigen Umsetzungsmängeln in den Rechtsordnungen der Mitgliedstaaten. Die Århus-Konvention trat in Deutschland überhaupt erst am 30. Oktober 2001 in Kraft. Hierzulande markierte die Einführung des UmwRG im Jahr 2006 den Beginn des europäischen Zeitalters in Sachen Rechtsschutz. Kurz gesagt: Die heutigen rechtlichen Rahmenbedingungen sind mit denen der *Stendal*-Entscheidung gerade in Rechtsschutzfragen kaum mehr vergleichbar. Für die Betrachtung der verfassungsrechtlichen Fragen kann *Stendal* daher zwar noch Grundlage der Überlegungen sein – mit Blick auf die neuen europäischen Anforderungen hat die Entscheidung jedoch nur sehr begrenzte Aussagekraft.

III. Fazit

Eine unendliche Geschichte darf man die Bemühungen um schnellere Planungsverfahren der vergangenen Jahre und Jahrzehnte wohl nennen. Nicht völlig zu Unrecht wurde dem Gesetzgeber vorgeworfen, die stetigen Novellierungen glichen einem „zuweilen eher Verwirrung stiftenden Aktionismus (jedenfalls) der Legislative."[63] Doch ebenso muss man ihm zugestehen, dass die Kompromissfindung im Spannungsfeld zwischen Beschleunigung und Akzeptanzsteigerung bisweilen den Charakter einer Quadratur des Kreises annahm. Und trotz umfassender Bemühungen ebbt die Kritik nicht ab – weder auf Seiten der Befürworter noch auf Seiten der Gegner. Noch immer hinken die Infrastrukturgroßprojekte ihren Zeitplänen hinterher, noch immer ist der Widerstand in der Bevölkerung gegen einzelne Projekte groß. Die Fronten zwischen „Wutbürgern" und Umweltverbänden auf der einen und Gesetzgeber und Planungsbehörden auf der anderen Seite scheinen verhärtet. Die

---

[62] *Groß*, JZ 2020, 76 (79); *ders.*, VerfBlog, 2019/11/06; *Wegener*, Stellungnahme MgvG, S. 10.

[63] *Erbguth*, DÖV 2009, 921 (922).

Rolle des Retters in der Not soll nun die Legalplanung übernehmen. Obwohl das Instrument in Deutschland auf eine lange Tradition zurückblickt, haben die bisherigen Erfahrungen insbesondere mit der „Südumfahrung Stendal“ nur sehr begrenzte Aussagekraft für die gegenwärtige Situation. Völker- und Europarecht und daran anschließend die Rechtsprechung des EuGH stellen inzwischen völlig neue Anforderungen, die 1993 noch nicht präsent waren.

Entsprechend der Ausgangsfragestellung wird die Untersuchung ihren Fokus daher weiterhin auf die völker- und europarechtlichen Rechtsschutzanforderungen legen und in Ergänzung hierzu vergleichend die deutsche planungs- und verfassungsrechtliche Situation darstellen.

D. Inhalte der Umweltprüfungen

Um dem Ziel dieser Arbeit entsprechen und die Rechtsschutzmöglichkeiten im von Legalplanung und Rechtsschutzkonzentrationen geprägten Planungssystem bewerten zu können, ist neben der bereits getroffenen Feststellung, dass und welche Umweltprüfungen erforderlich sind, eine dezidierte Auseinandersetzung mit Untersuchungsinhalten, Ermittlungstiefe und Verfahren erforderlich. Denn nur so können die Umweltrelevanz und damit verbunden die praktischen Auswirkungen der einzelnen Planungsstufen ermittelt und die vorhandenen umweltbezogenen Rechtsschutzmöglichkeiten dazu in Beziehung gesetzt werden.

I. Prüfungsinhalte

1. Bedarfsplanung

a) Prüfungsgegenstand und Bewertungsmaßstäbe

Der Prüfungsgegenstand ist bei der SUP aufgrund der fehlenden konkreten Projektbezogenheit gem. § 39 Abs. 2 S. 1 UVPG stets einzelfallbezogen abhängig von Inhalt und Detaillierungsgrad des Plans zu bestimmen.[1]

Die Prüfung zum *BVWP* nimmt dabei zunächst eine vorgelagerte Planungsstufe in den Blick: die Projektanmeldungslisten der Länder. Schon hier sollen Projekte mit offensichtlich vermeidbaren Umweltauswirkungen im Rahmen einer „Trassenplausibilisierung" erkannt und aussortiert werden, sodass sie das eigentliche BVWP-Verfahren gar nicht erreichen.[2] Auch auf der Hauptprüfungsebene arbeitet die SUP beim BVWP überraschend projektbezogen und stellt eine hypothetische „Prüftrasse" ins Zentrum ihrer Überlegungen.[3]

Anders die SUP zum *BBPl*: Ausgehend von den im Netzentwicklungsplan festgelegten Netzverknüpfungspunkten[4] werden Pufferräume[5] gebildet, die seit einer

---

[1] Vgl. *Balla/Wulfert/Peters*, in: UBA, Leitfaden zur SUP, S. 11; *Peters/Balla/Hesselbarth*, in: dies., HK UVPG, § 40, Rn. 10.

[2] *BMVI*, Umweltbericht zum BVWP 2030, S. 8.

[3] Vgl. dazu insbesondere die Schilderung der Arbeitsschritte gemäß *BMVI*, Umweltbericht zum BVWP 2030, S. 33.

[4] *BNetzA*, Umweltbericht zur Bedarfsermittlung 2019–2030, S. 47; *Bourwieg*, in: Britz/Hellermann/Hermes, EnWG, § 12c EnWG, Rn. 33.

[5] *BNetzA*, Umweltbericht zur Bedarfsermittlung 2019–2030, S. 75 ff.

grundlegenden Umstrukturierung der Methodik zur aktuellen Bedarfsermittlung 2019–2030 an die Stelle der zuvor verwandten Vorhabenellipsen getreten sind.[6]

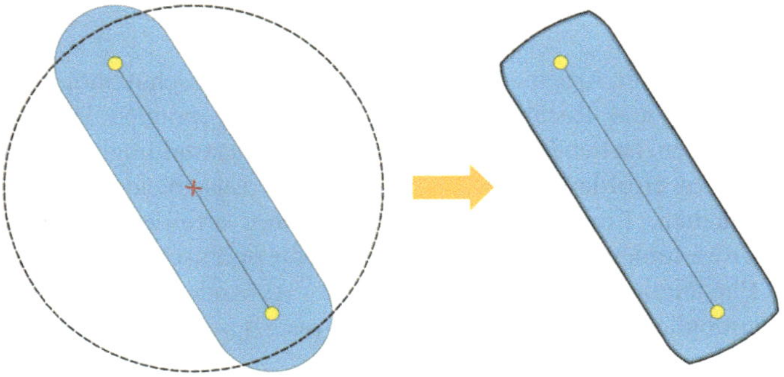

Abbildung 1: Konstruktion eines Untersuchungsraums um Neubaumaßnahmen
Quelle: *BNetzA*, Umweltbericht zur Bedarfsermittlung, S. 78

Im Anschluss stellt sich zunächst die Frage, in welcher Tiefe die Prüfung der Umweltauswirkungen bezugnehmend auf den nun ermittelten Prüfungsgegenstand durchzuführen ist. Betrachtet man die offene Formulierung des § 2 Abs. 2 UVPG, kann leicht der Eindruck entstehen, die SUP sei ein uferloses Feld, dem gerade eine so weiträumige Planung wie der BVWP oder BBPl kaum je gerecht werden kann. Für die UVP hat das BVerwG in dieser Hinsicht jedoch bereits entschieden, sie sei

> „kein ‚Suchverfahren', in dem alle nur erdenklichen Auswirkungen eines Vorhabens auf Umweltgüter und deren Wertigkeit bis in alle Einzelheiten und feinsten Verästelungen zu untersuchen wären oder gar Antworten auf in der Wissenschaft bisher noch ungeklärte Fragen gefunden werden müßten"[7].

[6] Vgl. die alte Methodik bei *BNetzA*, Umweltbericht zur Bedarfsermittlung 2017–2030, S. 21, 47 ff.; dazu *Sporbeck/Drygalla-Hein*, UVP-report 26 (3+4/2012), 156 (157, 160); *Weingarten/Peters*, UVP-report 27 (1+2/2013), 93 (95). In Reaktion auf zahlreiche Eingaben in den vergangenen Jahren will die BNetzA mit der neuen Methodik vor allem die Betrachtung der erheblichen Umweltauswirkungen realistischer und differenzierter gestalten und die Alternativenprüfung verbessern, vgl. *BNetzA*, Umweltbericht zur Bedarfsermittlung 2019–2030, S. 19. Dies hat auch zur Folge, dass sich weite Teile der Literatur, die sich mit dem inhaltlich-methodischen Vorgehen der BNetzA auseinandersetzen, noch auf die alte Vorgehensweise beziehen und nur unter Vorbehalt übertragbar sind. Wann immer sich erhebliche Abweichungen zur bisherigen Methodik ergeben, weist die Arbeit explizit darauf hin.

[7] BVerwG, Urt. v. 21.03.1996 – 4 C 19.94 = BVerwGE 100, 370, juris Rn. 23; ähnlich BVerwG, Urt. v. 25.01.1996 – 4 C 5.95 = BVerwGE 100, 238, juris Rn. 27; dazu *Erb*, in: GfU, 38 wissenschaftliche Fachtagung, S. 195 (197 ff.).

Das BVerwG sieht dort daher eine Eingrenzung auf entscheidungserhebliche Umweltauswirkungen als zulässig und geboten an.[8] Darunter sind allerdings nicht nur Verhinderungsgründe zu verstehen, sondern schon sämtliche abwägungserheblichen Belange, die gegen die Realisierung des Projekts sprechen könnten.[9] Diese Rechtsprechung lässt sich auch auf die SUP übertragen.[10]

Das *BMVI* hat seine diesbezügliche Methodik insbesondere hinsichtlich der Bewertungsmaßstäbe, unter denen die genannten Prüfungsgegenstände zu betrachten sind, seit der Erstellung des letzten BVWP im Jahr 2003 aufwendig weiterentwickeln lassen.[11] Die Vorgehensweisen bei BVWP und BBPl haben sich damit angenähert. In beiden Umweltprüfungen werden zunächst alle anlage-, betriebs- und baubedingten Wirkungen identifiziert, die für die Schutzgüter des § 2 Abs. 1 UVPG von Bedeutung sein können.[12]

- Für den Menschen und die menschliche Gesundheit stehen in beiden Fällen vor allem betriebsbedingte Wirkungen im Fokus. Dazu gehören im Bereich der *Verkehrsinfrastrukturen* an erster Stelle der Verkehrslärm,[13] gerade in Ballungsräumen aber auch die Belastung mit Luftschadstoffen wie Stickoxiden, Kohlenmonoxid, Kohlenwasserstoff, Feinstaub und Schwefeldioxid.[14] Bei *Energieleitungen* sind es elektromagnetische Auswirkungen[15] sowie die von Freileitungen ausgehenden Geräuschemissionen.[16] Zu berücksichtigen sind dabei stets die Unterschiede zwischen einer Ausführung als Freileitung oder Erdkabel, da Letztere beispielsweise in beiden hier genannten Bereichen erheblich geringere Wirkungen entfaltet.[17]
- Tiere, Pflanzen und die biologische Vielfalt sind bei den *Verkehrsinfrastrukturen* demgegenüber mehr von dauerhaften anlagebedingten Wirkungen betroffen, die

[8] BVerwG, Urt. v. 09.02.2017 – 7 A 2.15 = BVerwGE 158, 18, juris Rn. 160; zur SUP ebenso *Balla/Wulfert/Peters*, in: UBA, Leitfaden zur SUP, S. 26.

[9] Vgl. *Kment*, in: Hoppe/Beckmann/Kment, § 16 UVPG, Rn. 14.

[10] *Schink*, in: Schink/Versteyl/Dippel, NABEG, § 5, Rn. 65; so im Ergebnis *Peters/Balla/Hesselbarth*, in: dies., HK UVPG, § 40, Rn. 19.

[11] Vgl. hierzu vor allem die maßgeblichen Gutachten von *Bosch und Partner*, SUP BVWP sowie *dies.*, Methodenhandbuch BVWP.

[12] *BMVI*, Umweltbericht zum BVWP 2030, S. 10; *BNetzA*, Umweltbericht zur Bedarfsermittlung 2019–2030, S. 56 f.

[13] Von Verkehrslärm sind in Deutschland 54 Prozent der Bevölkerung betroffen, von Schienenverkehrslärm 34 Prozent und von Fluglärm 23 Prozent, vgl. *BMVI*, Umweltbericht zum BVWP 2030, S. 64.

[14] Vgl. *BMVI*, Umweltbericht zum BVWP 2030, S. 104 ff.

[15] *BNetzA*, Umweltbericht zur Bedarfsermittlung 2019–2030, S. 149; weiterführend dazu *Köck*, ZUR 2014, 131 (134 ff.), der insbesondere auf den problematischen Erkenntnisstand zu Krebsrisiken eingeht.

[16] *BNetzA*, Umweltbericht zur Bedarfsermittlung 2019–2030, S. 151 f.; dazu ausführlich die Darstellung bei *Hagmann/Thal*, NVwZ 2016, 1524 (1524 ff.).

[17] *BNetzA*, Umweltbericht zur Bedarfsermittlung 2019–2030, S. 154 f.

meist dadurch begründet sind, dass die Anlagen Flächen in Anspruch nehmen und Schutzräume durchschneiden.[18] Bei *Freileitungen* kommt insbesondere das hohe Kollisionsrisiko für Vögel hinzu.[19] Auch Bau und Betrieb sind jedoch nicht zu unterschätzen: Gerade bei der Verlegung von *Erdkabeln* wird die Vegetationsdecke im gesamten Trassenverlauf meist vollständig zerstört,[20] Artenbestände mit geringer Fluchtdistanz bzw. geringem Aktionsradius können schon durch die Bauarbeiten dauerhaft vernichtet werden.[21] Im Verkehrsbereich stören die Lärmemissionen auch die Tier- und Pflanzenwelt, durch die Veränderung der Schad- und Nährstoffkonzentration und natürlicher Funktionskreisläufe werden sensible Habitate nachhaltig geschädigt.[22]

– Die Auswirkungen auf Boden und Wasser sind erwartbar vor allem bei der Verlegung von *Erdkabeln* hoch: Durch die Baumaßnahmen drohen Verdichtung und Erosion des Bodens,[23] durch die Wärmewirkungen des Betriebs die Austrocknung[24]. Parallel dazu können Bau und Betrieb der Trassen die Grundwasserqualität und Grundwasserneubildungsfähigkeit gefährden.[25] Die Flächeninanspruchnahme durch *Verkehrsflächen* und Energieleitungstrassen kann den Boden versiegeln.[26] Anders als die SUP zum BVWP prüft die SUP zum BBPl in der aktuellen Fassung das mit Erlass der UVP-Änderungsrichtlinie 2014/52/EU neu eingefügte Schutzgut Fläche separat und nicht nur integriert in die Betrachtung der anderen Schutzgüter.[27]

– Auswirkungen auf Luft und Klima entfalten im Bereich der *Verkehrsinfrastrukturen* die verkehrsrelevanten Luftschadstoffe NO_x[28], Kolenmonoxid (CO), Kohlenwasserstoffe, Feinstaub und Schwefeldioxid[29] sowie die sogenannten Treib-

[18] Vgl. *BMVI*, Umweltbericht zum BVWP 2030, S. 184 ff.

[19] So scheiterten bereits Großprojekte wie die Uckermarkleitung am Vogelschutz, vgl. BVerwG, Urt. v. 21.01.2016 – 4 A 5.14 = BVerwGE 154, 73, juris Rn. 78 ff. Ausführlich zu den Risiken *Ruß/Sailer*, NuR 2017, 440 (440 f.).

[20] *BNetzA*, Umweltbericht zur Bedarfsermittlung 2019–2030, S. 163; zu Freileitungen ebd., S. 156 f.

[21] *BNetzA*, Umweltbericht zur Bedarfsermittlung 2019–2030, S. 157 f.

[22] *BMVI*, Umweltbericht zum BVWP 2030, S. 185.

[23] Vgl. *BNetzA*, Umweltbericht zur Bedarfsermittlung 2019–2030, S. 176; *Ruß/Sailer*, NuR 2017, 440 (441 f.).

[24] *BNetzA*, Umweltbericht zur Bedarfsermittlung 2019–2030, S. 178; *Greinacher*, ZUR 2011, 305 (310).

[25] *BNetzA*, Umweltbericht zur Bedarfsermittlung 2019–2030, S. 182 f.; vgl. auch *Schmitz/Uibeleisen*, Netzausbau, Rn. 31.

[26] *BMVI*, Umweltbericht zum BVWP 2030, S. 10; *BNetzA*, Umweltbericht zur Bedarfsermittlung 2019–2030, S. 176; *Schmitz/Uibeleisen*, ebd.

[27] *BNetzA*, Umweltbericht zur Bedarfsermittlung 2019–2030, S. 28.

[28] Unter den Begriff der NO_x-Emissionen fallen mehrere sog. Stickoxide, namentlich Stickstoffmonoxid (NO) und Stickstoffdioxid (NO_2).

[29] *BMVI*, Umweltbericht zum BVWP 2030, S. 187.

hausgase[30]. Hier sind die Energieleitungen im Vorteil, bei denen allenfalls während der Bauarbeiten nennenswerte Schadstoffe ausgestoßen werden.[31]

- Landschaft, Kultur und sonstige Sachgüter werden bei Verkehr und Energie wiederum fast ausschließlich von anlagebedingten visuellen Projektwirkungen in Form von Zerschneidungseffekten betroffen.[32]
- Die Beeinträchtigung von kulturellem Erbe und sonstigen Sachgütern schließlich ist aufgrund ihrer Vielschichtigkeit schwer einzuschätzen. Tendenziell stehen auch hier visuelle Einschränkungen im Vordergrund.[33]

In einem zweiten Schritt mussten Maßstäbe für die Bewertung gefunden werden. § 40 Abs. 2 S. 1 Nr. 2 UVPG spricht hierzu lediglich von „Ziele[n] des Umweltschutzes". Die Prüfungsmaßstäbe ergeben sich also wiederum erst aus den jeweiligen Fachgesetzen.[34]

Ein Rückgriff erfolgte daher zum einen auf nationale gesetzliche Vorgaben, etwa aus dem BImSchG, BNatSchG, BBodSchG oder den BImSchVOen. Ebenso wurden jedoch nationale und internationale politische Programme und Übereinkommen vom Kyoto-Protokoll[35] über die EU-Biodiversitätsstrategie[36] bis zum Pariser Klimaübereinkommen[37] berücksichtigt, die auf nationaler Ebene beispielsweise durch

---

[30] Zu den Treibhausgasen zählen gem. Annex A des Kyoto-Protokolls Kohlenstoffdioxid/Kohendioxid (CO_2), Methan (CH_4), Lachgas (N_2O), Teilhalogenierte Fluorkohlenwasserstoffe (H-FKW), Perfluorierte Kohlenwasserstoffe (FKW) und Schwefelhexafluorid (SF_6).

[31] *BNetzA*, Umweltbericht zur Bedarfsermittlung 2019–2030, S. 186 f.

[32] *BMVI*, Umweltbericht zum BVWP 2030, S. 188 f.; *BNetzA*, Umweltbericht zur Bedarfsermittlung 2019–2030, S. 189 f. Die Auswirkungen von Erdkabeln sind hier bis auf die Tatsache, dass über der Trasse keine tiefwurzelnden Gehölze wachsen dürfen, aber wiederum als vergleichsweise gering einzuschätzen, vgl. *BNetzA*, a. a. O., S. 191.

[33] *BMVI*, Umweltbericht zum BVWP 2030, S. 13; *BNetzA*, Umweltbericht zur Bedarfsermittlung 2019–2030, S. 197.

[34] *Erbguth/Schubert*, ZUR 2005, 524 (528); *Peters/Balla/Hesselbarth*, in: dies., HK UVPG, § 40, Rn. 29; *Runge/Schomerus*, ZUR 2007, 410 (412); *Schmitz/Uibeleisen*, Netzausbau, Rn. 240; kritisch mit der Forderung nach einer inhaltlichen Anpassung der Fachgesetze *Erbguth*, ZUR 2014, 515 (518).

[35] Beim Kyoto-Protokoll von 1997 handelt es sich nach der 1992 verabschiedeten UN-Klimarahmenkonvention um eines der ersten großen internationalen Übereinkommen im Klimaschutzbereich, in dem sich die Industrienationen zur Reduktion von Treibhausgasen verpflichteten und unter anderem den Emissionshandel ins Leben riefen, vgl. *Groß*, EurUP 2019, 353 (353 f.).

[36] Den aktuellen Bedarfsplänen lag noch die EU-Biodiversitätsstrategie 2020 vom 3. Mai 2011 zugrunde. Am 20. Mai 2020 hat die EU-Kommission eine neue EU-Biodiversitätsstrategie für das Zieljahr 2030 vorgelegt: https://ec.europa.eu/info/strategy/priorities-2019-2024/european-green-deal/actions-being-taken-eu/eu-biodiversity-strategy-2030_de#documents (abgerufen am 14.08.2021, 10:04 Uhr).

[37] Das Pariser Klimaübereinkommen vom 12. Dezember 2015 dürfte als die bekannteste internationale Vereinbarung jüngerer Zeit gelten und statuiert das Ziel, die globale Klimaerwärmung gegenüber dem vorindustriellen Zeitalter auf möglichst 1,5 °C, jedenfalls aber deutlich unter 2 °C zu begrenzen. Dazu *Groß*, EurUP 2019, 353 (354).

das Klimaschutzprogramm[38] bzw. den Klimaschutzplan der Bundesregierung umgesetzt werden.[39] Gleiches gilt für nicht konkret schutzgutbezogene Leitlinien und Programme wie etwa die Nachhaltigkeitsstrategie der Bundesregierung und ihre energiepolitischen Ziele[40], die aus dem Energiekonzept hervorgehen. Die teils unübersichtliche Vielfalt an zugrundegelegten Maßstäben ist vor allem der Tatsache geschuldet, dass es in Deutschland nach wie vor kein einheitliches Umweltgesetz gibt.[41]

Mit dem Bundesklimaschutzgesetz (KSG) vom 12. Dezember 2019 steht zumindest in diesem Bereich nach längeren Auseinandersetzungen[42] nun ein einheitliches – anlässlich des „Klimaschutz-Beschlusses“ des BVerfG vom 24. März 2021[43] bereits einmal umfassend novelliertes[44] – Reglement zur Verfügung. Eine Anpassung der Methodik der Umweltprüfungen in der Infrastrukturplanung ist noch nicht erfolgt und wird eigene Schwierigkeiten zu überwinden haben. Denn klare Handlungsempfehlungen vermag auch das KSG nicht zu geben. Während schon im Hinblick auf die allgemeine Pflicht zur Berücksichtigung von zukünftigen Auswirkungen unter anderem auf den Klimawandel nach der UVP-Änderungsrichtlinie 2011/92/EU kritisiert wurde, diese stelle „den Vorhabenträger vor komplexe, kaum lösbare Aufgaben“[45], verlangt § 13 Abs. 1 KSG sogar eine konkrete Berücksichtigung des Zweckes dieses Gesetzes, bestehend in der Einhaltung der nationalen und europäischen Klimaschutzziele i. S. d. § 1 S. 1 KSG, insbesondere der Begrenzung des weltweiten Temperaturanstiegs auf deutlich unter 2 Grad gegenüber dem vorindustriellen Niveau sowie der völligen Treibhausgasneutralität bis gem. § 3 Abs. 2 KSG n. F. nunmehr 2045. Zwar definieren § 4 Abs. 1 S. 1 Nr. 3 i. V. m. Anl. 2 KSG für den Verkehrsbereich zulässige Jahresemissionsmengen bis zum ersten Zieljahr 2030 und die neue Anlage 3 inzwischen auch relative Emissionsreduk-

[38] Bei Erstellung des BVWP 2030 und der Bedarfsermittlung 2019–2030 war noch das Aktionsprogramm Klimaschutz 2020 der Bundesregierung vom 3. Dezember 2014 maßgeblich. Inzwischen befindet sich das Klimaschutzprogramm 2030 vom 8. Oktober 2019 in Kraft.

[39] Vgl. insgesamt dazu die ausführliche Auflistung zu geltenden Zielen des Umweltschutzes für die SUP zum BVWP in *BMVI*, Umweltbericht zum BVWP 2030, S. 14 ff., Tab. 3; für die SUP zum BBPl in *BNetzA*, Umweltbericht zur Bedarfsermittlung 2019–2030, S. 216 ff.

[40] Die Zielbestimmung des § 12a EnWG bezieht sich wohl auf alle Stufen der Bedarfsplanung. So im Ergebnis auch *Köck*, ZUR 2016, 579 (586).

[41] Zur inzwischen Jahrzehnte währenden Diskussion *Kahl/Gärditz*, Umweltrecht, § 4, Rn. 4 ff. m. w. N.

[42] Zur Geschichte *Klinski/Scharlau/v. Swieykowski-Trzaska* u. a., NVwZ 2020, 1 (1 f.); so zur Notwendigkeit dessen zuvor etwa *Groß*, EurUP 2019, 353 (354); *ders.*, ZUR 2011, 171 (176 ff.); *Saurer*, NuR 2018, 581 (581 ff.). Rund die Hälfte der Bundesländer hatte bereits eigene Klimaschutzgesetz erlassen, dazu *Rehbinder*, ZfU 2015, 257 (264).

[43] BVerfG, Beschl. v. 24. 03. 2021 – 1 BvR 2656/18, 1 BvR 78/20, 1 BvR 96/20, 1 BvR 288/20.

[44] Der Deutsche Bundestag hat den von der Bundesregierung am 02. 06. 2021 vorgelegten Entwurf zur Änderung des Bundesklimaschutzgesetzes (BT-Drucks. 19/30230) am 24. 06. 2021 beschlossen.

[45] *Schink*, DVBl 2014, 877 (883).

tionsziele für die Jahre 2031 bis 2040. In welcher Form und mit welcher Methodik SUP und UVP den Einfluss des Plans oder Projekts auf das Weltklima konkret berücksichtigen sollen und können, ist aber bisher offengeblieben.[46] Auch die Gesetzesbegründung verhält sich diesbezüglich äußerst vage.[47] Da das Berücksichtigungsgebot aus § 13 KSG keine Durchsetzungsverpflichtung enthält,[48] bleibt abzuwarten, ob sich für die Praxis der SUP und UVP in der Infrastrukturplanung überhaupt Abweichungen gegenüber der im Rahmen der Bewertungsnormen ohnehin erfolgten Berücksichtigung beispielsweise des Pariser Klimaübereinkommens oder des nationalen Klimaschutzprogramms ergeben, die denselben Zielen dienen. Mit dem Klimaschutz-Beschluss des BVerfG und der Fokussierung auf den von IPCC und SRU verfolgten Ansatz der CO_2-Budgetierung könnte der erste Schritt in diese Richtung aber getan sein.[49]

Im dritten Schritt wurden aus dem Zusammenspiel der identifizierten Schutzgüter und schutzgutbezogenen Auswirkungen sowie Bewertungsnormen spezifische Beurteilungskriterien zur Bewertung der Umweltauswirkungen ermittelt. Hierbei verfolgen die SUP zum BVWP und diejenige zum BBPl nun gänzlich unterschiedliche Methoden:

Für den *BVWP* wurde ein Katalog von monetarisierten und nicht-monetarisierten Kriterien entwickelt, die in die übergreifende Kosten-Nutzen-Analyse des BVWP eingestellt werden.[50] Unter die monetarisierten Kriterien fallen dabei nach einem weiten Begriffsverständnis alle Auswirkungen, die sich quantifizieren und in quantifizierter Form an vorgegebenen normierten Grenzwerten messen und gegenüberstellen lassen, etwa Kohlendioxid- oder Luftschadstoffemissionen in Tonnen pro Jahr, ebenso aber die Zahl von Verkehrslärm betroffener Einwohner oder die Fläche fiktiver Lärmschutzwände, die außerorts zur „Abdeckung" des entstehenden Lärmaufkommens errichtet werden müssten.[51] Umweltbelange, die nicht ohne Weiteres quantifiziert werden können, fallen unter die nicht-monetarisierten Kriterien. Davon wird insbesondere die bundesweite Flächenkulisse besonders schützenwerter Räume erfasst, zu der das Natura 2000-Netzwerk ebenso zählt wie die Unzerschnittenen Funktionsräume (UFR) nach dem Lebensraumnetzwerk des Bundesministeriums für Naturschutz (BfN), Feuchtgebiete nach der Ramsar-Konvention oder Nationalparks und nationale Naturschutzgebiete.[52] Bemessen wird die Beeinträchtigung dennoch in Zahlenwerten, etwa der in Anspruch genommenen

---

[46] Zu Lösungsansätzen insbesondere unter Berücksichtigung der CO_2-Budgetierung siehe I. I.

[47] Vgl. BT-Drucks. 19/14337, S. 36.

[48] *Klinski/Scharlau/v. Swieykowski-Trzaska* u. a., NVwZ 2020, 1 (6).

[49] Dazu im Folgenden ausführlich unter I. I.

[50] *BMVI*, Umweltbericht zum BVWP 2030, S. 18.

[51] Vgl. den Kriterienkatalog zur Beurteilung der umwelt- und naturschutzfachlichen Wirkungen des BVWP – Teil 1: Monetarisierte Umweltkriterien aus der Nutzen-Kosten-Analyse in *BMVI*, Umweltbericht zum BVWP 2030, S. 20, Tab. 4.

[52] Vgl. *BMVI*, Umweltbericht zum BVWP 2030, S. 21 ff., 81 ff.

Fläche in Hektar, der Anzahl der betroffenen Gebiete oder der Länge der Trassierungsachse, die ein Gebiet durchschneidet, in Kilometern.[53]

Auch die *BNetzA* orientiert sich an diesen Flächenkategorien, bestimmt abhängig von deren spezifischer Empfindlichkeit gegenüber den Auswirkungen von Hoch- und Höchstspannungsleitungen jedoch zunächst Konfliktrisiken, die einer vierstufigen Skala zugeordnet werden.[54]

b) Prüfungsablauf

Die so ermittelten Konfliktrisikostufen werden in der SUP zum *BBPl* sodann auf den Untersuchungsraum angewandt, indem für Rasterzellen von 50 mal 50 Metern eine Konfliktrisikodichte (KRD) ermittelt wird.[55] Ergänzt wird dieser Parameter durch die Betrachtung der erwarteten Länge der Maßnahme und der Identifikation von Querungshindernissen (sogenannte Riegel), die sich aus der Anordnung der Bereiche mit höchstem Konfliktrisiko ergeben.[56] Die Identifizierung eines Riegels bedeutet jedoch nicht zwingend den Ausschluss der Trassenführung durch dieses Gebiet.[57] Am Ende steht die Einordnung der identifizierten Umweltauswirkungen in ein fünfstufiges Bewertungssystem von sehr geringem Ausmaß bis zu sehr hohem Ausmaß.[58]

---

[53] Vgl. den ausführlichen Kriterienkatalog zur Beurteilung der umwelt- und naturschutzfachlichen Wirkungen des BVWP – Teil 2: Nicht-monetarisierte Umweltkriterien in *BMVI*, Umweltbericht zum BVWP 2030, S. 22.

[54] *BNetzA*, Umweltbericht zur Bedarfsermittlung 2019–2030, S. 53 ff., S. 233 ff.

[55] *BNetzA*, Umweltbericht zur Bedarfsermittlung 2019–2030, S. 85.

[56] *BNetzA*, Umweltbericht zur Bedarfsermittlung 2019–2030, S. 90.

[57] *BNetzA*, Umweltbericht zur Bedarfsermittlung 2019–2030, S. 91.

[58] *BNetzA*, Umweltbericht zur Bedarfsermittlung 2019–2030, S. 92.

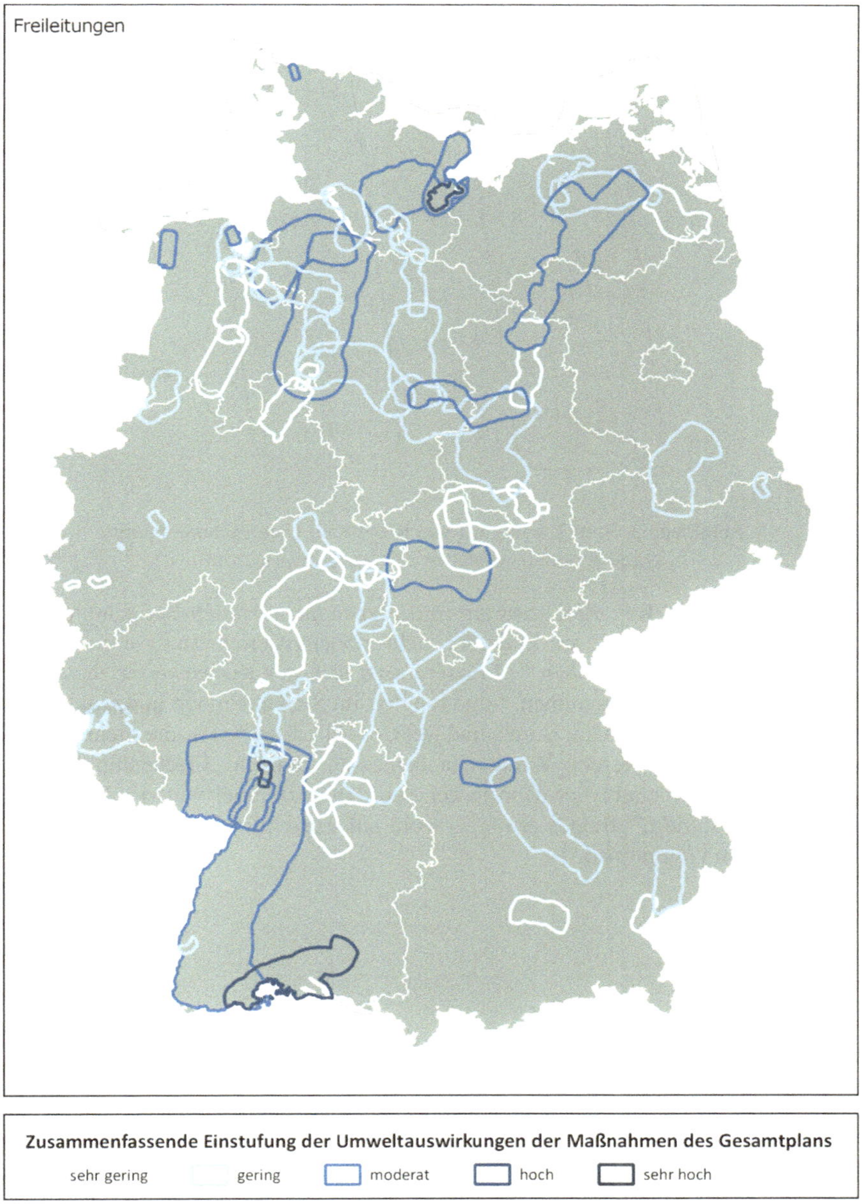

Abbildung 2: Ergebnisse der Bewertung der bestätigten Maßnahmen des Netzentwicklungsplans Strom 2019–2030 für alle Schutzgüter gem. UVPG (Freileitungen)
Quelle: *BNetzA*, Umweltbericht zur Bedarfsermittlung, S. 315

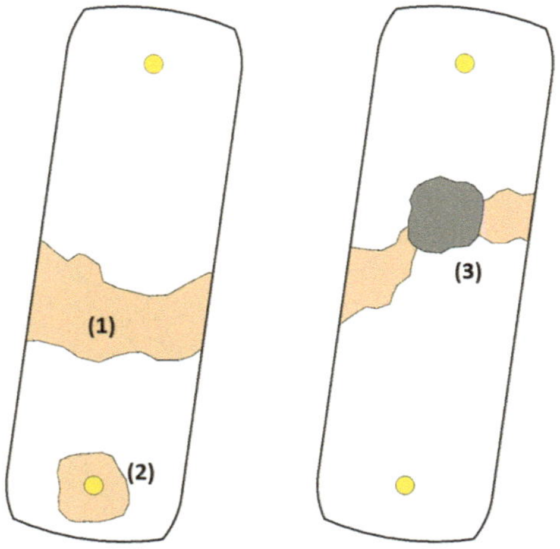

Abbildung 3: Berücksichtigung von Riegeln im Untersuchungsraum
Quelle: *BNetzA*, Umweltbericht zur Bedarfsermittlung, S. 91

Anders beim *BVWP*: Hier steht am Ende der monetarisierten Betrachtung eine „Nutzensumme Umwelt", am Ende der nicht-monetarisierten Analyse eine „aggregierte ‚Umwelt-Betroffenheit'".[59] Erstere setzt sich aus Kostenwerten, etwa den Kosten je Tonne CO_2, zusammen,[60] und rangiert im Straßenbereich in der aktuellen Planung zwischen 99,9 Mio. Euro[61] und -498,98 Mio. Euro[62]. Für die nicht-monetarisierte Bewertung werden Wirkzonen bemessen und ein „Flächenumfang der Betroffenheit" berechnet, der dann in der Zuordnung zu einer von vier Betroffenheitsstufen resultiert.[63] Beides erfolgt sowohl auf Einzelprojektebene als auch bezogen auf den Gesamtplan.[64]

---

[59] *BMVI*, Umweltbericht zum BVWP 2030, S. 35.

[60] *BMVI*, Umweltbericht zum BVWP 2030, S. 37.

[61] Für das Projekt-Nr. 1006-G020-BY – Autobahnkreuz Nürnberg-Ost, vgl. *BMVI*, Umweltbericht zum BVWP 2030, S. 132.

[62] Für das Projekt Nr. A20-G10-NI-SH – Autobahn A20 zwischen AD A28/A20 (Westerstede) und Hohenfelde (A23) mit A26, vgl. *BMVI*, ebd.

[63] *BMVI*, Umweltbericht zum BVWP 2030, S. 44 f., wobei das BMVI der Einordnung selbst nur den Charakter „eines fachlich plausiblen Vorschlags im Sinne einer Fachkonvention" beimisst: a. a. O., S. 56.

[64] Zur Einzelprojektebene: *BMVI*, Umweltbericht zum BVWP 2030, S. 34 ff.; zur Gesamtplanbewertung: a. a. O., S. 53 ff.

c) Alternativenprüfung

Bestandteil einer jeden planerischen Entscheidung und damit auch einer jeden Umweltprüfung ist sowohl nach Vorstellung des deutschen Planungsrechts als auch nach den Vorgaben der SUP-Richtlinie eine Alternativenprüfung. Sie ist zum einen obligatorischer Bestandteil des planungsrechtlichen Abwägungsgebots,[65] zum anderen spricht § 40 Abs. 1 S. 2 UVPG ausdrücklich davon, dass im Rahmen der SUP „vernünftige[r] Alternativen ermittelt, beschrieben und bewertet" werden müssen. Das entspricht der Wortwahl der SUP-Richtlinie in Erwägungsgrund 14, Art. 5 Abs. 1 sowie Art. 9 Abs. 1 lit. b). Es besteht daher Einigkeit, dass eine zweistufige Alternativenprüfung, bestehend aus Ermittlungs- und Bewertungsphase, für die SUP verpflichtend ist[66] – sogar unabhängig von den Vorgaben des Fachrechts allein auf europarechtlicher Basis.[67] Für die SUP auf Ebene des *BVWP* stellt das UVPG in § 53 Abs. 2 S. 1 außerdem unmittelbar fest, dass „in Betracht kommende vernünftige Alternativen, die die Ziele und den geographischen Anwendungsbereich des Plans oder Programms berücksichtigen, insbesondere alternative Verkehrsnetze und alternative Verkehrsträger ermittelt, beschrieben und bewertet" werden sollen. Auch § 12b Abs. 1 Nr. 6 EnWG spricht seit seiner Einfügung im Jahr 2015[68] explizit von „in Betracht kommenden anderweitigen Planungsmöglichkeiten von Netzausbaumaßnahmen."

Weder die SUP-RL noch das UVPG oder das EnWG beantworten allerdings abschließend die Frage, was unter den Begriff einer vernünftigen Alternative in diesem Sinne zu fassen ist. Über die grundsätzliche Einigkeit hinaus, dass im Rahmen der SUP eine Alternativenprüfung durchzuführen ist, reicht der Konsens nur so weit, dass der Umfang der zu prüfenden Alternativen von den Prinzipien der Planzielkonformität[69] und der Verhältnismäßigkeit[70] begrenzt wird. Eine Planungsalternative ist also keine echte Alternative und damit auch nicht zu prüfen,

---

[65] BVerwG, Beschl. v. 28.02.2013 – 7 VR 13.12, juris Rn. 27; BVerwG, Beschl. v. 14.05.1996 – 7 NB 3.95 = BVerwGE 101, 166, juris Rn. 24; *Feldt/Schumacher*, NuR 2015, 391 (394); *Groß*, NVwZ 2001, 513 (516); *Schink*, NuR 1998, 173 (177); *Steinberg/Wickel/Müller*, Fachplanung, § 3, Rn. 178; *Storost*, DVBl 2012, 457 (460).

[66] *Kment*, in: Hoppe/Beckmann/Kment, UVPG, § 40, Rn. 34; *Peters/Balla/Hesselbarth*, in: dies., HK UVPG, § 40, Rn. 23; *Schiller*, UPR 2016, 457 (462); *Schink*, NuR 2005, 143 (146); *Wulfhorst*, NVwZ 2011, 1099 (1100).

[67] *Calliess/Dross*, ZUR 2013, 76 (77); *Ruge*, ER 2016, 154 (156). Das entspricht auch den Anforderungen des Art. 5 Abs. 1 SUP-Richtlinie.

[68] § 12b Abs. 1 S. 4 Nr. 6 EnWG wurde der Regelung hinzugefügt durch Art. 2 des Ersten Gesetzes zur Änderung des Energieverbrauchskennzeichnungsgesetzes und zur Änderung weiterer Bestimmungen des Energiewirtschaftsrechts vom 10. Dezember 2015 (BGBl. I, S. 2194); kritisch dazu *Leidinger*, NuR 2016, 585 (587).

[69] *Heimann*, in: Steinbach/Franke, Netzausbau, § 12c EnWG, Rn. 31; *Peters/Balla/Hesselbarth*, in: dies., HK UVPG § 40, Rn. 6; kritisch *Wulfhorst*, NVwZ 2011, 1099 (1102).

[70] *Balla/Wulfert/Peters*, in: UBA, Leitfaden zur SUP, S. 15; *Calliess/Dross*, ZUR 2013, 76 (77); *Heimann*, in: Steinbach/Franke, Netzausbau, § 12c EnWG, Rn. 38; *Leidinger*, DVBl 2014, 683 (688).

wenn sie das Planziel nicht erreichen kann. Weiterhin müssen keine völlig unrealistischen Alternativen geprüft werden.[71]

Im Übrigen sind die Anforderungen an die SUP-rechtliche Alternativenprüfung jedoch umstritten – zur Debatte steht also letztlich, was unter den nicht näher bestimmten Begriff der „Vernünftigkeit" der Alternativen zu fassen ist. Orientiert an der planerischen Alternativenprüfung[72] spricht sich ein Teil der Literatur dafür aus, nur ernsthaft in Betracht kommende und sich anbietende bzw. sogar aufdrängende Alternativen überhaupt zu prüfen[73] und von diesen wiederum nicht jede in derselben Tiefe.[74] Andere halten es für erforderlich, sämtliche nicht völlig fernliegenden Alternativen zu berücksichtigen[75] und jede von diesen bis ins Detail zu prüfen.[76] Im Kern geht es also darum, ob sich die planerischen Grundsätze der Alternativenprüfung auf die SUP übertragen lassen oder ob die europäische Idee der SUP eigenständige Anforderungen stellt.

Zwar sind die europäischen Umweltprüfungen bewusst fachakzessorisch ausgestaltet. Angesichts der aufgezeigten Unterschiede zwischen deutscher und europäischer Herangehensweise bei der Prüfung von Umweltbelangen[77] kann diese Tatsache jedoch nicht pauschal eine Orientierung der europäischen Umweltprüfungen an den Maßstäben des deutschen Fachplanungsrechts rechtfertigen. Das „Denken in Alternativen"[78] als traditionelles planerisches Element nach nationalem Verständnis muss nicht gleichbedeutend sein mit dem Alternativenbegriff der SUP-Richtlinie. Letztere ist vor allem darauf ausgerichtet, die Menge der zur Verfügung stehenden Umweltinformationen zu erweitern und die Umweltbelange so zu stärken.[79]

Neben allgemeinen Rechtsgrundsätzen wie dem Verhältnismäßigkeitsprinzip, das auch dem Europarecht nicht fremd ist, und der Planzielkonformität, die Art. 5 Abs. 1 SUP-RL ausdrücklich nennt, findet sich im Wortlaut der Richtlinie kein Hinweis auf Einschränkungsmöglichkeiten. Dass solche im nationalen Planungsrecht allgemein

---

[71] *Kment*, in: Hoppe/Beckmann/Kment, UVPG, § 40, Rn. 22; *Ruge*, ER 2013, 143 (149).

[72] Zu den Maßstäben (anhand des Planfeststellungsverfahrens) grundlegend BVerwG, Beschl. v. 24.04.2009 – 9 B 10.09, juris Rn. 5; BVerwG, Urt. v. 30.05.1984 – 4 C 58.81 = BVerwGE 69, 256, juris Rn. 53; *Erbguth*, NVwZ 1992, 209 (210); *Schlarmann*, Alternativenprüfung, S. 7 ff.

[73] *Balla*, NuR 2006, 485 (490); *Peters/Balla/Hesselbarth*, in: dies., HK UVPG, § 40 UVPG, Rn. 6; speziell zur SUP in der Bundesfachplanung: *Appel*, in: Säcker, Energierecht, § 5 NABEG, Rn. 156; *Leidinger*, et 63 (4/2013), 89 (91).

[74] *Balla*, NuR 2006, 485 (490); *Kment*, in: Hoppe/Beckmann/Kment, UVPG, § 40, Rn. 6; *Schiller*, UPR 2016, 457 (463).

[75] *Bunge/Nesemann*, in: Storm/Bunge, HdUVP, 0507 (Stand: Lfg. 4/05), S. 39; *Callies*, in: Erbguth, Strategische Umweltprüfung, S. 21 (39); *Ruge*, ER 2013, 143 (149); *Schink*, NuR 2005, 143 (146); *Spannowsky*, UPR 2005, 401 (405); *Wulfhorst*, NVwZ 2011, 1099 (1101).

[76] Vgl. *Schink*, NuR 2005, 143 (146); *Wulfhorst*, NVwZ 2011, 1099 (1101).

[77] Dazu bereits oben unter B. V. 4.

[78] *Peters/Balla/Hasselbarth*, in: dies., HK UVPG, § 40, Rn. 6.

[79] *Calliess/Dross*, ZUR 2013, 76 (77); allgemein zu diesem Ansatz bereits oben unter B. V. 4.

akzeptiert werden, ist vor allem vor dem Hintergrund zu betrachten, dass die Alternativenprüfung im Fachplanungsrecht gar nicht explizit normiert ist, sondern dem allgemeinen Abwägungsgebot entnommen wird.[80]

Die besseren Argumente sprechen mithin dafür, im Rahmen der SUP eine umfängliche Alternativenprüfung durchzuführen, bei der sämtliche überhaupt in Betracht kommenden Alternativen berücksichtigt werden, begrenzt lediglich anhand der Maßstäbe der Verhältnismäßigkeit und Planzielkonformität. Eine Ausrichtung der Prüfung auf die umweltfreundlichste Alternative muss damit allerdings nicht verbunden sein.[81]

Eine Sonderstellung nimmt in diesem Zusammenhang die Frage nach der Prüfung der Nullvariante ein. Zu unterscheiden ist dabei zwischen zwei verschiedenen Konstellationen, die in der Diskussion nicht immer trennscharf auseinandergehalten werden.[82] Zum einen gibt § 40 Abs. 2 Nr. 3 UVPG vor, dass Bestandteil des anzufertigenden Umweltberichts auch eine Darstellung der Merkmale der Umwelt, des derzeitigen Umweltzustands sowie dessen voraussichtlicher Entwicklung bei Nichtdurchführung des Plans oder Programms sein soll. Auch Anhang I, lit. b) SUP-RL verlangt in ähnlichem Wortlaut lediglich, dass die relevanten Aspekte des derzeitigen Umweltzustands und dessen voraussichtliche Entwicklung bei Nichtdurchführung des Plans oder Programms Bestandteil der nach Maßgabe der Art. 5, Abs. 1–3 vorzulegenden Informationen, mit anderen Worten des Umweltberichts, zu sein haben. Hierbei handelt es sich jedoch nur um eine Beschreibung des Status Quo als Vergleichsfall für die Alternativenprüfung und nicht um eine eigenständig zu berücksichtigende Alternative.[83] Ob die „echte" Nullvariante im Sinne eines Verzichts auf die Planung[84] in die eigentliche Alternativenprüfung einfließen muss, richtet sich danach, ob sie als vernünftig im vorstehend erläuterten Sinne einzuordnen ist.[85] Hier wird die Prüfung der Nullvariante als tatsächliche Alternative sodann zumeist mit dem Verweis darauf abgelehnt, dass sie in der Regel nicht den mit dem Plan oder Programm verfolgten Zielen entspreche.[86] Diese Einschätzung dürfte sich als unionsrechtskonform erweisen – und zwar unabhängig davon, ob man sich im Rahmen der zuvor dargestellten Diskussion einem eher weiten Verständnis der

---

[80] Zur planerischen Alternativenprüfung nochmals ausführlich unter D. I. 3. c).

[81] *Kment*, in: Hoppe/Beckmann/Kment, UVPG, § 40, Rn. 22; *Wulfhorst*, NVwZ 2011, 1099 (1101).

[82] So die Kritik von *Wulfhorst*, NVwZ 2011, 1099 (1102); s. dazu etwa *Schink*, NuR 2005, 143 (146) und *Spannowsky*, UPR 2005, 401 (405), die den Begriff der Nullvariante synonym zur Beschreibung des Status Quo nutzen.

[83] *Kment*, in: Hoppe/Beckmann/Kment, UVPG, § 40, Rn. 30; *Peters/Balla/Hesselbarth*, in: dies., HK UVPG, § 40 UVPG, Rn. 9; *Wulfhorst*, NVwZ 2011, 1099 (1102 f.).

[84] *Wulfhorst*, ebd.

[85] *Kment*, in: Hoppe/Beckmann/Kment, UVPG, § 40, Rn. 30; *ders.*, DVBl 2008, 364 (368).

[86] *Kment*, in: Hoppe/Beckmann/Kment, UVPG, § 40, Rn. 30; *ders.*, DVBl 2008, 364 (368); *Peters/Balla/Hesselbarth*, in: dies., HK UVPG, § 40, Rn. 9; *Spannowsky*, UPR 2005, 401 (405); *Wulfhorst*, NVwZ 2011, 1099 (1103).

SUP-rechtlichen Alternativenprüfung anschließt oder eine Orientierung an planerischen Maßstäben befürwortet. Denn die Planzielkonformität als einschränkende Maßgabe erkennen beide Herangehensweisen an. Dennoch ist die Frage nach der Nullvariante jeweils im Einzelfall neu zu stellen.[87]

In der Praxis erfolgt sowohl bei der SUP zum BBPl als auch bei derjenigen zum BVWP zunächst eine grobmaschige Konzeptalternativenprüfung. Als Gesamtplanalternativen wurden bei der Aufstellung des aktuellen *BBPl* die von den Übertragungsnetzbetreibern erstellten Szenarien A 2030, B 2030 und C 2030 geprüft, auf denen bereits der Szenariorahmen zu Beginn der Aufstellung des NEP basierte.[88] Zugrunde lagen diesen Szenarien unterschiedliche Annahmen hinsichtlich des Ausmaßes der Sektorenkoppelung und der Zentralität der Energieerzeugung, von einem eher konservativen Bild mit geringer Koppelung und sehr zentralen Strukturen wie Kohlekraftwerken und Offshore-Windkraftanlagen bei Szenario A hin zu einer innovativen dezentralen Energieerzeugung mit starker Sektorenkoppelung bei Szenario C.[89] Auch das *BMVI* prüfte bei der Erstellung des BVWP drei verschiedene Szenarien, die sich aus einer Kombination von Investitions-, verkehrspolitischen und Nachhaltigkeitsüberlegungen ergaben: Szenario 1 orientierte sich an der derzeitigen Verkehrsleistung und war daher stark auf den Verkehrsträger Straße fokussiert,[90] Szenario 2 an der derzeitigen Verteilung der Haushaltsmittel,[91] während Szenario 3 auf der Nachhaltigkeitsstrategie der Bundesregierung basierte und eine Verkehrsverlagerung hin auf umweltverträgliche Verkehrsträger favorisierte.[92]

Für die Detailprüfung hat sich die *BNetzA* entsprechend den vorstehenden Ausführungen für ein extensives Verständnis der Alternativenprüfung entschieden und prüft grundsätzlich „alle Alternativen, die nicht offensichtlich ohne vernünftigen Zweifel fernliegen"[93] sowohl auf Ebene der Maßnahmenbetrachtung als auch der Gesamtplanbewertung. Faktisch sind damit im Sinne des § 40 Abs. 1 S. 2 UVPG nur „Pro-forma-Alternativen bzw. ‚Scheinalternativen' […], die von vornherein keine Lösungsmöglichkeit darstellen,"[94] ausgeschlossen. Obwohl der Bundesbedarfsplan noch keine verbindlichen Festlegungen hinsichtlich der Ausführung des Vorhabens als Netzoptimierungs-, Netzverstärkungs- oder Netzausbaumaßnahme treffen kann, untersucht die BNetzA zudem bewusst die Umweltauswirkungen einzelner Ausbauvarianten, um eine „sachgerechte Prognose voraussichtlicher erheblicher Aus-

---

87 *Kment*, in: Hoppe/Beckmann/Kment, UVPG, § 40, Rn. 30.

88 *BNetzA*, Umweltbericht zur Bedarfsermittlung 2019–2030, S. 112.

89 *BNetzA*, Bestätigung des NEP 2019–2030, S. 29.

90 So wurden im Jahr 2014 in Deutschland 87% der Personenkilometer und 71% der Tonnenkilometer auf der Straße zurückgelegt, vgl. *BMVI*, Umweltbericht zum BVWP 2030, S. 139.

91 *BMVI*, Umweltbericht zum BVWP 2030, S. 139.

92 *BMVI*, BVWP 2030, S. 33.

93 *BNetzA*, Umweltbericht zur Bedarfsermittlung 2019–2030, S. 111 mit Verweis auf *Kment*, in: Hoppe/Beckmann, UVPG (4. Auflage 2012), § 14g, Rn. 23.

94 *Kment*, in: Hoppe/Beckmann/Kment, UVPG, § 40, Rn. 22.

wirkungen auf die Umwelt"[95] zu erstellen. In der Praxis bilden den Schwerpunkt der Alternativenprüfung sowohl Planungsalternativen zu den Netzverknüpfungspunkten[96] als auch konkretere Prüfungen etwa von Technikalternativen.[97] Die Gegenüberstellung erfolgt summarisch, indem durch die Kumulation von Konfliktrisikodichte, Maßnahmenlänge und Entstehung von Riegeln eine Rangsumme gebildet wird.[98] Ab einer deutlichen Rangdifferenz von zwei Plätzen wird die Alternativvariante als aus Umweltsicht eindeutig vorzugswürdig benannt.[99] Einschränkend zu berücksichtigen ist speziell im Energieleitungsbereich das sog. NOVA-Prinzip, nach dem Optimierung und Verstärkung dem Ausbau grundsätzlich vorgehen.[100] Ausbau meint hier anders als im Bereich der Verkehrsinfrastrukturen nicht die Erweiterung bestehender Verkehrsadern, sondern den Ausbau des Gesamtnetzes durch Bau gänzlich neuer Energieleitungstrassen und Umspannwerke.[101]

Das *BMVI* versteht die Alternativenprüfung demgegenüber sehr viel enger. Eine Prüfung von alternativen Verkehrsträgern auf Einzelprojektebene ist bei der Erstellung des BVWP 2030 nicht eigenständig erfolgt; verwiesen wird vielmehr darauf, dass diese bei der Projektanmeldung durch die Länder durchgeführt werden sollte, „soweit es im Einzelfall sinnvoll war"[102]. Auf Gesamtplanebene führte das BMVI unter dem Begriff der „Alternativenprüfung"[103] einerseits einen intramodalen Interdependenz-Vergleich durch, bei dem geprüft wird, inwieweit die Gesamtverkehrsleistung des Netzes in der Praxis bei Kumulation der Vorhaben durch Synergieeffekte gegenüber der bloßen Addition der Einzelwerte sinken wird. Zum anderen erfolgte auf einer Zwischenebene nach Einzel- und vor Gesamtplanbewertung eine „verkehrsträgerübergreifende Alternativenprüfung."[104] Betrachtet wurden hier intermodale Interdependenzen, also die Verlagerung von Verkehrsströmen zwischen den einzelnen Verkehrsträgern – allerdings unter der Prämisse, dass nur solche Effekte analysiert werden sollten, die den Wirtschaftlichkeitsnachweis einzelner Projekte infrage stellen hätten können[105] und lediglich anhand einer Berechnung der wahrscheinlichen Verlagerung zwischen Schienenpersonenfernverkehr und Moto-

[95] *BNetzA*, Umweltbericht zur Bedarfsermittlung 2019–2030, S. 44.

[96] BT-Drucks. 18/4655, S. 31; mit dieser Forderung schon *Calliess/Dross*, ZUR 2013, 76 (79).

[97] *Bourwieg*, in: Britz/Hellermann/Hermes, EnWG, § 12c, Rn. 40; *Heimann*, in: Steinbach/Franke, Netzausbau, § 12c EnWG, Rn. 34.

[98] *BNetzA*, Umweltbericht zur Bedarfsermittlung 2019–2030, S. 113 f.

[99] *BNetzA*, Umweltbericht zur Bedarfsermittlung 2019–2030, S. 117.

[100] Vgl. *BNetzA*, Umweltbericht zur Bedarfsermittlung 2019–2030, S. 96.

[101] *BNetzA*, ebd.

[102] *BMVI*, Umweltbericht zum BVWP 2030, S. 128.

[103] *BMVI*, Umweltbericht zum BVWP 2030, S. 130.

[104] *BMVI*, Umweltbericht zum BVWP 2030, S. 130 f.

[105] *BMVI*, Umweltbericht zum BVWP 2030, S. 130.

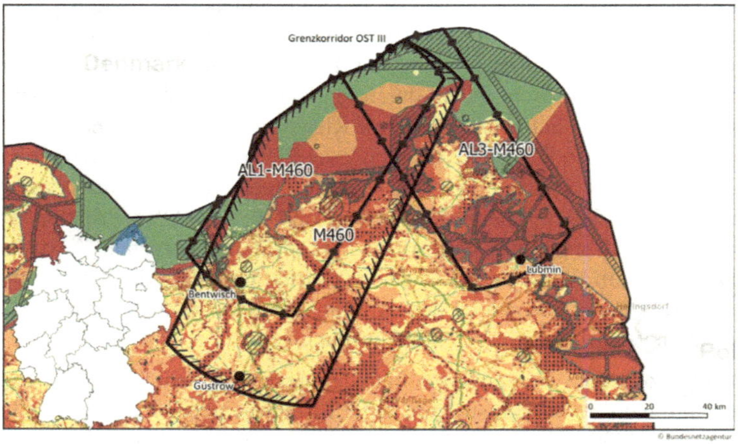

Bezeichnung der Maßnahme	M460: Güstrow – Südschweden (Hansa Power Bridge)	AL1-M460: Bentwisch – Grenzkorridor OST-III	AL3-M460: Lubmin – Grenzkorridor OST-III	
Ausbauform	Netzausbau: Neubau in neuer Trasse	Netzausbau: Neubau in neuer Trasse	Netzausbau: Neubau in neuer Trasse	
Konfliktrisikopunkte (KP) [in Tsd.]	7.878	4.469	4.244	
Rangplatz	2	1	1	
Konfliktrisikodichte (KRD) [Einstufung]	durchschn.	durchschn.	durchschn.	
Rangplatz	1	1	1	
Erwartete Maßnahmenlänge [Einstufung]	mittel	mittel	mittel	
Rangplatz	1	1	1	
Klassen riegelbildender Bereiche [0-2]	2	2	2	
Rangplatz	1	1	1	
Summe der Rangplätze	5	4	4	
vorzugswürdig				
eindeutig nachteilig				

Abbildung 4: Alternativenvergleich zu Vorhaben Nr. 70 BBPlG: Güstrow – Schweden (Hansa PowerBridge)

Quelle: *BNetzA*, Umweltbericht zur Bedarfsermittlung, S. 341

risiertem Individualverkehr sowie zwischen Motorisiertem Individualverkehr und Schienenpersonenverkehr ausgehend vom Status Quo.[106]

Methodisch erfolgt auch hier eine summarische Betrachtung, indem die zuvor errechneten Ergebnisse der monetarisierten und nicht-monetarisierten Kriterien – verkürzt gesagt – jeweils addiert und verglichen werden.[107] Parallel zum NOVA-

---

[106] *BMVI*, ebd.

[107] *BMVI*, Umweltbericht zum BVWP 2030, S. 138 ff.

Prinzip gilt weiterhin einschränkend die Maßgabe „Ausbau statt Neubau."[108] Ob dieses insgesamt eher enge Verständnis der Alternativenprüfung auf Seiten des *BMVI* insbesondere den europäischen Anforderungen genügen kann, erscheint zumindest fraglich und wird näher zu erörtern sein.[109]

Eine Rolle spielen könnte für beide Prüfungen in Zukunft möglicherweise zudem der § 13 Abs. 2 S. 1 KSG. Demnach hat der Bund unter anderem bei der Planung, Auswahl und Durchführung von Investitionen zu prüfen, wie damit konkret zum Erreichen der Klimaschutzziele nach § 3 KSG beigetragen werden kann. Die Gesetzesbegründung spricht zwar vorrangig von vergaberechtlichen Überlegungen.[110] Gerade der BVWP ist jedoch originär ein Finanzierungsplan[111] und könnte somit ebenfalls unter den Begriff des § 13 Abs. 2 S. 1 KSG fallen. Dass eine solche Einstufung in der Praxis erhebliche Auswirkungen entfalten würde, erscheint allerdings hier ebenso wie zuvor angesichts der bereits umfänglich berücksichtigten klimapolitischen Erwägungen eher unwahrscheinlich.

d) FFH-Verträglichkeitsprüfung

Wie bereits dargelegt bereitet angesichts des geringen Konkretisierungsgrades der Planung auf Bedarfsebene auch die Frage nach der Durchführung und Ausgestaltung der FFH-Verträglichkeitsprüfung Probleme.[112] Derzeit orientieren sich sowohl BMVI als auch BNetzA an der gängigen und in der Literatur überwiegend vorgeschlagenen Praxis und führen lediglich eine Natura 2000-Abschätzung durch. Festgestellt werden in diesem Rahmen die Anzahl der betroffenen Schutzgebiete,[113] beim *BVWP* außerdem die Größe der beanspruchten Fläche.[114] Die Wahrscheinlichkeit der Beeinträchtigung eines FFH-Gebiets wird einem dreistufigen Bewertungsrahmen von gering über mittel bis hoch zugeordnet,[115] wobei die maßgebliche Unterscheidung hierbei diejenige zwischen einer nicht zu erwartenden Beeinträchtigung auf der Stufe „gering" und der Möglichkeit einer Beeinträchtigung auf den Stufen „mittel" und „hoch" sein dürfte, die jedenfalls auf der nachfolgenden Planungsstufe auch nach Ansicht der Planungsträger die unbedingte Pflicht zur Durchführung einer vollständigen FFH-Verträglichkeitsprüfung auslöst. Die SUP beim *BBPl* geht zusätzlich insbesondere der Frage nach, ob Natura 2000-Gebiete

---

[108] *BMVI*, Umweltbericht zum BVWP 2030, S. 189.

[109] Dazu ausführlich unter H. I. 5.

[110] BT-Drucks. 19/14337, S. 37.

[111] Dazu bereits oben unter B. II. 1. b).

[112] Dazu bereits oben unter B. V. 3. a).

[113] *BMVI*, Umweltbericht zum BVWP 2030, S. 22 f.; *BNetzA*, Umweltbericht zur Bedarfsermittlung 2019–2030, S. 121.

[114] *BMVI*, ebd.

[115] *BMVI*, Umweltbericht zum BVWP 2030, S. 49.

einen Riegel bilden und damit von der jeweiligen Energieleitung sicher gequert werden müssen.[116]

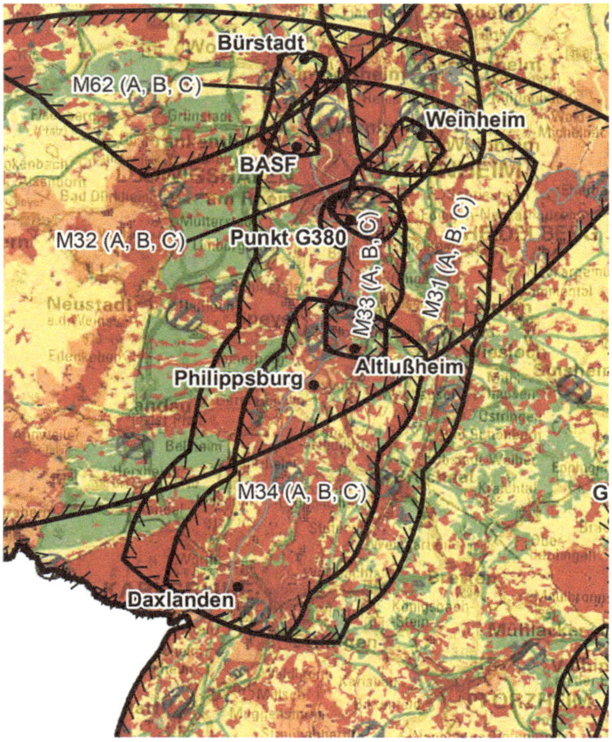

Abbildung 5: Projekt Nr. 19 Altlußheim – Daxlanden

Quelle: *BNetzA*, Umweltbericht zur Bedarfsermittlung 2019–2030, Gesamtplan Freileitungen (Ausschnitt)

Entsprechend der hier vorgeschlagenen Herangehensweise müsste, um den in der Rechtsprechung des EuGH statuierten Anforderung gerecht zu werden, eine vollständige FFH-Verträglichkeitsprüfung zudem für die Bereiche durchgeführt werden, in denen eine Beeinträchtigung sicher erscheint. Das ist angesichts der verbindlichen Feststellung der Anfangs- und Endpunkte durch die Bedarfsplanung vor allem dort der Fall, wo ein Netzverknüpfungspunkt bereits derart in einen großflächigen Bereich mit sehr hohem schutzgutübergreifenden Konfliktrisiko eingebettet ist *(wie etwa im oben dargestellten Beispiel der Netzverknüpfungspunkte Daxlanden und Altlußheim)*, dass nur die Wahl eines anderen Netzverknüpfungspunktes eine Umgehung dieses Konfliktbereichs ermöglichen würde, die auf nachfolgender Pla-

[116] *BNetzA*, Umweltbericht zur Bedarfsermittlung 2019–2030, S. 36, 121.

nungsstufe aber nach derzeitiger Rechtslage nicht mehr abweichend von der Entscheidung der Bedarfsplanung getroffen werden kann. Im Fall des BBPl weisen beispielsweise „29 der 95 Maßnahmen durchgehende Bereiche höchsten Konfliktrisikos (Riegel) durch Natura-2000-Gebiete“[117] auf. Relevant werden können nach diesem Verständnis dann bereits auch hier Art und Umfang etwaiger unter FFH-Gesichtspunkten zu prüfender Alternativen, die – orientiert an der klassischen Verortung dieser Problematik – im Folgenden unter D. II. 2. d) bb) diskutiert werden.

e) Abschichtungspotenzial

Schließlich muss die SUP auf Bedarfsebene immer auch als eine von drei Umweltprüfungen in einem komplexen Gesamtsystem begriffen werden. Das bietet zum einen die Chance einer umfassenden Berücksichtigung aller Umweltbelange, erfordert aber im Sinne der Verfahrensökonomie gleichzeitig Maßnahmen und Wege, um Doppelprüfungen zu vermeiden und von bereits gewonnenen Erkenntnissen zu profitieren. Die einzelnen Umweltprüfungen müssen daher als miteinander verknüpft verstanden und ihre Inhalte koordiniert werden. Dafür steht das Instrument der Abschichtung zur Verfügung, das bereits unmittelbar in den gesetzlichen Vorschriften vorgesehen ist. Gem. § 39 Abs. 3 S. 1 UVPG ist bei mehrstufigen Planungsprozessen schon bei der Festlegung des Untersuchungsrahmens (Scoping) zu bestimmen, auf welcher Stufe welche Umweltauswirkungen schwerpunktmäßig geprüft werden sollen. Die nachfolgende Umweltprüfung soll sich dann gem. § 39 Abs. 3 S. 3 UVPG auf zusätzliche oder andere erhebliche Umweltauswirkungen sowie auf erforderliche Aktualisierungen und Vertiefungen beschränken. Auch im Bereich der FFH-Verträglichkeitsprüfungen ist eine Abschichtung grundsätzlich möglich.[118]

Spezifische Kriterien für die Abschichtung, insbesondere zum zulässigen Umfang, bietet das UVPG jedoch nicht. Ihre Grenzen findet sie vor allem im Gebot der Konfliktbewältigung[119], das auch im Fachplanungsrecht gilt. Die Abschichtung darf also keine Konflikte offenlassen, deren Lösung Aufgabe einer höherstufigen Planungsebene ist und die in der konkreten Projektplanung unter Umständen nicht mehr gelöst werden können. Auch die Aktualität der Erkenntnisse ist stets im Blick zu

---

[117] *BNetzA*, Umweltbericht zur Bedarfsermittlung 2019–2030, S. 36.

[118] BVerwG, Beschl. v. 24.03.2015 – 4 BN 32.13, juris Rn. 35; *Appel/Rietzler*, NuR 2017, 227 (238); *Gellermann*, in: Landmann/Rohmer, Umweltrecht, § 36 BNatSchG (Stand: 61. EL Apr. 2011), Rn. 11; *Meßerschmidt*, BNatSchR, § 34 BNatSchG (Stand Aug. 2013), Rn. 49.

[119] Grundlegend zum Gebot der Konfliktbewältigung BVerwG, Urt. v. 12.12.1996 – 4 C 29.94 = BVerwGE 102, 331, juris Rn. 59 f.; BVerwG, Beschl. v. 14.07.1994 – 4 NB 25/94, juris Rn. 5.

halten.[120] Im Übrigen ist nach dem Maßstab der Sachgerechtigkeit zu entscheiden, welche Umweltauswirkungen eher einer übergreifenden Betrachtung auf hochstufigen Ebenen und welche der Detailprüfung bei der Projektzulassung zuzuordnen sind.[121]

So können einige Aspekte aufgrund des Maßstabs der Pläne oder fehlender bundeseinheitlicher Daten schlicht noch nicht untersucht werden.[122] Zahlreiche Flächenkategorien sind auf Ebene der Bedarfsplanung in Relation zum Planungsmaßstab außerdem noch gar nicht „sichtbar" oder haben eine so geringe umweltfachliche Bedeutung, dass allenfalls kleinräumige Konflikte zu befürchten sind.[123] Auch die Bündelungsoptionen mit bereits bestehenden linienförmigen Infrastrukturen sollen erst auf nachfolgenden Planungsebenen bewertet werden.[124] Unterschieden werden muss außerdem je nach Schutzgut: Während etwa Lärm- und Schadstoffemissionen in Bezug auf den Menschen bzw. die menschliche Gesundheit schon auf Bedarfsebene zu bewerten sind, kann dies für Tiere, Pflanzen, Boden und Wasser unter Umständen auch erst auf der nachfolgenden Planungsebene erfolgen.[125] Umgekehrt ist die Flächeninanspruchnahme und -zerschneidung in Bezug auf diese Schutzgüter bereits in der Bedarfsplanung zu prüfen, während sie in Bezug auf den Menschen durchaus abgeschichtet werden kann.[126]

2. Korridorplanung

a) Prüfungsgegenstand und Bewertungsmaßstäbe

Auch auf Korridorebene steht am Anfang die Frage nach dem Untersuchungsgegenstand. Bei der SUP zur *Bundesfachplanung* stehen die beabsichtigten Trassenkorridore im Fokus.[127] Der Untersuchungsraum bleibt dennoch weiter als bei der Verkehrswegeplanung und kann in Orientierung an den Pufferräumen aus der Be-

---

[120] Vgl. BT-Drucks. 15/3441, S. 31 f.; *Beckmann*, ZUR 2014, 541 (545); *Kment*, in: GfU, 38. wissenschaftliche Fachtagung, S. 57 (94); speziell mit Blick auf die Alternativenprüfung: BVerwG, Urt. v. 12.12.1996 – 4 C 29.94 = BVerwGE 102, 331, juris Rn. 35 ff.

[121] Vgl. dazu BT-Drucks. 15/3441, S. 31; *Calliess/Dross*, ZUR 2013, 76 (79); *Sydow*, DVBl 2006, 65 (71).

[122] *BNetzA*, Umweltbericht zur Bedarfsermittlung 2019–2030, S. 119.

[123] *BNetzA*, ebd.

[124] *BNetzA*, Umweltbericht zur Bedarfsermittlung 2019–2030, S. 120.

[125] *BMVI*, Umweltbericht zum BVWP 2030, S. 12.

[126] Vgl. *BMVI*, ebd.

[127] Allerdings hat die BNetzA den Leitfaden zur Bundesfachplanung von 2012 noch nicht an die neue Methodik in der Bundesbedarfsplanung angepasst, sodass sich – wo etwa Bezug auf die Untersuchungsräume genommen wird – Abweichungen ergeben. Auch die Literatur bezieht sich sämtlich noch auf die alte Methodik.

darfsebene durchaus über den unmittelbaren Trassenkorridor hinausgehen.[128] Erdkabelprojekte unterfallen dabei seit der Erdkabelnovelle 2015[129] dem Geradlinigkeitsgebot des § 5 Abs. 5 NABEG, das quasi automatisch eine Verkleinerung des Untersuchungsraums bewirkt.[130] Der höhere Konkretisierungsgrad der Planung bringt außerdem mit sich, dass teilweise auch bereits Nebenanlagen[131] wie Konverter zumindest in Grobzügen geprüft werden können.

Schwieriger gestaltet sich die Situation bei der UVP im *Raumordnungsverfahren*. Gegenstand eines Raumordnungsverfahrens können generell alle Planungen oder Maßnahmen i. S. d. § 1 S. 3 RoV sein, für die aufgrund überörtlicher Gesichtspunkte die Pflicht zur Durchführung eines Raumordnungsverfahrens statuiert wird.[132] § 16 Abs. 1 S. 1 Nr. 1 UVPG hingegen spricht mit Blick auf den Gegenstand der UVP von Standort, Art, Umfang, Ausgestaltung und Größe des Vorhabens. Die UVP im Raumordnungsverfahren sieht sich also der Herausforderung ausgesetzt, eine typischerweise projektbezogene Umweltprüfung mit dem Anspruch eines raum- und fachübergreifenden[133] Prüfverfahrens in Einklang zu bringen. Als Prüfungsgegenstand wird sie einen Vorschlag zum Trassenverlauf unterbreiten, der von der anschließenden Linienbestimmung regelmäßig übernommen wird.[134] Das Raumordnungsverfahren agiert grundsätzlich eher projektzulassungsnah,[135] dennoch kann die korrespondierende UVP aufgrund der hochstufigen Planungsebene anders als die „klassische" Projekt-UVP naturgemäß nur raumbedeutsame Umweltauswirkungen umfassen.[136] Bestrebungen, die UVP im Raumordnungsverfahren qua gesetzlicher Vorgabe auf sämtliche Umweltauswirkungen zu erstrecken und damit die Umweltprüfung aus dem Planfeststellungsverfahren hochzuzonen, konnten sich nicht

---

[128] So zur alten Methodik *Appel*, NVwZ 2016, 1516 (1522); *BNetzA*, Leitfaden zur Bundesfachplanung, S. 16; *de Witt/Durinke/Runge*, NuR 2016, 525 (526); *Sporbeck/Drygalla-Hein*, UVP-report 26 (3+4/2012), 156 (161).

[129] Art. 7 (Änderung des Bundesbedarfsplangesetzes) des Gesetzes zur Änderung von Bestimmungen des Rechts des Energieleitungsausbaus vom 21. Dezember 2015 (BGBl. I, S. 2490). Die neuen Bestimmungen wurden vor allem aus Gründen der Akzeptanzsteigerung eingeführt: BT-Drucks. 18/6909, S. 5, 41; *Appel*, NVwZ 2016, 1516 (1517); *Jornitz/Förster*, NVwZ 2016, 801 (802); ausführlich zu politischem Hintergrund und Entstehungsgeschichte der neuen Regelungen *Ruge*, ER 2016, 154 (155); *ders.*, RdE 2016, 105 (107 f.); *Weisensee*, ER 2016, 68 (68 ff.).

[130] Vgl. BT-Drucks. 18/6909, S. 40; *Jornitz/Förster*, NVwZ 2016, 801 (805); *Leidinger*, NuR 2016, 585 (588); *Ruge*, RdE 2016, 105 (109); kritisch *Rubel*, DVBl 2017, 585 (594).

[131] BNetzA, Leitfaden zur Bundesfachplanung, S. 12.

[132] Zum Prüfungsgegenstand *Dietz*, in: Kment, ROG, § 15, Rn. 26.

[133] In diesem Sinne spricht auch das BVerfG im Baurechtsgutachten von 1954 von einer „übergeordnete[n] Planung und Ordnung des Raumes" im fachlichen Sinne: BVerfG, Urt. v. 16.06.1954 – 1 PBvV 2/52 = BVerfGE 3, 407, Rn. 79. Dazu auch bereits oben unter B. II. 2. a).

[134] *Wagner*, NVwZ 1992, 232 (233).

[135] *Appel*, in: Säcker, Energierecht, § 5 NABEG, Rn. 176.

[136] *Appel*, in: Säcker, Energierecht, § 5 NABEG, Rn. 177; ähnlich *Rojahn*, NVwZ 2011, 654 (655); *Schoeneberg*, Umweltverträglichkeitsprüfung, Rn. 201; kritisch *Sydow*, DVBl 2006, 65 (73 f.).

durchsetzen.[137] Faktisch übernimmt die UVP hier die Aufgabe einer SUP und hätte gesetzlich besser als eine solche ausgestaltet werden sollen. Auch hinsichtlich der Bewertungsmaßstäbe ist die Situation der raumordnerischen UVP vergleichsweise unklar. Da sie gem. § 15 Abs. 1 S. 1 ROG von der jeweiligen Landesbehörde durchgeführt wird, steht anders als auf Bedarfsebene keine einheitliche Methodik zur Verfügung. Als allgemeine Vorgabe gelten lediglich die umweltbezogenen Ziele der Raumordnung i. S. d. § 15 Abs. 1 S. 2 Hs. 2 ROG, umweltbezogene Grundsätze des Raumordnungsrechts i. S. d. § 2 Abs. 2 Nr. 6 ROG sowie umweltbezogene Ziele der Landes- und Regionalpläne.[138]

Die *BNetzA* hingegen orientierte sich bei der Aufstellung der Bewertungsmaßstäbe für die SUP in der Bundesfachplanung an der Bedarfsplanung.[139] Auch hier wurden also „Hauptwirkfaktoren“ durch Bau, Anlage und Betrieb ermittelt, korrespondierende Umweltziele und gesetzliche Bewertungsnormen identifiziert und aus dem Zusammenspiel dieser Faktoren ein Zielkatalog von „SUP-Kriterien“ entwickelt.[140] Die faktische Vergleichbarkeit spricht dafür, ein ähnliches Vorgehen auch bei der UVP im Raumordnungsverfahren zu wählen. Hinsichtlich der Schutzkategorien stimmen beide Verfahren ohnehin überein. So können Vorranggebiete für den Schutz der Natur oder des Wassers beispielsweise als umweltbezogene Ziele in Landes- und Regionalplänen festgelegt werden.[141] Gleiches bietet sich daher für die Entwicklung der Bewertungsmethodik an.

b) Prüfungsablauf

Auch der Ablauf der weiteren Prüfung erfolgt bei der *Bundesfachplanung* parallel zum aus der SUP auf Bedarfsebene bekannten Vorgehen. Zunächst werden der „Ist-Zustand“ der Flächen unter Berücksichtigung etwaiger Vorbelastungen[142] beschrieben und dann die Kriterienempfindlichkeit der einzelnen Schutzgüter bestimmt, wobei aufgrund des höheren Konkretisierungsgrades der Planung nun auch die spezifischen Empfindlichkeiten in weniger pauschaler Weise betrachtet werden

---

[137] Vgl. dazu den Gesetzentwurf der Fraktionen SPD und BÜNDNIS 90/DIE GRÜNEN, BT-Drucks. 15/3441, S. 8; positiv dazu *Sydow*, ebd.

[138] *Appel*, in: Säcker, Energierecht, § 5 NABEG, Rn. 177.

[139] Vgl. *BNetzA*, Methodenpapier SUP Bundesfachplanung (Freileitungen), S. 9 ff. sowie *BNetzA*, Methodenpapier SUP Bundesfachplanung (Erdkabel), S. 10 ff., ebenso *BNetzA*, Leitfaden zur Bundesfachplanung, S. 13 ff.; befürwortend *Sporbeck/Drygalla-Hein*, UVP-report 26 (3+4/2012), 156 (161).

[140] Vgl. *BNetzA*, Methodenpapier SUP Bundesfachplanung (Freileitungen), S. 9 ff. sowie *BNetzA*, Methodenpapier SUP Bundesfachplanung (Erdkabel), S. 10 ff.

[141] *Appel*, in: Säcker, Energierecht, § 5 NABEG, Rn. 177.

[142] *BNetzA*, Methodenpapier SUP Bundesfachplanung (Freileitungen), S. 11 f. sowie *BNetzA*, Methodenpapier SUP Bundesfachplanung (Erdkabel), S. 12 ff.

können.[143] Die noch im Gesetzgebungsverfahren vorgesehene Beschränkung der Prüfungstiefe auf die „Raumverträglichkeit" der Trassenkorridore wurde gestrichen.[144] Am Ende steht daher eine umfassende (kartographische) Gesamtbewertung des Trassenkorridors, die ebenfalls bereits die verschiedenen Ausbauformen (Neubau, Neubau in Bündelung, paralleler Ersatzneubau mit Schutzstreifenverbreiterung, Ersatzneubau/Nutzung der Bestandsleitung/Zu- bzw. Umbeseilung) berücksichtigt.[145]

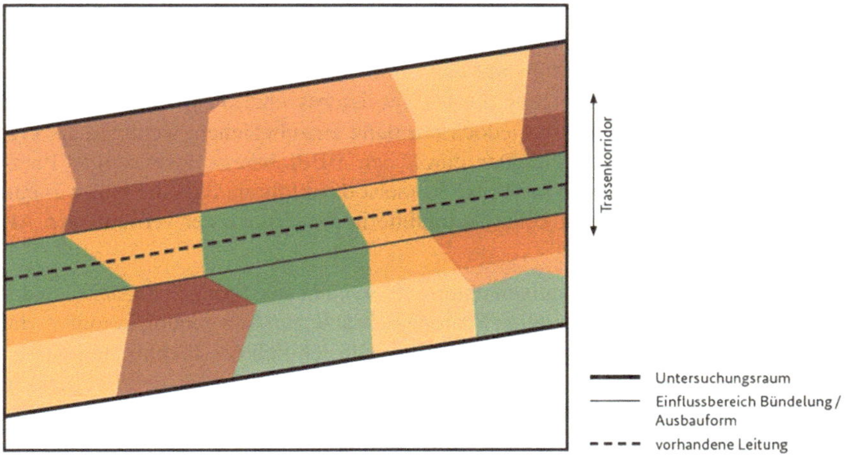

Abbildung 6: Konfliktpotenzial
Quelle: *BNetzA*, Methodenpapier SUP Bundesfachplanung (Freileitungen), S. 19

Für die UVP im *Raumordnungsverfahren* fehlt es auch hier an einer einheitlichen Vorgehensweise. Wiederum mit Verweis auf die faktische Vergleichbarkeit zur SUP bei der Bundesfachplanung dürfte sich die dort angewandte Methodik jedoch auch hier übertragen lassen.

c) Alternativenprüfung

Auch bei der SUP auf Ebene der *Bundesfachplanung* stellt sich der bereits erörterte Konflikt zwischen fachplanerischen und SUP-rechtlichen Anforderungen an die Alternativenprüfung.[146] Verschärft wird die Situation hier durch den Wortlaut der

[143] Vgl. *BNetzA*, Methodenpapier SUP Bundesfachplanung (Freileitungen), S. 14 ff. sowie *BNetzA*, Methodenpapier SUP Bundesfachplanung (Erdkabel), S. 15 ff.

[144] So der ursprüngliche Wortlaut gem. BT-Drucks. 17/6073, S. 7, 24; dazu *Henning/Krappel*, UPR 2013, 133 (137).

[145] *BNetzA*, Methodenpapier SUP Bundesfachplanung (Freileitungen), S. 17 ff.

[146] Dazu bereits oben unter D. I. 1. c).

§§ 5 Abs. 4 S. 1, 6 S. 7 Nr. 1 *NABEG*, die explizit nur von „etwaige[n] ernsthaft in Betracht kommende[n] Alternativen" bzw. „in Frage kommenden Alternativen" sprechen und damit den Gedanken der planerischen Alternativenprüfung manifestieren. Zwar besteht Einigkeit dahingehend, dass hiervon nicht nur Trassenalternativen, sondern auch Technikalternativen umfasst sind.[147] Der Wortlaut des deutschen Fachplanungsgesetzes kann jedoch nicht darüber hinweghelfen, dass auf Basis der europarechtlichen Vorgaben zur SUP eine umfängliche Alternativenprüfung geschuldet ist, die nur unverhältnismäßige sowie nicht-planzielkonforme Varianten unberücksichtigt lassen darf.

Hinsichtlich der Prüfung der Nullvariante im Rahmen der SUP-rechtlichen Alternativenprüfung kann ebenfalls auf das bereits Gesagte verwiesen werden. Auch hier ist die Nullvariante zwingend nur als Vergleichsszenario zu betrachten, in die eigentliche Alternativenprüfung jedoch nur dann einzubeziehen, wenn sie als vernünftige Alternative erscheint. Der durch den BBPl bereits festgestellte Energie(transport)-Bedarf wird in der Praxis zumeist dazu führen, dass die Nullvariante mangels Planzielkonformität keine Aufnahme in die Gruppe der vernünftigen Alternativen finden wird.[148]

Erst, wenn all diese Alternativen untersucht worden sind, können hinsichtlich der Auswahl die zahlreichen speziellen Planungsleitsätze zur Anwendung kommen, die auf Ebene der Bundesfachplanung eingreifen: Hinsichtlich der Technikalternativen spielt hier vor allem die klare Entscheidung des Gesetzgebers für die Priorisierung von Erdkabeln bei Gleichstromleitungen eine wichtige Rolle.[149] Vorhabenträgern und BNetzA verbleibt diesbezüglich kein Entscheidungsspielraum mehr.[150] Ebenso muss vor dem Hintergrund des Vorbelastungsgrundsatzes[151] und des NOVA-Prinzips stets der Bündelung mit bereits bestehenden linienförmigen Infrastrukturen der Vorrang gegeben werden.[152]

Weniger problematisch gestaltet sich die Frage nach der Alternativenprüfung hingegen im Bereich des *Raumordnungsverfahrens* bei der Verkehrswegeplanung.

---

[147] Zur Erforderlichkeit der Prüfung auch von Technikalternativen *Weingarten/Peters*, UVP-report 27 (1+2/2013), 93 (100); zur Bedeutung der technischen Komponente auf Bundesfachplanungsebene *de Witt/Durinke/Runge*, NuR 2016, 525 (527).

[148] Vgl. *BNetzA*, Umweltbericht zur Bedarfsermittlung 2019–2030, S. 330, Fn. 621.

[149] Vgl. Kennzeichung „E" zu Nr. 1, 3, 4, 5, 30 Anl. 1 BBPlG.

[150] BT-Drucks. 18/6909, S. 42; *Jornitz/Förster*, NVwZ 2016, 801 (802); *Schmitz/Uibeleisen*, Netzausbau, Rn. 152.

[151] Allgemein zum Vorbelastungsgrundsatz im Höchstspannungsbereich: BVerwG, Beschl. v. 26.09.2013 – 4 VR 1.13, juris Rn. 57; OVG Lüneburg, Beschl. v. 03.12.2013 – 7 MS 4/13, juris Rn. 24ff.; VGH München, Urt. v. 19.06.2012 – 22 A 11.40018, juris Rn. 32; OVG Münster, Urt. v. 09.01.2004 – 11 D 116/02, juris Rn. 46ff.

[152] *BNetzA*, Leitfaden Bundesfachplanung, S. 6; *Kment*, in: GfU, 38. wissenschaftliche Fachtagung, S. 57 (79f.); *Pleiner*, in: GfU, 40. wissenschaftliche Fachtagung, S. 201 (209ff.). Die technischen Herausforderungen sind dabei im Erdkabelbereich jedoch deutlich höher, vgl. *BNetzA*, Methodenpapier SUP Bundesfachplanung (Erdkabel), S. 14f.; *BNetzA*, Methodenpapier SUP Bundesfachplanung (Freileitungen), S. 18.

Seit der ROG-Novelle 2017[153] sieht § 15 Abs. 1 S. 3 ROG vor, dass „ernsthaft in Betracht kommende Standort- oder Trassenalternativen" geprüft werden sollen. Ein Verweis auf diese Norm findet sich entsprechend in § 49 Abs. 1 UVPG. Ebenfalls umfasst sein sollen über den Wortlaut hinaus auch Technikalternativen.[154] Ausweislich der Gesetzesbegründung war mit der Änderung des § 15 Abs. 1 S. 3 ROG explizit die Einführung einer umfassenden Alternativenprüfung intendiert.[155] Der bisherige Wortlaut hatte den Prüfungsumfang demgegenüber auf die „vom Träger der Planung eingeführten Standort- oder Trassenalternativen"[156] beschränkt und in dieser Formulierung nach überwiegender Meinung weder eine Pflicht noch eine Möglichkeit für die Behörde begründet, von Amts wegen weitere Alternativen zu prüfen.[157]

Eine eigenständige Pflicht zur Alternativenprüfung aus dem UVPG besteht im Raumordnungsverfahren nach überwiegender Ansicht daneben nicht.[158] Auch die UVP-RL 2011/92/EU sieht im 13. Erwägungsgrund lediglich vor, dass die Mitgliedstaaten „den Projektträger verpflichten [können], auch Alternativen für die Projekte vorzulegen, für die er einen Antrag stellen will". Ob eine Alternativenprüfung erforderlich ist, richtet sich mithin ausschließlich nach dem Fachrecht des Trägerverfahrens.[159] Das gilt auch in Anbetracht der Neufassung des § 16 Abs. 1 S. 1 Nr. 6 UVPG[160], der weiterhin keine eigenständige Prüfpflicht statuiert, sondern lediglich die Dokumentation der tatsächlich geprüften Alternativen betrifft.[161]

---

[153] Gesetz zur Änderung raumordnungsrechtlicher Vorschriften vom 23. Mai 2017 (BGBl I, S. 1245).

[154] So schon zur alten Rechtslage: *Bunge*, in: Storm/Bunge, HdUVP, 0540 (Stand: Lfg. 1/12), S. 33; *Henning/Lühmann*, UPR 2012, 81 (82).

[155] BT-Drucks. 18/10883, S. 30, 54.

[156] So § 15 Abs. 1 S. 3 ROG in der bis zum 28. November 2017 geltenden Fassung des Raumordnungsgesetzes vom 22. Dezember 2008 (BGBl. I, S. 2986), zuletzt geändert durch Art. 124 der Verordnung vom 31. August 2015 (BGBl. I, S. 1474).

[157] *Henning/Lühmann*, UPR 2012, 81 (82); *Ruge*, ER 2016, 154 (156); *Schmitz/Uibeleisen*, Netzausbau, Rn. 194; a. A. *Bunge*, in: Storm/Bunge, HdUVP, 0540 (Stand: Lfg. 1/12), S. 33, der dies befürwortete, sofern sich diese Alternativen „ernsthaft anbieten oder aufdrängen".

[158] BVerwG, Beschl. v. 17.02.1997 – 4 VR 17.96, juris Rn. 107; BVerwG, Beschl. v. 14.05.1996 – 7 NB 3.95 = BVerwGE 101, 166, juris Rn. 25; *Beckmann*, ZUR 2014, 541 (544); *Groß*, NVwZ 2001, 513 (516); *Schink*, NuR 2018, 21 (27 f.); *ders.*, NuR 1998, 173 (177); *Spannowsky*, UPR 2005, 401 (404); *Sparwasser/Engel/Voßkuhle*, Umweltrecht, § 4, Rn. 24; kritisch *Schiller*, UPR 2016, 457 (460 f.).

[159] BVerwG, Beschl. v. 14.05.1996 – 7 NB 3.95 = BVerwGE 101, 166, juris Rn. 23; *Beckmann*, ebd.; *Groß*, ebd.; *Kirchberg*, in: Ziekow, Handbuch des Fachplanungsrechts, § 2, Rn. 145; *Roßnagel/Hentschel*, UPR 2004, 291 (292); *Schink*, NuR 2018, 21 (28).

[160] § 6 Abs. 3 Nr. 5 UVPG a. F. (Gesetz über die Umweltverträglichkeitsprüfung in der Fassung der Bekanntmachung vom 24. Februar 2010, BGBl. I, S. 94) sah eine „Übersicht über die wichtigsten, vom Träger des Vorhabens geprüften anderweitigen Lösungsmöglichkeiten und Angabe der wesentlichen Auswahlgründe im Hinblick auf die Umweltauswirkungen des Vorhabens" vor. Seit der Novellierung durch das Gesetz zur Modernisierung des Rechts der Umweltverträglichkeitsprüfung vom 20. Juli 2017 (BGBl. I, S. 2808) spricht § 16 Abs. 1 Nr. 6 UVPG von „vernünftigen Alternativen".

Mangels entgegenstehender europarechtlicher Vorschriften hat hier also anders als in der Bundesfachplanung nun tatsächlich eine „traditionelle“ planerische Alternativenprüfung stattzufinden. Denn als „ernsthaft in Betracht kommende Standort- oder Trassenalternativen“ in diesem Sinne sind nur solche Varianten zu verstehen, „deren Verwirklichung im Rahmen der von der Raumordnungsbehörde zu treffenden Prüfung sachlich und technisch möglich, rechtlich zulässig und wirtschaftlich durchführbar erscheint“[162]. Nicht umfasst sind damit Scheinvarianten,[163] die beispielsweise nur der Beruhigung der Öffentlichkeit dienen oder denen sachliche, technische, rechtliche oder wirtschaftliche Hindernisse entgegenstehen und die daher sowohl subjektiv für den Vorhabenträger als auch objektiv für die Raumordnungsbehörde nicht ernsthaft in Betracht kommen.[164] Nach bisher überwiegender Ansicht nicht umfasst sein soll außerdem die Prüfung der Nullvariante,[165] also eines Absehens von der Verwirklichung des Vorhabens. Argumentiert wird diesbezüglich, dass bereits eingetretene Raumwirkungen im Sinne einer Betrachtung des Status Quo zum einen kein tauglicher Gegenstand eines Raumordnungsverfahrens seien,[166] außerdem müsse die Nullvariante schon deshalb ausscheiden, weil weder der Planungsträger noch die Öffentlichkeit[167] ein Interesse an der Nichtverwirklichung des Vorhabens hätten. Seit der Neufassung der UVP-Richtlinie 2014 verlangt Anhang 4 Nr. 3 UVP-RL allerdings die Beschreibung eines Basisszenarios – gemeint ist der aktuelle Umweltzustand – und der voraussichtlichen Entwicklung bei Nichtdurchführung des Projekts. Ähnlich wie im Anwendungsbereich der SUP-RL muss die Nullvariante also zwar nicht zwingend als echte Alternative einbezogen, jedoch im Sinne einer Beschreibung des Status Quo der Betrachtung gegenübergestellt werden.

d) FFH-Verträglichkeitsprüfung

Auch, wenn man entgegen dem hier vertretenen Verständnis eine vollständige FFH-Verträglichkeitsprüfung auf Bedarfsebene mangels hinreichender Konkretisierung der Planung grundsätzlich ablehnt, wird diese jedenfalls auf Korridorebene nach Vorschaltung einer FFH-Vorprüfung regelmäßig erforderlich werden.[168] Da die

---

[161] *Peters/Balla/Hesselbarth*, in: dies., HK UVPG, § 16, Rn. 50.

[162] *Dietz*, in: Kment, ROG, § 15 ROG, Rn. 44.

[163] Diesen Begriff verwendet auch die Gesetzesbegründung, vgl. BR-Drucks. 656/16, S. 47; BT-Drucks. 18/10883, S. 54.

[164] *Dietz*, in: Kment, ROG, § 15 ROG, Rn. 44.

[165] BR-Drucks. 656/16, S. 47; BT-Drucks. 18/10883, S. 54; *Dietz*, in: Kment, ROG, § 15 ROG, Rn. 47; *Goppel*, in: Spannowsky/Runkel/Goppel, ROG, § 15, Rn. 45.

[166] *Dietz*, ebd.

[167] *Dietz*, ebd.; ähnlich *Goppel*, in: Spannowsky/Runkel/Goppel, ROG, § 15, Rn. 45.

[168] Für die Bundesfachplanung: *BNetzA*, Leitfaden Bundesfachplanung, S. 22; *Sporbeck/Drygalla-Hein*, UVP-report 26 (3+4/2012), 156 (163). Ähnliches Beeinträchtigungspotenzial

FFH-Verträglichkeitsprüfung als eigenständiges Element einem Verfahren angegliedert wird, gilt das unabhängig von der Frage, ob daneben eine SUP oder eine UVP durchzuführen ist.

aa) Anforderungen an Prüfungsumfang und -tiefe

Bei der Frage nach Prüfungsumfang und -tiefe ist vor allem in den Blick zu nehmen, was die FFH-Verträglichkeitsprüfung auf Korridorebene leisten muss. Im Vordergrund steht, die Entstehung eines „Planungstorsos“[169] zu verhindern, der dann droht, wenn im gewählten Korridor später keine Trasse genehmigungsfähig ist. Zwar erlaubt auch das FFH-Recht Abschichtungen.[170] Jedenfalls in den Bereichen, in denen die Korridorplanung verbindliche Festlegungen trifft, muss die FFH-Verträglichkeitsprüfung aber über eine pauschale Prüfung hinausgehen und sich inhaltlich an die Projektzulassungsebene annähern.[171] Denn sonst bestünde die Gefahr, dass die FFH-Verträglichkeitsprüfung auf der nachgelagerten Ebene „nicht mehr ergebnisoffen, sondern mit dem Ziel der Planverwirklichung durchgeführt würde“[172].

Gesetzlich normierte Maßstäbe, wann das Vorliegen einer Beeinträchtigung der Schutz- und Erhaltungsziele des Gebiets i. S. d. § 34 Abs. 2 BNatSchG zu bejahen ist, fehlen allerdings. In der Rechtsprechung hat sich hierzu als Kriterium das Überschreiten der sogenannten Bagatellgrenze als Ausprägung des Verhältnismäßigkeitsgrundsatzes entwickelt.[173] Wann sie überschritten ist, muss schutzgutspezifisch im Einzelfall bestimmt werden. Im Artenschutzrecht gilt für die Betrachtung der Zugriffsverbote des § 39 Abs. 1 und § 44 Abs. 1 BNatSchG parallel dazu das Signifikanzkriterium[174] als einschränkendes Moment. In der Infrastrukturplanung wird sich eine Beeinträchtigung oftmals bereits auf Korridorebene darin feststellen lassen, dass der Trassenkorridor ein geschütztes Gebiet sicher durchschneiden oder den

---

wird jedoch zumeist auch im Raumordnungsverfahren zur Verkehrsinfrastrukturplanung festzustellen sein, sodass sich die Überlegungen wiederum übertragen lassen.

[169] *Appel*, ER 2012, 3 (6); *ders./Rietzler*, NuR 2017, 227 (228); ähnlich *Sangenstedt/Salm*, in: Steinbach/Franke, Netzausbau, § 7 NABEG, Rn. 94.

[170] Dazu bereits oben unter D. I. 1. e).

[171] Vgl. so zum Raumordnungsrecht auch *Lieber*, NuR 2008, 597 (599 f.).

[172] Schlussanträge der Generalanwältin Juliane Kokott vom 09. 06. 2005, Kommission/Vereinigtes Königreich, C-6/04, ECLI:EU:C:2005:372, Rn. 44.

[173] BVerwG, Urt. v. 15. 07. 2016 – 9 C 3.16, juris Rn. 40; BVerwG, Urt. v. 14. 04. 2010 – 9 A 5.08 = BVerwGE 136, 291, juris Rn. 92 ff.; BVerwG, Urt. v. 12. 03. 2008 – 9 A 3.06 = BVerwGE 130, 299, juris Rn. 124 f.; dazu *Ewer*, in: Lütkes/Ewer, BNatSchG, § 34, Rn. 8; *Frenz*, in: Frenz/Müggenborg, BNatSchG, § 34 BNatSchG, Rn. 65 f.; *Möckel*, in: Schlacke, GK BNatSchG, § 34, Rn. 108.

[174] BVerwG, Urt. v. 14. 07. 2011 – 9 A 12.10 = BVerwGE 140, 149, juris Rn. 99; BVerwG, Urt. v. 18. 03. 2009 – 9 A 39.07 = BVerwGE 133, 239, juris Rn. 58; BVerwG, Urt. v. 09. 07. 2008 – 9 A 14.07 = BVerwGE 131, 274, juris Rn. 90; BVerwG, Urt. v. 12. 03. 2008 – 9 A 3.06 = BVerwGE 130, 299, juris Rn. 219; dazu *Bick/Wulfert*, NVwZ 2017, 346 (347 ff.); *Schlacke*, NVwZ 2015, 626 (631); *Schütte/Gerbig*, in: Schlacke, GK BNatSchG, § 44, Rn. 16.

Lebensraum in benachbarten Gebieten beeinflussen wird. Auch mittelbare Auswirkungen reichen für die Feststellung einer Beeinträchtigung nämlich aus.[175]

Umgekehrt sind die ebenfalls nur in der Rechtsprechung entwickelten Anforderungen, die an den Nachweis des Nicht-Vorliegens einer Beeinträchtigung und damit die positive Feststellung der FFH-Verträglichkeit gestellt werden, hoch. Der EuGH verlangt, dass „aus wissenschaftlicher Sicht kein vernünftiger Zweifel"[176] an dieser besteht. Das BVerwG formuliert teils ebenso,[177] verlangt teils auch nur „Gewissheit"[178], beim Artenschutz hingegen, dass mit „hoher Wahrscheinlichkeit"[179] keine Beeinträchtigungen drohen. Im Ergebnis sind wohl erneut höhere Anforderungen zu stellen als für die übrigen Bereiche der Umweltprüfungen. Die Wahl der richtigen Untersuchungsmethode ist jedoch umstritten. Während die Wissenschaft für die Artenschutzprüfung beispielsweise umfassende Kartierungen fordert,[180] stößt dies bei vielen Praktikern aufgrund des geringen Konkretisierungsgrades der Planung auf Ablehnung.[181]

Die *BNetzA* als zentrale Behörde der Bundesfachplanung geht hier den sicheren Weg und setzt ihre Maßstäbe in der Praxis vergleichsweise hoch an.[182] Potenzialanalysen und Worst Case-Betrachtungen dürften sich angesichts des immer noch vergleichsweise hohen Abstraktionsgrades der Planung aber grundsätzlich als ausreichend erweisen.[183] Letztlich jedoch bleibt jede FFH-Verträglichkeitsprüfung eine Einzelfallentscheidung.

---

175 Vgl. BVerwG, Urt. v. 17.01.2007 – 9 A 20.05 = BVerwGE 128, 1, juris Rn. 36; BVerwG, Urt. v. 19.05.1998 – 4 A 9.97 = BVerwGE 107, 1, juris Rn. 66; OVG Münster, Urt. v. 03.08.2010 – 8 A 4062.04, juris Rn. 117; OVG Münster, Urt. v. 30.07.2009 – 8 A 2357/08, juris Rn. 118; *Henning/Lühmann*, UPR 2012, 81 (84); *Schlacke*, NVwZ 2015, 626 (631).

176 EuGH, Urt. v. 24.11.2011, Kommission/Spanien, C-404/09, ECLI:EU:C:2011:768, Rn. 99; EuGH, Urt. v. 26.10.2006, Kommission/Portugal, C-239/04, ECLI:EU:C:2006:665, Rn. 20, 24; EuGH, Urt. v. 07.09.2004, Waddenvereinigung und Vogelsbeschermingvereniging, C-127/02, ECLI:EU:C:2004:482, Rn. 59, 61, 67: ähnlich EuGH, Urt. v. 14.01.2016, Grüne Liga Sachsen u.a., C-399/14, ECLI:EU:C:2016:10, Rn. 50.

177 BVerwG, Urt. v. 12.03.2008 – 9 A 3.06 = BVerwGE 130, 299, juris Rn. 94.

178 BVerwG, Urt. v. 08.06.2018 – 2 L 11.16, juris Rn. 121; BVerwG, Urt. v. 17.01.2007 – 9 A 20.05 = BVerwGE 128, 1, juris Rn. 41.

179 BVerwG, Urt. v. 25.06.2014 – 9 A 1.13 = BVerwGE 150, 92, juris Rn. 31; ähnlich BVerwG, Beschl. v. 13.03.2008 – 9 VR 10.07, juris Rn. 13.

180 *de Witt/Durinke*, ER 2016, 22 (29)

181 Vgl. dazu die Zusammenfassung der Diskussion des entsprechenden Arbeitskreises bei der 38. wissenschaftlichen Fachtagung der Gesellschaft für Umweltrecht in Leipzig 2014 von *Durner*, in: GfU, 38. wissenschaftliche Fachtagung, S. 149 (151).

182 Zur Begründung aus Sicht der BNetzA *Matz*, in: GfU, 38. wissenschaftliche Fachtagung, S. 129 (136).

183 So im Ergebnis auch *Appel/Rietzler*, NuR 2017, 227 (235); *Ruge/Kohls*, ZUR 2015, 652 (657).

bb) Alternativenprüfung

Spätestens hier stellt sich dann auch die Frage, ob und welche (zusätzlichen) Anforderungen das FFH-Recht an die Prüfung von Alternativen stellt. Dabei sind zu unterscheiden die Frage nach der grundsätzlichen Pflicht zur Durchführung einer Alternativenprüfung, die Frage nach Art und Umfang der zu prüfenden Alternativen bei Feststellung einer Beeinträchtigung und die Frage nach der Tiefe, mit der diese Alternativen geprüft werden müssen.

Art. 6 Abs. 3 FFH-RL, der die grundsätzliche Pflicht zur Durchführung einer FFH-Verträglichkeitsprüfung statuiert, trifft keinerlei Aussagen zu einer etwaigen Alternativenprüfung. Daraus schlussfolgert auch der EuGH, dass die FFH-Verträglichkeitsprüfung selbst nicht unmittelbar die Untersuchung von Alternativen zu dem betreffenden Plan oder Projekt umfassen muss.[184] Parallel dazu sieht § 34 Abs. 1 S. 1 BNatSchG in Umsetzung des Art. 6 Abs. 3 FFH-RL keine Alternativenprüfung vor. Eine solche wird erst dann erforderlich, wenn im Rahmen der FFH-Verträglichkeitsprüfung nach Art. 6 Abs. 3 FFH-RL eine Beeinträchtigung festgestellt wurde, die Behörde den Plan oder das Projekt aber dennoch in der gewählten Form zulassen will. Dazu der EuGH:

> „Somit haben die zuständigen Behörden, wenn sie nach Durchführung der Verträglichkeitsprüfung gemäß Art. 6 Abs. 3 der Habitatrichtlinie zu einem negativen Ergebnis gelangen, die Wahl, die Genehmigung für die Durchführung des betreffenden Plans oder Projekts zu versagen oder sie nach Art. 6 Abs. 4 dieser Richtlinie, sofern die dort vorgesehenen Voraussetzungen erfüllt sind, zu erteilen.“[185]

Umgekehrt besteht mithin also keine Verpflichtung, unter mehreren in der Gesamtplanung berücksichtigten Alternativen die aus FFH-Perspektive „bessere“ zu wählen, sofern die präferierte Variante nicht mit einer Beeinträchtigung i. S. d. Art. 6 Abs. 3 FFH-RL, § 34 Abs. 1 S. 1 BNatSchG einhergeht. Diese Erkenntnis kann für die Planungspraxis durchaus erhebliche Auswirkungen entfalten, da wie gezeigt nicht bereits jede Tangierung von FFH-Interessen unterhalb der Bagatellgrenze eine Beeinträchtigung in diesem Sinne bedeutet.

Erst, wenn diese Schwellen überschritten sind und die Behörde das Projekt dennoch an der gewählten Stelle zulassen will, ist also nach Art. 6 Abs. 4 FFH-RL, § 34 Abs. 3 BNatSchG eine Alternativenprüfung erforderlich. Wie schon bei der SUP[186] stellt sich diesbezüglich die Frage, ob die Maßstäbe der planerischen Alternativenprüfung nach Vorstellung des deutschen Planungsrechts auf die FFH-rechtliche Alternativenprüfung übertragen werden können oder ob diese eigen-

---

[184] EuGH, Urt. v. 04. 03. 2010 – Kommission/Frankreich, C-241/08, ECLI:EU:C:2010:114, Rn. 69 ff.; ähnlich EuGH, Urt. v. 14. 04. 2005 – Kommission/Niederlande, C-441/03, ECLI:EU:C:2005:233, Rn. 28 f.

[185] EuGH, Urt. v. 04. 03. 2010 – Kommission/Frankreich, C-241/08, ECLI:EU:C:2010:114, Rn. 72; ebenso EuGH, Urt. v. 26. 10. 2006 – Kommission/Portugal, 239/04, ECLI:EU:C:2006:665, Rn. 25.

[186] Dazu bereits oben unter D. I. 1. c).

ständige Anforderungen stellt. Art. 6 Abs. 4 FFH-RL gibt zu Art und Umfang der zu prüfenden Alternativen keine weitere Auskunft und spricht lediglich von dem Erfordernis, dass „eine Alternativlösung nicht vorhanden" sein darf. Umgesetzt ist diese Vorgabe im deutschen Recht in § 34 Abs. 3 Nr. 2 BNatSchG, der für eine Abweichungszulassung unter anderem fordert, dass „zumutbare Alternativen, den mit dem Projekt verfolgten Zweck an anderer Stelle ohne oder mit geringeren Beeinträchtigungen zu erreichen, nicht gegeben sind." Hierzu führt der 4. Senat des BVerwG grundlegend aus:

> „Die Alternativenprüfung, die Art. 6 Abs. 4 FFH-RL vorschreibt, erfüllt eine andere Funktion als die Alternativenprüfung, die sich im deutschen Planungsrecht herkömmlicherweise nach den zum Abwägungsgebot entwickelten Grundsätzen richtet. Lässt sich das Planungsziel an einem nach dem Schutzkonzept der FFH-Richtlinie günstigeren Standort oder mit geringerer Eingriffsintensität verwirklichen, so muss der Projektträger von dieser Möglichkeit Gebrauch machen. Ein irgendwie gearteter Gestaltungsspielraum wird ihm nicht eingeräumt. Schon aufgrund seines Ausnahmecharakters begründet Art. 6 Abs. 4 FFH-RL ein strikt beachtliches Vermeidungsgebot, das zu Lasten des Integritätsinteresses des durch Art. 4 FFH-RL festgelegten kohärenten Systems nicht bereits durchbrochen werden darf, wenn dies nach dem Muster der Abwägungsregeln vertretbar erscheint, sondern nur beiseite geschoben werden darf, soweit dies mit der Konzeption größtmöglicher Schonung der durch die FFH-RL geschützten Rechtsgüter vereinbar ist."[187]

Eingeschränkt werden diese auf den ersten Blick zunächst sehr weitgreifenden Anforderungen jedoch auch hier über den Grundsatz der Verhältnismäßigkeit, in § 34 Abs. 3 Nr. 2 BNatSchG dargestellt über den Begriff der Zumutbarkeit. So führt der Vierte Senat weiter aus: „Der Vorhabenträger darf von einer ihm technisch an sich möglichen Alternative erst Abstand nehmen, wenn diese ihm unverhältnismäßige Opfer abverlangt oder andere Gemeinwohlbelange erheblich beeinträchtigt werden"[188] und verweist in diesem Zuge zurecht auf den auch dem Unionsrecht immanenten Grundsatz der Verhältnismäßigkeit.[189] Als in diesem Sinne mit unverhältnismäßigem finanziellen Aufwand verknüpft sah der Vierte Senat etwa den mit Mehrkosten in zweistelliger DM-Millionenhöhe verbundenen Bau eines Tunnels sowie eine 1,6 Millionen DM teure Trogkonstruktion an, die für den dort betroffenen schützenswerten Trockenraum nur geringe Verbesserungen hätten erzielen können.[190] In der Praxis wird man von den Planungsträgern verlangen müssen, sicherzustellen, dass außerhalb des festgelegten Trassenkorridors keine mit geringeren Beeinträchtigungen für Natura 2000-Gebiete verbundene Planungsvariante verfügbar ist.[191] Lediglich da, wo eine Planungsvariante keine echte Alternative mehr,

---

[187] BVerwG, 4. Senat, Urt. v. 17.05.2002 – 4 A 28.01 = BVerwGE 116, 254, juris Rn. 28; ebenso BVerwG, 4. Senat, Urt. v. 27.01.2000 – 4 C 2.99 = BVerwGE 110, 302, juris Rn. 30.

[188] BVerwG, 4. Senat, Urt. v. 27.01.2000 – 4 C 2.99 = BVerwGE 110, 302, juris Rn. 30.

[189] BVerwG, 4. Senat, Urt. v. 27.01.2000 – 4 C 2.99 = BVerwGE 110, 302, ebd.

[190] BVerwG, 4. Senat, Urt. v. 27.01.2000 – 4 C 2.99 = BVerwGE 110, 302, juris Rn. 32.

[191] *Henning/Krappel*, UPR 2013, 133 (137, Fn. 66).

sondern ein aliud darstellen würde, darf sie aus der Betrachtung ausscheiden.[192] In diesem Zusammenhang sind zwar Abstriche vom Grad der Zielerfüllung hinzunehmen,[193] Ziele – auch Teilziele – müssen jedoch nicht vollständig aufgegeben werden.[194] Als aliud in diesem Sinne sah das BVerwG beispielsweise eine Trassenvariante zur Westumfahrung Halle an, die zwar den überörtlichen Verkehr in aus Umweltsicht verträglicherer Weise um die Stadt Halle herumgeführt hätte, dabei aber die Erschließung östlicher Stadtteile von außen als Teilziel der ursprünglichen Planung aufgrund zu großer Entfernung der vorgeschlagenen Alternativtrasse vom Stadtgebiet nicht hätte erfüllen können.[195] Zur Nullvariante gilt das bereits Gesagte: Auch im Rahmen der FFH-Verträglichkeitsprüfung dürfte sie sich angesichts des auf vorangehender Ebene festgestellten Bedarfs nicht als berücksichtigungspflichtige Alternative erweisen.[196]

Zu unterscheiden ist von den vorstehenden Ausführungen weiterhin die Frage, in welcher Tiefe die so ermittelten Alternativen zu prüfen sind. Insofern setzt sich der Neunte Senat des BVerwG anders als dies auf den ersten Blick erscheinen mag auch nicht unmittelbar in Widerspruch zu den Entscheidungen des Vierten Senats, wenn er ausführt:

> „Dem materiellen Prüfprogramm korrespondiert der im Rahmen der Alternativenprüfung gebotene Untersuchungsaufwand. Planungsalternativen brauchen daher nicht erschöpfend, sondern nur so weitgehend ausgearbeitet und untersucht zu werden, dass sich einschätzen lässt, ob sie für – prioritäre oder nicht prioritäre – FFH-Schutzgüter ein erhebliches Beeinträchtigungspotenzial bergen. Vergleichbar der durch das planungsrechtliche Abwägungsgebot geforderten allgemeinen Alternativenprüfung wird zur Beurteilung dieser Fragestellung häufig eine bloße Grobanalyse ausreichen.“[197]

Wie schon im Rahmen der SUP bestehen auch hier Bedenken, ob eine pauschale Übertragung der Grundsätze der planerischen Alternativenprüfung den Anforderungen des Art. 6 Abs. 4 FFH-RL gerecht wird. Zwar müssen die hier zu prüfenden Alternativen wohl nicht jeweils selbst einer eigenständigen FFH-Verträglichkeitsprüfung unterzogen, sondern lediglich anhand vergleichbarer wissenschaftlicher

---

[192] BVerwG, Urt. v. 17.01.2007 – 9 A 20.05 = BVerwGE 128, 1, juris Rn. 143; BVerwG, Urt. v. 15.01.2004 – 4 A 11.02 = BVerwGE 120, 1, juris Rn. 42.

[193] BVerwG, Urt. v. 17.01.2007 – 9 A 20.05 = BVerwGE 128, 1, ebd.; BVerwG, Urt. v. 15.01.2004 – 4 A 11.02 = BVerwGE 120, 1, juris Rn. 42; BVerwG, Urt. v. 17.05.2002 – 4 A 28.01 = BVerwGE 116, 254, juris Rn. 26.

[194] BVerwG, Urt. v. 17.01.2007 – 9 A 20.05 = BVerwGE 128, 1, ebd.

[195] BVerwG, Urt. v. 17.01.2007 – 9 A 20.05 = BVerwGE 128, 1, ebd.

[196] So *Schlacke*, NVwZ 2015, 626 (631) zur Bundesfachplanung. Angesichts der Eigenständigkeit und damit Gleichartigkeit der jeweiligen FFH-Verträglichkeitsprüfung auf Korridorebene und der Vergleichbarkeit der Bedarfsfeststellung durch BVWP und BBPl dürfte diese Aussage aber auf die Korridorplanung für die Verkehrsinfrastrukturen übertragbar sein.

[197] BVerwG, 9. Senat, Urt. v. 12.03.2008 – 9 A 3.06 = BVerwGE 130, 299, juris Rn. 171; ähnlich BVerwG, 9. Senat, Urt. v. 06.03.2014 – 9 C 6.12, juris Rn. 49; BVerwG, 9. Senat, Urt. v. 06.11.2013 – 9 A 14.12 = BVerwGE 148, 373, juris Rn. 75.

Maßstäbe untersucht werden.[198] Allerdings obliegt es dem Planungsträger, für die Zulässigkeit einer Abweichungsentscheidung nachzuweisen, dass die Anforderungen an die Ausnahmeregelung, also unter anderem die Abwesenheit von Alternativen, vorliegen.[199] Diesbezüglich ist *Generalanwältin Kokott* zuzugeben, dass ein solcher Nachweis nur erbracht werden kann, wenn nicht bloß einige, sondern alle möglichen Alternativen ausgeschlossen wurden.[200] Auch der EuGH legte in der Folge einen weiten Maßstab an und erkannte einen Verstoß gegen Art. 6 Abs. 4 FFH-RL in einem Verfahren gegen Portugal beispielsweise darin, dass der Planungsträger Alternativen westlich des betroffenen Schutzgebiets unter Verweis auf dort befindliche archäologische Stätten und Ortschaften gar nicht in die Betrachtung einbezogen hatte.[201] Auch nach Maßstäben der planerischen Alternativenprüfung wäre eine solche Variante wohl im Rahmen der Grobanalyse ausgeschieden – wie sich zeigt entspricht das aber nicht den Vorstellungen des FFH-Rechts. Eine Orientierung an planerischen Grundsätzen darf daher nach dem Vorstehenden wohl nur insoweit erfolgen, wie Alternativen aus FFH-Erwägungen heraus aussortiert werden können, nicht aber, wenn sie aus anderen Gründen theoretisch ausscheiden würden.

e) Abschichtungspotenzial

Auch auf Ebene der Korridorplanung muss schließlich über Abschichtungsmöglichkeiten nachgedacht werden. Solche ergeben sich oftmals mehr aus praktischen denn aus planerischen Erwägungen. Während kleinräumige Umweltauswirkungen im unmittelbaren Umfeld der Leitungstrasse wohl zulässigerweise auf die nachfolgende Ebene verwiesen werden,[202] ist die Frage der Abschichtung im FFH-rechtlichen Bereich erneut problematischer. Zwar wird die Festlegung konkreter naturschutzrechtlicher Kompensationsmaßnahmen überwiegend erst auf Projektzulassungsebene gefordert.[203] Aus den bereits genannten Gründen ist jedoch auch hier zu begrüßen, dass die *BNetzA* in der Praxis einen weiten Maßstab anlegt und zumindest eine erste Einschätzung hinsichtlich der Kompensationsmaßnahmen auch schon auf Ebene der Bundesfachplanung vorsieht.[204]

[198] Schlussanträge der Generalanwältin Juliane Kokott vom 27.04.2006, Kommission/Portugal, C-239/04, ECLI:EU:C:2006:255, Rn. 46; *Schiller*, UPR 2016, 457 (464).

[199] Schlussanträge der Generalanwältin Juliane Kokott vom 27.04.2006, Kommission/Portugal, C-239/04, ECLI:EU:C:2006:255, Rn. 41.

[200] Schlussanträge der Generalanwältin Juliane Kokott vom 27.04.2006, Kommission/Portugal, C-239/04, ECLI:EU:C:2006:255, Rn. 43.

[201] EuGH, Urt. v. 26. Oktober 2006 – Kommission/Portugal, C-239/04, ECLI:EU:C:2006:665, Rn. 38 bezugnehmend auf die Schlussanträge der Generalanwältin Juliane Kokott vom 27.04.2006, Kommission/Portugal, C-239/04, ECLI:EU:C:2006:255, Rn. 49.

[202] *BNetzA*, Leitfaden Bundesfachplanung, S. 12; *Sangenstedt/Salm*, in: Steinbach/Franke, Netzausbau, § 7 NABEG, Rn. 79.

[203] *Appel*, in: Säcker, Energierecht, § 5 NABEG, Rn. 182; *de Witt*, in: de Witt/Scheuten, NABEG, § 12, Rn. 50; *Schlacke*, NVwZ 2015, 626 (632).

[204] *BNetzA*, Leitfaden Bundesfachplanung, S. 12.

Ergibt sich zumindest eine mögliche Trasse ohne Beeinträchtigungen eines Natura 2000-Gebiets, ist die Abschichtung der FFH-Abweichungsprüfung auf die Planfeststellungsebene jedoch in der Theorie möglich.[205] Wird von der Möglichkeit des Verzichts auf die Bundesfachplanung gem. § 5a NABEG Gebrauch gemacht, muss der Untersuchungsaufwand ohnehin vollständig von der UVP im Planfeststellungsverfahren aufgefangen werden.[206]

3. Projektzulassung

a) Prüfungsgegenstand und Bewertungsmaßstäbe

Auf Ebene der Projektzulassung steht mit dem konkreten Trassenverlauf schließlich ein von vornherein eindeutiger Prüfungsgegenstand zur Verfügung. Auch die konkrete technische Ausführung, Standorte von Nebenanlagen und sonstige Einzelfragen der Bauausführung müssen nun verbindlich geklärt werden. Sowohl im Verkehrs- als auch im Energieleitungsbereich findet nun also eine klassische, projektbezogene UVP statt.

b) Prüfungsablauf

Da erst jetzt die tatsächlichen Ausmaße des Vorhabens feststehen, stellt diese UVP im Vergleich zu den übrigen Umweltprüfungen im Planungssystem diejenige mit der größten Untersuchungstiefe dar.[207] Auch, wenn Teile der Prüfung schon in den vorangegangenen Planungsstufen behandelt wurden, stellt die Abschichtung mehr eine Entlastung für die hochstufigen Prüfungen denn einen Synergieeffekt dar, den die Projekt-UVP nutzen könnte. Denn Bestandsdaten und grobe Einschätzungen, mit denen auf Ebene der Bedarfs- und Korridorplanung noch gearbeitet werden konnte, reichen nun nicht mehr aus.[208]

Ein einheitlicher Kriterienkatalog für den Ablauf der Umweltprüfung im Planfeststellungsverfahren findet sich nur im Umweltleitfaden des EBA. Daneben haben auf Landesebene die Landesstraßenbaubetriebe in unterschiedlicher Form Planungsleitfäden erstellt.[209] Da die Durchführung des maßgeblichen Teils des Verfahrens nach dem MgvG weiterhin in den Händen der bisher zuständigen Behörde liegt, ist davon auszugehen, dass die Maßgaben ebenso bei der UVP im Rahmen der Projektzulassung durch Maßnahmengesetz Anwendung finden werden. Auch hier ist

---

[205] *Henning/Krappel*, UPR 2013, 133 (136 f.).

[206] *Schlacke/Römling*, DVBl 2019, 1429 (1436).

[207] *BNetzA*, Leitfaden Bundesfachplanung, S. 12.

[208] *Kment*, in: GfU, 38. wissenschaftliche Fachtagung, S. 57 (94).

[209] Für NRW beispielsweise der *Landesbetrieb Straßenbau NRW*, Planungsleitfaden Umweltverträglichkeitsprüfung.

jedoch zu berücksichtigen, dass die Autobahn-GmbH des Bundes, die zum 1. Januar 2021 ihre Tätigkeit als zentrale Planungsstelle für die Bundesfernstraßen aufgenommen hat,[210] möglicherweise eigenständige Maßgaben entwickeln wird.

Die BNetzA gibt zwar keinen gesonderten Leitfaden zur Durchführung der UVP heraus; da die Planfeststellung jedoch ebenso wie die Bundesfachplanung und (in Teilen) die Bedarfsplanung in ihren Händen liegt, ist davon auszugehen, dass sie die auf dem DPSIR-Ansatz basierende, bereits ausführlich beschriebene Methodik angepasst an den Konkretisierungsgrad der Planung auch hier anwenden wird. Fast identisch zum bekannten Schema lesen sich vor dem Hintergrund des DPSIR-Ansatzes auch die Vorgaben des EBA: Zunächst wurden bau-, anlage- und betriebsbedingte Wirkfaktoren ermittelt[211] und die spezifischen Empfindlichkeiten der Schutzgüter des § 2 Abs. 1 UVPG bestimmt,[212] dann gesetzliche und programmatische Bewertungsmaßstäbe ermittelt[213] und schließlich die erkannten Beeinträchtigungen einer fünfstufigen Bewertungsskala zugeordnet.[214]

c) Alternativenprüfung

Auch für die UVP auf Projektzulassungsebene gilt, dass weder UVP-RL noch UVPG konkrete Vorgaben zur Alternativenprüfung machen.[215] Explizite fachrechtliche Vorgaben finden sich nur in § 19 S. 4 Nr. 2 NABEG, der eine Einschränkung auf die „in Frage kommenden Alternativen" vorsieht und sich damit wohl ebenso wie § 15 Abs. 1 S. 3 ROG an der Ausgestaltung der planerischen Alternativenprüfung orientiert. Diese Formulierung ist vor dem Hintergrund der Bindungswirkung des § 15 Abs. 1 S. 1 NABEG zu verstehen und meint in räumlicher Hinsicht nur Alternativen innerhalb des festgelegten Korridors.[216] Im Übrigen hat die ausdrückliche Normierung hier aber nur klarstellende Funktion, denn die (planerische) Alternativenprüfung ist ohnehin bereits obligatorischer Bestandteil des planungsrechtlichen Abwägungsgebots.[217] Für die übrigen Bereiche der Infrastrukturplanung folgt das Erfordernis einer nach identischen Maßstäben durchzuführenden planerischen Alternativenprüfung mithin schon aus dem in § 17 Abs. 1 S. 3 FStrG, § 14 Abs. 1 S. 2 WaStrG und § 18 Abs. 1 S. 2 AEG verankerten Abwägungsgebot.

---

210 Dazu bereits oben unter B. II. 3. a).

211 *EBA*, Umwelt-Leitfaden, Teil III, S. 20 f.

212 *EBA*, Umwelt-Leitfaden, Teil III, S. 24 ff.

213 *EBA*, Umwelt-Leitfaden, Teil III, S. 59 f.

214 *EBA*, Umwelt-Leitfaden, Teil III, S. 60.

215 Dazu bereits oben unter D. I. 2. c).

216 BT-Drucks. 17/6073, S. 28; *de Witt*, in: de Witt/Scheuten, NABEG, § 15, Rn. 21; *Kment*, in: GfU, 38. wissenschaftliche Fachtagung, S. 57 (92); *Kümper*, in: Schink/Versteyl/Dippel, NABEG, § 18, Rn. 33.

217 Dazu bereits oben unter D. I. 1. c).

Konkret umfasst sind davon Standortalternativen, Verfahrensalternativen und nur in sehr begrenztem Umfang auch Konzeptalternativen.

Denn im Anwendungsbereich bedarfsfeststellender Gesetze, die alle hier untersuchten Infrastrukturen betreffen, ist Raum für die Prüfung von Konzeptalternativen auf Projektzulassungsebene praktisch nicht vorhanden. Die Planrechtfertigung ist durch Aufnahme eines Projekts in den Bedarfsplan verbindlich festgestellt.[218] Die Frage nach der Wahl eines anderen Verkehrsmittels, also beispielsweise dem Bau einer (vermeintlich umweltfreundlicheren) Schienenverbindung anstelle einer Straße, stellt sich bei der Projektzulassung folglich gar nicht mehr.[219] Soweit entsprechende Überlegungen in der öffentlichen Diskussion geltend gemacht werden, handelt es sich – insbesondere angesichts der oft langen Zeitspannen zwischen Bedarfsfeststellung und Projektzulassungsverfahren – um politisch möglicherweise wünschenswerte, fachplanungsrechtlich aber nicht zulässige und erst recht nicht zwingende Überlegungen.

Auch die Prüfung alternativer Standorte, im Fall der linienförmigen Infrastrukturen also alternativer Trassenverläufe, ist in mehrstufigen Planungssystemen wie hier durch die Vorgaben der vorangehenden Planungsstufen stark begrenzt. Zwar steht der Planfeststellungsbehörde etwa in Bezug auf die Linienbestimmung anders als im Anwendungsbereich des NABEG grundsätzlich die Möglichkeit offen, diese bei Fehlerhaftigkeit im Zuge der Abwägung, also insbesondere unter Zuhilfenahme der Alternativenprüfung, zu überwinden.[220] Daraus folgt jedoch keine Pflicht der Planfeststellungsbehörde, nach Alternativen außerhalb der bestimmten Linienführung zu suchen. Zudem erlaubt die planerische Alternativenprüfung, zunächst eine Grobanalyse vorzunehmen und nicht infrage kommende Alternativen bereits in diesem Stadium wieder auszuscheiden.[221] Einen Abwägungsfehler nimmt das BVerwG nur dann an, wenn „die Planungsbehörde eine von der Sache her naheliegende Alternativlösung verworfen hat, durch die die mit der Planung angestrebten Ziele unter geringeren Opfern an entgegenstehenden öffentlichen und privaten Belangen hätten verwirklicht werden können“[222]. Hat die Behörde jedoch alle in diesem Sinne naheliegenden Alternativen berücksichtigt, so steht ihr bei der Auswahl zwischen diesen ein erheblicher Gestaltungsspielraum zu, der nur dann verlassen wird, wenn eine andere als die gewählte Alternative eindeutig besser geeignet gewesen wäre.[223] Dass auch für eine andere Alternative einleuchtende Gründe angebracht werden können, reicht hierfür hingegen nicht aus.[224]

---

[218] Dazu bereits oben unter B. IV. 1. a).

[219] *Groß*, NVwZ 2001, 513 (516).

[220] Dazu bereits oben unter B. IV. 2. b).

[221] BVerwG, Urt. v. 24. 11. 2010 – 9 A 13.09 = BVerwGE 138, 226, juris Rn. 56; BVerwG, Beschl. v. 24. 04. 2009 – 9 B 10.09, juris Rn. 5; BVerwG, Urt. v. 18. 03. 2009 – 9 A 39.07 = BVerwGE 133, 239, juris Rn. 131; *Groß*, NVwZ 2001, 513 (516).

[222] BVerwG, Urt. v. 22. 03. 1985 – 4 C 15.83 = BVerwGE 71, 166, juris Rn. 23.

[223] BVerwG, Urt. v. 20. 07. 1979 – 7 CB 21.79, juris Rn. 6; *Steinberg/Wickel/Müller*, Fachplanung, § 3, Rn. 184.

Detailliert geprüft werden müssen aufgrund des nun vorliegenden ausreichenden Konkretisierungsgrades der Planung hingegen Verfahrensalternativen. Der Begriff meint in diesem Kontext insbesondere verschiedene bauliche Ausgestaltungen, z. B. Lärmschutzeinrichtungen bei Verkehrsanlagen als abwägungsrelevante Schutzanordnungen i. S. d. § 74 Abs. 2 S. 2 VwVfG.[225] Große Bedeutung hat diese technische Alternativenprüfung auch im Bereich der Energieleitungen, wo ebenfalls die Umweltauswirkungen verschiedener konkreter Bauvarianten zu prüfen sind, bei Freileitungen etwa die Realisierung mithilfe von Tonnen-, Donau-, oder Einebenmasten oder die Ausführung als zwei-, drei- oder vierseiliges System,[226] bei Erdkabeln die Entscheidung zwischen gasisolierten Rohrleitern im Tunnel und direkt im Erdreich zu verlegenden Polyethylen-Kabeln.[227]

Diskussionsbedarf entfaltet schließlich ebenso auf Projektzulassungsebene die Frage nach einer Prüfung der Nullvariante: Auch hier wird die gesetzliche Bedarfsfeststellung als Argument dafür angeführt, auf eine solche gänzlich zu verzichten.[228] Ein bedarfsfeststellendes Gesetz entbindet die zuständige Behörde jedoch nicht davon, bei der Projektzulassung alle für und gegen das Vorhaben sprechenden Belange abzuwägen[229] – gegebenenfalls mit dem Ergebnis, dass von der Planung Abstand zu nehmen ist.[230] Ebensowenig zwingt eine Aufnahme in den Bedarfsplan zur Durchführung des Projekts. Dass im Rahmen der SUP auf Bedarfsplanebene die „echte" Nullvariante noch als nicht-vernünftige Alternative aus der Betrachtung ausgeschieden werden durfte, hat dabei keinerlei Aussagekraft hinsichtlich der Frage, ob nicht auf Projektzulassungsebene von der Verwirklichung des Vorhabens aufgrund des Überwiegens anderer Belange gänzlich abzusehen ist.[231]

Dabei muss die Prüfung der Nullvariante nicht zwingend zu dem Ergebnis führen, dass eine Nicht-Durchführung des Projekts unter Umweltgesichtspunkten immer vorzugswürdig ist. Zum einen kann ein gänzlicher Verzicht gravierende Umweltauswirkungen an anderer Stelle auslösen, indem etwa Verkehrsströme in ohnehin schon sensiblen Gebieten verstärkt werden.[232] Zum anderen zwingt selbst die Er-

---

[224] BVerwG, Beschl. v. 20.07.1979 – 7 CB 21.79, ebd.; *Steinberg/Wickel/Müller*, Fachplanung, ebd.

[225] *Groß*, NVwZ 2011, 513 (516).

[226] *Weingarten/Peters*, UVP-report 27 (1+2/2013), 93 (97).

[227] *Weingarten/Peters*, ebd.

[228] *Köck*, ZUR 2016, 579 (582); kritisch *Steinberg/Wickel/Müller*, Fachplanung, § 3, Rn. 181.

[229] BVerwG, Urt. v. 10.04.1997 – 4 C 5.96 = BVerwGE 104, 236, juris Rn. 36; BVerwG, Urt. v. 25.01.1996 – 4 C 5.95 = BVerwGE 100, 238, juris Rn. 37; BVerwG, Urt. v. 08.06. 1995 – 4 C 4.94 = BVerwGE 98, 339, juris Rn. 21; *Groß*, NVwZ 2001, 513 (517).

[230] BVerwG, Urt. v. 10.04.1997 – 4 C 5.96 = BVerwGE 104, 236, juris Rn. 37; ähnlich BVerwG, Urt. v. 24.11.2010 – 9 A 13.09 = BVerwGE 138, 226, Rn. 62; *Steinberg/Wickel/Müller*, Fachplanung, § 3, Rn. 181.

[231] Vgl. *Wulfhorst*, NVwZ 2011, 1099 (1102 f.).

[232] *Groß*, NVwZ 2001, 513 (517).

kenntnis, dass die Nicht-Durchführung des Projekts aus Umweltsicht wünschenswert wäre, nicht zu einem Absehen, sondern ist gleichberechtigt gegenüber anderen Belangen in die Abwägung einzustellen. Folgt man der vorstehend dargestellten Herangehensweise, ergeben sich auch keine Konflikte mit der in Anhang 4 Nr. 3 UVP-RL 2014/52/EU vorgesehenen Verpflichtung zur Prüfung des Basisszenarios.[233]

d) FFH-Verträglichkeitsprüfung

Unzweifelhaft erforderlich werden auf Ebene der Projektzulassung schließlich eine FFH-Verträglichkeitsprüfung sowie eine Artenschutzprüfung. Soweit beispielsweise artenschutzrechtliche Verbotstatbestände zuvor noch nicht umfassend geprüft werden konnten, muss dies nun nachgeholt werden. Auch die Anforderungen an die Untersuchungstiefe steigen. Während Potenzialanalysen und Worst Case-Betrachtungen zumindest nach teilweiser Meinung auf den vorangegangenen Ebenen noch ausreichend waren, muss die Prüfung nun wesentlich detaillierter erfolgen.[234] Erforderlich wird in der Regel auch eine Begehung vor Ort.[235]

Daneben gelten die bereits erörterten Anforderungen an die Alternativenprüfung fort, sofern die FFH-Verträglichkeitsprüfung die Beeinträchtigung eines Schutzgebiets feststellt und die Zulassung unter den Voraussetzungen der Art. 6 Abs. 4 FFH-RL, § 34 Abs. 3 BNatSchG dennoch mit dem präferierten Verlauf erfolgen soll.[236] Das BVerwG führt zu dieser FFH-Verträglichkeitsprüfung aus, dass sie

> „auch dann, wenn auf den vorgelagerten Planungsstufen noch keine korridorübergreifende FFH-Verträglichkeitsprüfung durchgeführt werden musste, nicht auf den „Planungskorridor“ beschränkt werden [darf]. Vielmehr kommen grundsätzlich auch Trassen in einem Alternativkorridor in Betracht. Da solche Trassen außerhalb des Planungskorridors regelmäßig nicht im Einzelnen untersucht worden sind, reicht insoweit eine summarische Würdigung des Beeinträchtigungspotenzials aus.“[237]

Besonders die Planfeststellung von Vorhaben, die dem NABEG unterfallen, und in Zukunft auch die Zulassung solcher Vorhaben durch Maßnahmengesetz, stößt hier auf Probleme. Doch kann das FFH-Recht nicht anders verstanden werden, als dass es im Rahmen der Abweichungsprüfung eine umfängliche Alternativenprüfung auch im Anwendungsbereich von Bindungswirkungen wie der des § 15 Abs. 1 S. 1 NABEG fordert. Auch, dass die allgemeine, in Verbindung mit der UVP durchzuführende planerische Alternativenprüfung keine Suche nach Alternativen außerhalb

---

[233] Dazu bereits oben unter D. I. 2. c).

[234] So lehnte das BVerwG eine Worst Case-Betrachtung im Rahmen eines Planfeststellungsbeschlusses zum Ausbau der A 20 bei Bad Segeberg als wissenschaftlich nicht ausreichend ab: BVerwG, Urt. v. 06.11.2013 – 9 A 14.12 = BVerwGE 148, 373, juris Rn. 45 ff.

[235] BVerwG, Urt. v. 09.07.2008 – 9 A 14.07 = BVerwGE 131, 274, juris Rn. 60.

[236] Dazu bereits oben unter D. I. 2. d) bb).

[237] BVerwG, Urt. v. 06.11.2013 – 9 A 14.12 = BVerwGE 148, 373, Rn. 75.

des festgelegten Korridors fordert, kann nicht darüber hinweghelfen, dass eine solche nach FFH-Recht unter Umständen letztlich doch erforderlich werden kann. Vor diesem Hintergrund erklärt sich die teilweise vertretene Forderung, der Planfeststellungsbehörde in diesen Fällen eine eigenständige Befugnis zur Modifikation des Trassenkorridors zuzusprechen.[238] Aus den genannten Gründen muss es jedoch weiterhin dabei bleiben, dass die Feststellung eines etwaigen habitatrechtlichen Verstoßes die Änderung der Bundesfachplanung in einem separaten Verfahren erfordert. Erneut ist es also die FFH-Richtlinie, die gegenüber den übrigen Umweltvorschriften erheblich strengere Anforderungen stellt.

Eine besondere Rolle spielt in diesem Zusammenhang außerdem erneut die Prüfung der Nullvariante. Zwar herrscht Einigkeit, dass die Nullvariante nicht zum Kreis der nach § 34 Abs. 3 Nr. 2 BNatSchG zu berücksichtigenden Alternativen gehört.[239] Übersehen wird dabei allerdings, dass die Nullvariante an anderer Stelle, nämlich im Rahmen des § 34 Abs. 3 Nr. 1 BNatSchG, in die Betrachtung einzubeziehen ist: Abgewogen werden muss hier, welche Auswirkungen ein Verzicht auf das Projekt für das öffentliche Interesse hätte.[240] Nur, wenn die Auswirkungen erheblich sind, können zwingende Gründe des öffentlichen Interesses im Rahmen der Abweichungsprüfung bejaht werden – über einen methodischen Umweg ist also für den Fall, dass die Beeinträchtigung eines FFH-Gebiets feststeht, ebenso wie im Rahmen der allgemeinen planerischen Alternativenprüfung auch auf Basis des FFH-Rechts die Frage zu stellen, ob nicht gänzlich auf die Realisierung des Vorhabens zu verzichten ist.

II. Bindungswirkungen

In allgemeiner Form sehen sowohl § 25 Abs. 2 UVPG für die UVP als auch § 43 Abs. 2 UVPG für die SUP nur vor, dass die Ergebnisse der Umweltprüfungen in Form der begründeten Bewertung nach § 25 Abs. 1 UVPG bzw. der abschließenden Bewertung nach § 43 Abs. 1 UVPG bei der Entscheidung über die Zulässigkeit des Vorhabens bzw. über die Aufstellung des Plans oder Programms zu berücksichtigen sind. Eine direkte Bindungswirkung folgt daraus nicht. Wichtig ist also die Erkenntnis, dass eine positive Feststellung der Umweltverträglichkeit nicht Ziel der Umweltprüfungen ist – auch nicht umweltverträgliche Projekte können trotz Durchführung einer Umweltprüfung zugelassen werden.[241] Nur habitat- oder ar-

---

[238] Dazu bereits oben unter B. IV. 2. c).

[239] *Gellermann*, in: Landmann/Rohmer, Umweltrecht, § 34 BNatSchG (Stand: 72. EL Apr. 2014), Rn. 36; *Jarass*, NuR 2007, 371 (378) m. w. N.

[240] *Jarass*, NuR 2007, 371 (377).

[241] *Schink*, NuR 2018, 21 (21).

tenschutzrechtliche Verbotstatbestände können nicht im Wege der Abwägung überwunden werden.[242]

Ob sich insbesondere aus der UVP weitergehende eigene materiell-rechtliche Zulassungsvoraussetzungen ergeben,[243] ist vornehmlich für gebundene Entscheidungen interessant, nicht aber für die hier behandelten Infrastrukturplanungen, bei denen am Ende jeder Planungsstufe ohnehin eine Abwägungsentscheidung steht, in die die Ergebnisse der Umweltprüfungen Eingang finden können und müssen.

Umgekehrt erstreckt sich etwa die gesetzlich angeordnete Bindungswirkung in § 15 Abs. 1 S. 1 NABEG auch auf die Umweltverträglichkeit.[244] Die Planfeststellungsbehörde hat also keine Möglichkeit mehr, von der umweltrechtlichen Gesamtbewertung der Trasse abzuweichen oder eine alternative Trasse aus Umweltgesichtspunkten vorzuziehen. Diese Systematik stößt ebenso wie bei den allgemeinen planerischen Festlegungen insbesondere da an ihre Grenzen, wo erst im Planfeststellungsverfahren Umweltauswirkungen festgestellt werden, die mit erheblichem Gewicht oder sogar mit zwingendem Charakter gegen die Realisierung der Trasse sprechen. Auch dann bleibt jedoch nur die Möglichkeit, die Bundesfachplanung im Wege eines separaten Verfahrens zu ändern.

III. Fazit

Das komplexe Gesamtsystem der Umweltprüfungen in der Infrastrukturplanung, das sicherstellt, dass jedes Vorhaben bis zu seiner Zulassung mindestens eine SUP und UVP durchlaufen hat und diese – vornehmlich durch das Instrument der Abschichtung – miteinander verknüpft, bietet in der Theorie gute Grundvoraussetzungen, um eine umfassende Berücksichtigung aller Umweltauswirkungen zu ermöglichen. Zusammenfassend lässt sich das jedoch auch zur Wirkkraft der nationalen Kontrollmechanismen vor bzw. unabhängig von den europäischen Vorgaben konstatieren. Die planerische Abwägung, deren Teil die Ergebnisse von SUP oder UVP sind, war auch schon zuvor der Ort, an dem Umweltbelange maßgeblich berücksichtigt wurden. Bindende Vorschriften, etwa Verbotstatbestände aus dem Habitat- und Artenschutzbereich, konnten auch zuvor nicht im Rahmen der Abwägung überwunden werden.

---

[242] Vgl. *Schlacke*, NVwZ 2015, 626 (632); *Sobotta*, NuR 2013, 229 (234).

[243] In diese Richtung EuGH, Urt. v. 03.03.2011, Kommission/Irland, C-50/09, ECLI:EU:C:2011:109, Rn. 37 ff.; *Erbguth*, NVwZ 2011, 935; *ders.*, ZUR 2014, 515 (516 ff.); *Schoeneberg*, Umweltverträglichkeitsprüfung, Rn. 148; a. A. traditionell das BVerwG: vgl. BVerwG, Beschl. v. 10.10.2006 – 9 B 27.05, juris Rn. 18; ebenso *Beckmann*, ZUR 2014, 541 (543 f.); *Mayen*, NVwZ 1996, 319 (325); *Schink*, NuR 2018, 21 (22); *ders.*, DVBl 2014, 877 (878).

[244] *Moench/Ruttloff*, NVwZ 2011, 1040 (1043).

Dass die UVP nur „Unheimlich viel Papier“[245] bedeute, das Schutzniveau aber nicht verbessern könne und lediglich das Verfahren verkompliziere[246] ist daher keine ganz fernliegende Schlussfolgerung. Positiver könnte man – wie *Schink* – formulieren, die UVP bleibe schlicht „auf halbem Wege stehen“[247], da sie selbst keine Regelungselemente enthalte, die die Berücksichtigung entscheidungsrelevanter Erkenntnisse sicherstellten.[248]

Wollen die europäischen Umweltprüfungen das Schutzniveau tatsächlich verbessern, so benötigen sie eine größere praktische Wirkkraft, der sie insbesondere mangels Bindungswirkungen momentan entbehren. Nichtsdestotrotz verbessern die Umweltprüfungen ganz nach dem europäischen Leitbild die umweltrechtliche Situation, indem sie die Menge an zur Verfügung stehenden Umweltinformationen erweitern.[249] Sie schaffen also eine größere Menge an Material, das im Rahmen der Abwägung gebührend berücksichtigt, bewertet und ins Verhältnis gesetzt werden muss. Deutlich wird hier abermals, wie die europäischen Vorschriften im Unterschied zum deutschen Recht wirken: Die Bedeutung des Verfahrens, mag man es als *materiell,* als *Eigenwert* oder gar nicht im Besonderen betiteln, „erhöht insoweit über die normative Verdichtung der verfahrensrechtlichen Prüfungsstandards mittelbar die gerichtliche Kontrolldichte“[250]. Vor allem aber gilt weiterhin: Unabhängig von der Frage, ob die europäischen Umweltprüfungen eine materielle Verbesserung des Schutzniveaus mit sich gebracht haben, ob sie das Verfahren lediglich verkomplizieren oder es sogar verbessern – sie und nicht die traditionelle Berücksichtigung im Rahmen des planerischen Abwägungsgebots sind nunmehr zentraler Dreh- und Angelpunkt der umweltrechtlichen Betrachtung. Und ihre Rechtsgrundlagen sind es auch, an denen sich die nach deutschem Recht gegebenen Rechtsschutzmöglichkeiten im Umweltbereich vorrangig messen lassen müssen.

[245] *Wemdzio*, NuR 2008, 479 (479).

[246] Vgl. die Zusammenfassung der Kritik bei *Schink*, NuR 2018, 21 (21 f.).

[247] *Schink*, ebd.

[248] *Schink*, ebd.; gänzlich kritisch hinsichtlich der Europarechtskonformität der deutschen Umsetzung daher *Erbguth*, ZUR 2014, 515 (524); positiv gegenüber der Integration in das planerische Abwägungsgebot: *Bunge*, in: Storm/Bunge, HdUVP, 0600 (§ 12) (Stand: Lfg. VII/98), Rn. 86; *Kirchberg*, in: Ziekow, Handbuch des Fachplanungsrechts, § 2, Rn. 165.

[249] *Erbguth*, ZUR 2014, 515 (521); ähnlich *Schink*, NuR 2018, 21 (21, 23); allgemein dazu mit Blick auf die judikative Wissensbasis im Verwaltungsgerichtsverfahren *Franzius*, DVBl 2018, 410 (410).

[250] *Calliess/Dross*, ZUR 2013, 76 (81).

E. Verfassungsrechtliche Anforderungen an die Rechtsschutzmöglichkeiten in umweltrelevanten Planungsverfahren

Zentraler Baustein im System der Umweltprüfungen sind neben Verfahrensvorschriften und materiellen Anforderungen an die Prüfungsdichte vor allem die Rechtsschutzmöglichkeiten, die Bürgern und Verbänden zur Verfügung stehen. In Zeiten der „Südumfahrung Stendal" waren es jedenfalls faktisch noch ausschließlich national-verfassungsrechtliche Maßstäbe, nach denen sich die aufgeworfenen Rechtsschutzfragen entschieden. Ebenso dominiert in der heutigen Diskussion um das MgvG Art. 19 Abs. 4 GG.[1] Auch bei der Beschäftigung mit dem Gesamtsystem der Infrastrukturplanung wird die Frage nach der Zulässigkeit von Rechtsschutzkonzentrationen zumeist vorrangig anhand des Grundgesetzes beantwortet.[2] Das Spannungsfeld zwischen verfassungsrechtlichen und völker- bzw. europarechtlichen Rechtsschutzanforderungen zu verstehen, in dem sich das gesamte gestufte System der Infrastrukturplanung und insbesondere das MgvG befinden, und die Entwicklung der Rechtsschutzdebatte nachzuvollziehen, erscheint ohne eine Beschäftigung mit den verfassungsrechtlichen Anforderungen an die Rechtsschutzmöglichkeiten in umweltrelevanten Planungsverfahren kaum möglich. Um einen Vergleich mit den völker- und europarechtlichen Anforderungen (dazu unter F.) herstellen zu können, soll daher zunächst ein Überblick über die Rechtsschutzmaßstäbe des Grundgesetzes gegeben werden.

[1] Vgl. dazu etwa das für das BMVI erstellte Gutachten von *Ziekow*, Vorhabenplanung durch Gesetz, der sich lediglich auf rund zehn Seiten (a. a. O., S. 62–71) mit den völker- und unionsrechtlichen Anforderungen auseinandersetzt und im Übrigen ausschließlich mit nationalen verfassungsrechtlichen Fragestellungen. Ein ähnlicher Fokus ist bei *Groß*, JZ 2020, 76, *Reidt*, EurUP 2020, 86 sowie bereits früher bei *Eisenmenger*, NVwZ 2013, 621 (622 f.) und *Wissenschaftliche Dienste des Deutschen Bundestags*, Planfeststellende Gesetze, zu beobachten.

[2] So zur Ausschlusswirkung des § 15 Abs. 3 S. 1, S. 2 NABEG etwa *Appel*, UPR 2011, 406 (413 f.); *de Witt*, in: de Witt/Scheuten, NABEG, § 15, Rn. 54; *Erbguth*, DVBl 2012, 325 (327); *Franke/Wabnitz*, ZUR 2017, 462 (466); *Posser/Schulze*, in: Posser/Faßbender, Praxishandbuch Netzplanung, Kap. 13, Rn. 99.

I. Normbefund

1. Art. 19 Abs. 4 S. 1 GG

Die zentrale Rechtsschutzgarantie des deutschen Grundgesetzes findet sich in Art. 19 Abs. 4 S. 1 GG. Demnach steht jedermann der Rechtsweg offen, der durch die öffentliche Gewalt in seinen Rechten verletzt wird. Die Verfassungsbeschwerde ist nach traditionellem Verständnis dabei nicht als Rechtsweg i. S. d. Art. 19 Abs. 4 S. 1 GG zu betrachten.[3] Rechtsschutz ist vielmehr in erster Linie vor den Fachgerichten zu gewähren, auch wenn daneben die Verfassungsbeschwerde zu Verfügung steht.[4]

Bei Art. 19 Abs. 4 S. 1 GG handelt es sich um ein echtes Grundrecht, das dem Einzelnen einen Anspruch auf Gewährung effektiven Rechtsschutzes zugesteht.[5] Es bindet mithin i. S. d. Art. 1 Abs. 3 GG Gesetzgebung, vollziehende Gewalt und Rechtsprechung als unmittelbar geltendes Recht. Der Ausschluss einzelner Materien aus dem Schutzbereich des Art. 19 Abs. 4 S. 1 GG muss ausdrücklich im Grundgesetz vorgesehen sein und ist im Übrigen allenfalls durch verfassungsänderndes Gesetz, nicht aber durch Tätigwerden des einfachen Gesetzgebers möglich.[6]

a) Anwendbarkeit auf Legislativakte

Nach der Rechtsprechung des BVerfG ist die Gesetzgebung allerdings kein Teil der „öffentlichen Gewalt" im Sinne des Art. 19 Abs. 4 S. 1 GG.[7] Soweit es um den unmittelbaren Rechtsschutz gegen Maßnahmengesetze geht, schiede Art. 19 Abs. 4 S. 1 GG als Maßstab daher aus. Gleiches gälte für die Frage, ob Rechtsschutz unmittelbar gegen die bedarfsfeststellenden Gesetze auf der ersten Planungsstufe gewährt werden muss. Dieses sehr enge Begriffsverständnis ist in der Literatur kritisiert worden[8] und bedarf näherer Betrachtung.

---

[3] BVerfG, Urt. v. 13.06.1952 – 1 BvR 137/52 = BVerfGE 1, 332, juris Rn. 33.

[4] BVerfG, Beschl. v. 30.04.2003 – 1 PBvU 1/02 = BVerfGE 107, 395, juris Rn. 51.

[5] *Enders*, in: Epping/Hillgruber, BeckOK GG, Art. 19, Rn. 51; *Schmidt-Aßmann*, in: Maunz/Dürig, GG, Art. 19 Abs. 4 (Stand: 92. EL Aug. 2020), Rn. 7.

[6] *Groß*, JZ 2020, 76 (79); zum Streit um die Möglichkeit des Ausschlusses einzelner Teilbereiche durch verfassungsänderndes Gesetz *Schmidt-Aßmann*, in: Maunz/Dürig, GG, Art. 19 Abs. 4 (Stand: 92. EL Aug. 2020), Rn. 30 m. w. N.

[7] BVerfG, Besch. v. 23.04.1969 – 2 BvR 552/63 = BVerfGE 25, 352, juris Rn. 46; BVerfG, Urt. v. 18.12.1968 – 1 BvR 638/64 = BVerfGE 24, 367, juris Rn. 117; BVerfG, Urt. v. 25.06.1968 – 2 BvR 251/63 = BVerfGE 24, 33, Rn. 46; zustimmend *Enders*, in: Epping/Hillgruber, BeckOK GG, Art. 19, Rn. 55; *Lenz*, NdsVBl 2020, 229 (231); *Ziekow*, Vorhabenplanung durch Gesetz, S. 60 f.

[8] *Schmidt-Aßmann*, in: Maunz/Dürig, GG, Art. 19 Abs. 4 (Stand: 92. EL Aug. 2020), Rn. 93; *Schulze-Fielitz*, in: Dreier, GG, Art. 19 Abs. 4, Rn. 50; *Huber*, in: v. Mangoldt/Klein/Starck, GG, Art. 19 GG, Rn. 435; *Krebs*, in: Münch/Kunig, GG, Art. 19, Rn. 62; *Pernice-Warnke*, EurUP 2020, 145 (156); *Schneller*, Objektbezogene Legalplanung, S. 171 f.

aa) Wortlaut

Der Wortlaut des Art. 19 Abs. 4 S. 1 GG und paralleler Normen erscheint eindeutig. Derselbe Begriff der „öffentlichen Gewalt“ umfasst in Art. 1 Abs. 3 GG und Art. 20 Abs. 2 GG unstreitig alle drei staatlichen Gewalten.[9] Auch die in Art. 93 Abs. 1 Nr. 4 lit. a) GG eingeräumte Möglichkeit der Einlegung einer Verfassungsbeschwerde gegen Akte der öffentlichen Gewalt bezieht sich unstreitig auf Akte der Exekutive, Judikative und Legislative.[10] Dass der in Art. 19 Abs. 4 S. 1 GG verwandte Begriff der öffentlichen Gewalt als einziger im gesamten Grundgesetz abweichend zu verstehen sein soll, lässt sich allein anhand einer Betrachtung des Wortlauts kaum rechtfertigen.

bb) Systematik

Zentrale Argumente für ein abweichendes Verständnis des Art. 19 Abs. 4 S. 1 GG sind daher auch systematischer und historischer Natur. Systematisch wird vorgebracht, eine umfassende Kontrolle des parlamentarischen Gesetzgebers habe das Grundgesetz in Art. 93 Abs. 1 Nr. 2, Nr. 4 lit. a), Art. 100 Abs. 1 GG speziell regeln und dazu nur die dort genannten Organe und Organmitglieder berechtigen wollen.[11] Mit anderen Worten: Die rechtsverbindliche Kontrolle von Parlamentsgesetzen sei der Fachgerichtsbarkeit entzogen und ausschließlich dem BVerfG zugewiesen.[12] Diese Schlussfolgerung ist allerdings keineswegs zwingend, existiert doch eine ebenso enge systematische Verbindung zu Art. 1 Abs. 3 GG, deren Bedeutung zunehmend betont wird.[13]

cc) Historie

Als weiteres zentrales Argument für die Einschränkung der Anwendbarkeit des Art. 19 Abs. 4 S. 1 GG auf Exekutiventscheidungen führt das BVerfG in mehreren Entscheidungen zudem die Historie der Norm ins Felde. So weist es bereits in einer

---

[9] *Schule-Fielitz*, in: Dreier, GG, Art 19 Abs. 4, Rn. 48. Die Frage, ob eine Erstreckung des Anwendungsbereichs des Art. 19 GG auch auf die Judikative erforderlich ist, wird hier nicht näher behandelt, da sie für die hier untersuchten Fragestellungen zum Rechtsschutz in gestuften Infrastrukturplanungssystemen nur wenig Relevanz hat. Vgl. weiterführend zu diesem Thema insbesondere die Plenumsentscheidung des BVerfG vom 30.04.2003 – 1 PBvU 1/02 = BVerfGE 107, 395 sowie *Voßkuhle*, Rechtsschutz gegen den Richter.

[10] *Morgenthaler*, in: Epping/Hillgruber, BeckOK GG, Art. 93, Rn. 59; *Voßkuhle*, in: von Mangoldt/Klein/Starck, GG, Art. 93 GG, Rn. 175.

[11] BVerfG, Urt. v. 15.06.1968 – 2 BvR 251/63 = BVerfGE 34, 33, juris Rn. 47; *Pieroth/Schlink*, Grundrechte, Rn. 1100.

[12] *Enders*, in: Epping/Hillgruber, BeckOK GG, Art. 19, Rn. 59.

[13] *Huber*, in: von Mangoldt/Klein/Starck, GG, Art. 19, Rn. 435; ähnlich *Krebs*, in: von Münch/Kunig, GG, Art. 19, Rn. 62; *Kürschner*, Legalplanung, S. 139.

Grundsatzentscheidung aus dem Jahr 1968[14] darauf hin, dass bei Entstehung des Grundgesetzes die Auffassung vorherrschend gewesen sei, dass dem Bürger wegen des Verhältnisses der Staatsgewalten zueinander keinerlei direkte Klagemöglichkeiten gegen Gesetze zustehen könnten:[15]

> „Hätte das Grundgesetz mit dieser Tradition brechen und durch Art. 19 Abs. 4 GG eine Klage des Bürgers unmittelbar gegen vom Parlament beschlossene Gesetze wegen Verletzung seiner Rechte einführen wollen, so hätte dies eindeutig zum Ausdruck gebracht werden müssen.“[16]

Hintergrund der Regelung, so das BVerfG in einer Plenumsentscheidung zum fachgerichtlichen Rechtsschutz aus dem Jahr 2003, sei „auf Grund historischer Erfahrungen der Schutz vor dem Risiko der Missachtung des Rechts durch ein Handeln der Exekutive“[17]. Das BVerfG verweist in der Folge auf den Wortlaut der Rechtsschutzanforderungen der Paulskirchenverfassung (PKV), der Weimarer Reichsverfassung und des Herrenchiemseer Entwurfs (HChE) zum Grundgesetz,[18] die wie folgt lauten:

> *§ 182 PKV:* „Die Verwaltungsrechtspflege hört auf; über alle Rechtsverletzungen entscheiden die Gerichte.“
>
> *Art. 107 WRV:* „Im Reiche und in den Ländern müssen nach Maßgabe der Gesetze Verwaltungsgerichte zum Schutz des Einzelnen gegen Anordnungen und Verfügungen der Verwaltungsbehörde bestehen.“
>
> *Art. 138 HChE:* „Wer sich durch eine Anordnung oder durch die Untätigkeit einer Verwaltungsbehörde in seinen Rechten verletzt oder mit einer ihm nicht obliegenden Pflicht beschwert glaubt, kann gerichtliche Hilfe in Anspruch nehmen.“

Die einschränkende Formulierung des Art. 138 HChE wurde allerdings gerade nicht in Art. 19 Abs. 4 S. 1 GG übernommen. Das BVerfG räumt hierzu selbst ein, dass den Materialien zum Grundgesetz nicht zweifelsfrei zu entnehmen sei, ob die Einschränkung auf die vollziehende Gewalt mit der offeneren Formulierung aufgegeben werden sollte.[19] Tatsächlich sah sich der zitierte Abschnitt des Herrenchiemseer Entwurfs erheblicher Kritik ausgesetzt; es wurde das Bedürfnis geäußert, etwaige rechtswidrige Eingriffe des Staates in die Freiheitsrechte der Bürger einer umfassenden Überprüfung zu unterstellen.[20] Für eine bewusste Erweiterung der Rechtsschutzgarantie spricht auch das Gesamtbild der Verfassungsberatungen: Gerade gegenüber der Weimarer Reichsverfassung stellt das Vorziehen der Grundrechte an den Beginn der Verfassung und die Stärkung derselben, die in der WRV

---

[14] BVerfG, Urt. v. 25.06.1968 – 2 BvR 251/63 = BVerfGE 24, 33.

[15] BVerfG, Urt. v. 25.06.1968 – 2 BvR 251/63 = BVerfGE 24, 33, juris Rn. 47.

[16] BVerfG, Urt. v. 25.06.1968 – 2 BvR 251/63 = BVerfGE 24, 33, ebd.

[17] BVerfG, Beschl. v. 30.04.2003 – 1 PBvU 1/02 = BVerfGE 107, 395, juris Rn. 24.

[18] BVerfG, Beschl. v. 30.04.2003 – 1 PBvU 1/02 = BVerfGE 107, 395, juris Rn. 25 ff.

[19] BVerfG, Beschl. v. 30.04.2003 – 1 PBvU 1/02 = BVerfGE 107, 395, juris Rn. 30.

[20] *Voßkuhle*, Rechtsschutz gegen den Richter, S. 152 f.

oftmals nur unbegrenzt einschränkbare Programmsätze darstellten[21] und ohne unmittelbare Wirkung[22] blieben, mehr eine Zäsur denn ein Kontinuum dar.

dd) Telos

Zu betrachten bleibt schließlich der Telos des Art. 19 Abs. 4 S. 1 GG. Grundlegend will er dem Einzelnen das Recht sichern, „sich gegen Maßnahmen der öffentlichen Gewalt vor einem Gericht zur Wehr setzen zu können“[23]. Selbst, wenn man den Vätern und Müttern des Grundgesetzes trotz entgegenstehender Anhaltspunkte unterstellt, sich an Paulskirchenverfassung und Weimarer Reichsverfassung orientiert haben zu wollen, so wäre diese Entscheidung doch im historischen Kontext und vor dem Hintergrund der damals vorherrschenden Entscheidungsformen zu sehen. Dass der Gesetzgeber selbst anstelle der Exekutive tätig wird und durch Maßnahmengesetze funktionell Verwaltungsentscheidungen trifft, ist wie gezeigt zwar keine Erfindung des MgvG, wurde jedoch in der Geschichte der Bundesrepublik erstmals mit der Südumfahrung Stendal im Jahr 1990 Wirklichkeit,[24] mithin lange nach Entstehung des Grundgesetzes. Nimmt man heute Art. 19 Abs. 4 S. 1 GG und seine systematische Verbindung zu Art. 1 Abs. 3 GG in den Blick, so steht bei der Frage nach der Anwendbarkeit auf Legislativakte der Umstand im Vordergrund, dass ausgehend von der Grundrechtsbindung auch der Gesetzgeber subjektive öffentliche Rechte des Einzelnen zu beachten hat[25] – ein Umstand, der zwangsläufig erst mit der Zunahme legalplanerischer Handlungsformen und der Besorgnis um ein Verschwimmen der Grenzen zwischen Legislative und Exekutive stärker in die öffentliche Wahrnehmung treten konnte.[26]

Die Idee von einer Veränderung verfassungsrechtlicher Begriffe und Deutungen trotz gleichbleibenden Wortlauts aufgrund wirtschaftlicher, sozialer, technischer und kognitiver Veränderungen ist unter dem Begriff des „Verfassungswandels“ schon länger bekannt.[27] Zwar werden hierunter zumeist gesellschaftliche Veränderungen etwa hinsichtlich der Bedeutung der Ehe i. S. d. Art. 6 GG[28], technische Fortschritte insbesondere im digitalen Bereich[29] sowie biomedizinische Entwicklungen im Be-

---

[21] Ausführlich dazu *von Lewinski*, JuS 2009, 505 (508 f.).

[22] *Gusy*, JA 2019, 561 (566).

[23] BVerfG, Beschl. v. 24.07.2018 – 2 BvR 1961/09 = BVerfGE 149, 346, juris Rn. 33.

[24] Dazu bereits oben unter C. II.

[25] *Huber*, in: von Mangoldt/Klein/Stark, GG, Art. 19, Rn. 435; *Kürschner*, Legalplanung, S. 139; ähnlich *Krebs*, in: von Münch/Kunig, GG, Art. 19, Rn. 62.

[26] *Huber*, ebd.

[27] Dazu *Dreier*, in: Dreier, GG, Art. 79 Abs. 1, Rn. 38 ff.; *Herdegen*, in: Maunz/Dürig, GG, Art. 79 (Stand: 72. EL 2014), Rn. 33, jeweils m. w. N.

[28] Vgl. dazu ausführlich *Böhm*, VVDStRL 73 (2014), S. 211 (211 ff.); *Germann*, VVDStRL 73 (2014), S. 257 (257 ff.).

[29] Etwa die Schaffung des Rechts auf informationelle Selbstbestimmung bzw. des sog. Computer Grundrechts, vgl. *Dreier*, in: ders., GG, Art. 79 Abs. 1, Rn. 38, Fn. 111.

reich der Fortpflanzungsmedizin[30] diskutiert. Aber auch der Einfluss rechtlicher Entwicklungen hat, vor allem aus menschenrechtlichen Erwägungen, bereits zu entsprechenden Entscheidungen des BVerfG geführt.[31] Dass das BVerfG im Jahr 1968 eine Anwendbarkeit des Art. 19 Abs. 4 S. 1 GG auf Legislativakte auch aus teleologischen Gründen nicht als erforderlich ansah,[32] trifft also nicht zwingend auch eine Aussage über die Bewertung dieser Frage in heutiger Zeit.

Zusammenfassend lässt sich festhalten: Die besseren Argumente sprechen dafür, dass sich die Väter und Mütter des Grundgesetzes schon 1949 bewusst für eine weite Fassung des Art. 19 Abs. 4 S. 1 GG entschieden haben. Jedenfalls aber empfiehlt sich eine Anwendung auf Legislativakte aus teleologischen Gründen angesichts der gewandelten Bedeutung des Gesetzgebungsaktes insbesondere im Zusammenhang mit legalplanerischen Entscheidungen, um dem Schutzzweck des Art. 19 Abs. 4 S. 1 GG weiterhin gerecht zu werden.

Bejaht man entgegen der Rechtsprechung des BVerfG die Anwendbarkeit des Art. 19 Abs. 4 S. 1 GG auch auf Legislativakte, so ist eine entscheidende Konsequenz allerdings logisch zwingend zu berücksichtigen: Ebenfalls entgegen der traditionellen Auffassung müssen dann auch die individualschützenden Verfahren der Verfassungsbeschwerde und der konkreten Normenkontrolle als Rechtsweg i. S. d. Art. 19 Abs. 4 S. 1 GG angesehen werden.[33]

Auch nach der Rechtsprechung des BVerfG steht die Nichtanwendung des Art. 19 Abs. 4 S. 1 GG auf Legislativakte einem gewissen Mindestschutz jedoch nicht entgegen: Als echtes Grundrecht bietet Art 19 Abs. 4 S. 1 GG auch die Möglichkeit, eine Verfassungsbeschwerde auf einen Verstoß gegen die Garantie effektiven Rechtsschutzes zu stützen. War die Wahl der Gesetzesform, die zur Verkürzung des Rechtsschutzes geführt hat, nicht zulässig – Kriterien hierfür definierte das BVerfG vor allem in den im Folgenden näher behandelten Entscheidungen zur *Südumfahrung Stendal* und zu den *Zeugen Jehovas* – so kann über eine positive Entscheidung des BVerfG auf eine entsprechende Verfassungsbeschwerde zumindest mittelbar doch die Befassung der Fachgerichtsbarkeit mit der Thematik erreicht werden.

---

[30] Vgl. *Di Fabio*, in: Maunz/Dürig, GG, Art. 2 Abs. 2 S. 1 (Stand: 43. EL Febr. 2004), Rn. 24 ff.; *Herdegen*, in: Maunz/Dürig, GG, Art. 1 Abs. 1 (Stand: 55. EL Mai 2009), Rn. 64.

[31] *Herdegen*, in: Maunz/Dürig, GG, Art. 79 (Stand: 72. EL Juli 2014), Rn. 33 mit Verweis auf BVerfG, Beschl. v. 20.05.1959 – 1 BvL 1/58 = BVerfGE 9, 291 zur Bindung des Gesetzgebers an den Gleichheitssatz bei Erlass des baden-württembergischen Feuerwehrgesetzes sowie BVerfG, Beschl. v. 24.01.1995 – 1 BvL 18/93 = BVerfGE 92, 91 zur Verfassungswidrigkeit der in Baden-Württemberg und Bayern ausschließlich von Männern erhobenen Feuerwehrabgabe und Feuerschutzabgabe.

[32] Vgl. BVerfG, Urt. v. 25.06.1968 – 2 BvR 251/63 = BVerfGE 24, 33, juris Rn. 47.

[33] *Krebs*, in: v. Münch/Kunig, GG, Art. 19, Rn. 69; *Kürschner*, Legalplanung, S. 142; *Pernice-Warnke*, EurUP 2020, 145 (157).

b) Keine isolierte Anwendung

Relativiert wird die soeben aufgeworfene Problematik zumindest in einigen der hier in Rede stehenden Konstellationen durch die Tatsache, dass Art. 19 Abs. 4 S. 1 GG nicht isoliert anwendbar ist. Erforderlich ist stets eine zu schützende Rechtsposition, die auf dem garantierten Rechtsweg geltend gemacht werden soll.[34] Zu der Frage, wie das Verhältnis von Art. 19 Abs. 4 S. 1 GG insbesondere zu den materiellen Grundrechten darüber hinaus zu beschreiben ist, hat sich das BVerfG bisher nicht eindeutig positioniert.[35] Zurecht befürwortet *Kürschner* angesichts der Uneindeutigkeit der bundesverfassungsgerichtlichen Rechtsprechung daher eine Orientierung an der in der Literatur vorgeschlagenen Unterscheidung zwischen gerichtlichem und außergerichtlichem Verfahren.[36] Soweit es demnach um Verfahrensgarantien hinsichtlich des gerichtlichen Verfahrens geht, ist Art. 19 Abs. 4 S. 1 GG die „vereinheitlichende Klammer, die einer überzogenen Materialisierung und Zersplitterung des gerichtlichen Verfahrens entgegenwirkt“[37]. Auch im gerichtlichen Verfahren müssen aber, und hierin ist dem BVerfG Recht zu geben, besondere oder zusätzliche Maßgaben berücksichtigt werden, die sich aus den materiellen Grundrechten ergeben, sofern sie gerade im Interesse einer bestimmten verfassungsrechtlichen Freiheitsgarantie erforderlich sind.[38]

Insbesondere hinsichtlich der Frage nach Rechtsschutz gegen Legislativakte kann das undeutliche Verhältnis zwischen Art. 19 Abs. 4 S. 1 GG und materiellen Grundrechten damit sogar problemlösend wirken. Denn auch und gerade, wenn man die Anwendbarkeit des Art. 19 Abs. 4 S. 1 GG auf Gesetze verneint, können die materiellen Grundrechte hier eigenständige Anforderungen entfalten.[39] Im Bereich der Infrastrukturplanung sind damit die vor allem betroffenen Grundrechte der

---

[34] BVerfG, Urt. v. 18.07.2005 – 2 BvR 2236/04 = BVerfGE 113, 273, juris Rn. 105; *Enders*, in: Epping/Hillgruber, BeckOK GG, Art. 19, Rn. 51.

[35] *Kürschner*, Legalplanung, S. 129 f.; so ging das BVerfG im Beschl. v. 10.10.1978 – 1 BvR 476/78 = BVerfGE 49, 252, juris Rn. 17 beispielsweise davon aus, dass Art. 19 Abs. 4 S. 1 GG lediglich formal den Rechtsweg eröffne, auf materieller Seite dann aber der Gewährleistungsgehalt der Grundrechte allein maßgeblich sei. In BVerfG, Beschl. v. 27.10.1999 – 1 BvR 385/90 = BVerfGE 101, 106, juris Rn. 61 ff. sah das BVerfG dann aber Art. 19 Abs. 4 S. 1 GG als alleinigen Maßstab an. In BVerfG, Urt. v. 17.12.2013 – 1 BvR 3139/08 = BVerfGE 134, 242, juris Rn. 190 stellte das BVerfG schließlich wieder die Gewährleistung effektiven Rechtsschutzes als wesentliches Element der Eigentumsgarantie in den Vordergrund. Zu dieser Problematik ausführlich *Kürschner*, Legalplanung, S. 129 ff. sowie *Schneller*, Objektbezogene Legalplanung, S. 190 ff., jeweils m. w. N.

[36] *Kürschner*, Legalplanung, S. 130.

[37] *Schmidt-Aßmann*, in: Maunz/Dürig, GG, Art. 19 Abs. 4 (Stand: 92. EL Aug. 2020), Rn. 23; ähnlich *Huber*, in: von Mangoldt/Klein/Starck, GG, Art. 19, Rn. 368; *Kürschner*, Legalplanung, S. 130.

[38] BVerfG, Beschl. v. 27.10.1999 – 1 BvR 385/90 = BVerfGE 101, 106, juris Rn. 63.

[39] *Schmidt-Aßmann*, in: Maunz/Dürig, GG, Art. 19 Abs. 4 (Stand: 92. EL Aug. 2020), Rn. 23; *Schulze-Fielitz*, in: Dreier, GG, Art. 19 Abs. 4 GG, Rn. 149.

Art. 14 Abs. 1 S. 1 GG und Art. 2 Abs. 2 S. 1 GG zuvorderst selbst maßgeblich für den Rahmen der erforderlichen Rechtsschutzmöglichkeiten.

Probleme ergeben sich vor allem da, wo Belange ohne Verfassungsrang geltend gemacht werden. Denn für subjektive Rechte, die keine Grundrechte sind, bleibt Art. 19 Abs. 4 S. 1 GG unangefochten die alleinige Gerichtsschutzgarantie.[40]

aa) Schutz von sonstigen abwägungserheblichen Belangen ohne Verfassungsrang

Als Schutzpositionen i. S. d. Art. 19 Abs. 4 GG kommen neben Grundrechten sogar vorrangig im Sinne des sog. „Anwendungsvorrangs des einfachen Rechts"[41] subjektive Rechte des einfachen Rechts in Betracht.[42] Bei diesen muss es sich um subjektive öffentliche Rechte im Sinne des sogenannten Schutznormprinzips handeln, also solche, die nicht nur objektiv-rechtlichen Charakter haben, sondern zumindest auch dem Schutz von Individualinteressen zu dienen bestimmt sind.[43] Darunter fällt auch das Recht auf gerechte Abwägung als verpflichtend zu beachtender Gehalt des Planungsermessens.[44] Auch für die Geltendmachung von Rechtsverletzungen, die unterhalb der Schwelle eines Grundrechtseingriffs liegen, muss demnach gem. Art. 19 Abs. 4 GG grundsätzlich ein Rechtsweg offenstehen – nach dem hier präferierten Verständnis auch dort, wo die Regelung in Gesetzesform ergeht.

bb) Schutz der durch das UmwRG gewährten Rechtspositionen

Verbandsklagebefugnisse hingegen sah das BVerfG lange Zeit gar nicht vom Schutz des Art. 19 Abs. 4 S. 1 GG erfasst.[45] Das entspricht der traditionellen Verknüpfung des Art. 19 Abs. 4 S. 1 GG mit dem Erfordernis einer subjektiven Rechtsverletzung.[46] Er gewährt in diesem Sinne nach bisherigem Verständnis keinen allgemeinen Gesetzesvollziehungsanspruch:[47]

---

[40] *Schmidt-Aßmann*, ebd.

[41] Vgl. *Wahl/Schütz*, in: Schoch/Schneider/Bier, VwGO § 42 Abs. 2 VwGO (Stand: Grundwerk), Rn. 57; *Sodan*, in: Sodan/Ziekow, VwGO § 42 VwGO, Rn. 392.

[42] *Schmidt-Aßmann*, in: Maunz/Dürig, GG, Art. 19 Abs. 4 (Stand: 92. EL Aug. 2020), Rn. 127.

[43] Dazu statt vieler *Schmidt-Aßmann*, in: Schoch/Schneider, VwGO, Einl. (Stand: 23. EL Jan. 2012), Rn. 20.

[44] BVerwG, Urt. v. 24.09.1998 – 4 CN 2/98 = BVerwGE 107, 215, juris Rn. 20, wobei demgemäß zu beachten ist, dass der abwägungserhebliche Belang über das Recht auf gerechte Abwägung nicht selbst zum subjektiven öffentlichen Recht erstarkt; *Schmidt-Aßmann*, in: Maunz/Dürig, GG, Art. 19 Abs. 4 (Stand: 92. EL Aug. 2020), Rn. 135.

[45] BVerfG, Abl. einstw. Anordn. v. 10.05.2001 – 1 BvR 481/01, juris Rn. 14 ff.; *Sachs*, in: ders., GG, Art. 19 GG, Rn. 126.

[46] BVerfG, Beschl. v. 18.09.2017 – 1 BvR 361/12, juris Rn. 11; BVerfG, Nichtannahmebeschl. v. 10.06.2009 – 1 BvR 198/08, juris Rn. 8 ff.

„Denn Art. 19 Abs. 4 GG garantiert dem Bürger keine allgemeine Rechtmäßigkeitskontrolle der Verwaltung, sondern trifft eine Systementscheidung für den Individualrechtsschutz.“[48]

Die Rechtsschutzsituation, wie sie sich für Umweltverbände im System gestufter Infrastrukturplanung insbesondere angesichts des MgvG darstellt, ist nach Ansicht des BVerfG demnach gar nicht am Maßstab des Art. 19 Abs. 4 S. 1 GG zu messen, sofern sich die Verbände nicht ausnahmsweise auf ein subjektives öffentliches Recht berufen können.

Zwar hat das BVerfG in zwei jüngeren Entscheidungen offengelassen, ob die nach dem UmwRG gewährten Rechtspositionen möglicherweise doch unter Art. 19 Abs. 4 S. 1 GG fallen.[49] Dabei ist jedoch zu differenzieren zwischen Anforderungen, die das deutsche Verfassungsrecht selbst an die Rechtsschutzmöglichkeiten von Umweltverbänden stellt und der Frage, ob die Vorgaben des Völker- und Europarechts eine Erweiterung oder Neuinterpretation bestehender Klage- und Beschwerdebefugnisse vor den Verwaltungsgerichten und dem BVerfG fordern und in welchem Rahmen eine solche möglich ist.[50] Aus der rein verfassungsrechtlichen Betrachtung des Art. 19 Abs. 4 S. 1 GG folgt die Pflicht zur Schaffung einer bestimmten oder zusätzlichen Rechtsschutzmöglichkeit für Umweltverbände gerade nicht.

2. Art. 14 Abs. 1 S. 1, Abs. 3 GG

Bedingt durch die fehlende isolierte Anwendbarkeit und die uneindeutige Rechtsprechung des BVerfG zum Verhältnis zwischen Art. 19 Abs. 4 S. 1 GG und den materiellen Grundrechten sucht man umfangreiche Ausführungen zu Art. 19 Abs. 4 GG in der Entscheidung des BVerfG zur „Südumfahrung Stendal“ vergeblich. Dass das BVerfG die (verfassungsrechtliche) Rechtsschutzproblematik vernachlässigte,[51] trifft jedoch nicht gänzlich zu. Dreh- und Angelpunkt seiner Überlegungen war stattdessen die Eigentumsgarantie des Art. 14 Abs. 1 S. 1 GG und die hier inkorporierten Rechtsschutzanforderungen.

---

[47] BVerfG, Urt. v. 18.03.2014 – 2 BvE 6/12 = BVerfGE 135, 317, Rn. 130; BVerfG, Abl. einstw. Anordn. v. 12.09.2012 – 2 BvE 6/12 = BVerfGE 132, 195, juris Rn. 95; *Sachs*, in: ders., GG, Art. 19 GG, Rn. 126.

[48] BVerfG, Nichtannahmebeschl. v. 10.07.2009 – 1 BvR 198/08, juris Rn. 9.

[49] BVerfG, Nichtannahmebeschl. v. 12.07.2018 – 1 BvR 1401/18, juris Rn. 3; BVerfG, Nichtannahmebeschl. v. 18.09.2017 – 1 BvR 361/12, juris Rn. 11; *Ziekow*, Vorhabenplanung durch Gesetz, S. 62.

[50] Dazu im Folgenden ausführlich unter G. I. 3. b) ff).

[51] So der Vorwurf von *Groß*, JZ 2020, 76 (79); *ders.*, VerfBlog, 2019/11/06; *Wegener*, Stellungnahme MgvG, S. 10, *ders.*, ZUR 2020, 195 (196) in der aktuellen Diskussion zum MgvG.

Dabei trifft Art. 14 Abs. 3 GG eine für den Rechtsschutz maßgebliche Feststellung sogar explizit: Eine Enteignung durch Gesetz ist möglich. Art. 14 GG erfordert also gerade keinen umfänglichen fachgerichtlichen Rechtsschutz – denn anders als im Zusammenspiel mit einer „externen" Rechtsordnung wie der des Völker- und Europarechts ist der Feststellung der Zulässigkeit einer Legalenteignung durch Art. 14 Abs. 3 GG die Erkenntnis immanent, dass Rechtsschutzsuchenden nur noch die Verfassungsbeschwerde offenstehen wird. Anforderungen, die über Art. 19 Abs. 4 S. 1 GG hinausgehen, stellt Art. 14 GG damit erst recht nicht. Art. 14 Abs. 3 GG stellt vielmehr einen derjenigen Fälle dar, in denen der Ausschluss einzelner Materien aus dem Schutzbereich des Art. 19 Abs. 4 S. 1 GG im Grundgesetz ausdrücklich vorgesehen ist.[52]

Zutreffend weist *Ziekow* in seinem Gutachten zur Zulässigkeit der Vorhabenzulassung durch Gesetz diesbezüglich allerdings darauf hin, dass „die Anforderungen an eine Legalenteignung wegen der Verkürzung des fachgerichtlichen Rechtsschutzes von den Anforderungen an einen effektiven Rechtsschutz gegen eine Legalenteignung"[53] zu trennen sind. Mit anderen Worten steht Art. 14 Abs. 3 GG zwar der Wahl der Gesetzesform nicht grundsätzlich entgegen. Er gewährt aber auch keinen Blankoscheck dahingehend, dass die Wahl der Gesetzesform automatisch ihre eigene Zulässigkeit bestätigt – dies wäre zirkulär. Zu prüfen ist in einem zweiten Schritt also zwingend, ob die Voraussetzungen, die eine Verkürzung des fachgerichtlichen Rechtsschutzes durch die Wahl der Gesetzesform rechtfertigen, vorliegen.

Hierzu hat das BVerfG im *Stendal*-Beschluss einige grundlegende Kriterien aufgestellt. Wegen der enteignungsrechtlichen Vorwirkung gelten diese nicht nur für Legalenteignungen unmittelbar, sondern insbesondere auch für Legalplanungen, selbst wenn die anschließende Enteignung auf administrativem Wege erfolgt.[54] Im Hinblick auf Art. 14 GG sind dabei zwei Schutzfunktionen zentral, die durch die Wahl der Legalplanung eingeschränkt werden: Die Rechtsschutzgarantie aus Art. 19 Abs. 4 S. 1 GG i. V. m. Art. 14 Abs. 1 S. 1 GG[55] sowie die grundrechtsschützende Funktion der Gewaltenteilung[56], die durch das Ansichziehen einer originären Exekutiventscheidung durch das Parlament beeinträchtigt wird. Neben dem Allgemeinwohlerfordernis aus Art. 14 Abs. 3 S. 1 GG, das wie bei jeder Enteignung auch

---

52 *Groß*, JZ 2020, 76 (79).

53 *Ziekow*, Vorhabenplanung durch Gesetz, S. 37.

54 BVerfG, Beschl. v. 17.07.1996 – 2 BvF 2/93 = BVerfGE 95, 1, Rn. 66 mit Verweis auf BVerfG, Urt v. 10.03.1981 – 1 BvR 92/71 = BVerfGE 74, 264; BVerfG, Urt. v. 10.03.1981 – 1 BvR 92/71 = BVerfGE 56, 249; BVerfG, Beschl. v. 10.05.1977 – 1 BvR 514/68 = BVerfGE 45, 297.

55 BVerfG, Beschl. v. 17.07.1996 – 2 BvF 2/93 = BVerfGE 95, 1, juris Rn. 67

56 BVerfG, Beschl. v. 17.07.1996 – 2 BvF 2/93 = BVerfGE 95, 1, juris Rn. 51. Zur grundrechtsschützenden Funktion der Gewaltenteilung ausführlich sogleich.

hier vorliegen muss,[57] müssen in Bezug auf die Einschränkung des Art. 19 Abs. 4 S. 1 GG i. V. m. Art. 14 Abs. 1 S. 1 GG

> „triftige Gründe für die Annahme bestehen, daß die Durchführung einer behördlichen Planfeststellung mit erheblichen Nachteilen für das Gemeinwohl verbunden wäre, denen nur durch eine gesetzliche Regelung begegnet werden kann“[58]

sowie hinsichtlich der Beeinträchtigung des Grundsatzes der Gewaltenteilung

> „im Einzelfall gute Gründe bestehen, etwa weil die schnelle Verwirklichung des Vorhabens von besonderer Bedeutung für das Gemeinwohl ist.“[59]

Bereits in der Entscheidung zur *Hamburger Deichordnung* hatte das BVerfG im Jahr 1968 in ähnlicher Form in Bezug auf alle durch die Wahl der Gesetzesform erkannten Einschränkungen, darunter auch die Einschränkung der Rechtschutzmöglichkeiten,[60] vorgegeben, „daß die förmliche Enteignung durch Gesetz nach dem System des Grundgesetzes nur in eng begrenzten Fällen als zulässig angesehen werden kann“[61]. Einen solchen Ausnahmefall nahm das BVerfG in der Flutkatastrophe von 1962 als gegeben an.[62] Auch im Rahmen der *Südumfahrung Stendal* sah das BVerfG solche guten bzw. triftigen Gründe in den Herausforderungen der Wiedervereinigung, insbesondere der Notwendigkeit des unverzüglichen Aufbaus der Wirtschaft und damit verbunden der Verkehrsinfrastruktur in den neuen Ländern.[63]

Zusammengefasst folgt aus Art. 14 Abs. 1 S. 1, Abs. 3 GG damit die Erforderlichkeit einer Rechtsschutzmöglichkeit, mit deren Hilfe die vorstehend genannten Kriterien überprüft werden können. Einen Anspruch auf Vollüberprüfung, der dem Grundstückseigentümer nach ständiger Rechtsprechung des BVerwG hinsichtlich einer ihn betreffenden Verwaltungsentscheidung mit enteignungsrechtlicher Vorwirkung zusteht,[64] gewährt Art. 14 GG aber gerade nicht. Oder anders gesprochen, um die zutreffende Differenzierung *Ziekows* erneut aufzugreifen: Die Frage, ob Art. 14 GG eine Rechtsschutzmöglichkeit gegen enteignende Gesetze auf dem einfachen Rechtsweg erfordert – was zu verneinen ist – ist zu unterscheiden von der Frage, ob der Gesetzgeber die Gesetzesform zulässigerweise wählen durfte oder ob die dafür erforderlichen Voraussetzungen nicht vorlagen und die Wahl des Legis-

---

[57] BVerfG, Beschl. v. 17.07.1996 – 2 BvF 2/93 = BVerfGE 95, 1, juris Rn. 67; *Stüer*, EurUP 2020, 163 (166); so auch bereits zur *Hamburger Deichordnung* BVerfG, Urt. v. 18.12.1968 – 1 BvR 638/64 = BVerfGE 24, 367, juris Rn. 123 ff..

[58] BVerfG, Beschl. v. 17.07.1996 – 2 BvF 2/93 = BVerfGE 95, 1, juris Rn. 67.

[59] BVerfG, Beschl. v. 17.07.1996 – 2 BvF 2/93 = BVerfGE 95, 1, juris Rn. 51.

[60] Vgl. BVerfG, Urt. v. 18.12.1968 – 1 BvR 638/64 = BVerfGE 24, 367, juris Rn. 117 ff.

[61] BVerfG, Urt. v. 18.12.1968 – 1 BvR 638/64 = BVerfGE 24, 367, juris Rn. 121.

[62] BVerfG, Urt. v. 18.12.1968 – 1 BvR 638/64 = BVerfGE 24, 367, juris Rn. 121 f.

[63] BVerfG, Beschl. v. 17.07.1996 – 2 BvF 2/93 = BVerfGE 95, 1, Rn. 70.

[64] St. Rspr. seit BVerwG, Urt. v. 21.03.1986 – 4 C 48.82 = BVerwGE 74, 109, juris Rn. 8 ff.; aktuell zur faktischen Ausweitung des Vollüberprüfungsanspruchs infolge des Wegfalls der materiellen Präklusion BVerwG, Beschl. v. 15.09.2016 – 9 B 13.16, juris Rn. 7.

lativakts damit unzulässigerweise den ansonsten verfügbaren fachgerichtlichen Rechtsschutz verkürzt.

3. Grundsatz der Gewaltenteilung, Art. 20 Abs. 2 GG

Noch deutlicher machte das BVerfG die Verbindung zwischen dem Grundsatz der Gewaltenteilung aus Art. 20 Abs. 2 GG und der Rechtsschutzgarantie im *Zeugen-Jehovas*-Beschluss[65] aus dem Jahr 2015. Diese Verbindung war auch in *Stendal* wie gezeigt bereits angeklungen,[66] stand jedoch aufgrund der zentralen Position des Art. 14 GG und dem Umstand, dass von der hessischen Landesregierung ein eigenständiger Verstoß gegen den Gewaltenteilungsgrundsatz nicht gerügt worden war, nicht im Vordergrund.

Nun stellte das BVerfG klar, dass der Grundsatz der Gewaltenteilung aus Art. 20 Abs. 2 GG mittelbar das grundrechtliche geschützte Recht auf wirkungsvollen Rechtsschutz im Einzelfall gewährleiste.[67] Weise eine Regelung – hier Art. 61 S. 2 der bremischen Landesverfassung – die Prüfung einer eigentlich der Exekutive vorbehaltenen Einzelfallentscheidung – hier die Verleihung des Körperschaftsstatus an eine Religionsgemeinschaft – dem parlamentarischen Gesetzgeber zu, werde damit der Grundsatz der Gewaltenteilung und mittelbar auch das Recht auf wirksamen Rechtsschutz verletzt,[68] sofern keine zwingenden Gründe hierfür erkennbar seien.[69] Dass der parlamentarische Gesetzgeber unmittelbar demokratisch legitimiert sei, lässt das BVerfG als Rechtfertigung dabei nicht gelten und führt aus:

> „Die unmittelbare demokratische Legitimation des parlamentarischen Gesetzgebers, der Bremischen Bürgerschaft, kommt als Rechtfertigung insoweit nicht in Betracht. Es geht im vorliegenden Zusammenhang um die Durchsetzung eines im Kern grundrechtlichen Anspruchs, der sich der Rationalität demokratischer Mehrheitsentscheidungen entzieht. Zudem ließe sich mit dem Rückgriff auf die unmittelbare demokratische Legitimation des Parlaments jede Kompetenzübertragung auf den Gesetzgeber rechtfertigen."[70]

Zwar muss hinsichtlich der Übertragbarkeit auf die durch das MgvG geschaffene Situation einschränkend berücksichtigt werden, dass es sich im *Zeugen Jehovas*-Fall um ein Einzelpersonengesetz handelte, das schon per se höhere Anforderungen an

---

[65] BVerfG, Beschl. v. 30.06.2015 – 2 BvR 1282/11 = BVerfGE 139, 321.

[66] Auch im Urteil zur *Hamburger Deichordnung* wies das BVerfG auf diesen Zusammenhang bereits hin, ohne ihn jedoch konkret zu bezeichnen: vgl. BVerfG, Urt. v. 18.12.1968 – 1 BvR 638/64 = BVerfGE 24, 367, juris Rn. 117 f.; ebenso in der Entscheidung zur *Hamburger U-Bahn:* BVerfG, Beschl. v. 10.05.1977 – 1 BvR 514/68 = BVerfGE 45, 297, juris Rn. 128 ff.

[67] BVerfG, Beschl. v. 30.06.2015 – 2 BvR 1282/11 = BVerfGE 139, 321, juris Rn. 124.

[68] BVerfG, Beschl. v. 30.06.2015 – 2 BvR 1282/11 = BVerfGE 139, 321, ebd.

[69] BVerfG, Beschl. v. 30.06.2015 – 2 BvR 1282/11 = BVerfGE 139, 321, juris Rn. 141.

[70] BVerfG, Beschl. v. 30.06.2015 – 2 BvR 1282/11 = BVerfGE 139, 321, juris Rn. 142; ähnlich bereits zur *Hamburger U-Bahn* BVerfG, Beschl. v. 10.05.1977 – 1 BvR 514/68 = BVerfGE 45, 297, juris Rn. 131.

die Rechtfertigung auslöst.[71] Auch wurde die *Zeugen Jehovas*-Entscheidung im Hinblick auf die Verletzung der Verfassungsautonomie des Landes Bremen kritisiert.[72]

Dennoch löst das BVerfG, ohne es explizit zu formulieren, mit dieser Aufladung des Gewaltenteilungsgrundsatzes in rechtsschutztechnischer Hinsicht auch einen Teil der Problematik rund um die Anwendbarkeit des Art. 19 Abs. 4 S. 1 GG auf: Zwar bleibt es auch nach dem *Zeugen Jehovas*-Beschluss dabei, dass nach der Rechtsprechung des BVerfG keine Vollüberprüfung eines Legislativakts ähnlich derjenigen eines Verwaltungsakts verlangt werden kann. Die Anforderungen, unter denen die Wahl der Gesetzesform für eine Einzelfallentscheidung zulässig ist, werden angesichts der Rechtsschutzverkürzung jedoch hochgeschraubt und die Position der Rechtsschutzsuchenden damit gestärkt.

4. Art. 2 Abs. 2 S. 1 GG

Weniger eindeutig als bei Art. 14 Abs. 1 S. 1 GG gestaltet sich die Situation schließlich bei Art. 2 Abs. 2 S. 1 GG, dem im Infrastrukturbereich infolge Immissionen verschiedenster Art neben Art. 14 GG in der Regel am stärksten betroffenen Grundrecht. Denn eine explizite Regelung wie in Art. 14 Abs. 3 GG findet sich hier nicht.[73] Damit bleibt lediglich die allen Grundrechten immanente allgemeine Anforderung, dass eine Möglichkeit zur Abwehr unmittelbar durch den Gesetzgeber induzierter Grundrechtseingriffe bestehen muss.[74] Wie weit diese Abwehrmöglichkeit inhaltlich reichen muss, richtet sich dabei nach der geltend gemachten Verletzung im Einzelfall. Rügt der Immissionsbetroffene eine Schutzpflichtverletzung, so erfordert Art. 2 Abs. 2 S. 1 GG nur eine Überprüfung der Frage, ob Schutzmaßnahmen gar nicht getroffen wurden oder diese völlig unzureichend sind.[75] Steht ein dem Staat mittelbar oder unmittelbar zuzurechnender Grundrechtseingriff im Raum, ist eine umfassende Überprüfung der staatlichen Maßnahme erforderlich.

II. Umfang der Rechtsschutzgarantien

Neben der Frage nach der Anwendbarkeit des Art. 19 Abs. 4 S. 1 GG auf Legislativakte stellt sich weiterhin die Frage nach dessen Anforderungen an Umfang und Ausgestaltung der Rechtsschutzmöglichkeiten. Denn Art. 19 Abs. 4 S. 1 GG ist ein normgeprägtes Grundrechte, die konkrete Ausgestaltung des Rechtswegs un-

---

[71] Zu Letzterem *Groß*, JZ 2020, 76 (78, 80).

[72] *Groß*, JZ 2020, 76 (78); *Möllers*, JZ 2015, 1103 (1103 f.).

[73] *Ziekow*, Vorhabenplanung durch Gesetz, S. 61.

[74] *Ziekow*, ebd.

[75] *Ziekow*, ebd.

terliegt einem Gestaltungsspielraum des Gesetzgebers.[76] Anders als bei der Frage nach einem grundsätzlichen Ausschluss einzelner Materien aus dem Schutzbereich des Art. 19 Abs. 4 S. 1 GG bedürfen Extensionen und Verkürzungen dabei keines ausdrücklichen Gesetzesvorbehalts.[77]

1. Verfassungsrechtlicher Grundsatz der Effektivität

Gebunden wird der Gesetzgeber bei dieser Ausgestaltung vor allem durch das Erfordernis einer *effektiven* Rechtsschutzgewährung. Das BVerfG versteht darunter eine tatsächlich wirksame und möglichst lückenlose gerichtliche Kontrolle.[78] Konkret darf der Rechtsschutz „sich nicht in der bloßen Möglichkeit der Anrufung eines Gerichts erschöpfen, sondern muß zu einer wirksamen Kontrolle in tatsächlicher und rechtlicher Hinsicht durch ein mit zureichender Entscheidungsmacht ausgestattetes Gericht führen."[79] Der Effektivität des Rechtsschutzes nicht entgegen stehen nach überwiegender Ansicht dabei die folgenden Einschränkungen.

a) Kein unbeschränkter Zugang zu Gericht

Grundlegend erfordert Art. 19 Abs. 4 S. 1 GG Zugang zu Gericht in institutioneller Hinsicht.[80] Dieser Zugang muss jedoch nicht unbeschränkt sein. So darf die Erhebung einer Klage von der Möglichkeit einer subjektiven Rechtsverletzung i. S. d. § 42 Abs. 2 Alt. 2 VwGO abhängig gemacht werden, vielmehr ist die Rechtsweggarantie nach Ansicht des BVerfG sogar von vornherein auf eine solche beschränkt.[81] Auch steht Art. 19 Abs. 4 S. 1 GG einer materiellen Präklusion von Einwendungen, die im Verwaltungsverfahren nicht erhoben worden sind, nicht entgegen.[82] Denn

---

[76] Vgl. BVerfG, Beschl. v. 30.04.2003 – 1 PBvU 1/02 = BVerfGE 107, 395, juris Rn. 51; *Schulze-Fielitz*, in: Dreier, GG, Art. 19 Abs. 4 GG, Rn. 79.

[77] *Schmidt-Aßmann*, in: Maunz/Dürig, GG, Art. 19 Abs. 4 GG (Stand: 92. EL Aug. 2020), Rn. 30.

[78] BVerfG, Beschl. v. 24.07.2018 – 2 BvR 1961/09 = BVerfGE 149, 346, juris Rn. 34 f.; BVerfG, Urt. v. 18.07.2005 2 BvR 2236/04 = BVerfGE 113, 273, juris Rn. 103; BVerfG, Beschl. v. 27.10.1999 – 1 BvR 385/89 = BVerfGE 101, 106, juris Rn. 66; BVerfG, Beschl. v. 30.04.1997 – 2 BvR 817/90 = BVerfGE 96, 27, juris Rn. 47 f.; BVerfG, Beschl. v. 02.05.1984 – 2 BvR 1413/83 = BVerfGE 67, 43, juris Rn. 31.

[79] BVerfG, Beschl. v. 02.05.1984 – 2 BvR 1413/83 = BVerfGE 67, 43, ebd.

[80] *Kürschner*, Legalplanung, S. 141; *Schmidt-Aßmann*, in: Maunz/Dürig, GG, Art. 19 Abs. 4 (Stand: 92. EL Aug. 2020), Rn. 14; *Schulze-Fielitz*, in: Dreier, GG, Art. 19 Abs. 4, Rn. 90.

[81] BVerfG, Nichtannahmebeschl. v. 10.07.2009 – 1 BvR 198/08, juris Rn. 9; BVerwG, Urt. v. 26.06.1981 – 4 C 5/78 = BVerwGE 62, 342, juris Rn. 22; *Schulze-Fielitz*, in: Dreier, GG, Art. 19 Abs. 4, Rn. 98.

[82] BVerfG, Beschl. v. 08.07.1982 – 2 BvR 1187/80 = BVerfGE 61, 82, juris Rn. 77; *Schulze-Fielitz*, in: Dreier, GG, Art. 19 Abs. 4, Rn. 99.

zwar kann das Recht auf effektiven Rechtsschutz selbst nicht verwirkt werden – die einzelne prozessuale Befugnis aber schon.[83]

Daneben gewährt Art. 19 Abs. 4 S. 1 GG keinen Anspruch auf einen bestimmten Rechtsweg[84] oder auf den Instanzenzug[85]. Auch einen bereits bestehenden Instanzenzug darf der Gesetzgeber im Rahmen seines weiten Gestaltungsspielraums wieder verkürzen.[86] Entscheidend ist diese Erkenntnis vor allem in Bezug auf Legalplanungsakte: Bejaht man die Anwendbarkeit und erkennt in der Konsequenz dann auch Verfassungsbeschwerde und konkrete Normenkontrolle als Rechtswege an,[87] ergeben sich trotz dieser von der Rechtsprechung des BVerfG abweichenden Ansicht im Ergebnis kaum Unterschiede: Denn aus Art. 19 Abs. 4 S. 1 GG folgt ein Anspruch auf einen bestimmten Gerichtszweig oder eine bestimmte Verfahrensart[88] ebensowenig wie ein Anspruch auf vorrangigen Rechtsschutz vor den Verwaltungsgerichten.[89] Schließlich muss der ermöglichte Rechtsschutz auch nicht zwingend prinzipaler Natur sein; eine vermittelte inzidente Kontrollmöglichkeit genügt.[90]

b) Keine unbeschränkte materielle Prüfungsdichte

Parallel zum vorstehend Gesagten erfordern Art. 19 Abs. 4 S. 1 GG sowie die korrespondierenden Grundrechte auch auf materieller Seite nicht zwingend eine Vollkontrolle der jeweiligen Entscheidung. Ebensowenig zwingen sie zum unbeschränkten Erfolg des Rechtsbehelfs.

---

83 BVerfG, Beschl. v. 26.01.1972 – 2 BvR 255/67 = BVerfGE 32, 305, juris Rn. 25; BVerwG, Urt. v. 25.01.1974 – IV C 2.72 = BVerwGE 44, 294, juris Rn. 23; *Schmidt-Aßmann*, in: Maunz/Dürig, GG, Art. 19 Abs. 4 (Stand: 92. EL Aug. 2020), Rn. 234; *Schulze-Fielitz*, ebd.

84 BVerfG, Beschl. v. 27.07.1972 – 2 BvR 443/70 = BVerfGE 31, 364, juris Rn. 8.

85 BVerfG, Beschl. v. 16.12.1975 – 2 BvR 854/75 = BVerfGE 41, 23, juris Rn. 11; BVerfG, Beschl. v. 08.10.1956 – 1 BvR 205/56 = BVerfGE 6, 7, juris Rn. 16; BVerfG, Beschl. v. 21.10.1954 – 1 BvL 9/51 = BVerfGE 4, 74, juris Rn. 78.

86 BVerfG, Beschl. v. 07.07.1992 – 2 BvR 1631/90 = BVerfGE 87, 48, juris Rn. 36; *Kürschner*, Legalplanung, S. 143; *Schmidt-Aßmann*, in: Maunz/Dürig, GG, Art. 19 Abs. 4 (Stand: 92. EL Aug. 2020), Rn. 179.

87 Dazu bereits soeben unter E. I. 1. a) dd).

88 *Huber*, in: von Mangoldt/Klein/Starck, GG, Art. 19, Rn. 453; *Kürschner*, Legalplanung, S. 142; *Schmidt-Aßmann*, in: Maunz/Dürig, GG, Art. 19 Abs. 4 (Stand: 92. EL Aug. 2020), Rn. 178.

89 *Kürschner*, ebd.; *Huber*, in: von Mangoldt/Klein/Starck, GG, Art. 19 GG, Rn. 455.

90 Vgl. BVerfG, Beschl. v. 17.01.2006 – 1 BvR 541/02 = BVerfGE 115, 81, juris Rn. 41 ff.; *Huber*, in: von Mangoldt/Klein/Starck, GG, Art. 19, Rn. 471; *Kürschner*, Legalplanung, S. 144; *Schenke*, JZ 2006, 1004 (1007 f.); *Schmidt-Aßmann*, in: Maunz/Dürig, GG, Art. 19 Abs. 4 (Stand: 92. EL Aug. 2020), Rn. 94.

aa) Erfordernis eines Rechtswidrigkeitszusammenhangs

§ 113 Abs. 1 S. 1 VwGO sieht für den Verwaltungsprozess vor, dass ein Verwaltungsakt nur aufgehoben wird, soweit der Verwaltungsakt rechtswidrig *und* der Kläger dadurch in seinen Rechten verletzt ist. Dieser sogenannte „Rechtswidrigkeitszusammenhang"[91] rechtfertigt sich bereits anhand der schon aufgezeigten starken Verknüpfung des Art. 19 Abs. 4 S. 1 GG mit subjektiven öffentlichen Rechten bzw. dem Erfordernis einer subjektiven Rechtsverletzung. Entsprechend entnimmt die Rechtsprechung dem planerischen Abwägungsgebot zwar auch ein subjektives Recht auf gerechte Abwägung; dieses betrifft jedoch nur die eigenen Belange – einen Anspruch auf gerechte Abwägung auch zugunsten anderer oder auf eine umfassende Rechtmäßigkeitskontrolle der planerischen Entscheidung hat der Einzelne nicht.[92] Ausnahmen kennt das deutsche Recht auf materieller Ebene nur bei der als objektiver Rechtmäßigkeitskontrolle ausgestalteten abstrakten Normenkontrolle nach § 47 VwGO.

bb) Kein Anspruch auf Durchsetzung „bloßer" Verfahrensfehler

Weiterhin erfordert Art. 19 Abs. 4 S. 1 GG und kennt das deutsche Recht keinen Anspruch auf Durchsetzung „bloßer" Verfahrensfehler in der Form, dass diese zwingend zum Erfolg des Rechtsbehelfs führen müssten. Die in §§ 45, 46 VwVfG statuierte Normierung von Ausschlussgründen wird mehrheitlich als verfassungskonform angesehen.[93] Anders gesprochen ergibt sich aus dem Grundgesetz kein isoliertes Recht auf Einhaltung von Verfahrensvorschriften.[94] Anderes gilt nur im Kontext der europarechtlich induzierten Vorgaben des § 4 UmwRG.[95] Die Verletzung anderer Verfahrensvorschriften des deutschen Rechts, denen verschiedentlich pauschal eine drittschützende Wirkung zugesprochen wird, führen ebenfalls nur dann zum Erfolg, wenn sich der geltend gemachte Verfahrensfehler auf die materiellrechtliche Position des Klägers ausgewirkt hat[96] – und auch nur dann, wenn keine Fehlerheilungs- oder Planerhaltungsvorschriften eingreifen.

---

[91] *Decker*, in: Posser/Wolff, BeckOK VwGO, § 113, Rn. 18.

[92] BVerwG, Urt. v. 14.02.1975 – IV C 21.74 = BVerwGE 48, 56, juris Rn. 41.

[93] *Ramsauer*, in: Kopp/Ramsauer, VwVfG, § 45, Rn. 3; § 46, Rn. 4; *Riese*, in: Schoch/Schneider/Bier, VwGO, § 113 (Stand: 33. EL Juni 2017), Rn. 67; *Sachs*, in: Stelkens/Bonk/Sachs, VwVfG, § 45, Rn. 15, § 46, Rn. 5; *Schemmer*, in: Bader/Ronellenfitsch, BeckOK VwVfG, § 45, Rn. 18, § 46, Rn. 16.

[94] Vgl. *Decker*, in: Posser/Wolff, BeckOK VwGO, § 113, Rn. 20.

[95] Dazu im Folgenden ausführlich unter F. III. 1.

[96] BVerwG, Urt. v. 05.10.1990 – 7 C 55.89 = BVerwGE 85, 368, juris Rn. 22; BVerwG, Urt. v. 17.12.1986 – 7 C 29/85 = BVerwGE 75, 285, juris Rn. 14; BVerwG, Urt. v. 22.12.1980 – 7 C 84.78 = BVerwGE 61, 256, juris Rn. 33; *Decker*, in: Posser/Wolff, BeckOK VwGO, § 113, Rn. 20.

Zwar kritisiert *Schmidt-Aßmann* den im Laufe der vergangenen Jahre immer weiter fortgeschrittenen Ausbau derselben im Fachplanungsrecht[97] möglicherweise zurecht als eine Lenkung der „Rechtsentwicklung […] in die falsche Richtung, nämlich zum Abbau der rechtsschützenden Funktion von Verfahren"[98] und befürchtet, dass sich die Rechtsprechung in der Auslegung immer weiter vom verfassungsrechtlichen Rahmen löst.[99] So versteht etwa das BVerwG den Grundsatz der Planerhaltung als ein „offenes Prinzip, das der Weiterentwicklung durch die Rechtsprechung grundsätzlich zugänglich ist"[100]. Ganz überwiegend – und so auch hier – erfolgt solcherlei Kritik jedoch unter Verweis auf die (möglicherweise entgegenstehenden) europäischen Anforderungen.[101] Die Rechtsschutzgarantie des Art. 19 Abs. 4 S. 1 GG allein steht den genannten Instrumenten wohl nicht entgegen. Denn – und so konstatiert selbst *Schmidt-Aßmann*: „Art. 19 Abs. 4 GG verlangt keine Fehlerfolgenmaximierung."[102]

cc) Keine umfängliche Kontrolle von Abwägungsentscheidungen

Bereits behandelt wurde die Frage der gerichtlichen Kontrolle von planerischen Abwägungsentscheidungen.[103] So gilt zwar grundsätzlich, dass eine Bindung des Gerichts an die im Verwaltungsverfahren getroffenen Feststellungen und Wertungen ausscheidet, sodass es die angegriffene Entscheidung in rechtlicher und tatsächlicher Hinsicht vollständig nachprüfen muss.[104] Wo das Gesetz der Exekutive aber einen Ermessensspielraum wie die planerische Gestaltungsfreiheit einräumt,[105] sind die Gerichte nur zu einer begrenzten Überprüfung befugt und verpflichtet.[106]

---

97 Dazu bereits oben unter B. V. 2.

98 *Schmidt-Aßmann*, in: Maunz/Dürig, GG, Art. 19 Abs. 4 (Stand: 92. EL Aug. 2020), Rn. 216.

99 *Schmidt-Aßmann*, ebd.

100 BVerwG, Urt. v. 17.01.2007 – 9 C 1.06 = BVerwGE 128, 76, juris Rn. 12.

101 Vgl. *Schmidt-Aßmann*, in: Maunz/Dürig, GG, Art. 19 Abs. 4 (Stand: 92. EL Aug. 2020), Rn. 216.

102 *Schmidt-Aßmann*, ebd.; kritisch *Groß*, ZUR 2021, 75 (77), der schon die Erhebung der Planerhaltung zum Grundsatz des Fachplanungsrechts als nicht gerechtfertigt ansieht.

103 Dazu bereits oben unter B. V. 2.

104 BVerfG, Beschl. v. 17.04.1991 – 1 BvR 419/81 = BVerfGE 84, 34, juris Rn. 46; ähnlich BVerfG, Beschl. v. 27.10.1999 – 1 BvR 385/90 = BVerfGE 101, 106, juris Rn. 67; BVerfG, Beschl. v. 05.02.1963 – 2 BvR 21/60 = BVerfGE 15, 275, juris Rn. 18.

105 Teilweise wird die planerische Gestaltungsfreiheit als Ausprägung eines Ermessensspielraums, teilweise als eigenständige Kategorie angesehen, vgl. *Schulze-Fielitz*, in: Dreier, GG, Art. 19 Abs. 4, Rn. 118.

106 *Schmidt-Aßmann*, in: Maunz/Dürig, G, Art. 19 Abs. 4 GG (Stand: 92. EL Aug. 2020), Rn. 208.

dd) Grundrechtsschutz durch Verfahren

Parallel zu der bereits erörterten spezifischen verfahrensrechtlichen Dimension, die Art. 14 Abs. 3 GG ausweislich des *Stendal*-Beschlusses des BVerfG innewohnt, hat die Garantie *effektiven* Rechtsschutzes auch im Hinblick auf andere Grundrechte in der bundesverfassungsgerichtlichen Rechtsprechung eine positive Ausprägung im Prinzip des sogenannten Grundrechtsschutzes durch Verfahren gefunden.

Dieses wird vor allem da relevant, wo die schützenswerte Rechtsposition keine eigenständigen Maßstäbe aufstellt oder aufstellen kann.[107] Bereits in einer Grundsatzentscheidung aus dem Jahr 1979 argumentierte das BVerfG, in Zusammenhang mit dem Gebot effektiven Rechtsschutzes folge bereits unmittelbar aus Art. 14 Abs. 1 GG, Art. 12 Abs. 1 GG sowie Art. 2 Abs. 2 GG auch ein Anspruch auf faire Verfahrensführung.[108] Dieses äußere sich unter anderem darin, dass Verfahrensbeteiligte – hier ein Prüfling, der während seiner gesamten mündlichen Prüfung schwieg – schon während des laufenden Verfahrens auf die Konsequenzen ihrer Verfahrenshandlungen hingewiesen werden müssten.[109] Allgemein gesprochen muss Grundrechtsschutz also auch durch die Gestaltung von Verfahrensvorschriften gesichert werden; umgekehrt sind Verfahrensvorschriften am materiellen Gewährleistungsgehalt der Grundrechte zu messen.[110] Auch diesbezüglich hat das BVerfG jedoch weitgehend offengelassen, wie die Verfahrensvorschriften konkret auszugestalten sind.[111]

Erneut ergibt sich aus dieser Rechtsprechung aber eine entzerrende Komponente hinsichtlich der problematischen Anwendbarkeit von Art. 19 Abs. 4 S. 1 GG auf Gesetzgebungsakte. Denn das Prinzip des Grundrechtsschutzes durch Verfahren bindet auch den Gesetzgeber dort, wo er Verfahrensrecht gesetzlich ausgestaltet.[112] Er muss Verfahrensvorschriften also so gestalten, dass sie effektiv Grundrechtsausübung und Grundrechtsschutz gewährleisten. Allerdings verbleibt dem Gesetzgeber hierbei ein weiter Gestaltungsspielraum.[113] Im Anwendungsbereich der Legalplanung bedeutet dies, dass der Gesetzgeber jedenfalls aus diesem Grund nicht gezwungen ist, das Planfeststellungsverfahren als Verfahrensform zu wählen, sofern

---

[107] Vgl. BVerfG, Urt. v. 22.02.1994 – 1 BvL 30/88 = BVerfGE 90, 60, juris Rn. 164; *Kürschner*, Legalplanung, S. 132.

[108] BVerfG, Beschl. v. 13.11.1979 – 1 BvR 1022/78 = BVerfGE 52, 380, juris Rn. 27.

[109] Vgl. BVerfG, Beschl. v. 13.11.1979 – 1 BvR 1022/78 = BVerfGE 52, 380, juris Rn. 28.

[110] BVerfG, Beschl. v. 20.12.1979 – 1 BvR 385/77 = BVerfGE 53, 30, juris Rn. 66.

[111] Vgl. *Kürschner*, Legalplanung, S. 132 mit Verweis auf BVerfG, Beschl. v. 20.04.1982 – 2 BvL 26/81 = BVerfGE 60, 253, juris Rn. 141, eher zu verstehen als Forderung eines minimalen Verfahrensschutzes und BVerfG, Beschl. v. 14.05.1985 – 1 BvR 233/81 = BVerfGE 69, 315, juris Rn. 83 mit der Forderung nach optimalem Verfahrensschutz.

[112] *Kürschner*, Legalplanung, S. 132.

[113] *Dolde*, NVwZ 1982, 65 (69); *Kürschner*, Legalplanung, S. 132 f.

er die grundrechtlichen Verfahrensgarantien anderweitig erfüllt.[114] Ob die Maßstäbe des Grundrechtsschutzes durch Verfahren zur Beurteilung des Gesetzgebungsverfahrens eines Aktes der Legalplanung herangezogen werden können, erscheint dabei ohnehin fraglich.[115] Das BVerfG beschränkte sich im *Stendal*-Beschluss diesbezüglich darauf, insbesondere eine Anhörung der individuell betroffenen Grundstückseigentümer und Gemeinden zu fordern.[116] Nicht erwähnt werden hingegen – ausgegangen von der subjektiven Aufladung der Rechtsschutzgarantie durchaus konsequent – Anhörungs- oder Rechtsschutzansprüche von Umweltverbänden.

2. Effektivität in gestuften Verwaltungsverfahren

Besondere Bedeutung, auch in der bundesverfassungsgerichtlichen Rechtsprechung, gewinnt die Garantie *effektiven* Rechtsschutzes in gestuften Verwaltungsverfahren. Gerade in der Infrastrukturplanung hat die Rechtsschutzkonzentration, also die Eröffnung einer Rechtsschutzmöglichkeit erst am Ende der letzten Planungsstufe eines mehrstufigen Prozesses, lange Tradition. Die Garantie effektiven Rechtsschutzes aus Art. 19 Abs. 4 S. 1 GG steht dabei einer Rechtsschutzkonzentration nicht grundsätzlich entgegen.[117] Stets muss aber im Blick behalten werden, ob der erst zum Schluss gewährte Rechtsschutz dieselbe Effektivität aufweist wie eine phasenspezifische Rechtsschutzmöglichkeit. Denn eine Verfahrensstufung darf nach der Rechtsprechung des BVerfG nicht zu einem Verlust an effektiven Rechtsschutzmöglichkeiten führen.[118] Dies ist schon der Fall, wenn eine ergebnisoffene Überprüfung nicht mehr gewährleistet erscheint.[119]

Aus diesen Überlegungen heraus billigte das BVerwG Grundstückseigentümern in Bezug auf Abfallbeseitigungspläne bereits im Jahr 1988 eine phasenspezifische Rechtsschutzmöglichkeit zu und führte aus:

> „Dies macht deutlich, daß ein maßgebender Teil des planerischen Gestaltens, nämlich das Prüfen, Abwägen und schließlich Ausscheiden von Alternativen bereits auf der Ebene des

[114] *Kürschner*, Legalplanung, S. 132; *Kunig*, Jura 1993, 308 (313); *Schneller*, Objektbezogene Legalplanung, S. 200.

[115] Vgl. *Kürschner*, Legalplanung, S. 133 ff. m. w. N. insb. zu den neben dem Grundrechtsschutz durch Verfahren bestehenden möglichen weiteren prozeduralen Anforderungen an das Gesetzgebungsverfahren.

[116] BVerfG, Beschl. v. 17.07.1996 – 2 BvF 2/93 = BVerfGE 95, 1, juris Rn. 68, wobei sich das Anhörungsrecht von Gemeinden insbesondere aus der kommunalen Selbstverwaltungsgarantie des Art. 28 Abs. 2 GG ergibt, vgl. ebd., juris Rn. 82 sowie *Kürschner*, Legalplanung, S. 136.

[117] BVerfG, Beschl. v. 31.05.2011 – 1 BvR 857/97 = BVerfGE 129, 1, juris Rn. 101; *Erbguth*, DVBl 2012, 325 (328); *Schlacke*, ZUR 2017, 456 (457).

[118] BVerfG, Beschl. v. 31.05.2011 – 1 BvR 857/97 = BVerfGE 129, 1, juris Rn. 102; *Franke/Wabnitz*, ZUR 2017, 462 (466).

[119] BVerfG, Urt. v. 17.12.2013 – 1 BvR 3139/08 = BVerfGE 134, 242, juris Rn. 194; *Franke/Wabnitz*, ZUR 2017, 462 (466); *Schlacke*, in: FS Jarass, S. 379 (381).

Aufstellens von Abfallbeseitigungsplänen stattfindet, dies umso mehr, je konkreter die Feststellungen des Abfallbeseitigungsplans sind. Das gilt auch für Varianten zu Planungsgegenständen, die wie der konkrete Standort oder die Technik der Abfallbeseitigung wesentliche Auswirkungen auf die geschützten Belange Dritter haben können."[120]

Aus demselben Grund und mit Verweis auf die Bindungswirkung vorausgehender Entscheidungen erkannte das BVerfG 2013 in *Garzweiler II* betroffenen Grundstückseigentümern eine phasenspezifische Rechtsschutzmöglichkeit hinsichtlich der bergrechtlichen Rahmenbetriebspläne zu.[121] Es führte dabei aus:

> „Für komplexe Großverfahren – wie hier den Braunkohlentagebau Garzweiler –, deren Planung und Genehmigung auf zahlreichen Entscheidungsebenen erfolgt, sich über viele Jahre erstreckt und bei denen auch in tatsächlicher Hinsicht im Laufe dieses Zeitraums Festlegungen erfolgen, deren Korrektur realistisch nicht, jedenfalls nicht in substantieller Weise, erwartet werden kann, genügt ein Rechtsschutzkonzept, das den in ihren Rechten Betroffenen erst ganz am Ende des Verfahrens die erste Rechtsschutzmöglichkeit eröffnet, hingegen nicht den verfassungsrechtlichen Effektivitätsanforderungen."[122]

Obwohl der Rahmenbetriebsplan selbst noch keine Gestattungswirkung entfaltet[123] und keine Enteignungsentscheidung trifft[124], sah das BVerfG eine unmittelbare Rechtsschutzmöglichkeit vor dem Hintergrund des Rechtsschutzelements der Eigentumsgarantie des Art. 14 Abs. 1 S. 1 GG also als geboten an. Zuvor hatte die Zulässigkeit des Vorhabens als solche aufgrund umfangreicher Bindungswirkungen gar nicht auf dem Rechtsweg angegriffen werden können.[125] Dass betroffene Eigentümer Eingriffe in ihr Eigentumsgrundrecht aufgrund behördlicher (Vor-)Entscheidungen hinnehmen müssen, gegen die ihnen Rechtsschutz gänzlich versagt geblieben ist, sei mit der Garantie effektiven Rechtsschutzes nicht vereinbar, so das BVerfG.[126] Die Situation in den Braunkohlegebieten ist dabei zwar nicht ohne weiteres auf andere Bereiche des Planungsrechts übertragbar. Denn der Verlust von Heimat, die nicht reversible Auflösung der Dorfgemeinschaften und die Zerstörung der sozialräumlichen Strukturen[127] machen die Umsiedlung für den Braunkohletagebau zu einem historisch einzigartigen Vorgang. Auch mag das „vorübergehende[n] Verschwinden ganzer Landstriche"[128] rein plastisch eine besondere Drastik beinhalten.

---

[120] BVerwG, Beschl. v. 20.12.1988 – 7 NB 2.88 = BVerwGE 81, 128, juris Rn. 22.

[121] BVerfG, Urt. v. 17.12.2013 – 1 BvR 3139/08, 1 BvR 3386/08 = BVerfGE 134, 242, juris Rn. 190 ff., 219 ff.

[122] BVerfG, Urt. v. 17.12.2013 – 1 BvR 3139/08, 1 BvR 3386/08 = BVerfGE 134, 242, juris Rn. 224.

[123] BVerwG, Urt. v. 29.06.2005 – 7 C 11.05 = BVerwGE 126, 205, juris Rn. 25.

[124] *Frenz*, NVwZ 2014, 194 (195).

[125] Vgl. *Frenz*, ebd.

[126] BVerfG, Urt. v. 17.12.2013 – 1 BvR 3139/08 = BVerfGE 134, 242, juris Rn. 221.

[127] Vgl. ausführlich zu den sozialen und psychischen Auswirkungen des Braunkohletagebaus auf die von Umsiedlung betroffenen Dorfbewohner *Kost/Döring*, ZfU 2017, 183 (183 ff.).

[128] *Frenz*, NVwZ 2014, 194 (195).

Parallelen zog das BVerfG jedoch jüngst zu den Beeinträchtigungen, die mit dem fortschreitenden Klimawandel einherzugehen drohen. So entnahm der Erste Senat nicht nur Art. 2 Abs. 2 S. 1 GG, sondern ebenso Art. 14 Abs. 1 GG eine staatliche Schutzpflicht vor den Folgen des Klimawandels. Denn mit dem Eigentum gingen

> „zugleich feste soziale Bindungen im örtlichen Umfeld verloren. Eine solche Verwurzelung zu berücksichtigen, gebietet Art. 14 Abs. 1 GG, der auch einen gewissen Schutz des zur „Heimat“ gewachsenen sozialen Umfelds gewährleistet“[129].

Explizit verwies das BVerfG hierzu auf die *Garzweiler II*-Entscheidung.[130] Die Auswirkungen des Klimawandels auf zukünftige Entscheidungen über planungsrechtliche Vorhaben hatte das BVerfG im vorliegenden Kontext zwar nicht zu beurteilen.[131] Gerade angesichts der Verweise auf *Garzweiler II* im KSG-Beschluss, in dem die Bedeutung der Unumkehrbarkeit klimatischer Prozesse durch das BVerfG mehrfach hervorgehoben wurde,[132] lässt sich aus *Garzweiler II* jedoch ein zentrales Merkmal abstrahieren: Die Irreversibilität von Planungsentscheidungen und deren (faktischer) Auswirkungen als Aktivator gesteigerter Anforderungen an die Effektivität von Rechtsschutzmöglichkeiten vor dem Hintergrund der Art. 19 Abs. 4 S. 1 GG und Art. 14 Abs. 1 S. 1, Abs. 3 GG. Das *Garzweiler II*-Urteil führte in diesem Sinne zu einer „schärferen Konturierung der Effektivitätskomponente der Rechtsschutzgarantie (Art. 19 IV GG) bei zeitlich gestreckten und verfahrensrechtlich gestuften großen Industrievorhaben [...]“[133].

III. Fazit: Grundlegende Rechtsschutzanforderungen des Verfassungsrechts

Art. 19 Abs. 4 S. 1 GG garantiert effektiven Rechtsschutz gegen Maßnahmen der öffentlichen Gewalt. In ihrer Eigenschaft als normgeprägtes Grundrecht macht die Regelung aber nur wenig konkrete Vorgaben und überlässt es weitgehend dem Gestaltungsspielraum des Gesetzgebers, welche Rechtsschutzmöglichkeiten er einrichtet und wie diese ausgestaltet sind. Einige zentrale Leitplanken, die sich vor allem aus der bundesverfassungsgerichtlichen Rechtsprechung ergeben, muss er jedoch auch auf rein nationaler Basis bereits beachten. Zu unterscheiden ist dabei das grundsätzliche Bestehen von Rechtsschutzmöglichkeiten einerseits und deren Ef-

---

[129] BVerfG, Beschl. v. 24.03.2021 – 1 BvR 2656/18, 1 BvR 78/20, 1 BvR 96/20, 1 BvR 288/20, juris Rn. 171.

[130] BVerfG, Beschl. v. 24.03.2021 – 1 BvR 2656/18, 1 BvR 78/20, 1 BvR 96/20, 1 BvR 288/20, ebd.

[131] Dazu im Folgenden ausführlich unter G. I. 3. b) gg) und I. I.

[132] BVerfG, Beschl. v. 24.03.2021 – 1 BvR 2656/18, 1 BvR 78/20, 1 BvR 96/20, 1 BvR 288/20, insb. Rn. 130, 133, 146, 186, 198, 218, 229; kritisch dazu *Ruttloff/Freihoff*, NVwZ 2021, 917 (918 f.).

[133] *Kühne*, NVwZ 2014, 321 (321 f.).

fektivität andererseits. Während das BVerfG bei formellen und materiellen Einschränkungen der bereits gewährten Klagebefugnisse tendenziell nur wenig eingreift, hat es die Anforderungen an die Effektivität des Rechtsschutzes, insbesondere in gestuften Verwaltungsverfahren, in den vergangenen Jahren ausgebaut. Grundlegend lassen sich der deutschen Verfassung folgende Maßgaben entnehmen:

1. Rechtsschutz (nur) bei Verletzung subjektiver öffentlicher Rechte

Art. 19 Abs. 4 S. 1 GG fordert die Einrichtung effektiver Rechtsschutzmöglichkeiten gegen Akte der öffentlichen Gewalt bei Verletzung einer subjektiven Rechtsposition – allerdings auch nur dann. So ist Art. 19 Abs. 4 S. 1 GG nicht isoliert anwendbar, eine Berufung hierauf scheidet aus, wenn nicht gleichzeitig eine schützenswerte subjektive Rechtsposition geltend gemacht wird. Erforderlich ist eine effektive Rechtsschutzmöglichkeit mithin nur bei Grundrechtsverletzungen oder der Verletzung anderer subjektiver öffentlicher Rechte, nicht hingegen in Bezug auf die Geltendmachung der Klagebefugnisse aus dem UmwRG respektive bei Vorenthaltung derselben.

Ebenfalls nicht erforderlich sind vor diesem Hintergrund ein unbeschränkter Zugang zu Gericht oder eine unbeschränkte gerichtliche Kontrolle auf materieller Ebene. Art. 19 Abs. 4 S. 1 GG steht Zugangsbeschränkungen wie der Verknüpfung der Klagebefugnis mit einer subjektiven Rechtsverletzung i. S. d. § 42 Abs. 2 Alt. 2 VwGO ebensowenig entgegen wie dem Ausschluss von Einwendungen aufgrund materieller Präklusion oder der Forderung eines Rechtswidrigkeitszusammenhangs i. S. d. § 113 Abs. 1 S. 1 VwGO. Auch besteht weder ein Anspruch auf Durchsetzung „bloßer" Verfahrensfehler noch ein Anspruch auf die Vollkontrolle planerischer Abwägungsentscheidungen. Beachten müssen Gesetzgeber und Behörden jedoch sowohl im Verwaltungs- wie auch im parlamentarischen Verfahren, dass im Sinne des sogenannten Grundrechtsschutzes durch Verfahren die von ihnen gestalteten und genutzten Verfahrensvorschriften Grundrechtsschutz und Grundrechtsausübung bestmöglich gewährleisten.

2. Vollüberprüfung nur bei Maßnahmen der Exekutive

Die Garantie eines vollumfänglichen Rechtsschutzes sieht das BVerfG nur in Bezug auf Maßnahmen der Exekutive als gegeben an. Denn auf Legislativakte ist Art. 19 Abs. 4 S. 1 GG nach seiner Ansicht nicht anwendbar. Auch, wenn man den besseren Argumenten sowohl hinsichtlich des Wortlauts als auch in systematischer, historischer und teleologischer Hinsicht folgt und eine weite Anwendbarkeit der Rechtsschutzgarantie bejaht, lässt sich Art. 19 Abs. 4 S. 1 GG aber kein Anspruch auf Vollüberprüfung von Maßnahmen der Legislative entnehmen. Denn konsequent muss dann auch die Verfassungsbeschwerde als Rechtsweg i. S. d. Art. 19 Abs. 4 S. 1 GG anerkannt werden.

Einer Legalplanung wie der Projektzulassung durch Maßnahmengesetz i. S. d. MgvG steht Art. 19 Abs. 4 S. 1 GG damit nicht grundsätzlich entgegen. Sowohl im Anwendungsbereich des Art. 14 Abs. 3 GG, der die Legalenteignung ausdrücklich zulässt, als auch im Anwendungsbereich des Art. 19 Abs. 4 S. 1 GG i. V. m. dem Grundsatz der Gewaltenteilung aus Art. 20 Abs. 2 GG gilt jedoch, dass die Wahl der Gesetzesform und der damit verbundene Ausschluss des fachgerichtlichen Rechtsschutzes nur unter engen Voraussetzungen zulässig sind. Erforderlich sind gute bzw. triftige Gründe im Einzelfall und erhebliche Nachteile oder Verzögerungen, die mit einer Realisierung im Wege der Planfeststellung bzw. allgemein mittels Verwaltungsaktes verbunden wären.

Jedenfalls hinsichtlich der Einhaltung dieser Voraussetzungen muss nach beiden Ansichten eine gerichtliche Überprüfungsmöglichkeit bestehen.

3. Gesteigerte Anforderungen an die Effektivität des Rechtsschutzes in gestuften Planungssystemen

Gesteigerte Anforderungen an die Effektivität des Rechtsschutzes gelten schließlich in gestuften Planungsverfahren. Zwar steht Art. 19 Abs. 4 S. 1 GG einer Rechtsschutzkonzentration am Ende der letzten Planungsstufe nicht grundsätzlich entgegen. Doch hat das BVerfG die Position Rechtsschutzsuchender zuletzt in der *Garzweiler II*-Entscheidung aus dem Jahr 2013 erheblich gestärkt. Die Konzentration der Rechtsschutzgewährung am Ende der letzten Planungsstufe ist demnach dann nicht mehr zulässig, wenn eine ergebnisoffene Überprüfung der vorangegangenen Entscheidung(en) aufgrund rechtlicher oder tatsächlicher Bindungswirkungen nicht mehr gewährleistet erscheint. Zwar hat sich das BVerfG damit nicht grundsätzlich für einen phasenspezifischen Rechtsschutz ausgesprochen – die Tür dorthin ist aber auch und gerade angesichts der Aussagen im KSG-Beschluss vom 24. März 2021 zumindest geöffnet und eine Einzelfallbetrachtung des jeweiligen Planungssystems nunmehr erforderlich.

F. Völker- und europarechtliche Anforderungen an die Rechtsschutzmöglichkeiten in umweltrelevanten Planungsverfahren

Die vorangehende Betrachtung hat gezeigt, dass das Grundgesetz mit seinem diesbezüglich zentralen Art. 19 Abs. 4 S. 1 GG vergleichsweise viel Spielraum in Sachen Ausgestaltung des Rechtsschutzes gewährt. Konkrete Vorgaben sind rar. Als einschränkendes Moment ist lediglich die Effektivität des gewährten Rechtsschutzes besonders im Blick zu halten. Gleichzeitig ist deutlich geworden, dass Art. 19 Abs. 4 S. 1 GG die Schlüsselposition in der fachlichen Diskussion rund um MgvG und Rechtsschutzmöglichkeiten in gestuften Planungssystemen einnimmt.

Insbesondere in Bereichen, die stark von einer europarechtlichen Überformung geprägt sind, wie das Umwelt- und damit implizit auch das Infrastrukturplanungsrecht, ist Art. 19 Abs. 4 S. 1 GG aber schon lange nicht mehr erste und vor allem nicht einzige Anlaufstelle in Fragen des Rechtsschutzes. Anforderungen stellen auf völkerrechtlicher Ebene die Århus-Konvention (AK) und darauf basierend die Rechtsschutzregelungen der europäischen Richtlinien im Umweltbereich, deren Umsetzung im deutschen Recht nach einigen wegweisenden EuGH-Entscheidungen seit Jahren im Wandel begriffen ist. Diese völker- und europarechtlichen Anforderungen sollen im Folgenden analysiert werden, um die Rechtsschutzmöglichkeiten, die das deutsche Recht im System der Infrastrukturplanung gewährt, im Anschluss umfassend bewerten zu können.

I. Rechtssetzungskraft des EuGH

In Anbetracht des Umstandes, dass die Rechtsprechung des EuGH in Sachen Umweltrecht und Umweltrechtsschutz in der deutschen Fachöffentlichkeit teils als immer weitgreifender empfunden wird und angesichts der jüngst infolge des BVerfG-Urteil zum *PSPP-Anleihenkauf*[1] der EZB neu entbrannten Diskussion um ultra vires-Handlungen der europäischen Organe sollen die folgenden Betrachtungen nicht ohne einen kritischen Blick auf die von einigen wohl als sich an der Schwelle zur aktiven Rechtssetzungstätigkeit bewegend aufgefasste Praxis des höchsten europäischen Gerichts erfolgen.

[1] BVerfG, Urt. v. 05.05.2020 – 2 BvR 859/15 = BVerfGE 146, 216.

Im PSPP-Urteil hatte das BVerfG nämlich in bis dahin beispiellos deutlichen Worten ausgeführt, der EuGH handle bei der Auslegung der Verträge in Bezug auf die Bestimmung des Mandats der EZB „objektiv willkürlich"[2] und damit ultra vires. Er überschreite seinen Rechtsprechungsauftrag aus Art. 19 Abs. 1 S. 2 EUV, das Ergebnis des entsprechenden Vorabentscheidungsverfahrens in der Rechtssache *Weiss*[3] entfalte daher in Deutschland keine Bindungswirkung.[4]

Über diesen „Hebel" wäre es denkbar einfach, sämtliche „unliebsamen" Aspekte der unbestritten sehr weiten Auslegung des europäischen Umweltrechts durch den EuGH zu ultra vires-Akten und damit in Deutschland für nicht verbindlich zu erklären. Das entspräche jedoch zweifelsfrei nicht der europäischen Idee, die auch Deutschland bei Gründung der EU und Unterzeichnung der Europäischen Vertrage verfolgte, weshalb auf das ultra vires-Argument nicht vorschnell zurückgegriffen werden sollte. Erforderlich ist eine feinfühlige Entscheidung, die letztlich nur das BVerfG treffen kann.

Anders als beim Anleihenkauf durch die EZB, der schon im *OMT-Urteil*[5] im Jahr 2016 auf der Kippe stand, äußerten trotz teils großer Diskrepanzen im Herangehen an Verwaltungs- und Umweltrecht[6] weder BVerwG noch BVerfG bisher grundlegende Zweifel hinsichtlich der Grenzen des Rechtsprechungsauftrags des EuGH im umweltrechtlichen Bereich. Dies erscheint konsequent, steht doch beim Anleihenkauf letztlich das Budgetrecht des Deutschen Bundestags zur Debatte, das das BVerfG im *Lissabon*-Urteil der nationalen Verfassungsidentität zugerechnet und damit einer Übertragung an die Europäische Union entzogen hatte.[7] Entsprechendes gilt für das Umweltrecht gerade nicht, für das bereits eine weitreichende Kompetenzübertragung stattgefunden hat. Hier wird überwiegend von einem entwicklungsoffenen Umweltbegriff „zugunsten" der Union ausgegangen, der grundsätzlich weit zu verstehen ist.[8]

Bis zu einer anderslautenden Entscheidung ist daher davon auszugehen, dass sich die nachfolgend näher erläuterten Entscheidungen des EuGH im Rahmen des Art. 19 Abs. 1 S. 2 EUV bewegen.

---

[2] BVerfG, Urt. v. 05.05.2020 – 2 BvR 859/15 = BVerfGE 146, 216, juris Rn. 112, zur Subsumtion dann a. a. O., juris Rn. 118 ff.

[3] EuGH, Urt. v. 11.12.2018, Weiss, C-493/17, ECLI:EU:C:2018:1000.

[4] BVerfG, Urt. v. 05.05.2020 – 2 BvR 859/15 = BVerfGE 146, 216, juris Rn. 163.

[5] BVerfG, Urt. v. 21.06.2016 – 2 BvE 13/13 = BVerfGE 142, 123.

[6] Dazu bereits oben unter B. V. 4.

[7] BVerfG, Urt. v. 30.06.2009 – 2 BvE 2/08 = BVerfGE 123, 267, juris Rn. 256.

[8] *Fellenberg/Schiller*, in: Landmann/Rohmer, Umweltrecht, Vor § 1 UmwRG (Stand: 86. EL Apr. 2018), Rn. 69; *Walter*, EuR 2005, 302 (313).

II. Normbefund

1. Århus-Konvention

In völkerrechtlicher Hinsicht finden sich die maßgeblichen Verpflichtungen zur Gewährung von Rechtsschutz in Umweltangelegenheiten in der Århus-Konvention. Als erstes völkerrechtliches Übereinkommen seiner Art auf UNECE-Ebene regelt es seit 1998 den Zugang der Öffentlichkeit zu umweltrelevanten Informationen, die Beteiligung an behördlichen Verfahren sowie die gerichtlichen Überprüfungsmöglichkeiten.[9]

a) Verbindlichkeit

Verbindlichkeit erlangt die Århus-Konvention für Deutschland auf zwei Wegen: Zum einen ist die Bundesrepublik selbst Vertragspartei, zum anderen auch die EU. Es handelt sich also um ein sogenanntes gemischtes Abkommen („mixed agreement“),[10] vgl. auch Art. 19 Abs. 4 AK. Je nach Kompetenzbereich sind die Bestimmungen der Århus-Konvention nach der EuGH-Interpretation des Art. 216 Abs. 2 AEUV[11] entweder bereits unmittelbar verbindlich als integraler Bestandteil der Unionsrechtsordnung oder müssen von den Mitgliedstaaten separat umgesetzt werden. Ihrer eigenen Umsetzungspflicht ist die EU vor allem mittels Einfügung der heutigen Art. 11 UVP-RL und Art. 25 IE-RL durch die Öffentlichkeitsbeteiligungs-Richtlinie im Jahr 2003 nachgekommen. Eingang in deutsches Recht fanden die dort statuierten Verpflichtungen dann mit der Einführung des inzwischen mehrfach novellierten Umwelt-Rechtsbehelfsgesetzes (UmwRG) im Jahr 2006. Neben der Umsetzung der unionsrechtlichen Verpflichtungen sollte dieses Gesetz gleichzeitig der innerstaatlichen Umsetzung der „übrigen“ eigenen Verpflichtungen Deutschlands aus der Århus-Konvention dienen.[12]

Es drängt sich damit die Frage auf, nach welchen Kriterien die Zuweisung der Zuständigkeiten und Verpflichtungen zu Union oder Mitgliedstaaten erfolgt und vor allem, welche Konsequenzen eine mangelhafte Umsetzung seitens der Union oder der Mitgliedstaaten insbesondere für den Rechtsschutz in Umweltangelegenheiten bei möglicherweise unklarer Aufgabenzuordnung hat. Ähnlich wie bei der grundgesetzlichen Kompetenzverteilung nach den Art. 70 ff. GG begründet die Århus-Konvention, wenn die Union in einem bestimmten Bereich über keine Kompetenz

---

[9] Vgl. *Berkemann*, DVBl 2015, 389 (389); *Walter*, EuR 2005, 302 (304).

[10] *Berkemann*, DVBl 2015, 389 (389); *Breuer/Riegger*, EurUP 2014, 293 (293); *Heß*, UTR 133 (2017), 177 (184).

[11] Vgl. EuGH, Urt. v. 08.03.2011, Slowakischer Braunbär I, Cs-240/09, ECLI:EU:C:2011:125, Rn. 30; EuGH, Urt. v. 20.10.2006, IATA und ELFAA, C-344/04, ECLI:EU:C:2006:10, Rn. 36; EuGH, Urt. v. 30.05.2006, Kommission/Irland, C-459/03, ECLI:EU:C:2006:345, Rn. 82; *Berkemann*, DVBl 2015, 389 (389); *Breuer/Riegger*, EurUP 2014, 293 (302).

[12] BT-Drucks- 16/2495, S. 1; *Berkemann*, DVBl 2015, 389 (390).

verfügt oder eine konkurrierende Kompetenz (teilweise) nicht ausgeübt hat, eine unmittelbare eigene Verpflichtung der Konventionsstaaten, d. h. die Umsetzung und das Urteil über eine etwaige unmittelbare Wirkung in den nationalen Rechtsordnungen obliegen den Mitgliedstaaten bzw. den mitgliedstaatlichen Gerichten.[13] Dabei können sich teils erhebliche Abgrenzungsschwierigkeiten und Probleme hinsichtlich des Verhältnisses von Kompetenzverteilung im Innenverhältnis und „gesamtschuldnerischer" Haftung im Außenverhältnis ergeben.[14]

Soweit die völkerrechtliche Perspektive.[15] In *Slowakischer Braunbär I* entschied der EuGH jedoch aus unionsrechtlicher Sicht, dass sämtliche inhaltlichen Fragen auch dann dem Unionsrecht und damit der Auslegungskompetenz des EuGH unterfallen, wenn es sich um einen Bereich handelt, der weitgehend vom Unionsrecht erfasst wird – im Sinne einer „‚Vorwirkung' der Konvention"[16] unabhängig davon, ob die Union die entsprechende Kompetenz für den jeweils konkreten Teilbereich vollumfänglich wahrgenommen hat.[17] Für das Umweltrecht nimmt der EuGH Ersteres mit Blick auf Art. 192 i. V. m. Art. 191 Abs. 2 AEUV an[18] und scheint damit die Idee der *AETR*-Rechtsprechung weiter zu verfolgen, nach der der Union in Bezug auf den Abschluss völkerrechtlicher Verträge im Außenverhältnis aus Gründen der Gemeinschaftstreue eine ausschließliche Zuständigkeit zuwächst, sobald sie im Innenverhältnis von einer konkurrierenden Zuständigkeit Gebrauch gemacht hat.[19] In anderen Bereichen hatte der EuGH aus Gründen der Einheitlichkeit schon länger die alleinige Auslegungskompetenz jedenfalls für verfahrensrechtliche Regelungen gemeinschaftlicher Abkommen beansprucht, die sowohl auf nationale als auch auf unionsrechtliche Sachverhalte Anwendung finden.[20] Damit wird zwar nicht gleichzeitig auch eine Gesetzgebungskompetenz der Union geschaffen, das Subsidiaritätsprinzip bleibt bestehen, sodass weiterhin jedenfalls bei *non self-executing*

---

[13] Vgl. EuGH, Urt. v. 08. 03. 2011, Slowakischer Braunbär I, Cs-240/09, ECLI:EU:C:2011:125, Rn. 32.

[14] Dazu ausführlich *Breuer/Riegger*, EurUP 2014, 293 (295 ff.).

[15] Zu den Unterschieden zwischen völkerrechtlicher und unionsrechtlicher Perspektive ausführlich *Breuer/Riegger*, EurUP 2014, 293 (293 ff.).

[16] *Bunge*, ZUR 2014, 3 (11).

[17] EuGH, Urt. v. 08. 03. 2011, Slowakischer Braunbär I, Cs-240/09, ECLI:EU:C:2011:125, Rn. 36.

[18] So zum damaligen Art. 175 EG i. V. m. Art. 174 Abs. 2 EG: EuGH, Urt. v. 08. 03. 2011, Slowakischer Braunbär I, Cs-240/09, ECLI:EU:C:2011:125, Rn. 35 ff.

[19] So im ursprünglich zum Verkehrsrecht ergangenen Urteil der EuGH, Urt. v. 31. 03. 1971, AETR, C-22–70, ECLI:EU:C:1971:32, Rn. 30/31; dazu *Heliskoski*, Mixed Agreements, S. 36 ff.; kritisch zur Übertragbarkeit auf den Umweltbereich *Walter*, EuR 2005, 302 (308 f.).

[20] Vgl. so zum TRIPs-Übereinkommen im Bereich des Markenrechts EuGH, Urt. v. 14. 12. 2000, Dior u. a., C-300/98 und C-392/98, ECLI:EU:C:2000:688, Rn. 35, 37; zum Protokoll über den Schutz des Mittelmeers gegen Verschmutzung vom Lande aus EuGH, Urt. v. 07. 10. 2004, Kommission/Frankreich, C-239/03, ECLI:EU:C:2004:598, Rn. 29 ff.

Normen ein Umsetzungsakt seitens der Mitgliedstaaten notwendig ist.[21] Über Anwendbarkeit, Auslegung und unmittelbare Wirkungen der Århus-Konvention will aber ausschließlich der EuGH entscheiden. Wenn das nationale deutsche Recht also Umsetzungsdefizite hinsichtlich der Verpflichtungen aus der Århus-Konvention aufweisen sollte, kann und muss die Kommission respektive der EuGH die Bundesrepublik im Wege des Vertragsverletzungsverfahrens nach den vorstehenden Maßgaben zur Korrektur verpflichten.[22]

Diese weitgreifende Interpretation auf europäischer Ebene ist in der deutschen Literatur erwartbar auf Kritik gestoßen.[23] Zwar wird man bei der Abgrenzung von auf Unionsrecht basierenden und rein nationalen Vorschriften richtigerweise schon im Sinne des effet utile einen wohlwollenden Maßstab anlegen müssen.[24] Allerdings existieren beispielsweise in Form der naturschutzrechtlichen Eingriffsregelung der §§ 14, 15 BNatSchG durchaus einige prominente Regelungen, die unbestritten nicht auf Unionsrecht zurückgehen und bezüglich deren Einklagbarkeit die Bundesrepublik zwar als Konventionspartei der Århus-Konvention selbst verpflichtet, bei der Umsetzung und Frage nach einer etwaigen unmittelbaren Anwendbarkeit der völkerrechtlichen Normen jedoch nicht der Interpretationshoheit des EuGH unterworfen wäre.[25] Ein diesbezüglicher Konfliktfall ist bisher noch nicht aufgetreten. Gerade angesichts der soeben aufgezeigten jüngsten Kontroversen zwischen BVerfG und EuGH kann nur konstatiert werden, dass unklar ist, ob und wie beide Gerichte eine solche Situation auflösen würden. In Anbetracht der Tatsache, dass kein Teil der nationalen Verfassungsidentität im Sinne des *Lissabon*-Urteils betroffen ist, erscheint ein weiteres ultra vires-Urteil des BVerfG auch in Sachen Umweltrecht aber eher wenig naheliegend. Gerade bezüglich unionsrechtlich nicht überformter Bereiche des deutschen Umweltrechts kann dies jedoch nicht mit letzter Bestimmtheit vorausgesagt werden.

---

[21] Vgl. *Breuer/Riegger*, EurUP 2014, 293 (305 f.); *Walter*, EuR 2005, 302 (311 f.). Hinsichtlich Art. 9 Abs. 3 AK erklärte die EU im Anhang zum Beschluss des Rates vom 17. Februar 2005 über den Abschluss des Übereinkommens über den Zugang zu Informationen, die Öffentlichkeitsbeteiligung an Entscheidungsverfahren und den Zugang zu Gerichten in Umweltangelegenheiten im Namen der Europäischen Gemeinschaft (2005/370/EG) (ABl. 2005 L 124, S. 1) sogar ausdrücklich die Verpflichtung der Mitgliedstaaten zum Erlass entsprechender Umsetzungsakte, vgl. a. a. O., S. 3; dazu *Breuer/Riegger*, EurUP 2014, 293 (296).

[22] Vgl. *Breuer/Riegger*, EurUP 2014, 293 (306 f.), die dies auf Basis von Art. 4 Abs. 3 EUV sogar im Bereich ausschließlich mitgliedstaatlicher Kompetenzen für möglich halten.

[23] Vgl. *Berkemann*, DVBl 2011, 1253 (1256 f.); *Siegel*, DÖV 2012, 709 (715 f.); *Wegener*, ZUR 2011, 363 (366).

[24] *Bunge*, ZUR 2014, 3 (10).

[25] Ohnehin kritisch angesichts dieses Auseinanderfallens *Bunge*, ZUR 2014, 3 (11); weiterführend in diese Richtung *Ekardt*, NVwZ 2012, 530 (531), der der EuGH-Rechtsprechung bzw. Art. 10a UVP-RL die zwingende Einklagbarkeit aller umweltrelevanten Normen unabhängig von ihrer Herkunft entnimmt, allerdings offenlässt, woher die diesbezügliche Regelungsbefugnis stammen soll.

Entschärft wird dieser Konflikt in der Praxis durch die Rolle des Århus Convention Compliance Commitee (ACCC) auf Ebene der Konvention selbst, das als gemeinsames Gremium der Konventionsparteien die Einhaltung der Århus-Regelungen überwacht.[26] Ein solcher Compliance-Mechanismus ist ein inzwischen durchaus geläufiges Überwachungsinstrument des modernen Umweltvölkerrechts.[27] Zu differenzieren ist dabei jedoch wie folgt: Die Beschlüsse des ACCC selbst sind nicht bindend. Es handelt sich vielmehr um dasjenige Gremium, das die in Art. 15 AK vorgesehene „freiwillige, nichtstreitig angelegte, außergerichtliche und auf Konsultationen beruhende Überprüfung der Einhaltung der Bestimmungen dieses Übereinkommens" übernehmen soll.[28] Einen Verstoß gegen die Århus-Konvention verbindlich feststellen und entsprechende Maßnahmen gegenüber dem jeweiligen Konventionsstaat ergreifen kann nur die Vertragsstaatenkonferenz,[29] die vom ACCC zu unterscheiden ist.

Die Rolle des ACCC sollte auch angesichts dieses Umstandes jedoch nicht zu gering bewertet werden. Die Århus-Konvention als „bloßer" völkerrechtlicher Vertrag ist ohnehin auf Konsultation statt Konfrontation angelegt.[30] Nur im äußersten Fall sieht sie überhaupt eine gerichtliche bzw. schiedsgerichtliche Klärung von Streitigkeiten vor.[31] Dass das ACCC formal keine verbindlichen Entscheidungen aussprechen kann, ist auf völkerrechtlicher Ebene weniger stark zu gewichten als auf nationaler und europarechtlicher und setzt die faktische Bedeutung des ACCC nicht zwingend herab. Denn die Vertragsstaatenkonferenz hat bisher sämtliche Vorschläge des ACCC ohne Änderungen übernommen.[32] Zudem verweist sie in der Begründung ihrer Entscheidungen regelmäßig vollumfänglich auf die *Findings* des ACCC.[33] Dass in der Vergangenheit nur ein Bruchteil der durch das ACCC untersuchten Fälle eine Entscheidung der Vertragsstaatenkonferenz nach sich gezogen hat,[34] ist dabei kei-

---

[26] Zum ACCC allgemein *Heß*, UTR 133 (2017), 177 (179); *Schlacke/Römling*, in: Schlacke/Schrader/Bunge, Aarhus-Handbuch, § 3, Rn. 42.

[27] Vgl. die Aufzählung bei *Bunge*, NuR 2014, 605 (606, Fn. 5).

[28] Vgl. die Aufgabenbeschreibung auf der Website des ACCC selbst: https://www.unece.org/env/pp/ccBackground.html (abgerufen am 14.08.2021, 11:20 Uhr).

[29] *Alge*, RdU 2011, 136 (139); *Heß*, UTR 133 (2017), 177 (179). Auch diese Verbindlichkeit ist jedoch im Sinne einer völkerrechtlich verbindlichen Entscheidung zu verstehen, nicht im Sinne einer strikt rechtsverbindlichen Pflicht, wie sie etwa eine Entscheidung des EuGH auslösen kann, vgl. *Bunge*, NuR 2014, 605 (610).

[30] So wird in Art. 16 Abs. 1 AK ausdrücklich der Vorrang friedlicher Streitbeilegung statuiert.

[31] Vgl. Art. 16 Abs. 2 AK, der für den Fall, dass eine Streitbeilegung nach Art. 16 Abs. 1 AK gescheitert ist, die Möglichkeit einer Entscheidung durch den Internationalen Gerichtshof oder ein adäquates Schiedsverfahren vorsieht.

[32] *UNECE*, Aarhus Convention Implementation Guide, S. 224; *Alge*, RdU 2011, 136 (139); *Lenz*, NdsVBl 2020, 229 (234); vgl. auch BVerwG, Urt. v. 05.09.2013 – 7 C 21.12 = BVerwGE 147, 312, juris Rn. 33.

[33] *Alge*, RdU 2011, 136 (139).

[34] Vgl. *Alge*, ebd.; näher dazu sogleich.

neswegs als Beleg für die Unverbindlichkeit der ACCC-Beschlüsse zu verstehen. Vielmehr legt das ACCC der Vertragsstaatenkoferenz im Rahmen jeder ihrer Zusammenkünfte einen Bericht über seine Aktivitäten in der *intersessional period,* also der Zeitspanne seit der letzten Vertragsstaatenkonferenz, vor.[35] Bestandteil dessen ist insbesondere „a table of provisions of the Convention alleged or not found to have been complied with during the intersessional period“[36], also eine Aufstellung derjenigen Verstöße, die vom ACCC in der Zwischenzeit festgestellt und durch den jeweiligen Konventionsstaat noch nicht behoben wurden. Nur über diese Themen befindet dann auch die Vertragsstaatenkonferenz. Die Möglichkeit, die Befassung mit einem festgestellten Konventionsverstoß abzulehnen, sodass dieser ungeahndet bleiben würde, sehen weder die Århus-Konvention selbst noch die Guidelines des ACCC[37] vor. Lediglich zu Beginn der Einreichung einer *Communication* an das ACCC, in der Regel durch die Öffentlichkeit, behält sich das ACCC vor, gewissermaßen im Rahmen einer Zulässigkeitsprüfung Beschwerden mit unbedeutendem Inhalt oder bezüglich unbedeutender Rechtsverletzungen zurückzuweisen.[38]

Umgekehrt bedeutet dies, dass bisher die überwiegende Mehrheit der Verfahren[39] durch Behebung des Konventionsverstoßes bereits beendet wurde, bevor sich die Vertragsstaatenkonferenz damit befassen konnte oder musste. Die Mehrzahl der Konventionsstaaten fasst die Entscheidungen des ACCC also offensichtlich als jedenfalls faktisch verbindlich auf und behebt regelmäßig bereits in Reaktion darauf und nicht erst auf einen Beschluss der Vertragsstaatenkonferenz hin einen festgestellten Konventionsverstoß. Letztere würde aber in der Praxis ohnehin mit an Sicherheit grenzender Wahrscheinlichkeit die Empfehlung des ACCC übernehmen.

Vor diesem Hintergrund ist der Auffassung zuzustimmen, dass bereits die Missachtung einer ACCC-Entscheidung gleichbedeutend mit einer Konventionsverletzung wäre.[40] Denn hinsichtlich ihrer inhaltlichen Aussagekraft und faktischen Verbindlichkeit kommt den Beschlüssen des ACCC die gleiche Bedeutung zu wie denjenigen der Vertragsstaatenkonferenz. Der Umstand, dass es sich bei Entscheidungen des ACCC nicht um eine rechtsverbindliche Auslegung der oder Feststellung von Verstößen gegen die Århus-Konvention handelt, sollte zwar in formaler Hinsicht berücksichtigt werden. Dass sich die Bundesrepublik einer Entscheidung des ACCC

---

35 *UNECE*, Guide to the ACCC, S. 8 f.

36 *UNECE*, Guide to the ACCC, S. 9.

37 Vgl. *UNECE*, Guide to the ACCC, dort insb. S. 8 ff.

38 Hintergrund dieser erst in jüngerer Vergangenheit gefassten Praxis ist nach Einschätzung von *Alge* jedoch vor allem die große Anzahl der aus Großbritannien eingegangen Beschwerden, wo das ACCC angesichts fehlender Sprachbarrieren wohl als vergleichsweise leicht zugängliche Rechtsschutzinstanz angesehen wird; insgesamt dazu *Alge*, RdU 2011, 136 (139).

39 Siehe dazu die frei zugänglichen Informationen zu allen bisher beim ACCC geführten Untersuchungen unter https://www.unece.org/environmental-policy/conventions/public-participation/aarhus-convention/tfwg/envppcc/envppcccom.html (abgerufen am 14.08.2021, 11:21 Uhr).

40 *Bunge*, ZUR 2015, 531 (534); *Schlacke/Römling*, in: Schlacke/Schrader/Bunge, Aarhus-Handbuch, § 3, Rn. 42.

oder einem in der Folge ergehenden Beschluss der Vertragsstaatenkonferenz offen widersetzen würde, erscheint jedoch ausgeschlossen. Die fehlenden imperativen Durchsetzungsinstrumente pauschal gegen eine Verbindlichkeit von Entscheidungen des ACCC in Stellung zu bringen, würde vielmehr Charakter und Bestehensgrund einer jeden völkerrechtlichen Verpflichtung infrage stellen. Der Charakter völkerrechtlichen „soft laws" mit Quasi-Bindungswirkung[41] ist die höchste Verbindlichkeitsstufe, die eine völkerrechtliche Vereinbarung wie die Århus-Konvention aus sich heraus[42] erreichen kann. Nach hier vertretener Ansicht kommt diese Wirkung jedenfalls angesichts der Erfahrungen aus der Praxis Entscheidungen des ACCC und der Vertragsstaatenkonferenz gleichermaßen zu.

In Sinne der vorstehenden Überlegungen misst ebenso das BVerwG den Äußerungen des ACCC „bedeutendes Gewicht"[43] bei. Auch EuGH und ACCC verfolgen – anders als mitunter EuGH und BVerwG – ein echtes Kooperationsverhältnis und legen die gleichlautenden Vorgaben in der Århus-Konvention und den europäischen Richtlinien tendenziell parallel aus.[44] Bestandteile des Unionsrechts sind nach der Rechtsprechung des EuGH nämlich nicht nur die völkerrechtlichen Übereinkommen selbst, sondern auch die Entscheidungen zugehöriger Spruchkörper wie des ACCC,[45] die damit gleichermaßen am Anwendungsvorrang des Unionsrechts teilnehmen.[46] Dies entspricht der hier vorgeschlagenen inhaltlichen Gleichbehandlung von Beschlüssen des ACCC und solcher der Vertragsstaatenkonferenz. Entsprechend setzt der EuGH Beschlüsse des ACCC regelmäßig in seinen Urteilen um,[47] das ACCC wiederum verweist zur Begründung seiner Entscheidungen auf EuGH-Urteile.[48] Verstöße gegen die Konvention sind zumeist gleichzeitig auch Verstöße gegen Unionsrecht.[49]

---

[41] So *Bunge*, NuR 2014, 605 (610) in Bezug auf die Entscheidungen der Vertragsstaatenkonferenz; allgemein zur Rolle des „soft laws" *Friedrich*, International Environmental „soft law", dort insb. S. 143 ff.

[42] Gemeint ist unabhängig von richtlinienförmigen Umsetzungen durch die EU, die die Mitgliedstaaten in der Folge mit höherem Verbindlichkeitsgrad zur Umsetzung zwingen.

[43] BVerwG, Urt. v. 05.09.2013 – 7 C 21.12 = BVerwGE 147, 312, juris Rn. 33.

[44] *Bunge*, ZUR 2015, 531 (534); *Schlacke/Römling*, in: Schlacke/Schrader/Bunge, Aarhus-Handbuch, § 3, Rn. 42; *Schmidt/Stracke/Wegener/Zschiesche*, in: UBA, Umweltverbandsklage, S. 67.

[45] Vgl. EuGH, Urt. v. 21.01.1993, Deutsche Shell, C-188/91, ECLI:EU:C:1993:24, Rn. 17; EuGH, Urt. v. 20.09.1990, Sevince, C-192/89, ECLI:EU:C:1990:322, Rn. 9; EuGH, Urt. v. 14.11.1989, Griechenland/Kommission, C-30/88, ECLI:EU:C:1989:422, Rn. 13; *Alde*, RdU 2011, 136 (140); *Bunge*, NuR 2014, 605 (611).

[46] *Schmidt/Stracke/Wegener/Zschiesche*, in: UBA, Umweltverbandsklage, S. 67.

[47] *Bunge*, NuR 2014, 605 (611); *Wegener*, Stellungnahme MgvG, S. 26 f.

[48] *Bunge*, ZUR 2015, 531 (534) mit Verweis auf *ACCC*, Findings and recommendations with regard to communication ACCC/C/2008/31 concerning Germany.

[49] *Alge*, RdU 2011, 136 (140); *Berkemann*, DVBl 2015, 389 (399); *Breuer/Riegger*, EurUP 2014, 293 (306).

Dies führt weiterhin gerade in Anbetracht des perspektivisch eher zunehmenden Regelungsumfangs des europäischen Umweltrechts zu der Konsequenz, dass der Kompetenz-Problematik zwischen nationalem und europäischem Recht bei der Umsetzung der Århus-Konvention faktisch keine erhebliche Relevanz zukommt. Dennoch sollte sie als potenzieller neuer Streitpunkt im kompetenziellen Konflikt zwischen BVerwG und EuGH nicht gänzlich aus den Augen verloren werden.

b) Rechtsschutzvorgaben

aa) Art. 9 Abs. 2 AK

Art. 9 Abs. 2 AK statuiert die Verpflichtung der Mitgliedstaaten, allen Mitgliedern der betroffenen Öffentlichkeit, die ein ausreichendes Interesse haben oder eine Rechtsverletzung geltend machen, Zugang zu einem Überprüfungsverfahren vor Gericht zu gewähren, in dem sowohl die formelle als auch die materielle Rechtmäßigkeit der Entscheidung überprüft werden können. Dabei ist den Mitgliedstaaten zwar die Ausgestaltung von Ablauf und Einzelheiten des Verfahrens überlassen, nicht jedoch das „Ob" der Rechtsschutzgewährung. Besondere Bedeutung verleiht die Århus-Konvention der Umweltverbandsklage, indem Art. 9 Abs. 2 Uabs. 3 S. 2 i. V. m. Art. 2 Nr. 5 AK klarstellt, dass unabhängig von weiteren Voraussetzungen, die das innerstaatliche Recht stellen mag, Umweltverbänden ein vorbehaltloser Zugang zu Gericht gewährt werden muss. Rechtsbehelfe der sonstigen Öffentlichkeit sehen sich zwar weitgreifenderen Einschränkungsmöglichkeiten seitens der Vertragsstaaten ausgesetzt, die gem. Art. 9 Abs. 2 Uabs. 3 S. 1 AK nach nationalem Recht definieren können, was als ausreichendes Interesse und Rechtsverletzung i. S. d. Art. 9 Abs. 2 Uabs. 1 AK gilt. Auch diese Kriterien müssen allerdings „im Einklang mit dem Ziel, der betroffenen Öffentlichkeit im Rahmen dieses Übereinkommens einen weiten Zugang zu Gericht zu gewähren", stehen.

Die beschriebenen Rechtsschutzmöglichkeiten sind gem. Art. 9 Abs. 2 Uabs. 2 AK zu schaffen für alle Entscheidungen, für die auch eine Öffentlichkeitsbeteiligung nach Art. 6 AK durchzuführen ist. Dazu gehören gem. Art. 6 Abs. 1 lit. a) i. V. m. Nr. 8 lit. a), lit. b), Nr. 9 lit. a), Nr. 17 Anh. I AK Zulassungsentscheidungen über den Bau von Eisenbahn-Fernverkehrsstrecken, Autobahnen, Wasserstraßen, die für Schiffe mit mehr als 1.350 t zugänglich sind, sowie Hochspannungsfreileitungen[50] mit einer Länge von mehr als 15 km. Damit sind alle in diesen Bereichen bisher untersuchten Vorhaben auch von Art. 9 Abs. 2 AK umfasst.

Nicht von Nr. 17 Anl. I AK erfasst werden ausweislich des eindeutigen Wortlauts Erdkabelprojekte. Da die letzte Änderung der Århus-Konvention im Jahr 2005 erfolgte, in Deutschland die vergleichsweise extensive Anwendung von Erdverkabe-

[50] Nr. 17 Anh. I AK umfasst Hochspannungsfreileitungen für eine Stromstärke von 220 kV oder mehr. Dieser Spannungsbereich fällt nach deutschem Verständnis bereits unter den Begriff der Höchstspannungsleitungen. Insofern sind trotz unterschiedlicher Begrifflichkeiten dieselben Projekte betroffen.

lungen aber erst 2015 in Reaktion auf den erheblichen Widerstand in der Bevölkerung gegen die Errichtung von Freileitungen[51] eingeführt wurde, ist dieser Umstand mehr dem zeitlichen Verlauf denn einer bewussten Entscheidung der Konventionsparteien geschuldet. Gem. Art. 6 Abs. 1 lit. b) besteht eine Anwendungspflicht aber auch für Entscheidungen über vergleichbar auswirkungsstarke Vorhaben. Aufgrund der beschriebenen Umweltauswirkungen von Erdkabeln ist eine Anwendung dieser Norm und damit eine Anwendbarkeit auf sämtliche Energieleitungsvorhaben i. S. d. NABEG zu bejahen.

bb) Art. 9 Abs. 3 AK

Weniger eindeutige Aussagen trifft die Århus-Konvention zu allen sonstigen umweltrelevanten Entscheidungen, die also keine unmittelbare Zulassungsentscheidung i. S. d. Art. 6 Abs. I lit. a) AK darstellen. Art. 9 Abs. 3 AK sieht lediglich vor, dass die Öffentlichkeit – dazu gehören gem. Art. 2 Nr. 5 AK stets die Umweltverbände, auch, wenn diese nur teilweise explizit genannt werden – Zugang zu einer behördlichen oder gerichtlichen Überprüfungsmöglichkeit in Bezug auf Handlungen und Unterlassungen von Behörden und Privatpersonen haben, die gegen umweltbezogene Bestimmungen des innerstaatlichen Rechts verstoßen. Eine Anknüpfung an die Öffentlichkeitsbeteiligung nach Art. 6 AK findet sich hier jedoch nicht, sodass die Vorschrift als eigenständiges allgemeines Zugangsrecht zu Gerichten in Umweltbelangen zu verstehen ist.[52] Dementsprechend bestehen zwar Differenzen über den Umfang des Umsetzungsspielraums der Vertragsstaaten,[53] das „Ob“ der Schaffung einer solchen Rechtsschutzmöglichkeit steht jedoch nach überwiegender Ansicht nicht zur Disposition.[54] Nicht kompensiert werden kann diese Anforderung durch einen im Anwendungsbereich des Art. 9 Abs. 2 AK zur Verfügung stehenden Rechtsbehelf.[55]

c) Anwendbarkeit auf Legislativakte

In ihrer Mitteilung über den Zugang zu Gerichten in Umweltangelegenheiten von August 2017 äußerte die EU-Kommission allerdings die Ansicht, aufgrund der Formulierung des Art. 2 Nr. 2 AK sei die gesamte Århus-Konvention nicht auf in

---

[51] Zum politischen Hintergrund der Erdkabelnovelle bereits oben unter D. II. 2. a), Fn. 489.

[52] *Calliess*, NuR 2006, 601 (614); *Epiney/Diezig/Pirker/Reitemeyer*, HK Aarhus-Konvention, Art. 9, Rn. 10, 35; *Schlacke/Römling*, in: Schlacke/Schrader/Bunge, Aarhus-Handbuch, § 3, Rn. 52.

[53] Dazu im Folgenden unter F. III.

[54] *Epiney/Diezig/Pirker/Reitemeyer*, HK Aarhus-Konvention, Art. 9, Rn. 36; *Heß*, UTR 133 (2017), 177 (182); *Schlacke/Römling*, in: Schlacke/Schrader/Bunge, Aarhus-Handbuch, § 3, Rn. 54.

[55] *ACCC*, Findings and recommendations with regard to communication ACCC/C/2010/48 concerning Austria, Rn 71 ff.; *Heß*, UTR 133 (2017), 177 (182).

Gesetzesform ergehende Zulassungsentscheidungen anwendbar.[56] Gerade angesichts der Einführung des MgvG handelt es sich bei dieser Frage um eine zentrale Weichenstellung, sodass eine nähere Untersuchung erforderlich erscheint.

aa) Wortlaut

Betrachtet man zunächst den Wortlaut, so definiert Art. 2 Nr. 2 AK als Behörde in eindeutiger Form ausschließlich Stellen der öffentlichen Verwaltung sowie natürliche oder juristische Personen und sonstige Einrichtungen, die entsprechende Aufgaben wahrnehmen. Explizit nicht umfasst sind „Gremien oder Einrichtungen, die in gerichtlicher oder gesetzgebender Eigenschaft handeln." Der Wortlaut spricht auf den ersten Blick mithin klar für einen Ausschluss von Legislativakten aus dem Anwendungsbereich der Århus-Konvention.

bb) Systematik

Nicht außer Acht gelassen werden darf jedoch, dass es sich bei den in Art. 2 AK getroffenen Regelungen ausweislich der Überschrift nur um „Begriffsbestimmungen" handelt. Gerade im Umweltbereich ist es üblich, rechtsverbindlichen Dokumenten Erklärungen über die in der Folge verwandten Begrifflichkeiten voranzustellen.[57] Die genannte Begriffsbestimmung trifft also zunächst nur eine Aussage darüber, wie der Begriff der Behörde im Folgenden zu verstehen ist. Sie entbindet aber nicht von der Pflicht, die nachfolgenden Regelungen explizit auf behördliche Entscheidungen zu beschränken, sofern der Ausschluss gesetzlicher Entscheidungen gewollt ist. So stellt Art. 9 Abs. 3 AK ausdrücklich auf „von Privatpersonen und Behörden vorgenommene[n] Handlungen" ab und ist auf Entscheidungen des Gesetzgebers nicht anzuwenden. Ein umfassender Anwendungsausschluss kann Art. 2 Nr. 2 AK im Umkehrschluss daher nicht entnommen werden.[58] In Bezug auf Art. 9 Abs. 2 AK allerdings könnte aus der Tatsache, dass Art. 9 Abs. 2 Uabs. 2 AK umfänglich auf Art. 6 AK und damit auch auf Art. 6 Abs. 2 lit. c) AK verweist, wo „die für die Entscheidung zuständige Behörde" genannt wird, auf einen (nur) für Art. 9 Abs. 2 AK geltenden Anwendungsausschluss in Bezug auf gesetzliche Entscheidungen geschlossen werden.[59] Naheliegend erscheint jedoch angesichts der vorstehenden Erläuterungen, dass die Bezugnahme auf Art. 6 AK als bloße Abgrenzung

---

[56] *Europäische Kommission*, Informationen der Organe, Einrichtungen und sonstigen Stellen der Europäischen Union. Mitteilung der Kommission über den Zugang zu Gerichten in Umweltangelegenheiten vom 18. August 2017, ABl. EU 2017 C 275/1, Rn. 152; ebenso *Heß*, ZUR 2018, 686 (689).

[57] Vgl. bspw. aus dem europäischem Recht Art. 1 Abs. 2 UVP-RL, aus dem deutschen Recht § 2 UVPG.

[58] So im Ergebnis auch *Ziekow*, Vorhabenplanung durch Gesetz, S. 64.

[59] *Kürschner*, Legalplanung, S. 153 f.; *Pernice-Warnke*, EurUP 2020, 145 (148); *Ziekow*, Vorhabenplanung durch Gesetz, S. 64.

gegenüber Art. 9 Abs. 3 AK zu verstehen ist.[60] Zudem statuiert Art. 6 Abs. 2 AK nur Informationspflichten, die die betroffene Öffentlichkeit in die Lage versetzen sollen, ihre Beteiligungsrechte und in der weiteren Folge auch ihre diesbezüglichen Rechtsschutzmöglichkeiten wahrzunehmen. Materielle Vorgaben zur Anwendbarkeit macht der betreffende Absatz nicht. Eine letztverbindliche Aussage lässt sich auch der systematischen Betrachtung jedenfalls im Hinblick auf Art. 9 Abs. 2 AK damit nicht entnehmen.

cc) Telos

Beantwortet werden kann die Frage nach der Anwendbarkeit der Århus-Konvention auf Legislativakte mithin nur anhand von Sinn und Zweck der Konvention respektive der einzelnen Rechtsschutzregelungen.

(1) Entscheidung des ACCC zum *Crossrail Act*

In seinem Beschluss zum britischen Crossrail Act vom 22. Juli 2008[61], einer den in Deutschland geplanten Maßnahmengesetzen in Grundzügen vergleichbaren Einzelprojektzulassung des Ausbaus der Eisenbahnstrecke zwischen Maidenhead/Heathrow Airport und Shenfield/Abbex Wood per Gesetz (*hybrid bill*)[62] führte das ACCC zu dieser Frage in Bezug auf Art. 9 Abs. 2 AK aus:

> „Article 9, paragraph 2, of the Convention requires Parties to ensure access to procedures for review of decisions, acts and omissions subject to article 6. This provision addresses standing, as well as the scope of review, that should comprise the substantive and procedural legality of the act. To comply with the Convention, the Party concernced must ensure that within its domestic legal system all criteria required under article 9, paragraph 2, of the Convention, also those extending beyond EU law and the 1998 Human Rights Act, are met in regard to hybrid bills processes."[63] [Hervorhebung d. Verf.]

Das ACCC beurteilt die Frage nach der Anwendbarkeit auf Legislativakte also unabhängig von den Vorgaben des Art. 6 AK und legt im Sinne der übergreifenden Ziele der Konvention ein weites Verständnis zugrunde, das auch Gesetzgebungsakte umfasst. Dass die Entscheidung über den *Crossrail Act* nicht vor die Vertragsstaatenkonferenz gelangte und auch im Übrigen wenig Konsequenzen entfaltete, ist vor

---

[60] *Lenz*, NdsVBl 2020, 229 (233 f.).

[61] Abrufbar unter http://www.legislation.gov.uk/ukpga/2008/18/contents (abgerufen am 14.08.2021, 11:22 Uhr).

[62] Unter *Hybrid Bills* werden in Großbritannien Gesetze verstanden, die vergleichbar der Diskussion um die Einstufung von Maßnahmengesetzen als Einzelfallgesetze i.S.d. Art. 19 Abs. 1 S. 1 GG einen einzelnen Sachverhalt regeln und daher einem besonderen Gesetzgebungsverfahren unterliegen, vgl. das Glossar des britischen Parlaments unter https://www.parliament.uk/site-information/glossary/hybrid-instruments/ (abgerufen am 14.08.2021, 11:22 Uhr).

[63] *ACCC*, Findings and recommendations with regard to communcation ACCC/C/2011/61 concerncing the United Kingdom, Rn. 60.

allem dem Umstand geschuldet, dass in Großbritannien gegen den *Crossrail Act* keine Rechtsmittel eingelegt worden waren und das ACCC die Wirksamkeit derselben daher nicht beurteilen konnte.[64] Die vorstehend gemachte Aussage trifft das ACCC jedoch gerade nicht nur in Bezug auf den britischen Fall, sondern allgemein zu den Anforderungen des Art. 9 Abs. 2 AK. Sie dürfte sich trotz des mangels ausreichender Informationen nicht feststellbaren Konventionsverstoßes Großbritanniens[65] daher auf ähnliche Sachverhalte übertragen lassen.[66]

(2) Inhaltliche Reichweite der notwendigen Kontrollmöglichkeit

Nicht entschieden ist mangels genauerer Beschäftigung des ACCC mit den jeweils denkbaren Rechtsschutzmöglichkeiten aber die Frage nach der notwendigen Reichweite der Überprüfung. Gegenüber stehen sich hier die etwaige Erforderlichkeit einer vollumfänglichen, auch inhaltlichen Kontrolle und die lediglich Überprüfung der Einhaltung gewisser Rahmenbedingungen oder Grundstandards. So fordert *Ziekow*, bezugnehmend auf den Verfahrensablauf im Falle des *Crossrail Act*, lediglich eine Kontrollmöglichkeit im Hinblick auf die Einhaltung der informationellen und partizipatorischen Bestimmungen der Århus-Konvention.[67]

Bei genauer Betrachtung bestehen jedoch Bedenken gegen das Durchgreifen dieses Arguments. Zum einen hatte das ACCC in seiner Entscheidung zum *Crossrail Act* nicht etwa wegen der unstreitig durchgeführten Öffentlichkeitsbeteiligung keinen Konventionsverstoß feststellen können, sondern weil schlicht kein Verfahren gegen den *Crossrail Act* vor britischen Gerichten anhängig geworden war und damit keine Beurteilungsgrundlage bezüglich Art und Umfang dann möglicherweise gewährter Überprüfungsmechanismen vorlag.[68] Zwar kann auch die Argumentation des ACCC nicht überzeugen, führt doch das Fehlen entsprechender Rechtsschutzmöglichkeiten zwangsläufig dazu, dass Rechtsschutzsuchende von einem offensichtlich erfolglosen Vorgehen respektive einem offensichtlich erfolglosen Rechtsbehelf Abstand nehmen werden. Umgekehrt kann der ACCC-Entscheidung aber auch nicht entnommen werden, dass eine möglicherweise vorhandene Rechtsschutzmöglichkeit, wäre sie genutzt worden, allein aufgrund der durchgeführten Öffentlichkeitsbeteiligung als ausreichend beurteilt worden wäre.

---

[64] Vgl. *ACCC*, Findings and recommendations with regard to communcation ACCC/C/2011/61 concerncing the United Kingdom, Rn. 61.

[65] Vgl. *ACCC*, Findings and recommendations with regard to communcation ACCC/C/2011/61 concerncing the United Kingdom, Rn. 62.

[66] Gegen eine Übertragbarkeit *Kürschner*, Legalplanung, S. 155 f., die jedoch nicht näher ausführt, weshalb sich die ACCC-Entscheidung nicht auf die deutsche Legalplanung übertragen lassen soll.

[67] So *Ziekow*, Vorhabenplanung durch Gesetz, S. 65.

[68] Vgl. *ACCC*, Findings and recommendations with regard to communcation ACCC/C/2011/61 concerncing the United Kingdom, Rn. 61 f.

Art und Umfang des erforderlichen Rechtsbehelfs gegen Legislativakte müssen vielmehr eigenständig aus den Zielen der Konvention entwickelt werden. Zu diesen zählen gerade nicht nur die Einhaltung informationeller und partizipatorischer Bestimmungen als Selbstzweck. Vielmehr liegt der Århus-Konvention dasselbe Verständnis wie den europäischen Umweltvorschriften[69] zugrunde: Ausgehend von dem Ziel, „den Zustand der Umwelt zu schützen, zu erhalten und zu verbessern und eine nachhaltige und umweltverträgliche Entwicklung zu gewährleisten"[70], will sie über extensive Partizipationsmöglichkeiten die Schaffung einer umfassenden Entscheidungsgrundlage ermöglichen und diese mithilfe umfangreicher Rechtsschutzmöglichkeiten überprüfen lassen.[71] Diese Rechtsschutzmöglichkeiten auf die Einhaltung gewisser Rahmenbedingungen zu begrenzen erinnert an die vom BVerfG insbesondere in der *Stendal*-Entscheidung entwickelten Kriterien zur Zulässigkeit einer Legalplanung, wonach in der Folge lediglich eine Überprüfung der Einhaltung dieser Rahmenbedingungen durch das BVerfG erfolgt. Diese spezifischen national-verfassungsrechtlichen Vorgaben können jedoch keinerlei Aussagen über das Anliegen der Århus-Konvention treffen.

Im Sinne der vorstehend genannten Ziele stellt das ACCC vielmehr von vornherein nicht auf die formale Ausgestaltung der Zulassungsentscheidung als Gesetz ab, sondern darauf, dass das Parlament funktional in behördlicher Funktion handle und die Natur der Genehmigungsentscheidung dadurch nicht verändert werde.[72] Im Detail führt es dazu aus:

> „In the present case, however, *the Parliament is no longer ‚acting' in a legislative capacity*, but rather as the ‚public authority' authorizing a project. The fact that the Party concerned has in place an integrated procedure for ‚hybrid bills' in order for the Government to secure all powers and consents necessary for the authorization of major projects, instead of having fragmented procedures going through a number of different public authorities, central and/or regional, *does not change the nature of the act as a decision permitting the project.* The Committee observes that if all large-scale projects were subject to parliamentary authorizations procedure and evoked article 2, paragraph 2, of the Convention, then there is a risk that important projects would never be subject to the public participation requirements of the Convention and this would run counter its objectives."[73] [Hervorhebung d. Verf.]

---

[69] Zum europäischen Verständnis bereits oben unter B. V. 4.

[70] Vgl. Erwägungsgründe der AK, S. 2.

[71] Weitergehend *Lenz*, NdsVBl 2020, 229 (234), der insoweit wohl etwas verkürzt den Rechtsschutz per se zum Ziel der UVP-Richtlinie erhebt. Der von ihm in Bezug genommene Erwägungsgrund 22 bezieht sich allerdings auf die Gewährleistung des Zugangs zu Gericht i. S. d. Århus-Konvention, sodass es sich hierbei um eine Beschreibung der Umsetzung der eigenen völkerrechtlichen Verpflichtungen der EU als Konventionspartei der Århus-Konvention handeln dürfte. Mittelbar gelangt man über den hier vorgeschlagenen Weg aber zum selben Ergebnis wie *Lenz*.

[72] *ACCC*, Findings and recommendations with regard to communcation ACCC/C/2011/61 concerning the United Kingdom, Rn. 52 ff.; *Wegener*, ZUR 2020, 195 (201); *ders.*, Stellungnahme MgvG, S. 23 f.

[73] *ACCC*, Findings and recommendations with regard to communcation ACCC/C/2011/61 concerning the United Kingdom, Rn. 54.

Da es auf die formalen Eigenschaften des Verfahrens oder der Entscheidungsform im Sinne der Zielerreichung der Konvention also nicht ankommen kann, gelten auch keine Unterschiede in der Anwendbarkeit des Art. 9 Abs. 2 AK. Anders formuliert: Sämtliche im „Normalfall“ geltenden Anforderungen des Art. 9 Abs. 2 AK bestehen auch dann fort, wenn die Zulassungsentscheidung per Gesetz ergeht – dazu gehört ausweislich des eindeutigen Wortlauts des Art. 9 Abs. 2 AK die Schaffung einer Rechtsschutzmöglichkeit, die eine Überprüfung der materiell-rechtlichen *und* verfahrensrechtlichen Rechtmäßigkeit der angegriffenen Entscheidung ermöglicht.

Denkt man die vorstehenden Überlegungen konsequent weiter, ergibt sich außerdem auch beim Blick auf die Bedarfsebene, die typischerweise durch bedarfsfeststellende Gesetze geprägt ist, dass hier ebensowenig ein gänzlicher Ausschluss der Anwendbarkeit des Art. 9 Abs. 3 AK angezeigt ist. Denn zum einen ergehen mit Annahme des BVWP und BBPl unmittelbar behördliche Entscheidungen, die vom Anwendungsbereich des Art. 9 Abs. 3 AK ohnehin umfasst sind. Zum anderen handelt der bedarfsfeststellende Gesetzgeber ähnlich wie bei der Projektzulassung durch Maßnahmengesetz entsprechend den Ausführungen des ACCC zum *Crossrail Act* funktional in behördlicher Funktion. Zusammenfassend ergibt sich also die Anwendbarkeit der Århus-Konvention auf sämtliche hier in Rede stehenden Planungs- und Zulassungsentscheidungen.

2. EU-Grundrechtecharta

Eine eigenständige – nicht auf das Umweltrecht beschränkte – Garantie effektiven Rechtsschutzes enthält außerdem Art. 47 Abs. 1 GrCh. Demnach hat jede Person, deren durch das Recht der Union garantierten Rechte oder Freiheiten verletzt worden sind, das Recht auf die Einlegung eines wirksamen gerichtlichen Rechtsbehelfs. Art. 47 Abs. 2, Abs. 3 GrCh betreffen die Unabhängigkeit des Gerichts und Prozesskostenbeihilfe, sind also für die grundsätzliche Rechtsschutzgarantie weniger von Bedeutung. Neben Art. 9 Abs. 2, Abs. 3 AK und der richtlinienförmigen Umsetzung in Form von Art. 11 UVP-RL (und dem hier weniger relevanten Art. 25 IE-RL) kommt dem Art. 47 Abs. 1 GrCh jedoch im Umweltbereich keine wesentliche eigenständige Bedeutung mehr zu. Er kann vielmehr als Klarstellung und Schutzverstärkung der ohnehin vorhandenen Rechtsschutzgarantien aus der Århus-Konvention verstanden werden sowie ihnen zu unmittelbarer Anwendbarkeit verhelfen.[74]

---

[74] Dazu im Folgenden genauer unter F. III. 1. c).

3. UVP-Richtlinie

a) Verbindlichkeit

Für die Umsetzung ihrer eigenen völkerrechtlichen Verpflichtungen aus der Århus-Konvention hat die EU die Rechtsform der Richtlinie gewählt. Europäische Richtlinien zeichnen sich dadurch aus, dass sie hinsichtlich ihres Ziels bzw. Ergebnisses verbindlich sind, aber frei hinsichtlich der Wahl der Form und Mittel bei der Umsetzung,[75] wobei die praktische Wirksamkeit der europäischen Vorgaben im Sinne des effet utile bestmöglich gewährleistet werden muss[76]. Adressaten einer Richtlinie sind die Mitgliedstaaten.[77] Ausgehend von einer Grundsatzentscheidung aus dem Jahr 1982 im Fall *Becker/Finanzamt Münster* erkennt der EuGH jedoch in ständiger Rechtsprechung eine unmittelbare Wirkung von Richtlinien dann an, wenn die Umsetzungsfrist einer Richtlinie abgelaufen ist, der jeweilige Mitgliedstaat unter Verstoß gegen die Umsetzungsfrist keine Durchführungsmaßnahmen erlassen hat, die jeweilige Richtlinienbestimmung inhaltlich als unbedingt und hinreichend genau erscheint und dem Einzelnen Rechte verleiht.[78] Verbindliche Wirkung entfalten europäische Richtlinien mithin in der Regel durch nationalen Umsetzungsakt, unter Umständen jedoch auch im Rahmen einer unmittelbaren Anwendung. Inwieweit die Bundesrepublik den Zielvorgaben der umweltrechtlichen Richtlinien nachgekommen ist oder ob im Einzelfall eine unmittelbare Berufung auf europäisches Richtlinienrecht im Umweltbereich in Betracht kommt, wird im Anschluss an die zunächst folgende Analyse von Inhalt und Umfang der europäischen Vorgaben zu untersuchen sein.

b) Rechtsschutzvorgaben

Entsprechend seiner Umsetzungsfunktion hinsichtlich der völkerrechtlichen Verpflichtungen der EU als Konventionspartei der Århus-Konvention übernimmt Art. 11 Abs. 1 UVP-RL fast wortgleich die Formulierung des Art. 9 Abs. 2 AK.[79] Statuiert wird also die Verpflichtung zur Schaffung einer Rechtsschutzmöglichkeit in

[75] *Nettesheim*, in: Grabitz/Hilf/Nettesheim, Recht der EU, Art. 288 AEUV (Stand: 48. EL Aug. 2012), Rn. 112; *Ruffert*, in: Calliess/Ruffert, EUV/AEUV, Art. 288 AEUV, Rn. 23, 26.

[76] EuGH, Urt. v. 08.04.1976, Royer, C-48/75, ECLI:EU:C:1976:57, Rn. 69/73.

[77] *Ruffert*, in: Calliess/Ruffert, EUV/AEUV, Art. 288 AEUV, Rn. 23.

[78] EuGH, Urt. v. 19.01.1982, Becker/Finanzamt Münster, C-8/81, ECLI:EU:C:1982:7, Rn. 24 f.; bestätigt u.a. in EuGH, Urt. v. 22.06.1989, Fratelli Costanzo, C-103/88, ECLI:EU:C:1989:256, Rn. 29; EuGH, Urt. v. 17.09.1996, Cooperativa Agricola Zootecnica S. Antonio u.a., C-246/94, C-247/94, C-248/94, C-249/94, ECLI:EU:C:1996:329, Rn. 17; EuGH, Urt. v. 01.06.1999, Kortas, C-319/97, ECLI:EU:C:1999:272, Rn. 21.

[79] Geändert wurden lediglich die Bezugnahme auf Mitgliedstaaten anstelle von Vertragsparteien, die Nennung des Verwaltungsverfahrensrechts und Verwaltungsprozessrechts anstatt nur des Verwaltungsprozessrechts und die Bezugnahme auf die Öffentlichkeitsbeteiligungsvorschriften der UVP-RL selbst anstelle derjenigen der Århus-Konvention.

Bezug auf alle UVP-pflichtigen Zulassungsentscheidungen, für die die Bestimmungen über die Öffentlichkeitsbeteiligung gem. Art. 6 UVP-RL gelten (und die ein Projekt i. S. d. Art. 1 Abs. 2 lit. a), Art. 4 Abs. 1 UVP-RL betreffen). Auch hier wird die Stellung der Umweltverbände parallel zu Art. 9 Abs. 2 Uabs. 3 S. 2 AK in Art. 11 Abs. 3 S. 2 UVP-RL besonders hervorgehoben. Zu diesen Zulassungsentscheidungen gehören gem. Nr. 7 lit. a), lit. b), Nr. 8 lit. a) sowie Nr. 20 Anh. I UVP-RL der Bau von Eisenbahn-Fernverkehrsstrecken, von Autobahnen, von Wasserstraßen, die für Schiffe mit mehr als 1.350 t zugänglich sind, sowie von Hochspannungsfreileitungen[80] mit einer Länge von mehr als 15 km. Auch hier sind also Erdkabelprojekte nicht umfasst, die bei der letzten Änderung der UVP-RL 2011 allenfalls am politischen Horizont zu erahnen, aber realistisch noch nicht kompromissfähig waren. Für die Erdkabel-Projekte i. S. d. § 2 Abs. 5 BBPlG, auf die also auch das NABEG Anwendung findet, hat der deutsche Gesetzgeber inzwischen in § 6 S. 1 i. V. m. Anl. 1 Nr. 19.11 Spalte 1 UVPG eine eigenständige UVP-Pflicht im nationalen Recht statuiert. Warum die EU trotz ihrer unmittelbaren Verpflichtung als Vertragspartei aus Art. 6 Abs. 1 lit. b) AK noch nicht nachgezogen und Erdkabelprojekte auch in Anh. I UVP-RL aufgenommen hat, muss offen bleiben.

c) Anwendbarkeit auf Legislativakte

Parallel zur Århus-Konvention stellt sich auch bei der UVP-Richtlinie angesichts der Vorgaben des Art. 2 Abs. 5 UVP-RL die Frage nach der Anwendbarkeit auf Zulassungsentscheidungen, die in Gesetzesform ergehen. Art. 2 Abs. 5 UVP-RL sieht vor:

> „Unbeschadet des Artikels 7 können die Mitgliedstaaten ein Projekt, das durch einen besonderen einzelstaatlichen Gesetzgebungsakt zugelassen wird, von den Bestimmungen dieser Richtlinie, die sich auf die Beteiligung der Öffentlichkeit beziehen, ausnehmen, jedoch unter der Voraussetzung, dass die Ziele dieser Richtlinie verwirklicht werden."

Gekleidet in das Gewand einer aktiven Ausschlussmöglichkeit anstelle der Frage nach einer von vornherein bestehenden Nichtanwendbarkeit ergeben sich letztlich ähnliche Überlegungen wie im völkerrechtlichen Kontext. Denn auch Art. 2 Abs. 5 UVP-RL statuiert nicht unmittelbar, wie weit die dort angeordnete Ausnahme zu interpretieren ist.

Ziekow legt in seinem Gutachten für das BMVI ein sehr weites Verständnis zugrunde und entnimmt Art. 2 Abs. 5 RL 2014/52/EU die Möglichkeit eines umfassenden Ausschlusses auch der Rechtsschutzanforderungen des Art. 11 UVP-RL.[81]

---

[80] Auch Nr. 20 Anh. I UVP-RL fasst unter den Begriff der Hochspannungsleitungen solche mit einer Nennspannung von 220 kV oder mehr, die in Deutschland schon als Höchstspannungsleitungen bezeichnet werden.

[81] *Ziekow*, Vorhabenplanung durch Gesetz, S. 68 f.; ebenso *Pernice-Warnke*, EurUP 2020, 145 (151); *Spieth/Hantelmann/Stadermann*, in: Freshfields Bruckhaus Deringer, Möglich-

Auch der Gesetzentwurf der Bundesregierung geht in diesem Sinne lediglich auf die Umsetzung der Vorschriften zur Öffentlichkeitsbeteiligung ein und beschränkt sich im Übrigen auf die Feststellung, das MgvG-E sei völker- und unionsrechtskonform.[82]

Schon im Kontext der Århus-Konvention hat die nähere Betrachtung jedoch gezeigt, dass die besseren Argumente für die Erforderlichkeit umfassender Rechtsschutzmöglichkeiten zur materiellen Kontrolle auch von Legislativakten sprechen. Die nachfolgende Untersuchung soll zeigen, ob das auch im Rahmen der UVP-Richtlinie gilt.

aa) Wortlaut und Systematik

Ausgangspunkt einer möglichen Beschränkung ist erneut ein Wortlautargument. Denn Art. 11 Abs. 1 UVP-RL nimmt nur auf diejenigen Entscheidungen Bezug, für die auch die Bestimmungen über die Öffentlichkeitsbeteiligung gem. Art. 6 UVP-RL gelten.[83] Anknüpfend an Art. 2 Abs. 2 AK nimmt auch Art. 6 Abs. 2 lit. c) UVP-RL wiederum nur auf die Entscheidung einer Behörde Bezug und könnte daher dahingehend verstanden werden, dass das Vorliegen einer Exekutiventscheidung Voraussetzung sowohl für die Anwendung der Vorschriften zur Öffentlichkeitsbeteiligung als auch für diejenigen zum Rechtsschutz ist.[84]

Allerdings erlaubt Art. 2 Abs. 5 UVP-RL wörtlich die Nichtanwendung der „Bestimmungen dieser Richtlinie, die sich auf die Beteiligung der Öffentlichkeit beziehen." Ein Beziehen auf die Beteiligung der Öffentlichkeit ist jedoch nur bei Art. 6 UVP-RL festzustellen, der die Einzelheiten zur Behörden- und Öffentlichkeitsbeteiligung regelt. Art. 11 Abs. 1 UVP-RL bezieht sich demgegenüber nicht auf die Beteiligung der Öffentlichkeit selbst, sondern nur auf die „Entscheidungen, Handlungen oder Unterlassungen", für die ebendiese Bestimmungen gelten. Bezugsobjekt ist also die jeweilige Zulassungsentscheidung selbst und nicht die Beteiligung der Öffentlichkeit im Rahmen dieser Zulassungsentscheidung. Der Wortlaut spricht mithin eher gegen ein zu weitgreifendes Verständnis des Art. 2 Abs. 5 UVP-RL.

bb) Historie

Der gegenwärtige Wortlaut des Art. 2 Abs. 5 UVP-RL besteht in dieser Form allerdings erst seit Einführung der Änderungsrichtlinie 2014/52/EU. Ursprünglich sah Art. 1 Abs. 4 RL 2011/92/EU an seiner Stelle vor, dass die Richtlinie nicht „für Projekte [gilt], die im einzelnen durch einen besonderen einzelstaatlichen Gesetz-

---

keiten zur Beschleunigung, S. 28 gehen ohne nähere Begründung sogar davon aus, dass eine UVP im Anwendungsbereich des Art. 2 Abs. 5 gänzlich unterbleiben könne.

[82] Vgl. BR-Drucks. 579/19, S. 9, 17.

[83] *Ziekow*, Vorhabenplanung durch Gesetz, S. 68 f.

[84] *Ziekow*, Vorhabenplanung durch Gesetz, S. 69.

gebungsakt genehmigt werden." Dem lag die Annahme zugrunde, dass die mit dieser Richtlinie verfolgten Ziele schon im Wege des Gesetzgebungsverfahrens erreicht werden.[85] Fraglich ist also, ob mit der Neuregelung eine Liberalisierung oder eine Verschärfung der Regelung erreicht werden sollte.

Angestoßen wurde die Ersetzung des Art. 1 Abs. 4 UVP-RL a. F. mit dem neuformulierten Art. 2 Abs. 5 UVP-RL durch die Entscheidungen des EuGH in den Fällen *Boxus*[86] und *Solvay*[87]. Beiden Verfahren lagen Klagen mehrerer Anlieger der Flughäfen Lüttich-Bierset, Charleroi-Brüssel-Süd sowie der zugehörigen Eisenbahnstrecke Brüssel-Charleroi zugrunde, die sich gegen einzelne Baumaßnahmen im Rahmen dieser Projekte gewandt hatten. Dabei handelt es sich insofern um eine besondere Konstellation, als dass die Klagen gegen die entsprechenden Verwaltungsentscheidungen bereits beim Conseil d'Etat[88] anhängig waren, als das wallonische Parlament die Zulassung per Dekret, also in Gesetzesform, bestätigte und damit nachträglich die Alleinzuständigkeit des Cour constitutionnelle[89] begründete. In der Folge legten dann zunächst der Conseil d'Etat und anschließend noch einmal der Cour constitutionnelle dem EuGH vor. Im Zentrum stand aber in beiden Verfahren die Frage, ob Art. 9 Abs. 2 AK sowie Art. 10a RL 85/337/EWG (heute Art. 11 UVP-RL) anwendbar oder durch Art. 1 Abs. 5 RL 85/337/EWG (heute Art. 2 Abs. 5 UVP-RL) ausgeschlossen waren.[90]

Über den ursprünglichen Wortlaut des Art. 1 Abs. 5 RL 85/337/EWG hinaus, der dem nachfolgenden Art. 1 Abs. 4 RL 2011/92/EU entsprach,[91] machte der EuGH dabei deutlich, dass das Projekt zum einen durch einen besonderen Gesetzgebungsakt genehmigt werden müsse, der funktional die Verwaltungsentscheidung ersetze, und zum anderen sichergestellt sein müsse, dass die Ziele der UVP-Richtlinie erreicht würden.[92] Das bloße „da" in Art. 1 Abs. 5 RL 85/337/EWG war nach dem Verständnis des EuGH also als ein „und" zu interpretieren und die Norm damit

---

[85] Vgl. 22. Erwägungsgrund RL 2011/92/EU.

[86] EuGH, Urt. v. 18. 10. 2011, Boxus u. a., C-128/09 bis C-131/09, C-134/09, C-135/09, ECLI:EU:C:2011:667.

[87] EuGH, Urt. v. 16. 02. 2012, Solvay, C-182/10, ECLI:EU:C:2012:82.

[88] Beim Conseil d'Etat, dem belgischen Staatsrat, handelt es sich um ein nur in Belgien existierendes besonderes Rechtsprechungsorgan, das inhaltlich die Funktion des obersten Verwaltungsgerichts übernimmt, vgl. *Berkemann*, DVBl 2015, 389 (397).

[89] Der cour constitutionnelle ist das belgische Verfassungsgericht.

[90] Vgl. zum gesamten Absatz die Schilderung des Ausgangsverfahrens und der Vorlagefragen bei EuGH, Urt. v. 18. 10. 2011, Boxus u. a., C-128/09 bis C-131/09, C-134/09, C-135/09, ECLI:EU:C:2011:667, Rn. 15 ff. sowie EuGH, Urt. v. 16. 02. 2012, Solvay, C-182/10, ECLI:EU:C:2012:82, Rn. 20 ff.

[91] Die Boxus-Entscheidung erging zwar noch zur EWG-Richtlinie, aber erst am 18. 10. 2011 und konnte daher in der RL 2011/92/EU wohl nicht mehr berücksichtigt werden.

[92] EuGH, Urt. v. 18. 10. 2011, Boxus u. a., C-128/09 bis C-131/09, C-134/09, C-135/09, ECLI:EU:C:2011:667, Rn. 37 ff.; bestätigt in EuGH, Urt. v. 16. 02. 2012, Solvay, C-182/10, ECLI:EU:C:2012:82, Rn. 31 ff.; EuGH, Urt. v. 19. 07. 2019, Inter-Environnement Wallonie, C-411/17, ECLI:EU:C:2019:622, Rn. 104 ff.

um eine entscheidende Voraussetzung reicher. Hinsichtlich der Überprüfung dieser – nunmehr zwei – Voraussetzungen führte der EuGH sodann aus:

„Die Erfordernisse nach Art. 9 des Aarhus-Übereinkommens und Art. 10a der Richtlinie 85/337 setzen in diesem Zusammenhang voraus, dass dann, wenn ein Projekt, das in den Geltungsbereich von Art. 6 des Aarhus-Übereinkommens oder der Richtlinie 85/337 fällt, durch einen Gesetzgebungsakt genehmigt worden ist, die Frage, ob dieser Gesetzgebungsakt die in Art. 1 Abs. 5 dieser Richtlinie festgelegten und in Randnr. 37 des vorliegenden Urteils aufgeführten Voraussetzungen [s.c.: die beiden soeben genannten Voraussetzungen] erfüllt, von einem Gericht oder einer anderen auf gesetzlicher Grundlage geschaffenen unabhängigen und unparteiischen Stelle nach den nationalen Verfahrensvorschriften geprüft werden können muss.“[93]

Der Rückgriff auf die Vorhabenzulassung per Gesetz soll nämlich nicht zum Hebel werden, sämtliche Vorgaben der Århus-Konvention und der UVP-Richtlinie zu umgehen, so der EuGH:

„Art. 9 des Aarhus-Übereinkommens und Art. 10a der Richtlinie 85/337 würden jedoch jegliche praktische Wirksamkeit verlieren, wenn der bloße Umstand, dass ein Projekt durch einen Gesetzgebungsakt genehmigt wurde, der nicht die in Randnr. 37 des vorliegenden Urteils aufgeführten Voraussetzungen [s.c.: die beiden soeben genannten Voraussetzungen] erfüllt, dazu führen würde, dass Rechtsbehelfe im Sinne dieser Bestimmungen, mit denen die materiell-rechtliche und verfahrensrechtliche Rechtmäßigkeit des Projekts angefochten werden könnte, ausgeschlossen wären.“[94]

Erforderlich war also bereits nach alter Rechtslage eine Rechtsschutzmöglichkeit hinsichtlich der Frage, ob der Gesetzgebungsakt zum einen funktional der Verwaltungsentscheidung entsprach und zum anderen die Ziele der UVP-Richtlinie dennoch erreichte.

Allerdings können die Entscheidungen des EuGH zu *Boxus* und *Solvay* nicht allein Grundlage der letztverbindlichen Interpretation einer anschließend erfolgten Richtlinienänderung sein. Betrachtet werden muss ebenso das parlamentarische Verfahren zur UVP-Änderungsrichtlinie 2014/52/EU. Diesbezüglich führte das Parlament in Bezug auf die bisherige Formulierung des Art. 1 Abs. 4 RL 2011/92/EU a.F. im Rahmen des Änderungsverfahrens aus, diese stelle

„einen Freibrief für Abweichungen mit eingeschränkten Verfahrensgarantien dar, wodurch die Umsetzung dieser Richtlinie in wesentlichen Teilen umgangen werden könnte.“[95]

---

[93] EuGH, Urt. v. 18.10.2011, Boxus u.a., C-128/09 bis C-131/09, C-134/09, C-135/09, ECLI:EU:C:2011:667, Rn. 54; ebenso später EuGH, Urt. v. 16.02.2012, Solvay, C-182/10, ECLI:EU:C:2012:82, Rn. 49.

[94] EuGH, Urt. v. 18.10.2011, Boxus u.a., C-128/09 bis C-131/09, C-134/09, C-135/09, ECLI:EU:C:2011:667, Rn. 53; ebenso später EuGH, Urt. v. 16.02.2012, Solvay, C-182/10, ECLI:EU:C:2012:82, Rn. 48.

[95] Abänderungen des Europäischen Parlaments vom 9. Oktober 2013 zu dem Vorschlag für eine Richtlinie des Europäischen Parlaments und des Rates zur Änderung der Richtlinie 2011/92/EU über die Umweltverträglichkeitsprüfung bei bestimmten öffentlichen und privaten

Zwar wurde der mit diesen Ausführungen ursprünglich verbundene Vorschlag des Ausschusses für Umweltfragen, öffentliche Gesundheit und Lebensmittelsicherheit zur ersatzlosen Streichung des Art. 1 Abs. 4 RL 2011/92/EU a. F.[96] schließlich nicht übernommen. Die Formulierung der vorgenannten Äußerung, die auch das Parlament unterstützte, erinnert jedoch stark an das vom EuGH in *Boxus* befürchtete Umgehen von UVP-Richtlinie und Århus-Konvention und den Verlust deren praktischer Wirksamkeit.[97] Mit der Neufassung, die im parlamentarischen Verfahren an die Stelle einer gänzlichen Streichung trat, war also keine Liberalisierung, sondern eine Verschärfung und Einengung der Möglichkeit verbunden, Projekte dem Anwendungsbereich der UVP-Richtlinie zu entziehen.[98] Das entspricht auch den übergreifenden Zielsetzungen, die mit der Änderungsrichtlinie verfolgt wurden. Die Neufassung wurde insbesondere angesichts neuer Herausforderungen in den Bereichen der Ressourceneffizienz und Nachhaltigkeit, dem Schutz der biologischen Vielfalt, dem Klimawandel sowie Unfall- und Katastrophenrisiken für notwendig erachtet.[99] Ziel war eine Verbesserung des Umweltschutzniveaus bzw. der Qualität der Umweltverträglichkeitsprüfung insgesamt.[100] Dies kann denklogisch nicht einhergehen mit einer Ausweitung von Ausnahmetatbeständen, die zum Ausschluss von ganzen Projekten führen, sondern muss deren Eingrenzung mit sich bringen.

cc) Telos

Letztlich entscheidend war und ist mithin auch in diesem Kontext die Frage, was die Ziele der UVP-Richtlinie sind, deren Erreichung sichergestellt sein muss. Parallel zum Verständnis der Århus-Konvention legt *Ziekow* auch hier den Fokus auf die „Verwirklichung des Richtlinienziels ‚Öffentlichkeitsbeteiligung'"[101] im Sinne des „verfahrensbezogene[n] Ansatz[es] der UVP"[102]. Tatsächlich betont auch der 24. Erwägungsgrund der Änderungsrichtlinie 2014/52/EU, dass die Mitgliedstaaten bei

Projekten (COM(2012)0628 – C7–0367/2012 – 2012/0297(COD), Änderungsantrag 18, Erwägung 13 a (neu).

[96] Bericht des Ausschusses für Umweltfragen, öffentliche Gesundheit und Lebensmittelsicherheit über den Vorschlag für eine Richtlinie des Europäischen Parlaments und des Rates zur Änderung der Richtlinie 2011/92/EU über die Umweltverträglichkeitsprüfung bei bestimmten öffentlichen und privaten Projekten vom 22.07.2013, A7–0277/2013, Änderungsantrag 49, Vorschlag für eine Richtlinie, Artikel 1 – Nummer 1 – Buchstabe c.

[97] EuGH, Urt. v. 18.10.2011, Boxus u.a., C-128/09 bis C-131/09, C-134/09, C-135/09, ECLI:EU:C:2011:667, Rn. 53.

[98] Zum selben Ergebnis kommen mit Blick auf das MgvG *Lenz*, NdsVBl 2020, 229 (233); *Wegener*, Stellungnahme MgvG, S. 27; im Rahmen der Rechtsschutzdebatte rund um das StandAG auch die *Endlager-Kommission*, Abschlussbericht, S. 381; *Gärditz*, in: FS Erbguth, S. 480 (485 f.); *Kment*, in: FS Jarass, S. 301 (313); *Kürschner*, Legalplanung, S. 159 f.

[99] Vgl. 7. Erwägungsgrund RL 2014/52/EU.

[100] Vgl. 6., 30. und 31. Erwägungsgrund RL 2014/52/EU.

[101] *Ziekow*, Vorhabenplanung durch Gesetz, S. 69.

[102] *Ziekow*, Vorhabenplanung durch Gesetz, S. 67 mit Verweis auf *Schink*, DVBl 2014, 877 (877 f.), der die UVP als „Verfahrensinstrument" bezeichnet.

Projekten, die durch einen besonderen einzelstaatlichen Gesetzgebungsakt genehmigt werden, dafür Sorge tragen sollten, dass „die Ziele dieser Richtlinie im Hinblick auf die Beteiligung der Öffentlichkeit im Gesetzgebungsverfahren erreicht werden“[103]. Dabei darf jedoch nicht vernachlässigt werden, dass das Europarecht die Rolle des Verfahrensrechts hier implizit aus einer gänzlich anderen Perspektive betrachtet als das deutsche Verwaltungsrecht. Nach dem europäischen Ansatz dienen Verfahrensvorschriften vor allem dem Ziel, eine möglichst breite Grundlage für die materielle Entscheidung und Bewertung zu schaffen.[104] Der verfahrensbezogene Ansatz der UVP im Sinne *Ziekows* ergibt sich sogar zwingend aus der Anlage des europäischen Umweltrechts, nach der das Verfahren die zentrale Schlüsselposition bei der Berücksichtigung von Umweltbelangen einnimmt. Gleichzeitig bedeutet dies jedoch, dass ein vermeintlich verfahrensbezogenes Ziel der Öffentlichkeitsbeteiligung nicht vom materiellen Anliegen der UVP-Richtlinie entkoppelt werden kann. Vielmehr muss unabhängig von der deutschen verwaltungsrechtlichen Perspektive untersucht werden, welche Ziele die UVP-Richtlinie verfolgt und wie deren Erreichung i. S. d. Art. 2 Abs. 5 UVP-RL in der Folge sicherzustellen ist.

Primär ist das gerade nicht (nur) die Durchsetzung eines bestimmten Verfahrens, sondern „die menschliche Gesundheit zu schützen, durch eine Verbesserung der Umweltbedingungen zur Lebensqualität beizutragen, für die Erhaltung der Artenvielfalt zu sorgen und die Reproduktionsfähigkeit des Ökosystems als Grundlage allen Lebens zu erhalten“[105], mit anderen Worten mittels verfahrensrechtlicher Regelungen eine umfassende Berücksichtigung von Umweltbelangen im Rahmen der Zulassung von Projekten einer gewissen Größenordnung sicherzustellen. Eindeutig führt der EuGH im Urteil zum Vertragsverletzungsverfahren *Kommission/Deutschland* aus dem Jahr 2015 dazu aus,

> „dass das mit Art. 11 der Richtlinie [...] angestrebte Ziel nicht nur darin besteht, den rechtsuchenden Bürgern einen möglichst weitreichenden Zugang zu gerichtlicher Überprüfung zu geben, sondern auch darin, eine umfassende materiell-rechtliche und verfahrensrechtliche Kontrolle der Rechtmäßigkeit der angefochtenen Entscheidung zu ermöglichen“[106].

Vor diesem Hintergrund ist auch die Entscheidung des EuGH im Fall *Boxus* zu verstehen: Von der rein verfahrensrechtlichen Komponente der Öffentlichkeitsbeteiligung kann zwar ausnahmsweise abgesehen und diese in das Gesetzgebungsverfahren integriert werden – nicht jedoch von der materiellen Überprüfung der

---

[103] 24. Erwägungsgrund RL 2014/52/EU.

[104] Zum Vergleich zwischen europäischer und deutscher Perspektive bereits oben unter B. V. 4.

[105] So schon die Erwägungsgründe der Ursprungsfassung RL 85/337/EWG; ähnlich zum hier vertretenen Zielverständnis *Kürschner*, Legalplanung, S. 158.

[106] EuGH, Urt. v. 15. 10. 2015, Kommission/Deutschland, C-137/14, ECLI:EU:C:2015:683, Rn. 80.

Umweltbelange und den dazu notwendigen Rechtsschutzmöglichkeiten.[107] Explizit führt der EuGH in der Entscheidung zum Fall *Solvay* dahingehend aus:

> „Es ist Sache des nationalen Gerichts, unter Berücksichtigung sowohl des Inhalts des erlassenen Gesetzgebungsakts als auch des gesamten Gesetzgebungsverfahrens, das zu seinem Erlass geführt hat, und insbesondere der vorbereitenden Arbeiten und der parlamentarischen Debatten zu prüfen, ob diese beiden Voraussetzungen erfüllt worden sind."[108]

Im Ergebnis sprechen die Ausführungen des EuGH, die durch die Neuregelung richtlinienförmig normiert wurden, die Erwägungen im parlamentarischen Verfahren und Sinn und Zweck der Norm eindeutig für ein enges Verständnis der Ausnahmeregelung des Art. 2 Abs. 5 UVP-RL und für weite Rechtsschutzanforderungen auch im Hinblick auf Legislativakte. In Belgien scheiterte die Maßnahmengesetzgebung vor dem Cour constitutionnelle in der Folge dementsprechend richtigerweise auch aus verfassungs- und unionsrechtlichen Gründen unter ausdrücklichem Verweis auf den unzulässigen Rechtsschutzausschluss.[109]

Schließlich darf nicht vernachlässigt werden, dass die EU insbesondere mit der Ausgestaltung des Art. 11 UVP-RL auch ihrer eigenen völkerrechtlichen Verpflichtung zur Umsetzung der Århus-Konvention nachkommt. In diesem Sinne wollte der EuGH in *Boxus* explizit einen Gleichlauf mit den Vorgaben der Århus-Konvention herstellen.[110] Auch im Rahmen der Århus-Konvention sprechen die besseren Argumente wie gezeigt dafür, eine umfassende Anwendbarkeit auf Legislativakte anzunehmen. Schon aufgrund einer völkerrechtskonformen Auslegung – oder, wie es der EuGH formuliert, einer Auslegung „im Licht und unter Berücksichtigung der Ziele dieses Übereinkommens von Aarhus"[111] – gebietet sich dies auch für Art. 11 UVP-RL und im umgekehrten Sinne für korrespondierende Ausnahmevorschriften wie den Art. 2 Abs. 5 UVP-RL.

Zusammenfassend lässt sich damit festhalten, dass die Vorhabenzulassung durch Gesetz zwar möglich ist, jedoch nicht einhergeht mit einem „Freifahrtschein" in Sachen Rechtsschutz. Die Anforderungen des Art. 11 UVP-RL gelten auch für Projektzulassungen durch Maßnahmengesetz. Art. 2 Abs. 5 UVP-RL ist aufgrund seines Charakters als Ausnahmevorschrift grundsätzlich eng auszulegen und erlaubt einen Ausschluss *ausschließlich* der Vorschriften, die sich auf die Öffentlichkeitsbeteiligung beziehen und nicht derjenigen, die die UVP selbst und den diesbezüglichen Rechtsschutz betreffen. Auch die EU-Kommission hat sich dieser Interpretation inzwischen angeschlossen und stellte in ihrer Mitteilung von November 2019

---

[107] So im Ergebnis auch *Brade*, EurUP 2020, 140 (143 f.); *Wegener*, Stellungnahme MgvG, S. 27.

[108] EuGH, Urt. v. 16.02.2012, Solvay, C-182/10, ECLI:EU:C:2012:82, Rn. 43.

[109] Belgischer Cour Constitutionnelle, arrêt no. 144/2012, 22.11.2012, B.9.1.–4., B.14.1.–3.; zitiert nach *Wegener*, ZUR 2020, 195 (202); *ders.*, Stellungnahme MgvG, S. 26.

[110] Vgl. EuGH, Urt. v. 18.10.2011, Boxus u. a., C-128/09 bis C-131/09, C-134/09, C-135/09, ECLI:EU:C:2011:667, Rn. 49 f.

[111] EuGH, Urt. v. 12.05.2011, Trianel, C-115/09, ECLI:EU:C:2011:289, Rn. 41.

klar, dass sich die Kernaussage des Art. 2 Abs. 5 UVP-RL nunmehr ausschließlich auf das Verfahren der Beteiligung der Öffentlichkeit beziehe.[112] Weiterhin führt sie dort aus,

> „dass sichergestellt sein muss, dass jeder derartige Gesetzgebungsakt in Übereinstimmung mit Artikel 11 der UVP-Richtlinie gemäß nationalen Verfahrensvorschriften vor einem einzelstaatlichen Gericht oder einer anderen auf gesetzlicher Grundlage geschaffenen unabhängigen und unparteiischen Stelle in Bezug auf seine materiellrechtliche und verfahrensrechtliche Rechtmäßigkeit anfechtbar sein muss."[113]

Zwar übernimmt die Kommission nicht dieselbe Funktion wie der EuGH. Als Hüterin der Verträge kommt auch ihren Äußerungen jedoch ein gewisses Gewicht zu.[114] Und ebendieses Verständnis ist es, das die Neufassung des Art. 2 Abs. 5 UVP-RL kodifiziert, indem sie die Erreichung dieser Ziele zur zweiten Voraussetzung erhebt und gleichzeitig festlegt, dass – zu ergänzen wäre ein „daher" – nur das Beteiligungsverfahren keine Anwendung finden muss.

4. SUP- und FFH-Richtlinie

Keine eigenständigen Rechtsschutzanforderungen statuieren hingegen die SUP- und die FFH-Richtlinie. Hier kommt es mithin noch stärker als in den übrigen Bereichen auf die Rechtsprechung des EuGH und die Spruchpraxis des ACCC zum Umfang der völker- bzw. europarechtlichen Rechtsschutzgarantien im Umweltrecht an.

III. Umfang der Rechtsschutzgarantien

Folgt man dem hier befürworteten weiten Verständnis, sind alle in dieser Arbeit diskutierten Planungs- und Zulassungsentscheidungen von der Anwendbarkeit der Århus-Konvention und der UVP-Richtlinie erfasst. Damit ist allerdings noch keine Aussage darüber getroffen, welche Anforderungen konkret an die Ausgestaltung im nationalen Recht zu stellen sind. Maßgeblicher Anhaltspunkt hierfür sind die

---

[112] Bekanntmachung der Kommission vom 14.11.2019, Leitfaden zur Anwendung der Ausnahmen im Rahmen der Richtlinie über die Umweltverträglichkeitsprüfung (Richtlinie 2011/92/EU des Europäischen Parlaments und des Rates in ihrer durch die Richtlinie 2014/52/EU geänderten Fassung) – Artikel 1 Absatz 3, Artikel 2 Absätze 4 und 5 (ABl. C 386/12), Ziffer 4.2.

[113] Bekanntmachung der Kommission vom 14.11.2019 (ABl. C 386/12), Ziffer 4.7. Wohl in Reaktion darauf kommt nun auch *Ziekow*, in: NVwZ 2020, 677 (682) zu dem Ergebnis, dass eine im Wesentlichen dem Prüfprogramm bei der Anfechtung eines Planfeststellungsbeschlusses entsprechende Überprüfung geschuldet ist. Eine Anwendbarkeit des Art. 11 UVP-RL ist aber nach Ansicht Ziekows weiterhin nicht gegeben.

[114] *Lenz*, NdsVBl 2020, 229 (233).

Rechtsprechung des EuGH, dem die alleinige Auslegungskompetenz über Normen des Unionsrechts zukommt, sowie aus den genannten Gründen trotz ihrer nur quasi-verbindlichen Wirkungen ebenfalls die Entscheidungen des ACCC. Beide Spruchpraxen sollen daher im Folgenden analysiert und zur Ableitung von grundsätzlichen Rechtsschutzanforderungen des Völker- und Unionsrechts herangezogen werden.

1. Weiter Zugang zu Gericht im Sinne der Århus-Konvention

a) Keine Einschränkung der Klagebefugnisse von Umweltverbänden

Auf die größten Probleme und zugleich die umfangreichste Entscheidungshistorie blickt speziell mit Bezug zum deutschen Recht die Frage zurück, inwieweit die UVP-Richtlinie Einschränkungen der in Art. 11 UVP-RL geforderten Klagebefugnisse durch nationales Recht toleriert. Das vergangene Jahrzehnt war dabei geprägt von einem Hin und Her zwischen EuGH und deutschem Gesetzgeber, bei dem Letzterer sich verschiedentlich gezwungen sah, Grundsätze des deutschen Verwaltungs(prozess-)rechts gänzlich aufzugeben oder jedenfalls zu modifizieren.

Den Anfang machte die Entscheidung des EuGH im Fall *Trianel*[115]. Geklagt hatte der BUND Nordrhein-Westfalen gegen die Zulassung eines Steinkohlekraftwerks der Trianel AG in Lünen unter Verweis auf Mängel bei der FFH-Verträglichkeitsprüfung im Rahmen der UVP.[116] § 2 Abs. 1 Nr. 1 UmwRG a. F. erforderte in der damaligen Fassung aber noch die Berufung auf Vorschriften, die „dem Umweltschutz dienen, Rechte Einzelner begründen und für die Entscheidung von Bedeutung sein können,“[117] war also schutznormakzessorisch ausgestaltet,[118] und erlaubte damit gerade kein Vorgehen auf Grundlage des hier maßgeblichen § 5 Abs. 1 Nr. 2 BImSchG[119]. Das OVG Nordrhein-Westfalen legte dem EuGH daher die Frage vor, ob der damalige Art. 10a UVP-RL (heute Art. 11 UVP-RL) dahingehend auszulegen sei, dass Umweltverbänden Zugang zu Gericht auch dann gewährt werden müsse, wenn das nationale Recht eine subjektive Rechtsverletzung fordere, es sich aber lediglich um eine allgemeinschützende Vorschrift handle[120] – und leitete damit die mehrere Jahre währende Odyssee des deutschen UmwRG ein. Denn der EuGH bejahte die

[115] EuGH, Urt. v. 12.05.2011, Trianel, C-115/09, ECLI:EU:C:2011:289.

[116] Vgl. zum Sachverhalt die Schilderung bei EuGH, Urt. v. 12.05.2011, Trianel, C-115/09, ECLI:EU:C:2011:289, Rn. 24 ff.

[117] Vgl. § 1 Abs. 1 Nr. 1 UmwRG in der vom 15.12.2006 – 28.01.2013 gültigen Fassung.

[118] *Schlacke*, NVwZ 2019, 1392 (1393).

[119] § 5 Abs. 1 Nr. 2 BImSchG ist nach ganz herrschender Meinung nicht drittschützend: st. Rspr. seit BVerwG, Urt. v. 18.05.1982 – 4 C 42.80 = BVerwGE 65, 313, juris Rn. 22; weiterführend BVerwG, Urt. v. 11.12.2003 – 7 C 19.02, juris Rn. 11 ff.; ebenso *Dietlein*, in: Landmann/Rohmer, Umweltrecht, § 5 BImSchG (Stand 73. EL Aug. 2014), Rn. 163; *Lang*, in: Säcker, Energierecht, § 5 BImSchG, Rn. 60; *Schmidt-Kötters*, in: Giesberts/Reinhardt, BeckOK Umweltrecht, § 5 BImSchG, Rn. 121.

[120] EuGH, Urt. v. 12.05.2011, Trianel, C-115/09, ECLI:EU:C:2011:289, Rn. 34.

Frage hinsichtlich der Verletzung von auf europäischem Umweltrecht basierenden Vorschriften. Die Befugnis der Mitgliedstaaten aus Art. 11 Abs. 3 S. 1 UVP-RL respektive Art. 9 Abs. 2 Uabs. 3 S. 1 AK zur Bestimmung, was als ausreichendes Interesse und Rechtsverletzung gelte, bestehe zwar grundsätzlich – könne jedoch nicht die Klagebefugnisse von Umweltverbänden einschränken.[121] Dieses Verständnis stimmt überein mit der bereits hervorgehobenen besonderen Stellung der Umweltverbände, bezüglich derer in 9 Abs. 2 Uabs. 3 S. 2 AK bzw. Art. 11 Abs. 3 S. 2 UVP-RL explizit statuiert wird, dass das Interesse einer solchen Nichtregierungsorganisation unabhängig von der konkreten Ausgestaltung der nationalen Vorschriften jedenfalls als ausreichend in deren Sinne zu betrachten ist. Insgesamt folgte der EuGH damit der zu diesem Zeitpunkt bereits gefestigten diesbezüglichen Spruchpraxis des ACCC.[122] Das *Trianel*-Urteil hatte zur Folge, dass sich Umweltverbände zunächst unmittelbar auf Art. 10a UVP-RL berufen konnten[123] und das UmwRG erstmals mit Wirkung zum 29. Januar 2013[124] novelliert wurde.

Daneben äußerte sich der EuGH bereits in *Trianel* auch in allgemeiner Form zur Unterscheidung zwischen individual- und umweltschützenden Normen und merkte an, dass es dem Ziel eines weiten Zugangs zu Gericht und dem Effektivitätsgrundsatz widerspräche, wenn sich Umweltverbände nicht auf aus unionalem Umweltrecht hervorgegangene Vorschriften berufen könnten, nur weil diese – wie im Regelfall – allgemein- und nicht individualschützend seien.[125] Klarstellend betonte der EuGH in diesem Sinne einige Jahre später im Fall *Protect,* dass

> „solche Rechtsvorschriften [s.c.: die aus dem Unionsumweltrecht hervorgegangenen] in den meisten Fällen auf das allgemeine Interesse und nicht auf den alleinigen Schutz der Rechtsgüter Einzelner gerichtet sind und Aufgabe besagter Umweltorganisationen der Schutz des Allgemeininteresses ist.“[126]

---

[121] EuGH, Urt. v. 12.05.2011, Trianel, C-115/09, ECLI:EU:C:2011:289, Rn. 44ff.

[122] Vgl. *ACCC*, Findings and recommendations with regard to communication ACCC/C/2011/62 concerning Armenia, Rn. 37; *ACCC*, Findings and recommendations with regard to communication ACCC/C/2011/58 concerning Bulgaria, Rn. 65; *ACCC*, Findings and recommendations with regard to communication ACCC/C/2010/48 concerning Austria, Rn. 69ff.; *ACCC*, Findings and recommendations with regard to communication ACCC/C/2008/31 concerning Germany, Rn. 92; *ACCC*, Findings and recommendations with regard to communication ACCC/C/2006/18 concerning Denmark, Rn. 29; *ACCC*, Findings and recommendations with regard to communication ACCC/C/2005/11 concerning Belgium, Rn. 36.

[123] EuGH, Urt. v. 12.05.2011, Trianel, C-115/09, ECLI:EU:C:2011:289, Rn. 59.

[124] Vgl. Art. 1 des Gesetzes zur Änderung des Umwelt-Rechtsbehelfsgesetzes und anderer umweltrechtlicher Vorschriften vom 21. Januar 2013 (BGBl. I S. 95).

[125] EuGH, Urt. v. 12.05.2011, Trianel, C-115/09, ECLI:EU:C:2011:289, Rn. 46.

[126] EuGH, Urt. v. 20.12.2017, Protect, C-664/15, ECLI:EU:C:2017:987, Rn. 47; zur Diskrepanz gegenüber der deutschen Sichtweise im Besonderen *Wegener*, ZUR 2018, 217 (220).

b) Kein Ausschluss „bloßer“ Verfahrensfehler

Die Novellierung des UmwRG aus dem Jahr 2013 hielt jedoch nicht lange stand. Noch im selben Jahr beanstandete der EuGH im Fall *Altrip*[127], dass eine Rügemöglichkeit nicht nur bei Unterbleiben einer UVP, sondern auch bei fehlerhafter Durchführung bestehen müsse.[128] Zugrunde lag dem Verfahren erneut eine verwaltungsgerichtliche Klage aus Deutschland, hier mehrerer Anlieger gegen die Planfeststellung für ein Regenrückhaltebecken in der rheinland-pfälzischen Gemeinde Altrip.[129] Hatte man die Forderung nach unabhängig von subjektiven öffentlichen Rechten bestehenden Klagebefugnissen für Umweltverbände aus *Trianel* noch als andere gesetzliche Bestimmung i. S. d. § 42 Abs. 2 Alt. 1 VwGO in das bestehende System des Verwaltungsrechtsschutzes integrieren können, rüttelte der EuGH mit der *Altrip*-Entscheidung nun endgültig an den Grundfesten des deutschen Verwaltungs(prozess)rechts. Zwar gestand er dem deutschen Gesetzgeber zu, dass ein gerichtliches Vorgehen ausgeschlossen werden dürfe, wenn der unterlaufene Fehler nachweislich nicht von Einfluss auf die Entscheidung in der Sache war,[130] bürdete die Beweislast hierfür allerdings der zuständigen Behörde auf.[131] Abweichend von der Grundregel des § 46 VwVfG wurde in der Folge die Einführung des § 4 Abs. 1a S. 2 UmwRG erforderlich.[132] Grundlegende Aussagen zur Bedeutung des Verfahrensrechts aus europarechtlicher Perspektive lässt auch die *Altrip*-Entscheidung vermissen, da das BVerwG in seinem Vorlagebeschluss keine ausreichenden Angaben zum Kriterium der Beeinträchtigung einer materiellen Rechtsposition gemacht hatte.[133] Bereits hier lässt sich den Ausführungen des EuGH jedoch ein gewisses Unverständnis gegenüber der deutschen Perspektive entnehmen, wenn er darlegt, angesichts der Ziele der UVP-Richtlinie komme „der Überprüfung der Einhaltung der Verfahrensregeln in diesem Bereich besondere Bedeutung zu“ und es sei vorgesehen, „grundsätzlich jeden Verfahrensfehler geltend machen [zu] können“[134]. Zu diesem Zeitpunkt hatte das ACCC in deutlicheren Worten bereits klargestellt:

> „Article 9, paragraph 2, of the Convention addresses both substantive and procedural legality. Hence, the Party concerned has to ensure that members of the public have access to a

[127] EuGH, Urt. v. 07. 11. 2013, Altrip, C-72/12, ECLI:EU:C:2013:712.

[128] EuGH, Urt. v. 07. 11. 2013, Altrip, C-72/12, ECLI:EU:C:2013:712, Rn. 36 ff.

[129] Vgl. dazu die Schilderung des Sachverhalts bei EuGH, Urt. v. 07. 11. 2013, Altrip, C-72/12, ECLI:EU:C:2013:712, Rn. 16 ff.

[130] EuGH, Urt. v. 07. 11. 2013, Altrip, C-72/12, ECLI:EU:C:2013:712, Rn. 49.

[131] EuGH, Urt. v. 07. 11. 2013, Altrip, C-72/12, ECLI:EU:C:2013:712, Rn. 52 f.

[132] Durch das Gesetz zur Änderung des Umwelt-Rechtsbehelfsgesetzes zur Umsetzung des Urteils des Europäischen Gerichtshofs vom 7. November 2013 in der Rechtssache C-72/12 vom 20. November 2015 (BGBl. I S. 2069); weiterführend dazu *Rieger/Groß*, NZBau 2017, 195 (196 f.).

[133] EuGH, Urt. v. 07. 11. 2013, Altrip, C-72/12, ECLI:EU:C:2013:712, Rn. 55; *Kokott/Sobotta*, DVBl 2014, 132 (134).

[134] Für beide EuGH, Urt. v. 07. 11. 2013, Altrip, C-72/12, ECLI:EU:C:2013:712, Rn. 48.

review procedure before a court of law and/or another independent body established by law which can review both the substantive and procedural legality of decisions, acts and omissions in appropriate cases.“[135]

Schon hier führte das ACCC außerdem in Bezug auf Art. 9 Abs. 3 AK aus, dass eine Überprüfungsmöglichkeit geschaffen werden müsse, ob die angegriffene Entscheidung „contravened any provision – be it substantive or procedural – in national law relating to the environment“[136].

Der deutsche Gesetzgeber blieb allerdings auch angesichts dieser deutlichen Tendenz in EuGH-Rechtsprechung und ACCC-Spruchpraxis bei seiner schon 2013 verfolgten Strategie der „Minimalumsetzung“[137]. Vorbehaltlos in den Katalog des § 4 Abs. 1 S. 1 UmwRG aufgenommen wurde als Nr. 2 nur die völlige Nichtdurchführung der Öffentlichkeitsbeteiligung. Vergleichbar schwere Verfahrensfehler sind zwar gem. § 4 Abs. 1 S. 1 Nr. 3 UmwRG ebenfalls rügefähig, jedoch gem. § 4 Abs. 3 S. 2 UmwRG nur dann, wenn dem jeweiligen Verband oder Privateinwender die Beteiligungsmöglichkeit durch den Verfahrensfehler gänzlich genommen wurde. Warum man sich hier für eine so weitgreifende Ausnahme entschied, ist auch den Gesetzgebungsmaterialen nicht zu entnehmen.[138] Zwar hatte der EuGH die Prüfung der Frage angesprochen, ob der betroffenen Öffentlichkeit eine der Garantien der Öffentlichkeitsbeteiligung gänzlich genommen wurde, allerdings in Bezug auf die Heilungsmöglichkeit nach § 46 VwVfG und die Beurteilung der Schwere eines Verfahrensfehlers, nicht aber als vorgelagertes generelles Ausschlusskriterium bezüglich rügefähiger Fehler.[139]

Die teilweise bereits aufgeworfenen Fragen waren umfassend dann nochmals Gegenstand eines Vertragsverletzungsverfahrens der Kommission gegen Deutschland im Jahr 2015. Gerügt worden waren von der Kommission zahlreiche Vorschriften im deutschen Recht, die die Geltendmachung von Verfahrensfehlern und die Verknüpfung mit subjektiven öffentlichen Rechten betrafen, namentlich § 113 Abs. 1 S. 1 VwGO, parallel zur *Altrip*-Entscheidung der Umfang der Rügemöglichkeiten in § 4 Abs. 1 UmwRG a. F., die Heilung von Verfahrensfehlern nach § 46 VwVfG in Bezug auf seine Beweislastverteilung und i. V. m. § 113 Abs. 1 S. 1 VwGO, die materielle Präklusion in § 2 Abs. 3 UmwRG a. F. und § 73 Abs. 4 S. 3 VwVfG sowie die zeitliche Grenze der Übergangsvorschriften in § 5 Abs. 1 UmwRG a. F.[140] Da sich die Einführung des § 4 Abs. 1a S. 2 UmwRG zum 26. November 2015

---

[135] *ACCC*, Findings and recommendations with regard to communication ACCC/C/2008/33 concerning the United Kingdom, Rn. 123.

[136] *ACCC*, Findings and recommendations with regard to communication ACCC/C/2008/33 concerning the United Kingdom, Rn. 124.

[137] *Fellenberg/Schiller*, in: Landmann/Rohmer, Umweltrecht, Vor § 1 UmwRG (Stand: 86. EL Apr. 2018), Rn. 128.

[138] Vgl. BT-Drucks. 18/5927, S. 10 f.

[139] Vgl. EuGH, Urt. v. 07. 11. 2013, Altrip, C-72/12, ECLI:EU:C:2013:712, Rn. 54.

[140] EuGH, Urt. v. 15. 10. 2015, Kommission/Deutschland, C-137/14, ECLI:EU:C:2015:683, Rn. 1; im Überblick dargestellt auch bei *Bunge*, NuR 2016, 11 (12).

mit dem Urteil des EuGH im Vertragsverletzungsverfahren am 15. Oktober 2015 überschnitten hatte,[141] machte der EuGH auch bezogen auf das Kausalitätserfordernis des § 46 VwVfG erneute Ausführungen und stellte nunmehr deutlich klar, dass der Unionsgesetzgeber nicht

> „die Möglichkeit, einen Verfahrensfehler geltend zu machen, an die Bedingung knüpfen wollte, dass er Auswirkungen auf den Inhalt der angegriffenen endgültigen Entscheidung hatte“[142].

Mit Blick auf die materielle Präklusion in § 2 Abs. 3 UmwRG und § 73 Abs. 4 S. 3 VwVfG führte der EuGH weiterhin aus, Ziel der UVP-Richtlinie sei es nicht nur,

> „den rechtsuchenden Bürgern einen möglichst weitreichenden Zugang zu gerichtlicher Überprüfung zu geben, sondern auch [...], eine umfassende materiell-rechtliche und verfahrensrechtliche Kontrolle der Rechtmäßigkeit der angefochtenen Entscheidung zu ermöglichen“[143].

Zu beobachten ist hier ein in zahlreichen dieser Entscheidungen auftretendes Missverständnis: Denn auch nach deutschem Recht können in der Theorie alle Verfahrensfehler angegriffen werden – eingeschränkt wird diese Möglichkeit „lediglich“ auf der nachfolgenden Ebene durch die Statuierung von Zulässigkeitsvoraussetzungen sowie in materieller Hinsicht durch Unbeachtlichkeits- und Fehlerheilungsvorschriften. Der EuGH scheint dieser klassischen deutschen Herangehensweise an das Zusammenwirken von Verfahrens- und materiellen Vorschriften allerdings mit einem gewissen Unverständnis zu begegnen.[144] Unabhängig von der Frage, ob die Position des EuGH in jeder Hinsicht gerechtfertigt erscheint, gilt jedoch das bereits zuvor Gesagte: Für die weitere Entwicklung des Umweltrechtsschutzes in den kommenden Jahren wird das europäische und nicht das deutsche Verständnis maßgebend sein. Weiterhin den Weg der „Minimalumsetzung“[145] zu gehen, würde für den deutschen Gesetzgeber selbst bei größter Berechtigung der deutschen Sichtweise nicht zum Erfolg führen.

Standhalten konnte unter den zahlreichen von der Kommission gerügten Vorschriften hingegen der § 113 Abs. 1 S. 1 VwGO, allerdings nur in Bezug auf Individualkläger, für die der EuGH die Norm von der Regelungsbefugnis der Mit-

---

[141] Zur vorgreifenden Umsetzung ausführlich *Schüren/Kramer*, ZUR 2016, 400 (403), die zu dem Ergebnis kommen, dass das Urteil im Vertragsverletzungsverfahren Kommission/Deutschland diesbezüglich keine weitergehenden Anforderungen mehr stellt.

[142] EuGH, Urt. v. 15.10.2015, Kommission/Deutschland, C-137/14, ECLI:EU:C:2015:683, Rn. 58.

[143] EuGH, Urt. v. 15.10.2015, Kommission/Deutschland, C-137/14, ECLI:EU:C:2015:683, Rn. 80.

[144] Dazu ausführlich bereits oben unter B. V. 4.

[145] *Fellenberg/Schiller*, in: Landmann/Rohmer, Umweltrecht, Vor § 1 UmwRG (Stand: 86. EL Apr. 2018), Rn. 128.

gliedstaaten nach § 11 Abs. 1 lit. b) UVP-RL erfasst sah.[146] Konsequent ist die Entscheidung in dieser Hinsicht nicht, lässt sie bei gleichzeitiger Ausweitung der Klagebefugnisse im Rahmen der Zulässigkeit über eine Begrenzung des gerichtlichen Prüfungsumfangs in der Begründetheit letztlich doch eine Einschränkung des Rechtsschutzes zu.[147] Zudem setzt sich der EuGH damit in Widerspruch zu Aussagen an anderer Stelle des Urteils[148] sowie in *Trianel*[149] und *Altrip*[150], wonach die Öffentlichkeit grundsätzlich jeden Verfahrensfehler geltend machen können muss.[151] Mit Verweis auf den 27. Erwägungsgrund der IE-Richtlinie hatte Generalanwalt *Melchior Wathelet* dementsprechend auch ausdrücklich die notwendige Gleichstellung von Individualklägern und Umweltverbänden beim Zugang zu Rechtsmitteln betont, da es nach der Intention des Unionsrechts ebenso Aufgabe Ersterer sei, Verstöße gegen umweltschützende Vorschriften geltend zu machen.[152] Die Voraussetzung einer Rechtsverletzung sei nur in der Zulässigkeit, nicht aber in der Begründetheit zu prüfen.[153] *Wathelet* sieht also letztlich eine Art Vollüberprüfungsanspruch auch des Individualklägers als geboten an, sofern dieser geltend machen kann, überhaupt betroffen und damit klagebefugt zu sein. Diese Interpretation orientiert sich näher am Wortlaut des Art. 11 UVP-RL als diejenige des EuGH. Die Befugnis der Mitgliedstaaten aus Art. 11 Abs. 1 lit. b) UVP-RL, die Geltendmachung einer Rechtsverletzung als Voraussetzung zu statuieren, bezieht sich nämlich ausdrücklich auf den „Zugang zu einem Überprüfungsverfahren vor Gericht", also die Zulässigkeit eines Rechtsbehelfs, nicht aber auf den materiellen Kontrollmaßstab. Eine entsprechende Umsetzung wäre im deutschen Recht durchaus denkbar, ist diese Art von Verfahren aus der abstrakten Normenkontrolle gem. § 47 VwGO doch hinlänglich bekannt.[154]

Auch abseits dieser berechtigten Kritik ist die Tatsache, dass der EuGH die Anknüpfung an subjektive Rechte letztlich teilweise doch für zulässig erklärt, aber keinesfalls als Freifahrtschein zu verstehen. Denn sie ist wie alle seiner Ausführungen vor dem Hintergrund der europäischen Perspektive zu betrachten, der eine

---

[146] EuGH, Urt. v. 15.10.2015, Kommission/Deutschland, C-137/14, ECLI:EU:C:2015:683, Rn. 33 ff., 63 ff.

[147] So auch die berechtigte Kritik von *Bunge*, NuR 2016, 11 (14); positiv demgegenüber *Schüren/Kramer*, ZUR 2016, 400 (402).

[148] Vgl. EuGH, Urt. v. 15.10.2015, Kommission/Deutschland, C-137/14, ECLI:EU:C:2015:683, Rn. 55.

[149] Vgl. EuGH, Urt. v. 12.05.2011, Trianel, C-115/09, ECLI:EU:C:2011:289, Rn. 37.

[150] Vgl. EuGH, Urt. v. 07.11.2013, Altrip, C-72/12, ECLI:EU:C:2013:712, Rn. 48.

[151] *Bunge*, NuR 2016, 11 (15).

[152] Schlussanträge des Generalanwalts Melchior Wathelet vom 21. Mai 2015, Kommission/Deutschland, C-137/14, ECLI:EU:C:2015:344, Rn. 61.

[153] Schlussanträge des Generalanwalts Melchior Wathelet vom 21. Mai 2015, Kommission/Deutschland, C-137/14, ECLI:EU:C:2015:344, Rn. 56; ebenso bereits die Schlussanträge des Generalanwalts Pedro Cruz Villalón vom 20. Juni 2013, Altrip, C-72/12, ECLI:EU:C:2013:712, Rn. 88 ff.

[154] *Bunge*, NuR 2016, 11 (14, Fn. 25); *Külpmann*, DVBl 2019, 140 (140 f.).

Unterscheidung zwischen „bloßen" Verfahrensvorschriften und materiellen Rechtspositionen wie gezeigt fremd ist. Dieser Umstand muss nicht unter den nebulösen Begriff einer *Materialisierung* des Verfahrensrechts subsumiert werden. Einem hypothetischen europäischen Verfahrensrecht wären aufgrund der zentralen Bedeutung verfahrensrechtlicher Vorschriften schlicht keine Regelungen bekannt, deren Verletzung nicht auch im Sinne des § 113 Abs. 1 S. 1 VwGO zu einer Aufhebung der Entscheidung führen müsste. Klarer wird diese Überlegung erneut in den Ausführungen des ACCC, das bereits 2013 entschieden hatte, dass

> „if German courts in practice were to deny review of the appeals and/or arguments of the members of the public concerned, including environmental NGOs, regarding the procedural legality of decisions subject to article 6, this would amount to non-compliance with article 9, paragraph 2."[155]

Im Ergebnis ist wohl zuzustimmen, dass trotz der durch den EuGH getätigten Einschränkungen im Fall *Kommission/Deutschland* auch Individualkläger eine auf reine Verfahrensfehler gestützte Klage erfolgreich vorbringen können müssen.[156] Wünschenswert erscheint hier aber eine Klarstellung seitens des EuGH und Aufarbeitung der zwischen deutscher und europäischer Perspektive offenbar bestehenden Missverständnisse. Denn diese setzen sich in der Rechtsprechung beider Gerichte derzeit immer weiter fort.

Ausführungen des EuGH in einer Entscheidung zur Nitrat-Richtlinie von Dezember 2019, dass „zumindest natürliche oder juristische Personen, die unmittelbar von einer Verletzung von Richtlinienbestimmungen betroffen sind, die Einhaltung der entsprechenden Verpflichtungen bei den zuständigen Behörden – gegebenenfalls auch auf dem Rechtsweg – einfordern können müssen"[157] interpretierte das BVerwG wie folgt:

> „Hinweise darauf, dass der Gerichtshof den Vorschriften der FFH-Richtlinie individualschützenden Charakter beimessen könnte, enthält auch die neueste Rechtsprechung nicht. Einen individuellen Rechtsschutz hält der Gerichtshof allgemein unter der Voraussetzung für geboten, dass natürliche oder juristische Personen unmittelbar von einer Verletzung von Richtlinienbestimmungen betroffen sind [...]".[158]

Dabei geht das BVerwG über das „zumindest" in den Ausführungen des EuGH zum einen völlig hinweg. Zum anderen will der Siebte Senat, um die Übertragbarkeit der EuGH-Rechtsprechung zur Nitrat-Richtlinie auf die FFH-Richtlinie zu begründen, den *Protect-* und *Trianel*-Entscheidungen des EuGH die Feststellung entnehmen, dass die meisten Vorschriften des europäischen Umweltrechts allge-

---

[155] *ACCC*, Findings and recommendations with regard to communication ACCC/C/2008/31 concerning Germany, Rn. 90.

[156] *Bunge*, NuR 2014, 605 (612).

[157] EuGH, Urt. v. 03.10.2019, Wasserleitungsverband Nördliches Burgenland, Rn. 32.

[158] BVerwG, Urt. v. 17.02.2021 – 7 C 3/20, juris Rn. 18.

mein- und nicht individualschützend seien.[159] Diese Schlussfolgerung steht jedoch in diametralem Widerspruch zum bereits aufgezeigten Grundkonzept des europäischen Umweltrechts und widerspricht nicht nur der zentralen Aussage von *Slowakischer Braunbär I* und *Protect,* sondern auch den Feststellungen, die der EuGH bereits 2004 in *Waddenvereniging und Vogelsbeschermingsvereniging* getroffen hatte, wie im Folgenden näher erläutert werden soll.[160]

Nicht behandelt wurde in *Kommission/Deutschland* die Frage nach dem zulässigen Umfang von Fehlerheilungs- und Planerhaltungsvorschriften. Auch hier ist die Linie des EuGH restriktiv. Eine nachträgliche Legalisierung darf nur beim Vorliegen „außergewöhnlicher Umstände" erfolgen.[161] Erforderlich ist aber jedenfalls die Nachholung des versäumten Verfahrensschritts mit der Maßgabe, dass sämtliche Optionen offenstehen müssen und die Öffentlichkeit sich in derselben Lage befinden muss, in der sie sich vor dem Fehler befunden hätte.[162] Diesbezüglich ist stets eine Einzelfallprüfung erforderlich.[163]

c) Direkte Klagebefugnisse aus dem Völker- und Unionsrecht

Abseits von Art. 11 UVP-RL und Art. 25 IE-RL gibt sich der europäische Gesetzgeber wie gezeigt zurückhaltend, was die direkte Normierung von Klagebefugnissen angeht. Allerdings lässt sich bereits seit *Van Gend en Loos*[164] in der Rechtsprechung des EuGH ein konsequenter Ausbau der Ermächtigung Einzelner durch das Europarecht beobachten.[165] Dass sich Einzelne auf die unmittelbare Wirkung von Richtlinien berufen können, ist gewissermaßen eine Grundfunktion des Unionsrechts.[166]

---

[159] BVerwG, Urt. v. 17.02.2021 – 7 C 3/20, juris Rn. 19.

[160] Zu alldem sogleich im Folgenden unter F. III. 1. c).

[161] Vgl. EuGH, Urt. v. 26.07.2017, Comune di Corridonia, C-196/15 und C-197/16, ECLI:EU:C:2017:589, Rn. 39 f.; EuGH, Urt. v. 17.11.2016, Stadt Wiener Neustadt, C-348/15, ECLI:EU:C:2016:882, Rn. 37 f.; dazu *Saurer*, NVwZ 2020, 1137 (1142) und bereits oben unter B. V. 4.

[162] Schlussanträge der Generalanwältin Juliane Kokott, 29.11.2018, Inter-Environnement Wallonie, C-411/17, ECLI:EU:C:2018:972, Rn. 138; Schlussanträge der Generalanwältin Juliane Kokott vom 19.04.2012, Krizan, C-416/10, ECLI:EU:C:2012:218, Rn. 104, 106; dazu *Saurer*, NVwZ 2020, 1137 (1142).

[163] *Saurer*, ebd.

[164] EuGH, Urt. v. 05.02.1963, Van Gend en Loos, C-26–62, ECLI:EU:C:1963:1.

[165] *Wegener*, ZUR 2018, 217 (217).

[166] Vgl. *Kokott/Sobotta*, DVBl 2014, 132 (132), die diesbezüglich bereits auf EuGH, Urt. v. 05.04.1979, Ratti, C-148/78, ECLI:EU:C:1979:110 und EuGH, Urt. v. 08.10.1987, Kolpinghuis Nijmegen, C-80/86, ECLI:EU:C:1987:431 verweisen; zu den Kriterien der unmittelbaren Wirkung von Richtlinien bereits zuvor unter F. II. 3. a).

Erstmals in der Entscheidung zum *Slowakischen Braunbären I*[167] hatte sich der EuGH dann konkret mit der Frage zu befassen, ob für Umweltverbände auch unmittelbare Klagebefugnisse in Bezug auf nicht UVP-pflichtige Entscheidungsformen, hier die Gewährung von Ausnahmen von den Schutzregelungen für Braunbären, bestehen. Er weitete daraufhin die zu Art. 9 Abs. 2 AK entwickelten Prinzipien auch auf Vorhaben nach Art. 9 Abs. 3 AK, also alle sonstigen behördlichen Entscheidungen, aus und forderte eine entsprechende Auslegung der nationalen Verfahrensvorschriften[168] – und damit implizit die Schaffung neuen Prozessrechts, wo eine europarechtskonforme Auslegung nicht möglich war. Dies war im deutschen Schrifttum bis dahin überwiegend auf Ablehnung gestoßen,[169] der deutsche Gesetzgeber hatte von einer solchen Regelung bewusst abgesehen.[170] Auch das ACCC sowie die Vertragsstaatenkonferenz zur Århus-Konvention bestätigten aber in der Folge die EuGH-Entscheidung.[171] In einem vielbeachteten Urteil erkannte das BVerwG daraufhin im Jahr 2013 Umweltverbänden eine prokuratorische Klagebefugnis in Bezug auf Luftreinhaltepläne zu.[172] Etwas verzögert reagierte auch der Gesetzgeber[173] und schuf mit § 1 Abs. 1 S. 1 Nr. 4 lit. a) UmwRG i. V. m. Anl. 5 UVPG im Rahmen der UmwRG-Novelle im Jahr 2017[174] für Umweltverbände eine direkte Rechtsschutzmöglichkeit gegen SUP-pflichtige Pläne und Programme – allerdings über § 7 Abs. 3 S. 1 UmwRG weiterhin versehen mit einer materiellen Präklusion.[175]

---

[167] EuGH, Urt. v. 08.03.2011, Slowakischer Braunbär I, C-240/09, ECLI:EU:C:2011:125.

[168] EuGH, Urt. v. 08.03.2011, Slowakischer Braunbär I, C-240/09, ECLI:EU:C:2011:125, Rn. 47 ff.; zur dogmatischen Herleitung über eine unionsrechtliche Teilumsetzung von Art. 9 Abs. 3 AK ausführlich *Kokott/Sobotta*, DVBl 2014, 132 (134 f.). Die EU hatte demgegenüber in ABl. L 124 vom 17.05.2005, S. 3 die Umsetzung von Art. 9 Abs. 3 AK aufgrund der Qualität der Århus-Konvention als gemischtes Abkommen noch ausdrücklich dem Verantwortungsbereich der Mitgliedstaaten zugesprochen, dazu *Kokott/Sobotta*, a. a. O. (134).

[169] *Epiney/Sollberger*, in: UBA, Zugang zu Gerichten, S. 329; *Seelig/Gündling*, NVwZ 2002, 1033 (1040); *von Danwitz*, NVwZ 2004, 272 (276); a. A. schon damals *Calliess*, NuR 2006, 601 (613).

[170] Vgl. BT-Drucks. 16/2497, S. 46; *Wegener*, ZUR 2018, 217 (218).

[171] Vgl. Findings and recommendations with regard to communication ACCC/C/2008/31 concerning Germany, Rn. 102 b. sowie Draft decision V/9h concerning compliance by Germany with its obligations under the Convention vom 17. April 2014, Nr. 1 lit. b); eine ausführliche Besprechung der Entscheidungen findet sich bei *Bunge*, NuR 2014, 605 (608 ff.).

[172] BVerwG, Urt. v. 05.09.2013 – 7 C 21.12 = BVerwGE 147, 312, juris Rn. 19 ff.; dazu *Franzius*, DVBl 2018, 410 (414 ff.); *Schlacke*, in: FS Jarass, S. 379 (387 f.).

[173] Vgl. BT-Drucks. 18/9526, S. 1, in der auf die Entscheidung des ACCC, den Beschluss V/9h der Vertragsstaatenkonferenz, das EuGH-Urteil sowie das Urteil des BVerwG zu Luftreinhalteplänen in Bezug genommen wird.

[174] Art. 1 des Gesetzes zur Anpassung des Umwelt-Rechtsbehelfsgesetzes und anderer Vorschriften an europa- und völkerrechtliche Vorgaben vom 29. Mai 2017 (BGBl. I, S. 1298).

[175] Die Europarechtskonformität auch dieser materiellen Präklusion wird in der der Literatur zurecht stark in Zweifel gezogen, vgl. etwa *Franzius*, NVwZ 2018, 219 (220 f.); *Heß*, UTR 133 (2017), 177 (195); zutreffend insbesondere mit Verweis auf die Intensivierung der Pro-

In *Slowakischer Braunbär II*[176] ging der EuGH sogar noch einen Schritt weiter und erlaubte derselben Umweltvereinigung unter Verweis auf Art. 9 Abs. 2, Art. 6 Abs. 1 lit. b) AK i. V. m. Art. 47 GrCh eine direkte Berufung auf die Vorschriften der FFH-Richtlinie in Bezug auf eine weder UVP- noch SUP-pflichtige Entscheidung,[177] hier die Zulassung eines Wildzuchtgeheges in einem FFH-Schutzgebiet, der nach Vorbringen des klagenden Verbandes Vorschriften des FFH-Rechts bzw. des nationalen Umsetzungsrechts entgegenstanden. Noch 2012 war das BVerwG in seiner Entscheidung zum *Mühlenberger Loch* davon ausgegangen, FFH- und Vogelschutzrichtlinie verliehen dem Einzelnen „derart offenkundig", keine Rechte,[178] dass eine Vorlage an den EuGH nicht erforderlich sei und hatte damit weiterhin an der Unterscheidung von individual- und allgemeinschützender Wirkung auch in Bezug auf europäische Richtlinien[179] festgehalten. Nun stellte der EuGH aber fest:

> „Diese Organisationen [s.c.: die anerkannten Umweltvereinigungen] müssen somit zwingend die nationalen Rechtsvorschriften, die die Rechtsvorschriften der Union im Bereich der Umwelt umsetzen, sowie die unmittelbar anwendbaren Vorschriften des Umweltrechts der Union geltend machen können […]."[180]

Dass die FFH-Richtlinie unmittelbare Wirkung zugunsten des Einzelnen – und gerade nicht nur abstrakt zugunsten der Umwelt – entfaltet, hatte der EuGH bereits im Jahr 2004 im Fall *Waddenvereniging und Vogelsbeschermingsvereniging* klargestellt.[181] „Gefehlt", da im Ausgangsverfahren nicht problematisch, hatte lediglich der notwendige zweite Schritt, nämlich die unmittelbare Berufung auf die FFH-Richtlinie auch zur Begründung der Klagebefugnis. Diese sei notwendig, so nun der EuGH,

> „um insbesondere zu prüfen, ob die nationale Behörde, die einen Plan oder ein Projekt genehmigt hat, ihre […] Verpflichtungen aus Art. 6 Abs. 3 der Richtlinie beachtet hat und somit innerhalb des den nationalen Behörden in dieser Bestimmung eingeräumten Ermessensspielraums geblieben ist"[182]

Erneut steht also die materielle Kontrolle der Verwaltungsentscheidung über den Hebel der Beteiligungsrechte im Vordergrund. Erst im nächsten Absatz weist der

---

blematik bei einer Abschichtung gegenüber der nachfolgenden UVP *Langstädtler*, Effektiver Umweltrechtsschutz, S. 490.

[176] EuGH, Urt. v. 08. 11. 2016, Slowakischer Braunbär II, C-243/15, ECLI:EU:C:2016:838.

[177] EuGH, Urt. v. 08. 11. 2016, Slowakischer Braunbär II, C-243/15, ECLI:EU:C:2016:838, Rn. 49 ff.

[178] BVerwG, Urt. v. 26. 04. 2012 – 4 C 12.05 = BVerwGE 128, 358, juris Rn. 33.

[179] Dazu *Franzius*, NVwZ 2018, 219 (221); *Klinger*, ZUR 2017, 90 (90); *Kokott/Sobotta*, DVBl 2014, 132 (132).

[180] EuGH, Urt. v. 08. 11. 2016, Slowakischer Braunbär II, C-243/15, ECLI:EU:C:2016:838, Rn. 59.

[181] EuGH, Urt. v. 07. 09. 2004, Waddenvereniging und Vogelsbeschermingvereniging, C-127/02, ECLI:EU:C:2004:482, Rn. 66.

[182] EuGH, Urt. v. 08. 11. 2016, Slowakischer Braunbär II, C-243/15, ECLI:EU:C:2016:838, Rn. 44.

EuGH darauf hin, dass „außerdem" die Einhaltung der Regeln zur Öffentlichkeitsbeteiligung sichergestellt werden müsse.[183] Die bloße Möglichkeit, im Verwaltungsverfahren Argumente vorzubringen, lässt der EuGH für die Einhaltung der europäischen Anforderungen gerade nicht genügen. Erforderlich seien eine direkte Berücksichtigungspflicht der vorgebrachten Einwendungen seitens der Behörde sowie eine diesbezügliche Klagemöglichkeit.[184]

In der *Protect*-Entscheidung leitete der EuGH aus Art. 9 Abs. 3 AK i. V. m. Art. 47 GrCh schließlich sogar eine direkte allgemeine Klagebefugnis in Bezug auf alle umweltrelevanten Normen des Unionsrechts her.[185] Geklagt hatte im Ausgangsverfahren die österreichische Umweltschutzvereinigung Protect, die gegen die wasserrechtliche Bewilligung für eine Beschneiungsanlage in Karlstein hatte vorgehen wollen, mangels Zuerkennung der Parteistellung nach österreichischem Recht aber weder im Verwaltungsverfahren noch auf gerichtlichem Wege beteiligungsfähig war.[186] Eine solche „vermittelte unmittelbare Wirkung"[187] hatte der EuGH in *Slowakischer Braunbär I* noch ausdrücklich abgelehnt, da die Bestimmungen des Art. 9 Abs. 3 AK zu unbestimmt seien, um dem Einzelnen unmittelbar Rechte zu verleihen und entsprechende Umsetzungsakte der Mitgliedstaaten erforderten.[188] Einen entsprechenden Richtlinienvorschlag zur Umsetzung des Art. 9 Abs. 3 AK in unionales Recht hatte die EU-Kommission bereits 2003 wieder zurückgezogen.[189]

Nun rekurrierte der EuGH aber auf seine Ausführungen zu Art. 11 Abs. 3 S. 1 UVP-RL bzw. Art. 9 Abs. 2 Uabs. 3 S. 1 AK im Fall *Trianel* und stellte fest, dass die Befugnis zur Festlegung innerstaatlicher Kriterien gem. Art. 9 Abs. 3 AK den Mitgliedstaaten zwar grundsätzlich zustehe – aber nicht so weit reiche, dass die Klagebefugnisse von Umweltverbänden eingeschränkt werden könnten.[190] Die unmittelbare Wirkung vermitteln soll der unstreitig unmittelbar wirkende Art. 47 GrCh. In ihrem Ausmaß soll die unmittelbare Wirkung und daraus folgende Pflicht zur Nichtanwendung unionsrechtswidriger Vorschriften durch die nationalen Gerichte der seit *Van Gend en Loos* und *Simmenthal*[191] etablierten Wirkungsweise entsprechen.[192] Diese Rechtsprechung verfolgte der EuGH im Anschluss konsequent weiter, jüngst etwa in der Entscheidung zur *Nitratrichtlinie*.[193]

---

[183] EuGH, Urt. v. 08.11.2016, Slowakischer Braunbär II, C-243/15, ECLI:EU:C:2016:838, Rn. 45.

[184] Vgl. EuGH, Urt. v. 08.11.2016, Slowakischer Braunbär II, C-243/15, ECLI:EU:C:2016:838, Rn. 69, 71.

[185] EuGH, Urt. v. 20.12.2017, Protect, C-664/15, ECLI:EU:C:2017:987, Rn. 45, 52, 58; dazu *Schlacke/Römling*, in: Schlacke/Schrader/Bunge, Aarhus-Handbuch, § 3, Rn. 57.

[186] Vgl. EuGH, Urt. v. 20.12.2017, Protect, C-664/15, ECLI:EU:C:2017:987, Rn. 51.

[187] *Wegener*, ZUR 2018, 217 (219).

[188] EuGH, Urt. v. 08.03.2011, Slowakischer Braunbär I, ECLI:EU:C:2011:125, Rn. 45 ff.

[189] *Heß*, UTR 133 (2017), 177 (184).

[190] EuGH, Urt. v. 20.12.2017, Protect, C-664/15, ECLI:EU:C:2017:987, Rn. 48.

[191] EuGH, Urt. v. 09.03.1978, Simmenthal, 106/77, ECLI:EU:C:1978:49.

[192] *Wegener*, ZUR 2018, 217 (220).

Zwar beschäftigen sich die genannten EuGH-Entscheidungen wie im Regelfall mit den Klagen von Umweltverbänden. Auch in Bezug auf Art. 9 Abs. 3 AK hatte das ACCC jedoch bereits zuvor statuiert, diese Norm erfordere eine Rechtsschutzmöglichkeit für „all members of the public, including NGOs."[194] Erneut dürfte also hier dasselbe gelten wie bereits im Rahmen der Art. 9 Abs. 2 AK, Art. 11 UVP-RL: Eine gewisse Verknüpfung mit individuellen Interessen und Betroffenheiten ist zulässig, da auch Völker- und Europarecht nicht die Einführung einer Popularklage erfordern. Die individuelle Betroffenheit kann sich aber etwa auch aus einer fehlerhaft durchgeführten Öffentlichkeitsbeteiligung bei der Bedarfsplanaufstellung ergeben. Denn eine weitergehende Differenzierung anhand von Qualität und Gehalt der gerügten Normen ist der Århus-Konvention und dem europäischen Umweltrecht fremd.

2. Effektivität des Rechtsschutzes

a) Völker- und europarechtlicher Grundsatz der Effektivität

Parallel zu Art. 19 Abs. 4 S. 1 GG fordern auch Völker- und Europarecht nicht nur irgendeinen, sondern *effektiven* Rechtsschutz. Verankert ist dieser Grundsatz in Art. 9 Abs. 4 S. 1 AK und Art. 47 Abs. 1 GrCh. So enthalten zwar die Richtlinien im Umweltbereich nicht selbst abstrakte Rechtsschutzgarantien. Bei der Umsetzung müssen die Mitgliedstaaten aber das in Art. 47 Abs. 1 GrCh garantierte Recht auf einen *wirksamen* Rechtsbehelf beachten.[195] Daneben gilt auch unabhängig von Art. 47 Abs. 1 GrCh gemäß dem allgemeinen europarechtlichen Grundsatz der Effektivität, dass Verfahrensmodalitäten die Ausübung der durch die Unionsrechtsordnung verliehenen Rechte nicht praktisch unmöglich machen oder übermäßig erschweren dürfen.[196] Der EuGH versteht dies tendenziell weit und erklärte in *Slowakischer Braunbär I* maßgeblich aus dieser Erwägung heraus den Umstand für unzulässig, dass für unter Art. 9 Abs. 3 AK fallende Entscheidungen keine Rechtsschutzmöglichkeiten zur Verfügung standen.[197] Zu weiteren Vorgaben zur Ausgestaltung der im europäischen Sinne erforderlichen Rechtsschutzmöglichkeiten ist der EuGH angesichts des parallel bestehenden Grundsatzes der Verfahrensautonomie der Mitgliedstaaten schlicht nicht befugt:

---

[193] EuGH, Urt. v. 03.10.2019, Nitratrichtlinie, C-197/18, ECLI:EU:C:2019:824, Rn. 34 ff.

[194] *ACCC*, Findings and recommendations with regard to communication ACCC/C/2008/31 concerning Germany, Rn. 92; ebenso *ACCC*, Findings and recommendations with regard to communication ACCC/C/2008/33, Rn. 24, 72.

[195] Vgl. EuGH, Urt. v. 20.12.2017, Protect, C-664/15, ECLI:EU:C:2017:987, Rn. 87; EuGH, Urt. v. 27.09.2017, Puškár, C-73/16, ECLI:EU:C:2017:725, Rn. 59; EuGH, Urt. v. 15.09.2016, Star Storage u.a., C-439/14 und C-488/14, ECLI:EU:C:2016:688, Rn. 46.

[196] EuGH, Urt. v. 08.03.2011, Slowakischer Braunbär I, ECLI:EU:C:2011:125, Rn. 48; EuGH, Urt. v. 15.04.2008, Impact, C-268/06, ECLI:EU:C:2008:223, Rn. 46.

[197] EuGH, Urt. v. 08.03.2011, Slowakischer Braunbär I, ECLI:EU:C:2011:125, Rn. 48 ff.

„Mangels einer einschlägigen Regelung der Union ist es dessen ungeachtet [s.c.: der Definition von Kriterien zur Auslegung der umweltrechtlichen Richtlinien] Sache der innerstaatlichen Rechtsordnung der einzelnen Mitgliedstaaten, die Verfahrensmodalitäten für Klagen zu regeln, die den Schutz der dem Einzelnen aus dem Unionsrecht erwachsenden Rechte gewährleisten sollen, wobei die Mitgliedstaaten für den wirksamen Schutz dieser Rechte in jedem Einzelfall verantwortlich sind und insbesondere die Beachtung des in Art. 47 der Charta verankerten Rechts auf einen wirksamen Rechtsbehelf und ein unparteiisches Gericht gewährleisten müssen.“[198]

In diesem Sinne spricht sich der EuGH beispielsweise auch in *Boxus* und *Solvay* nicht generell gegen eine Projektzulassung durch Maßnahmengesetz aus und macht keine konkreten verfahrensrechtlichen Vorgaben für die von ihm statuierten Anforderungen. Vor dem Hintergrund des Art. 47 Abs. 1 GrCh und des allgemeinen Effektivitätsgrundsatzes steht es den Mitgliedstaaten aber trotz der ihnen zugestandenen Verfahrensautonomie nicht völlig frei, wie sie die erforderlichen Rechtsschutzmöglichkeiten ausgestalten. Dass die Union keine Vorschriften über die nationalen Verwaltungs- oder Gerichtsverfahren mache, gelte unabhängig von der verbindlichen inhaltlichen Interpretation der Århus-Konvention durch den EuGH, so dieser schon in *Slowakischer Braunbär I.*[199] Ob die nationalen Rechtsschutzanforderungen den völker- und europarechtlichen Anforderungen an die Effektivität genügen, muss mithin jeweils im Einzelfall nach Ausgestaltung des einzelnen Rechtsbehelfs beurteilt werden.

b) Effektivität in gestuften Verwaltungsverfahren

Wie schon im Kontext des nationalen Verfassungsrechts[200] stellt sich die Frage nach der Effektivität zur Verfügung gestellter Rechtsbehelfe vor allem auch in gestuften Verwaltungsverfahren. Grundlegend gelten hier die soeben ausgeführten Maßstäbe fort. Einschränkungen lassen sich jedoch Art. 11 Abs. 2 UVP-RL entnehmen, der den Mitgliedstaaten die Entscheidungsbefugnis darüber zuspricht, in welchem Verfahrensstadium Entscheidungen, Handlungen oder Unterlassungen angefochten werden können.

Damit scheint Art. 11 Abs. 2 UVP-RL Rechtsschutzkonzentrationen am Ende der letzten Planungsstufe explizit zu gestatten. Angesichts der unterschiedlichen Verfahrensbegriffe in deutschem und europäischem Recht ist der Gehalt der Vorschrift jedoch genauer zu untersuchen.

Dabei ist zunächst die Bedeutung des Begriffs „Verfahrensstadium“ differenziert zu betrachten. Anders als die durch die Beschäftigung mit der Infrastrukturplanung

---

[198] EuGH, Urt. v. 08.11.2016, Slowakischer Braunbär II, C-243/15, ECLI:EU:C:2016:838, Rn. 65.

[199] Vgl. EuGH, Urt. v. 08.03.2011, Slowakischer Braunbär I, ECLI:EU:C:2011:125, Rn. 41 ff.

[200] Dazu bereits oben unter E. II. 2.

geprägte Perspektive nahelegen mag, ist die UVP-Richtlinie selbst gerade nicht auf ein mehrstufiges Planungsverfahren, sondern auf die konkrete Projektgenehmigung ausgerichtet, verstanden als die „Entscheidung der zuständigen Behörde oder der zuständigen Behörden, aufgrund deren der Projektträger das Recht zur Durchführung des Projekts erhält“[201]. Der Begriff des Verfahrensstadiums bezieht sich also auf die verschiedenen Stadien der Projektzulassung, nicht auf die verschiedenen Stadien der Gesamtplanung. Dass das deutsche Fachplanungsrecht traditionell nur ein Vorgehen gegen den Planfeststellungsbeschluss kennt und ein Vorgehen gegen vorbereitende Verfahrenshandlungen in § 44a VwGO sogar explizit ausschließt, vermag daran nichts zu ändern, da der europäische Gesetzgeber – erneut – angesichts des Grundsatzes der Verfahrensautonomie keine Aussagen über die Ausgestaltung der mitgliedstaatlichen Verfahren treffen kann. In anderen europäischen Ländern sind Rechtsbehelfsmöglichkeiten gegen vorgelagerte Verwaltungsentscheidungen aber durchaus üblich.[202]

Auch über die unmittelbare Wortlautauslegung hinaus hat der EuGH bereits mehrfach deutlich gemacht, dass Verweise auf innerstaatliches Recht eng auszulegen sind und niemals den Gewährleistungsgehalt der entsprechenden Norm infrage stellen können, zuletzt in Bezug auf Art. 6 Abs. 1 lit. b) AK, der nur

> „auf die Modalitäten der Öffentlichkeitsbeteiligung abzielt, wie sie in Art. 6 geregelt wird, ohne das Recht auf Beteiligung […] in Frage zu stellen“[203].

Auch in Bezug auf Art. 11 Abs. 3 S. 1 UVP-RL bzw. Art. 9 Abs. 2 Uabs. 3 S. 1 AK hatte er betont, dass die diesbezüglichen Befugnisse der Mitgliedstaaten nur so weit reichten, wie sie die Klagebefugnisse der Umweltverbände nicht einschränkten.[204]

Im Sinne einer völkerrechtskonformen Auslegung ist zudem zu berücksichtigen, dass Art. 9 Abs. 2 AK eine solche einschränkende Maßgabe nicht enthält, die Einführung des heutigen Art. 11 UVP-RL durch die Öffentlichkeitsbeteiligungsrichtlinie 2003/35/EG aber ausdrücklich der Angleichung des Gemeinschaftsrechts an die Århus-Konvention diente.[205] Es können damit also nur solche Differenzierungen gemeint sein, die nicht generell den weiten Zugang zu Gericht im Sinne der Århus-Konvention infrage stellen.

Im Ergebnis ist daher festzuhalten: Zwar steht den Mitgliedstaaten eine Entscheidungsbefugnis darüber zu, in welchem Verfahrensstadium sie Rechtsschutzmöglichkeiten gewähren – jedoch unter dem Vorbehalt, dass sie weder die Effek-

---

[201] Vgl. Art. 1 Abs. 2 lit. c) UVP-RL.

[202] Insbesondere in Dänemark, dazu ausführlich unter I.II.2.

[203] EuGH, Urt. v. 08.11.2016, Slowakischer Braunbär II, C-243/15, ECLI:EU:C:2016:838, Rn. 48.

[204] EuGH, Urt. v. 12.05.2011, Trianel, C-115/09, ECLI:EU:C:2011:289, Rn. 44 ff.

[205] Vgl. 5. und 11. Erwägungsgrund RL 2003/35/EG.

tivität der Rechtsbehelfe selbst noch die Qualität der verfahrensrechtlichen und materiellen Kontrolle infrage stellen.

3. Der „missing link" in der Rechtsprechung des EuGH

Trotz extensiver Rechtsprechungstätigkeit des EuGH zu Rechtsschutzfragen in Umweltbelangen fehlt es bisher an Entscheidungen, die sich umfassend mit den Rechtsschutzmöglichkeiten in einem komplexen und mehrstufigen Planungssystem wie dem der Infrastrukturplanung in Deutschland beschäftigen.

Zu befassen hatte sich der EuGH mit der Einschränkung von Klagebefugnissen in Bezug auf konkrete UVP-pflichtige Zulassungsentscheidungen (*Trianel, Altrip, Kommission/Deutschland*), mit der Einschränkung der gerichtlichen Kontrolldichte bei „bloßen" Verfahrensfehlern (*Altrip, Kommission/Deutschland*), sowie mit Klagebefugnissen in Bezug auf SUP-pflichtige Entscheidungsformen (*Slowakischer Braunbär I*), das FFH-Recht (*Slowakischer Braunbär II*) bzw. das europäische Umweltrecht im Allgemeinen (*Protect*). Immer wieder äußerte er sich zwar auch zur gebotenen Effektivität des Rechtsschutzes, hatte jedoch mangels entsprechender Vorlagefrage keine Gelegenheit, sich abstrakt mit den Maßgaben zu befassen, die angesichts von Rechtsschutzkonzentrationen, Inzidentkontrollen und Bindungswirkungen in Mehrebenen-Systemen gelten.

Mit Blick auf die Maßnahmengesetzgebung kommt hinzu, dass die Entscheidungen in den Fällen *Boxus* und *Solvay* auch bezogen auf das konkrete Zulassungsinstrument nur begrenzte Aussagekraft für die Beurteilung der durch das MgvG geschaffenen Situation in Deutschland haben. Denn zum einen waren hier in den Ausgangsfällen bereits Verwaltungsentscheidungen ergangen, die dann vom wallonischen Parlament lediglich in Dekretform bestätigt worden waren – eine andere Vorgehensweise also als das nach dem MgvG vorgesehene Verfahren. Zum anderen hat der EuGH angesichts der Verfahrensautonomie der Mitgliedstaaten in beiden Fällen gerade keine konkreten Aussagen zur Ausgestaltung des notwendigen Rechtsbehelfs getroffen. Einen Hinweis, „in welche Richtung die Reise gehen würde"[206], sollte sich der EuGH in absehbarer Zukunft auch mit den inhaltlichen Anforderungen an Maßnahmengesetze und die korrespondierenden Rechtsschutzmöglichkeiten zu beschäftigen haben, geben die Schlussanträge von Generalanwältin *Kokott* im Verfahren *Inter-Environnement Wallonie:* Eine Umgehung der Anwendung *sämtlicher* Vorschriften der UVP-Richtlinie würde die nach ihrer Ansicht sogar bestehende „allgemeine völkerrechtliche Pflicht zur Umweltprüfung"[207] verletzen. Noch deutlichere Worte konnte angesichts konkreter Beschwerdegegenstände erneut das ACCC finden. In Bezug auf Raumordnungspläne (*General Spatial*

---

[206] *Brigola/Heß*, NuR 2021, 104 (111).

[207] Schlussanträge der Generalanwältin Juliane Kokott, 29.11.2018, Inter-Environnement Wallonie, C-411/17, ECLI:EU:C:2018:972, Rn. 54; dazu *Brigola/Heß*, NuR 2021, 104 (110 f.).

Plans) nach bulgarischem Recht, für die eine SUP (*SEA*) durchgeführt werden muss, die aber als vorbereitende Planungsentscheidungen eingestuft und damit einer rechtlichen Überprüfung gänzlich entzogen sind, führte es aus:

> „As a result, members of the public, including environmental organizations, are also prevented from challenging the SEA statements for General Spatial Plans, as these statements are considered as ‚preliminary acts', which are not subject to judicial review in a separate procedure [..]. Therefore, the Party concerned fails to comply with article 9, paragraph 3, of the Convention."[208]

Eine darüber hinaus gefestigte Spruchpraxis besteht angesichts der Tatsache, dass die Debatte um Art. 9 Abs. 3 AK immer noch erst im Begriff ist, in den Fokus der (juristischen) Wahrnehmung zu treten, auch beim ACCC nicht. Um die Völker- und Europarechtskonformität der Rechtsschutzmöglichkeiten im deutschen Infrastrukturplanungsrecht beurteilen zu können, sollen daher im Folgenden aus der analysierten ACCC-Spruchpraxis und EuGH-Rechtsprechung zunächst grundsätzliche Anforderungen an den Rechtsschutz in Umweltbelangen entwickelt werden, um dann in der Gesamtschau eine Bewertung der deutschen Umsetzung, insbesondere angesichts der Veränderungen durch das MgvG, vornehmen und eine Einschätzung zur erwartbaren Befassung des EuGH mit der Problematik der Maßnahmengesetze abgeben zu können.

IV. Fazit: Grundlegende Rechtsschutzanforderungen der Århus-Konvention und des Europäischen Umweltrechts

Angesichts des Grundsatzes der Verfahrensautonomie der Mitgliedstaaten kann das europäische Recht keine konkreten Vorgaben für die Ausgestaltung von Verfahren und Rechtsschutzmöglichkeiten im nationalen Recht machen. Noch weniger vermag dies die Århus-Konvention in ihrer Eigenschaft als völkerrechtlicher Vertrag. Das befreit die Mitgliedstaaten jedoch nicht von der Einhaltung der abstrakten inhaltlichen Maßgaben, die sich bezogen auf das Umweltrecht aus der Århus-Konvention und den europäischen Richtlinien ergeben. Insbesondere in den vergangenen Jahren geht die Tendenz in der Rechtsprechung des EuGH nicht nur allgemein in Bezug auf die unmittelbare Wirkung von Richtlinien, sondern gerade auch in Umweltangelegenheiten hin zu einer immer stärkeren Ausweitung der Rechtsschutzmöglichkeiten von Verbänden und Individualklägern. Von zentraler Bedeutung sind hier sowohl das grundsätzliche Bestehen von Rechtsschutzmöglichkeiten als auch deren Effektivität. Bereits mehrfach ist der deutsche Gesetzgeber mit rechtsschutzeinschränkenden Regelungen des UmwRG in Luxemburg gescheitert. Da sich „der betont rechtsschutzfreundlichen Rechtsprechung des EuGH auch unabhängig

[208] *ACCC*, Findings and recommendations with regard to communication ACCC/C/2011/58 concerning Bulgaria, Rn. 66; dazu *Schmidt/Stracke/Wegener/Zschiesche*, in: UBA, Umweltverbandsklage, S. 87 ff.

von den Vorgaben der Århus Konvention keinerlei Hinweise auf die Anerkennung pauschaler mitgliedstaatlicher Rechtsschutzanforderungen hinsichtlich der Kontrolle der Einhaltung des Unionsrechts entnehmen“[209] lassen, steht zu befürchten, dass dieses Schicksal auch weitere dahingehende Versuche der Bundesrepublik ereilen wird. Grundlegend lassen sich dem Umweltvölkerrecht der Århus-Konvention sowie dem europäischen Umweltrecht in der Rechtsprechung des EuGH dabei folgende Maßgaben entnehmen:

1. Rechtsschutz in sämtlichen Umweltangelegenheiten

Das Völker- und Unionsrecht fordern unabhängig von Art. 19 Abs. 4 S. 1 GG eine effektive, also wirksame und ergebnisoffene, Rechtsschutzmöglichkeit in sämtlichen Umweltangelegenheiten. Das gilt nicht nur im Anwendungsbereich des Art. 9 Abs. 2 AK respektive Art. 11 Abs. 1 UVP-RL, sondern für jede umweltrelevante Handlungsform i. S. d. Art. 9 Abs. 3 AK, der zwar allein nicht unmittelbar anwendbar ist, über Art. 47 GrCh aber eine Schutzverstärkung und unmittelbare Wirkung im unionalen und damit auch im mitgliedstaatlichen Recht erfährt. Rechtsschutz muss mithin gewährt werden für sämtliche Entscheidungen, die SUP-, UVP- oder FFH-prüfungspflichtig sind oder sonstige Bereiche des europäischen Umweltrechts betreffen. Das gilt auf Projektzulassungsebene nach Maßgabe des Art. 9 Abs. 2 AK, für vorgelagerte Planungsebenen nach Maßgabe des Art. 9 Abs. 3 AK. Dabei kann die Tatsache, dass eine europäische Richtlinie keine eigenständigen Aussagen zu Rechtsschutzanforderungen trifft, nicht dahingehend interpretiert werden, dass solche nicht bestehen. Das Erfordernis der Gewährung von extensiven und effektiven Rechtsschutzmöglichkeiten folgt vielmehr unmittelbar aus Art. 9 Abs. 4 AK, Art. 47 Abs. 1 GrCh sowie dem europäischen Umweltrecht selbst. Nur so kann auch der europarechtliche Grundsatz der Effektivität, der besagt, dass die Ausübung der durch die Unionsrechtsordnung verliehenen Rechte nicht praktisch unmöglich gemacht oder erschwert werden darf, umgesetzt werden. Die Mitgliedstaaten sind daher zur Schaffung entsprechender Rechtsschutzmöglichkeiten verpflichtet. Andernfalls ist auch eine direkte Berufung auf alle umweltrelevanten Normen des Unionsrechts möglich.

2. Weitgehend uneingeschränkter Rechtsschutz für Verbands- und Individualkläger unabhängig von der Qualität der gerügten Normen

Diese Rechtsschutzmöglichkeiten sind dabei gleichermaßen zu schaffen für Verbands- und Individualkläger, und zwar in beiden Fällen unabhängig vom subjektiven Gehalt der gerügten Normen. Den „deutschen Sonderweg“ der subjektiven

[209] *Wegener*, ZUR 2020, 195 (203); ähnlich *ders.*, Stellungnahme MgvG, S. 28; *Brigola/ Heß*, NuR 2021, 104 (111).

öffentlichen Rechte[210] wird der Gesetzgeber aufgeben müssen. Denn das europäische Recht differenziert zwischen individual- und umweltschützenden Vorschriften ebensowenig wie zwischen Verbands- und Individualklage. Die praktische Wirksamkeit der in den europäischen Richtlinien verankerten umweltschützenden Regelungen erfordert es, dass sich auch der Einzelne bzw. Umweltverbände (unmittelbar) auf diese berufen können. Gerade Verfahrensvorschriften kommt nach dem Verständnis des europäischen Rechts dabei erhebliche Bedeutung zu, eine im Rahmen der gerichtlichen Überprüfung vorgenommene „Abspaltung" bloßer Verfahrensregeln, deren Verletzung sodann für unbeachtlich gehalten wird, ist der europäischen Perspektive fremd.

Zwar erfordern Århus-Konvention und Unionsrecht nicht die Einführung einer Popularklage.[211] Die Bezugnahme auf einschränkende Kriterien in Art. 9 Abs. 2, Abs. 3 AK sowie Art. 11 Abs. 1 UVP-RL meint jedoch nicht traditionelle deutsche Verfahrensinstrumente wie materielle Präklusion und Schutznormtheorie, sondern erfasst etwa die Kopplung an den satzungsgemäßen Aufgabenbereich anerkannter Umweltverbände[212] oder weit verstandene subjektive Interessen oder Betroffenheiten bei Individualklägern. Eine Einschränkung des weiten Zugangs zu Gericht i. S. d. Århus-Konvention darf damit gerade nicht verbunden sein.

3. Effektiver Rechtsschutz auch in gestuften Planungssystemen und bei Vorhabenzulassung durch Maßnahmengesetz

Im Sinne der Verfahrensautonomie der Mitgliedstaaten stehen europäisches Recht und Århus-Konvention Rechtsschutzkonzentrationen oder der Projektzulassung durch Maßnahmengesetz nicht grundsätzlich entgegen. Dies gilt jedoch unter dem Vorbehalt, dass dennoch eine effektive Rechtsschutzmöglichkeit in Bezug auf jede Planungsentscheidung gegeben sein muss. Ähnlich wie nach der Rechtsprechung des BVerfG[213] darf eine Verfahrensstufung mit entsprechender Rechtsschutzkonzentration am Ende der letzten Planungsstufe daher nicht zu einem Verlust an effektiven Rechtsschutzmöglichkeiten führen. Ein solcher Verlust ist im selben Sinne auch hier bereits dann zu bejahen, wenn eine ergebnisoffene Überprüfung

---

[210] Vgl. *Franzius*, UPR 2016, 281 (281 ff.), der sich diesbezüglich für eine Modernisierung des Konzepts statt einer gänzlichen Aufgabe einsetzt.

[211] *Bunge*, NuR 2014, 605 (612); *Heß*, ZUR 2018, 686 (687); *Rennert*, DVBl 2017, 69 (70). So explizit auch das *ACCC*, Findings and recommendations with regard to communication ACCC/C/2011/62 concerning Armenia, Rn. 37; *ACCC*, Findings and recommendations with regard to communication ACCC/C/2008/31 concerning Germany, Rn. 92; *ACCC*, Findings and recommendations with regard to communication ACCC/C/2006/18 concerning Denmark, Rn. 29; *ACCC*, Findings and recommendations with regard to communication ACCC/C/2005/11 concerning Belgium, Rn. 35.

[212] Vgl. dazu Findings and recommendations with regard to communication ACCC/C/2008/31 concerning Germany, Rn. 70 ff.

[213] Dazu bereits oben unter E. II. 2.

insbesondere der vorangehenden Planungsstufen nicht mehr gewährleistet erscheint. Unabhängig von der Planungsebene darf eine Planung durch Gesetz außerdem nicht zur Folge haben, dass keine vollständige inhaltliche Überprüfung des Verfahrens und der materiellen Prüfungsinhalte in Umweltbelangen mehr erfolgt. Dabei dürfen Ausnahmevorschriften wie Art. 2 Abs. 5 UVP-RL oder die Tatsache, dass sich Art. 9 Abs. 3 AK nicht auf Gesetze bezieht, nicht zur Umgehung der Anforderungen des europäischen Umweltrechts ausgenutzt werden. Maßgeblich ist immer der funktionale Charakter der Entscheidung und nicht bloß ihre formale Ausgestaltung. Die Anforderungen des Völker- und Europarechts gelten daher auch für Entscheidungen fort, die in Gesetzesform ergehen, aber funktional eine Verwaltungsentscheidung ersetzen.

G. Analyse und Bewertung der gegenwärtigen Rechtsschutzsituation in Deutschland

Unter Zugrundelegung der vorstehend genannten Maßgaben sollen nun die derzeit nach deutschem Recht im Infrastrukturplanungsbereich vorhandenen Rechtsschutzmöglichkeiten analysiert und bewertet werden. Für deren Identifikation sind zwei Faktoren von zentraler Bedeutung: der Rechtscharakter der anzugreifenden Entscheidung sowie etwaige gesondert angeordnete Rechtsschutzausschlüsse. Dabei ist zu unterscheiden zwischen direkten Rechtsschutzmöglichkeiten auf der jeweiligen Planungsebene und inzidenten Rechtsschutzmöglichkeiten, betrachtet anhand des Gesamtsystems. Vor allem dieser Blick auf das Gesamtsystem ist es, an dem sich die Effektivität der Rechtsbehelfe messen lassen muss. Der Schwerpunkt soll dabei auf den völker- und europarechtlichen Vorgaben liegen, die wie gezeigt sehr viel dezidiertere und extensivere Anforderungen an den Rechtsschutz stellen als das Grundgesetz. Durch eine vergleichende Betrachtung der verfassungsrechtlichen Maßstäbe soll schließlich aufgezeigt werden, inwiefern die theoretisch bestehenden Unterschiede im Herangehen an Verfahrensrecht und Rechtsschutz auch konkret zu unterschiedlichen Bewertungsergebnissen führen.

I. Ebenenspezifische Betrachtung

1. Bedarfsebene

a) Vorgehen gegen Bundesverkehrswegeplan und Bundesbedarfsplan

Als erster möglicher Klagegegenstand kommen die Bedarfspläne infrage. Problematisch hinsichtlich des Findens eines möglichen Rechtsweges ist jedoch bereits die Beurteilung ihrer Rechtsnatur. Der BVWP hat weder Gesetzescharakter noch fungiert er als echter Finanzierungsplan.[1] Überwiegend wird er als sogenannter Investitionsrahmenplan[2] oder Administrativplan[3] bezeichnet. Eine gesetzliche Normierung fehlt zum Rechtscharakter ebenso wie schon zu Inhalt und Verfahren.

---

[1] *BMVI*, BVWP 2030, S. 7; *Maaß/Vogt*, in: dies., FStrAbG, Einl., Rn. 6.

[2] BVerwG, Beschl. v. 24.02.2004 – 4 B 101.03, juris Rn. 4; *Appel*, in: Säcker, Energierecht, Vor § 1 BBPlG, Rn. 34; *Ronellenfitsch*, in: Marschall, FStrG, Vor §§ 16 ff., Rn. 49; *Wulfhorst*, DVBl 2012, 466 (467).

[3] *Wulfhorst*, DVBl 2012, 466 (467); *Hendler* stuft ihn dazu vergleichbar als Sonderkategorie der Verwaltungsvorschrift ein: *ders*, in: Ziekow, Aktuelle Probleme des Fachplanungs- und Raumordnungsrechts, S. 275.

§ 3 Abs. 2 S. 1 BSWAG setzt den BVWP sowie die fachbereichsspezifischen Bedarfspläne zwar als gegeben voraus, trifft jedoch ebenfalls keine genaueren Aussagen. Ähnliches gilt für den NEP bzw. in weiterer Folge den BBPl. Zwar ist der NEP in § 12b EnWG gesetzlich normiert: die Vorschrift enthält jedoch keine Aussage über seinen Rechtscharakter. Am ehesten kann auch er als Investitionsrahmenplan bezeichnet werden.[4]

Nur bezüglich der Bestätigung des NEP durch die BNetzA gem. § 12c Abs. 4 S. 1 EnWG hält § 12c Abs. 4 S. 2 EnWG ausdrücklich fest, dass eine selbstständige Anfechtung durch Dritte ausscheidet. Das dürfte mangels Außenwirkung erst recht für die vorgelagerten, von den privaten Übertragungsnetzbetreibern durchgeführten Planungsschritte gelten. Lediglich den betroffenen Netzbetreibern, für die der NEP auch unmittelbare Rechtswirkung etwa in Form von Umsetzungspflichten der in den Plan aufgenommenen Vorhaben gem. § 65 Abs. 2a EnWG entfaltet,[5] steht im Umkehrschluss zu § 12c Abs. 4 S. 2 EnWG eine Rechtsschutzmöglichkeit zur Verfügung.[6] Diese können im Wege der Beschwerde gem. § 75 Abs. 1 S. 1 EnWG gegen die Bestätigung oder Änderung des NEP oder die Bestimmung des verantwortlichen Übertragungsnetzbetreibers bzw. die entsprechende Unterlassung vorgehen.[7] Daneben erweisen sich auch die Festlegungen der BNetzA zum Untersuchungsrahmen der SUP gem. § 7 Abs. 4 NABEG angesichts ihres zwingenden Charakters für die weitere – von den Übertragungsnetzbetreibern durchzuführende – Prüfung als Verwaltungsakte i. S. d. § 35 S. 1 VwVfG und damit als direkt rechtsmittelfähig.[8] In der Konsequenz sprechen diese eingeschränkten Rechtsschutzmöglichkeiten für die Übertragungsnetzbetreiber aber gleichzeitig dafür, eine Rechtsschutzmöglichkeit für sonstige Dritte abzulehnen. Denn sie sind regelmäßig gerade nicht wie die Übertragungsnetzbetreiber unmittelbar von den Planungen auf Bedarfsebene betroffen. *Antweiler* hält entgegen der ganz herrschenden Ansicht und trotz der expliziten Regelung jedenfalls für die Bestätigung in § 12c Abs. 4 S. 2 EnWG ein gerichtliches Vorgehen auch von Dritten gegen den NEP für möglich und begründet dies mit einer jedenfalls mittelbar möglichen Verletzung in eigenen Rechten durch die Bestätigung des NEP.[9] Auch, wenn dies möglicherweise wünschenswert erscheinen mag, so lassen sich derzeit weder Wortlaut noch Systematik oder Telos Anhaltspunkte für eine solche Interpretation entnehmen, sodass dieser extensiven Auslegung nicht gefolgt werden kann.

---

[4] So die Einordnung von *Appel*, UPR 2011, 406 (412).

[5] *Kober*, in: Theobald/Kühling, Energierecht, § 12c EnWG (Stand: 95. EL Okt. 2017), Rn. 40.

[6] *Kober*, in: Theobald/Kühling, Energierecht, § 12c EnWG (Stand: 95. EL Okt. 2017), Rn. 46; ähnlich *Ruge*, in: Säcker, Energierecht, § 12c EnWG, Rn. 33.

[7] *Bourwieg*, in: Britz/Hellermann/Hermes, EnWG, § 12c, Rn. 56; *Ruge*, in: Säcker, Energierecht, § 12c EnWG, Rn. 33.

[8] *Kümper*, DÖV 2016, 929 (936 f.).

[9] *Antweiler*, NZBau 2013, 337 (341).

Ähnlich gestaltet sich die Situation beim BVWP. Eine Außenwirkung gegenüber dem Bürger lässt sich kaum begründen. Da sowohl die Planung von der Verwaltung selbst in Gestalt des BMVI durchgeführt wird als auch die Ausführung bisher den Landesstraßenbaubetrieben als Eigenbetrieben der Länder oblag, waren hier lange nicht einmal den Übertragungsnetzbetreibern im Energieleitungsbereich vergleichbare Private beteiligt, denen eine Rechtsschutzmöglichkeit zustehen könnte. Parallel zur Energieleitungsplanung muss allerdings inzwischen der seit dem 1. Januar 2021 in privater Rechtsform operierenden Autobahn-GmbH des Bundes eine Klagemöglichkeit zugestanden werden, die jedoch wie zuvor keine Wirkung zugunsten der hier interessierenden Privaten und Verbände entfalten kann.

Zwar besteht ungeachtet subjektiver Betroffenheiten für nach § 3 UmwRG anerkannte Umweltverbände gem. § 2 Abs. 1 S. 1 i. V. m. § 1 Abs. 1 S. 1 Nr. 4 UmwRG grundsätzlich eine Rechtsschutzmöglichkeit in Bezug auf Entscheidungen über die Annahme von SUP-pflichtigen Plänen und Programmen im Sinne von § 2 Abs. 7 UVPG. Dazu gehören gem. § 2 Abs. 7 S. 1 UVPG sowohl Pläne und Programme, die von einer Behörde ausgearbeitet und angenommen werden als auch solche, die von einer Behörde zur Annahme durch eine Regierung oder im Wege eines Gesetzgebungsverfahrens ausgearbeitet werden oder die von einem Dritten zur Annahme durch eine Behörde ausgearbeitet werden. Gem. § 1 Abs. 1 S. 1 Nr. 4 Hs. 2 UmwRG ist diese Rechtsschutzmöglichkeit jedoch ausgeschlossen, sofern über die Annahme des Plans oder Programms wie im Fall des BVWP und BBPl durch formelles Gesetz entschieden wird. Für den zunächst in die Anlagen der Ausbaugesetze zu überführenden BVWP bestätigt dies § 53 Abs. 2 S. 2 UVPG.

Selbst, wenn man die Entscheidung über das BBPlG bzw. die Ausbaugesetze aufgrund der zwar geringen, aber in der Regel doch erfolgenden inhaltlichen Abweichungen nicht als Entscheidung über den BBPl bzw. BVWP selbst i. S. d. § 1 Abs. 1 S. 1 Nr. 4 Hs. 2 UmwRG einstuft und somit den Bedarfsplangesetzen die letztgültige Sachentscheidungsbefugnis zuspricht, macht der Verweis auf § 44a VwGO in § 1 Abs. 1 S. 3 Nr. 1 UmwRG ein isoliertes Vorgehen gegen die nunmehr als vorbereitende behördliche Verfahrenshandlung zu betrachtende Bestätigung des NEP oder BVWP durch BNetzA bzw. BMVI unmöglich. Zwar könnte man die Eingriffsbefugnisse der BNetzA nach § 65 EnWG als Vollstreckung im weitesten Sinne einordnen und damit die Ausnahmeregelung des § 44a S. 2 VwGO Anwendung finden lassen. Eine direkte Rechtsschutzmöglichkeit würde dann aber wiederum nur den betroffenen Übertragungsnetzbetreibern zur Verfügung stehen, die wie gezeigt ohnehin gem. § 75 Abs. 1 S. 1 EnWG Beschwerde gegen Entscheidungen im Rahmen des NEP einlegen können.

b) Vorgehen gegen die Bedarfsplangesetze

Gegen die Bedarfsplangesetze als förmliche Bundesgesetze steht unmittelbar nur die Rechtssatzverfassungsbeschwerde als Rechtsbehelf[10] zur Verfügung.

Zu unterscheiden ist dabei zwischen Privaten und Umweltverbänden als Beschwerdeführer. Umweltverbände entbehren regelmäßig in sämtlichen Rechtsbehelfen der erforderlichen Betroffenheit in eigenen Rechten – nur deshalb und um von der umstrittenen Praxis des Erwerbs von Sperrgrundstücken[11] abrücken zu können war die Schaffung des UmwRG mit seinen umfassenden Klagebefugnissen überhaupt erforderlich. Bei Gesetzen schaffen dessen Regelungen jedoch wie soeben gezeigt auch bei SUP-Pflicht der Planung keine verwaltungsgerichtliche Klagemöglichkeit, ebensowenig können sie eigenständig die Beschwerdebefugnis im Rahmen einer Verfassungsbeschwerde begründen. Selbst eine Rückkehr zum Sperrgrundstück-Kauf würde die Rechtsschutzmöglichkeiten aber nicht verbessern. Denn auch die Verfassungsbeschwerden privater Grundstückseigentümer werden an der fehlenden individuellen Betroffenheit scheitern.[12] Geschuldet ist dies dem geringen Konkretisierungsgrad der Bedarfsplanung. Als Netzverknüpfungs- bzw. Trassenanfangs- und -endpunkte werden wie gezeigt in der Regel nur Ortsnamen angegeben. Selbst in kleinen Ortschaften wird ein Grundstückseigentümer diesbezüglich nicht darlegen können, dass er bereits in seinem Eigentumsgrundrecht aus Art. 14 GG verletzt ist oder eine entsprechende Beeinträchtigung droht. Gleiches gilt für Ausbauprojekte zu bestehenden Infrastrukturen, deren parzellenscharfe Dimensionierung sich zumeist erst auf nachfolgenden Planungsstufen konkretisieren wird. Allenfalls in seltenen Ausnahmefällen, in denen ein Grundstück mehrere hundert Kilometer lang ist oder einen Netzverknüpfungspunkt völlig umschließt, könnte eine Betroffenheit in Art. 14 GG bereits auf Bedarfsebene begründet werden.[13] Auch dann müsste jedoch weiterhin dargelegt werden, warum die fehlende gegenwärtige – da sich die Bedarfsplanung auf die unter Umständen in ferner Zukunft liegende Verwirklichung von Vorhaben bezieht – und unmittelbare – da weitere Umsetzungsakte unumgänglich sind – Betroffenheit ausnahmsweise unschädlich bzw. ein Zuwarten unzumutbar sein sollen.[14] Im Ergebnis darf daher wohl konstatiert werden, dass eine Rechtsschutzmöglichkeit gegen die Bedarfsplangesetze jedenfalls faktisch nicht besteht.

---

[10] Entsprechend der hier vertretenen Auslegung des Art. 19 Abs. 4 S. 1 GG wird im Folgenden auch die Verfassungsbeschwerde als Rechtsbehelf bezeichnet, vgl. dazu bereits oben unter E. I. 1. a) dd).

[11] Dazu sogleich im Anschluss unter G. I. 3. b) aa).

[12] *Appel*, UPR 2011, 406 (413); *Buus*, Bedarfsplanung durch Gesetz, S. 371; *Ludwig*, ZUR 2017, 67 (68); *Posser/Schulze*, in: Posser/Faßbender, Praxishandbuch Netzplanung, Kap. 13, Rn. 57; *Schmitz/Uibeleisen*, Netzausbau, Rn. 164.

[13] Vgl. *Buus*, ebd.; *Moench/Ruttloff*, NVwZ 2014, 897 (901).

[14] *Buus*, Bedarfsplanung durch Gesetz, S. 371 f.

c) Keine Kompensation durch Beteiligungsmöglichkeiten

Gerade im Verfahren zur Aufstellung des BVWP 2030 wurde immer wieder die erstmals durchgeführte, umfangreiche Öffentlichkeitsbeteiligung in den Vordergrund gestellt, die nach Umsetzung der SUP-Richtlinie im deutschen Recht erforderlich geworden war. Auch im MgvG-E werden die Möglichkeiten der Öffentlichkeitsbeteiligung in den Fokus gerückt,[15] während die Rechtsschutzproblematiken, insbesondere in europarechtlicher Hinsicht, kaum Erwähnung finden.

Zugrunde liegt diesen Ausführungen wohl die Überlegung, ineffektiven Rechtsschutz bereits im Vorfeld verfahrensrechtlich zu kompensieren, die als Teilaspekt des sogenannten Grundrechtsschutzes durch Verfahren[16] eingeordnet werden kann.[17] Auch vor dem MgvG war in der nationalen verfassungsrechtlichen Diskussion speziell mit Blick auf Legalplanungen vorgeschlagen worden, einen Ausgleich der Einschränkung von Rechtsschutzmöglichkeiten durch besondere Sorgfalt im Gesetzgebungsverfahren als zulässigen Kompromiss zu erachten.[18] Weitergehend wurde die Öffentlichkeitsbeteiligung im (Verwaltungs-)Verfahren sogar teilweise als eine Art vorgelagerter Rechtsschutz eingeordnet.[19]

Durchgreifen können diese Überlegungen allerdings schon in verfassungsrechtlicher Hinsicht allenfalls in Bezug auf den Gewährleistungsgehalt der materiellen Grundrechte, deren Rechtsschutzgehalt nach überzeugender Ansicht nicht prozessorientiert zu verstehen ist. So führte auch das BVerfG in einer Entscheidung über den Rundfunkstaatsvertrag 1982 aus, angemessene Verfahrensregelungen seien

> „insbesondere dort geboten, wo die Grundrechte ihre materielle Schutzfunktion nicht hinlänglich erfüllen können. Das ist etwa der Fall, wenn ein Grundrecht keine materiellen Maßstäbe für bestimmte grundrechtsrelevante staatliche Maßnahmen zu liefern vermag und folglich auch die Ergebniskontrolle am Maßstab des Grundrechts ausfällt. Ferner kommt es dazu, wenn eine Ergebniskontrolle an materiellen Maßstäben zwar noch denkbar ist, aber erst zu einem Zeitpunkt stattfinden kann, in dem etwaige Grundrechtsverletzungen nicht mehr korrigierbar sind. In beiden Fällen ist es erforderlich, den Grundrechtsschutz in den Prozeß der Entscheidungsfindung vorzuverlagern und nicht erst auf das Entscheidungsergebnis zu beziehen."[20]

Die Rechtsschutzgarantie des Art. 19 Abs. 4 S. 1 GG bezieht sich demgegenüber aber ausdrücklich auf gerichtlichen Rechtsschutz; ein Verstoß könnte nicht durch Beteiligungsmöglichkeiten im Verwaltungs- oder Gesetzgebungsverfahren kompensiert werden. Jedenfalls im Rahmen von gestuften Verwaltungsverfahren dürften

---

[15] Vgl. BT-Drucks. 19/15619, S. 20ff.

[16] Dazu bereits oben unter E. II. 1. b) dd).

[17] Vgl. *Wieckhorst*, Grundrechtsschutz durch Legislativverfahren, S. 252f.

[18] Vgl. *Ossenbühl*, in: FS Hoppe, S. 183 (192f.); kritisch im Hinblick auf die Übertragbarkeit auf Legislativakte *Wieckhorst*, ebd.

[19] In diese Richtung *Henle*, UPR 1982, 253 (256); *Mecking*, NVwZ 1992, 316 (317); *Schink*, in: Knack/Henneke, VwVfG, § 73, Rn. 8.

[20] BVerfG, Urt. v. 22.02.1994 – 1 BvL 30/88 = BVerfGE 90, 60, juris Rn. 164.

die vorstehenden Ausführungen des BVerfG hinsichtlich faktisch nicht mehr korrigierbarer Grundrechtsverletzungen jedoch auch insgesamt nicht mehr zu halten sein. Denn in *Garzweiler II* forderte des BVerfG nunmehr gerade angesichts von Art. 14 GG und der ihm immanenten Rechtsschutzgarantie eine phasenspezifische Rechtsschutz- und nicht bloße Beteiligungsmöglichkeit.

Erst recht gilt dies im Hinblick auf die völker- und unionsrechtlichen Anforderungen: Spätestens seit *Protect* steht fest, dass das Unionsrecht eine direkte Klagebefugnis in Bezug auf sämtliches Umweltrecht erfordert. Für SUP-pflichtige Entscheidungsformen galt das schon seit *Slowakischer Braunbär I*. Die bloße Möglichkeit, im Verwaltungsverfahren Argumente vorzubringen, lässt der EuGH in *Slowakischer Braunbär II* für die Einhaltung der europäischen Anforderungen gerade nicht genügen. Erforderlich seien eine direkte Berücksichtigungspflicht der vorgebrachten Einwendungen seitens der Behörde sowie eine diesbezügliche Klagemöglichkeit.[21]

Diese Einschätzung ist zu befürworten. Denn selbst die umfangreichste Öffentlichkeitsbeteiligung verliert den Großteil ihrer Wirkkraft, wenn ihr keine Durchsetzungsinstrumente in Form korrespondierender Rechtsschutzmöglichkeiten zur Seite gestellt werden. Nur dann sind die zuständigen Behörden tatsächlich gezwungen, Einwendungen ernst zu nehmen. So zeigen Untersuchungen, dass Umweltbelange von Behörden erfahrungsgemäß dann stärker berücksichtigt werden, wenn eine direkte Umweltverbandsklage gegen die Entscheidung möglich ist.[22]

Bereits im Fall *Altrip* hatte der EuGH – damals bezogen auf die Grundsatzentscheidung, ob nur das Ausbleiben der UVP oder auch vermeintlich „bloße Verfahrensfehler" rügefähig sein müssen, ausgeführt, dass es „der Beteiligung der Öffentlichkeit weitgehend ihre praktische Wirksamkeit nehmen"[23] würde, wenn die Öffentlichkeitsbeteiligung zwar durchgeführt wurde, etwaige Fehler aber mangels Anwendbarkeit des heutigen Art. 11 UVP-RL nicht kontrolliert werden könnten. Dass der Gesetzgeber die umfangreiche Öffentlichkeitsbeteiligung so in den Vordergrund stellt, ist daher zwar lobenswert – kann aber nicht über fehlende Rechtsschutzmöglichkeiten hinweghelfen.

Ob die Wahl der Gesetzesform auf Bedarfsebene insgesamt zu einer verfassungs- oder völker- und europarechtswidrigen Situation führt, wird sich vor allem an der Effektivität der nachfolgenden Rechtsbehelfe in Bezug auf die Kontrolle vorangehender Planungsstufen messen lassen müssen.[24]

---

[21] Vgl. EuGH, Urt. v. 08.11.2016, Slowakischer Braunbär II, C-243/15, ECLI:EU:C:2016:838, Rn. 69, 71.

[22] *Ludwig*, ZUR 2017, 67 (67); so auch die Gesetzesbegründung zur Einführung des heutigen § 64 BNatSchG im Jahr 2002, BT-Drucks. 14/6378, S. 61; allgemein dazu *Führ/Schenten/Schreiber* u. a., in: UBA, Evaluation der Verbandsklagemöglichkeiten, S. 96.

[23] EuGH, Urt. v. 07.11.2013, Altrip, C-72/12, ECLI:EU:C:2013:712, Rn. 37.

[24] Dazu sogleich im Folgenden unter G. II.

2. Korridorebene

a) Vorgehen gehen das Ergebnis des Raumordnungsverfahrens

Auch auf Korridorebene entscheidet sich die Frage nach den zur Verfügung stehenden Rechtsbehelfen nach der Rechtsnatur der anzugreifenden Entscheidungen. Die raumordnerische Beurteilung entfaltet keine unmittelbare Außenwirkung und wird überwiegend als gutachterliche Äußerung eingestuft.[25] Hier ist daher nur eine Inzidentkontrolle denkbar, wenn nämlich eine zielförmige landes- oder regionalplanerische Standortentscheidung im Planfeststellungsbeschluss umgesetzt wird[26] oder aber wenn eine diesbezügliche Zielabweichung zugelassen wird.[27] Da aber in der Verkehrsinfrastrukturplanung der Trassenverlauf regelmäßig nicht mittels eines Raumordnungsplans festgelegt, sondern nur die räumlichen Auswirkungen eines Trassenvorschlags geprüft und dieser dann in der Linienbestimmung verbindlich gemacht wird, scheidet auch die Inzidentkontrolle in den hier interessierenden Fällen regelmäßig aus. Auch aus dem UmwRG ergibt sich nichts anderes. Eine Klagebefugnis nach § 1 Abs. 1 Nr. 1 – 2 lit. b) UmwRG käme nur dann in Betracht, wenn es sich um eine Zulassungsentscheidung handeln würde. Das ist beim Raumordnungsverfahren jedoch gerade nicht der Fall.

b) Vorgehen gegen die Linienbestimmung

Auch das Ergebnis des Linienbestimmungsverfahrens für Schienen- und Wasserwege gem. § 16 Abs. 1 S. 1 FStrG bzw. § 13 Abs. 1 S. 1 WaStrG wird nicht mittels Verwaltungsakt oder in anderer direkt rechtsmittelfähiger Form dargestellt; es bleibt ein rein behördeninterner Vorgang.[28] Dementsprechend kann es als Teil der Planfeststellung nur im Rahmen des Rechtsbehelfsverfahrens gegen die nachfolgende Zulassungsentscheidung überprüft werden.[29] Obwohl die Linienbestimmung gem. § 2 Abs. 6 Nr. 2 UVPG unter den Begriff der Zulassungsentscheidungen im Sinne des UVPG fällt und damit theoretisch von § 1 Abs. 1 S. 1 Nr. 1 UmwRG umfasst wäre, besteht für Umweltverbände auch darüber hinaus im Ergebnis keine weitere

---

[25] BVerwG, Beschl. v. 30.08.1995 – 4 B 86.95, juris Rn. 8; *Franke/Wabnitz*, ZUR 2017, 462 (464); *Goppel*, in: Spannowsky/Runkel/Goppel, ROG, § 15, Rn. 88; *Kämper*, in: Johlen/Oeder, MAH Verwaltungsrecht, § 19, Rn. 99.

[26] *Neumann/Külpmann*, in: Stelkens/Bonk/Sachs, § 72 VwVfG, Rn. 66.

[27] Vgl. BVerwG, Beschl. vom 14.04.2011 – 4 B 77.09, juris Rn. 8; BVerwG, Beschl. v. 15.07.2005 – 9 VR 43.04, juris Rn. 8 ff.

[28] *Neumann/Külpmann*, in: Stelkens/Bonk/Sachs, § 72 VwVfG, Rn. 67; zur Fernstraßenplanung: BVerwG, Urt. v. 26.06.1981 – 4 C 5.78 = BVerwGE 62, 342, juris Rn. 13; *Marschall*, in: ders., FStrG, Vor §§ 16 ff., Rn. 52; zur Wasserstraßenplanung: BVerwG, Urt. v. 12.07. 1985 – 4 C 40.83 = BVerwGE 72, 15, juris Rn. 24.

[29] BVerwG, Beschl. v. 29.01.2001 – 4 B 87.00, juris Rn. 4; BVerwG, Urt. v. 10.04.1997 – 4 C 5.96 = BVerwGE 104, 236, juris Rn. 39; BVerwG, Urt. v. 26.06.1981 – 4 C 5.78 = BVerwGE 62, 342, juris Rn. 20.

Rechtsschutzmöglichkeit, da gem. § 1 Abs. 1 S. 3 Nr. 3 UmwRG die Norm des § 47 Abs. 4 UVPG vorrangig Anwendung findet, die eine isolierte Anfechtung der Linienbestimmung ausschließt. Diese komplizierte Verkettung folgt aus dem Umstand, dass die Linienbestimmung nach traditionellem Verständnis nur verwaltungsinterne Bindungswirkung entfaltet, aber dennoch einer UVP-Pflicht unterliegen kann.[30]

c) Vorgehen gegen das Ergebnis der Bundesfachplanung

Mehr Diskussionspotenzial bieten Rechtscharakter und etwaige Rechtsschutzmöglichkeiten bei der Bundesfachplanung. Sie blickt als Planungsinstrument auf eine deutlich kürzere Historie zurück als die übrigen Mechanismen der Infrastrukturplanung. Ihr Rechtscharakter ist nach wie vor umstritten. Einigkeit dürfte dahingehend bestehen, dass sie mehr als ein „*hochgezontes' Raumordnungsverfahren*“[31] und ihr Ergebnis daher schon allein aufgrund der Bindungswirkung des § 15 Abs. 1 S. 1 NABEG keine bloße gutachterliche Äußerung ist. Überwiegend wird die Bundesfachplanung als Verfahren sui generis eingestuft.[32]

Parallel zum NEP lassen sich etwa die Aufforderung zur Antragstellung, die Festlegung des Untersuchungsrahmens und die Bestimmung der Fristen als Verwaltungsakte i. S. d. § 35 S. 1 VwVfG einordnen, sodass für die Übertragungsnetzbetreiber selbst wiederum eine Rechtsschutzmöglichkeit besteht.[33] In Bezug auf die abschließende Entscheidung sieht § 15 Abs. 3 S. 2 NABEG unabhängig von deren rechtlicher Einordnung aber vor, dass sie nicht unmittelbar rechtsmittelfähig ist. Dass damit auch Klagebefugnisse nach dem UmwRG ausgeschlossen sind, stellt § 1 S. 3 Nr. 3 UmwRG eigens klar. § 15 Abs. 3 S. 1, S. 2 NABEG schafft also letztlich eine Vergleichbarkeit mit Funktion und Wirkungsweise der Linienbestimmung bei Schienen- und Wasserwegen. Lediglich den betroffenen Bundesländern steht gem. § 14 S. 1 NABEG die Möglichkeit zu, Einwendungen zu erheben. Die BNetzA muss dazu jedoch gem. § 14 S. 3 NABEG nur Stellung nehmen und ist nicht verpflichtet, die Einwendungen aufzunehmen und die Bundesfachplanung zu ändern,[34] sodass hier kaum von einer umfassenden Rechtsschutzmöglichkeit gesprochen werden kann. *Moench/Ruttloff* wollen § 15 Abs. 3 S. 2 NABEG unter Verweis auf die Gesetzesbegründung, nach der die Norm nur klarstellenden Charakter haben soll, zwar verfassungskonform dahingehend interpretieren, dass im Einzelfall sehr wohl eine

---

[30] *Fellenberg/Schiller*, in: Landmann/Rohmer, Umweltrecht, § 1 UmwRG (Stand: 86. EL Apr. 2018), Rn. 145.

[31] *de Witt/Durinke*, ER 2016, 22 (25).

[32] BT-Drucks. 17/6073, S. 19; *Appel*, ER 2012, 3 (5); *ders.*, UPR 2011, 406 (410); *ders./ Rietzler*, NuR 2017, 227 (234); *de Witt/Durinke*, ER 2016, 22 (25); *Ruge/Kohls*, ZUR 2016, 23 (25); *Schaller/ Henrich*, UPR 2014, 361 (361); *Schlacke*, NVwZ 2015, 626 (628); *Wagner*, DVBl 2011, 1453 (1454).

[33] *Posser/Schulze*, in: Posser/Faßbender, Praxishandbuch Netzplanung, Kap. 13, Rn. 66, 77; *Schlacke*, in: FS Jarass, 379 (381).

[34] Dazu *Appel*, UPR 2011, 406 (413).

Klagebefugnis gegen das Ergebnis der Bundesfachplanung bestehen kann.[35] Abgesehen davon, dass sich diese Interpretation äußerst nah an der, wenn nicht sogar über die Grenze des Wortlauts hinaus bewegt, dürfte die Problematik notwendiger individueller Betroffenheit auch nach dieser Sichtweise aber dazu führen, dass es sich dabei um absolute Ausnahmefälle handelt[36] und für den ganz überwiegenden Teil der Rechtsschutzsuchenden keine Rechtsschutzmöglichkeit zur Verfügung steht.

Auch hier gilt: Ob die soeben aufgezeigte Rechtsschutzsituation der Korridorebene insgesamt zu einer Verfassungs- oder Völker- und Europarechtswidrigkeit führt, wird sich nach der Effektivität der nachfolgenden Rechtsbehelfe bei der Überprüfung vorangehender Planungsebenen entscheiden.[37]

3. Projektzulassungsebene

a) Zulassung durch Planfeststellungsbeschluss

Einen Verwaltungsakt i. S. d. § 35 S. 1 VwVfG stellt schließlich der Planfeststellungsbeschluss am Ende der letzten Planungsstufe dar. Gegen ihn kann also gem. § 74 Abs. 1 S. 1 VwGO innerhalb eines Monats Anfechtungsklage erhoben werden.[38] Zu beachten ist hierbei allerdings der Wegfall der aufschiebenden Wirkung der Anfechtungsklage gem. § 17e Abs. 2 S. 1 FStrG, § 18e Abs. 2 S. 1 AEG, § 14e Abs. 2 S. 1 WaStrG i. V. m. § 80 Abs. 2 S. 1 Nr. 3 VwGO in den Fällen, in denen in den Ausbaugesetzen die entsprechende Bedarfsstufe festgelegt ist. Zur Anwendung kommen neben der „traditionellen" Berufung auf subjektive öffentliche Rechte i. S. d. § 42 Abs. 2 Var. 2 VwGO hier schließlich auch die umfangreichen Klagebefugnisse nach dem UmwRG. Nach § 3 UmwRG anerkannten Vereinigungen steht gem. § 2 Abs. 1 S. 1 i. V. m. § 1 Abs. 1 S. 1 Nr. 1 UmwRG i. V. m. § 2 Abs. 6 Nr. 1 UVPG eine Klagebefugnis in Bezug auf alle UVP-pflichtigen Planfeststellungsbeschlüsse zu. Infolge der in den letzten Jahren erfolgten zunehmenden Ausweitung der UmwRG-Vorschriften hat die daneben bestehende naturschutzrechtliche Ver-

---

[35] *Moench/Ruttloff*, NVwZ 2014, 897 (901); skeptisch *Baumann/Brigola*, DVBl 2017, 1385 (1387); in eine ähnliche Richtung mit der Forderung nach einer erweiterten Auslegung des § 42 Abs. 2 Var. 2 VwGO bei Klagen gegen die Bundesfachplanung *Langstädtler*, Effektiver Umweltrechtsschutz, S. 523 f.

[36] So *Moench/Ruttloff* im Ergebnis auch selbst, ebd.

[37] Dazu sogleich im Folgenden unter G. II.

[38] Das Vorverfahren entfällt in den Bundesländern, in denen es grundsätzlich durchzuführen ist, bei von der BNetzA als einer obersten Bundesbehörde erlassenen Planfeststellungsbescheiden gem. § 68 Abs. 1 S. 2 Nr. 1 Alt. 1 VwGO. Gleiches gilt für die Generaldirektion Wasserstraßen und Schifffahrt sowie das EBA. Auch die ab 1. Januar 2021 operierende Autobahn GmbH des Bundes dürfte hierunter zu subsumieren sein. Im Übrigen ist im Straßenbereich die oberste Landesstraßenbaubehörde zuständig, sodass sich der Entfall des Vorverfahrens aus § 68 Abs. 1 S. 2 Nr. 1 Alt. 2 VwGO ergibt.

bandsklage nach § 64 BNatSchG in der Praxis weitgehend ihre Bedeutung verloren.[39]

b) Zulassung durch Maßnahmengesetz

aa) Die Verfassungsbeschwerde als einziger Rechtsbehelf

Gänzlich anders gestaltet sich die Situation im Anwendungsbereich des MgvG. Die Wahl der Gesetzesform hat hinsichtlich der Rechtsschutzmöglichkeiten in erster Linie zur Folge, dass wie schon gegen die Bedarfsplangesetze ausschließlich die Verfassungsbeschwerde als Rechtsbehelf zur Verfügung steht. Das gilt sowohl für Privatbetroffene als auch für Umweltverbände, da die Klagebefugnis aus § 1 Abs. 1 S. 1 Nr. 1 UmwRG i. V. m. § 2 Abs. 6 Nr. 1 UVPG direkt nur auf behördliche Entscheidungen anwendbar ist.[40] Auch, wenn der Bundestag im Sinne der Spruchpraxis des ACCC hier funktional eine behördliche Entscheidung trifft, entfaltet diese Einordnung des ACCC keine unmittelbare Rechtswirkung und dürfte nicht über die insoweit eindeutigen Regelungen von UmwRG, VwGO und BVerfGG hinweghelfen können. Auch der von der zuständigen Behörde zu erstellende Abschlussbericht ist als vorbereitende Verfahrenshandlung gem. § 44a VwGO i. V. m. § 1 Abs. 1 S. 3 Nr. 1 UmwRG nicht eigenständig angreifbar.

Anders als auf Ebene der Bedarfsplanung wird es aber zumindest dem Grundstückseigentümer nun regelmäßig gelingen, seine individuelle Betroffenheit über Art. 14 GG darzulegen. Sofern man etwa die infolge der Realisierung eines Schienen- oder Straßenbauprojekts entstehenden Lärmimmissionen im Sinne einer weiten Definition des modernen Eingriffsbegriffs der öffentlichen Gewalt zurechnet, gilt das auch für Eingriffe in die körperliche Unversehrtheit i. S. d. Art. 2 Abs. 2 GG.[41] Das jedoch nur, soweit das Vorhaben die Schwelle zur Gesundheitsverletzung überschreitet und physische[42] oder erhebliche psychische Folgen wie etwa Schlafstörungen[43] verursacht. Folgt man dieser weiten Auslegung ebenso wie die Spruchpraxis des BVerfG der vergangenen Jahrzehnte nicht,[44] müssten die Betroffenen für die zulässige Einlegung einer Verfassungsbeschwerde eine Schutzpflichtverletzung mit

---

[39] *Deutscher Anwaltverein*, Stellungnahme zum UmwRG-E 2016, S. 5; *Schmidt/Zschiesche*, NuR 2018, 443 (451); *Wissenschaftliche Dienste des Deutschen Bundestags*, Verbandsklage, S. 4.

[40] *Groß*, JZ 2020, 76 (79); *Heß*, ZUR 2018, 686 (689).

[41] So *Schneller*, Objektbezogene Legalplanung, S. 150.

[42] *Di Fabio*, in: Maunz/Dürig, GG, Art. 2 Abs. 2 Satz 1 (Stand: 43. EL Febr. 2004), Rn. 60; *Schulze-Fielitz*, in: Dreier, GG, Art. 2 Abs. 2, Rn. 47.

[43] *Schneller*, Objektbezogene Legalplanung, S. 151

[44] BVerfG, Nichtannahmebeschl. v. 04. 05. 2011 – 1 BvR 1502/08, juris Rn. 37 ff.; BVerfG, Nichtannahmebeschl. v. 15. 10. 2009 – 1 BvR 3474/08, juris Rn. 26 ff.; BVerfG, Kammerbeschl. v. 17. 02. 1997 – 1 BvR 1658/96, juris Rn. 7 ff.; BVerfG, Beschl. v. 14. 01. 1981 – 1 BvR 612/72 = BVerfGE 56, 54, juris Rn. 52 ff.; *Sparwasser/Engel/Voßkuhle*, Umweltrecht, § 1, Rn. 156; *Voßkuhle*, NVwZ 2013, 1 (6); *Ziekow*, Vorhabenplanung durch Gesetz, S. 61.

Blick auf Art. 2 Abs. 2 S. 1 GG geltend machen.[45] Die Darlegung einer Schutzpflichtverletzung dürfte angesichts der hohen vom BVerfG aufgestellten Hürden in Form eines dem Gesetzgeber zuerkannten sehr weiten Gestaltungsspielraums[46] allerdings bei Weitem nicht in allen Fällen gelingen, in denen aus verwaltungsrechtlicher Perspektive eine Verletzung des Rechts auf gerechte Abwägung als subjektives öffentliches Recht[47] in Rede gestanden hätte. Tatsächlich ist eine Schutzpflichtverletzung im Umweltbereich in der Geschichte des BVerfG noch nie bejaht worden.[48] Denn der Gestaltungsspielraum des Gesetzgebers gilt nur dann als verlassen, wenn er entweder gar keine oder nur völlig ungeeignete Schutzvorkehrungen getroffen hat.[49] Diese Anforderungen hielt das BVerfG auch jüngst im sogenannten Klimaschutz-Beschluss vom 24. März 2021 aufrecht und ging lieber den Umweg über die eigens begründete Figur der „intertemporalen Freiheitssicherung"[50] als eine Schutzpflichtverletzung zu bejahen.[51]

Für alle sonstigen Betroffenen, deren Lärmbeeinträchtigung sich beispielsweise unterhalb der Schwelle einer Gesundheitsverletzung bewegt, scheidet die Einlegung einer Verfassungsbeschwerde im Übrigen gänzlich aus. Denn über das Recht auf gerechte Abwägung, über das im Rahmen des Verwaltungsverfahrens bzw. -prozesses auch die Berücksichtigung von Interessen geschützt würde, die nicht selbst einen grundrechtlichen Gewährleistungsgehalt abdecken und mithin kein eigenständiges subjektives öffentliches Recht darstellen,[52] können sie sich nicht berufen. Zwar hat das BVerwG mehrfach betont, dass das planungsrechtliche Abwägungsgebot unmittelbar im Bundesverfassungsrecht wurzle und unabhängig von einer gesetzlichen Positivierung aus dem Wesen rechtsstaatlicher Planung folge.[53] Damit wird das Recht auf gerechte Abwägung aber nicht zum eigenständigen Grundrecht

---

[45] *Ziekow*, ebd.

[46] Vgl. statt vieler aus dem Bereich der Infrastrukturplanung etwa BVerfG, Beschl. v. 02.07. 2018 – 1 BvR 612/12, juris Rn. 38 ff.; BVerfG, Beschl. v. 29.07.2009 – 1 BvR 1606/08, juris Rn. 8 ff.; allgemein zum Thema der Schutzpflichtverletzungen im Bereich des Umweltrechts *Voßkuhle*, NVwZ 2013, 1 (6 f.).

[47] BVerwG, Urt. v. 03.05.2011 – 7 A 9.09, juris Rn. 41; BVerwG, Urt. v. 28.06.2000 – 11 C 13.99 = BVerwGE 111, 276, juris Rn. 34; BVerwG, Urt. v. 27.11.1996 – 11 A 100/95, juris Rn. 36; BVerwG, Urt. v. 14.02.1975 – IV C 21.74 = BVerwGE 48, 56, juris Rn. 41.

[48] *Groß*, EurUP 2019, 354 (360).

[49] So anschaulich zur Zulassung einer Mobilfunksendeanlage etwa BVerfG, stattgebender Kammerbeschl. v. 24.01.2007 – 1 BvR 382/05, juris Rn. 18; dazu *Voßkuhle*, NVwZ 2013, 1 (6 f.); kritisch zu diesem Kriterium mit Blick auf den Klimaschutz: *Groß*, EurUP 2019, 353 (362).

[50] Dazu im Folgenden ausführlich unter G. I. 3. b) gg).

[51] BVerfG, Beschl. v. 24.03.2021 – 1 BvR 2656/18, 1 BvR 78/20, 1 BvR 96/20, 1 BvR 288/ 20, juris Rn. 151 ff.; zustimmend *Schlacke*, NVwZ 2021, 912 (914); kritisch angesichts des „naheliegender[en] und wohl auch problemadäquater[en]" Wegs über eine Schutzpflichtverletzung *Faßbender*, NJW 2021, 2085 (2088).

[52] *Ziekow*, Vorhabenplanung durch Gesetz, S. 62.

[53] BVerwG, Beschl. v. 18.01.2011 – 7 Bekl. 19.10, juris Rn. 12; BVerwG, Urt. v. 4 C 69.78 = BVerwGE 64, 270, juris Rn. 17.

oder grundrechtsgleichen Recht, das die Einlegung einer Verfassungsbeschwerde ermöglichen würde. Auch der Umstand, dass das BVerfG objektive Verfassungsgrundsätze wie das Demokratieprinzip bereits in Grundrechte des Grundgesetzes hineingelesen hat,[54] kann hierüber nicht hinweghelfen. Möglich wurde dies nämlich nur, da sich der Beschwerdeführer „im Zusammenhang mit der Rüge eines Grundrechtseingriffs, den er unter anderem wegen Verstoßes gegen Art. 20 Abs. 2 GG für nicht gerechtfertigt“ hielt, auf das Demokratieprinzip berufen und daher „damit nicht die Grenzen des mit einer Verfassungsbeschwerde Rügefähigen“[55] überschritten hatte. Im Umkehrschluss folgt daraus, dass die isolierte Berufung auf das Rechtsstaatsgebot des Art. 20 Abs. 2, Abs. 3 GG[56] die Beschwerdebefugnis vor dem BVerfG nicht begründen kann, da es sich hierbei nicht um ein Grundrecht aus den Art. 1 bis 19 GG oder um eines der explizit genannten grundrechtsgleichen Rechte aus Art. 20 Abs. 4, 33, 38, 101, 103 und 104 GG handelt.

Ähnlich stellt sich die Situation für Umweltverbände dar. Die Klagebefugnisse des UmwRG sind nur einfachgesetzlich ausgestaltet und weisen keinen verfassungsrechtlichen Gehalt auf, sodass sie grundsätzlich nicht im Wege der Verfassungsbeschwerde geltend gemacht werden können. Auch die Staatszielbestimmung des Art. 20a GG begründet keine eigenständige Beschwerdebefugnis für eine Verfassungsbeschwerde.[57] Das gilt auch in Anbetracht des Klimaschutz-Beschlusses des BVerfG vom 24. März 2021 weiter, in dem der Erste Senat die Bedeutung des Art. 20a GG zwar aufwertete,[58] eine eigenständige Beschwerdebefugnis hieraus jedoch weiterhin nicht herzuleiten vermochte.[59] Selbiges gilt für die Vereinigungsfreiheit des Art. 9 Abs. 1 GG. Sie vermittelt zwar eine eigenständig geschützte Rechtsposition, jedoch nur mit Blick auf Tätigkeiten mit Bezug zur vereinigungsgemäßen Struktur.[60] Art.19 Abs. 4 S. 1 GG kann mangels isolierter Anwendbarkeit keine eigenständige Beschwerdebefugnis vor dem BVerfG begründen.[61] Schließlich scheidet auch die Einlegung einer Verfassungsbeschwerde in Wahrnehmung der Rechte und Interessen der Verbandsmitglieder oder sonstiger Dritter nach ständiger Rechtsprechung des BVerfG aus.[62]

---

[54] BVerfG, Urt. v. 18.01.2012 – 2 BvR 133/10 = BVerfGE 130, 76, juris Rn. 127; *Walter*, in: Maunz/Dürig, GG, Art. 93 (Stand: 84. EL Aug. 2018), Rn. 363.

[55] Für beide BVerfG, Urt. v. 18.01.2012 – 2 BvR 133/10 = BVerfGE 130, 76, juris Rn. 127.

[56] Zur Verortung des Rechtsstaatsprinzip innerhalb des Art. 20 GG: *Grzeszick*, in: Maunz/Dürig, GG, Art. 20 (Stand: 48. EL Nov. 2006), Rn. 1 ff.

[57] BVerfG, Ablehnung einstweilige Anordnung v. 10.05.2001 – 1 BvR 481/01, juris Rn. 18; *Kment*, in: FS Jarass, S. 301 (310); *Pernice-Warnke*, EurUP 2020, 145 (153).

[58] Dazu im Folgenden ausführlich unter G. I. 3. b) gg).

[59] BVerfG, Beschl. v. 24.03.2021 – 1 BvR 2656/18, 1 BvR 78/20, 1 BvR 96/20, 1 BvR 288/20, juris Rn. 112.

[60] *Cornils*, in: Epping/Hillgruber, BeckOK GG, Art. 9, Rn. 9, 11, 13; *Kment*, in: FS Jarass, S. 301 (310).

[61] Dazu bereits oben unter E. I. 1. b).

[62] Zur Wahrnehmung der Interessen von Mitgliedern: BVerfG, Beschl. v. 01.03.1967 – 1 BvR 46/66 = BVerfGE 21, 207, juris Rn. 5; BVerfG, Urt. v. 11.07.1961 – 2 BvG 2/58 =

Erfolgversprechend erscheint mithin nur eine Rückkehr zum Erwerb von „Sperrgrundstücken“. Diese Praxis, also der Erwerb eines Grundstücks nicht zur tatsächlichen Nutzung der damit verbundenen Gestaltungsmöglichkeiten, sondern allein zur Schaffung der formalen Voraussetzungen der Prozessführung, hatte das BVerwG zwar in einem Grundsatzurteil aus dem Jahr 2000 als unzulässige Rechtsausübung und damit rechtsmissbräuchlich eingestuft.[63] In *Garzweiler II* wandte sich das BVerfG im Jahr 2013 jedoch ausdrücklich gegen diese Rechtsprechung und stellte klar, dass es „für den Schutz durch das Eigentumsgrundrecht [...] in aller Regel weder auf das Motiv für den Grunderwerb noch auf dessen Zeitpunkt oder sonstige Begleitumstände“[64] ankomme. Es genüge allein die formale Eigentümerstellung.[65] Ausnahmen könnten allenfalls da gelten, wo Art. 18 GG Anwendung finde,[66] das Eigentum also zum Kampfe gegen die freiheitliche demokratische Grundordnung missbraucht und das entsprechende Grundrecht damit verwirkt werde. Auch eine infolge des Erwerbs eines Sperrgrundstücks möglich gewordene Verfassungsbeschwerde wäre vor dem BVerfG mithin zulässig.

Zusammenfassend lässt sich festhalten, dass im Anwendungsbereich des MgvG ein Vorgehen gegen die Planungsentscheidung faktisch nur Art. 14 GG-Betroffenen, unabhängig vom Weg der Eigentumserlangung, über die Erhebung einer Verfassungsbeschwerde möglich ist. Das gilt gleichermaßen für ein Vorgehen gegen die Projektauswahl auf Ebene des MgvG selbst, wobei im Ergebnis mangels Konkretisierung der Planung ähnlich wie bei den Bedarfsgesetzen nicht einmal Grundstückseigentümer beschwerdebefugt sein dürften.

Schon anhand dieses Ergebnisses kann konstatiert werden, dass die durch das MgvG geschaffene Rechtsschutzsituation auf Projektzulassungsebene nicht völker- und unionsrechtskonform ist. Denn zwar hat der EuGH eine Verknüpfung der Klagebefugnis mit einer subjektiven Komponente jedenfalls für Individualkläger bisher toleriert.[67] Dass „subjektive Rechte“[68] im Sinne der EuGH-Rechtsprechung aber nur solche mit Verfassungsrang sind, erscheint angesichts des übergreifenden Ziels eines weiten Zugangs zu Gericht, das Århus-Konvention und UVP-Richtlinie gemein ist, jedoch fernliegend. Eine Rechtsschutzmöglichkeit müsste mithin für

---

BVerfGE 13, 54, juris Rn. 73; BVerfG, Urt. v. 23.03.1960 – 1 BvR 216/51 = BVerfGE 11, 30, juris Rn. 14; *Däuper/von Bernstorff*, ZUR 2014, 24 (28); zur Wahrnehmung der Rechte Dritter: BVerfG, Nichtannahmebeschl. v. 17.02.2011 – 1 BvR 3050/10, juris Rn. 5; BVerfG, Nichtannahmebeschl. v. 29.05.2006 – 1 BvR 1080/01, juris Rn. 19; *Däuper/von Bernstorff*, ebd.

[63] BVerwG, Urt. v. 27.10.2000 – 4 A 10.99 = BVerwGE 112, 135, juris Rn. 20.

[64] BVerfG, Urt. v. 17.12.2013 – 1 BvR 3139/08 = BVerfGE 134, 242, juris Rn. 156. Zu den Konsequenzen dieses Wandels weiterführend *Kment*, NVwZ 2014, 1566 (1566 ff.).

[65] BVerfG, Urt. v. 17.12.2013 – 1 BvR 3139/08 = BVerfGE 134, 242, ebd.

[66] BVerfG, Urt. v. 17.12.2013 – 1 BvR 3139/08 = BVerfGE 134, 242, ebd.

[67] Vgl. insb. EuGH, Urt. v. 15.10.2015, Kommission/Deutschland, C-137/14, ECLI:EU:C:2015:683, Rn. 33 ff., 63 ff.

[68] EuGH, Urt. v. 15.10.2015, Kommission/Deutschland, C-137/14, ECLI:EU:C:2015:683, Rn. 33.

sämtliche Betroffenen gewährt werden, die im Verwaltungsprozess ihr Recht auf gerechte Abwägung geltend machen könnten. Und auch im Hinblick auf Umweltverbände kann die Rechtsschutzsituation nicht genügen: Denn von einem weiten Zugang zu Gericht kann dann nicht mehr gesprochen werden, wenn für den Zugang zu einem Rechtsbehelf der kosten- und zeitintensive und außerdem durch limitierte tatsächliche Verfügbarkeit eingeschränkte Erwerb eines Grundstücks erforderlich ist. Für diejenigen Rechtsschutzsuchenden, die zulässigerweise eine auf Art. 14 GG gestützte Verfassungsbeschwerde einlegen können, entscheidet sich die Frage nach der Völker- und Unionsrechtskonformität des Rechtsbehelfs auf zweiter Stufe insbesondere anhand des gerichtlichen Prüfungsmaßstabs.

Im Hinblick auf Art. 19 Abs. 4 S. 1 GG erscheint der Ausschluss des Verwaltungsrechtswegs durch die Wahl der Gesetzesform weniger problematisch. Folgt man der Ansicht des BVerfG und lehnt eine Anwendbarkeit auf Legislativakte ab, so wird lediglich eine Überprüfungsmöglichkeit dahingehend erforderlich, ob der Gesetzgeber vom Instrument der Legalplanung zulässigerweise Gebrauch machen durfte. Ob das BVerfG diese Überprüfung leisten kann, ist eine Frage des Prüfungsumfangs und nicht der Rechtswegeröffnung.

Bejaht man die Anwendbarkeit auf Legislativakte, so ist auch die Verfassungsbeschwerde als ausreichender Rechtsbehelf anzusehen. Dass die Einlegung nur in ihren Grundrechten Betroffenen möglich ist, entspricht grundsätzlich der subjektiven Behaftung und fehlenden isolierten Anwendbarkeit des Art. 19 Abs. 4 S. 1 GG. Losgelöst von europäischen Maßgaben fallen die Klagebefugnisse des UmwRG nach der Rechtsprechung des BVerfG gar nicht in den Schutzbereich des Art. 19 Abs. 4 S. 1 GG, sodass sich auch diesbezüglich keine verfassungsrechtlichen Probleme ergeben. Lediglich die Position von Rechtsschutzsuchenden, die in nicht verfassungsrechtlich geschützten subjektiven Rechten, insbesondere dem Recht auf gerechte Abwägung, betroffen sind, gestaltet sich bei Befürwortung der Anwendbarkeit auf Legislativakte auch im verfassungsrechtlichen Kontext problematisch. Da das BVerfG erweiternde Auslegungen der Beschwerdebefugnis zugunsten von aus dem Völkerrecht oder sonstigen Verfassungsrecht stammenden Einflüssen bisher immer an rügefähigen Grundrechten festgemacht hat,[69] wäre eine diesbezügliche Handhabung zugunsten sonstiger Betroffener nur über eine sehr weite Auslegung des Art. 2 Abs. 1 GG in seiner Funktion als Auffanggrundrecht möglich. Dieser Weg wäre aber geboten, um eine Verfassungswidrigkeit des MgvG respektive der nachfolgenden Maßnahmengesetze zu vermeiden.

bb) Prüfungsmaßstab des BVerfG

Hinsichtlich der zulässigerweise eingelegten Verfassungsbeschwerden von Grundstückseigentümern stellt sich im nächsten Schritt die Frage, in welchem Umfang die von ihnen angegriffene Entscheidung kontrolliert wird und ob dieser

[69] Vgl. *Walter*, in: Maunz/Dürig, GG, Art. 93 (Stand: 84. EL Aug. 2018), Rn. 363.

Prüfungsumfang den Rechtsschutzanforderungen aus Völker- und Europarecht respektive nationalem Verfassungsrecht genügen kann.

Grundlegend ist dazu festzuhalten, dass das BVerfG nur die Verletzung spezifischen Verfassungsrechts prüft.[70] Nicht kontrolliert wird also insbesondere die Einhaltung der materiellen Vorgaben des einfachgesetzlichen Umweltrechts sowie die Einhaltung der Verfahrensvorschriften, sofern ihnen nicht ausnahmsweise Verfassungsrang zukommt. Eine Vergleichbarkeit mit dem Vollüberprüfungsanspruch des Grundeigentümers, der diesem im verwaltungsgerichtlichen Verfahren nach ständiger Rechtsprechung des BVerwG einen Anspruch auf umfassende materielle Überprüfung der ihn betreffenden Verwaltungsentscheidung auch über die Grenzen der subjektiven Betroffenheit hinaus zugesteht,[71] ist also nicht gegeben. Eine Beweiserhebung i. S. d. § 26 BVerfGG ist dem BVerfG sogar direkt verwehrt, wo es den materiellen Prüfungsumfang der verfassungsgerichtlichen Kontrolle überschreiten würde.[72] Zwar ist das planungsrechtliche Abwägungsgebot richtigerweise unabhängig von fachrechtlichen Vorgaben schon dem Rechtsstaatsprinzip zu entnehmen, wodurch ihm Verfassungsrang zukommt. Dieser Umstand darf jedoch nicht dahingehend missverstanden werden, dass jedem Bestandteil und jedem Schritt des behördlichen Abwägungsvorgangs Verfassungswert beizumessen oder diese gar im Detail nachzuprüfen wären. Verfassungsrang kommt insbesondere dem Verbot der Ermessenwillkür zu.[73] In diesem Sinne zog das BVerfG in der *Stendal*-Entscheidung als Maßstab heran, ob „der Gesetzgeber sich davon hat leiten lassen, den für die Regelung erheblichen Sachverhalt zutreffend und vollständig zu ermitteln, anhand dieses Sachverhalts alle sachlich beteiligten Belange und Interessen der Entscheidung zugrunde zu legen sowie umfassend und in nachvollziehbarer Weise gegeneinander abzuwägen“[74]. Damit orientiert sich das BVerfG zwar an der Abwägungsfehlerlehre, ohne jedoch die verwaltungsgerichtliche Kontrollintensität zu erreichen.[75] Denn entscheidend bleibt, ob rechtsstaatliche Standards eingehalten wurden oder die Entscheidung als objektiv willkürlich zu betrachten ist. Ob eine Umweltprüfung überhaupt und vollständig durchgeführt, ob zwingende Vorgaben

---

[70] St. Rspr. statt vieler: BVerfG, Beschl. v. 30.06.2015 – 2 BvR 1282/11 = BVerfGE 139, 321, juris Rn. 130; BVerfG, Urt. v. 19.12.2000 – 2 BvR 1500/97 = BVerfGE 102, 370, juris Rn. 65; BVerfG, Beschl. v. 13.10.1998 – 2 BvR 1275/96 = BVerfGE 99, 100, juris Rn. 78.

[71] St. Rspr. seit BVerwG, Urt. v. 21.03.1986 – 4 C 48.82 = BVerwGE 74, 109; aktuell zur faktischen Ausweitung des Vollüberprüfungsanspruchs infolge des Wegfalls der materiellen Präklusion BVerwG, Beschl. v. 15.09.2016 – 9 B 13.16, juris Rn. 7.

[72] *Buus*, Bedarfsplanung durch Gesetz, S. 387; eher fernliegend demgegenüber *Pernice-Warnke*, EurUP 2020, 145 (155), die das BVerfG als „echte Tatsacheninstanz“ einordnet.

[73] *Schmidt-Aßmann*, in: Maunz/Dürig, GG, Art. 19 Abs. 4 (Stand: 92. EL Aug. 2020), Rn. 214.

[74] BVerfG, Beschl. v. 17.07.1996 – 2 BvF 2/93 = BVerfGE 95, 1, juris Rn. 68.

[75] *Kürschner*, Legalplanung, S. 148 f.; ähnlich *Ossenbühl*, in: FS Hoppe, S. 183 (193); *Schmidt-Aßmann*, in: Maunz/Dürig, GG, Art. 19 Abs. 4 (Stand: 92. EL Aug. 2020), Rn. 95b; deutlich kritischer *Stüer*, EurUP 2020, 163, der von einer „gegenüber dem Verwaltungsrechtsschutz geradezu skelettierte[n] verfassungsgerichtliche[n] Kontrolle“ spricht.

der einfachrechtlichen Umweltgesetze beachtet und beispielsweise eine im SUP- und FFH-rechtlichen Sinne ausreichende Zahl von Alternativen geprüft wurden, muss dabei nicht zwingend die Bewertung der Entscheidung als willkürlich im rechtsstaatlichen Sinne und damit als verfassungswidrig zur Folge haben. Nur diese würde aber zum Erfolg der Verfassungsbeschwerde führen. Im *Zeugen Jehovas*-Beschluss hatte das BVerfG aus diesen Umständen selbst den Schluss gezogen:

> „Von der Verfassungsgerichtsbarkeit kann jedoch eine tatsächlich wirksame gerichtliche Kontrolle mit Blick auf (Einzelpersonen-)Gesetze schon deshalb nicht gewährleistet werden, weil deren Prüfungsmaßstab auf die Verletzung spezifischen Verfassungsrechts beschränkt ist.“[76]

Dass hier ein Einzelpersonengesetz in Rede stand, ändert nichts am Erfordernis effektiven Rechtsschutzes auch in Fällen zahlreicher Einzelbetroffener wie bei der Infrastrukturplanung.[77] Die Funktion eines Primärrechtsschutzes sei der Verfassungsgerichtsbarkeit schlicht nicht zugedacht, so das BVerfG an anderer Stelle.[78] Oder anders gesprochen: Die Verfassungsbeschwerde ist „kein zusätzlicher oder alternativer Rechtsbehelf zum fachgerichtlichen Verfahren, der sich diesem in gleicher Funktion ohne weiteres anschlösse“[79].

Das Anliegen der Umweltverbände könnte mithin auch ein Erwerb von Sperrgrundstücken nicht erfüllen. Denn ob die Inanspruchnahme ihres Grundstücks durch eine insbesondere in umweltrechtlicher Hinsicht umfänglich rechtmäßige Entscheidung erfolgt, würde gerade nicht geprüft. Die Darlegung einer Kausalität zwischen Fehlern bei der Umweltprüfung und einer Verletzung von Art. 14 GG wiederum dürfte in kaum einem Fall gelingen. Gleiches gilt für die auf Art. 14 GG oder Art. 2 Abs. 2 S. 1 GG basierenden Verfassungsbeschwerden von Privateinwendern.[80]

Im Hinblick auf Art. 19 Abs. 4 S. 1 GG ergeben sich aus diesen Erkenntnissen erneut kaum Probleme. Lehnt man die Anwendbarkeit auf Legislativakte im Sinne der bundesverfassungsgerichtlichen Rechtsprechung ab, so ist nur die Überprüfung der für die Wahl der Gesetzesform erforderlichen Rahmenbedingungen geschuldet. Geprüft werden muss im Sinne der enteignungsrechtlichen Vorwirkung der Legalplanung – denn diese wird bei den hier ohnehin nur beschwerdebefugten Art. 14 GG-Betroffenen regelmäßig in Rede stehen – also insbesondere, ob diese zum Wohl der Allgemeinheit erforderlich ist und ob *gute und triftige* Gründe im Sinne der *Stendal*-Entscheidung vorliegen. Ob Letztere im Einzelfall zu bejahen sind, darf schon angesichts der großen Zahl der inzwischen in das MgvG aufgenommenen Projekte zwar

[76] BVerfG, Beschl. v. 30.06.2015 – 2 BvR 1282/11 = BVerfGE 139, 321, juris Rn. 130.

[77] Vgl. *Groß*, VerfBlog, 2019/11/06.

[78] Vgl. BVerfG, Beschl. v. 17.01.2006 – 1 BvR 541/02 = BVerfGE 115, 81, juris Rn. 39.

[79] *Wegener*, ZUR 2020, 195 (200).

[80] So im Ergebnis auch *Groß*, JZ 2020, 76 (80).

durchaus in Zweifel gezogen werden.[81] Auch ist fraglich, ob alle dieser Vorhaben wirklich dem übergeordneten Ziel des Klimaschutzes dienen und eine gewisse Systemrelevanz haben oder ob sie nicht vielmehr lokalpolitisch und lokalwirtschaftlich motiviert sind.[82] Unter Rechtsschutzgesichtspunkten ergeben sich daraus prima facie aber keine weiteren Probleme, liegt doch die Feststellung des Nichtvorliegens solcher guten und triftigen Gründe explizit im Rahmen des bundesverfassungsgerichtlichen Prüfungsumfangs. Bejaht man die Anwendbarkeit des Art. 19 Abs. 4 S. 1 GG auf Legislativakte, gewährt aber wie hier vorgeschlagen in der Folge auch sonstigen Betroffenen Zugang zur Verfassungsbeschwerde, gilt das zuvor Gesagte in deren Hinsicht gleichermaßen.

Gänzlich anders gestaltet sich die Situation hingegen in völker- und europarechtlicher Hinsicht. Selbst beim konservativsten Verständnis der *Boxus*- und *Solvay*-Entscheidungen und des Art. 2 Abs. 5 UVP-RL würde der Prüfungsmaßstab des BVerfG nicht genügen. Denn wohl unstreitig muss zumindest überprüft werden können, ob es sich tatsächlich um ein Projekt handelt, das durch einen besonderen einzelstaatlichen Gesetzgebungsakt zugelassen und für das ein „die Sachfragen betreffendes Gesetzgebungsverfahren“[83] durchgeführt wurde oder ob das Parlament – wie in den belgischen Fällen – eine schon feststehende Verwaltungsentscheidung bloß bestätigt hat. Auch nach der Konstruktion des deutschen MgvG erscheint die Gewährleistung dieser Anforderung trotz der wohl mehr deklaratorisch zu verstehenden Regelung in § 8 Abs. 3 a.E. MgvG angesichts der hohen Komplexität des Planfeststellungsverfahrens zumindest zweifelhaft.[84] Denn die hauptsächliche Planungsleistung findet gerade nicht im Gesetzgebungsverfahren, sondern im vorbereitenden Verfahren bei der Behörde statt. Zumeist wird sich die Entscheidung des Gesetzgebers wohl auf eine Übernahme des Ergebnisses des behördlichen Verfahrens beschränken. Denn zurecht stellt *Gärditz* fest:

> „Man muss nicht in einen Gesetzesbegriff des Konstitutionalismus zurückfallen, um zu erkennen, dass einzelfallbezogene Infrastrukturplanungen die epistemische Leistungsfähigkeit eines parlamentarischen Gesetzgebungsverfahrens überfordern.“[85]

Selbst ob – unzulässigerweise – eine bloße Übernahme der Verwaltungsentscheidung stattgefunden hat, kann das BVerfG aber nicht kontrollieren, da auch der § 8 Abs. 3 MgvG a.E. bzw. die UVP-Richtlinie nicht zu seinem Prüfungsumfang gehören.

---

[81] Kritisch hinsichtlich der Projektauswahl angesichts des übergeordneten Ziels des Klimaschutzes *Brade*, EurUP 2020, 140 (141 f.).

[82] *Lenz*, NdsVBl 2020, 229 (231 f.); ähnlich kritisch insbesondere hinsichtlich des Klimaschutzes *Pernice-Warnke*, EurUP 2020, 145 (161).

[83] EuGH, Urt. v. 18.10.2011, Boxus u.a., C-128/09 bis C-131/09, C-134/09, C-135/09, ECLI:EU:C:2011:667, Rn. 45.

[84] So im Ergebnis auch *Wegener*, ZUR 2020, 195 (195).

[85] *Gärditz*, in: FS Erbguth, S. 480 (498).

Ohnehin sprechen wie gezeigt aber die überzeugenderen Argumente dafür, sowohl die Århus-Konvention auf Legislativakte anzuwenden als auch ein enges Verständnis des Art. 2 Abs. 5 UVP-RL zu präferieren, sodass auf Grundlage beider Rechtsquellen eine umfassende Überprüfungsmöglichkeit von Legislativakten in formeller und materieller, insbesondere umweltrechtlicher, Hinsicht gewährleistet sein muss. Raum für mitgliedstaatliche Einschränkungen dieser Anforderungen besteht nicht. Dass die Verfassungsbeschwerde diese Anforderungen nicht erfüllt, macht etwa das Beispiel der Weservertiefung,[86] eines der wohl am stärksten debattierten Infrastrukturgroßprojekte der vergangenen Jahre, deutlich: Einer der maßgeblichen Gründe, aus denen der diesbezügliche Planfeststellungsbeschluss vor dem BVerwG im Jahr 2016 scheiterte, waren Verstöße gegen die Wasserrahmenrichtlinie. Das BVerwG hatte die diesbezüglichen Fragen im Jahr 2013 dem EuGH vorgelegt.[87] Prüft nun das BVerfG ein Maßnahmengesetz, so liegt das WHG, das im deutschen Recht die Wasserrahmenrichtlinie umsetzt, ebensowenig in seinem Prüfungsumfang wie die Wasserrahmenrichtlinie selbst. Dass der Anwendungsvorrang des Europarechts auch in Bezug auf nationales Verfassungsrecht greift, kann darüber nicht hinweghelfen, da Ersteres gar nicht betrachtet wird. Damit wären auch eine entsprechende Vorlage an den EuGH entfallen und im Fall der Weservertiefung erhebliche Verstöße gegen europäisches Umweltrecht gar nicht festgestellt worden. Ob sie inzwischen behoben wurden, wird nach Aufnahme der Weservertiefung in § 2 MgvG im Übrigen auch nicht mehr festgestellt werden können. Gleiches gilt für ähnliche Umsetzungsgesetze wie das BNatSchG oder das UVPG. Treffend konstatiert BVerwG-Präsident *Rennert* daher abschließend zur Gesamtkonstruktion:

> „Das funktionale Urteil steht aber fest: Der Bundestag eignet sich ganz sicherlich nicht als Planfeststellungsinstanz, und das Bundesverfassungsgericht könnte die Aufgabe der Rechtsschutzgewähr ebenso sicherlich nicht adäquat übernehmen, weder für Individualkläger noch gar für Verbandskläger. Ich bezweifle auch, ob Karlsruhe hierauf Lust verspüren würde."[88]

cc) Höhere Darlegungslast auf Seiten des Beschwerdeführers

Daneben erscheint auch mit Blick auf die hohen Ablehnungsquoten fraglich, ob Betroffene wirklich auf die Verfassungsbeschwerde als einzigen Rechtsbehelf verwiesen werden sollten. So wurden in den Geschäftsjahren 2010–2014 lediglich zwischen 1,2 und 2,8 Prozent der eingelegten Verfassungsbeschwerden zur Entscheidung angenommen.[89] Denn die Annahme der Verfassungsbeschwerde zur

[86] BVerwG, Urt. v. 11.08.2016 – 7 A 1.15 = BVerwGE 156, 20.

[87] BVerwG, Vorlagebeschl. v. 11.07.2013 – 7 A 20.11.

[88] *Rennert*, DVBl 2020, 389 (393); ähnlich BR-Drucks. 579/1/19, S. 8, ebenso die Rede von *Winfried Hermann*, Land Baden-Württemberg, Plenarprotokoll 984 vom 20.12.2019, S. 651.

[89] Vgl. Verfahrenserledigung von Verfassungsbeschwerden (einschließlich mitentschiedene Verfahren) der letzten fünf Geschäftsjahre, abrufbar unter https://www.bundesverfassungs

Entscheidung ist gem. § 93a Abs. 2 BVerfGG nur dann geboten, wenn ihr entweder grundsätzliche verfassungsrechtliche Bedeutung zukommt, sie also Fragen aufwirft, die sich nicht ohne Weiteres aus dem Grundgesetz beantworten lassen und in der verfassungsgerichtlichen Rechtsprechung noch nicht geklärt sind,[90] oder wenn dem Beschwerdeführer ansonsten ein besonders schwerer Nachteil entsteht, er also existenziell betroffen ist.[91] Letzteres dürfte wiederum nur für umfänglich in Art. 14 GG betroffene Grundstückseigentümer gelten. Auch darüber hinaus hat das BVerfG in den letzten Jahren die Anforderungen, die es an die Subsidiarität stellt, aber immer weiter ausgebaut.[92] Selbst in Art. 14 GG-Fällen erscheint eine Annahme daher nicht in jedem Fall gewährleistet. Dass das BVerfG, wie von *Pernice-Warnke* vorgeschlagen, in Zukunft sämtliche gegen ein Maßnahmengesetz eingehenden Verfassungsbeschwerden nur allein aufgrund des Umstandes annehmen wird, dass anderweitiger Individualrechtsschutz nicht zur Verfügung steht,[93] erscheint fernliegend. Denn das trifft auf jedes formelle Gesetz zu. Zutreffend weist *Behnsen* vielmehr daraufhin, dass die Vielzahl an in der fachlichen Diskussion aufgeworfenen anderweitigen Rechtsschutzmöglichkeiten[94] die Rechtsschutzsuchenden angesichts des Grundsatzes der Subsidiarität der Verfassungsbeschwerde mit zusätzlichen Unsicherheiten belastet.[95]

Die Problematik intensiviert sich, wenn – wie regelmäßig in Verfahren gegen Infrastrukturprojekte – einstweiliger Rechtsschutz begehrt wird. Zwar muss dieser wegen der entsprechenden Anordnungen in § 17e Abs. 2 S. 1 FStrG, § 18e Abs. 2 S. 1 AEG, § 14e Abs. 2 S. 1 WaStrG i. V. m. § 80 Abs. 2 S. 1 Nr. 3 VwGO regelmäßig auch in verwaltungsgerichtlichen Verfahren gegen den Planfeststellungsbeschluss ersucht werden. Die Anforderungen, die parallel dazu für das Ergehen einer einstweiligen Anordnung nach § 32 BVerfGG gestellt werden, sind aber wiederum höher.[96] Zurecht plädiert *Reidt* zwar dafür, diese entsprechend dem Einzelfallcharakter der Maßnahmengesetze und dem damit einhergehenden geringeren Beeinträchtigungspotenzial einer einstweiligen Anordnung auch in Verfahren vor dem BVerfGG herabzusetzen.[97] Ob das BVerfG dem in der Praxis nachkommen wird, ist jedoch ungewiss.

---

gericht.de/DE/Verfahren/Jahresstatistiken/2014/gb2014_pdf/A-IV-1.pdf?__blob=publicationFile&v=2 (abgerufen am 14.08.2021, 11:46 Uhr).

[90] BVerfG, Beschl. v. 08.02.1994 – 1 BvR 1693/92 = BVerfGE 90, 22, juris Rn. 11.

[91] BVerfG, Beschl. v. 09.07.1997 – 2 BvR 1371/96 = BVerfGE 96, 245, juris Rn. 9.

[92] Vgl. dazu bereits im Jahr 2007 *Klein/Sennekamp*, NJW 2007, 945 (950 f.); ebenso *Wollenteit*, ZNER 2013, 132 (135).

[93] *Pernice-Warnke*, EurUP 2020, 145 (153).

[94] Dazu sogleich unter G. I. 3. b) dd).

[95] *Behnsen*, NVwZ 2021, 843 (844 ff.).

[96] *Däuper/von Bernstorff*, ZUR 2014, 24 (27); *Lechner/Zuck*, in: dies., BVerfGG, § 32, Rn. 19; *Reidt*, EurUP 2020, 86 (91); *Wollenteit*, ZNER 2013, 132 (135).

[97] *Reidt*, ebd.

dd) Keine Kompensation durch andere Rechtsschutzmöglichkeiten

Schließlich stellt sich die Frage, ob die fehlenden unmittelbaren Rechtsschutzmöglichkeiten im Anwendungsbereich des MgvG anderweitig kompensiert werden können. Denkbar erscheint sowohl eine inzidente Überprüfung eines Maßnahmengesetzes in einem fachgerichtlichen Verfahren sowie dieses ausnahmsweise doch selbst zum Gegenstand eines Verwaltungsprozesses zu machen.[98] Die Möglichkeiten sind angesichts der primären Zuständigkeit des BVerfG allerdings auf einige wenige Konstellationen begrenzt, die im Folgenden genauer betrachtet werden sollen.

(1) Erhebung einer Feststellungsklage

Zunächst erscheint die Erhebung einer Feststellungsklage naheliegend. Eine solche wird vom BVerfG im Rahmen der materiellen Subsidiarität der Verfassungsbeschwerde im weiteren Sinne ohnehin seit Längerem gefordert[99] und auch in Form des Begehrens der negativen Feststellung, dass von dem Gesetz für den Kläger keine Rechtswirkungen ausgehen, für zulässig gehalten[100]. Nimmt man das Bestehen eines Vollzugsrechtsverhältnisses etwa über die Regelung zur Vollzugskontrolle in § 10 Abs. 1 MgvG an,[101] könnten zumindest Art. 14 GG-Betroffene die erforderliche Klagebefugnis i. S. d. § 42 Abs. 2 Alt. 2 VwGO über eine mögliche Verletzung in eigenen Rechten geltend machen. Grundsätzlich kommen in diesem Zuge über § 42 Abs. 2 Alt. 1 VwGO zwar auch die Regelungen des UmwRG zur Anwendung. Mangeln würde es hier jedoch bereits an der Kongruenz von Klagebefugnis und Feststellungsinteresse, da die Umweltverbände wiederum von den Festlegungen des Maßnahmengesetzes nicht individuell betroffen sind und daher auch nicht die Feststellung begehren (können), dass für sie von der Zulassungsentscheidung keine Rechtswirkungen ausgehen.[102] Gleiches gilt, folgt man der Rechtsprechung des BVerfG, für alle sonstigen Betroffenen, die sich auf eine Schutzpflichtverletzung in

---

[98] Mit entsprechenden Vorschlägen im Hinblick auf das MgvG *Ziekow*, Vorhabenplanung durch Gesetz, S. 59 ff. sowie allgemein zur Legalplanung *Kürschner*, Legalplanung, S. 144 ff.

[99] St. Rspr.: BVerfG, Beschl. v. 17.01.2006 – 1 BvR 541/02 = BVerfGE 115, 81, juris Rn. 40 ff.; BVerfG, Urt. v. 27.09.2005 – 2 BvR 1387/02 = BVerfGE 114, 258, juris Rn. 88 ff.; BVerfG, Beschl. v. 11.10.1988 – 1 BvR 777/85, 1 BvR 882/85 = BVerfGE 79, 1, juris Rn. 58; BVerfG, Beschl. v. 30.01.1985 – 1 BvR 1341/82 = BVerfGE 69, 122, juris Rn. 14.

[100] Vgl. zu einem aktuellen Beispiel BVerfG, Nichtannahmebeschl. v. 31.03.2020 – 1 BvR 712/20, juris Rn. 15; allgemein *Buus*, Bedarfsplanung durch Gesetz, S. 374.

[101] Zur Problematik dieser Voraussetzung bei Vorhaben nach dem MgvG *Ziekow*, NVwZ 2020, 677 (684).

[102] A. a. *Lenz*, NdsVBl 2020, 229 (235), der davon ausgeht, dass fortan sämtliche Umweltverbände und Individualkläger Rechtsschutz vor den Verwaltungsgerichten suchen und das Fehlen unionsrechtlich geforderter Rechtsschutzmöglichkeiten rügen können. Die Verwaltungsgerichte sollen sich in der Folge dann über Art. 100 Abs. 1 GG hinwegsetzen und die maßnahmengesetzliche Zulassungsentscheidung selbst überprüfen. Das ist nach hier vertretener Ansicht aber gerade nicht möglich, da auch das Unionsrecht eine Auslegung contra legem nicht fordert.

Bezug auf Art. 2 Abs. 2 S. 1 GG oder allgemein auf das Recht auf gerechte Abwägung berufen müssten. Letztlich führt auch hier wiederum nur eine Betroffenheit in Art. 14 GG und damit verbunden die enteignungsrechtliche Vorwirkung der Zulassungsentscheidung zum Erfolg. Dass nach der Rechtsprechung des EuGH auch Instanzgerichte eine Nichtanwendungskompetenz im Hinblick auf unionsrechtswidrige Gesetze haben und sich diesbezüglich nicht auf innerstaatliche Verwerfungsmonopole berufen können,[103] hilft den übrigen Rechtsschutzsuchenden erneut nur wenig, da ihre Klagen bereits an der Zulässigkeit scheitern werden.

Das entspricht im Übrigen auch der Vorstellung, die das BVerfG von der Funktion der vorbereitenden Feststellungsklage hat. Diese soll nur „gewährleisten, dass dem Bundesverfassungsgericht infolge der fachgerichtlichen Vorprüfung der Beschwerdepunkte ein bereits eingehend geprüftes Tatsachenmaterial vorliegt und ihm auch die Fallanschauung und die Beurteilung der Sach- und Rechtslage durch die sachnäheren Fachgerichte vermittelt werden“[104]. Ziel ist es mithin, das BVerfG nicht zur Tatsacheninstanz verkommen zu lassen. Der (fehlende) Prüfungsmaßstab des Verfassungsgerichts in Sachen Umweltrecht ändert sich durch eine etwaige zuvor erhobene Feststellungsklage nicht. Selbst bei Art. 14 GG-Betroffenen würde daher in der Praxis wohl regelmäßig eine Vorlage an das BVerfG im Rahmen der konkreten Normenkontrolle erfolgen – und die Verfahrensdauer entgegen dem Anliegen des Gesetzgebers sogar noch verlängert.[105]

(2) Erhebung eines Normenkontrollantrags

Zumindest berücksichtigungswürdig erscheint daneben die Rolle des § 47 VwGO. In einem Beschluss aus dem Jahr 1985 erklärte das BVerfG die abstrakte Normenkontrolle auch für Bebauungspläne – hier der Freien und Hansestadt Hamburg – eröffnet, die in Gesetzesform ergehen.[106] Zwar gebiete Art. 19 Abs. 4 GG, so das BVerfG, dem Gesetzgeber nicht, stets diejenige Rechtsform zu wählen, die die verwaltungsgerichtliche Normenkontrolle oder anderweitig bestmöglichen Rechtsschutz eröffne.[107] Dass in einigen Bundesländern gegen Bebauungspläne das Normenkontrollverfahren zur Verfügung stehe, in anderen jedoch nicht, verstoße aber gegen Art. 3 Abs. 1 GG.[108] Im hier interessierenden Kontext würden diese Überlegungen jedoch allenfalls in der hypothetischen Konstellation weiterhelfen, dass auch die Landesparlamente dazu übergingen, Projektzulassungen in Gesetzesform vorzunehmen. Gegen die im Rahmen des MgvG geplanten Bundesgesetze

---

[103] Vgl. EuGH, Urt. v. 22.06.2010, Melki und Abdeli, C-188/10, C-189/10, ECLI:EU:C:2010:363, Rn. 53 ff.; EuGH, Urt. v. 19.01.2010, Kücüdeveci, C-555/07, ECLI:EU:C:2010:21, Rn. 52 ff.; *Gärditz*, in: FS Erbguth, S. 480 (492).

[104] BVerfG, Urt. v. 27.09.2005 – 2 BvR 1387/02 = BVerfGE 114, 258, juris Rn. 88.

[105] So auch BR-Drucks. 579/1/19, S. 7.

[106] BVerfG, Beschl. v. 14.05.1985 – 2 BvR 397/82 = BVerfGE 70, 35, juris Rn. 66.

[107] BVerfG, Beschl. v. 14.05.1985 – 2 BvR 397/82 = BVerfGE 70, 35, juris Rn. 65.

[108] BVerfG, Beschl. v. 14.05.1985 – 2 BvR 397/82 = BVerfGE 70, 35, ebd.

ist die Erhebung eines Normenkontrollantrags nach § 47 VwGO jedenfalls unstatthaft.

Auch in Bezug auf Landesgesetze ist die Entscheidung des BVerfG aber zurecht auf erhebliche Kritik gestoßen. Schon der Wortlaut des § 47 Abs. 1 Nr. 1 VwGO, in dem ausdrücklich Satzungen und Rechtsverordnungen genannt sind, ermöglicht keine Auslegung zugunsten des Einschlusses formeller Gesetze.[109] Auch das Verwerfungsmonopol steht einer solchen Auslegung entgegen.[110] Schließlich zieht *Steinberger* zurecht in Zweifel, ob Art. 3 Abs. 1 GG oder Art. 19 Abs. 4 S. 1 GG über den verfassungsrechtlich gebotenen Mindeststandard hinaus wirklich erfordern, in Bezug auf gleichartige Lebenssachverhalte, also hier inhaltlich parallele Regelungen, bundesweit denselben Rechtsbehelf zur Verfügung zu stellen.[111] Denn eines der grundlegenden Charakteristika des Art. 19 Abs. 4 S. 1 GG ist wie gezeigt ein weiter Gestaltungsspielraum des Gesetzgebers. Jedenfalls aber dürfte die Entscheidung des BVerfG zum Hamburger Baurecht nicht ohne weiteres auf Fachplanungen übertragbar sein – denn im Hinblick auf die *Südumfahrung Stendal* erkannte das BVerfG die genannten Probleme wenige Jahre später gerade nicht.[112]

(3) Vorgehen gegen nachfolgende Verwaltungsakte

Weiterhin erscheint denkbar, dass das projektzulassende Maßnahmengesetz den Sachverhalt nicht abschließend regelt und in der Folge weitere Verwaltungsakte ergehen. Dies wäre nach der Rechtsprechung des EuGH in *Boxus* und *Solvay* unzulässig, da das Maßnahmengesetz funktional an die Stelle der Verwaltungsentscheidung treten und dem Vorhabenträger unmittelbar das Recht zur Durchführung des Projekts verleihen muss.[113] Bei einem gerichtlichen Vorgehen gegen die ergangenen Verwaltungsakte müsste das damit befasste Fachgericht das Maßnahmengesetz dann aufgrund seiner Europarechtswidrigkeit unangewendet lassen. Abgesehen davon, dass der Anwendungsbereich dieser „Rechtsschutzmöglichkeit" sehr begrenzt und nicht abzusehen ist, ob ein solcher Fall überhaupt eintreten wird, wäre den Umweltbelangen mit einem solchen Verfahren nicht geholfen. Denn so könnte zwar die durch den nachfolgenden Verwaltungsakt geregelte Einzelfrage angegriffen werden; das eigentliche Anliegen, nämlich die Überprüfung der Be-

---

[109] BVerfG, Beschl. v. 14.05.1985 – 2 BvR 397/82 = BVerfGE 70, 35, *Sondervotum Steinberger*, juris Rn. 87; *Kürschner*, Legalplanung, S. 147.

[110] BVerfG, Beschl. v. 14.05.1985 – 2 BvR 397/82 = BVerfGE 70, 35, *Sondervotum Steinberger*, juris Rn. 92 ff.; *Kürschner*, ebd.

[111] BVerfG, Beschl. v. 14.05.1985 – 2 BvR 397/82 = BVerfGE 70, 35, *Sondervotum Steinberger*, juris Rn. 80.

[112] So die Conclusio von *Kürschner*, Legalplanung, S. 147; ähnlich im Hinblick auf das bewusste Auseinanderfallen der Überprüfungsmöglichkeiten von Gesetzgebungs- und Verwaltungsakten *Pernice-Warnke*, EurUP 2020, 145 (159).

[113] EuGH, Urt. v. 18.10.2011, Boxus u. a., C-128/09 bis C-131/09, C-134/09, C-135/09, ECLI:EU:C:2011:667, Rn. 38.

rücksichtigung von Umweltbelangen und Beachtung einfachgesetzlichen Umweltrechts in der Gesamt-Zulassungsentscheidung in Form des Maßnahmengesetzes würde jedoch wieder nicht erfüllt.

(4) Vorgehen gegen Maßnahmen nach §§ 11–13 MgvG

Ebenfalls als Verwaltungsakte ergehen nach § 13 MgvG mögliche zusätzliche Regelungen der Behörde. Genauso wie gegen Änderungsverordnungen des BMVI gem. §§ 11, 12 MgvG wäre hier zwar ein Vorgehen vor den Verwaltungsgerichten möglich. Angegriffen würde jedoch nur die Zusatz- oder Änderungsregelung, nicht die Projektzulassung durch das Maßnahmengesetz selbst.

(5) Vorgehen wegen Unterlassung eines Planfeststellungsverfahrens

Schließlich erscheint die Konstellation denkbar, dass ein Vorhaben kein ausreichendes Beschleunigungspotenzial aufweist, aber entgegen der Regelung des § 7 Abs. 2 MgvG nicht in ein Planfeststellungsverfahren überführt wurde. In einem vergleichbaren Fall eines trotz Erforderlichkeit nicht durchgeführten Planfeststellungsverfahrens hat das BVerwG Umweltverbänden bereits eine eigenständige Klagebefugnis zugesprochen.[114] Denkt man diesen Ansatz konsequent weiter, müsste für Umweltverbände letztlich auch die Möglichkeit eröffnet sein, auf diesem Wege generell gegen das Instrument der Legalplanung vorzugehen, indem dargelegt wird, dass in jedem dieser Fälle ein Planfeststellungsverfahren hätte durchgeführt werden müssen.[115] Auch ein gerichtlicher Baustopp könnte so im Wege des einstweiligen Rechtsschutzes kurzfristig erreicht werden.[116] Umgekehrt müsste das Fachgericht in solchen Fällen jedoch stets prüfen, ob nicht das in Kraft befindliche Maßnahmengesetz dem Begehren des Klägers bzw. Antragstellers entgegensteht.[117] Hat es Zweifel hinsichtlich der Verfassungsmäßigkeit, müsste es letztlich wieder dem BVerfG vorlegen, sodass die hohen Anforderungen der konkreten Normenkontrolle[118] zu überwinden wären.[119] Bei Nichtvorlage durch das Fachgericht könnte der klagende Umweltverband schließlich Urteilsverfassungsbeschwerde gegen die letztinstanzliche Entscheidung der Verwaltungsgerichtsbarkeit einlegen. Im Ergebnis wäre er damit jedoch wiederum auf den Weg der Verfassungsbeschwerde, wenn auch geknüpft an einen anderen Beschwerdegegenstand, verwiesen, der zwar

---

[114] BVerwG, Urt. v. 01.06.2017 – 9 C 2.16 = BVerwGE 159, 95, Rn. 14; ähnlich VGH Baden-Württemberg, Beschl. v. 13.02.2018 – 5 S 1659/17, juris Rn. 24.

[115] So im Ergebnis ebenfalls *Reidt*, EurUP 2020, 86 (90).

[116] *Ziekow*, NVwZ 2020, 677 (684); entsprechend in Bezug auf die Beantragung einer Nutzungsuntersagung BVerwG, Urt. v. 18.12.2014 – 4 C 36/13 = BVerwGE 151, 138, juris Rn. 37 ff.

[117] *Reidt*, EurUP 2020, 86 (90).

[118] Dazu sogleich im Folgenden unter G.II.

[119] Ebenso *Reidt*, EurUP 2020, 86 (90).

die Hürde der individuellen Betroffenheit leichter überwinden, inhaltlich aber denselben Prüfungsmaßstab nach sich ziehen würde.

Potenzial entfaltet diese Konstellation lediglich dann, wenn ein Fachgericht in einem solchen Verfahren das jeweilige Maßnahmengesetz unangewendet lassen oder die Frage nach der Europarechtswidrigkeit des Maßnahmengesetzes bzw. des MgvG selbst unmittelbar dem EuGH vorlegen würde. Zu Ersterem wäre es grundsätzlich befugt, da ebenso wie bei der Feststellungsklage das Verwerfungsmonopol des BVerfG im europarechtlichen Kontext dem nicht entgegengehalten werden kann.[120] Da sich die Rechtsprechung des EuGH zur Vorhabenzulassung durch Gesetz in den Entscheidungen zu den anders gelagerten Fällen *Boxus* und *Solvay* erschöpft, wäre eine Vorlage auch in jedem Fall erforderlich. Verpflichtet hierzu ist gem. Art. 267 Abs. 3 AEUV allerdings nur das BVerwG als letztinstanzliches Gericht. Die Verwaltungsgerichte, die mangels Eingreifen der erstinstanzlichen Zuständigkeitszuweisung an das BVerwG in Unterlassenskonstellationen mit der Sache befasst wären, haben gem. Art. 267 Abs. 2 AEUV lediglich die Möglichkeit der Vorlage, von der nicht mit Sicherheit gesagt werden kann, ob sie diese wahrnehmen würden. Käme schließlich das BVerwG seiner Vorlagepflicht nicht nach, stünde wiederum nur der Weg der Verfassungsbeschwerde, diesmal unter Berufung auf Entzug des Rechts auf den gesetzlichen Richter i. S. d. Art. 101 Abs. 1 S. 2 GG, offen. Legen die Verwaltungsgerichte oder das BVerwG die Frage dem EuGH allerdings entsprechend vor, besteht tatsächlich eine Möglichkeit, ein Maßnahmengesetz außerhalb der Verfassungsbeschwerde zu Fall zu bringen. Nicht hinweghelfen kann dieser Kunstgriff jedoch über die Tatsache, dass sowohl Århus-Konvention als auch UVP-Richtlinie bzw. EuGH-Rechtsprechung eine effektive Rechtsschutzmöglichkeit vor nationalen Gerichten fordern. Kurz gesagt: Konzeptionell gehen sie von einer Überprüfung wie derjenigen beim Vorgehen gegen einen Planfeststellungsbeschluss vor nationalen Verwaltungsgerichten aus, in der formelle und materielle Rechtmäßigkeit unmittelbar kontrolliert werden – nicht von einer mit zahlreichen Unwägbarkeiten belasteten Konstruktion, in der letztlich wiederum nur der EuGH Abhilfe schaffen kann. Denn dieser ist kein (nationales) Gericht i. S. d. Art. 9 Abs. 2 AK, Art. 11 Abs. 1 UVP-RL.

Im Ergebnis kann daher auch ein Vorgehen wegen Unterlassung eines Planfeststellungsverfahrens vor den Verwaltungsgerichten die fehlenden Rechtsschutzmöglichkeiten gegen Maßnahmengesetze nicht kompensieren – ganz abgesehen von der Frage, ob aus rechtsstaatlicher Perspektive die Einrichtung einer bewusst europarechtswidrigen Rechtsschutzsituation, so lange sie eben bis zu einem Einschreiten der Verwaltungsgerichte oder des EuGH hält, tatsächlich erstrebenswert erscheint.

---

[120] Vgl. EuGH, Urt. v. 22.06.2010, Melki und Abdeli, Rs. C-188/10, C-189/10, ECLI:EU:C:2010:363, Rn. 53 ff.; EuGH, Urt. v. 19.01.2010, Kücüdeveci, Rs. C-555/07, ECLI:EU:C:2010:21, Rn. 52 ff.; das Ausreichen dieser Rechtsschutzmöglichkeit daher explizit bejahend *Ziekow*, NVwZ 2020, 677 (684).

(6) Fazit

Eine Befassung der Fachgerichte mit den Maßnahmengesetzen nach dem MgvG ist nur in wenigen Fällen vorstellbar und kann in diesen die bestehende Rechtsschutzlücke nicht schließen. Auch die Rechtsprechung des EuGH lässt sich nicht dahingehend lesen. Dass der EuGH eine Befassung der nationalen Fachgerichte mit den Maßnahmengesetzen in *Boxus* und *Solvay* anspricht, ist nicht etwa dem Umstand geschuldet, dass er den vorstehend genannten Kompensationsüberlegungen folgen würde. Was der EuGH hervorhebt, indem er statuiert, es obliege

> „jedem nationalen Gericht, das im Rahmen seiner Zuständigkeit befasst wird, die in der vorhergehenden Randnummer beschriebene Prüfung [s.c.: die Prüfung der Voraussetzungen des heutigen Art. 2 Abs. 5 UVP-RL] durchzuführen und gegebenenfalls die Konsequenzen daraus zu ziehen, indem es diesen Gesetzgebungsakt unangewandt lässt“[121]

ist schlicht die schon lange in der ständigen Rechtsprechung des EuGH[122] etablierte Nichtanwendungskompetenz der Fachgerichte in Bezug auf europarechtswidriges einfaches nationales Recht. Die vorgenannten Äußerungen des EuGH sind für die Bewertung der in Deutschland durch das MgvG entstehenden Situation also schlicht nicht fruchtbar zu machen. Jedenfalls aber können sie nicht zur Begründung der Zulässigkeit des deutschen Wegs herangezogen werden.

ee) Europarechtskonforme Auslegung des nationalen Rechts

Verfassungsrechtlich stößt die Vorhabenzulassung durch Gesetz zumindest auf Einzelprojektebene wie gezeigt nur auf wenige Probleme. Auch in europarechtlicher Hinsicht drängt sich angesichts der vorstehenden Ergebnisse aber die Frage auf, ob die Tatsache, dass europarechtswidrige Vorschriften entweder unionsrechtskonform auszulegen oder unangewendet zu lassen sind,[123] nicht auch in Sachen MgvG zumindest vorübergehend – bis zur Schaffung einer entsprechenden Regelung durch den Gesetzgeber – Abhilfe schaffen könnte. In diesem Sinne erkannte das BVerwG Umweltverbänden in Reaktion auf *Slowakischer Braunbär I* vor Einführung des § 1 Abs. 1 S. 1 Nr. 4 lit. a) UmwRG i. V. m. Anl. 5 UVPG über § 42 Abs. 2 Alt. 2 VwGO eine prokuratorische Klagebefugnis auf Grundlage der Luftreinhalte-Richtlinie zu.[124] Ausdrücklich wies es dabei darauf hin, dass sich die aus der EuGH-Recht-

---

[121] EuGH, Urt. v. 16.02.2012, Solvay, C-182/10, ECLI:EU:C:2012:82, Rn. 50; ebenso EuGH, Urt. v. 18.10.2011, Boxus u. a., C-128/09 bis C-131/09, C-134/09, C-135/09, ECLI:EU:C:2011:667, Rn. 55.

[122] Erstmals in diese Richtung EuGH, Urt. v. 15.07.1964, Costa/E.N.E.L., 6–64, ECLI:EU:C:1964:66; weiterführend EuGH, Urt. v. 09.03.1978, Simmenthal, C-106/77, ECLI:EU:C:1978:49, Rn. 21/23; EuGH, Urt. v. 05.04.2016, PFE, C-689/13, ECLI:EU:C:2016:199, Rn. 40.

[123] Vgl. so speziell zu den Folgen der *Protect*-Entscheidung auch *Wegener*, ZUR 2018, 217 (219); zur Entscheidung des ACCC vor dem Urteil des EuGH im Vertragsverletzungsverfahren gegen Deutschland vom 15.10.2015 *Berkemann*, DVBl 2015, 389 (400).

[124] BVerwG, Urt. v. 05.09.2013 – 7 C 21.12 = BVerwGE 147, 312, juris Rn. 19 ff. Das zuvor befasste VG Wiesbaden hatte Art. 9 Abs. 3 AK allerdings noch als andere gesetzliche

sprechung folgende Verpflichtung nationaler Gerichte zur unionsrechtskonformen Auslegung nicht darauf beschränke, vom nationalen Gesetzgeber bereits geschaffenes Verfahrensrecht durchzusetzen.[125] Allerdings stellte das BVerwG gleichzeitig zurecht klar, dass das Unionsrecht auch keine Auslegung contra legem fordert.[126] Anders als teilweise angenommen[127] folgt aus der Rechtsprechung des BVerwG daher nicht automatisch, dass von nun an alle auf zwingenden Vorgaben des Unionsrechts basierenden umweltrechtlichen Normen direkt gerügt werden können. Denn mit § 47 BImSchG war im Ausgangsfall eine Norm des nationalen Rechts vorhanden, der das BVerwG sodann subjektive Qualität in Form eines Anspruchs auf die Aufstellung von Luftreinhalteplänen auch für Umweltverbände zusprach und daher die Klagebefugnis auch aus § 42 Abs. 2 Alt. 2 VwGO und nicht aus § 42 Abs. 2 Alt. 1 VwGO – wie in dem UmwRG unterfallenden Konstellationen – herleitete.[128] Was das BVerwG letztlich tat, war also, das Verständnis des subjektiven öffentlichen Rechts i. S. d. § 42 Abs. 2 Alt. 2 VwGO auszuweiten und nicht etwa – wie der EuGH später in *Protect* – eine unmittelbare Klagebefugnis aus Art. 9 Abs. 3 AK herzuleiten oder deutsches Verfahrensrecht gänzlich unangewendet zu lassen.[129] Denn eine solche prokuratorische Klagebefungis ist weiterhin als subjektives öffentliches Recht oder jedenfalls als „Stellvertretung bei subjektiv-öffentlichen Rechten" zu verstehen.[130] Selbiges tat der VGH München im Jahr 2016, als er über eine weite, europarechtskonforme Auslegung des § 47 Abs. 2 S. 1 VwGO einem Umweltverband die direkte Berufung auf Art. 4 Abs. 4 FFH-RL gestattete.[131] Auch das VG Berlin lieferte kürzlich ein weiteres Beispiel für diese Herangehensweise und erkannte einem Umweltverband eine Klagebefugnis über § 42 Abs. 2 Alt. 2 VwGO in Bezug auf die

Bestimmung i. S. d. § 42 Abs. 2 Alt. 1 VwGO aufgefasst, was das BVerwG angesichts des fehlenden self-executing Charakters verneinte: VG Wiesbaden, Urt. v. 16.08.2012 – 4 K 165/12.WI, juris Rn. 31 ff. mit Verweis auf VG Wiesbaden, Urt. v. 10.10.2011 – 4 K 757/11.WI, juris Rn. 55 ff.

[125] BVerwG, Urt. v. 05.09.2013 – 7 C 21/12 = BVerwGE 147, 312, juris Rn. 24.

[126] BVerwG, Urt. v. 05.09.2013 – 7 C 21/12 = BVerwGE 147, 312, juris Rn. 36 mit zutreffendem Verweis auf EuGH, Urt. v. 04.07.2006, Adeneler u. a., C-212/04, ECLI:EU:C:2006:443, Rn. 110 und EuGH, Urt. v. 16.06.2005, Pupino, C-105/03, ECLI:EU:C:2005:386, Rn. 44.

[127] In diese Richtung wohl *Bunge*, in: Schlacke/Schrader/Bunge, Aarhus-Handbuch, Einleitung, Rn. 2; *ders.*, ZUR 2014, 3 (13); *Schlacke/Römling*, in: Schlacke/Schrader/Bunge, Aarhus-Handbuch, § 3, Rn. 56.

[128] Vgl. BVerwG, Urt. v. 05.09.2013 – 7 C 21.12 = BVerwGE 147, 312, juris Rn. 38. Dies liegt vor allem in dem Umstand begründet, dass Art. 9 Abs. 3 AK überwiegend nicht als gesetzliche Norm i. S. d. § 42 Abs. 2 Alt. 1 VwGO qualifiziert und auch eine analoge Anwendung abgelehnt wird, vgl. *Heß*, UTR 133 (2017), 177 (187 f.).

[129] So in der Konsequenz dann auch die folgende Entscheidung des BVerwG zu einer Klage auf Basis der Umgebungslärm-Richtlinie, der kein subjektiver Gehalt zuerkannt wurde: BVerwG, Urt. v. 12.11.2014 – 4 C 34.13 = BVerwGE 150, 294, juris Rn. 19 ff.; dazu *Schlacke*, in: FS Jarass, 379 (389 f.).

[130] *Heß*, UTR 133 (2017), 177 (188).

[131] VGH München, Urt. v. 28.07.2016 – 14 N 15.1870, juris Rn. 38.

Normen der RL 96/53/EG [132] zu. Die aus *Protect* eigentliche resultierende Frage, ob schon § 42 Abs. 2 Alt. 2 VwGO selbst europarechtswidrig ist oder ob die Möglichkeit des Eingreifens anderer gesetzlicher Bestimmungen gem. § 42 Abs. 2 Alt. 1 VwGO ausreicht, konnten die deutschen Gerichte also bisher im Wesentlichen umschiffen. Einen Schritt weiter ging lediglich das VG Sigmaringen und leitete unmittelbar aus Art. 9 Abs. 2 AK i. V. m. Art. 47 GrCh ein Beteiligungsrecht i. S. d. § 2 Abs. 1 S. 1 Nr. 3 lit. a) UmwRG her, um dem klagenden Umweltverband eine entsprechende Klagebefugnis zu verschaffen.[133] Auch hier war Ausgangspunkt jedoch § 42 Abs. 2 VwGO.

Selbst, wenn man sich aber einem weiten Verständnis anschließt und den Umweltverbänden auch außerhalb des UmwRG eine Berufung auf sämtliche umweltschützenden Vorschriften gestattet, unabhängig davon, ob sie subjektive öffentliche Rechte von Privatpersonen begründen,[134] hilft diese Konstruktion nur vor den Verwaltungsgerichten weiter, vor denen ein Vorgehen gegen Maßnahmengesetze (abgesehen vom bereits erörterten Sonderfall der Feststellungsklage) aber nicht möglich ist.[135]

Problematischer gestaltet sich die Situation im Rahmen der Verfassungsbeschwerde. Das BVerfG müsste hier Art. 93 Abs. 1 Nr. 4 lit. a) GG sowie § 90 Abs. 1 BVerfGG dahingehend interpretieren, dass umweltrechtliche Vorschriften zum einen die individuelle Betroffenheit des Beschwerdeführers im Rahmen der Zulässigkeit begründen und zum anderen auch materiell im Rahmen der Begründetheit kontrolliert werden können. Zwar wurden Vorschläge in diese Richtung vereinzelt bereits gemacht.[136] Wie eine solche „flexible Anwendung der Kriterien der Verfassungsbeschwerde für Umweltverbände“[137] oder eine Intensivierung der bundesverfassungsgerichtlichen Kontrolldichte für die Legalplanung[138] im Einzelnen aussehen

[132] VG Berlin, Urt. v. 18.04.2018 – 11 K 216.17, juris Rn. 19 ff. Weitere ähnliche Beispiele aus der nationalen verwaltungsgerichtlichen Rechtsprechung finden sich bei *Schlacke*, in: FS Jarass, 379 (386).

[133] VG Sigmaringen, Urt. v. 14.11.2018 – 10 K 118/17, juris Rn. 100, 156 ff.; ähnlich VG Augsburg, Beschl. v. 13.02.2013 – Au 2 S 13.143, juris Rn. 20 ff.

[134] Befürwortend *Heß*, UTR 133 (2017), 177 (189 f.), die dieses Ergebnis über eine Herleitung eines eigenständigen subjektiven Rechts der Umweltverbände auf Durchsetzung umweltrechtlicher Vorschriften erreicht.

[135] Vgl. *Kment*, in: FS Jarass, S. 301 (314).

[136] So insbesondere *Heß* mit Verweis auf die sehr offene Rechtsprechung des EGMR zur Geltendmachung von Menschenrechten durch Umweltverbände im Kontext gesetzgeberischen Unterlassens im Bereich des Klimaschutzes: *Heß*, ZUR 2018, 686 (690). Auch *Kürschner*, Legalplanung, S. 149, spricht sich für eine Intensivierung der bundesverfassungsgerichtlichen Kontrolldichte gegenüber den zur *Südumfahrung Stendal* etablierten Maßstäben aus, ohne diesen Vorschlag jedoch zu konkretisieren. Kritisch demgegenüber *Guckelberger*, NuR 2020, 805 (811), die die Entstehung eines „Sonderverfassungsprozessrechts“ befürchtet.

[137] *Heß*, ebd.

[138] Vgl. *Kürschner*, Legalplanung, S. 149; ähnlich *Pernice-Warnke*, EurUP 2020, 145 (155), ebenfalls ohne nähere Ausführungen dazu.

soll, ist jedoch offengeblieben – und tatsächlich auch nur schwer vorstellbar. Denn angesichts der abschließenden Aufzählung[139] der Grundrechte und grundrechtsgleichen Rechte in Art. 93 Abs. 1 Nr. 4 lit. a) GG würde es sich dabei klar um eine unzulässige Auslegung contra legem – und zwar contra Verfassungsrecht – handeln. Auch eine „Aufladung" des Art. 19 Abs. 4 GG[140] mit den den Umweltverbänden auf europäischer Ebene verliehenen Rechten kommt letztlich nicht in Betracht, da sie – so wünschenswert diese Perspektive aus unionsrechtlicher Sicht auch wäre – contra legem Art. 19 Abs. 4 GG und Art. 93 Abs. 1 Nr. 4a GG die individualschützende Konstruktion unterlaufen würde.

ff) Unmittelbare Anwendung von Art. 11 UVP-RL

Als *lender of last resort* für den Weg vor das BVerfG bleibt damit nur noch eine unmittelbare Anwendung von Art. 11 Abs. 1 UVP-RL. Denn der Anwendungsvorrang des Europarechts macht nicht prinzipiell vor Verfassungsrecht halt. Jedenfalls der EuGH hält eine unmittelbare Anwendung von Richtlinien[141] auch im verfassungsrechtlichen Bereich für möglich.[142] Anders als *Kment* mit Blick auf die von ihm vorgeschlagene „Umweltverfassungsbeschwerde" argumentiert, folgt aus der *Trianel*-Entscheidung jedoch keine unmittelbare Anwendbarkeit des heutigen Art. 11 UVP-RL in jeglicher Hinsicht. Zwar hatte der EuGH in *Trianel* die heutigen Art. 11 Abs. 3 S. 2, S. 3 UVP-RL, die die Rechtsstellung der Umweltverbände betreffen, für unmittelbar anwendbar erklärt und den Verbänden eine entsprechende unmittelbare Berufung darauf gestattet.[143] Gleichzeitig hatte er mit Blick auf den heutigen Art. 11 Abs. 1 UVP-RL aber den „beträchtlichen Spielraum" der Mitgliedstaaten betont.[144]

Praktisch relevant wird diese vermeintlich uneindeutige Positionierung da, wo offene Fragen hinsichtlich Zuständigkeit, Prozessrecht und Kontrollmaßstab bestehen. Denn diese kann die UVP-Richtlinie nicht beantworten.[145] Anders als beim Streit um § 2 Abs. 1 Nr. 1 UmwRG a. F., in dessen Folge sich die Umweltverbände bis zur Neuregelung im verwaltungsgerichtlichen Verfahren schlicht auf Art. 10a UVP-RL a. F. berufen konnten, steht nämlich im Anwendungsbereich des MgvG ein entsprechend eindeutiger Rechtsweg nicht fest. So kann eine unmittelbare Anwendung des Art. 11 Abs. 1 UVP-RL weder die fehlende Rechtswegeröffnung für

---

[139] *Voßkuhle*, in: v. Mangoldt/Klein/Starck, GG, Art. 93, Rn. 179; *Walter*, in: Maunz/Dürig, GG, Art. 93 (Stand: 84. EL Aug. 2018), Rn. 362; ablehnend in Bezug auf die Berufung auf weitere Normen *Morgenthaler*, in: Epping/Hillgruber, BeckOK GG, Art. 93, Rn. 62.

[140] Vgl. *Rehbinder*, EurUP 2018, 61 (64).

[141] Zu den Voraussetzungen der unmittelbaren Anwendung von Richtlinien bereits oben unter F. II. 3. a).

[142] EuGH, Urt. v. 11.1.2000, Kreil, C-285/98, ECLI:EU:C:2000:2, Rn. 15 ff.; *Jarass/Beljin*, NVwZ 2004, 1 (2); *Kment*, in: FS Jarass, S. 301 (316).

[143] EuGH, Urt. v. 12.05.2011, Trianel, C-115/09, ECLI:EU:C:2011:289, Rn. 59.

[144] EuGH, Urt. v. 12.05.2011, Trianel, C-115/09, ECLI:EU:C:2011:289, Rn. 55.

[145] *Gärditz*, in: FS Erbguth, S. 480 (486).

eine Anfechtungsklage überwinden noch den Katalog des Art. 93 Abs. 1 Nr. 4 lit. a) GG oder den materiellen Kontrollmaßstab des BVerfG erweitern.

Letzteres bewegt sich in Form der Einführung einer „Umweltverfassungsbeschwerde" durch den verfassungsändernden Gesetzgeber, wie *Kment* sie vorschlägt,[146] zwar im Rahmen des Möglichen, wenn eine solche auch Funktionsweise und Idee der Verfassungsgerichtsbarkeit zuwiderlaufen würde. Die unmittelbare Anwendung von Art. 11 Abs. 1 UVP-RL vermag einen solchen gänzlich neuen Rechtsbehelf jedoch nicht zu erschaffen. Denn dafür fehlt es der Richtlinie, wie auch der EuGH in *Trianel* konstatiert, klar an einer eindeutigen „Festlegung insbesondere der Voraussetzungen für die Zulässigkeit von Rechtsbehelfen und der Stellen, bei denen diese einzulegen sind"[147].

Selbst, wenn man eine unmittelbare Anwendung bejahen wollte, würde dies den Gesetzgeber im Übrigen nicht von der Schaffung eigenständiger klarer Regelungen entbinden. Denn weiter Zugang zu Gerichten und effektiver Rechtsschutz im Sinne der Århus-Konvention sind nicht gewährleistet, wenn die Klagebefugnis vor Gericht nur durch aufwändigen und komplexen Vortrag unter zwingender Zuhilfenahme eines Fachanwalts begründet werden kann.[148] Selbst, wenn die Gerichte gerade in jüngerer Vergangenheit tendenziell im Sinne der Århus-Konvention entschieden haben, gilt: „Die Rechtsprechung allein ist gerade kein Garant für Compliance."[149]

gg) Neue Ansätze in „Recht auf Vergessen" und dem „Klimaschutz-Beschluss"

Mit Blick auf die verfassungsgerichtliche Kontrolle machen schließlich zwei vieldiskutierte Beschlüsse des BVerfG aus der jüngeren Vergangenheit Hoffnung in rechtsschutztechnischer Hinsicht.

(1) „Recht auf Vergessen II"

Mit Beschluss vom 6. November 2019, *Recht auf Vergessen II*,[150] etablierte das BVerfG erstmals eine eigene Prüfungskompetenz für EU-Grundrechte. Eine auf Art. 47 Abs. 1 GrCh gestützte Verfassungsbeschwerde erschien nun zumindest theoretisch möglich. In Verbindung mit den Vorgaben der Århus-Konvention hätten

---

[146] *Kment*, in: FS Jarass, S. 301 (317 f.); befürwortend *Stüer*, DVBl 2020, 617 (622); ähnlich auch *von Weschpfennig*, AöR 2020, 438 (476), der jedoch keine Verfassungsänderung für notwendig erachtet, sondern eine Erweiterung des Prüfungsumfang über eine Weiterentwicklung der *Elfes*-Doktrin hin zur Einbeziehung von Unionsrecht erreichen will.

[147] EuGH, Urt. v. 12.05.2011, Trianel, C-115/09, ECLI:EU:C:2011:289, Rn. 55.

[148] *Heß*, UTR 133 (2017), 177 (194) mit Verweis auf *ACCC*, Findings and recommendations with regard to communication ACCC/C/2008/31 concerning Germany, Rn. 93; *ACCC*, Findings and recommendations with regard to communication ACCC/C/2011/58 concerning Bulgaria, Rn. 52.

[149] *Heß*, UTR 133 (2017), 177 (195).

[150] BVerfG, Beschl. v. 06.11.2019 – 1 BvR 276/17 = BVerfGE 152, 216.

die vorangehend statuierten allgemeinen Rechtsschutzanforderungen des Europarechts über den Hebel der Effektivität möglicherweise auch unmittelbar in Art. 47 Abs. 1 GrCh hineingelesen werden können. Ob das BVerfG diesen Weg tatsächlich gehen würde, erschien angesichts der Neuartigkeit dieser Rechtsprechung bereits im Rahmen von *Recht auf Vergessen II* jedoch zweifelhaft, da die maßgeblichen Vorschriften sich im auch nach dieser Entscheidung weiterhin nicht vom Prüfungsumfang umfassten EU-(Umwelt)-Sekundärrecht finden. Denn der direkte Weg zum BVerfG steht auch nach *Recht auf Vergessen II* nur in Bereichen vollharmonisierten Fachrechts zur Verfügung, in denen eine Berufung auf deutsche Grundrechte gar nicht möglich ist.[151] Das ist in dem sämtlich in Richtlinienform mit Umsetzungsspielraum für die Mitgliedstaaten geregelten europäischen Umweltrecht jedoch gerade nicht der Fall.

Der Eindruck, dass das BVerfG mit dieser Entscheidung lediglich seine Position gegenüber dem EuGH behaupten wollte, ist dabei kaum von der Hand zu weisen. Zwar erscheint nicht ausgeschlossen, dass das BVerfG diese Rechtsprechung in Zukunft ausweiten wird. Für den Moment hat es in *Recht auf Vergessen I*[152] für den teilharmonisierten Bereich in Bezug auf das Zusammenspiel von nationalen und Charta-Grundrechten auch bereits das Konzept der Grundrechtsvielfalt etabliert.[153] Im Vordergrund stehen dabei jedoch die Grundrechte des Grundgesetzes, hinter denen die Charta-Grundrechte subsidiär zurücktreten. Dabei gilt die Vermutung, dass das Schutzniveau der Grundrechtecharta durch die deutschen Grundrechte mitgewährleistet ist.[154] Die Anforderungen, die das BVerfG an eine Widerlegung der Vermutung stellt, nämlich „dass konkrete und hinreichende Anhaltspunkte vorliegen, dass […] das grundrechtliche Schutzniveau des Unionsrechts nicht gewahrt sein könnte“[155], erinnern in ihrer Formulierung stark an eine Umkehr der im *Bananenmarkt*-Urteil weiterentwickelten *Solange II*-Formel[156]. Dass ein solches Vorbringen vor dem BVerfG Erfolg haben könnte – sollte sich dieses nicht auf national verfassungsrechtlicher Ebene den Bedenken gegenüber der Maßnahmengesetzgebung anschließen – erscheint gerade angesichts der jüngsten Querelen zwischen BVerfG und EuGH[157] äußerst unwahrscheinlich.

---

[151] Vgl. BVerfG, Beschl. v. 06.11.2019 – 1 BvR 276/17 = BVerfGE 152, 216, juris Orientierungssatz 1a, Rn. 77 ff.

[152] BVerfG, Beschl. v. 06.11.2019 – 1 BvR 16/13 = BVerfGE 152, 152.

[153] BVerfG, Beschl. v. 06.11.2019 – 1 BvR 16/13 = BVerfGE 152, 152, juris Rn. 54.

[154] BVerfG, Beschl. v. 06.11.2019 – 1 BvR 16/13 = BVerfGE 152, 152, juris Rn. 55.

[155] BVerfG, Beschl. v. 06.11.2019 – 1 BvR 16/13 = BVerfGE 152, 152, juris Rn. 63.

[156] Hier formulierte das BVerfG, dass eine auf deutsche Grundrechte gestützte Verfassungsbeschwerde gegen EU-Sekundärrecht erst dann wieder zulässig sei, wenn dargelegt werde, „dass die europäische Rechtsentwicklung einschließlich der Rechtsprechung des Europäischen Gerichtshofs nach Ergehen der Solange II-Entscheidung […] unter den erforderlichen Grundrechtsstandard abgesunken sei“: BVerfG, Beschl. v. 07.06.2000 – 2 BvL 1/97 = BVerfGE 102, 147, juris Rn. 63.

[157] So hatte das BVerfG nach jahrelanger Debatte im Urt. v. 05.05.2020 – 2 BvR 859/15 = BVerfGE 146, 216 die Staatsanleihenkäufe durch die EZB entgegen der Rechtsprechung des

Somit haben die Beschlüsse zum *Recht auf Vergessen* zwar eine Vielzahl interessanter Fragen mit Blick auf das Zusammenspiel nationaler und europäischer Grundrechte aufgeworfen – dem Rechtsschutz gegen Maßnahmengesetze helfen sie jedoch nur wenig.

(2) Der „Klimaschutz-Beschluss"

Eine klare Absage an eine auf Art. 47 GrCh gestützte Verfassungsbeschwerde folgte sodann auf dem Fuße. Mit Beschluss vom 24. März 2021 entschied das BVerfG im verbundenen Verfahren über zahlreiche Verfassungsbeschwerden gegen des Bundes-Klimaschutzgesetz von Dezember 2019. Gerügt worden war von zahlreichen Privatpersonen sowie zwei Umweltverbänden vor allem, dass – verkürzt gesprochen – die in §§ 3 Abs. 1 S. 2, 4 Abs. 1 S. 3 KSG i. V. m. Anlage 2 KSG festgelegten Emissionsreduktionsziele und Emissionskontingente nicht ausreichten, um das Pariser Klimaziel der Begrenzung der globalen Erderwärmung auf möglichst 1,5 °C, jedenfalls aber deutlich unter 2 °C, zu erreichen.[158] Die Verfassungsbeschwerden der beiden Umweltverbände scheiterten allerdings bereits an der Zulässigkeit. Zwar betrachtete das BVerfG es gewissermaßen als „wünschenswert", dass Umweltverbände als „Anwälte der Natur" auftreten könnten, sah sich durch die Vorgaben des Grundgesetzes an einer entsprechenden Handhabung jedoch gehindert:

> „Die Umweltverbände, die als Beschwerdeführer zu 12) und 13) im Verfahren 1 BvR 2656/18 auftreten, machen aufgrund von Art. 2 Abs. 1 in Verbindung mit Art. 19 Abs. 3 und Art. 20a GG im Lichte des Art. 47 GrCh als „Anwälte der Natur" geltend, der Gesetzgeber habe keine geeigneten Maßnahmen zur Begrenzung des Klimawandels ergriffen und hierdurch verbindliche unionsrechtliche Vorgaben zum Schutz der natürlichen Lebensgrundlagen missachtet. Eine solche Beschwerdebefugnis sehen das Grundgesetz und das Verfassungsprozessrecht für die Verfassungsbeschwerde jedoch nicht vor. *Obwohl auf der Hand liegt, dass der in Art. 20a GG erteilte Umweltschutzauftrag des Grundgesetzes größere Wirkung entfalten könnte, wenn seine Durchsetzung durch die Möglichkeit verfassungsgerichtlichen Individualrechtsschutzes gestärkt wäre, hat der verfassungsändernde Gesetzgeber diese nicht geschaffen.*"[159] [Hervorhebung d. Verf.]

EuGH zum ultra vires-Akt erklärt (dazu bereits oben unter F. I.), was gerade angesichts der zeitgleich stattfindenden Corona-Pandemie zu erheblichen politischen Erschütterungen führte. Vgl. dazu statt vieler https://www.tagesschau.de/inland/eugh-bundesverfassungsgericht-101.html (abgerufen am 14. 08. 2021, 11:47 Uhr). Die EU-Kommission hat deswegen im Juni 2021 ein Vertragsverletzungsverfahren gegen Deutschland eingeleitet: https://www.tagesschau.de/wirtschaft/eu-vertragsverletzungsverfahren-anleihekaeufe-ezb-101.html (abgerufen am 14. 08. 2021, 11:49 Uhr).

[158] Vgl. BVerfG, Beschl. v. 24. 03. 2021 – 1 BvR 2656/18, 1 BvR 78/20, 1 BvR 96/20, 1 BvR 288/20, Rn. 38 ff.

[159] BVerfG, Beschl. v. 24. 03. 2021 – 1 BvR 2656/18, 1 BvR 78/20, 1 BvR 96/20, 1 BvR 288/20, juris Rn. 136.

Ein Mehr am Rechtsschutz bedeutet die Entscheidung jedoch für – insbesondere nicht in Art. 14 GG betroffene – Individualkläger bzw. -beschwerdeführer. Denn zu ihren Gunsten leitete das BVerfG aus den Freiheitsgrundrechten insgesamt einen verfassungsrechtlich geschützten Anspruch auf „intertemporale Freiheitssicherung"[160] her. Eine Regelung – wie hier diejenige der §§ 3 Abs. 1 S. 2, 4 Abs. 1 S. 3 KSG i. V. m. Anlage 2 KSG –, die zur weitgehenden Aufzehrung der Deutschland bis zur Erreichung der Pariser Temperaturschwelle noch zur Verfügung stehenden Emissionen bis 2030 führe, gleichzeitig aber keine „Vorkehrungen zur grundrechtsschonenden Bewältigung der nach 2030 drohenden Reduktionslast"[161] treffe, sei aufgrund der damit einhergehenden erheblichen Einschränkungen der Freiheitsgrundrechte ab 2030 verfassungsrechtlich nicht zu rechtfertigen.[162] Die Zukünftigkeit der drohenden Beeinträchtigungen überbrückte das BVerfG durch die Annahme einer „eingriffsähnliche[n] Vorwirkung"[163], die die heutigen rechtlichen Regelungen aufgrund der Unumkehrbarkeit der in Gang gesetzten Prozesse entfalteten.[164]

Übertragen auf die Rechtsschutzmöglichkeiten im Infrastrukturbereich könnte diese Wende in der Rechtsprechung des BVerfG vor allem für Individualrechtsschutzsuchende auf Bedarfsebene Potenzial entfalten. Denn selbst, gegenwärtig und unmittelbar in ihrem „Grundrecht auf intertemporale Freiheitssicherung"[165] betroffen könnten Beschwerdeführer auch mit Blick auf CO_2-relevante Grundsatzentscheidungen des BVWP oder BBPl sein. Ob das BVerfG hier jedoch tatsächlich eine „neue Art" der Beschwerdebefugnis ins Leben rufen und ein klimaschutzbezogenes Vorgehen gegen sämtliche umweltrelevanten Planungsentscheidungen ermöglichen wollte, erscheint äußerst fraglich.[166] Wohl zutreffend identifiziert *Faßbender* als einen mutmaßlichen Grund für den Umweg über die intertemporale Freiheitssicherung, dass der Erste Senat auf diesem Weg „verhindern wollte, dass der Klima-Beschluss für andere Politikbereiche als Klimaschutz-, Umwelt- und Planungsrecht zur Büchse der Pandora mutiert"[167]. Doch selbst für den Bereich des Umwelt- und Planungsrechts steht die These einer generalisierten Übertragbarkeit auf wackeligen Beinen. Denn § 4 Abs. 1 S. 3 KSG i. V. m. Anlage 2 KSG legt – in seiner eigentlichen

[160] BVerfG, Beschl. v. 24. 03. 2021 – 1 BvR 2656/18, 1 BvR 78/20, 1 BvR 96/20, 1 BvR 288/20, juris Rn. 122.

[161] BVerfG, Beschl. v. 24. 03. 2021 – 1 BvR 2656/18, 1 BvR 78/20, 1 BvR 96/20, 1 BvR 288/20, juris Rn. 247.

[162] BVerfG, Beschl. v. 24. 03. 2021 – 1 BvR 2656/18, 1 BvR 78/20, 1 BvR 96/20, 1 BvR 288/20, juris Rn. 244 ff.

[163] BVerfG, Beschl. v. 24. 03. 2021 – 1 BvR 2656/18, 1 BvR 78/20, 1 BvR 96/20, 1 BvR 288/20, juris Rn. 183.

[164] BVerfG, Beschl. v. 24. 03. 2021 – 1 BvR 2656/18, 1 BvR 78/20, 1 BvR 96/20, 1 BvR 288/20, juris Rn. 130.

[165] Als „neues Grundrecht" stuft jedenfalls *Schlacke*, NVwZ 2021, 912 (916), die intertemporale Freiheitssicherung ein.

[166] So im Ergebnis auch *Ruttloff/Freihoff*, NVwZ 2021, 917 (922).

[167] *Faßbender*, NJW 2021, 2085 (2089).

Funktionsweise vom BVerfG insoweit nicht beanstandet – bereits sektorenspezifische Jahresemissionsmengen sowohl für die Energiewirtschaft als auch für den Bereich Verkehr fest. Erwartbar wird das BVerfG einer auf die intertemporale Freiheitssicherung gestützten Individualverfassungsbeschwerde gegen die Bedarfsplangesetze im Verkehrsbereich daher entgegenhalten, dass die relevanten Emissionskontingente auf Ebene des KSG festgelegt und auch dort anzugreifen sind. Selbiges dürfte für ein entsprechendes Vorgehen gegen etwaige Maßnahmengesetze auf Projektzulassungsebene gelten.[168] Dort wird die Wirkkraft der KSG-Entscheidung schließlich auch erheblich begrenzt durch den Umstand, dass das BVerfG – angesichts der Verneinung eines Grundrechts auf Umweltschutz und der Herleitung des Anspruchs auf intertemporale Freiheitssicherung aus den Freiheitsgrundrechten insoweit konsequent – klarstellt, dass die Voraussetzungen menschlichen Überlebens nicht notwendig deckungsgleich seien mit denen von Tierwelt und Natur.[169] Jedenfalls nicht gesundheits- oder eigentumsgefährdende Umwelteingriffe müssen also auch nach der neuen Rechtsprechung des BVerfG vom Einzelnen weiterhin hingenommen werden.[170]

c) Fazit

Im Ergebnis ist die durch das MgvG geschaffene Rechtsschutzsituation schon für sich gesprochen – ohne also die Effektivität von Inzidentkontrollen vorausgehender Planungsstufen mit in den Blick zu nehmen – als völker- und europarechtswidrig zu beurteilen. Denn Umweltverbände und sonstige Betroffene, die keine Grundstückseigentümer sind, werden faktisch rechtsschutzlos gestellt. Dass auch das MgvG-E in besonderem Maße die (europarechtlich indizierte) Ausgestaltung der Öffentlichkeitsbeteiligung betont,[171] kann ebensowenig wie auf Bedarfsebene über die fehlenden Rechtsschutzmöglichkeiten hinweghelfen. Selbst für die wenigen Betroffenen, denen der Weg der Verfassungsbeschwerde offensteht, erfüllen die Rechtsschutzmöglichkeiten nicht die durch EuGH und ACCC aufgestellten Anforderungen, da das BVerfG die Einhaltung der UVP-Richtlinie und sonstigen Europarechts bzw. der deutschen Umsetzungsgesetze nicht kontrollieren kann.

---

[168] Zumal das BVerfG es entgegen den deutlichen Empfehlungen von *SRU* und *IPCC* nicht beanstandete, dass der deutsche Gesetzgeber bisher kein nationales CO_2-Restbudget ausweist, anhand dessen auch die Auswirkungen eines Einzelvorhabens auf die Erreichung der Pariser Klimaziele quantifizierbar wären: BVerfG, Beschl. v. 24.03.2021 – 1 BvR 2656/18, 1 BvR 78/20, 1 BvR 96/20, 1 BvR 288/20, juris Rn. 236. Ausführlich zum Budgetansatz *IPCC*, Special Report 2018, S. 95 ff. und darauf aufbauend *SRU*, Sondergutachten 2020, S. 33 ff.

[169] BVerfG, Beschl. v. 24.03.2021 – 1 BvR 2656/18, 1 BvR 78/20, 1 BvR 96/20, 1 BvR 288/20, juris Rn. 163.

[170] So *Calliess*, ZUR 2021, 323 (325) noch vor Ergehen der Entscheidung zur Schutzpflichtendimension.

[171] Vgl. BT-Drucks. 19/15619, S. 20 ff.

Es drängt sich der Eindruck auf, dass der Vorwurf der bewussten Ausschaltung der Umweltverbandsklage durchaus berechtigt ist. Besonders eindrücklich zeigt dies erneut das Beispiel der Weservertiefung: ein hoch komplexes Verfahren, in der Planung seit 2012, behaftet mit zahlreichen umwelt- und naturschutzrechtlichen Problematiken, die zuletzt 2016 zum Scheitern des Planfeststellungsbeschlusses führten. Seit 2016 war das Verfahren weitgehend zum Stillstand gekommen, eine Behebung der Mängel der UVP und FFH-Verträglichkeitsprüfung im ergänzenden Verfahren[172] nicht in Sicht.[173] Doch nun hat das Vorhaben Aufnahme gefunden in die Liste der für eine Zulassung per Maßnahmengesetz auserkorenen Projekte nach § 2 MgvG. Offensichtlich will man hier also den „einfachen" Weg gehen: Statt sich inhaltlich mit den umweltrechtlichen Problemen zu beschäftigen, wird schlicht die Möglichkeit einer erneuten Klage der Umweltverbände, die bereits 2016 die maßgeblichen Betreiber des Verfahrens vor dem BVerwG waren, eliminiert. Das Vorgehen wirkt beinahe wie eine Karikierung der zivilrechtlichen Dispositionsmaxime *nullus actore nullus iudex:* Wo kein Kläger, da kein Richter – und da auch keine Überprüfung der Einhaltung (europäischen) Umweltrechts. Angesichts der Tatsache, dass beinahe die Hälfte der umweltrechtlichen (Verbands-)Klagen derzeit erfolgreich sind, ein Eklat – der, verglichen mit anderen europarechtlichen Themen der letzten Jahre, kaum die gebührende Aufregung verursacht hat. Nicht zu sprechen davon, dass dieses Vorgehen „zudem alle bisherigen gesellschaftlichen und politischen Bemühungen, das Verfahren in einem vernünftigen Rahmen abzuschließen"[174], konterkariert, wie die Ausschussempfehlung des Bundesrates zutreffend feststellt.

Ein gesondertes Überprüfungsverfahren, das eine vollständige formelle und materielle (umweltrechtliche) Kontrolle der Maßnahmengesetze ermöglicht und zu dem auch Umweltverbände und sonstige Betroffene Zugang haben, wäre daher die europarechtliche Mindestanforderung, die an Verfahren der Legalplanung zu stellen ist. Ausgeschlossen werden müsste dabei zudem der Verweis auf § 73 Abs. 4 S. 3 VwVfG in § 4 Abs. 3 MgvG, mit dem ohne eine Erweiterung der Anwendbarkeit des § 7 Abs. 4 UmwRG die materielle Präklusion auch in Bezug auf UVP-pflichtige Vorhaben reaktiviert würde, die der EuGH für europarechtswidrig erklärt hatte und die nur noch besteht, da sich der Gesetzgeber anders als in weiten Teilen des Fachplanungsrechts gegen eine vollständige Streichung der Präklusionsvorschrift und lediglich für einen Anwendungsausschluss über das UmwRG entschieden hatte.

Sowohl für die Projektzulassung durch Maßnahmengesetz als auch für diejenige durch Planfeststellungsbeschluss müssten dabei die Rechtsschutzmöglichkeiten von Individualklägern erweitert werden. Zwar erfordern auch Århus-Konvention und

---

[172] Das BVerwG hatte den Planfeststellungsbeschluss ausdrücklich nicht aufgehoben, sondern nur für rechtswidrig und nicht vollziehbar erklärt, sodass die Möglichkeit einer Heilung der Mängel im ergänzenden Verfahren grundsätzlich bestanden hätte: BVerwG, Urt. v. 11.08. 2016 – 7 A 1.15 = BVerwGE 156, 20, juris Rn. 174.

[173] Vgl. *Breuer*, NVwZ-Beilage 2018, 3 (6).

[174] BR-Drucks. 579/1/19, S. 18.

europäisches Umweltrecht nicht die Einführung einer Popularklage und erlauben – allerdings ausschließlich für Individualkläger – die Verknüpfung der Klagebefugnis mit subjektiven Betroffenheiten oder Interessen. Das Verständnis von Verfahrensrecht und der subjektiven Aufladung von Normen ist im Völker- und Europarecht jedoch ein anderes. Eine Begrenzung der Klagebefugnisse von Individualklägern anhand des Schutzstandards der betroffenen Rechte – im Sinne einer Unterscheidung von Grundrechten und nicht mit Verfassungsrang geschützten sonstigen Interessen – oder anhand einer Unterscheidung von Verfahrens- und materiellen Vorschriften kennt das Europarecht nicht. In diesem Sinne sollte insbesondere im Rahmen des § 4 Abs. 3 S. 1 Nr. 1 UmwRG, der die Klagebefugnisse nach dem UmwRG auf natürliche Personen erstreckt, zur Begründung der Klagebefugnis nicht wie bisher zusätzlich eine subjektive Betroffenheit in anderen subjektiven Rechten gefordert werden.[175] Denn auf Zulässigkeitsebene Anforderungen zu stellen, die jene zur Bejahung einer materiellen Rechtsverletzung auf Begründetheitsebene übersteigen, ist widersprüchlich und mit den europäischen Anforderungen jedenfalls im Sinne der Ausgestaltung, die sie durch die EuGH-Rechtsprechung der letzten Jahre erfahren haben, nicht mehr vereinbar.[176]

II. Betrachtung des Gesamtsystems

Qualität und Effektivität des Rechtsschutzes bemessen sich jedoch nicht nur anhand der einzelnen, abschließenden Planungsstufe, sondern mindestens gleichermaßen anhand des Gesamtsystems. Wo direkte Rechtsschutzmöglichkeiten gegen die Entscheidungen auf Bedarfs- und Korridorebene fehlen, müssen Inzidentkontrollen im Rahmen eines Vorgehens gegen die abschließende Zulassungsentscheidung deren Aufgabe übernehmen. Wie gezeigt stehen weder Völker- und Europarecht noch nationales Verfassungsrecht Rechtsschutz (nur) im Wege der Inzidentkontrolle grundsätzlich entgegen. Doch gerade eine solche Rechtsschutzmöglichkeit muss eine gleichermaßen effektive Überprüfung der vorangegangenen Planungsebenen gewährleisten. Dass *de iure* eine Inzidentkontrollmöglichkeit besteht, kann nicht über eine mögliche Wirkungslosigkeit *de facto* hinweghelfen.[177]

---

[175] So aber BT-Drucks. 16/2495, S. 14; BVerwG, Urt. v. 18.07.2013 – 7 A 4.12 = BVerwGE 147, 184, juris Rn. 22; BVerwG, Urt. v. 20.12.2011 – 9 A 30.10, juris Rn. 20 ff.; *Porsch*, NVwZ 2013, 1393 (1395); *Schütz*, in: Ziekow, Handbuch des Fachplanungsrechts, § 8, Rn. 100.

[176] So zutreffend *Franzius*, NVwZ 2018, 219 (222); ähnlich *Erbguth*, ZUR 2014, 515 (525); *Franzius*, DVBl 2018, 410 (412); für ein weites Verständnis auch bereits *Rennert*, in: GfU, 40. wissenschaftliche Fachtagung, S. 181 (191 f.); *Seibert*, NVwZ 2013, 1040 (1045).

[177] So mit Blick auf das NABEG *Baumann/Brigola*, DVBl 2017, 1385 (1387); ähnlich *Guckelberger*, NuR 2020, 805 (813).

1. Wirkungslosigkeit der Inzidentkontrollen?

a) Formale Ausgestaltung der Inzidentkontrollen

Die Bedarfsebene, hier maßgeblich in Form der Bedarfsplangesetze, kann für den größten Teil der Rechtsschutzsuchenden nur inzident im Verfahren gegen den Planfeststellungsbeschluss oder im Rahmen der gegen ein Maßnahmengesetz nach dem MgvG erhobenen Verfassungsbeschwerde überprüft werden. Soll ein Bedarfsplangesetz vor das BVerfG gelangen, so müsste das mit einem Planfeststellungsbeschluss befasste Fachgericht diesem vorlegen und dafür i. S. d. Art. 100 Abs. 1 S. 1 GG i. V. m. § 80 BVerfGG zum einen von der Verfassungswidrigkeit des Bedarfsplangesetzes überzeugt sein und zum anderen die Entscheidungserheblichkeit der (fehlerhaften) Bedarfsfestlegung darlegen.

Selbst, wenn diese Hürde überwunden ist, prüft das BVerfG das Bedarfsplangesetz aber nur im Rahmen einer Evidenzkontrolle dahingehend, ob der Gesetzgeber sein gesetzgeberisches Ermessen überschritten hat, ob also die Entscheidung evident unsachlich ist.[178] Das ist aber nur der Fall, wenn „es für die Aufnahme des Vorhabens in den Bedarfsplan [...] an jeglicher Notwendigkeit fehlte oder wenn sich die Verhältnisse seit der Bedarfsentscheidung des Gesetzgebers so grundlegend gewandelt hätten, dass das angestrebte Planungsziel unter keinen Umständen auch nur annähernd erreicht werden könnte“[179]. Beides dürfte in der Praxis kaum dazulegen sein und wird daher regelmäßig nicht zum Erfolg führen. Die gleichen Maßstäbe gelten, wenn das BVerfG ohnehin mit der Sache befasst ist, da es im Rahmen einer Verfassungsbeschwerde gegen die Zulassung eines Vorhabens im Wege der Maßnahmengesetzgebung oder im Wege der Urteilsverfassungsbeschwerde gegen das letztinstanzliche Urteil betreffend einen Planfeststellungsbeschluss angerufen wurde. Dass den in den Bedarfsplan aufgenommenen Vorhaben aus umweltrechtlichen bzw. ökologischen Gründen die erforderliche Notwendigkeit fehlt, ist kaum vorstellbar. Eine Überprüfung einfacher materieller oder verfahrensrechtlicher Fehler bei Durchführung der Umweltprüfungen zum BVWP oder BBPl findet auch hier mangels Prüfungskompetenz des BVerfG gar nicht statt. Erneut könnten umweltrechtliche Verstöße nur zum Tragen kommen, wenn auf ihrer Grundlage die

---

[178] Vgl. BVerwG, Urt. v. 21.01.2016 – 4 A 5.14 = BVerwGE 154, 73, juris Rn. 52 f.; BVerwG, Urt. v. 18.07.2013 – 7 A 4.12 = BVerwGE 147, 184, juris Rn. 36; BVerwG, Urt. v. 03.05.2013 – 9 A 16.12 = BVerwGE 146, 254, juris Rn. 21; BVerwG, Urt. v. 12.03.2008 – 9 A 3.06 = BVerwGE 130, 299, juris Rn. 43; BVerwG, Beschl. v. 16.01.2007 – 9 B 14.06, juris Rn. 7; BVerfG, Kammerbeschl. v. 08.06.1998 – 1 BvR 650/97, juris Rn. 10; BVerwG, Urt. v. 25.01.1996 – 4 C 5.95 = BVerwGE 100, 238, juris Rn. 36; *Köck*, ZUR 2016, 579 (584); *Schmitz/Uibeleisen*, Netzausbau, Rn. 165.

[179] So zum Verkehrsbereich BVerwG, Urt. v. 03.05.2013 – 9 A 16.12 = BVerwGE 146, 254, juris Rn. 21; ebenso BVerwG, Urt. v. 03.03.2011 – 9 A 8.10 = BVerwGE 139, 150, juris Rn. 30; BVerwG, Urt. v. 30.01.2008 – 9 A 27.06, juris Rn. 26; BVerwG, Urt. v. 08.06.1995 – 4 C 4.94 = BVerwGE 98, 339, juris Rn. 23; *Ziekow*, VerwArch 106 (2015), 528 (530); so auch zum Energieleitungsbereich: BVerwG, Urt. v. 18.07.2013 – 7 A 4.12 = BVerwGE 147, 184; juris Rn. 36.

Entscheidung von BNetzA oder BMVI respektive des Gesetzgebers als willkürlich oder mit rechtsstaatlichen Standards nicht vereinbar zu bewerten wäre. Selbst, wenn man den Auftrag des BVerfG entgegen der derzeitigen Praxis denkbar weit auslegt und eine graduelle Ausweitung der bundesverfassungsgerichtlichen Kontrolldichte befürwortet, lassen sich kaum merkliche Veränderungen erreichen. So hält *Buus* beispielweise eine Prüfung seitens des BVerfG, ob im Rahmen der Aufstellung des BVWP eine Alternativenprüfung überhaupt stattgefunden hat und Umweltbelange ermittelt wurden, für angezeigt.[180] Dass das BMVI oder die BNetzA die Erfordernisse der Umweltprüfungen gänzlich ignorieren würden, erscheint jedoch inzwischen eher fernliegend. Die eigentlichen Fehlerquellen liegen oft im Detail, betreffen also beispielsweise eher Art und Anzahl der berücksichtigten Alternativen und die Tiefe, mit der diese unter SUP- und FFH-rechtlichen Gesichtspunkten untersucht wurden und weniger die gänzliche Nichtdurchführung von Prüfungsschritten.[181] Solche Fehler könnten aber selbst im Rahmen dieser sehr weiten Interpretation und bei einer entsprechenden Abkehr des BVerfG von seiner bisherigen Rechtsprechung weiterhin nicht berücksichtigt werden.

In verfassungsrechtlicher Hinsicht dürfte die formale Ausgestaltung der Inzidentkontrolle über die konkrete Normenkontrolle aus den genannten Gründen mit Art. 19 Abs. 4 S. 1 GG im Einklang stehen. In völker- und europarechtlicher Hinsicht allerdings verstößt das Fehlen einer Vollüberprüfungsmöglichkeit insbesondere in umweltrechtlicher Hinsicht sogar unabhängig von der Effektivität eines solchen Rechtsbehelfs schon gegen die Rechtsschutzanforderungen. Hier besteht mithin dringender Handlungsbedarf. Im Sinne einer „Minimalumsetzung“ erforderlich wäre als erster Schritt jedenfalls die Streichung des § 1 Abs. 1 S. 1 Nr. 4 Hs. 2 UmwRG, sodass Umweltverbänden eine Klagemöglichkeit gegen die vorgelagerten SUP-pflichtigen Pläne und Programme vor den Verwaltungsgerichten auch dann zur Verfügung stünde, wenn über deren Annahme durch formelles Gesetz entschieden wird.

Anders die Situation auf Korridorebene: Mit den Ergebnissen des Raumordnungsverfahrens, der Linienbestimmung und der Bundesfachplanung stehen keine Gesetze zur Debatte, sondern Verwaltungsentscheidungen, die vom zuständigen Fachgericht selbst kontrolliert werden können. Zumindest formal wären hier also ausreichende Rechtsschutzmöglichkeiten auch gegen Entscheidungen auf Korridorebene gegeben. Die Betrachtung kann sich jedoch nicht auf die formale Ausgestaltung beschränken. Sogar vorrangig entscheidend ist, ob der gewährte Rechtsschutz auch als effektiv zu beurteilen ist. An diesem Maßstab muss sich im Übrigen auch die Bedarfsebene messen lassen.

---

[180] *Buus*, Bedarfsplanung durch Gesetz, S. 396. Im Energieleitungsbereich dürfte sich die Kontrolle angesichts der Einbindung der privaten Übertragungsnetzbetreiber aber auch nach Ansicht von *Buus* auf die Frage beschränken, ob die Bundesregierung ihrer Verfahrensverantwortung gerecht geworden ist (ebd., S. 396 f.).

[181] Dazu sogleich im Anschluss unter H.

b) Effektivität der Inzidentkontrollen

Denn effektiver Rechtsschutz erfordert sowohl auf Grundlage des Art. 19 Abs. 4 S. 1 GG als auch gem. Art. 9 Abs. 4 S. 1 AK, Art. 47 Abs. 1. GrCh eine ergebnisoffene inhaltliche Überprüfung der (inzident) angegriffenen Entscheidung. Schon die oftmals erhebliche Zeitspanne zwischen Inkrafttreten des Bedarfsplangesetzes und der Verwirklichung des eigentlichen Vorhabens lässt Zweifel an der Effektivität der Inzidentkontrolle aufkommen.[182] Denn zwangsläufig werden sich im Laufe teils mehrerer Jahrzehnte insbesondere Umweltgegebenheiten mitunter erheblich verändert haben und einer Überprüfung entzogen sein.[183] Gleichzeitig wird sich die Planung bereits so verfestigt haben, dass die Aufhebung der Bedarfsfeststellung nicht mehr als ebenso wahrscheinlich wie ihr Standhalten betrachtet werden kann.[184] Gerade die Interdependenz der Festlegungen in netzförmigen Planungen wie denjenigen des Infrastrukturbereichs verstärkt diese Vermutung.[185]

Betrachtet man die überregionale Bedeutung, die sowohl dem Ausbau der Verkehrsinfrastrukturen als auch dem Netzausbau[186] zukommt und den politischen Druck, unter dem zahlreiche Projekte stehen, verstärken sich die Zweifel, ob eine solche ergebnisoffene Überprüfung der Korridorebene und – eine Ausweitung der Kontrolldichte respektive der Rechtsschutzmöglichkeiten vorausgesetzt – der Bedarfsebene praktisch stattfindet. Auch auf Korridorebene verstärken die netzförmige Struktur und damit die Tatsache, dass die Veränderung eines Trassenkorridors zwangsläufig Auswirkungen auf die vor- und nachgelagerten Trassenverläufe hat,[187] diese Vermutung zusätzlich.

Parallelen ergeben sich hier zu den Überlegungen, die das BVerfG im Rahmen der *Garzweiler II*-Entscheidung im Jahr 2013 angestellt hat. Zwar darf nicht vernachlässigt werden, dass die faktischen Auswirkungen und der Grad der Irreversibilität im Braunkohletagebau angesichts des „Verschwindens" ganzer Dörfer und der unwiederbringlichen Zerstörung sozialräumlicher Strukturen wohl als beispiellos einzuordnen sind. Die Drastik, mit der gerade die einzelnen Eigentümer, deren Grundstücke dem Tagebau weichen müssen, hier betroffen sind, muss jedoch nicht bedeuten, dass die faktische Irreversibilität in der Infrastrukturplanung, wenn auch in der Regel keine ganzen Dörfer dem Erdboden gleich gemacht werden müssen, nicht ebenso groß sein könnte. Explizit mit den Auswirkungen des Tagebaus gleichgestellt

---

182 Ausführlich dazu *Buus*, Bedarfsplanung durch Gesetz, S. 379 ff.

183 So zu den Erfahrungen aus der Praxis etwa die Rede von *Bernd Buchholz*, Land Schleswig-Holstein, in der ersten Beratung zum MgvG-E im Bundesrat in Berlin, 30. Dezember 2019, Plenarprotokoll 984 vom 20. 12. 2019, S. 655.

184 Im Ergebnis so auch *Buus*, Bedarfsplanung durch Gesetz, S. 381.

185 *Buus*, ebd.

186 Vgl. *Schlacke*, ZUR 2017, 456 (457).

187 *Moench/Ruttloff*, NVwZ 2014, 897 (899 f.).

hat das BVerfG im Klimaschutz-Beschluss vom 24. März 2021 die (drohenden) Beeinträchtigungen durch den globalen Klimawandel.[188]

Vernachlässigt man in der für den Rechtsschutz zentralen Passage des *Garzweiler II*-Urteils den Einschub „– wie hier den Braunkohlentagebau Garzweiler –", so drängt sich die Übertragbarkeit auf die Infrastrukturplanung geradezu auf:

> „Für komplexe Großverfahren [...], deren Planung und Genehmigung auf zahlreichen Entscheidungsebenen erfolgt, sich über viele Jahre erstreckt und bei denen auch in tatsächlicher Hinsicht im Laufe dieses Zeitraums Festlegungen erfolgen, deren Korrektur realistisch nicht, jedenfalls nicht in substantieller Weise, erwartet werden kann, genügt ein Rechtsschutzkonzept, das den in ihren Rechten Betroffenen erst ganz am Ende des Verfahrens die erste Rechtsschutzmöglichkeit eröffnet, hingegen nicht den verfassungsrechtlichen Effektivitätsanforderungen."[189]

Erst recht dürfte das für die völker- und europarechtlichen Anforderungen an die Effektivität auf Basis der Art. 9 Abs. 4 S. 1 AK, Art. 47 Abs. 1. GrCh gelten, die im systematischen Kontext tendenziell strikter zu verstehen sind als Art. 19 Abs. 4 S. 1 GG.

2. Einfluss von Abschichtungsmöglichkeiten und Bindungswirkungen

Zusätzlich intensivieren gerade auf Korridorebene Bindungswirkungen die Befürchtung, dass die Ergebnisoffenheit nicht mehr gewährleistet ist und die Inzidentkontrolle damit letztlich wirkungslos bleibt. Durch die in § 15 Abs. 1 S. 1 NABEG angeordnete und nicht von Fehlerbehebungsinstrumenten begleitete Bindungswirkung müsste das Verfahren bei Feststellung von Fehlern der Bundesfachplanung zur Korrektur der Entscheidung auf die vorangehende Stufe zurückverwiesen werden. Angesichts der Tatsache, dass Deutschland für den Atomausstieg 2022 noch immer rund 85 Prozent der erforderlichen Leitungen fehlen[190] und das faktisch nicht mehr vermeidbare Szenario des Zukaufs großer Mengen Atomstroms aus dem europäischen Ausland als Damokles-Schwert über dem Netzausbau schwebt, braucht es nicht viel Fantasie, um sich vorzustellen, wie ergebnisoffen die Überprüfung gerade im Bereich von Abwägungsentscheidungen noch ausfallen wird. In seinen Entscheidungen zur *Investitionszulage* und *Garzweiler II* hatte das BVerfG deutlich gemacht, dass dem Gesetzgeber eine Entscheidungsbefugnis dahingehend zukommt, ob er eine echte Verfahrensstufung mit bindenden Vorentscheidungen, aber entsprechenden Rechtsschutzmöglichkeiten, oder ein gestuftes

[188] BVerfG, Beschl. v. 24.03.2021 – 1 BvR 2656/18, 1 BvR 78/20, 1 BvR 96/20, 1 BvR 288/20, juris Rn. 171; dazu bereits oben unter E. II. 2.

[189] BVerfG, Urt. v. 17.12.2013 – 1 BvR 3139/08 = BVerfGE 134, 242, juris Rn. 224.

[190] Dazu bereits oben unter A. I.

Planungsmodell mit Inzidentkontrolle schafft.[191] Mit § 15 Abs. 1 S. 1, Abs. 3 S. 2 NABEG wählt der Gesetzgeber gewissermaßen jedoch beides, jedenfalls hinsichtlich seiner faktischen Auswirkungen, ohne aber die vom BVerfG aufgestellten Anforderungen zu beachten, dass

> „[...] – erstens – die Bindung einer Behörde an vorangehende Feststellungen oder Entscheidungen einer anderen Behörde sich hinreichend klar aus einer gesetzlichen Bestimmung ergibt, – zweitens – gegen die mit Bindungswirkung ausgestattete Teil- oder Vorentscheidung ihrerseits effektiver Rechtsschutz zur Verfügung steht und – drittens – die Aufspaltung des Rechtsschutzes mit einer etwaigen Anfechtungslast gegenüber der Vorentscheidung für den Bürger klar erkennbar und nicht mit unzumutbaren Risiken und Lasten verbunden ist“[192].

Treffend konstatiert *Langstädtler* hierzu, dass die strikte Verbindlichkeit der Bundesfachplanung nicht bereits durch eine vorgezogene Öffentlichkeitsbeteiligung, sondern nur mittels eines ebenfalls vorgezogenen Rechtsschutzes „verdient“ werden kann.[193]

Auch im Bereich der Verkehrsinfrastrukturen stellt sich die Situation ähnlich dar. Zwar stehen der Planfeststellungsbehörde hier Fehlerbehebungsinstrumente bezüglich der Linienbestimmung zur Verfügung, hinsichtlich des Raumordnungsverfahrens existiert sogar von vornherein keine rechtliche Bindungswirkung. Aber auch außerhalb gesetzlich normierter Bindungswirkungen sind die Durchschlagskraft von Fehlern und das Ausmaß faktischer Bindungswirkungen hoch. Denn durch das Instrument der Abschichtung, das eigentlich Synergieeffekte bündeln soll, werden Fehler unweigerlich die nachfolgenden Ebenen infizieren, wenn sie entweder auf hochstufiger Ebene gemacht und keiner erneuten Überprüfung unterzogen oder zu spät festgestellt wurden und rechtlich oder tatsächlich nicht mehr behoben werden können. So führt *Wahl* in Bezug auf die zwar nicht gegebene Pflicht, der nachfolgenden Behörde aber eröffnete Möglichkeit, das Ergebnis eines Raumordnungsverfahrens zu übernehmen, zutreffend aus:

> „Gerade darin liegt die nicht zu unterschätzende faktische Bedeutung des Raumordnungsverfahrens, daß sich die nachfolgende Behörde in der Praxis häufig freiwillig an das Verfahrensergebnis hält.“[194]

Und auch die „bloße“ Aufhebung eines Planfeststellungsbeschlusses bzw. die Erklärung der Rechtswidrigkeit und Nichtvollziehbarkeit mit korrespondierender Möglichkeit zur Durchführung eines ergänzenden Verfahrens werden regelmäßig schon zu erheblichen Verzögerungen führen und daher möglicherweise bei Mängeln

---

[191] BVerfG, Urt. v. 17.12.2013 – 1 BvR 3139/08 = BVerfGE 134, 242, juris Rn. 192 ff.; BVerfG, Beschl. v. 31.05.2011 – 1 BvR 857/07 = BVerfGE 129, 1, juris Rn. 102; *Baumann/Brigola*, DVBl 2017, 1385 (1386).

[192] BVerfG, Beschl. v. 31.05.2011 – 1 BvR 857/07 = BVerfGE 129, 1, juris Rn. 102.

[193] *Langstädtler*, Effektiver Umweltrechtsschutz, S. 475 f.

[194] *Wahl*, in: FS Sendler, S. 199 (215); in diese Richtung sogar die Gesetzesbegründung zur Änderung des ROG 1989 selbst: BR-Drucks. 11/3916, S. 13.

auf vorgelagerten Planungsstufen nicht im gebotenen Umfang angewandt werden. Dass die Zahl offen gebliebener objektiver umwelt- und naturschutzfachlicher Kritikpunkte unabhängig von durch abweichende subjektive Rechtsauffassung begründeter Kritik gerade bei unter großem politischem und wirtschaftlichem Druck stehenden Verfahren wie der Elbvertiefung bei Hamburg besonders groß ist,[195] mag vor diesem Hintergrund kaum zu überraschen. Die Problematik intensiviert sich, wo mangels aufschiebender Wirkung der Anfechtungsklagen bereits Tatsachen geschaffen wurden, die gerade im Umweltbereich kaum rückgängig zu machen sind und den Druck zur „Legalisierung" eines möglicherweise rechtswidrigen Projekts im gerichtlichen Verfahren daher intensivieren.[196]

Gleichermaßen gelten die vorstehenden Überlegungen für den Bereich des FFH-Rechts: Schon 2005 hatte Generanwältin *Juliane Kokott* in einem Vertragsverletzungsverfahren gegen das Vereinigte Königreich zu bedenken gegeben, bei einem pauschalen Absehen von der Durchführung von FFH-Verträglichkeitsprüfungen auf hochstufigen Planungsebenen sei

> „zu befürchten, dass eine der Planung nachgelagerte Verträglichkeitsprüfung nicht mehr ergebnissoffen, sondern mit dem Ziel der Planverwirklichung durchgeführt würde"[197].

Eigentlich wäre daher „für jeden einzelnen (Teil-)Plan oder jedes (Teil-)Projekt so zu tun, als würde die letztverbindliche Zulassung des Gesamtvorhabens in Rede stehen"[198]. *Kokott* führt dazu weiter aus:

> „Insbesondere bei Streckenvorhaben für den Straßen- oder Schienenverkehr, aber im Prinzip auch bei allen auf Erweiterungen angelegten Vorhaben, determinieren […] die ersten Etappen eines Vorhabens regelmäßig die Verwirklichung der weiteren Etappen. Wenn weder im Rahmen des Plans noch bei den ersten Etappen die Auswirkungen des Gesamtvorhabens auf erst später betroffene Schutzgebiete geprüft wurden, so schränkt jede Etappe den Kreis möglicher Alternativen für nachfolgende Etappen ein, ohne dass eine angemessene Alternativenprüfung durchgeführt wurde."[199]

3. Zwischenfazit

Zusammenfassend lässt sich daher konstatieren, dass eine effektive im Sinne einer ergebnisoffenen Überprüfung der Bedarfs- und Korridorebene unabhängig von der formalen Ausgestaltung eingeschränkt bestehender Inzidentkontrollen nicht ge-

---

[195] Vgl. *Breuer*, NVwZ-Beilage 2018, 3 (6 ff.); *Feldt/Schumacher*, NuR 2017, 676 (676 ff.).

[196] *Groß*, ZUR 2021, 75 (77) m. w. N. zu den langjährigen Auseinandersetzungen um die Umgehungsstraße Bensersiel.

[197] Schlussanträge der Generalanwältin Juliane Kokott vom 09. 06. 2005, C-6/04, Kommission/Vereinigtes Königreich, ECLI:EU:C:2005:372, Rn. 44.

[198] *Lieber*, NuR 2008, 597 (599).

[199] Schlussanträge der Generalanwältin Juliane Kokott vom 09. 06. 2005, Kommission/Vereinigtes Königreich, C-6/04, ECLI:EU:C:2005:372, Rn. 47.

währleistet ist. Auch ohne den Einfluss der Maßnahmengesetzgebung führt bereits die Wahl von nicht oder – mit Blick auf die Verfassungsbeschwerde – faktisch nicht rechtsmittelfähigen Entscheidungsformen auf hochstufigen Planungsebenen kombiniert mit Bindungswirkungen und mangelnden Fehlerbehebungsinstrumenten dazu, dass gegenüber Entscheidungen in der Bedarfs- sowie Trassen- bzw. Korridorplanung faktisch keine Überprüfungsmöglichkeit zur Verfügung steht. Die Anforderungen an die Effektivität des Rechtsschutzes gerade in gestuften Planungsverfahren sind weder in völker- und europarechtlicher noch in verfassungsrechtlicher Hinsicht erfüllt. Erforderlich wäre daher die Schaffung einer phasenspezifischen Rechtsschutzmöglichkeit für Umweltverbände und nach hier vertretener Ansicht auch für Individualkläger.

4. Intensivierung der Problematik durch Einführung des MgvG

Nochmals grundlegend verändert hat sich die ohnehin schon prekäre Rechtsschutzsituation schließlich durch Einführung des MgvG zum 1. April 2020. Denn das Argument, dass die Inzidentkontrolle höherer Planungsstufen für die Erfüllung der (europäischen) Rechtsschutzgarantien ausreichend sei, verliert spätestens dann seine Grundlage, wenn auf der letzten Planungsstufe – nicht nur faktisch, sondern mangels umweltrechtlicher Prüfungsbefugnis des BVerfG sogar rechtlich und tatsächlich – gar keine Überprüfungsmöglichkeit mehr zur Verfügung steht.

Die Vorhabenzulassung durch Maßnahmengesetz bewirkt also nicht „nur" die unmittelbare Ausschaltung der Umweltverbandsklage in Bezug auf das vormalige Planfeststellungsverfahren, sodass politisch motivierte Großprojekte voraussichtlich nicht mehr – wie einst die Hamburger Elbvertiefung im ersten Anlauf – an vermeintlich vernachlässigbaren unbekannten Pflanzenarten wie dem Schierlings-Wasserfenchel scheitern werden.

Sie entzieht vielmehr die gesamte, zumeist über ein Jahrzehnt dauernde Planung eines Infrastrukturprojekts von Bedarfsfeststellung bis Projektzulassung in umweltrechtlicher Hinsicht gänzlich einer gerichtlichen Kontrolle – und das auch für zahlreiche Individualkläger, die möglicherweise nicht im Zentrum der gesetzgeberischen Überlegungen zum MgvG standen, nun aber zumindest außerhalb des Art. 14 GG ihre Rechtsschutzmöglichkeiten ebenso verlieren.

Damit verfolgt der Gesetzgeber nicht mehr nur seine Verzögerungstaktik in Sachen Verbandsklagebefugnisse nach dem UmwRG weiter, sondern umgeht eindeutig seine europäischen Verpflichtungen. Dass er sich dessen durchaus bewusst ist, zeigt das Schweigen über die europa- und völkerrechtlichen Probleme in der Gesetzesbegründung zum MgvG.[200] Selbst nachdem der Bundesrat ausdrücklich Zweifel an

[200] BT-Drucks. 19/15619, S. 11.

der Europarechtswidrigkeit des MgvG angemeldet hatte,[201] begnügte sich die Bundesregierung mit einem Verweis auf das Gutachten *Ziekows.*[202] Dass auch die Mehrebenenproblematik durchaus bekannt ist, belegt zudem etwa die Tatsache, dass der Gesetzgeber die Einfügung des heutigen § 53 Abs. 2 S. 2 UVPG i. V. m. § 1 Abs. 1 S. 1 Nr. 4 Hs. 2 UmwRG, der die Bundesverkehrswegeplanung einer gerichtlichen Kontrolle entzieht, im Jahr 2016 neben der „vorbereitenden und politischen Bedeutung" des BVWP allein mit der Tatsache begründete, dass dieser im Rahmen der Zulassungsentscheidungen der Projekte in vollem Umfang gerichtlich überprüfbar sei.[203] Weniger als vier Jahre später scheinen diese Überlegungen gänzlich in Vergessenheit geraten, oder besser, bewusst verdrängt worden zu sein.

III. Fazit

Konfrontation statt Kommunikation scheint noch immer die Maßgabe zu sein, nach der das Zusammentreffen von verwaltungs- und verfassungsrechtlichen Überlegungen mit völker- und europarechtlichen Anforderungen betrachtet wird. So wurde angesichts der Ausweitung der Verbandsklage im vorvergangenen Jahrzehnt etwa geäußert,

> „dass das deutsche Fachplanungsrecht sich in einer Krise befindet, die von dem europäischen Naturschutzrecht im Zusammenwirken mit der Verbandsklage ausgelöst wird"[204].

An dieser Sichtweise scheint sich nur wenig geändert zu haben. Zumindest von einigen werden die „Aktivisten des Umweltschutzes" und der „von ihnen angestrebte[n] Funktionswandel der Verwaltungsgerichtsbarkeit im Planungsrecht"[205] noch immer als Feindbild ausgemacht, der Verweis auf die zwingenden europäischen Vorgaben als Blockade gut gemeinter Projekte herabgewürdigt. Auch unter Abzug einer gewissen rhetorischen Übertreibung und politischen Überspitzung erscheint es fraglich, ob es Spiegel einer rechtsstaatlichen Gesellschaft sein sollte, wenn etwa *Torsten Herbst,* Abgeordneter der FDP, sich ohne nähere juristische Auseinandersetzung in der ersten Lesung des MgvG-E für eine gleichzeitige Wiedereinführung der materiellen Präklusion ausspricht und in Richtung von BÜNDNIS 90/DIE GRÜNEN konstatiert: „Der Kerneinwand ist ja immer, dass es die EU-Vorgaben gibt"[206] oder *Patrick Schnieder,* Abgeordneter der CDU/CSU auf den Einwand „Europarecht!" der Grünen antwortet: „Machen Sie mal in der Sache Vorschläge und

---

[201] Stellungnahme des Bundesrates, BR-Drucks. 579/19(B), S. 2 entsprechend den Ausschussempfehlungen BR-Drucks. 579/1/19, S. 5 f.

[202] Vgl. BT-Drucks. 19/16405, S. 5.

[203] BT-Drucks. 18/9526, S. 49.

[204] *Vallendar,* UPR 2008, 1 (1).

[205] *Storost,* UPR 2018, 52 (55), der diesen Funktionswandel anders als etwa die positive Darstellung bei *Franzius,* UPR 2016, 281 scheinbar als Bedrohung empfindet.

[206] Plenarprotokoll 19/137 vom 19. 12. 2019, S. 17204.

nicht in Bereichen, die heute hier gar nicht zur Debatte stehen!"[207] und unter Schutz stehende Tierarten wie die Bechsteinfledermaus oder der Feldhamster in der parlamentarischen Debatte zum MgvG zur allgemeinen Erheiterung dienen.[208]

Statt das europäische Anliegen in das deutsche Umwelt- und Verwaltungsprozessrecht zu integrieren, statt nach strukturellen Wegen zur ernst gemeinten Kompromissfindung über die eigentlich – auch für die Umweltverbände – wichtigen übergreifend umweltrelevanten Themen etwa auf Ebene der Planrechtfertigung zu suchen, verbannt der Gesetzgeber insbesondere die Verbandsklage noch immer in eine Sonderdogmatik[209] und versucht, ihren Anwendungsbereich zu minimieren. Noch immer scheinen sich der Gesetzgeber und mit ihm zumindest Teile der deutschen Verwaltungsrechtswissenschaft auf Konfrontationskurs zu befinden. Zum EuGH-Urteil vom 15. Oktober 2015 konstatierte *Durner*, dass die „Schlacht um die materielle Präklusion [...] verloren"[210] ging. Zwar werden nun Lösungen gesucht, eine „europarechtskonforme" materielle Präklusion erneut zu implementieren. Dennoch geht es nicht um einen „Krieg", um den metaphorischen Rahmen zu wahren und mit Charles de Gaulle zu sprechen, der zu gewinnen ist.

Zuzugeben ist den Kritikern, dass auch der EuGH nicht zuvorderst um Verständnis und Kompromissfindung bemüht ist. Das traditionelle Schutzkonzept des deutschen Planungsrechts hatte gewissermaßen keine Chance, zum EuGH durchzudringen. Entscheidungen des obersten europäischen Gerichts wurden oft als überraschend und schwer vorhersehbar empfunden. Dass der deutsche Gesetzgeber dieser Auseinandersetzungen nach der Odyssee um das UmwRG müde geworden ist, erscheint ebenso verständlich. Dennoch bleibt das schon zuvor gezogene Fazit: Prägend gerade im Bereich des Umweltrechts werden auch in Zukunft die völker- und europarechtlichen Anforderungen und weniger die Vorstellungen des nationalen Verwaltungs- und Verfassungsrechts sein, so groß ihre Berechtigung auch sein mag. Lohnenswert erschiene daher für alle Beteiligten, den Fokus wieder auf den Umweltschutz als Kernanliegen all der hier in Rede stehenden Vorschriften zu lenken und nach echten Kompromisslösungen im Sinne dieses Anliegens zu suchen – mit der Bereitschaft zu entsprechenden Zugeständnissen, wie sie jedem Kompromiss immanent sind. In diesem Sinne stellt sich auch heute noch die bereits 2013 von der ehemaligen BVerwG-Präsidentin *Eckertz-Höfer* aufgeworfene Frage, weshalb

---

[207] Plenarprotokoll 19/137 vom 19.12.2019, S. 17207.

[208] Vgl. die Rede von *Torsten Herbst*, Abgeordneter der FDP, Plenarprotokoll 19/137 vom 19.12.2019, S. 17203, der den genannten und andere Tierarten aufgrund ihrer „Mitwirkung" an der Verkehrsplanung in Deutschland die Verantwortung dafür zusprach, dass die Realisierung von Verkehrsprojekten nur im „Schneckentempo" vorankomme; ebenso *Patrick Schnieder*, Abgeordneter der CDU/CSU, a. a. O., S. 17207.

[209] *Franzius*, DVBl 2018, 410 (411).

[210] So *Durner* in seinem Vortrag zum Urteil des EuGH vom 15.10.2015 auf dem am 21.01. 2016 in Berlin stattfindenden Symposium zum Rechtsschutz im Umweltrecht nach dem EuGH-Urteil vom 15.10.2015 – C-137/14, zitiert nach *Otto*, NVwZ 2016, 292 (292).

„der Gesetzgeber den unionsrechtlichen Anforderungen stets so betont unlustig hinterherhinkt, anstatt sie mit der Vision eines rechtlich geeinten Europas aufzunehmen und in diesem Sinne vorbildlich auszuformen“[211].

---

[211] *Eckertz-Höfer*, DVBl 2013, 499 (502).

H. Praktische Auswirkungen fehlender Rechtsschutzmöglichkeiten

Mit Einführung des MgvG schließt der Gesetzgeber den fachgerichtlichen Rechtsschutz für die betroffenen Projekte fast vollständig aus – das lässt sich wohl auch unabhängig von der Frage nach der Zulässigkeit und Rechtfertigung dieses Vorgehens konstatieren. Gleichzeitig verschärft er damit die ohnehin schon problematische Rechtsschutzsituation im Hinblick auf die Kontrolle höherstufiger Planungsebenen. Es drängt sich dabei der Eindruck auf, dass der Gesetzgeber vor allem die Umweltverbände, die entsprechende Klagen in der Regel maßgeblich vorantreiben, für Verhinderungen und Verzögerungen bei der Realisierung von Infrastrukturprojekten verantwortlich macht.

Ins Hintertreffen geraten zu sein scheint die positive Bedeutung der Umweltverbandsklage für den ernstgemeinten Umwelt- und Naturschutz. Das gilt im Besonderen für die hochstufige Planung, gegen die auch schon zuvor keine Klagemöglichkeiten bestanden. Auf der ersten übergeordneten Planungsebene werde „lediglich“[1] der Bedarf festgestellt, das ist noch immer Tenor in der fachlichen Diskussion. Durch die Betonung der Spielräume nachfolgender Planungsebenen zur Berücksichtigung aller öffentlichen und privaten Belange[2] wird zudem die Frage nach phasenspezifischen Rechtsschutzmöglichkeiten implizit in den Hintergrund gedrängt.

Wie groß die praktischen Auswirkungen fehlender Rechtsschutzmöglichkeiten aber tatsächlich sind, soll ausgehend von den unter D. dargestellten Prüfprogrammen der einzelnen Umweltprüfungen im Folgenden exemplarisch untersucht werden.

I. Bedarfsplanung

Während einige Überlegungen, deren Berücksichtigung auf Bedarfsplanebene wünschenswert erscheint, eher politischer Natur sind und ein Tätigwerden des Gesetzgebers im Sinne des Umweltschutzes erfordern würden,[3] gibt es – anders als die dominierende Vorstellung von der *bloßen* Bedarfsplanung es nahelegen mag – auch auf der ersten Planungsstufe zahlreiche fachgerichtlich eigentlich überprüfbare

---

[1] BVerfG, Kammerbeschl. v. 19.07.1995 – 2 BvR 2397/94, juris Rn. 7; *Appel*, UPR 2011, 406 (413); ähnlich *Henning/Krappel*, UPR 2013, 133 (135).

[2] Vgl. statt vieler BVerfG, Kammerbeschl. v. 08.06.1998 – 1 BvR 830/98, juris Rn. 7.

[3] Dazu im Folgenden unter I. I.

Thematiken, die auch schon vor Einführung des MgvG einer materiellen Kontrolle faktisch entzogen waren.

1. Bestimmung des Prüfungsgegenstandes

Anders als bei der klassischen, projektbezogenen UVP ist es bei der SUP gerade auf Bedarfsebene wie gezeigt nicht zwingend selbstverständlich, was der Prüfung als Prüfungsgegenstand zugrunde zu legen ist. Das *BMVI* hat sich hier anders als die *BNetzA* für konkrete Trassenverläufe entschieden. Allerdings nur zu Prüfungszwecken – tatsächlich legt auch der BVWP nur Anfangs- und Endpunkte fest, sodass der Trassenverlauf am Ende völlig anders ausfallen kann.[4] Die BNetzA geht einen anderen Weg und legt die Untersuchungsräume ausdrücklich groß an, um auch angesichts fehlender konkreter räumlicher Verortung und Grobkörnigkeit der Planung eine Aussage über die Schutzwürdigkeit bzw. Bedeutung und Empfindlichkeit potenziell betroffener Gebiete machen zu können.[5]

Das Vorgehen des *BMVI* wird sich immer dann als problematisch erweisen, wenn die nachfolgende Behörde in erheblicher Form von der Prüfungstrasse abweichen will oder muss, weil sie beispielsweise natur- und artenschutzrechtliche Konflikte identifiziert hat, die auf Ebene der Bedarfsplanung noch nicht darstellbar waren. Unter Umständen ist aber auch die „benachbarte" Trasse dann nicht realisierbar. So wird bei der Messung von Geräuschemissionen in der Regel mit Abstandswerten zur Verkehrsanlage gearbeitet. Für die Lärmbelastung außerorts setzt der BVWP 2030 einen Maximalwert von 55 dB(A) in 100 m Entfernung von der geplanten Trasse an.[6] Schon eine Trassenverschiebung um hundert Meter aus naturschutzrechtlichen Gründen kann also die Unzulässigkeit des neuen Trassenverlaufs aus lärmschutztechnischen Gründen zur Folge haben. Die zu befürchtende Entstehung eines Planungstorsos ist angesichts der nur behördeninternen Bindungswirkung der Linienbestimmung zwar als weniger einschneidend zu bewerten als im Anwendungsbereich des NABEG; gerade in Situationen wie dieser sollten die bereits aufgezeigten möglicherweise bestehenden faktischen Bindungswirkungen jedoch nicht unterschätzt werden.

Eine Möglichkeit, Planungsfehler frühzeitig zu korrigieren und so das Potenzial für eine Verzögerung der nachfolgenden Planungsstufen sogar zu verringern, ist mangels einer phasenspezifischen Rechtsschutzmöglichkeit demgegenüber nicht vorhanden.

---

[4] *BMVI*, Umweltbericht zum BVWP 2030, S. 128.

[5] *BNetzA*, Umweltbericht zur Bedarfsermittlung 2019–2030, S. 50.

[6] *BMVI*, Umweltbericht zum BVWP 2030, S. 20.

2. Einschränkung der Prüfung je nach Prüfungsgegenstand

Weiterhin fällt beim Vorgehen des *BMVI* auf, dass es die aufwendige Entwicklung einer neuen Prüfungsmethodik betont, deren Anwendungsbereich durch eine Begrenzung des Prüfungsumfangs aber gleichzeitig erheblich einschränkt. Für „bloße“ Ausbauvorhaben – das sind nach der Definition des BMVI solche, die keine eigenständigen Bauabschnitte mit einer Länge von 1.000 Metern oder mehr aufweisen – soll die Prüfung der nicht-monetarisierten Kriterien auf die erhebliche Beeinträchtigung von Natura 2000-Gebieten, hervorragende Wiedervernetzungsabschnitte und die Flächeninanspruchnahme begrenzt werden.[7] Als Begründung dafür wird pauschal angeführt, dass Ausbauprojekte wegen der bestehenden Vorbelastung nur geringe bis mittlere Eingriffserheblichkeit besäßen.[8] Ersatz- und Erhaltungsmaßnahmen berücksichtigt der Umweltbericht auf Einzelprojektebene gar nicht.[9]

Weshalb ein Vorhaben von unter 1.000 Metern Länge zwar Auswirkungen auf Natura 2000-Gebiete, nicht aber auf die sonstigen Schutzgüter des § 2 Abs. 1 UVPG, insbesondere auf andere Schutzräume für Tiere, Pflanzen und die biologische Vielfalt, entfalten kann, mit anderen Worten, weshalb es hier an der Abwägungserheblichkeit fehlen soll, legt das BMVI aber nicht dar. Gleiches gilt für Ersatz- und Erhaltungsmaßnahmen, die richtigerweise erheblich geringere, dennoch aber Umweltauswirkungen entfalten.

Auch die neue Methodik zur SUP beim *BBPl* hat sich bei der Frage nach Ausbauvorhaben und Vorbelastungen auf ein ähnliches Schema festgelegt. Bei Netzverstärkungsmaßnahmen in Form von Zu- und Umbeseilungen an bereits bestehenden Leitungen wird in einem 200 Meter breiten Korridor um eine Bestandstrasse eine Vorbelastung in einem Maße angenommen, die es rechtfertigen soll, das Konfliktrisiko pauschal herabzusetzen.[10] Ausnahmen gelten für Natura 2000-Gebiete oder Siedlungen.[11]

Dennoch stellt sich die Vorgehensweise der BNetzA deutlich differenzierter dar als die des BMVI. So erkennt sie an, dass Netzverstärkungsmaßnahmen durch den Ersatzneubau von Leitungen anders als Zu- und Umbeseilungen vergleichbare Auswirkungen wie ein Neubau entfalten können, etwa durch erstmalige Inanspruchnahme von empfindlichen Gebieten oder andere Dimensionierung, und nimmt in diesen Fällen daher stets eine Einzelfallprüfung vor.[12] Zudem ermittelt sie auch bei Zu- und Umbeseilungen ergänzend das Konfliktrisiko eines Leitungsneubaus, sollten sich die nachfolgenden Planungsstufen für diese Variante entscheiden.[13]

---

[7] *BMVI*, Umweltbericht zum BVWP 2030, S. 35 f.

[8] *BMVI*, Umweltbericht zum BVWP 2030, S. 132 f.

[9] *BMVI*, Umweltbericht zum BVWP 2030, S. 54.

[10] *BNetzA*, Umweltbericht zur Bedarfsermittlung 2019–2030, S. 100.

[11] *BNetzA*, Umweltbericht zur Bedarfsermittlung 2019–2030, S. 95.

[12] *BNetzA*, Umweltbericht zur Bedarfsermittlung 2019–2030, S. 44, 98.

[13] *BNetzA*, Umweltbericht zur Bedarfsermittlung 2019–2030, S. 100.

Dennoch zeigt sich insgesamt – wenn auch beim *BMVI* stärker als bei der *BNetzA* – die Tendenz, aufgrund von Vorbelastungen oder vermeintlich weniger auswirkungsreichen Maßnahmen bereits den Prüfungsgegenstand und -umfang initial pauschal zu sehr einzuschränken. Das wird insbesondere da relevant, wo Vorgaben des FFH-Rechts eine Rolle spielen, nach denen aus einer Vorbelastung keine Verminderung der Anforderungen, sondern gerade eine Steigerung mit Blick auf den ohnehin schon schlechten Erhaltungszustand des Gebietes folgt.[14]

Ob Abwägungsfehler oder Fehler in Bezug auf SUP- und FFH-rechtliche Vorgaben unterlaufen sind, ist mangels phasenspezifischen Rechtsschutzes aber erneut nicht zu überprüfen.

3. Potenzieller Bedarf

Völlig durch das Raster der SUP fallen außerdem die Projekte des „potenziellen Bedarfs". Diese Kategorie wurde im *BVWP 2030* erstmals für solche Projekte eingeführt, die sich nach einer ersten gutachterlichen Einschätzung nicht als besonders wirkungsvoll insbesondere im Hinblick auf die Engpassbeseitigung erwiesen haben.[15] Vollumfänglich bewertet wurden diese Vorhaben allerdings nicht. Stattdessen wurde für sie im Vordringlichen Bedarf „ein Budget als Platzhalter"[16] vorgesehen – oder, wie es das UBA formuliert: „Der BVWP 2030 ist an dieser Stelle praktisch nicht fertig geworden."[17] Dass eine erste gutachterliche Einschätzung keinen besonders hohen verkehrlichen Wert identifizieren konnte, sagt jedoch nichts über die Umweltauswirkungen dieser Vorhaben aus. Über das Instrument des potenziellen Bedarfs können so letztlich Projekte mit unter Umständen erheblichem Beeinträchtigungspotenzial im Nachgang zum BVWP auf die Ebene des Vordringlichen Bedarfs „katapultiert" werden, ohne dass sie je Gegenstand einer vollumfänglichen SUP auf Bedarfsebene waren. Verbindlich festgestellt ist der Bedarf für sie dann aber trotzdem.

In ähnlicher Weise sieht § 18 Abs. 3 S. 1 i. V. m. Abs. 2 *NABEG* seit der NABEG-Novelle 2019 die Planung von Leerrohren vor, die ebenfalls schon auf Bedarfsebene beginnt. Allerdings ist die Maßgabe hier weitaus konkreter als bei der Verkehrsinfrastrukturplanung. So muss der Vorhabenträger auch die Umweltauswirkungen der Leerrohre in seine Bewertung einbeziehen und wird tendenziell zu einer geringeren Beeinträchtigung kommen als wenn für die potenziellen Leitungen zu einem spä-

[14] Vgl. BVerwG, Urt. v. 14.04.2010 – 9 A 5.08 = BVerwGE 136, 291, juris Rn. 91; *Frenz*, NuR 2016, 30 (34); *Storost*, DVBl 2012, 457 (463); so auch im Rahmen der gescheiterten Weservertiefung das BVerwG, Urt. v. 11.08.2016 – 7 A 1.15 = BVerwGE 156, 20, juris Rn. 71.

[15] *BMVI*, BVWP 2030, S. 39.

[16] *BMVI*, ebd.

[17] *UBA*, Stellungnahme BVWP 2030, S. 11.

teren Zeitpunkt erneut Tiefbauarbeiten durchgeführt werden müssten.[18] Hier ist „lediglich" die Abgrenzung zwischen vorausschauender Planung und unzulässiger Vorratsplanung im Blick zu behalten.[19]

Eine gerichtliche Kontrollmöglichkeit, die insbesondere angesichts der Bindungswirkung der Bedarfsplanung erforderlich wäre, besteht aber auch bezüglich dieser Thematik nicht.

4. Grenzen der gewählten Methodik

Als besonders kritisch zu hinterfragen erweist sich schließlich auch das Monetarisierungskonzept des *BMVI*, das nicht nur im Rahmen der allgemeinen Planung, sondern ebenso bei der SUP einzelnen Umweltauswirkungen Geldwerte zuweist und so eine positive oder negative Umweltbilanz schafft. Das BMVI hat dabei selbst erkannt, dass sich Umweltauswirkungen nur schwer in Zahlen abbilden lassen und neben den monetarisierten Faktoren ergänzende nicht-monetarisierte Kriterien ins Leben gerufen. Diese Aufspaltung erscheint methodisch nicht unproblematisch, da die monetarisierten Kriterien Teil der allgemeinen Nutzen-Kosten-Analyse zum BVWP sind, während die nicht-monetarisierten Kriterien nur in einem separaten Teil der Projektbewertung Berücksichtigung finden[20] und so mindestens die Gefahr erhöht wird, insbesondere die Wechselwirkungen zwischen den einzelnen Schutzgütern im Sinne des § 2 Abs. 1 Nr. 5 UVPG nicht vollständig abzubilden und zu bewerten. Dass sich eine Zunahme der Luftschadstoffemissionen durch „Verrechnung" mit anderen Werten in einer positiven Umweltbilanz niederschlagen kann, stellt das UBA außerdem zurecht infrage.[21] Und auch das BMVI führt hierzu selbst aus, dass die Einordnung in eine Nutzen-Kosten-Analyse eigentlich nur im Hinblick auf verkehrliche Ziele der optimale Weg ist.[22] Im Umweltbereich erscheint die pauschale Regel, dass diejenige Lösung vorzuziehen ist, die in der Summe mehr Nutzen als Kosten bringt, nicht angemessen.[23] Zwar werden dem Plangeber grundsätzlich Prognosespielräume zugestanden – deren Grenzen sind jedoch da überschritten, wo er keine geeignete fachspezifische Methode mehr anwendet.[24] Schon der erste Gesetzentwurf zum UVPG vom 26. Januar 1989 konstatierte unter Verweis auf die entsprechende Kritik des Sachverständigenrates für Umweltfragen an der Gesamtsaldierung von Umweltauswirkungen: „Es gibt keine Verrechnungseinheiten, die es

18 *Schlacke/Römling*, DVBl 2019, 1429 (1430).

19 *Schlacke/Römling*, DVBl 2019, 1429 (1430 f.).

20 Vgl. Abb. 4: Zusammenhang zwischen dem Umweltbeitrag zur Projektbewertung und den weiteren Bausteinen des Projektbewertungsverfahrens zum BVWP 2030, in: *BMVI*, Umweltbericht zum BVWP 2030, S. 34.

21 Vgl. *UBA*, Stellungnahme BVWP 2030, S. 4

22 So wohl im Ergebnis *BMVI*, Umweltbericht zum BVWP 2030, S. 138.

23 Ähnlich *Winter*, ZUR 2013, 387 (387).

24 Vgl. BVerwG, Urt. v. 08.07.1998 – 11 A 53.97 = BVerwGE 107, 142, juris Rn. 25.

erlauben, verschmutztes Wasser gegen saubere Luft oder zerstörte Naturlandschaften gegen geräuscharme Fahrzeuge aufzurechnen."[25]

Ob das BMVI seinen Prognosespielraum durch die Wahl des genannten Bewertungskonzeptes überschritten hat, kann derzeit aber ebenfalls nicht fachgerichtlich überprüft werden.

5. Alternativenprüfung

Bereits die Darstellung des Prüfungsablaufs[26] hat gezeigt, dass vor allem das *BMVI* für die Alternativenprüfung trotz gegenteiliger Vorgaben der SUP-Richtlinie sehr enge Grenzen zieht. Zwar ist es nicht Aufgabe der Verwaltungsgerichte, möglicherweise wünschenswerte politische oder umweltrechtliche Überlegungen auf Bedarfsebene zu implementieren. Konstatiert werden kann allerdings, dass das sogenannte „Predict and Provide-Paradigma"[27] keine geeignete Basis für die SUP-rechtliche Alternativenprüfung ist.[28] Denn sie ist nicht ausgelegt auf eine passive Herleitung wahrscheinlicher Entwicklungstendenzen, sondern auf eine aktive Erarbeitung von alternativen Plan- und Projektkonzepten. Der „verkehrsträgerübergreifenden Alternativenprüfung" des BVWP aber fehlt völlig das für jede Planung charakteristische prognostische Element. Sie betreibt eine bloße „Trendfortschreibung im Sinne eines ‚business as usual'"[29]. Denn betrachtet wurden zum einen nur Entwicklungen, die den Wirtschaftlichkeitsnachweis einzelner Projekte infrage hätten stellen können.[30] Zum anderen konzentrierte sich die Betrachtung lediglich auf die wahrscheinlichen Verlagerungen zwischen Motorisiertem Individualverkehr und Schienenpersonenverkehr ausgehend vom Status Quo.[31]

Daneben ist zwar der Planungsträger nicht verpflichtet, die unter Umweltgesichtspunkten beste Alternative zu wählen – er muss aber die relevanten Umweltbelange umfassend ermitteln und prüfen und an den Zielen der SUP-Richtlinie ausgerichtete Alternativen als Planungsobjekte betrachten, um in der abschließenden Abwägung eine Entscheidung *für* die Umwelt überhaupt zu ermöglichen. Denn die gesetzlich bzw. in Verordnungsform normierten Grenzwerte sind nicht allein maßstabsbildend; auch darunter liegende Auswirkungen können schon abwägungser-

---

[25] BT-Drucks. 11/3919, S. 27, bezugnehmend auf BT-Drucks. 8/1938 (Unterrichtung über das Umweltgutachten des Sachverständigenrats für Umweltfragen 1978), S. 434, Rn. 1353.

[26] Dazu bereits unter D. I. 1. c).

[27] Dieses Paradigma geht von einer bloßen Vorhersage (Predict) der zukünftigen verkehrlichen Nachfrage aus und beschränkt sich darauf, die Planung an diesen Zahlen auszurichten (Provide), vgl. *SRU*, Sondergutachten 2005, S. 102.

[28] *Wulfhorst*, DVBl 2012, 466 (470); ähnlich auch *Köck*, ZUR 2016, 579 (586).

[29] *Köck*, ZUR 2016, 579 (589), der dies mit Blick auf zahlreiche Bedarfsplanungen im deutschen Verwaltungsrecht kritisiert.

[30] *BMVI*, Umweltbericht zum BVWP 2030, S. 130.

[31] *BMVI*, ebd.

heblich sein,[32] weshalb der Identifizierung der Planziele besondere Bedeutung zukommt. Während der Grundsatz der Planzielkonformität also einerseits die Bandbreite der zu prüfenden Alternativen einschränkt, fordert er umgekehrt, dass die Planungen zumindest an den Zielvorgaben orientiert bzw. aus diesen entwickelt werden. Das *BMVI* hat als Planziele insbesondere auch Pläne und Programme der Bundesregierung wie das Aktionsprogramm Klimaschutz 2020 – inzwischen ersetzt durch das Klimaschutzprogramm 2030 – sowie allgemein die Reduktion von Emissionen und die Begrenzung der Inanspruchnahme von Natur und Landschaft identifiziert.[33] Die so gesetzten Ziele überschreitet der BVWP 2030 aber bei 11 von 12 Umweltkriterien,[34] ohne dass dies eine über die bloße Feststellung dieser Tatsache hinausgehende Überlegung oder Entscheidung nach sich zieht. Dass das Aktionsprogramm Klimaschutz 2020 keine umfassenden verkehrsträgerbezogenen Maßgaben setzt,[35] befreit das BMVI dabei nicht von seiner Pflicht zur Zielorientierung. Wo letztverbindliche Zielvorgaben des Gesetzgebers oder der Regierung fehlen, ist es am Plangeber, diese zu konkretisieren oder gegebenenfalls selbst zu definieren.[36] Wie wichtig der Schritt der Zielformulierung ist, veranschaulicht ein einfaches Gedankenspiel: Wird lediglich die Erfüllung des Transportbedarfs als Ziel definiert, kann dieses Ziel sowohl durch den Bau neuer Straßen als auch durch den Ausbau des Schienennetzes erfüllt werden – wird das Ziel allerdings auf die Erfüllung des Bedürfnisses nach individuellem motorisiertem Verkehr beschränkt, kann die Ausweitung des Schienenverkehrs gar nicht mehr in Betracht kommen.[37] Dass die Bundesregierung im Gesetzentwurf zum MgvG dann aber die Notwendigkeit der Legalplanung mit der im Klimaschutzprogramm vorgesehenen Verlagerung auf umweltfreundliche Verkehrsträger begründet,[38] macht deutlich, wie inkonsistent die derzeitige Planungs- und Argumentationsstruktur tatsächlich ist. Zurecht kritisiert das *UBA* daher hier, dass faktisch nur eines der drei dem BVWP zugrunde liegenden Szenarien, nämlich Szenario 3, das auf der Nachhaltigkeitsstrategie der Bundesregierung basiert und eine Verkehrsverlagerung hin auf umweltverträgliche Verkehrsträger favorisiert,[39] aus den eigentlichen Planzielen entwickelt wurde – und dementsprechend mangels tauglicher Vergleichsobjekte gar keine echte Alternativenprüfung stattgefunden hat.[40] Eigentliche Idee der Alternativenprüfung ist jedoch ein Vergleich verschiedener Planungen, die sämtlich an den Planzielen orientiert sind, sodass zwischen diesen eine fundierte Entscheidung fallen kann. Denn nur, weil

---

[32] *Rubel*, DVBl 2017, 585 (587); vgl. dazu etwa BVerwG, Urt. v. 17.12.2013 – 4 A 1.13 = BVerwGE 148, 353, juris Rn. 35 ff.; BVerwG, Beschl. v. 22.07.2010 – 7 VR 4.10, juris Rn. 35.

[33] Dazu bereits oben unter B. II. 1. b).

[34] Vgl. die Kritik des *UBA*, Stellungnahme zum BVWP 2030, S. 2.

[35] *BMVI*, Umweltbericht zum BVWP 2030, S. 119.

[36] *Balla/Wulfert/Peters*, in: UBA, Leitfaden zur SUP, S. 21, 35.

[37] *Winter*, ZUR 2013, 387 (389) mit weiteren Beispielen.

[38] BT-Drucks. 19/15619, S. 11.

[39] *BMVI*, BVWP 2030, S. 33.

[40] *UBA*, Stellungnahme zum BVWP 2030, S. 6 f.

Szenario 3 unter den drei gewählten das „nachhaltigste" ist, kann dieser Konzeption kein „Freifahrtschein" erteilt werden. So fokussiert es sich beispielsweise zwar am stärksten auf den tendenziell umweltfreundlichen Verkehrsträger Schiene – ist aber dadurch auch mit vergleichsweise hohen zusätzlichen Lärmbelastungen innerorts, Flächeninanspruchnahme und Zerschneidungseffekten verbunden.[41] Erst ein Vergleich mit weiteren planzielkonformen Alternativen kann hier tatsächlich eine abschließende Bewertung ermöglichen.

Zwar bewegen sich die vorstehenden Überlegungen in einem Grenzbereich zwischen politischer Einflussnahme und planungsrechtlichen Erfordernissen. Jedenfalls da, wo die Entscheidung zugunsten einer für die Umweltbelange nachteiligen Planungsvariante fällt, obwohl diese gar nicht an den Planzielen ausgerichtet ist, oder die durch BMVI oder BNetzA angestellte Betrachtung gar nicht als Alternativenprüfung im SUP-rechtlichen Sinne klassifiziert werden kann, ist der Zugriffsbereich verwaltungsgerichtlicher Kontrolle aber theoretisch eröffnet – nur bleibt diese durch die gegenwärtige Ausgestaltung des Rechtsschutzsystems erneut verwehrt.

6. FFH-Verträglichkeitsprüfung

Auch in Bezug auf die FFH-Verträglichkeitsprüfung hat bereits die Darstellung des Prüfungsprogramms[42] gezeigt, dass die planerische Praxis sowohl von *BMVI* als auch *BNetzA* derzeit zumindest in Teilen an den Anforderungen des Europarechts vorbeigeht. Obwohl bereits durch die Bedarfspläne verbindliche Festlegungen getroffen werden, erfolgt grundsätzlich nur eine Natura 2000-Abschätzung, aber keine vollständige FFH-Verträglichkeitsprüfung. Damit wird auch die Frage nach einer möglichen Abweichungsprüfung einschließlich einer FFH-rechtlichen Alternativenprüfung gar nicht behandelt. Ausgehend von der zuvor dargestellten EuGH-Rechtsprechung zu den unmittelbar aus der FFH-Richtlinie folgenden Klagebefugnissen[43] fehlt es insbesondere hier an einer phasenspezifischen Rechtsschutzmöglichkeit.

II. Korridorplanung

1. Bestimmung des Prüfungsgegenstandes

Auch auf Korridorebene stellt die Bestimmung des Prüfungsgegenstandes den ersten problematischen Punkt dar – insbesondere angesichts des fach- und raum-

[41] *BMVI*, Umweltbericht zum BVWP 2030, S. 141 f.

[42] Dazu bereits oben unter D. I. 1. d).

[43] Dazu bereits oben unter F. III. 1. c).

übergreifenden Charakters der *UVP im Raumordnungsverfahren.* Da bereits der BVWP eine Prüftrasse zugrunde legt und auch im Raumordnungsverfahren nur ein Vorschlag zum Trassenverlauf unterbreitet werden kann, bevor die eigentliche Festlegung durch das Linienbestimmungsverfahren erfolgt, wird sich dieser Vorschlag in der Praxis regelmäßig am Prüfungsgegenstand der Bedarfsplanung orientieren. Die damit verbundenen Probleme setzen sich mithin fort und verschärfen sich sogar angesichts der Tatsache, dass die UVP auch im Raumordnungsverfahren ihrer Grundkonzeption entsprechend projektbezogen agiert. Zwar entfällt die UVP im anschließenden Linienbestimmungsverfahren gem. § 47 Abs. 2 UVPG nur dann, wenn in die UVP im Raumordnungsverfahren „alle ernsthaft in Betracht kommenden Trassenvarianten einbezogen wurden". In der Praxis wird sich die Frage, ab welcher Abweichung gegenüber dem im Raumordnungsverfahren zugrunde gelegten Trassenverlauf im Linienbestimmungsverfahren eine eigenständige UVP durchzuführen ist und wann die Ausgestaltung der Alternativenprüfung dies erfordert, aber oftmals nicht zweifelsfrei beurteilen lassen.

Positiv gestaltet sich die Situation hingegen bei der SUP in der *Bundesfachplanung.* Die BNetzA hat sich für einen gegenüber der Verkehrswegeplanung grundlegend anderen Weg entschieden und begrenzt den Untersuchungsraum nicht anhand des Trassenkorridors, sondern geht in Orientierung an den aus der Bedarfsplanung bekannten Pufferräumen darüber hinaus.[44] Damit wird jedenfalls eine umfassendere Ermittlung und Bewertung von umweltrelevanten Auswirkungen sichergestellt als bei der Einschränkung auf eine Prüftrasse von Beginn der Bedarfsplanung an, wenn auch verbunden mit einer Erhöhung des Untersuchungsaufwandes.

Insbesondere mögliche Fehler in der Verkehrsinfrastrukturplanung bleiben aber auch hier einer fachgerichtlichen Kontrolle entzogen.

2. Standorte von Nebenanlagen

Unsicherheit besteht bei der SUP zur *Bundesfachplanung* aber über die Frage, ob und in welchem Maße Nebenanlagen in die Untersuchung einzubeziehen sind. Die Bundesfachplanung hat sich insofern zwingend damit zu beschäftigen, als dass die Realisierbarkeit der Trasse sichergestellt sein muss. Auch, dass der Bundesbedarfsplan Konverterstandorte nicht verbindlich festlegen kann, ist Konsens.[45] Zum einen fehlt es hier aber an einer Lösungsmöglichkeit für die Fälle, in denen die Bundesfachplanung die Realisierbarkeit nur durch eine Abweichung von den im BBPl festgelegten Netzverknüpfungspunkten sicherstellen kann. Eine Initiative des Bundesrates, im Rahmen der EEG-Reform 2014 eine entsprechende Abwei-

[44] Dazu bereits oben unter D. I. 1. a).

[45] BT-Drucks. 18/5581, S. 12; BT-Drucks. 17/13258, S. 19.

chungsbefugnis der BNetzA durchzusetzen, scheiterte.[46] Zum anderen fehlt eine klare Aufteilung der Entscheidungsbefugnisse zwischen Bundesfachplanung und Planfeststellung. So beschränkt sich der Gesetzgeber auf die Aussage, die Festlegung von Konverterstandorten solle „im Rahmen der sich anschließenden Planungs- und Genehmigungsverfahren, z. B. der Bundesfachplanung und des Planfeststellungsverfahrens“[47], erfolgen. Angesichts der Bindungswirkung gem. § 15 Abs. 1 S. 1 NABEG hat auch die Planfeststellungsbehörde bekanntlich keine Abweichungskompetenz gegenüber den Festlegungen der Bundesfachplanung mehr, sodass die Bundesfachplanung die Entscheidung entweder vollumfänglich treffen müsste – was ihrem Konkretisierungsgrad eigentlich widerspricht – oder die Entscheidung vollumfänglich der Planfeststellungsebene überlassen müsste – wodurch die Realisierbarkeit der Trasse aber nicht sichergestellt wäre. Dass es sich hierbei um kein theoretisches Problem handelt, zeigt die immense Anzahl von 2200 Einwendungen in Bezug auf den Konverterstandort Meerbusch-Osterath, die schon bei der Öffentlichkeitsbeteiligung zur Festlegung des entsprechenden Netzverknüpfungspunktes im Netzentwicklungsplan 2012 eingingen; darüber hinaus wurden nur 1000 Einwendungen zu weiteren Themen eingebracht, sodass der Standort Meerbusch-Osterath allein zwei Drittel der Einwendungen inzentivierte.[48] Eine entsprechende Rechtsschutzmöglichkeit steht dem Diskussionsbedarf der Öffentlichkeit und der Umweltverbände allerdings nicht gegenüber.

3. Alternativenprüfung

Zur Alternativenprüfung im Rahmen der Bundesfachplanung gilt aufgrund ihrer Verknüpfung mit einer SUP das bereits Gesagte.[49] Auch diesbezüglich wäre eine phasenspezifische Rechtsschutzmöglichkeit erforderlich.

Weniger Problemen begegnet die Frage nach einer Alternativenprüfung angesichts weitgehend fehlender Vorgaben in der UVP-Richtlinie und fehlender Bindungswirkungen des Ergebnisses des Raumordnungsverfahren zwar im Bereich der Verkehrsinfrastrukturen. Jedenfalls die in Anhang 4 Nr. 3 UVP-RL inzwischen explizit angeordnete Verpflichtung zur Prüfung des Basisszenarios muss aber entgegen der bisherigen Planungspraxis berücksichtigt werden. Da Fehler bei der Alternativenprüfung zudem auch nach klassischem deutschem Verständnis einen Abwägungsfehler begründen können und das Raumordnungsverfahren in der Praxis zumindest eine faktische Bindungswirkung entfaltet, sollte auch diesem Bereich größere Aufmerksamkeit gewidmet werden.

---

[46] *Schmitz/Uibeleisen*, Netzausbau, Rn. 537; vgl. dazu die damalige Einschätzung der Bundesregierung: BT-Drucks. 18/5581, S. 11.

[47] Vgl. BT-Drucks. 18/5581, S. 12.

[48] *Fest*, NVwZ 2013, 824 (829); dazu auch *Schmitz/Uibeleisen*, Netzausbau, Rn. 533.

[49] Dazu im Hinblick auf die Bedarfsebene bereits oben unter H. I. 5.

4. FFH-Verträglichkeitsprüfung

Auch für die FFH-Verträglichkeitsprüfung ist auf das bereits Gesagte zu verweisen.[50] Selbst, wenn auf Korridorebene nicht mehr in dem Maße völlig von einer vollständigen FFH-Verträglichkeitsprüfung abgesehen wird wie noch auf Bedarfsebene, so lässt sich in den Stellungnahmen der *BNetzA* doch eine Tendenz zugunsten bloßer Vorprüfungen und Abschichtungen entdecken. Auf die Möglichkeit, dass die Pflicht zur Durchführung einer vollständigen FFH-Verträglichkeitsprüfung bestehen kann, wird zwar richtigerweise hingewiesen.[51] Genauere Maßgaben dazu fehlen jedoch. Für die *Raumordnungsverfahren* sind allgemeine Aussagen aufgrund der unterschiedlichen Länderzuständigkeiten nur schwer zu treffen. Generell zeigt sich jedoch auch im Raumordnungsrecht eine zurückhaltende Tendenz im Umgang mit FFH-Verträglichkeitsprüfungen: Durchgeführt werden diese regelmäßig nur dann, wenn Trassen bzw. Standorte bereits konkret festgelegt werden, etwa bei der Ausweisung von Vorranggebieten durch Raumordnungspläne.[52] Gerade im Bereich der Verkehrsinfrastrukturen ist jedoch oftmals bereits eine Trasse vorhanden, die auch ohne konkretere Festlegungen ohne Weiteres als Anknüpfungspunkt für eine FFH-Verträglichkeitsprüfung dienen könnte.[53] Hinzu kommt, dass gerade das Raumordnungsverfahren mit seinem fachübergreifenden Ansatz in der Lage wäre, das Zusammenwirken des Plans oder Projekts mit anderen Plänen oder Projekten im selben Gebiet zu beurteilen, was ebenfalls Ziel der FFH-Verträglichkeitsprüfung ist.[54]

Zwar verfügt die Behörde auch im FFH-Bereich über eine gerichtlich nur eingeschränkt kontrollierbare naturschutzfachliche Einschätzungsprärogative.[55] Diese gilt beispielsweise bei der Erfassung und Einordnung von Lebensraumtypen oder der Methode zur Erfassung des Bestandes.[56] Die Behörde muss zwar ein umfassendes Bild ermitteln, dazu aber nicht jegliche mögliche Berechnungsweise heranziehen, sondern darf sich auf in Fachkreisen mehrheitlich anerkannte Methodik verlassen.[57] Schließlich kann die Prüfung naturschutzfachlicher Fragen an die Grenzen des Erkenntnisstandes stoßen. Auch hier wird das Gericht dann keine weiteren Ermitt-

---

[50] Dazu im Hinblick auf die Bedarfsebene bereits oben unter H. I. 6.

[51] Vgl. *BNetzA*, Leitfaden Bundesfachplanung, S. 22.

[52] *Lieber*, NuR 2008, 597 (598) m. w. N. zu konkreten Beispielen aus der Praxis.

[53] Vgl. *Lieber*, ebd.

[54] Zu Letzterem EuGH, Urt. v. 07.09.2004, Waddenvereniging und Vogelsbeschermingvereniging, C-127/02, ECLI:EU:C:2004:482, Rn. 39, 45, 49, 61; *Lieber*, NuR 2008, 587 (599).

[55] BVerwG, Urt, v, 14.04.2010 – 9 A 5.08 = BVerwGE 136, 291, juris Rn. 113; *Frenz*, NuR 2016, 30 (33); *Külpmann*, DVBl 2019, 140 (144).

[56] BVerwG, Urt. v. 12.03.2008 – 9 A 3.06 = BVerwGE 130, 299, juris Rn. 74; VGH München, Urt. v. 30.09.2009 – 8 A 05.40050, juris Rn. 59; *Frenz*, NuR 2016, 30 (33).

[57] EuGH, Urt. v. 07.09.2004, Waddenvereniging und Vogelsbeschermingvereniging, C-127/02, ECLI:EU:C:2004:482, Rn. 54; *Frenz*, NuR 2016, 30 (36).

lungen anstellen, sondern die Einschätzung der zuständigen Behörde lediglich auf Plausibilität kontrollieren.[58]

Je mehr Unklarheiten und Unsicherheiten aber kumulieren, desto fehleranfälliger wird die Prüfung. Unsicherheiten gehen stets zulasten des Planungsträgers, da dieser den Beweis für das Fehlen von Beeinträchtigungen geschützter Gebiete erbringen muss.[59] In Erinnerung zu rufen ist diesbezüglich, dass das Vorhandensein einer behördlichen Einschätzungsprärogative in keiner Form den Schluss zulässt oder gar erfordert, dass keine Rechtsschutzmöglichkeiten vorhanden sein müssen – denn auch eine Einschätzungsprärogative kann überschritten werden und gerade diese Frage muss dennoch Gegenstand einer gerichtlichen Überprüfung sein können. Wie schon auf Bedarfsebene sind aber auch hier keine der EuGH-Rechtsprechung zu unmittelbaren Klagebefugnissen aus der FFH-Richtlinie[60] entsprechenden Rechtsschutzmöglichkeiten vorhanden.

III. Projektzulassung

Die durchschnittliche Erfolgsquote von Umweltverbandsklagen gegen Planfeststellungsbeschlüsse im Infrastrukturbereich liegt mit 43,7 % enorm hoch.[61] Angesichts der – wie dargestellt – eher eingeschränkten Möglichkeiten der Inzidentkontrolle vorangehender Planungsstufen ist davon auszugehen, dass ein Großteil der erfolgreich geltend gemachten Fehler tatsächlich auf Planfeststellungsebene aufgetreten ist.[62] Allerdings stellen sich auf dieser Ebene zahlreiche Detailfragen je nach Ausbauvariante, Eigenschaften des jeweiligen Verkehrsträgers und konkreter räumlicher Situation, die kaum mehr verallgemeinernd dargestellt werden können. Sofern im Folgenden konkrete Beispiele gegeben werden, sollen daher zwei Verfahren im Fokus stehen, die zu den politisch sowie in der juristischen Fachwelt am stärksten diskutierten Infrastrukturgroßprojekten der vergangenen Jahre zählen: Die

[58] BVerfG, Beschl. v. 23. 10. 2018 – 1 BvR 2525/13 = BVerfGE 149, 407, juris Rn. 17; dazu *Fellenberg*, NVwZ 2019, 177 (184 f.); *Külpmann*, DVBl 2019, 140 (144); *Sachs*, DVBl 2020, 311 (314 ff.).

[59] Schlussanträge des Generalanwalts Philippe Léger vom 6. November 2003, Kommission/Österreich, C-209/02, ECLI:EU:C:2003:606, Rn. 40; *Frenz*, NuR 2016, 30 (31); in Bezug auf die Wirksamkeit von Schutz- und Kompensationsmaßnahmen BVerwG, Urt. v. 17. 01. 2007 – 9 A 20.05 BVerwGE 128, 1, juris Rn. 54.

[60] Dazu bereits oben unter F. III. 1. c).

[61] Bezogen auf alle vor deutschen Gerichten geführten Verwaltungsverfahren liegt sie lediglich bei 12 %; zu beiden Aspekten: *Schmidt/Zschiesche*, NuR 2018, 443 (450).

[62] Statistische Auswertungen hierzu sind allerdings nicht vorhanden. Die detaillierteste verfügbare Auswertung ist diejenige bei *Schmidt/Zschiesche*, NuR 2018, 443, die allerdings lediglich nach Klagegegenstand, nicht aber weiter nach der Ebene der geltend gemachten Fehler differenziert.

inzwischen im Bau befindliche Elbvertiefung bei Hamburg[63] und die Vertiefung der Außen- und Unterweser, die – nach Scheitern des Planfeststellungsbeschlusses vor dem BVerwG[64] – nun als Vorhaben Nr. 8 Aufnahme in § 2 MgvG gefunden hat.

1. Bestimmung des Prüfungsgegenstandes

Auf den ersten Blick mag diese Erkenntnis überraschen, doch auch bei der projektbezogenen UVP können erhebliche Fehler bei der Bestimmung des Prüfungsgegenstandes unterlaufen. So führte zum Scheitern des Planfeststellungsbeschlusses zur Weservertiefung unter anderem, dass das BVerwG die geplanten Maßnahmen als drei – statt wie vom Vorhabenträger angenommen nur zwei – Vorhaben erkannte, für die entsprechend drei Umweltverträglichkeitsprüfungen hätten durchgeführt werden müssen.[65] Von Bedeutung ist die unzulässige Aufspaltung einerseits oder Zusammenfassung andererseits vor allem deshalb, da die „Aussagekraft der Abwägung“[66] auf diese Weise verfälscht werden kann. Bei der Gesamtbetrachtung mehrerer eigentlich eigenständiger Projekte droht die Gefahr, dass ein Teilbereich nur im „Windschatten“ eines anderen zur Verwirklichung gelangt, obwohl isoliert betrachtet überwiegende Gründe gegen seine Umsetzung gesprochen hätten und der jeweils andere Teilbereich auch eigenständig hätte verwirklicht werden können, ohne dass die diesbezüglichen Planziele verfehlt worden wären.[67] Im Anwendungsbereich des MgvG kann eine solche falsche Bestimmung des Prüfungsgegenstandes nun nicht mehr gerügt werden – oder anders gesprochen: Die Zulassung der Weservertiefung wäre trotz eines Fehlers, der sowohl die UVP als auch die planerische Abwägung betrifft, (jedenfalls aus diesem Grund) nicht gescheitert.

2. Ermittlung der Berechnungsgrundlagen

Zentraler Angriffspunkt sind in zahlreichen Verfahren weiterhin die den konkreten Berechnungen zugrundeliegenden Modelle. So haben NABU und BUND in den Klagen gegen die Elbvertiefungspläne etwa unter anderem die (zu geringen) Ausmaße des der Berechnung zugrunde gelegten „Bemessungsschiffs“ bemängelt, durch die eine Verfehlung des Planziels der Anpassung an die Erfordernisse der modernen Containerschifffahrt zu befürchten stehe.[68] Entgegen der naheliegenden

[63] Zuletzt wurden in einer Entscheidung vom 28.11.2017 die Klagen der Elbfischer abgewiesen: BVerwG, Urt. v. 28.11.2017 – 7 A 1.17.

[64] BVerwG, Urt. v. 11.08.2016 – 7 A 1.15 = BVerwGE 156, 20.

[65] BVerwG, Urt. v. 11.08.2016 – 7 A 1.15 = BVerwGE 156, 20, juris Rn. 32 ff.

[66] BVerwG, Urt. v. 11.08.2016 – 7 A 1.15 = BVerwGE 156, 20, juris Rn. 35.

[67] Vgl. BVerwG, Urt. v. 11.08.2016 – 7 A 1.15 = BVerwGE 156, 20, juris Rn. 35, 171.

[68] Vgl. *Feldt/Schumacher*, NuR 2017, 676 (677 ff.); *dies.*, NuR 2015, 391 (398 f.).

Vermutung bewirkt die planerische Nichtberücksichtigung der mittlerweile üblichen Ultra Large Container Carrier (ULCC) keine Verbesserung der Umweltsituation. Denn der geplante zulässige Maximaltiefgang von 14,50 m wurde bewusst auf ULCC-Schiffe ausgerichtet, ohne dass deren mögliche Umweltauswirkungen, insbesondere die erhöhten Havarierisiken,[69] überhaupt untersucht wurden.[70] Gleiches gilt für die FFH-Verträglichkeitsprüfung und den Artenschutz.[71] Da die Anpassung an die immer größere Dimensionierung moderner Containerschiffe eine der vorherrschenden Herausforderungen im Wasserstraßenausbau ist, wird sich dieses Problem bei zahlreichen im BVWP vorgesehenen Projekten stellen – insbesondere bei den vier weiteren Wasserstraßenvorhaben des MgvG.[72] Das BVerwG trifft im Urteil zur Elbvertiefung allerdings keine Aussagen zur ULCC-Problematik,[73] sodass auch für zukünftige (MgvG-)Verfahren nicht mit einer Auflösung der Situation zu rechnen ist.

3. Einschränkung der Prüfung durch zu geringe Differenzierung

Als einzige tatsächlich projektbezogene und zugleich der abschließenden Zulassungsentscheidung vorangehende Umweltprüfung verfügt die UVP im Planfeststellungsverfahren oder zur Vorbereitung eines Maßnahmengesetzes über keinen Spielraum für Abschichtungen oder pauschale Betrachtungen mehr. Fehlerpotenzial ergibt sich in diesem Zusammenhang insbesondere dort, wo europäisches Umweltrecht unter Umständen zu einer Anpassung der Methodik je nach Schutzgut zwingt. So entspricht eine schutzgutbezogene Betrachtungsweise zwar dem Grundgedanken des § 2 Abs. 1 UVPG. Die Wasserrahmenrichtlinie verlangt darüber hinaus aber beispielsweise eine Bewertung der Auswirkungen auf die verschiedenen Wasserkörper, also auch auf die Nebenflüsse, und zwar anhand von Qualitätskomponenten für den Zustand der Wasserkörper und nicht nur anhand des übergreifenden Schutzgutes „Wasser" i. S. d. § 2 Abs. 1 UVPG – eine Tatsache, die der Vorhabenträger bei der Umweltprüfung im Rahmen der Weservertiefung übersehen hatte und die schließlich – neben anderen Gründen – zum Scheitern des Planfeststellungsbeschlusses führte.[74] In der UVP zur Elbvertiefung bei Hamburg wurde sogar die

---

[69] *Feldt/Schumacher*, NuR 2017, 676 (680 f.).

[70] Vgl. Planfeststellungsbeschluss für die Fahrrinnenanpassung der Unter- und Außenelbe für 14,5 m tiefgehende Containerschiffe vom 23.03.2012, S. 1818 f., abrufbar unter https://www.rettet-die-elbe.de/elbvertiefung/pfb_fahrrinnenanpassung_wsdnord_2012_kopierbar.pdf (abgerufen am 14.08.2021, 11:50 Uhr); *Feldt/Schumacher*, NuR 2017, 676 (679).

[71] Vgl. *Feldt/Schumacher*, NuR 2017, 676 (681).

[72] Vgl. § 2 Nr. 8–12 MgvG.

[73] S. dazu die Ausführungen zum BAW-Gutachten zu den schiffserzeugten Belastungen: BVerwG, Urt. v. 09.02.2017 – 7 A 2.15 = BVerwGE 158, 1, juris Rn. 75 ff.

[74] Vgl. BVerwG, Urt. v. 11.08.2016 – 7 A 1.15 = BVerwGE 156, 20, juris Rn. 163; BVerwG, Vorlagebeschl. v. 11.07.2013 – 7 A 20.11, juris Rn. 20; *Breuer*, NVwZ-Beilage 2018, 3 (4).

schutzgutbezogene Prüfung selbst vernachlässigt und nur in Bezug auf die gewählte Planungsvariante vorgenommen, nicht jedoch in Bezug auf die Alternativen.[75]

Auch solche Fehler sind im Anwendungsbereich des MgvG mangels Prüfungskompetenz des BVerfG für das WHG oder die Wasserrahmenrichtlinie einer gerichtlichen Kontrolle vollständig entzogen.

4. Einschränkung der Prüfung durch Vorgaben des MgvG

Zur Frage, welches Fehlerpotenzial die Zulassung durch Maßnahmengesetz selbst unmittelbar verursacht, liegen infolge der Neuartigkeit des Verfahrens noch keine Erfahrungswerte aus der Praxis vor. Die Stendal-Entscheidung des BVerfG hat gerade im Bereich der Umweltbelange wie bereits dargelegt kaum Aussagekraft. Entsprechend beschränkt sich die Entscheidung auch darauf, festzustellen, dass „mehrere Trassenvarianten untersucht und eine Umweltverträglichkeitsstudie erarbeitet“[76] wurden. Insbesondere das Konzept eines Abschlussberichts der zuständigen Behörde gem. § 8 Abs. 3 MgvG a. E., der zwar eine vollständige Untersuchung auch der Umweltauswirkungen leisten, gleichzeitig aber die Entscheidung des Bundestags nicht vorwegnehmen soll, lässt in der „neuen“ Version der Legalplanung aber zahlreiche Fragen offen.

Denn zwar spricht § 24 UVPG nur von einer „zusammenfassende[n] Darstellung“. Der EuGH hat mit Blick auf Art. 3 der UVP-RL jedoch klargestellt, dass die zuständige Behörde „sowohl ermittelnd als auch analysierend tätig werden [muss], um zu einer möglichst vollständigen Bewertung der unmittelbaren und mittelbaren Auswirkungen des betreffenden Projekts [...] und ihren Wechselwirkungen untereinander zu gelangen.“[77] Gleichzeitig soll gem. § 8 Abs. 3 MgvG a. E. die Abwägungsentscheidung des Bundestages aber nicht vorweggenommen werden. Faktisch muss sich die für das vorbereitende Verfahren zuständige Behörde daher entscheiden, ob sie gegen das UVPG oder gegen das MgvG verstoßen will. Gerade im Wasserstraßenbereich liegt angesichts der geschilderten Problematiken im Verfahren zur Elbvertiefung die Vermutung nahe, dass die Entscheidung der Generaldirektion nicht zugunsten der Umwelt ausfallen wird. Auch diesbezüglich fehlt aber eine fachgerichtliche Überprüfungsmöglichkeit.

---

[75] *Feldt/Schumacher*, NuR 2015, 391 (395); vgl. dazu den Planfeststellungsbeschluss für die Fahrrinnenanpassung der Unter- und Außenelbe vom 23.03.2012, abrufbar wie zuvor, S. 1831 ff.

[76] BVerfG, Beschl. v. 17.07.1996 – 2 BvF 2/93 = BVerfGE 95, 1, juris Rn. 2.

[77] EuGH, Urt. v. 03.03.2011, Kommission/Irland, C-50/09, ECLI:EU:C:2011:109, Rn. 40.

5. Alternativenprüfung

Zur Alternativenprüfung auf Projektzulassungsebene kann auf das bereits Gesagte verwiesen werden. Eine Rechtsschutzmöglichkeit ist auch im Hinblick auf Fehler bei der Alternativenprüfung jedenfalls im Anwendungsbereich des MgvG nicht vorhanden.

6. FFH-Verträglichkeitsprüfung

Besondere Bedeutung gewinnt im Rahmen der FFH-Verträglichkeitsprüfung auf Projektzulassungsebene neben den bereits erörterten Problemen, die auch andere Planungsstufen betreffen, schließlich die Abweichungsprüfung. Auch, wenn man der hier vorgeschlagenen extensiven Anwendung der FFH-Vorschriften nicht folgt, muss spätestens bei der konkreten Projektzulassung eine Abweichungsentscheidung i. S. d. Art. 6 Abs. 4 FFH-RL, § 34 Abs. 3 BNatSchG ergehen, wenn die Beeinträchtigung eines Schutzgebiets festgestellt, das Projekt aber dennoch an der präferierten Stelle verwirklicht werden soll.

Auch hier bietet zum einen die dann erforderliche Alternativenprüfung wieder Konfliktpotenzial. Denn selbst angesichts von Bindungswirkungen fordert das FFH-Recht wie gezeigt die Suche nach Alternativen auch außerhalb des festgelegten Korridors und die Entscheidung für diese, sollten sie mit einer geringeren Beeinträchtigung des FFH-Gebiets einhergehen. Zum anderen spielt spätestens hier die Frage nach dem Vorliegen zwingender Gründe des öffentlichen Interesses i. S. d. § 34 Abs. 3 Nr. 1 BNatSchG eine wesentliche Rolle. Zwar gewährt das Unionsrecht hier Spielräume, dennoch dürfen die Mitgliedstaaten

> „ihre öffentlichen Interessen nicht in einer Weise definieren und bewerten, die praktisch jedem Vorhaben, das das Erfordernis der Planrechtfertigung erfüllt und nach dem Muster der Abwägungsregeln des deutschen Planungsrechts vertretbar ist, von vornherein ein hohes Gewicht beimisst mit der Folge, dass es allenfalls bei schweren Beeinträchtigungen der Schutzziele hinter dem Interesse an der Integrität des FFH-Gebiets zurücktreten müsste“[78].

Es kann also die bloße Tatsache, dass ein verkehrlicher Bedarf besteht, nicht per se zur Bejahung der Abweichungsentscheidung führen. Der Planfeststellungsbeschluss zur Weservertiefung scheiterte in diesem Sinne unter anderem daran, dass der Vorhabenträger nur eine Summierung der für das Vorhaben sprechenden Gründe gegenüber den Beeinträchtigungen von FFH-Gebieten, aber keine echte Abwägung vorgenommen hatte.[79] Auch der Planfeststellungsbeschluss zur Elbvertiefung stellt auffällig fokussiert auf die wettbewerblichen Interessen des Hamburger Hafens ab und formuliert etwa, der Hafen leiste „maßgebliche Beiträge zum regionalen Ar-

---

[78] BVerwG, Urt. v. 11.08.2016 – 7 A 1.15 = BVerwGE 156, 20, juris Rn. 106.

[79] BVerwG, Urt. v. 11.08.2016 – 7 A 1.15 = BVerwGE 156, 20, juris Rn. 111.

beitsplatzangebot und zur Wertschöpfung der Bundesrepublik Deutschland"[80]. Vom BVerwG wurde dies – in Anbetracht der voranstehenden Ausführungen in zumindest fragwürdiger Weise – jedoch nicht als problematisch erachtet.[81]

Auch hinsichtlich des Umstiegs auf die Vorhabenzulassung durch Gesetz hatte die Bundesregierung pauschal darauf verwiesen, diese sei für die ausgewählten Projekte notwendig, da das Klimaschutzprogramm der Bundesregierung umfangreiche Maßnahmen zur Verlagerung des Verkehrs auf umweltfreundliche Verkehrsträger vorsehe.[82] Es steht zu erwarten, dass diese Argumentation auch im Rahmen einer etwaigen FFH-Abweichungsprüfung herangezogen werden wird.

Noch höher ist die Gefahr eines zu freigiebigen Umgangs mit der FFH-Abweichungsprüfung im Anwendungsbereich des *NABEG*, das in § 1 S. 3 NABEG sogar ausdrücklich pauschal die Erforderlichkeit der Realisierung von Stromleitungen „aus Gründen eines überragenden öffentlichen Interesses und im Interesse der öffentlichen Sicherheit" feststellt. Die deutsche Rechtsprechung hat diese Einstufung angesichts drohender Versorgungsengpässe durch den Ausstieg aus der Kernenergie bisher als legitim erachtet.[83] Ähnliches gilt für Vorhaben nach der TEN-E-VO, die über den Vorrangstatus gem. Art. 7 Abs. 3 TEN-E-VO leichter naturschutzrechtliche Ausnahmetatbestände in Anspruch nehmen können.[84] Daraus darf jedoch keine Regelausnahme zulasten des Habitatschutzes werden.[85] Denn § 34 Abs. 3 BNatSchG fordert auf Basis des Art. 6 Abs. 4 FFH-Richtlinie eine restriktive Interpretation und damit stets eine Einzelfallprüfung.[86] Ob eine solche erfolgt ist oder Behörde respektive Bundestag pauschal eine Abweichung zugelassen haben, ist zumindest im Anwendungsbereich des MgvG erneut nicht überprüfbar.

---

80 Planfeststellungsbeschluss für die Fahrrinnenanpassung der Unter- und Außenelbe vom 23.03.2012, abrufbar wie zuvor, S. 1795.

81 Vgl. BVerwG, Urt. v. 09.02.2017 – 7 A 2.15 = BVerwGE 158, 1, juris Rn. 123, 134.

82 BT-Drucks. 19/15619, S. 11.

83 OVG Berlin-Brandenburg, Beschl. v. 05.07.2007 – OVG 2 S 25.07, juris Rn. 41; VGH Mannheim, Urt. v. 20.07.2011 – 10 S 2102/09, juris 344; kritisch dazu *Lau*, in: BNetzA, Tagungsband Wissenschaftsdialog 2016, S. 30 (36 f.).

84 Dazu *Appel/Rietzler*, NuR 2017, 227 (236); *Fischerauer*, EnWZ 2013, 56 (59); *Schmitz/Jornitz*, NVwZ 2012, 332 (337), nach deren Ansicht diese Einordnung wohl nicht über die Rechtswirkung des § 1 S. 3 NABEG hinausgeht.

85 *Henning/Krappel*, UPR 2013, 133 (137, Fn. 65); *Moench/Ruttloff*, NVwZ 2011, 1040 (1040).

86 Vgl. EuGH, Urt. v. 24.11.2011, Kommission/Spanien, C-404/09, ECLI:EU:C:2011:768, Rn. 109; BVerwG, Urt. v. 11.08.2016 – 7 A 1.15 = BVerwGE 156, 20, juris Rn. 104; *Appel*, UPR 2011, 406 (415); *Attendorn*, NuR 2013, 153 (157); *Füßer/Lau*, NuR 2012, 448 (452); *Kment*, in: GfU, 38. wissenschaftliche Fachtagung, S. 57 (76); *Nebel/Riese*, in: Steinbach/Franke, Netzausbau, § 18 NABEG, Rn. 87; vgl. auch BT-Drucks. 342/11, S. 36.

IV. Fazit

Die vorstehende Analyse hat gezeigt, dass das Fehlen von Rechtsschutzmöglichkeiten nicht nur auf Projektzulassungsebene, sondern ebenso auf den vorherigen Planungsstufen des Verkehrs- und Energieinfrastrukturausbaus erhebliche praktische Auswirkungen entfaltet. Auf höheren Ebenen gemachte Fehler können nicht unmittelbar zur Überprüfung gebracht werden, schlagen aufgrund der derzeitigen Ausgestaltung aber fast unvermeidbar auf die Projektrealisierung durch.

Wo Gesetzgeber und Planungsträger die rechtlichen Anforderungen nicht erfüllen, ist es (die ihnen jedenfalls vom Unionsrecht zugedachte) Aufgabe von Umweltverbänden und Individualklägern, umweltrelevante Planungsfehler anzugreifen. Diese Möglichkeit bleibt ihnen jedoch im Anwendungsbereich des MgvG gänzlich, im Übrigen jedenfalls bezogen auf Korridor- und Bedarfsebene, momentan verwehrt. Kurzgefasst: Bei Ergehen der Maßnahmengesetze für die in §§ 2, 2a MgvG genannten Projekte wird keine der auf den vergangenen 16 Seiten exemplarisch aufgeführten potenziellen Fehlerquellen gerichtlich überprüft werden können. Tatsächlich wären nicht einmal ein gänzliches Unterlassen oder eine unvollständige Durchführung der Umweltprüfungen kontrollfähig. „Umweltrechtsschutz, quo vadis?“[87] fragte *Kloepfer* schon 2014 angesichts weitaus weniger einschneidender Veränderungen. In Richtung seiner Abschaffung, muss darauf jedenfalls im Anwendungsbereich des MgvG heute wohl geantwortet werden.

---

[87] *Michael Kloepfer* in der Begrüßung zur wissenschaftlichen Tagung „Rechtsschutz im Umweltrecht“ vom 7. 2. 2014 an der Humboldt-Universität zu Berlin, zitiert nach *Dittes*, DÖV 2014, 666 (666); ähnlich *Hien*, DVBl 2018, 1029 (1029).

I. Lösungsvorschlag

Trotz aller berechtigten Kritik an der gegenwärtigen Art und Weise der Umsetzung sind Verfahrensbeschleunigung, ein schneller Netzausbau auch zur Umsetzung der Energiewende und die Verbesserung der – im Idealfall – umweltfreundlichen Mobilität durch Infrastrukturausbau ebenso berechtigte Ziele, die mit dem Umweltschutz in Ausgleich gebracht werden wollen. Anders als in Zeiten rein nationaler Gesetzgebung kollidieren hier allerdings verschiedene „Regime" des Umwelt-Völkerrechts und europäischen Umweltrechts mit der nationalen Rechtsordnung, die als thematisches Gesamtsystem geschaffen und einer inhaltlichen Modifikation zulasten der Umwelt durch den nationalen Gesetzgeber entzogen sind. Der zu findende Kompromiss kann daher nicht in der Ausschaltung der Umweltverbandsklage bestehen, sondern muss die von der Århus-Konvention und den europäischen Richtlinien gewährten Spielräume effektiv ausnutzen.

Dass die Ausweitung und phasenspezifische Zuordnung von Rechtsschutzmöglichkeiten nicht notwendig mit Verzögerungen und der Überflutung von Gerichten verbunden sein muss, dass Beschleunigungspotenziale auch abseits der Einschränkung von Klagebefugnissen zu finden sind und sowohl in Deutschland als auch im europäischen Ausland bereits funktionierende Systeme bestehen, von denen die deutsche Infrastrukturplanung lernen kann, sollen die folgenden Ausführungen zeigen. Dabei sollte der Einfluss des europäischen Rechts weniger als feindliche Übernahme und mehr als Chance verstanden werden, angeregt durch eine völlig anders operierende rechtliche Perspektive und unter Rückgriff auf die bekannten Instrumente des deutschen Verwaltungsrechts die Umweltschutzsituation insgesamt zu verbessern.

I. Zur politischen Notwendigkeit eines systemischen Umdenkens

Zurecht wurde die Umweltschutzsituation in Deutschland jedenfalls gegenüber dem Ausgangsstadium im nicht-europäischen Ausland und auch in anderen europäischen Mitgliedstaaten schon immer als vergleichsweise stark und positiv empfunden.[1] Gerade in Zeiten, in denen Themen wie der Klimawandel und die Übernahme von Verantwortung für die nachfolgenden Generationen immer stärker das öffentliche Bewusstsein prägen, in denen auf internationalen Spitzentreffen Amazonas-Waldbrände, die Meeresvermüllung und der Schutz der Biodiversität schon

[1] Dazu bereits oben unter B. V. 2., 4.

längst die Tagesordnungen dominieren, kann es aber erforderlich werden, den Blick zu weiten und statt eines oder neben einem klassisch-projektbezogenen Ansatz eine ganzheitliche Perspektive zu wählen. § 13 Abs. 1 S. 1 KSG fordert von den Trägern öffentlicher Aufgaben schon heute, den Einfluss ihrer Planungen und Entscheidungen auf die Entwicklung des Weltklimas und die Möglichkeit der Einhaltung der Klimaschutzziele i.S.d. § 1 KSG, gem. § 1 S. 3 KSG also insbesondere der Pariser Temperaturschwellen, zu berücksichtigen – und lässt sie damit auf unbekanntem Terrain zurück. Einen Ausgangspunkt hierfür könnten die nachfolgenden Überlegungen bieten:

Die Umwelt als individuelles Schutzgut *of its own* zu sehen mag dem deutschen Recht noch immer fremd sein.[2] Das Europäische Umweltrecht hat diese Perspektive, die in südamerikanischen Ländern sowie Neuseeland teils sogar Verfassungsrang hat,[3] jedoch seit jeher inkorporiert.[4] Auch im Nachbarland Österreich gibt es mit den Umweltanwaltschaften schon lange vielversprechende Ansätze.[5] Anders als bei einem Grundrecht auf oder gar einer Grundpflicht zum Umweltschutz, die immerhin in zahlreichen anderen europäischen Verfassungen – wiederum nicht in der deutschen[6] – verankert ist,[7] steht bei den Umweltanwaltschaften gerade nicht der Mensch als Anspruchsteller, sondern die Umwelt im Mittelpunkt.

Das deutsche BVerfG knüpfte hingegen auch im als sehr progressiv empfundenen[8] KSG-Beschluss vom 24. März 2021 den Anspruch auf „intertemporale Freiheitssicherung" allein an die – menschlichen – Freiheitsgrundrechte des Grundgesetzes und betonte ausdrücklich, dass die Voraussetzungen für menschliches Überleben nicht notwendig deckungsgleich seien mit dem Schutz von Umwelt und Natur.[9]

---

[2] Nicht gemeint ist damit das Staatsziel Umweltschutz i.S.d. Art. 20a GG, wie im Folgenden näher erläutert wird.

[3] Vgl. Art. 71 der Verfassung Ecuadors: „Nature, or Pacha Mama, where life is reproduced and occurs, has the right to integral respect for its existence and for the maintenance and regeneration of its life cycles, structure, functions and evolutionary processes.", zitiert nach *Winter*, ZUR 2013, 387 (387, Fn. 2); ähnlich Art. 7 der Verfassung Boliviens, vgl. dazu *Gudynas*, juridikum 2009, 214 (214) sowie die Verfassung Neuseelands, vgl. dazu *Rehbinder*, ZfU 2015, 257 (267).

[4] Dazu bereits oben unter F. III. 1.

[5] Zum Aufgabenbereich vgl. das Leistungsspektrum gem. http://www.umweltanwaltschaft.gv.at/de/wir-ueber-uns (abgerufen am 14.08.2021, 11:50 Uhr); einen ähnlichen Vorschlag für das deutsche Recht unterbreitet *Ramsauer*, in: FS Erbguth, S. 465 (475).

[6] Zur Historie der Debatte und dogmatischen Problemen eines Grundrechts auf Umweltschutz ausführlich *Calliess*, ZUR 2021, 323 (324 ff.).

[7] *Groß*, EurUP 2019, 353 (355 f.).

[8] Vgl. etwa *Faßbender*, NJW 2021, 2085 (2085); *Schlacke*, NVwZ 2021, 912 (912).

[9] BVerfG, Beschl. v. 24.03.2021 – 1 BvR 2656/18, 1 BvR 78/20, 1 BvR 96/20, 1 BvR 288/20, juris Rn. 163; dazu bereits oben unter G. I. 3. b) gg). Zustimmend aus Perspektive der Schutzpflichtendimension und deshalb mit der Forderung nach einem Grundrecht auf Umweltschutz *Calliess*, ZUR 2021, 323 (325).

Dass die Botschaft einer eigenständigen – auch rechtsschutzbehafteten – Schutzwürdigkeit der Umwelt im deutschen Rechtskreis noch immer nicht auf fruchtbaren Boden gestoßen ist, mag überraschen, ist der Schritt von der allgemein anerkannten verbindlichen Feststellung der Planrechtfertigung auf Bedarfsebene[10] hin zu der Erkenntnis, dass es sich etwa im Energieinfrastrukturbereich nicht nur um energiewirtschaftliche, sondern immer auch um energieumweltrechtliche Überlegungen handelt,[11] doch vergleichsweise klein. Schließlich muss die Planung den Bedarf auch hinsichtlich der Inanspruchnahme von Umweltgütern rechtfertigen.[12] Gleichzeitig ist die Bedarfsebene die einzige Planungsstufe, auf der – zumindest theoretisch – ergebnisoffen über konzeptionelle Alternativen debattiert werden kann.[13]

Dass ein entsprechender Diskussionsbedarf bei Umweltverbänden und in der Öffentlichkeit durchaus besteht, zeigt die Öffentlichkeitsbeteiligung zum BVWP 2030, die erste ihrer Art, die mit rund 39.000 beim BMVI eingegangenen Stellungnahmen extrem umfangreich ausfiel.[14] Bei der ersten Bedarfsermittlung und dem dazugehörigen Umweltbericht im Energieleitungsausbau im Jahr 2012 waren es im Vergleich beispielsweise nur rund 2700 Einwendungen,[15] für die Zieljahre 2017–2030 dann aber ebenfalls rund 15.000.[16]

Warum die Umweltrelevanz bereits der Bedarfsebene nicht unterschätzt werden darf, zeigt das Konzept der planetaren Grenzen oder ökologischen Tragekapazitäten (*planetary boundaries*). Darunter ist der maximale Umfang der Inanspruchnahme des Erdsystems[17] durch menschliche Aktivitäten zu verstehen, der vom Ökosystem in

---

[10] Dazu bereits oben unter B. IV. 1.

[11] *Calliess/Dross*, ZUR 2013, 76 (81); ähnlich *Ludwig*, ZUR 2017, 67 (67); ausführlich zur Verknüpfung von Energiewirtschafts- und Energieumweltrecht: *Calliess*, Die neue Europäische Union, S. 474 ff.

[12] *Köck*, ZUR 2016, 579 (581, 586).

[13] Vgl. *Wulfhorst*, DVBl 2012, 466 (467).

[14] Vgl. den Bericht des BMVI zur Behörden- und Öffentlichkeitsbeteiligung des BVWP 2030, S. 2, abrufbar unter: https://www.bmvi.de/SharedDocs/DE/Anlage/G/BVWP/finaler-bericht-behoerden-und-oeffentlichkeitsbeteiligung.pdf?__blob=publicationFile (abgerufen am 14.08.2021, 11:51 Uhr).

[15] Vgl. die Pressemitteilung „Starkes Interesse an Netzentwicklungsplan Strom 2012 und Umweltbericht" der Bundesnetzagentur vom 5. November 2012, abrufbar unter https://www.bundesnetzagentur.de/SharedDocs/Pressemitteilungen/DE/2012/121105_NEPStrom2012UmwBericht.html (abgerufen am 14.08.2021, 11:51 Uhr).

[16] Vgl. den Überblick zum Gang des Verfahrens bei https://www.netzausbau.de/bedarfsermittlung/2030_2017/nep-ub/de.html (abgerufen am 14.08.2021, 11:52 Uhr). Zur Bedarfsermittlung 2019–2030 gingen allerdings nur 900 Stellungnahmen ein. Dieser enorme Rückgang dürfte sich damit erklären lassen, dass beide Planungen auf das Zieljahr 2030 ausgerichtet sind und von der Version 2017 zur Version 2019 lediglich eine Aktualisierung stattfand, die zu zahlreichen Aspekten keinen neuen Diskussionsbedarf ausgelöst haben dürfte.

[17] Die Erdsystemwissenschaft ist ein interdisziplinärer Ansatz, der sich aus verschiedenen, vor allem naturwissenschaftlichen, aber auch sozialen Perspektiven mit der Funktionsweise des

seiner Gesamtheit ohne Entstehen einer dauerhaften Beeinträchtigung verkraftet werden kann.[18] Nur innerhalb dieser Grenzen besteht ein „safe operating space for humanity“[19]. Identifiziert haben der schwedische Naturwissenschaftler *Johan Rockström* und Kollegen planetare Grenzen in Bezug auf den Klimawandel, die Verlustrate der biologischen Vielfalt, den Stickstoff- und Phosphorkreislauf, den stratosphärischen Ozonabbau, die Ozeanversauerung, den weltweiten Frischwasserverbrauch, die Flächeninanspruchnahme, die Konzentration atmosphärischen Aerosols sowie die chemische Verschmutzung der Umwelt.[20] Auch in Deutschland ist das Konzept unter dem Begriff der „planetarischen Leitplanken“ schon länger bekannt,[21] hat jedoch auf internationaler Ebene bisher sehr viel mehr Aufmerksamkeit erfahren als national.[22] So bildete es etwa die Grundlage für die in Paris beschlossene Bemühung um eine Begrenzung der Erderwärmung auf möglichst 1,5 °C, jedenfalls aber deutlich unter 2 °C.[23]

Auch juristische Autoren sehen abgeleitet aus Art. 20a GG bzw. Art. 1 Abs. 1 i. V. m. Art. 2 Abs. 1, Abs. 2 eine verfassungsrechtliche Pflicht zur Gewährleistung eines „ökologischen Existenzminimums“[24]. Übersteigt die voraussichtliche Belastung infolge der Verwirklichung aller in einen Bedarfsplan aufgenommenen Projekte diese ökologischen Tragekapazitäten, so müsste die Planrechtfertigung für die nachfolgende Planfeststellung entfallen.[25] Dass sich konkrete Belastungsschwellen aus der Verfassung nicht herleiten lassen,[26] dürfte angesichts der klaren Entscheidung, die die im Juli 2021 novellierte EU-Klimaschutzverordnung für den von *IPCC* und *SRU* empfohlenen und auf dem Konzept der *planetary boundaries* basierenden Ansatz der CO_2-Restbudgetierung trifft,[27] in dieser Absolutheit inzwischen kaum mehr zu vertreten sein.

„Erdsystems“ auseinandersetzt, vgl. *Leemans/Asrar/Busalacchi* u. a., Current Opinion in Environmental Sustainability (1/2009), 4 (4 ff.).

[18] *Rockström* u. a., Nature, Vol. 461, Issue 7263 (2009), 472 (472 f.); *Steffen/Richardson/Rockström* u. a., Science, Vol. 347, Issue 6223 (15), 736 (736).

[19] *Rockström* u. a., Nature, Vol. 461, Issue 7263 (2009), 472 (472).

[20] *Rockström* u. a., Nature, Vol. 461, Issue 7263 (2009), 472 (473).

[21] *WBGU*, Hauptgutachten 2011, S. 34.

[22] *Rehbinder*, ZfU 2015, 257 (265).

[23] *WBGU*, Hauptgutachten 2011, S. 34.

[24] *Calliess*, Rechtsstaat und Umweltstaat, S. 300; *ders.*, ZUR 2021, 323 (329); *Köck*, ZUR 2016, 579 (584); *Sparwasser/Engel/Voßkuhle*, Umweltrecht, § 1, Rn. 160; ähnlich *Gassner*, NVwZ 2014, 1140 (1141); *ders.*, DVBl 2013, 547 (549); kritisch *Voßkuhle*, NVwZ 2013, 1 (6), der allerdings auch die Notwendigkeit der Etablierung von Regelungen sieht, „damit die Menschheit auf diesem Planeten weiter gut leben kann“. Offener demgegenüber wohl inzwischen auch das BVerfG: BVerfG, Beschl. v. 24. 03. 2021 – 1 BvR 2656/18, 1 BvR 78/20, 1 BvR 96/20, 1 BvR 288/20, juris Rn. 113 ff.

[25] *Köck*, ZUR 2016, 578 (587).

[26] So *Voßkuhle*, NVwZ 2013, 1 (6); *Sparwasser/Engel/Voßkuhle*, Umweltrecht, § 1, Rn. 160.

[27] Vgl. Art. 4 Abs. 4 sowie den 30. Erwägungsgrund der VO (EU) 2021/1119.

Jedenfalls eine gänzliche Nichtberücksichtigung dieser Überlegungen stellt jedoch nach heutigen Maßstäben einen Abwägungsfehler da.

Orientiert an klassischen deutschen Strukturen hat *Winter* hierzu den Begriff der ökologischen Verhältnismäßigkeit entwickelt, der die bekannten Kriterien von Legitimität des Ziels, Geeignetheit, Erforderlichkeit und Angemessenheit auf die Inanspruchnahme der Natur transferiert.[28] Gerade im Bereich der Infrastrukturplanung erscheint dieses Konzept vielversprechend, da sich die problematische Frage, ob auch Bürger dem eigentlich aus der Abwehrfunktion der Grundrechte entspringenden Prinzip der Verhältnismäßigkeit unterworfen werden können[29] allenfalls mittelbar mit Blick auf die bei der Energieleitungsplanung beteiligten Übertragungsnetzbetreiber stellt, die Bedarfsplanung aber im Übrigen vom Staat verantwortet wird. Auf Akzeptanzprobleme dürfte eine solche Herangehensweise nicht stoßen, haben doch bereits viele Bürger ihr eigenes (Konsum-)Verhalten inzwischen einer Prüfung der ökologischen Verträglichkeit unterworfen.[30] Zentrale Innovation der ökologischen Verhältnismäßigkeit ist die Priorisierung des Umweltschutzes: Nicht die Natur soll bei Überwiegen der gesellschaftlichen Belastung preisgegeben werden, sondern der gesellschaftliche Nutzen bei übermäßiger Beeinträchtigung der Natur.[31] *Winter* entwickelt damit den schon auf der Umweltkonferenz von Rio de Janeiro 1992 etablierten Nachhaltigkeitsgrundsatz weiter, der die „Entkoppelung von wirtschaftlicher Entwicklung einerseits und Beeinträchtigung der Umweltfunktionen und Ressourcenverbrauch andererseits"[32] fordert. Auch das BVerfG macht im KSG-Beschluss deutlich, dass die Zeit, in der Klimaschutzerwägungen in der Abwägung zurückgestellt werden konnten, ihrem Ende entgegen geht:

> „Geht das dieser Temperaturschwelle [s.c.: den Pariser Klimazielen] entsprechende CO_2-Budget zur Neige, dürfen Verhaltensweisen, die direkt oder indirekt mit CO_2-Emissionen verbunden sind, nur noch zugelassen werden, soweit sich die entsprechenden Grundrechte in der Abwägung mit dem Klimaschutz durchsetzen können. *Dabei nimmt das relative Gewicht der Freiheitsbetätigung bei fortschreitendem Klimawandel aufgrund der immer intensiveren Umweltbelastungen immer weiter ab.*"[33] [Hervorhebung d. Verf.]

---

[28] *Winter*, ZUR 2013, 387 (388 ff.).

[29] So nämlich der weitgreifende Vorschlag von *Winter*, ZUR 2013, 387 (388 f.), den dieser angesichts der Verknappung natürlicher Ressourcen allerdings für notwendig hält.

[30] Vgl. *Winter*, ZUR 2013, 387 (390). Ein entsprechendes „Umdenken" zeigt beispielsweise die Repräsentativbefragung zum Umweltbewusstsein in Deutschland, zuletzt durchgeführt im Frühsommer 2019, Ergebnisse abrufbar unter https://www.umweltbundesamt.de/themen/nachhaltigkeit-strategien-internationales/gesellschaft-erfolgreich-veraendern/umweltbewusstsein-in-deutschland (abgerufen am 14.08.2021, 11:53 Uhr).

[31] *Winter*, ZUR 2013, 387 (395); ähnlich auch *Köck*, ZUR 2016, 579 (589), der die Einführung einer Zweifelsregel zugunsten der betroffenen (Umwelt-)Schutzgüter befürwortet.

[32] *Rehbinder*, ZfU 2015, 257 (259).

[33] BVerfG, Beschl. v. 24.03.2021 – 1 BvR 2656/18, 1 BvR 78/20, 1 BvR 96/20, 1 BvR 288/20, juris Rn. 185.

Treffend erkennt *Frenz* in der KSG-Entscheidung daher den „Übergang vom liberalen zum ökologischen Freiheitsverständnis“[34]. Zumindest theoretisch denkbar geworden sind damit auch in Deutschland Entscheidungen wie die des Österreichischen Bundesverwaltungsgericht zum Großflughafen Wien-Schwechat. Das Gericht erklärte die Genehmigung für den Bau einer dritten Start- und Landebahn im Jahr 2017 aus Gründen des Klimaschutzes für rechtswidrig – und zwar mit Verweis auf die mit dem Ausbau einhergehende Steigerung der Gesamt-Treibhausgasemissionen Österreichs, die damit zu befürchtende Verfehlung der Klimaschutzziele und die entsprechenden teils schweren Folgen für die menschliche Gesundheit sowie die Tier- und Pflanzenwelt.[35] Dass der österreichische Verfassungsgerichtshof dieses Urteil kurze Zeit später wieder aufhob und dem BVwG vorwarf, aus rechtspolitischen Gründen einseitig den Umweltschutz bevorteilt zu haben,[36] stieß zurecht auf erhebliche Kritik.[37] Auch in anderen europäischen Ländern sowie Australien sorgten ähnliche Verfahren in den vergangenen Jahren für Aufsehen.[38] So erklärte beispielsweise der englische Court of Appeal im Februar 2020 den Ausbau des Flughafens London Heathrow im Zusammenhang mit den Pariser Klimazielen für rechtswidrig.[39] Derzeit ist das Verfahren vor dem Supreme Court anhängig.[40] Anders als im Fall Schwechat war hier jedoch nicht die materielle Vereinbarkeit mit den Pariser Klimazielen streitgegenständlich, sondern die gänzliche Nichtberücksichtigung des Abkommens in der Abwägung, die dem *Airport National Policy Statement* – einer am ehesten der Bedarfsplanung vergleichbaren Grundsatzerklärung zum Ausbau des Flughafens – zugrunde lag.[41]

Dass der wirtschaftlich möglicherweise notwendige und sinnvolle Ausbau eines wichtigen Verkehrsknotenpunktes im letzten Moment aus Klimaschutzgründen scheitert, soll dabei nicht das Ziel sein und stößt verständlicherweise auf Unmut.

---

[34] *Winter*, EnWZ 2021, 201 (202).

[35] Österreichisches Bundesverwaltungsgericht (BVwG), Erkenntnis vom 02.02.2017, Geschäftszahl W109 2000179–1, W109 2000179–1, abrufbar unter https://www.ris.bka.gv.at/Dokumente/Bvwg/BVWGT_20170202_W109_2000179_1_00/BVWGT_20170202_W109_2000179_1_00.pdf (abgerufen am 14.08.2021, 11:53 Uhr), dazu *Groß*, EurUP 2019, 354 (356).

[36] Österreichischer Verfassungsgerichtshof, Entscheidung vom 29.06.2017, E 875/2017–32, E 886/2017–31, abrufbar unter https://www.vfgh.gv.at/downloads/VfGH_Entscheidung_E_875-2017_Flughafen_dritte_Piste.pdf (abgerufen am 14.08.2021, 11:53 Uhr).

[37] *Groß*, EurUP 2019, 353 (357) mit Verweis auf *Balthasar*, ZöR 2017, 577; *Madner/Schulev-Steindl*, ZöR 2017, 589; *Merli*, wbl 2017, 682, die dem VfGH sämtlich Willkür vorwerfen.

[38] Eine vertiefte Analyse der verschiedenen Entscheidungen findet sich bei *Verheyen/Schayani*, ZUR 2020, 412 (412 ff.).

[39] Court of Appeal, Judgment vom 27.02.2020, Case No. C1/2019/1154, abrufbar unter https://www.judiciary.uk/judgments/r-friends-of-the-earth-v-secretary-of-state-for-transport-and-others/ (abgerufen am 18.08.2021, 09:12 Uhr); *Groß*, ZUR 2021, 75 (79).

[40] *Groß*, ZUR 2021, 75 (79); der aktuelle Verfahrensstand ist einsehbar unter https://www.supremecourt.uk/news/permission-to-appeal-decisions-07-may-2020.html (abgerufen am 18.08.2021, 09:14 Uhr).

[41] *Verheyen/Schayani*, ZUR 2020, 412 (413).

Zurecht meldet etwa *Ekardt* zudem Zweifel an, „ob sich moderne Problemlagen bei Klima, Ressourcen oder Biodiversität wirklich primär durch ein ordnungs- und planungsrechtliches Anknüpfen an einzelne Projekte und Tätigkeiten [...] lösen lassen“[42]. Konsequenz darf jedoch nicht die Preisgabe des Umweltschutzes sein. *Ekardt* schlägt dazu eine verstärkte Orientierung hin zum Abgaben- und Zertifikatehandel vor.[43] Tatsächlich aber ließen sich viele Konflikte, die momentan oftmals erst am Ende der langjährigen Planungen in die öffentliche Wahrnehmung treten, durch eine Stärkung der Bedarfsebene lösen. Denn hier könnten unter Berücksichtigung ökologischer Tragekapazitäten noch echte Gesamtkonzepte erdacht, CO_2-Restbudgets ermittelt und verteilt und somit eine entsprechende Priorisierung der Projekte auf Gesamtplanebene festgelegt werden. Oder, wie der *WBGU* hinsichtlich der Berücksichtigung planetarer Grenzen formuliert:

> „Eine rechtzeitige graduelle Kurskorrektur vermeidet die drastischen Maßnahmen, die nötig wären, wenn direkt vor der Leitplanke ein abruptes „Bremsmanöver“ bzw. eine heftige Kurskorrektur ausgeführt werden müsste. Derart abrupter Wandel bringt in der Regel nicht nur große Kosten mit sich, sondern kann auch gesellschaftliche Verwerfungen und Kritik auslösen. [...]
>
> Das Setzen von Leitplanken und eine darauf folgende geschickte Implementierung entsprechender Steuerungsinstrumente können die positive Entwicklungsdynamik sogar noch verstärken anstatt sie zu bremsen.“[44]

Das „abrupte Bremsmanöver“, das die bisherigen Festlegungen des KSG als einzig mögliche Handlungsoption zur ausreichenden Eindämmung des Klimawandels nach 2030 zur Folge gehabt hätten, hat das BVerfG im Klimaschutz-Beschluss vom 24. März 2021 im Hinblick auf die damit einhergehende (drohende) Beeinträchtigung der Freiheitsrechte insgesamt bereits für verfassungswidrig erklärt.[45]

Welche Auswirkungen der Klimaschutz-Beschluss für den Bereich der Infrastrukturplanung haben wird, ist bisher kaum abzusehen. Hierüber hatte das BVerfG auch nicht zu entscheiden. Neben der Betonung der immer weiter zunehmenden Bedeutung des Klimawandels im Rahmen von Abwägungsentscheidungen, machte das BVerfG die Pariser Klimaziele als verfassungsrechtlich gebotene Konkretisierung von Art. 20a GG in Fortführung der „Elfes-Konstruktion“[46] aber auch zum justiziablen Maßstab einer objektiv-rechtlichen Kontrolle.[47]

Zwar ließ das BVerfG den Gesetzgeber mit seiner fehlenden Festlegung eines nationalen CO_2-Restbudgets, das Deutschland bis zum Erreichen der Pariser Tem-

[42] *Ekardt*, NVwZ 2012, 530 (532).

[43] *Ekardt*, ebd.

[44] *WBGU*, Hauptgutachten 2011, S. 34.

[45] BVerfG, Beschl. v. 24. 03. 2021 – 1 BvR 2656/18, 1 BvR 78/20, 1 BvR 96/20, 1 BvR 288/20, juris Rn. 243 ff.

[46] *Ruttloff/Freihoff*, NVwZ 2021, 917 (920).

[47] BVerfG, Beschl. v. 24. 03. 2021 – 1 BvR 2656/18, 1 BvR 78/20, 1 BvR 96/20, 1 BvR 288/20, juris Rn. 205 ff.

peraturschwelle an Emissionen noch zur Verfügung steht, für den Moment gewähren.[48] Noch ist daher kein Wettlauf um zahlenmäßig zu beziffernde Rest-Emissionen entbrannt. Doch mit dem am 29. Juli 2021 in Kraft getretenen „EU-Klimagesetz“[49] ist die Festlegung eine CO_2-Restbudgets jedenfalls auf EU-Ebene verbindlich geworden.[50] Klare Aussagen zu den Auswirkungen auf mitgliedstaatlicher Ebene hingegen fehlen bisher.[51] Wie das BVerwG auf diese geänderten Rahmenbedingungen reagieren wird, bleibt abzuwarten.

Um das Scheitern wichtiger Infrastrukturprojekte nach dem „Vorbild“ des Flughafens Schwechat in Deutschland zu vermeiden, wäre der Gesetzgeber indes wiederum gut beraten, die Bedarfsebene aktiv in den Blick zu nehmen und die Verteilung des nationalen CO_2-Restbudgets – anstelle der bisher festgelegten relativen Emissionsreduktionsziele und der daraus abgeleiteten sektorenspezifischen Emissionskontingente[52] – frühzeitig zur Grundlage der Bedarfsplanung zu machen.

Um den Preis des Schwechat-Ausbaus hätten im vorliegenden Beispiel dann möglicherweise andere Vorhaben gestrichen oder umstrukturiert werden müssen – dafür aber Wirtschaftswachstum, bessere Mobilität und das Erreichen der Klimaschutzziele im Ergebnis gleichberechtigt nebeneinander stehen können.

Realisieren ließe sich dieser Ansatz auch in Deutschland – wie stets – über zwei Wege, die parallel zueinander verfolgt werden sollten: Repressiv über die Verschärfung der rechtlichen Vorgaben für die Planung auf Bedarfsebene, begleitet von der Einführung phasenspezifischer Rechtsschutzmöglichkeiten; und inzentiv über die Stärkung ernstgemeinter Beteiligung und Kommunikation von Beginn der Gesamtplanung an.

Teilaspekte der vorstehenden Überlegungen werden sowohl in Deutschland als auch im europäischen Ausland bereits mit Erfolg verwirklicht, wie die nachfolgenden Ausführungen zeigen sollen.

---

[48] BVerfG, Beschl. v. 24.03.2021 – 1 BvR 2656/18, 1 BvR 78/20, 1 BvR 96/20, 1 BvR 288/20, juris Rn. 236.

[49] Verordnung (EU) 2021/1119 des Europäischen Parlaments und des Rates vom 30. Juni 2021 zur Schaffung des Rahmens für die Verwirklichung der Klimaneutralität und zur Änderung der Verordnungen (EG) Nr. 401/2009 und (EU) 2018/1999 („Europäisches Klimagesetz“).

[50] Vgl. Art. 4 Abs. 4 sowie den 30. Erwägungsgrund der VO (EU) 2021/1119.

[51] Kritisch zum Fehlen von verbindlichen Vorgaben und Sanktionsinstrumenten *Schlacke*, EnWZ 2020, 355 (358); optimistischer mit Blick auf den zu erwartenden öffentlichen Druck *Frenz*, EnWZ 2021, 201 (205).

[52] Nach Einschätzung des *SRU* sowie des *IPCC* bietet nur das Rechnen mit CO_2-Restbudgets eine verlässliche Grundlage im Hinblick auf die Einhaltung der Pariser Klimaziele. Sowohl relative Emissionsreduktionsziele als auch die Festlegung eines bestimmten Zieljahrs für das Erreichen der Treibhausgasneutralität treffen demgegenüber keine Aussage über die bis zum Erreichen der jeweiligen Ziele dennoch ausgestoßene Menge an Treibhausgasemissionen: *SRU*, Sondergutachten 2020, S. 42 f.

II. Vergleich mit anders gestalteten Systemen auf nationaler Ebene und im europäischen Ausland

1. StandAG

a) (Rechtsschutz-)Situation

Ein gegenüber dem MgvG gegenteiliges Konzept verfolgt das 2017 novellierte StandAG, das die Suche nach Endlagern für hoch radioaktive Abfälle betrifft.[53] Zwar steht auch hier am Ende jeder der drei Planungsstufen eine gesetzliche Entscheidung, vgl. §§ 15 Abs. 3, 17 Abs. 2 S. 4, 20 Abs. 2 StandAG. Entscheidendes Alleinstellungsmerkmal des StandAG ist aber der phasenspezifische Rechtsschutz. Das gilt noch nicht für die Festlegung von Standortregionen für die übertägige Erkundung i. S. d. § 14 StandAG. Bezüglich der Entscheidung über die untertätige Erkundung i. S. d. § 17 StandAG eröffnet § 17 Abs. 3 S. 3 StandAG aber eine direkte Rechtsschutzmöglichkeit nach Maßgabe des UmwRG gegen den Bescheid über den Auswahlvorschlag, den das Bundesamt für kerntechnische Entsorgungssicherheit (BASE) zu erstellen hat. Der Rechtsschutz findet mithin auf der dem Gesetzesbeschluss vorgelagerten Ebene statt. Erst, wenn auf dieser Ebene keine Rechtsbehelfe mehr eingelegt werden können, ist das BASE gem. § 17 Abs. 2 S. 2 StandAG befugt, den Vorschlag an das Umweltministerium (BMUB) weiterzuleiten, sodass die Bundesregierung dem Bundestag den Entwurf in der Folge zur Beschlussfassung vorlegen kann. Gleiches gilt für die nachfolgende Planungsebene, auf der die endgültige Standortentscheidung getroffen wird. Auch hier ist vor dem eigentlichen Gesetzesbeschluss gem. § 19 Abs. 2 S. 6 StandAG Rechtsschutz nach Maßgabe des UmwRG gegen den Bescheid über den Standortvorschlag möglich. Auch hier darf eine Übermittlung des Vorschlags an das BMUB und damit weiter an Bundesregierung und Bundestag gem. § 19 Abs. 2 S. 2 StandAG erst erfolgen, wenn keine Rechtsbehelfe gegen den Bescheid mehr eingelegt werden können. Ein Antrag auf einstweiligen Rechtsschutz ist bei einer Anfechtung beider Entscheidungen nicht notwendig, da die Übermittlung erst bei Unanfechtbarkeit der Entscheidung erfolgen darf.[54] Zusätzlich findet nach Abschluss der dritten Planungsstufe ein nachgelagertes atomrechtliches Genehmigungsverfahren nach Maßgabe des § 9b Abs. 1a) AtG statt, in dem die Eignung des Vorhabens gem. § 20 Abs. 3 S. 2 StandAG nochmals überprüft wird und gegen dessen Ergebnis Rechtsschutz nach den allgemeinen Bestimmungen der VwGO und des UmwRG möglich ist.[55] Die eigentliche Planungsentscheidung wird jedoch bereits im Verfahren nach dem StandAG getroffen,[56]

---

[53] Eine ausführliche Untersuchung des StandAG-Modells findet sich bei *Langstädtler*, Effektiver Umweltrechtsschutz, S. 305 ff., 427 ff., 502 ff. und bei *Kürschner*, Legalplanung, S. 173 ff.

[54] *Gärditz*, in: FS Erbguth, S. 480 (483).

[55] *Endlager-Kommission*, Abschlussbericht, S. 379; *Gärditz*, in: FS Erbguth, S. 480 (491).

[56] *Wiegand*, NVwZ 2014, 830 (833).

weshalb das dort gefundene Ergebnis für das atomrechtliche Genehmigungsverfahren nach § 20 Abs. 3 S. 1 StandAG auch verbindlich ist. Insgesamt ist somit inzwischen „das gesamte Standortauswahlverfahren bis hin zur Standortentscheidung einer verwaltungsgerichtlichen Kontrolle zugänglich“[57].

Weiterhin ist bemerkenswert, dass das StandAG einen Gleichlauf zwischen Verbands- und Individualklagebefugnissen schafft,[58] indem es in §§ 17 Abs. 3 S. 3, 19 Abs. 2 S. 6 StandAG in entsprechender Anwendung des UmwRG Klagebefugnisse Verbänden, Bürgern und Gemeinden gleichermaßen zuweist. Durch die klare Eingrenzung des Personenkreises wird die problematische Frage nach dem subjektiven öffentlichen Recht damit umgangen[59] – und zwar nicht nur hinsichtlich der UVP-pflichtigen, sondern ebenso hinsichtlich der SUP-pflichtigen Entscheidungsebene.[60]

Erstaunlicherweise führten die einbringenden Fraktionen CDU/CSU, SPD und BÜNDNIS 90/DIE GRÜNEN im Gesetzentwurf zugunsten dieses Modells genau die Argumente an, die gegenwärtig gegen die Erweiterung der Rechtsschutzmöglichkeiten und für die Legalplanung ins Feld geführt werden. So soll das StandAG „das Vertrauen in das Verfahren und damit dessen Akzeptanz [...] stärken.“[61] Außerdem soll „das Bedürfnis nach einer Verfahrensökonomie zur Vermeidung erheblicher zeitlicher Verzögerungen“[62] realisiert werden. Auch das StandAG steht aber naturgemäß ebenso wie der Verkehrsinfrastruktur- und Energieleitungsausbau im Kontext von Energiewende und Klimawandel, die möglichst effizient bewältigt werden sollen.[63] Die Novelle des StandAG 2017, durch die das hier dargestellte Verfahren implementiert wurde, fiel zusammen mit anderen umfangreichen Gesetzesreformen, insbesondere der UmwRG-Novelle, die die Verbandsklagemöglichkeiten ausweitete, aber auch der ROG-Novelle 2017, die die Alternativenprüfung und damit die zu berücksichtigenden Umweltauswirkungen im Raumordnungsverfahren erweiterte. Vor wenigen Jahren verfolgte der Gesetzgeber also bereits einen wesentlich liberaleren Weg im Hinblick auf die europäische Idee von Beteiligungsmöglichkeiten und Rechtsschutz, bevor er auf Konzepte wie die des MgvG zurückkam.

---

[57] *Schlacke*, ZUR 2017, 456 (461).

[58] *Gärditz*, in: FS Erbguth, S. 480 (487 f.); *Kürschner*, Legalplanung, S. 225; *Schlacke*, ZUR 2017, 456 (461); *Wollenteit*, NuR 2018, 818 (821).

[59] *Rehbinder*, EurUP 2018, 61 (66) beschreibt die Klagemöglichkeit daher als „regionale Interessentenklage“.

[60] *Wollenteit*, NuR 2018, 818 (821) mit Verweis auf die ausdrückliche Gleichstellung in der Gesetzesbegründung, BT-Drucks. 18/11398, S. 64; kritisch *Rehbinder*, EurUP 2018, 61 (67).

[61] BT-Drucks. 18/11398, S. 63.

[62] BT-Drucks. 18/11398, ebd.

[63] BT-Drucks. 17/13471, S. 1 f.

b) Parallele Entstehungsgeschichte

Fast paradox wirken die aktuellen „Beschleunigungsbemühungen“ in Form des MgvG, betrachtet man die Entstehungsgeschichte des StandAG in seiner heutigen Form. Denn in der ersten Fassung von 2013 waren noch eine ähnlich kompromisslose Vorgehensweise wie im Fall des MgvG vorgesehen und Klagebefugnisse faktisch weitgehend ausgeschlossen.[64] Als Reaktion auf die daran geübte Kritik[65] wurde das Konzept jedoch grundlegend geändert. Während sich zahlreiche Autoren wie auch heute vorrangig auf Art. 19 Abs. 4 S. 1 GG fokussierten,[66] verwies insbesondere die vom Gesetzgeber selbst eingesetzte *Endlager-Kommission* entschieden auf die europäischen Vorgaben, vor allem auf Art. 11 UVP-RL.[67] Letztlich war es vor allem der Druck dieser Kommission, dem der Gesetzgeber nachgab, als er doch noch phasenspezifische Rechtsschutzmöglichkeiten im StandAG implementierte,[68] und der ihn davor bewahrte, sich mit der StandAG-Novelle umgehend in Luxemburg einfinden zu müssen.

Statt das alte Konzept ad acta zu legen, scheint die Bundesregierung nun einen zweiten Anlauf in einem weiteren politisch brisanten Planungsbereich unternehmen zu wollen, indem sie ausgewählte Infrastrukturprojekte dem Regime des MgvG unterwirft. Sich der europarechtlichen Diskussion durch die bloße Feststellung der Unionsrechtskonformität unter Verweis auf das Gutachten *Ziekows* zu entziehen, wird auf Dauer jedoch nicht von Erfolg gekrönt sein und auch die derzeit unausweichlich scheinende Befassung des EuGH mit der Maßnahmengesetzgebung nicht verhindern. Wenn auch die konkreten Problematiken anderer Gestalt sind, so haben die kleinräumigen wie auch bundesweiten gesellschaftlichen Debatten der vergangenen Jahre doch gezeigt, dass die Infrastrukturplanung in ihrer gesellschaftlichen und politischen Brisanz jedenfalls im Hinblick auf die Großprojekte im Zusammenhang mit der Energiewende in ähnliche Bereiche vorstößt wie die Endlagersuche.

Bezogen auf das StandAG sollte der Gesetzgeber also nicht nur von den Rechtsschutzstrukturen, sondern ebenso aus der Geschichte lernen und die damals wie heute geäußerte Kritik als Anlass zur aktiven Verbesserung der Rechtsschutzsituation nutzen – bevor der EuGH entsprechend interveniert.

---

[64] Eine gesondert statuierte Überprüfungsmöglichkeit bestand nur für Umweltverbände und nur auf Ebene der Entscheidung über die untertägige Erkundung: BT-Drucks. 17/13471, § 17 Abs. 4 S. 3. Vorangehende Entwürfe hatten sogar gar keine Rechtsschutzmöglichkeiten vorgesehen, vgl. dazu *Wollenteit*, NuR 2018, 818 (820) m. w. N.

[65] *Endlager-Kommission*, Abschlussbericht, S. 55 f., 380 f.; *Keienburg*, NVwZ 2014, 1133 (1135 ff.); *Wollenteit*, ZNER 2013, 132 (134 ff.) m. w. N.

[66] Vgl. etwa *Wiegand*, NVwZ 2014, 830 (833 ff.); *Wollenteit*, ZNER 2013, 132 (134 ff.).

[67] *Endlager-Kommission*, Abschlussbericht, S. 55 f., 380 f.

[68] *Gärditz*, in: FS Erbguth, S. 480 (486).

c) Schwachstellen des StandAG-Systems

Parallel zur hier bereits problematisierten Frage, ob es für Rechtsschutzmöglichkeiten und deren Bewertung im System der Infrastrukturplanung maßgeblich auf die Bedarfspläne der Verwaltung oder die Bedarfsplangesetze des Parlaments ankommt,[69] weist auch die Entscheidung des StandAG für einen Rechtsschutz gegen die vorbereitende Verwaltungsentscheidung eine maßgebliche Schwachstelle auf: Denn die Anforderungen der Århus-Konvention und der UVP-Richtlinie werden nur dann eingehalten, wenn der Bundestag den behördlichen Vorschlag unverändert übernimmt.[70] Weicht der Gesetzgeber von der Vorschlagsfassung ab, ist die Entscheidung im selben Maße einer gerichtlichen Kontrolle entzogen wie diejenigen im Anwendungsbereich des MgvG und kann nurmehr mit den unzureichenden Mitteln der Verfassungsbeschwerde angegriffen werden. Die einfachgesetzliche Maßgabe in § 20 Abs. 2 StandAG, dass der Gesetzgeber nur über die Annahme oder Ablehnung des Standortvorschlags abstimmen kann, vermag dabei an der verfassungsrechtlich garantierten Freiheit und Unabhängigkeit des Mandats aus Art. 38 Abs. 1 S. 2 GG nichts zu ändern. Vorzugswürdig wäre daher auch hier die Schaffung einer Rechtsschutzmöglichkeit gegen die tatsächlich abschließende Planungsentscheidung bzw. die Wahl einer direkt rechtsmittelfähigen Entscheidungsform anstelle der Legalplanung gewesen.

Verschärft wird diese Problematik dadurch, dass der Gesetzgeber entgegen der vom EuGH in *Boxus* und *Solvay* statuierten Voraussetzungen auf eine eigene Abwägungsentscheidung durch das Parlament verzichten zu scheinen will: Die gegenteilige im Entwurf von 2013 vorgesehene Formulierung in § 20 Abs. 2 StandAG-E wurde letztlich gestrichen,[71] in der Gesetzesbegründung wird sogar explizit darauf hingewiesen, dass eine umfassende Abwägung ja bereits beim BASE stattgefunden habe und daher im Rahmen der Gesetzesentscheidung nicht erneut angegangen werden müsse.[72] Ob dies mit den unionsrechtlichen Anforderungen vereinbar ist, muss zumindest kritisch hinterfragt werden.[73] Eine Kontrolle der europarechtlichen

---

[69] Dazu bereits oben unter B. IV. 1.

[70] *Endlager-Kommission*, Abschlussbericht, S. 383; *Gärditz*, in: FS Erbguth, S. 480 (494); ähnlich, unabhängig von den europäischen Anforderungen *Kment*, in: FS Jarass, S. 301 (308 f.); *Wiegand*, NVwZ 2014, 830 (834). Daneben stellt sich zudem das Problem, dass die vorgerichtlichen Beteiligungsmöglichkeiten in der Regel an die Vorschläge des Vorhabenträgers anknüpfen, der bereits in der Prüfung durch das BASE verändert werden kann: *Kürschner*, Legalplanung, S. 208 f.

[71] *Wollenteit*, NuR 2018, 818 (819 f.).

[72] BT-Drucks. 18/11398, S. 64.

[73] *Kürschner*, Legalplanung, S. 187 hält die Konstruktion für europarechtlich zulässig und verweist darauf, dass die abschließende Genehmigung erst im Rahmen des § 9b Abs. 1a AtG ergeht. Angesichts der Tatsache, dass es sich dabei um eine gebundene Entscheidung handelt, ist diese Konsequenz nach hiesiger Auffassung jedoch nicht zwingend und bedürfte zumindest der Überprüfung.

Grundvoraussetzungen für die Zulässigkeit der Legalplanung ist aber vor dem BVerfG auch in diesem Fall nicht möglich.

Neben diesen rechtlichen Problemen darf außerdem nicht aus dem Blick verloren werden, dass es im Bereich der Verkehrs- und Energieinfrastrukturen zentral um Wege der Verfahrens*beschleunigung* geht. Beschleunigungseffekte sind von einem System wie demjenigen des StandAG, das sich für eine Kombination aus Verwaltungsverfahren und Gesetzgebungsakten entscheidet[74] und so gewissermaßen eine Verdopplung der Rechtsschutzmöglichkeiten erreicht, aber tendenziell nicht zu erwarten. Während der Gesetzgeber im Rahmen der Infrastrukturplanung das Zeitproblem über die Ausschaltung der Umweltverbandsklage zu lösen versucht, liegt zumindest der Gedanke nicht fern, dass die Ausgestaltung des StandAG in Teilen dazu dient, die unabhängig von ihrem Ausgang politisch in jedem Fall unbeliebte Entscheidung über ein Endlager zeitlich hinauszuzögern.

2. Dänemark

a) Schnelle Planung trotz umfangreicher Öffentlichkeitsbeteiligung und Rechtsschutzmöglichkeiten

In der deutschen Diskussion zur Vorhabenzulassung durch Gesetz wird immer wieder Dänemark als Vorbild genannt.[75] Gerade die Erfahrungen in der Realisierung der Fehmarnbelt-Querung ließen die Forderung nach einer Orientierung des deutschen Planungssystems am dänischen Vorbild lauter werden.[76] Denn während das entsprechende dänische Baugesetz bereits am 28. April 2015 verabschiedet wurde, ließ der deutsche Planfeststellungsbeschluss bis zum 31. Januar 2019 auf sich warten.[77] Die in Deutschland anhängigen Klagen hat das BVerwG schließlich mit Urteilen vom 03. November 2020 abgewiesen[78] und somit rund fünfeinhalb Jahre nach der dänischen Entscheidung auch auf deutscher Seite die „Freigabe erteilt".

---

[74] Zur insofern problematischen verfahrensrechtlichen Einordnung dieser neuen Form ausführlich *Kürschner*, Legalplanung, S. 211 ff.

[75] Vgl. *Andreas Scheuer*, Bundesminister für Verkehr und digitale Infrastruktur, Plenarprotokoll 19/137 vom 19. 12. 2019, S. 17200; *Mathias Stein*, Abgeordneter der SPD, a. a. O., 17203; *Armin von Weschpfennig* im Rahmen des 366. Wasserrechtlichen Kolloquiums an der Universität Bonn am 04. 09. 2020: *Korbmacher*, NuR 2021, 112 (113); ebenso *BMVI*, Strategie Planungsbeschleunigung, S. 4; *Wissenschaftliche Dienste des Deutschen Bundestags*, Planfeststellende Gesetze, S. 4, Fn. 3; auf Ebene der EU *Roland Berger Strategy Consultants*, Best-Practices Studie Verkehrsinfrastruktur, S. 79 ff.

[76] Vgl. *Siegert*, UPR 2019, 468 (468 f.).

[77] *Siegert*, UPR 2019, 468 (469).

[78] BVerwG, Urt. v. 03. 11. 2020, Az. 9 A 7.19; BVerwG, Urt. v. 03. 11. 2020, Az. 9 A 9.19; BVerwG, Urt. v. 03. 11. 2020, Az. 9 A 11.19; BVerwG, Urt. v. 03. 11. 2020, Az. 9 A 12.19; BVerwG, Urt. v. 03. 11. 2020, Az. 9 A 13.19.

In Dänemark haben Maßnahmengesetze bereits eine längere Tradition. Zwar existiert auch dort ein Planungsrecht, das mit einer Verwaltungsentscheidung enden würde – dieses wird für Infrastrukturgroßprojekte jedoch zumeist nicht angewandt.[79] Stattdessen vollzieht sich das Verfahren ähnlich wie nach dem MgvG vorgesehen: Vorhabenträger ist das Ministry of Transport, Building and Housing, im Straßenbereich in Form der ihm unmittelbar untergeordneten „Vejdirektoratet" (Straßendirektion), im Wasserstraßenbereich in Form des Küstendirektoriums und im Schienenbereich in Form des ihm unterstellten hundertprozentigen staatlichen Unternehmens „Banedanmark".[80] Die Verantwortung für die UVP liegt beim Vorhabenträger, erst im Anschluss wird das Verfahren an das Parlament übergeben, welches das vorhabengenehmigende Construction Law beschließt.[81] Der Inhalt des Gesetzentwurfs wird jedoch zumeist nur in einer Lesung vom Parlament diskutiert und dann an den zuständigen Ausschuss weitergeleitet, bevor es zur abschließenden Beschlussfassung ins Plenum zurückkehrt.[82]

Vieles scheint also auf den ersten Blick vergleichbar mit dem im MgvG vorgesehenen Verfahren. Ein entscheidender Unterschied besteht allerdings hinsichtlich der Rechtsschutzmöglichkeiten: Denn die Genehmigung der UVP durch die zuständige Behörde, ebenfalls das Ministry of Transport, Building and Housing, kann in einem anschließenden Verfahren unter anderem von der betroffenen Öffentlichkeit und Umweltverbänden angegriffen werden.[83] Zudem steht auch gegen das Maßnahmengesetz selbst eine direkte Kontrollmöglichkeit vor dem Østre bzw. Vestre Landsret[84] zur Verfügung – klagebefugt ist jedermann mit einem rechtlichen Interesse an dem Vorhaben, eine materielle Präklusion ist nicht vorgesehen.[85] Letztlich bedient sich Dänemark also einer ähnlichen Strukturierung der Rechtsschutzmöglichkeiten wie das StandAG. Vergleicht man das MgvG unter diesem Aspekt mit dem Verfahren in Dänemark, kann die Tatsache, dass Dänemark bereits seit Jahren mit Maßnahmengesetzen arbeitet, also keineswegs zur pauschalen Rechtfertigung der deutschen Vorgehensweise herangezogen werden.[86] Die oft zitierte Aussage des ehemaligen dänischen Verkehrsministers *Ole Birk Olesen*,

---

[79] *Ziekow*, Vorhabenplanung durch Gesetz, S. 94.

[80] *Roland Berger Strategy Consultants*, Best-Practices Verkehrsinfrastruktur, S. 81, 83.

[81] *Ziekow*, Vorhabenplanung durch Gesetz, S. 95 f.

[82] *Ziekow*, Vorhabenplanung durch Gesetz, S. 102.

[83] *Roland Berger Strategy Consultants*, Best-Practices Verkehrsinfrastruktur, S. 84; *Ziekow*, Vorhabenplanung durch Gesetz, S. 71.

[84] Das Østre Landsret (Östliche Landesgericht) und das Vestre Landsret (Westliches Landesgericht) sind vergleichbar mit den deutschen Oberverwaltungsgerichten.

[85] *Siegert*, UPR 2019, 468 (472).

[86] So bspw. aber andeutungsweise die Kleine Anfrage der FDP-Fraktion zur Erprobung von Maßnahmengesetzen für zentrale Infrastruktur vom 08.05.2019, BT-Drucks. 19/9965; weitaus polemischer *Book/Haerder/Tutt*, „Dänemark ist das bessere Deutschland", in: Wirtschaftswoche, 07.12.2017. Der hier vertretenen Sichtweise zustimmend *Wegener*, Stellungnahme MgvG, S. 28, Fn. 65 m. w. N. dänischer Fachliteratur.

> „In Dänemark wird die finale Zusage für ein Projekt vom Parlament gegeben, danach darf sofort gebaut werden.“[87]

ist in dieser Form mindestens verkürzt und sollte mehr als politische Kritik denn als juristische Einordnung verstanden werden.

Der Grund für die erheblich kürzere Planungsdauer ist vor allem in Gestaltung und Ausmaß der Öffentlichkeitsbeteiligung zu suchen. Diese setzt bereits auf Bedarfsebene an, wo jedoch anders als nach dem BVWP oder BBPl nicht zahlreiche Vorhaben gemeinsam, sondern nur das jeweilige Einzelvorhaben in Rede steht.[88] Noch bevor dieser Bedarf gesetzlich festgestellt wird, erhalten Öffentlichkeit, Verbände und Behörden die Möglichkeit zur Teilnahme an einem Umweltkonsultationsverfahren.[89] Eine entscheide Weichenstellung erfolgt dann im Rahmen der Vorbereitung der Projektzulassung, wo nicht nur im Rahmen der UVP die obligatorische Öffentlichkeitsbeteiligung durchgeführt wird, sondern zusätzlich bereits vor Beginn der eigentlichen UVP eine umfangreiche Konsultation im Rahmen der sogenannten Ideenphase stattfindet.[90] Während der UVP wird dann zusätzlich zunächst der Scoping-Bericht konsultiert, bevor die eigentliche förmliche Öffentlichkeitsbeteiligung erfolgt.[91] Eine weitere Öffentlichkeitsbeteiligung in Form einer Kommentierungsmöglichkeit wird schließlich für den Entwurf des konkret zu verabschiedenden Maßnahmengesetzes durchgeführt.[92]

b) Schwachstellen des dänischen Systems

Ein Teil der Beschleunigungswirkung ist in Dänemark allerdings auch der Tatsache geschuldet, dass die Planungen sowohl materiell als auch formell sehr viel oberflächlicher und weniger umfassend arbeiten. So haben die dänischen Maßnahmengesetze keine dem Planfeststellungsbeschluss vergleichbare Konzentrationswirkung; im Anschluss an ihren Erlass müssen zumeist noch weitere Genehmigungen eingeholt werden.[93] Zwar kommt dem Verkehrsminister die Befugnis zu, die Anwendbarkeit weiterer Vorschriften im Sinne einer Art materiellen Konzentrationswirkung auszuschließen – angesichts der Tatsache, dass hierunter auch materielle umweltrechtliche Fragestellungen fallen, bei der Fehmarnbelt-Querung etwa die Anforderungen an die Überprüfung von Meeresbodensedimenten,[94] ist

---

[87] *Book/Haerder/Tutt*, ebd.

[88] *Siegert*, UPR 2019, 468 (470).

[89] *Siegert*, ebd.

[90] *Siegert*, ebd.

[91] *Siegert*, UPR 2019, 468 (470 f.).

[92] *Siegert*, UPR 2019, 468 (471).

[93] *Siegert*, ebd.

[94] *Siegert*, ebd.

dieser Umstand aus umweltrechtlicher Sicht aber nicht zu begrüßen. Ohnehin findet im gesamten Verfahren nur eine einzige Umweltprüfung statt.[95]

Und auch im Übrigen sind materiell-rechtlich deutliche Unterschiede sichtbar: Während der deutsche UVP-Bericht zur Fehmarnbelt-Querung 5.066 Seiten umfasst, sind es in Dänemark nur 1.655 – eigentlich „umweltfremde" Bestandteile wie Planrechtfertigung, Verkehrssicherheit und Baukosten eingeschlossen.[96] Der deutsche Planfeststellungsbeschluss schlägt mit immerhin 1.353 Seiten gegenüber 12 Seiten beim dänischen Maßnahmengesetz zu Buche.[97] Dass Umweltbelange hier möglicherweise nicht in der gebotenen Tiefe betrachtet wurden, liegt so schon angesichts der bloßen Zahlen nahe.

3. England und Wales

Als positives Beispiel in Sachen Verfahrensbeschleunigung werden teilweise zudem die Planungsprozesse in England und Wales genannt.[98] „Englische Verhältnisse" erscheinen bei näherer Betrachtung jedoch nicht erstrebenswert. Denn dort wird nach der sogenannten Wednesbury-Formel verfahren: Ein erfolgreiches Vorgehen vor Gericht ist nur dann möglich, wenn die behördliche Entscheidung so unvernünftig ist, dass keine vernünftige Behörde sie je in dieser Weise hätte treffen können.[99] Verfahrensbeschleunigung wird also hier – ähnlich wie nun im Rahmen der Verfassungsbeschwerde für Vorhaben im Anwendungsbereich des MgvG – über eine extreme Zurücknahme der gerichtlichen Kontrolldichte erreicht, was aus den genannten Gründen nicht befürwortet werden kann.

Der Ausweitung der Klagemöglichkeiten durch die europäischen Vorgaben auch in Deutschland mit einer Zurückstufung der im europäischen Vergleich sehr intensiven gerichtlichen Kontrolldichte zu begegnen, wie *Hien* vorschlägt,[100] erscheint dennoch in anderer Hinsicht erwägenswert. Der Vorschlag darf dabei nicht dahingehend missverstanden werden, dass umweltrechtliche Problempunkte schlicht unberücksichtigt bleiben und unter Verweis auf behördliche Einschätzungsspielraume im luftleeren Raum verschwinden sollen. Werden aber die Beteiligungsmöglichkeiten im Verfahren und die potenziell weiten Klagebefugnisse im Anschluss als Appell für eine konstruktive Zusammenarbeit und Kompromissfindung

[95] *Roland Berger Strategy Consultants*, Best-Practices Verkehrsinfrastruktur, S. 77, 83.

[96] *Siegert*, UPR 2019, 468 (471).

[97] *Siegert*, ebd.

[98] Vgl. *Guckelberger*, DVBl 2014, 805 (809); *Roland Berger Strategy Consultants*, Energy infrastructure projects, S. 34.

[99] „If a decision on a competent matter is so unreasonable that no reasonable authority could ever have come to it, then the courts can interfere.", vgl. *Alter*, ZaöRV 2015, 847 (858).

[100] *Hien*, DVBl 2018, 1029 (1032 ff.); ebenso *Schlacke*, vgl. *Milstein*, NuR 2019, 601 (601); a. A. mit dem Vorschlag einer staatlichen Gutachtenstelle etwa *Rennert*, DVBl 2017, 69 (78 f.).

genutzt, könnten beispielsweise viele zeit- und kostenintensiven „Gutachter-Schlachten“ vor Gericht überflüssig werden.

III. Strukturelle Defizite und entsprechende Beschleunigungspotenziale abseits einer Einschränkung der Rechtsschutzmöglichkeiten

Mit dem MgvG hat sich der Gesetzgeber entschieden, den „einfachen“ Weg zu gehen und den fachgerichtlichen Rechtsschutz auszuschließen, anstatt zu ergründen, warum Planungsverfahren in Deutschland so viel länger dauern und auf so viel weniger Akzeptanz stoßen als in europäischen Nachbarländern. Große Beschleunigungseffekte im Verfahren selbst, das nun zwischen Behörde und Deutschem Bundestag aufgeteilt und mit einigen erweiterten Beteiligungsmöglichkeiten versehen wurde sowie nach der Rechtsprechung des EuGH eine zusätzliche eigenständige Befassung des Gesetzgebers erfordert, erwartet niemand.[101] Die Beschleunigungswirkung soll also vor allem durch die Ausschaltung des fachgerichtlichen Rechtsschutzes, insbesondere der Umweltverbandsklage, erreicht werden. Trotz umfangreicher Erfahrungen seit Einführung der naturschutzrechtlichen Verbandsklage im Jahr 2002, der im Vorfeld ebenfalls zu Unrecht mit dem Argument einer Überflutung der Gerichte entgegengetreten wurde,[102] sind es also immer noch die Umweltverbandsklagen, die als verzögernder Zeitfaktor identifiziert zu werden scheinen. Tatsächlich weist das deutsche Planungsrecht aber zahlreiche strukturelle Defizite und entsprechende Beschleunigungspotenziale auf, die abseits einer Einschränkung der Rechtsschutzmöglichkeiten gewinnbringend zur Verfahrensbeschleunigung genutzt werden könnten. Schon 2013 konstatierte *Eckertz-Höfer* zutreffend,

> „dass die gerichtliche Verfahrensdauer gegenüber der Planungsphase längst nicht ernsthaft ins Gewicht fällt. Mängel im Verwaltungsverfahren und in der Durchführung sind bei solchen Infrastrukturgroßvorhaben neben dem politischen Entscheidungsprozess und zunehmender tatsächlicher und rechtlicher Komplexität die eigentlichen Zeitvernichter!“[103]

---

[101] *BUND*, Stellungnahme MgvG, S. 1 f.; *Behnsen*, NVwZ 2021, 843 (843); *Groß*, JZ 2020, 76 (78); *Guckelberger*, NuR 2020, 805 (807); *Lenz*, NdsVBl 2020, 229 (230); *Nebelsieck*, Stellungnahme MgvG, S. 4 f.; *Reidt*, DVBl 2020, 597 (601); *ders.*, EurUP 2020, 86 (88 f.); *Stüer*, EurUP 2020, 163 (167); *von Weschpfennig*, AöR 2020, 438 (445 f.); *Wegener*, ZUR 2020, 195 (195 f.); *Zschiesche*, Stellungnahme MgvG, S. 1, 3 f.; entsprechend auch die Erfahrungen bei der Planung der Südumfahrung Stendal, bei der das Verfahren im Parlament letztlich ebenso lange dauerte wie ein reguläres Planfeststellungsverfahren, vgl. BVerfG, Beschl. v. 17.07. 1996 – 2 BvF 2/93 = BVerfGE 95, 1, juris Rn. 61; *Schneller*, Objektbezogene Legalplanung, S. 49.

[102] *Koch*, NVwZ 2007, 369 (372).

[103] *Eckertz-Höfer*, DVBl 2013, 499 (499); ähnlich *Behnsen*, NVwZ 2021, 843 (846 f.).

Bezogen auf die Infrastrukturplanung ergeben sich Verzögerungen abseits der Inanspruchnahme von Rechtsschutz dabei vor allem durch die Gestaltung des Planungssystems (dazu unter 1.), Verzögerungen auf Seiten von Behörden und Antragstellern (dazu unter 2.) und verknüpft mit der Rechtsschutzproblematik durch fehlende Akzeptanz in der Bevölkerung (dazu unter 3.).

1. Verzögerungen durch die Gestaltung des Planungssystems

a) Zu komplexe Strukturen

Auch das dänische Planungssystem hat ohne Zweifel einige Schwachpunkte und ist durch die fehlende formelle Konzentrationswirkung nur bedingt übertragungsfähig.[104] Abstrakt betrachtet weist es neben der anderen Herangehensweise in Sachen Rechtsschutz jedoch einige weitere Merkmale auf, die dem deutschen Planungssystem fehlen. Eines davon: der geringe Komplexitätsgrad. Das deutsche System ist vielschichtig, differiert erheblich je nach Verkehrs- bzw. Energieträger und Unsicherheiten bestehen noch immer etwa über die rechtliche Einordnung der Bundesfachplanung oder über die Beziehung zwischen Raumordnungsverfahren und Linienbestimmung. Dass eine Straffung insbesondere der Korridorplanung in der Praxis durchaus umsetzbar ist, zeigt seit jeher das Planungssystem für Bundesschienenwege, das dieser Ebene entbehrt. § 5a NABEG sieht nun zudem die Möglichkeit des gänzlichen Verzichts auf die Bundesfachplanung in ausgewählten Fällen vor. Ein solcher könnte erhebliche Beschleunigungseffekte für die Gesamtplanung erzielen[105] – selbst, wenn der Beschleunigungseffekt damit paradoxerweise durch einen Verzicht auf die Instrumente der Beschleunigungsgesetzgebung erzielt würde. Auch für die Umweltbelange und die damit korrespondierenden Rechtsschutzmöglichkeiten hätte ein Verzicht auf die Bundesfachplanung letztlich positive Wirkung: Das Planfeststellungverfahren müsste dann die Aufgaben beider Planungsstufen übernehmen, vgl. § 5a Abs. 5 NABEG. Das wäre zwar mit höherem Planungsaufwand auf dieser Ebene verbunden, würde aber durch den Wegfall der Bindungswirkung nach § 15 Abs. 1 S. 1 NABEG ungleich mehr Probleme lösen, da die Planfeststellungsbehörde nicht mehr, ohne über Fehlerbehebungsinstrumente zu verfügen, mit bindenden Vorgaben der umweltrechtlich fehleranfälligen Bundesfachplanung konfrontiert wäre. Zu begrüßen ist vor diesem Hintergrund auch die Neuregelung des § 15 Abs. 5 S. 1 ROG durch das Investitionsbeschleunigungsgesetz vom 3. Dezember 2020, wonach ein Raumordnungsverfahren im Grundsatz nur noch auf Antrag des Vorhabenträgers durchgeführt werden soll.

---

104 So im Ergebnis auch *Siegert*, UPR 2019, 468 (473).

105 *Ruge*, EnWZ 2019, 1 (2); *Schlacke/Römling*, DVBl 2019, 1429 (1436); skeptisch mit Verweis auf die fehlende Planungssicherheit für Vorhabenträger *Langstädtler*, Effektiver Umweltrechtsschutz, S. 545 f.

In eine ähnliche Richtung weisen die Vorstöße des Planungsbeschleunigungsgesetzes 2018, durch das beispielsweise die Anhörungsverfahren durch eine Zuständigkeitskonzentration beim EBA wie zuvor schon bei der Generaldirektion Wasserstraßen und Schifffahrt verschlankt wurden, die nunmehr gleichzeitig als Anhörungs- und Planfeststellungsbehörde fungieren.[106] Ebenso zeigt die NABEG-Novelle 2019, dass auch der Gesetzgeber bereits erkannt hat, dass Beschleunigung nicht zwingend in einer Kürzung der Beteiligungsmöglichkeiten gesucht werden muss, sondern auch in materiellen Veränderungen des Planungssystems liegen kann.[107] Bedauerlicherweise wurde dieser Weg mit Verabschiedung des MgvG wieder verlassen. Damit ist jedoch gleichzeitig die Erkenntnis verbunden, dass das Umstrukturierungspotenzial gerade im Verkehrsbereich noch lange nicht ausgeschöpft ist.

b) Abschichtung und überlange Planungsdauer als Fehlerquellen sui generis

Die vorstehend genannte Komplexität des Planungssystems produziert zudem Fehlerquellen sui generis, die unabhängig von etwaigen Rechtsschutzthematiken bestehen. Denn wo die Beziehungen zwischen einzelnen Planungsebenen unklar sind, müssen zwangsläufig auch bei der Anwendung von Abschichtungsmöglichkeiten Fehler unterlaufen. Und wo der Übergang zur nächsten Planungsstufe Jahre in Anspruch nehmen kann, liegt es gerade im Umweltrecht in der Natur der Sache, dass zum einen Bestandsdaten bereits durchgeführter Umweltprüfungen veraltet sind und nicht mehr herangezogen werden dürfen, sodass Doppelprüfungen unvermeidbar sind. Zum anderen mögen aber etwa auf Bedarfsebene auch umweltrelevante Fehler unterlaufen sein, die bei der Projektzulassung praktisch gar nicht mehr relevant sind – mangels phasenspezifischer Rechtsschutzmöglichkeit aber dennoch hier angegriffen werden können und müssen.

c) Projektverhinderungstaktiken der Umweltverbände als Konsequenz nicht rechtsmittelfähiger Vorentscheidungen

Eine weitere damit zusammenhängende, mittelbare, aber entscheidende Konsequenz, ist die Art und Weise der Verfahrens- und Prozessführung auf Seiten der Umweltverbände. Oftmals wird ihnen vorgeworfen, nicht an einer konstruktiven Lösung interessiert zu sein und lediglich die Verhinderung des Projekts um jeden Preis anzustreben – oder, wie der ehemalige Präsident des BVerwG *Hien* es plastisch formuliert:

> „Es werden deshalb gegen praktisch alle Aussagen des Vorhabenträgers oder des Planfeststellungsbeschlusses Einwendungen erhoben. In Schriftsätzen mit mehreren hundert

---

[106] *Reimold/Ulland*, UPR 2019, 476 (476).

[107] Vgl. *Schlacke/Römling*, DVBl 2019, 1429 (1436).

Seiten wird sozusagen auf alles geschossen was sich bewegt – eher mit Schrot, aber auch manchmal mit Schrott."[108]

Zwar mag dieser Vorwurf in vielen Fällen nicht gänzlich von der Hand zu weisen sein. Es reicht jedoch nicht, sich mit dieser Feststellung zu begnügen und Umweltverbänden pauschal schlechte Absichten zu unterstellen. Vielmehr ist anzuerkennen, dass es sich bei dieser Vorgehensweise schlicht um eine Strategie handelt, zu der die Verbände aus systemimmanenten Gründen gezwungen sind. Eigentliches Anliegen der Umweltverbände, wie *Hien* in der Folge als einer der wenigen zutreffend weiter analysiert, ist eine Anfrage an die Notwendigkeit des Vorhabens im Verhältnis zur Schwere des damit einhergehenden Eingriffs in Natur und Umwelt respektive eine grundlegende Auseinandersetzung mit umweltschonenderen Konzepten, im Verkehrsbereich beispielsweise oftmals einer Tunnellösung anstelle einer oberflächlichen Realisierung.[109] Da diese Entscheidungen jedoch weitgehend bereits auf Bedarfsebene getroffen wurden und für die Verbände wie gezeigt weder direkt noch inzident angreifbar sind, bleibt ihnen als *lender of last resort* nur die Suche nach der Haarnadel im Heuhaufen in Form eines Detailfehlers auf Projektzulassungsebene, über den das aus ihren Augen nicht zu rechtfertigende Vorhaben aufgehalten werden kann.

Eine phasenspezifische Rechtsschutzmöglichkeit schon auf Bedarfs- und Korridorebene zu schaffen würde idealiter zum einen die (gewollte) Überfrachtung der Klagen auf Projektzulassungsebene reduzieren, zum anderen das gestörte Verhältnis zwischen Behörden, Vorhabenträgern und Umweltverbänden erheblich verbessern und so möglicherweise doch noch einen konstruktiven Austausch (sogar im Vorhinein) ermöglichen. Die Befürchtung, dass die Umweltverbände dennoch an ihrer Konfrontationstaktik festhalten werden, ist unbegründet, kann es doch auch nicht ihrem Ziel entsprechen, dass momentan sämtliche Infrastrukturgroßprojekte zwar einige Jahre aufgehalten und nachgebessert, im Ergebnis aber dennoch ohne wirkliche konzeptionelle Veränderungen realisiert werden.[110]

2. Verzögerungen auf Seiten von Behörden und Antragstellern

Nicht zu unterschätzen sind zudem die Verzögerungen, die durch verschieden gestaltete Defizite auf Behördenseite entstehen. Zu nennen ist hier an erster Stelle fehlendes Personal.[111] Die Studie der *Roland Berger Strategy Consultants*, die dem Erlass der TEN-E-VO zugrunde lag, identifiziert in Deutschland ebenso aber auch

---

[108] *Hien*, DVBl 2018, 1029 (1030).

[109] *Hien*, ebd.

[110] Vgl. die Darstellung bei *Hien*, DVBl 2018, 1029 (1031).

[111] *Reidt*, EurUP 2020, 86 (92); *Roland Berger Strategy Consultants*, Best-Practices Verkehrsinfrastruktur, S. 22; vgl. ebenso die Reden von *Jörg Cezanne*, Abgeordneter der LINKEN, Plenarprotokoll 19/144 vom 31.01.2020, S. 18007 und von *Stephan Kühn*, Abgeordneter von BÜNDNIS 90/DIE GRÜNEN, a. a. O., S. 18009.

die fehlende Expertise der zuständigen Behörden als strukturelles Defizit. Diese seien oftmals auf Sachverstand anderer Behörden oder externer Gutachter angewiesen:[112]

> „This discrepancy between responsibility and resources leads to delays, particularly during process steps involving a large amount of work (e. g. public consultation) or requiring specialized expertise (e. g. the elaboration of a permit)."[113]

Beschleunigungshemmnis sind also nicht allein die durch das europäische Umweltrecht implementierten Anforderungen an Untersuchungsrahmen und -tiefe der Umweltprüfungen sowie an die entsprechenden Öffentlichkeitsbeteiligungen und damit korrespondierenden Rechtsschutzmöglichkeiten. Zumindest gleichermaßen ursächlich erscheint der Umgang der Behörden mit diesen Anforderungen oder, differenzierter gesprochen, ihre Kapazität und Kompetenz, diesen Anforderungen gerecht zu werden. Dementsprechend empfiehlt die Studie den deutschen Behörden in der Folge auch, klare Verantwortlichkeiten für die Dauer des Verfahrens, Transparenz sowie ausreichende Ressourcen und Expertise auf Behördenseite zu schaffen.[114] Ebenso wären Schulungen der an den Zulassungsverfahren beteiligten Mitarbeiter nötig[115] sowie die Schaffung zentraler Datenbanken für Kartier- und Artendaten, die noch immer nicht zentral verfügbar sind und deren Beschaffung oftmals erheblichen Zeitaufwand bedeutet.[116] Auch abseits des Artenschutzrechts bereiten fehlende Kriterien und Standards für die Anwendung des materiellen Rechts erhebliche Probleme.[117] Welche Menge an Potenzial zur Zentralisierung und Strukturierung bisher nicht ausgeschöpft wurde, belegt eindrücklich die Tatsache, dass in Deutschland auch im Jahr 2020 nicht einmal bekannt ist, wie viele Planfeststellungs- und Plangenehmigungsverfahren in welchem Infrastrukturbereich pro Jahr durchgeführt werden.[118]

Entsprechend den vorstehenden Ausführungen resultierte die Verzögerung im Rahmen der Fehmarnbelt-Querung auf deutscher Seite nicht primär daraus, dass die Zulassungsentscheidung in Dänemark per Gesetz getroffen wurde und in Deutschland per Planfeststellungsbeschluss – maßgeblich war vielmehr, dass das Verfahren bis zum Ergehen dieser Entscheidung auf dänischer Seite erheblich viel schneller

---

[112] *Roland Berger Strategy Consultants*, Energy infrastructure projects, S. 34 f.; mit Bezug darauf *Guckelberger*, DVBl 2014, 805 (809).

[113] *Roland Berger Strategy Consultants*, Energy infrastructure projects, S. 35; ähnlich *dies.*, Best-Practices Verkehrsinfrastruktur, S. 22.

[114] *Roland Berger Strategy Consultants*, ebd.; mit Bezug darauf *Guckelberger*, DVBl 2014, 805 (809).

[115] *Reidt*, EurUP 2020, 86 (92); *ders.*, DVBl 2020, 597 (598).

[116] So bereits der Vorschlag des BMVI selbst: *BMVI*, Strategie Planungsbeschleunigung, S. 5.

[117] *Dolde*, NVwZ 2019, 1567 (1569 f.); *Reidt*, DVBl 2020, 597 (598).

[118] *Zschiesche*, Stellungnahme MgvG, S. 2.

abgewickelt wurde.[119] Wo eine Beschleunigung des Verfahrens nicht am Sachverstand der Behörden scheitert, sieht die *Roland Berger*-Studie auch den Gesetzgeber in der Pflicht. An Fristvorgaben für die Gesamtverfahrensdauer fehle es in der Regel, so auch im deutschen Planfeststellungsrecht.[120] Völlig fremd sind Entscheidungsfristen dem deutschen Recht dabei nicht. Auch das NABEG enthält bereits einige Fristenregelungen, die jedoch als nicht besonders wirkungsvoll beurteilt werden[121] und Verbesserungspotenzial aufweisen.

Angeregt werden daher die Einführung von Kontrollmechanismen mit entsprechenden Interventionsgelegenheiten schon während des Verfahrens sowie die Festsetzung einer maximalen Gesamtverfahrensdauer.[122] Inzentiviert werden könnte dies durch Mechanismen wie den Übergang der Entscheidungsbefugnisse auf eine andere Stelle bei Verzögerung des Verfahrens.[123] Dass solche Fristen wirken, ist sozialempirisch hinreichend belegt.[124] Sekundär könnten hier sogar monetäre Incentives eingreifen, sofern dem Vorhabenträger aufgrund der Verzögerung durch die Behörde ein unionsrechtlicher Staatshaftungsanspruch zustehen sollte.[125] Ebenfalls in den Händen den Gesetzgebers liegt eine eindeutigere Umsetzung der europäischen Richtlinien, die Missverständnissen bei der Anwendung des materiellen Rechts vorbeugen würde.[126]

Schließlich könnte auch eine Verbesserung und Vereinfachung der Antragsunterlagen das Verfahren beschleunigen und Ressourcen sparen.[127] Antragsunterlagen von bis zu 8.000 Seiten in überfordernder technischer Fachsprache könnten bei Betroffenen keine Fragen beantworten, resümiert die *Roland Berger*-Studie.[128]

---

119 *Reidt*, EurUP 2020, 86 (92).

120 *Roland Berger Strategy Consultants*, Energy infrastructure projects, S. 54, 61; mit Bezug darauf *Guckelberger*, DVBl 2014, 805 (809); *Jarass*, DVBl 2009, 205 (206). § 10 S. 2 Var. 3 VwVfG enthält zwar ein allgemeines Zügigkeitsgebot, das aber der Abwägung mit anderen Verfahrenszielen unterliegt.

121 *Appel*, UPR 2011, 406 (409).

122 *Roland Berger Strategy Consultants*, Energy infrastructure projects, S. 55; mit Bezug darauf *Guckelberger*, DVBl 2014, 805 (809).

123 *Roland Berger Strategy Consultants*, Energy infrastructure projects, S. 99; mit Bezug darauf *Guckelberger*, ebd.

124 *Ziekow/Oertel/Windoffer*, Dauer von Zulassungsverfahren, S. 5 f. (43).

125 *Guckelberger*, DVBl 2014, 805 (813).

126 So die Forderung von *Reidt*, DVBl 2020, 597 (598 f.).

127 *Roland Berger Strategy Consultants*, Energy infrastructure projects, S. 164; mit Bezug darauf *Guckelberger*, DVBl 2014, 805 (809); *Spieth/Hantelmann/Stadermann*, in: Freshfields Bruckhaus Deringer, Möglichkeiten zur Beschleunigung, S. 24 f.; *Wulfhorst*, DÖV 2011, 581 (582); dazu auch *Ronellenfitsch*, Beschleunigung und Vereinfachung der Anlagenzulassungsverfahren, S. 27.

128 *Roland Berger Strategy Consultants*, Energy infrastructure projects, S. 45; mit Bezug darauf *Guckelberger*, DVBl 2014, 805 (809).

Zudem könnten auch für die Vorhabenträger Beschleunigungsanreize in finanzieller Form geschaffen werden.[129]

3. Verzögerungen durch fehlende Akzeptanz in der Bevölkerung

Schließlich zeigt erneut das Beispiel Dänemarks, dass nur echte Akzeptanz die Planung nachhaltig beschleunigen kann: Während in Deutschland im Planfeststellungsverfahren zur Fehmarnbelt-Querung 16.000 überwiegend negative Einwendungen eingingen, waren es auf dänischer Seite nur 42 – von denen 40 den Bau des Tunnels ausdrücklich begrüßten.[130] Geschuldet ist dies wohl vorrangig dem in Deutschland stark ausgeprägten Sankt-Florians-Prinzip oder NIMBY-Effekt („not in my backyard"), das die Beobachtung beschreibt, dass insbesondere im Infrastrukturbereich viele Bürger Neu- und Ausbau grundsätzlich begrüßen – allerdings nur so lange, wie er nicht vor der eigenen Haustüre stattfinden soll.[131] Zwar könnte man sich angesichts dessen auf den Standpunkt verlegen, dass die Deutschen eben ein Volk von Wutbürgern und Querulanten seien, die bei jeder wie auch immer gearteten Planungsentscheidung einen Grund für eine Klage suchen werden. Als Auslöser für die „Stuttgart 21"-Ausschreitungen ist jedoch insbesondere der Umstand identifiziert worden, dass bestehende Beteiligungsmöglichkeiten aufgrund komplexer Verfahrensstrukturen von der betroffenen Öffentlichkeit gar nicht wahrgenommen werden und die Gegenwehr angesichts fehlender Einflussmöglichkeiten zu späteren Zeitpunkten umso gravierender ausfällt.[132] Wer den Eindruck gewinnt, „als Statisten an einer reinen Alibiveranstaltung mitzuwirken, [...] [und] im Rahmen der Öffentlichkeitsbeteiligung zu Tausenden grundsätzliche Einwendungen gegen ein Großprojekt [zu] formulieren, auf das sich die Verantwortlichen politisch und sogar vertraglich längst festgelegt haben"[133], wird nur noch wenig Sympathie für das Vorhaben aufbringen können. Zwar könnte man dies schlicht dem zu späten Tätigwerden der Bürger anlasten. Doch muss sich jedes System auch an seiner praktischen Funktionalität und Effektivität messen lassen. Selbst bei funktionierender Inzidentkontrolle kann man es schwerlich allein den Bürgern vorwerfen, „dass die Motivation zur Öffentlichkeitsbeteiligung reduziert sein kann, wenn sich die Öffentlichkeit darüber im Klaren ist, dass eine ggf. nicht (ausreichende) Beachtung der

[129] *Roland Berger Strategy Consultants*, Energy infrastructure projects, S. 100; mit Bezug darauf *Guckelberger*, ebd.

[130] *Siegert*, UPR 2019, 468 (469).

[131] Dazu *Appel*, in: Säcker, Energierecht, § 7 NABEG, Rn. 4; *Scheele*, IR 2012, 247 (248); *Siegert*, UPR 2019, 468 (472); *Stracke*, Öffentlichkeitsbeteiligung, S. 49 ff.

[132] *Bauer*, VerwArch 106 (2015), 112 (119 f.); *Wulfhorst*, DÖV 2011, 581 (582); ebenso die Rede von *Stephan Kühn*, Abgeordneter von BÜNDNIS 90/DIE GRÜNEN, Plenarprotokoll 19/144 vom 31.01.2020, S. 18008.

[133] *Wulfhorst*, ebd.

eingebrachten Einwendungen zunächst nicht angreifbar ist und hierfür erst die Beendigung des gesamten Planungsverfahrens abgewartet werden muss“[134].

Auch hier zeigt Dänemark, dass es anders geht: Mit hohen Budgets für die projektbegleitende Öffentlichkeitsarbeit und umfassender Einbindung der Öffentlichkeit auf sämtlichen Planungsstufen ist es in den vergangenen Jahren gelungen, einen „Lerneffekt“ bei der Bevölkerung zu erzielen, der mit einer positiven Grundstimmung inzwischen eine gute Basis für konstruktiven Austausch statt Projektverhinderungstaktiken ermöglicht.[135] Der Schlüssel zum Erfolg:

> „Die Vorhabenträger und die Politik glauben daran, dass von außen konstruktive Ideen kommen können, die das Vorhaben voranbringen.“[136]

So simpel, wie diese Maßgabe klingt, so sehr erwecken Zeitpunkt der und Vorgehen bei den Öffentlichkeitsbeteiligungen im Infrastrukturbereich in Deutschland noch immer den Eindruck, dass Behörden und Vorhabenträger eher halbherzig die europarechtlich eben gebotenen Vorgaben abarbeiten, anstatt auf aktive Konsultation mit dem Ziel der Verbesserung der Planung zu setzen. Vor Wegfall der materiellen Präklusion durch das Urteil des EuGH im Vertragsverletzungsverfahren gegen Deutschland vom 15. Oktober 2015 war es kaum ernsthaft bestreitbar, dass Behörden und Gerichte mittels extrem hoher Anforderungen, die sie an die Einwendungen der Umweltverbände stellten, versuchten, sich über den Umweg der materiellen Präklusion einer inhaltlichen Auseinandersetzung mit den Stellungnahmen der Umweltverbände zu entziehen. Während Individualkläger nur grobe Angaben machen mussten, wurden von Umweltverbänden detaillierte Beschreibungen der Umweltfolgen bis hin zu Verbreitungsgebieten und Angaben zur Größe der Populationen erwartet.[137] Die dafür erforderlichen Untersuchungen konnten im wenige Wochen dauernden Zeitraum der Einwendungsfrist aber kaum durchgeführt werden.[138] 36,2 % der Einwendungen von Umweltverbänden waren im Zeitraum von 2007 bis 2012 daher präkludiert.[139] Auch, wenn die materielle Präklusion inzwischen weitgehend weggefallen ist, lässt sich eine wesentliche Änderung im Verhalten von Behörden und Verwaltungsgerichten hin zu einer ernstgemeinten Beschäftigung mit den eingebrachten Einwendungen nicht erkennen. Konstatiert wird sogar eine

---

[134] *Langstädtler*, Effektiver Umweltrechtsschutz, S. 493.

[135] Vgl. *Siegert*, UPR 2019, 468 (472 f.).

[136] *Siegert*, UPR 2019, 468 (473); das Fehlen dieser Motivation in Deutschland bemängelnd *Wulfhorst*, DÖV 2011, 581 (587).

[137] Kritisch dazu *Bunge*, NuR 2016, 11 (19); *Schüren/Kramer*, ZUR 2016, 400 (404 f.); zu den Anforderungen an Individualkläger: BVerwG, Urt. v. 09.07.2008 – 9 A 14.07 = BVerwGE 131, 274, juris Rn. 49; zu den Anforderungen an Umweltverbände demgegenüber: BVerwG, Urt. v. 29.09.2011 – 7 C 21.09, juris Rn. 35 ff.; BVerwG, Beschl. v. 23.11.2007 – 9 B 38.07, juris Rn. 31; BVerwG, Beschl. v. 12.04.2005 – 9 VR 41.04, juris Rn. 31 f.

[138] *Bunge*, NuR 2016, 11 (19), der darin ebenfalls ein systematisches Vorgehen der Behörde und Verwaltungsgerichte erkennt.

[139] *Führ/Schenten/Schreiber* u. a., in: UBA, Verbandsklagemöglichkeiten, S. 94.

„praktische[n] Entwertung der Öffentlichkeitsbeteiligung“[140], implizierend, dass eine echte Auseinandersetzung mit den Bedenken im Verwaltungsverfahren ohne materielle Präklusion ohnehin überflüssig sei. Erneut eine eher deutsche Perspektive des Stellenwertes der Verfahrensvorschriften, die das Anliegen der (europäischen) Öffentlichkeitsbeteiligung anders als Dänemark grundlegend missversteht. Denn das Umweltverbände ihren Tätigkeitsschwerpunkt nun auf gerichtliche Verfahren verlagern, kann ihnen kaum angelastet werden, entspricht es doch ihrem natürlichen Interesse und ihrer Aufgabe, das Umweltrecht durchzusetzen. Würde das Beteiligungsverfahren eine echte Perspektive bieten, dieses Ziel bereits im Vorfeld auf außergerichtlichem Wege zu erreichen, bestünde für die Umweltverbände kein Anlass mehr, die für sie in der Regel extrem aufwendigen Klageverfahren gegen Infrastrukturprojekte[141] weiter zu verfolgen. Erforderlich ist bei Gesetzgeber und Behörden – genauso wie bei einigen Verbänden – eine Rückbesinnung auf die eigentliche Aufgabe der Umweltverbände: Sie sollen als „Anwalt der Natur“ altruistisch die Interessen von Umwelt und Natur als Allgemeinwohlbelange stellvertretend für die Gesellschaft geltend machen.[142] Die Verbandsklage ist mithin kein Mittel zur Projektverzögerung und -verhinderung, sondern soll das Ungleichgewicht korrigieren, das im deutschen Recht traditionell zwischen den regelmäßig auf die Verwirklichung des Projekts ausgerichteten Individualinteressen von Wirtschaft und Vorhabenträgern und den üblicherweise nicht klagebewehrten Umweltbelangen besteht.[143]

Dass das MgvG-E die Steigerung von Akzeptanz gerade als Ziel der Maßnahmengesetzgebung statuiert, wirkt vor diesem Hintergrund fast schon zynisch und darf wohl mehr als vorgeschobene Rechtfertigung denn als echtes Anliegen bewertet werden. Zurecht konstatiert *Groß* hierzu:

> „Fast schon grotesk ist die Behauptung des Entwurfs, es solle erprobt werden, inwieweit eine Genehmigung von Verkehrsprojekten durch den Deutschen Bundestag zu einer größeren Akzeptanz beiträgt. Wer kann denn im Ernst glauben, dass einige Bundestagsabgeordnete, die sich im Verkehrsausschuss neben vielen anderen Dingen mit diesen Projekten befassen werden, größeres Vertrauen genießen als eine Fachbehörde, die sich ständig mit Planungsverfahren beschäftigt?“[144]

Denn der Gesetzgeber übersieht: Das „dänische Erfolgsmodell“[145] nur selektiv in Form der Maßnahmengesetzgebung zu übernehmen, wird nicht den erhofften Erfolg bringen. In einem ersten Schritt empfiehlt sich vielmehr eine Rückkehr zu den er-

---

[140] *Keller/Rövekamp*, NVwZ 2015, 1672 (1673).

[141] Vgl. *Schmidt/Zschiesche*, NuR 2018, 443 (450). Dieses Argument findet sich auch bei *Bunge*, ZUR 2014, 3 (13) mit Blick auf die von einigen erwartete Klageflut in Reaktion auf das Urteil des BVerwG zu Luftreinhalteplänen.

[142] *Heß*, ZUR 2018, 686 (687).

[143] Vgl. *SRU*, Stellungnahme Verbandsklage, S. 5.

[144] *Groß*, VerfBlog, 2019/11/06.

[145] *Mathias Stein*, Abgeordneter der SPD, Plenarprotokoll 19/137 vom 19.12.2019, S. 17203.

folgversprechenden Tendenzen der vergangenen Jahre, etwa der „Beteiligungsoffensive“[146] der ersten NABEG-Vorschriften, die sogar über die vergleichsweise hohen Anforderungen der UVP-Richtlinie hinausgingen, oder der UmwRG- und StandAG-Novellen – und zwar nicht nur in formeller Hinsicht, sondern mit einer ernstgemeinten Verpflichtung gegenüber Sinn und Zweck der Öffentlichkeitsbeteiligung. Eine bloße Änderung von Rechtsvorschriften wird hierfür nicht ausreichen, erforderlich ist ein echtes Umdenken bei Behörden und Vorhabenträgern.[147] Zwingend damit verbunden sein müssen entsprechende Klagemöglichkeiten, um die Öffentlichkeitsbeteiligung als echtes Anliegen und nicht bloß als leere Versprechung glaubhaft erscheinen zu lassen. In einem weiteren Schritt könnte auch in Deutschland über von Femern A/S im dänischen Verfahren zur Fehmarnbelt-Querung erfolgreich erprobte neue Beteiligungsformen wie Arbeitsgruppen mit Grundstücksbetroffenen oder Nachbarschaftstreffen[148] sowie zusätzliche Instanzen der Öffentlichkeitsbeteiligung etwa vor Beginn des förmlichen Verfahrens oder im Rahmen des Scoping[149] nachgedacht werden. Im Optimalfall kann so erreicht werden, dass alle Streitpunkte im Vorfeld ausgeräumt sind und die abschließende Entscheidung gerichtlich gar nicht mehr angegriffen wird.[150]

IV. Gesetzgebungsvorschlag für den Bereich der Infrastrukturplanung

Gegen eine Eins-zu-Eins-Übertragung des dänischen Systems oder des StandAG-Mechanismus auf den Bereich der Infrastrukturplanung bestehen allerdings Bedenken – schon wegen der ebenfalls aufgezeigten Schwächen dieser beiden Alternativen sowie der Komplexität und Eigenheiten der Infrastrukturplanung. Gefunden werden muss vielmehr ein eigenständiges Konzept, das Planungsbeschleunigung ermöglicht, gleichzeitig aber den völker- und europarechtlichen (Rechtsschutz-) Anforderungen gerecht wird. Dabei stellen sich einige spezifische Fragen und Probleme, die im Folgenden ergänzend betrachtet werden sollen.

Zunächst ist dabei mit Blick auf das Gesamtsystem eine Grundsatzentscheidung zu treffen zwischen einer echten Verfahrensstufung mit Bindungswirkungen, dafür aber entsprechenden Rechtsschutzmöglichkeiten, wie sie das BVerfG in der zitierten

---

[146] *Grigoleit/Weisensee*, UPR 2011, 401 (403).

[147] Vgl. *Wulfhorst*, DÖV 2011, 581 (590).

[148] Dazu ausführlich *Siegert*, UPR 2019, 468 (475).

[149] So schon der Vorschlag von *Bunge*, NuR 2016, 11 (20) in Reaktion auf den Wegfall der materiellen Präklusion. Noch weiter geht der Vorschlag von *Eisenmenger*, NVwZ 2014, 1614 (1615 ff.), der sogar tatsächliche Entscheidungsbefugnisse auf Bürger- bzw. Fachgremien übertragen will; kritisch demgegenüber mit Verweis auf die fehlende demokratische Legitimation *Bauer*, VerwArch 106 (2015), 112 (120).

[150] *Bunge*, ebd.

Entscheidung zur *Investitionszulage* skizzierte[151] und der Beibehaltung eines bloß gestuften Planungsverfahrens, versehen aber mit tatsächlich ergebnisoffenen Rechtsschutzmöglichkeiten.[152] Aus zahlreichen der vorangehend erörterten Gründe, vor allem aber aufgrund der faktischen Bindungswirkungen und der zeitintensiven Planung, die mit der Veränderungsgeschwindigkeit der Umweltsituation kaum Schritt halten kann, wird sich letztere Möglichkeit allerdings kaum realisieren lassen. Empfehlenswert erscheint daher wie beim StandAG die Wahl einer echten Verfahrensstufung mit phasenspezifischen Rechtsbehelfen.

Begleitet würde diese – und das wird angesichts der vielfach befürchteten Klageflut angesichts des vermeintlichen „Mehrs" an Klagemöglichkeiten oft vergessen – von einem entscheidenden Beschleunigungseffekt: Denn in einem solchen System sähe sich die zeitintensive Gesamtplanung nicht dem Risiko ausgesetzt, „im letzten Moment" bei der Inzidentkontrolle auf Projektzulassungsebene zu scheitern und um Jahre zurückgeworfen zu werden.[153] Phasenspezifischer Rechtsschutz stärkt nämlich nicht bloß einseitig die Interessen von Bürgern und Umweltverbänden, sondern schafft ebenso Rechtssicherheit für Vorhabenträger und Behörden.[154]

Ein Danaergeschenk wäre es, Klagebefugnisse zu schaffen, Umweltverbände und Individualkläger dann aber mit neuen Unsicherheiten hinsichtlich der Rechtsform der nun angreifbaren Planungsentscheidung und entsprechend der Wahl des richtigen Rechtsmittels zurückzulassen. In Bezug auf SUP-pflichtige Pläne und Programme war diese Problematik bereits bei Einführung des § 1 Abs. 1 S. 1 Nr. 4 Hs. 2 UmwRG erkannt worden[155] und zog schließlich die klare Entscheidung für die abstrakte Normenkontrolle nach § 47 VwGO in § 7 Abs. 2 UmwRG mit sich. Eine ähnlich klare Lösung müsste auch für die Bedarfspläne gefunden werden.

Weniger eindeutig gestaltet sich die Situation auf Korridorebene bei Bundesfachplanung und Raumordnungsverfahren. Ersterer wird teilweise auch in ihrer jetzigen Gestaltung, insbesondere angesichts der umfangreichen Bezugnahme auf und Einbeziehung der betroffenen Öffentlichkeit, schon unmittelbare Außenwirkung zugesprochen.[156] Um eine Mehrheitsmeinung handelt es sich bei dieser durchaus berechtigten Überlegung jedoch nicht. Hier wäre angesichts der weiterhin bestehenden Unsicherheiten über die Rechtsnatur der Bundesfachplanung eine gesetzliche Klarstellung in Form einer Erweiterung des § 1 Abs. 1 S. 1 Nr. 4 UmwRG wünschenswert. Gleiches gilt für das Ergebnis des Raumordnungsverfahrens. Die Linienbestimmung hingegen gilt gem. § 2 Abs. 6 Nr. 2 UVPG als Zulassungsent-

---

[151] BVerfG, Beschl. v. 31.05.2011 – 1 BvR 857/07 = BVerfGE 129, 1, juris Rn. 102.

[152] Zur begrifflichen Unterscheidung *Moench/Ruttloff*, NVwZ 2014, 897 (898 f., 901).

[153] So im Ergebnis auch *Durner*, DVBl 2011, 853 (861); *Gärditz*, NVwZ 2014, 1 (10); *ders.*, ZfU 2012, 249 (267).

[154] *Durner*, ebd.

[155] *Deutscher Anwaltverein*, Stellungnahme UmwRG-E 2016, S. 3.

[156] *Moench/Ruttloff*, NVwZ 2014, 897 (900); zustimmend *Baumann/Brigola*, DVBl 2017, 1385 (1387); kritisch *Knappe*, DVBl 2016, 276 (282 f.).

scheidung i. S. d. § 1 Abs. 1 S. 1 Nr. 1 UmwRG, sodass diesbezüglich nur eine Streichung des § 47 Abs. 4 UVPG erforderlich wäre und dann der Weg der Anfechtungsklage offen stünde.

Nicht gelöst wäre damit allerdings die komplizierte Beziehung zwischen Raumordnungsverfahren und Linienbestimmung. So trifft das Raumordnungsverfahren noch keine verbindliche Festlegung, eine Rechtsschutzmöglichkeit wäre hier also gar nicht zwingend nötig und mangels Bindungswirkung gegenüber dem Linienbestimmungsverfahren auch nur bedingt sinnvoll. Andererseits übernimmt die Linienbestimmung in der Praxis aber zumeist den im Raumordnungsverfahren zugrunde gelegten Trassenverlauf,[157] ohne dass eine erneute UVP durchgeführt wird. Hier müsste also primär eine Rechtsschutzmöglichkeit gegen die Linienbestimmung mit echter Inzidentkontrolle des Ergebnisses des Raumordnungsverfahrens geschaffen oder – angesichts der beschriebenen Probleme der praktischen Effektivität von Inzidentkontrollen – die Korridorplanung im Verkehrswegebereich grundlegend umstrukturiert werden.

Bei der Schaffung von Rechtsschutzmöglichkeiten im Anwendungsbereich des MgvG stellen sich schließlich dieselben Probleme, die schon beim bereits in Kraft befindlichen StandAG zu bemängeln sind. Treffend konstatiert *Wollenteit,* dass sich das „Konzept der Legalplanung [...] grundsätzlich mit einem kassatorischen Verwaltungsrechtsschutz nicht verträgt“[158]. Rechtsschutzmöglichkeiten gegen die vorbereitende Verwaltungsentscheidung zu schaffen, wird stets verbunden bleiben mit fehlenden Kontrollmöglichkeiten hinsichtlich möglicherweise abweichender parlamentarischer Entscheidungen im Gesetzgebungsverfahren sowie hinsichtlich der in *Boxus* und *Solvay* statuierten Grundvoraussetzungen. Es ist ein „prozeduraler Kunstgriff“[159] und kein wirklich konsistentes Rechtsschutzsystem. Geschaffen werden müsste daher eine (nachträgliche) verwaltungsgerichtliche Überprüfungsmöglichkeit der Maßnahmengesetze selbst nach dänischem Vorbild – auch, wenn dies wohl einen Aufschrei in der deutschen Verfassungs- und Verwaltungsrechtswissenschaft nach sich ziehen würde. Die *Endlager-Kommission* hatte sich im Vorfeld der StandAG-Novelle zumindest dahingehend vorgewagt, eine solche Möglichkeit zur Debatte zu stellen – diese dann jedoch mit dem Argument, dass „dies jedoch rechtlich ein völliges Novum darstellen würde und mit der Einführung viele offene Rechtsfragen einhergehen würden“[160] schnell wieder verworfen.

Sofern in den im MgvG ausgewählten Fällen an der Vorhabenzulassung durch Gesetz festgehalten werden soll, darf zudem der Umfang der Verweisung auf das VwVfG in § 4 Abs. 3 MgvG nicht aus dem Blick geraten. Denn je nach Ausgestaltung wäre die rechtsmittelfähige Entscheidung nicht zwingend eine Zulassungsentscheidung i. S. d. § 7 Abs. 4 UmwRG, sodass der Verweis auf § 73 Abs. 4

[157] Dazu bereits oben unter B. II. 2. a).

[158] *Wollenteit*, NuR 2018, 818 (821).

[159] *Rehbinder*, EurUP 2018, 61 (64).

[160] *Endlager-Kommission*, Abschlussbericht, S. 382.

S. 3 VwVfG in § 4 Abs. 3 MgvG durch die Hintertür die europarechtswidrige materielle Präklusion wieder einführen würde. Parallel müsste daher auch der § 7 Abs. 4 UmwRG erweitert oder ein entsprechender Ausschluss in der Verweisungsnorm des § 4 Abs. 3 MgvG vorgesehen werden.

V. Fazit

Die Ausschaltung der Umweltverbandsklage ist nicht nur völker- und europarechtswidrig, sondern auch das am wenigsten effektive Mittel zur Beschleunigung der Infrastrukturplanung. Viele andere Bereiche des komplexen Planungsverfahrens weisen erheblich größeres Beschleunigungspotenzial auf. Insbesondere das Beispiel Dänemarks zeigt, wie phasenspezifischer Rechtsschutz und ein beschleunigtes Verfahren Hand in Hand gehen können. Ersterer muss damit nicht zwangsläufig zu einer Überflutung der Gerichte führen, sondern kann die Behörden auch veranlassen, Bürger und Vereinigungen aktiv zur Beteiligung zu motivieren und die eingebrachten (Umwelt-)Belange ernst zu nehmen.[161] Auch hier zeigt Dänemark, dass nur die Schaffung echter Akzeptanz in der Bevölkerung – und nicht die bloße „Stummschaltung" durch Abschaffung von Rechtsschutzmöglichkeiten – die Planung nachhaltig beschleunigen kann. Die Befürchtung, dass die Verwaltungsgerichte bei Ausweitung insbesondere der Verbandsklagebefugnisse die ihnen verfassungsrechtlich traditionell zugedachte Aufgabe der Gewährung von Individualrechtsschutz nicht mehr wahrnehmen können,[162] erscheint angesichts der vorstehenden Ausführungen mehr als Schreckgespenst denn als ernstzunehmende Sorge. Werden die europäischen Anforderungen konsequent umgesetzt und mit einer Verbesserung der genannten Problemfelder abseits der Rechtsschutzfragen verbunden, können vielmehr echte Beschleunigungseffekte durch die Schaffung echter Akzeptanz erwartet werden.

Der sicherste Weg wäre hierbei zweifelsfrei der Verzicht auf das Instrument der Legalplanung. Denn selbst der „einfachste" Weg zur Beibehaltung der Maßnahmengesetzgebung, die Einführung einer verwaltungsgerichtlichen Kontrollmöglichkeit, wäre perspektivisch mit unüberschaubaren Diskussionen und Unwägbarkeiten verbunden. Selbst wenn – was aus den genannten Gründen bezweifelt werden darf – mit der Maßnahmengesetzgebung eine Akzeptanzsteigerung erreicht werden könnte, vermöchte diese den Umfang der mit der Gesetzesform verbundenen Probleme kaum zu kompensieren. Auch wenn eine Entscheidungsfindung im Parlament einer „direkteren" demokratischen Legitimation unterliegen mag als eine solche der Exekutive, so ist und bleibt primäre Quelle von Akzeptanz vor allem die Gewissheit,

---

[161] Vgl. *Bunge*, UVP-report 31 (4/2017), 261 (266); *Renn/Köck/Schweizer* u. a., ZUR 2014, 281 (283 f.).

[162] So *Schlacke/Römling*, in: Schlacke/Schrader/Bunge, Aarhus-Handbuch, Einf. § 3, Rn. 7; *Schlacke*, Überindividueller Rechtsschutz, S. 63 ff.

dass auch die öffentliche Hand Recht und Gesetz einhält und diese Frage im Zweifel vor ein unabhängiges Gericht gebracht und umfassend kontrolliert werden kann.[163] Der Verwaltungsrechtsschutz übernimmt gewissermaßen eine eigene „demokratische Funktion“[164]. Neben dem größeren Sachverstand auf Seiten der Exekutive, der die Vertrauensgrundlage für eine sachgemäße Entscheidung unmittelbar erhöht, scheint im Übrigen vergessen zu werden, dass nicht nur das Parlament eine Legitimationsfunktion übernehmen kann. Denn demokratisch legitimiert ist in einem Rechtsstaat wie Deutschland, wenn auch nicht unmittelbar durch Wahlen, ebenso die Verwaltung.[165] Eine Diskussion über bessere und schlechtere demokratische Legitimation, wie sie der Gesetzgeber hier anstrengen zu wollen scheint, ist dem Gewaltenteilungsgrundsatz fremd[166]; Judikative, Legislative und Exekutive kommt dieselbe „Wertigkeit“ im Hinblick auf ihre demokratische Legitimation zu. Aus rein praktischer Sicht dürften aber wohl Behördenvertreter mit entsprechender fachlicher Expertise sogar größeres Vertrauen seitens der Bürger genießen als Bundestagsabgeordnete, die sich in den Ausschussräumlichkeiten in Berlin mit unter Umständen mehrere hundert Kilometer entfernt stattfindenden Überlegungen befassen müssen und zur Teilnahme an den Terminen der Öffentlichkeitsbeteiligung nicht einmal verpflichtet sind.[167]

---

[163] Vgl. *Wollenteit*, ZNER 2013, 132 (138); ähnlich *Guckelberger*, NuR 2020, 805 (813).

[164] *Groß*, DÖV 2011, 510 (511).

[165] *Keienburg*, NVwZ 2014, 1133 (1135).

[166] *Keienburg*, ebd.

[167] Vgl. etwa die Darstellung bei *Ziekow*, NVwZ 2020, 677 (680), der lediglich empfiehlt, dass die Abgeordneten eine Teilnahme in Erwägung ziehen sollten; kritisch gegenüber der Realisierbarkeit solcher Vorschläge *Guckelberger*, NuR 2020, 805 (806).

J. Abschließende Betrachtung

Der deutsche Gesetzgeber hat sich mit seinen Bemühungen um immer mehr Beschleunigung verrannt. Schon seit der Wiedervereinigung versucht er, die teils erheblichen Verzögerungen bei der Realisierung von Infrastrukturprojekten durch immer neue Gesetzesvorhaben zu bekämpfen, in denen er wahlweise Rechtsschutzmöglichkeiten verkürzt oder sogar das materielle Umweltrecht zurückzudrängen versucht. Dass er sich dabei auf einem „Irrweg kopflosen Anrennens gegen europarechtliche Vorgaben"[1] befindet, scheint er auch nach jahrelangem Ringen mit EuGH und ACCC um UmwRG, materielle Präklusion und subjektive öffentliche Rechte nicht realisiert zu haben. Statt sich an vielversprechenden Beispielen aus Dänemark oder dem hauseigenen StandAG zu orientieren und nach den tatsächlichen Ursachen für die Planungsverzögerungen zu suchen, hat er sich nun auf den Versuch verlegt, den fachgerichtlichen Rechtsschutz und mit ihm insbesondere die Umweltverbandsklage durch (Wieder-)Einführung der Projektzulassung durch Maßnahmengesetz faktisch auszuschalten.

Dass das MgvG den nächsten Paukenschlag aus Luxemburg nach sich ziehen wird, darf fast als sicher gelten. Beinahe gravierender noch als die Verwehrung unmittelbaren Rechtsschutzes erscheint dabei der Effekt, den das MgvG auf das Gesamtsystem der Infrastrukturplanung hat. Denn schon zuvor war eine ergebnisoffene Überprüfung am Ende der letzten Planungsstufe, die sich nicht auf eine bloße Projektverwirklichungsprüfung beschränkt, angesichts zahlreicher rechtlicher und tatsächlicher Bindungswirkungen und der daraus folgenden Wirkungslosigkeit inzidenter Kontrollmöglichkeiten kaum mehr gewährleistet. Phasenspezifische Rechtsschutzmöglichkeiten stehen weiterhin nicht zur Verfügung. Im Anwendungsbereich des MgvG ist mithin nun die gesamte Planung von der Aufstellung der Bedarfspläne bis zum ersten Spatenstich einer gerichtlichen und damit rechtsstaatlichen Kontrolle entzogen.

Sowohl die bisherige Ausgestaltung des Gesamt-Rechtsschutzsystems als auch die durch das MgvG geschaffene Situation können den völker- und unionsrechtlichen Rechtsschutzanforderungen damit in keinster Weise genügen. Denn Århus-Konvention, UVP-, SUP- und FFH-Richtlinie sowie das sonstige europäische Umweltrecht fordern effektive Rechtsschutzmöglichkeiten in Bezug auf sämtliche umweltrelevanten Entscheidungen, die eine formelle und materielle Rechtmäßigkeitskontrolle ermöglichen – unabhängig von konkreter Ausgestaltung, Planungsstufe oder der Tatsache, dass eine Zulassungsentscheidung in Gesetzesform ergeht. Das gilt umso mehr, betrachtet man die materiellen Anforderungen, die das euro-

[1] *Wegener*, LTO, 2020/02/24.

päische Umweltrecht an die Prüfungsinhalte der Umweltprüfungen stellt und die praktischen Auswirkungen, die fehlende entsprechende Rechtsschutzmöglichkeiten haben.

Statt den aussichtslosen Versuch zu unternehmen, sich den völker- und europarechtlichen Anforderungen schlicht zu entziehen, sollte der Gesetzgeber den Mut beweisen, zu der zwischenzeitlich verfolgten Tendenz zu mehr Konsultation zurückzukehren und den Ergebnissen von Umweltprüfungen und korrespondierenden Öffentlichkeitsbeteiligungen zu faktischer Durchsetzungskraft zu verhelfen – primär durch die Schaffung phasenspezifischer Rechtsschutzmöglichkeiten, ebenso aber durch ein Umdenken im Dialog mit Bürgern und Verbänden. Insbesondere, wenn sie mit einer echten Stärkung der Akzeptanz einhergeht, wird eine Ausweitung der Klagebefugnisse nicht zu einer Überflutung der Gerichte führen und auch nicht verbunden sein mit einer willkürlichen Torpedierung staatlicher Planungstätigkeit. Sie bedeutet letztlich nur eine konsequente Durchsetzung des materiellen Umweltrechts. Denn für rechtswidrig befunden werden kann nur, was rechtswidrig ist – und dies zu verhindern kann schwerlich das ernsthafte Anliegen eines Rechtsstaates sein. Reaktionen wie die des deutschen Gesetzgebers und von Teilen der Fachwelt zeigen aber derzeit, dass das europäische Recht bei der Durchsetzung des materiellen Umweltrechts aus gutem Grund nicht allein den Mitgliedstaaten vertraut, sondern Umweltverbände und die interessierte Öffentlichkeit mit entsprechenden Befugnissen ausgestattet hat.

„Wer vorankommen will, braucht Wege […]"[2], propagierte Bundesverkehrsminister *Andreas Scheuer* in der ersten Lesung des MgvG im Deutschen Bundestag pathetisch – doch nicht um jeden Preis und nicht auf Kosten von Rechtsstaat und Umweltschutz. Denn „Beschleunigung ist kein Verfassungsgebot"[3]. Selbst der Klimaschutz, dessen Bedeutung nie höher gewesen sein dürfte und den die Gesetzesbegründung zum MgvG daher zurecht hervorhebt, ist kein „Blankoscheck" für das Außerachtlassen umweltrechtlicher Anforderungen in anderen Bereichen, etwa im Habitat- und Artenschutz. Erst recht nicht, wenn er wie im Fall des MgvG erst nachträglich zur Legitimierung des Vorhabens in die Gesetzesbegründung eingefügt wird.[4]

---

[2] *Andreas Scheuer*, Bundesminister für Verkehr und digitale Infrastruktur, Plenarprotokoll 19/137 vom 19.12.2019, S. 17200.

[3] *Groß*, ZUR 2021, 75 (78).

[4] Vgl. insofern den Referentenentwurf vom 16.10.2019, der den Klimaschutz nicht als Ziel des Gesetzesvorhabens nennt, abrufbar unter https://www.netzwerk-bahnen.de/assets/files/news/2019/2019_10_16-referentenentwurf-genehmigungsbeschleunigungsgesetz.pdf (abgerufen am 20.08.2021, 09:42 Uhr); dazu *von Weschpfennig*, AöR 2020, 438 (441).

K. Zusammenfassung der Ergebnisse in Thesenform

1. Das Völker- und Unionsrecht stellt umfassende Anforderungen an den Rechtsschutz bei der Planung und Realisierung von Infrastrukturprojekten, die bei der Befassung mit Beschleunigungspotenzialen und Rechtsschutzmöglichkeiten nicht außer Acht gelassen werden können.
   - Sowohl die Århus-Konvention als auch die Richtlinien des europäischen Umweltrechts fordern effektive Rechtsschutzmöglichkeiten in sämtlichen Umweltangelegenheiten, unabhängig von der Planungsebene und unabhängig von der formellen Ausgestaltung der jeweiligen Planungsentscheidung.
   - Die Bereichsausnahme des Art. 2 Abs. 5 RL 2014/52/EU ist dabei als Ausnahmevorschrift zu verstehen und grundsätzlich eng zu interpretieren. Sie steht der Anwendbarkeit der UVP-Richtlinie auf Maßnahmengesetze nicht entgegen und erlaubt lediglich ein Absehen von den Vorschriften zur Öffentlichkeitsbeteiligung, nicht aber von den übrigen Anforderungen der UVP-Richtlinie, insbesondere nicht von den Vorgaben zur Gewährung von Rechtsschutz und der damit einhergehenden materiell-rechtlichen Überprüfung einer Entscheidung. Selbiges gilt für die entsprechenden Vorschriften der Århus-Konvention.
   - In Anbetracht der Verfahrensautonomie der Mitgliedstaaten können weder ACCC noch EuGH konkrete Vorgaben zur Ausgestaltung der Rechtsbehelfe machen. Weder das Völker- noch das Europarecht stehen Rechtsschutzkonzentrationen und Legalplanung daher grundsätzlich entgegen. Gewährleistet sein muss aber eine effektive Rechtsschutzmöglichkeit, mit deren Hilfe die formelle und materielle Rechtmäßigkeit einer jeden Entscheidung überprüft werden kann.
2. Parallel dazu stellt auch das nationale Verfassungsrecht Anforderungen an Rechtsschutzmöglichkeiten in umweltrelevanten Planungsverfahren.
   - Sowohl gegenüber Maßnahmen der Exekutive als auch gegenüber solchen der Legislative erfordert Art. 19 Abs. 4 S. 1 GG effektive Rechtsschutzmöglichkeiten. Daneben sind besondere Anforderungen der im Einzelfall betroffenen materiellen Grundrechte zu beachten. Der Spielraum des Gesetzgebers bei der Ausgestaltung dieser Rechtsbehelfe ist jedoch groß, die Anforderungen des Grundgesetzes weniger stringent als diejenigen des Völker- und Europarechts.
   - Gesteigerte Anforderungen an die Effektivität des Rechtsschutzes bestehen jedoch in gestuften Planungsverfahren. Erscheint eine ergebnisoffene Überprüfung vorangegangener Entscheidungen aufgrund zeitlicher oder faktischer

Umstände nicht mehr gewährleistet, wird auch nach der Rechtsprechung des BVerfG eine phasenspezifische Rechtsschutzmöglichkeit erforderlich.

3. Den völker- und europarechtlichen Rechtsschutzanforderungen kann die vom MgvG geschaffene Situation im Bereich der Verkehrsinfrastrukturplanung schon auf Projektzulassungsebene nicht genügen.
   - Umweltverbände sowie sonstige Betroffene, die sich nicht auf Art. 14 GG berufen können, werden praktisch rechtsschutzlos gestellt, da ihnen die Einlegung einer Verfassungsbeschwerde nicht offensteht. Ihre Situation steht damit in direktem Widerspruch zu Art. 11 Abs. 1 UVP-RL sowie Art. 9 Abs. 2 AK. Ersatzweise vor den Verwaltungsgerichten denkbare Klagewege vermögen keinen adäquaten Ersatz zu leisten.
   - Auch die sich aus Art. 14 GG ergebenden Beschwerdebefugnisse zur Erhebung einer Verfassungsbeschwere reichen aber nicht aus, um effektiven Rechtsschutz zu gewährleisten. Sie erfüllen nicht die durch ACCC und EuGH aufgestellten Anforderungen, da das BVerfG die Einhaltung der UVP-Richtlinie und sonstigen Europarechts bzw. der deutschen einfachrechtlichen Umsetzungsgesetze im Umweltrecht mangels entsprechender Prüfungskompetenz nicht kontrollieren kann.
   - Ebensowenig ist eine unionsrechtskonforme Auslegung oder unmittelbare Anwendung der UVP-Richtlinie möglich. Es besteht mithin dringender Handlungsbedarf seitens des Gesetzgebers.
4. Darüberhinaus genügt auch die Rechtsschutzsituation im Gesamtsystem der Infrastrukturplanung insbesondere unter Effektivitätsgesichtspunkten weder völker- und europarechtlichen noch verfassungsrechtlichen Anforderungen.
   - Eine Möglichkeit zur Kontrolle der Bedarfsebene fehlt vollständig. Die hohen Anforderungen, die an die Zulässigkeit einer Verfassungsbeschwerde gestellt werden respektive die geringe Kontrolldichte der konkreten Normenkontrolle verhindern in der Praxis eine gerichtliche Überprüfung.
   - Ebenso besteht faktisch kein Rechtsschutz auf Korridorebene. Zwar ergehen hier keine Entscheidungen in Gesetzesform, politischer und wirtschaftlicher Druck sowie lange Zeitspannen zwischen den einzelnen Planungsstufen wirken einer ergebnisoffenen Inzidentkontrolle auf Projektzulassungsebene in der Praxis aber entgegen.
   - Die Einführung des MgvG hat die Gesamtsituation schließlich noch prekärer gestaltet. Durch die Ausschaltung der ohnehin schwach ausgeprägten Möglichkeiten der Inzidentkontrolle ist in seinem Anwendungsbereich das gesamte Planungsverfahren von der Bedarfsfeststellung bis zur Projektzulassung einer gerichtlichen Kontrolle entzogen.
5. Die praktischen Auswirkungen der mangelnden Rechtsschutzmöglichkeiten in der deutschen Infrastrukturplanung sind erheblich. Insbesondere konzeptionelle

Fehler sowie solche, die durch eine Kombination von falschem Gebrauch der Abschichtungsmöglichkeiten mit rechtlichen und tatsächlichen Bindungswirkungen entstehen, schlagen zwingend auf die Projektzulassungsebene durch und wurden bisher unterschätzt.

6. Um insbesondere die Völker- und Europarechtskonformität wiederherzustellen, empfiehlt sich zumindest in Grobzügen eine Orientierung an den Systemen Dänemarks und des StandAG sowie die Ausschöpfung weiterer Beschleunigungspotenziale abseits von Rechtsschutzverkürzungen.
   - Geschaffen werden sollte zunächst eine phasenspezifische Rechtsschutzmöglichkeit auf sämtlichen Planungsstufen insbesondere für Umweltverbände, ebenso aber für Individualkläger. Denn nur so kann eine ergebnisoffene Überprüfung tatsächlich gewährleistet werden.
   - Mindestanforderung im Anwendungsbereich des MgvG ist dabei die Einführung eines gesonderten Überprüfungsverfahrens im Vorfeld der jeweiligen Planungsentscheidung nach dem Vorbild des StandAG. Da auch eine solche mit Problemen hinsichtlich der berechtigten Einwirkungsmöglichkeiten des Parlaments im Gesetzgebungsverfahren behaftet wäre, empfiehlt sich tatsächlich aber eine gänzliche Abkehr vom Instrument der Legalplanung und die Wahl einer direkt rechtsmittelfähigen Entscheidungsform.
   - Werden beide Maßnahmen mit einem Umdenken in der Beziehung zu Bürgern und Umweltverbänden, einer ernstgemeinten Stärkung der Öffentlichkeitsbeteiligung und dem Bemühen um echte Akzeptanz ebenfalls nach dänischem Vorbild verbunden, steht eine Überflutung der Gerichte nicht zu befürchten. Stattdessen werden sich auch die Umweltverbände veranlasst sehen, bisherige Projektverhinderungstaktiken aufzugeben und an einer effektiven Kompromissfindung mitzuwirken.
   - Schließlich bieten neben der Schaffung von Akzeptanz ein Abbau der Komplexität sowie die personelle und sachliche Stärkung von Behörden und Gerichten sehr viel größere Beschleunigungspotenziale als die Ausschaltung der Umweltverbandsklage.

Literaturverzeichnis

Agora Energiewende: Auswirkungen der Corona-Krise auf die Klimabilanz Deutschlands. Eine Abschätzung der Emissionen 2020. Analyse, Version 1.2, März 2020, abrufbar unter https://www.agora-energiewende.de/fileadmin2/Projekte/2020/_ohne_Projekt/2020-03_Corona_Krise/178_A-EW_Corona-Drop_WEB.pdf, abgerufen am 14.08.2021, 07:08 Uhr.

Albrecht/Zschiegner: Das Gesetz zur Sicherstellung ordnungsgemäßer Planungs- und Genehmigungsverfahren während der COVID-19-Pandemie vom 20.5.2020, UPR 2020, 252.

Alge, Thomas: Der Aarhus Convention Compliance-Mechanismus, RdU 2011, 136.

Alter, Maximilian: „Judicial Rewiew" im englischen Sicherheitsrecht: Von der Rationalitäts- zur Verhältnismäßigkeitskontrolle, ZaöRV 75 (2015), 847.

Appel, Markus: Neues Recht für neue Netze – das Regelungsregime zur Beschleunigung des Stromnetzausbaus nach EnWG und NABEG, UPR 2011, 406.

Antweiler, Clemens: Bedarfsplanung für den Stromnetzausbau – Rechtsverstöße und Rechtsfolgen, NZBau 2013, 337.

Appel, Markus: Die Bundesfachplanung nach §§ 4f. NABEG – Rechtsnatur, Bindungswirkungen und Rechtsschutz, ER 2012, 3.

Appel, Markus: Künftiger Erdkabeleinsatz beim Stromnetzausbau, NVwZ 2016, 1516.

Appel, Markus/*Eding*, Annegret: Verfassungsrechtliche Fragen der Verordnungsermächtigung des § 2 II NABEG, NVwZ 2012, 343.

Appel, Markus/*Rietzler*, Andreas: Artenschutzrecht in der Bundesfachplanung und den anschließenden Planfeststellungsverfahren, NuR 2017, 227.

Appold, Wolfgang: Die historische Entwicklung des Rechts der Raumordnung, in: Erbguth, Wilfried/Oebbecke, Janbernd/Rengeling, Hans-Werner/Schulte, Martin (Hrsg.): Planung. Festschrift für Werner Hoppe zum 70. Geburtstag, 1. Auflage, München 2000 (zitiert als: *Appold*, in: FS Hoppe).

Armbrecht, Stefanie: Infrastrukturplanung auf europäischer Ebene – Entwurf einer Verordnung zu Leitlinien für die transeuropäische Energieinfrastruktur, DVBl 2013, 479.

Attendorn, Thomas: Berücksichtigung der Belange der Energiewende bei der Anwendung des Naturschutzrechts, NuR 2013, 153.

Bader, Johann/*Ronellenfitsch*, Michael (Hrsg.): Beck'scher Online-Kommentar VwVfG mit VwVG und VwZG, 52. Edition, Stand: 01.07.2021 (zitiert als: *Bearbeiter*, in: Bader/Ronellenfitsch, BeckOK VwVfG).

Balla, Stefan: Der Umweltbericht in der Strategischen Umweltprüfung nach dem neuen UVPG, NuR 2006, 485.

Balthasar, Alexander: Zu kurz gegriffen. Besprechung VfGH 29.06.2017, E 875/2017, E 886/2017, ZöR 2017, 577.

Battaglini, Antonella/*Lilliestam*, Johan: On Transmission Grid Governance, Issue Paper ERENE (European community for renewable energy) der Heinrich Böll Stiftung Europe, abrufbar unter https://www.boell.de/sites/default/files/assets/boell.de/images/download_de/2011-02_On_Transmission_Grid_Governance.pdf, abgerufen am 14.08.2021, 07:09 Uhr (zitiert als: *Battaglini/Lilliestam*, On Transmission Grid Governance).

Battaglini, Antonella/*Lilliestam*, Johan/*Knies*, Gerhard: The SuperSmart Grid – paving the way for a completely renewable power system, in: Schnellnhuber, Hans Joachim/Molina, Mario/Stern, Nicholas/Huber, Veronika/Kadner, Susanne (Hrsg.): Global Sustainability. A Nobel Cause, 1. Auflage, Cambridge 2010.

Battis, Ulrich (Hrsg.)/*Krautzberger*, Michael (Begr.)/*Löhr*, Rolf-Peter (Begr.)/*Mitschang*, Stephan (Hrsg.)/*Reidt*, Olaf (Hrsg.): Baugesetzbuch. Kommentar, 14. Auflage, München 2019 (zitiert als: *Bearbeiter*, in: Battis/Krautzberger/Löhr, BauGB).

Bauer, Christian: Die Energiewende in der Politik- und Partizipationsverflechtungsfalle: Das Beispiel des Stromnetzausbaus, VerwArch 106 (2015), 112.

Baumann, Wolfgang/*Brigola*, Alexander: Von Garzweiler nach Århus – der Netzausbau und das europarechtliche Gebot unmittelbaren Rechtsschutzes, DVBl 2017, 1385.

Beckmann, Martin: Umweltverträglichkeitsprüfung in der praktischen Anwendung, ZUR 2014, 541.

Beckmann, Martin/*Durner*, Wolfgang/*Mann*, Thomas/*Röckinghausen*, Marc (Hrsg.): Landmann/Rohmer. Umweltrecht. Kommentar, Loseblatt, Werkstand: 94. Ergänzungslieferung, Stand: 1. Dezember 2020, München 2020 (zitiert als: *Bearbeiter*, in: Landmann/Rohmer, Umweltrecht).

Behnsen, Alexander: Maßnahmengesetze: Mittel zur Beschleunigung von Infrastrukturvorhaben?, NVwZ 2021, 843.

Beier, Sabrina: Rechtsschutz gegen Enteignungen in mehrstufigen Planungsverfahren – Aus Anlass des Garzweiler-Urteils des Bundesverfassungsgerichts, DÖV 2015, 309.

Berkemann, Jörg: Die unionsrechtliche Umweltverbandsklage des EuGH – Der deutsche Gesetzgeber ist belehrt „so nicht" und in Bedrängnis, DVBl 2011, 1253.

Berkemann, Jörg: Vollkontrolle der Umweltverbandsklage! – „Empfehlung" des Compliance Committee 2013/2014 der Århus-Konvention, EnWG 2015, 389.

Bertrams, Michael: Bürgerbeteiligung bei Großprojekten, NWVBl 2012, 189.

Bick, Ulrike/*Wulfert*, Katrin: Der Artenschutz in der Vorhabenzulassung aus rechtlicher und naturschutzfachlicher Sicht, EnWG 2017, 346.

Blarke, Morten B./*Jenkins*, Bryan M.: SuperGrid oder SmartGrid: Competing strategies for large-scale integration of intermittent renewables?, Energy Policy 58 (2013), 381.

Blümel, Willi: Fachplanung durch Bundesgesetz (Legalplanung), DVBl 1997, 205.

Bogs, Eckhard: Die Planung transeuropäischer Verkehrsnetze, 1. Auflage, Berlin 2002 (zitiert als: Bogs, Die Planung transeuropäischer Verkehrsnetze).

Böhm, Monika: Dynamische Grundrechtsdogmatik von Ehe und Familie?, VVDStRL 73 (2014), 211.

Book, Simon/*Haerder*, Max/*Tutt*, Cordula: „Dänemark ist das bessere Deutschland“, in: Wirtschaftswoche, 07. 12. 2017, abrufbar unter https://www.wiwo.de/politik/europa/vorbild-im-norden-daenemark-ist-das-bessere-deutschland/20650022.html, abgerufen am 14. 08. 2021, 07:13 Uhr.

Brade, Alexander: Das Maßnahmengesetzvorbereitungsgesetz – ein (verfassungs-)rechtliches Wagnis, EurUP 2020, 140.

Breuer, Rüdiger: Gerichtliche Kontrolle der Weser- und Elbvertiefung – eine Zwischenbilanz, NVwZ-Beilage 2018, 3.

Breuer, Rüdiger/*Riegger*, Stephan: Die Reichweite der Pflicht der EU zur Umsetzung der Aarhus-Konvention, EurUP 2014, 293.

Brigola, Alexander/*Heß*, Franziska: Das Maßnahmengesetzvorbereitungsgesetz vom 22. März 2020 – Fundament legislativer Bauwerke ohne Rechtsschutz?, NuR 2021, 104.

Britz, Gabriele/*Hellermann*, Johannes/*Hermes*, Georg (EnWG): EnWG. Energiewirtschaftsgesetz. Kommentar, 3. Auflage, München 2015 (zitiert als: *Bearbeiter*, in: Britz/Hellermann/Hermes, EnWG).

Buchberger, Elisabeth: Das Verbandsklagerecht der Umweltverbände – ein Streifzug, EurUP 2019, 377.

Bund für Umwelt und Naturschutz Deutschland, Stellungnahme zur Anhörung des Ausschusses für Verkehr und digitale Infrastruktur des Deutschen Bundestages am 15. Januar 2020, Ausschussdrucks. 19(15)308-G (zitiert als: BUND, Stellungnahme MgvG).

Bunge, Thomas: Rechtsbehelfe in Umweltangelegenheiten: Vorgaben der Aarhus-Konvention und deutsches Recht. Die Entscheidung V/9 h der fünften Tagung der Aarhus-Vertragsparteien, NuR 2014, 605.

Bunge, Thomas: Zur Klagebefugnis anerkannter Umweltverbände. Das Urteil des Bundesverwaltungsgerichts vom 5. September 2013, ZUR 2014, 3.

Bunge, Thomas: Der Rechtsschutz in Umweltangelegenheiten in Deutschland – Stand und offene Fragen, ZUR 2015, 531.

Bunge, Thomas: Weiter Zugang zu Gerichten nach der UVP- und der Industrieemissions-Richtlinie: Vorgaben für das deutsche Verwaltungsprozessrecht. Das Urteil des Gerichtshofs der EU vom 15. Oktober 2015 (C-137/14, Kommission/Deutschland), NuR 2016, 11.

Bunge, Thomas: Rechtliche Anforderungen und Ziele der Öffentlichkeitsbeteiligung bei der Planung und Genehmigung von Windenergieprojekten, UVP-report 31 (4/2017), 261.

Burgi, Martin: Die dienende Funktion des Verwaltungsverfahrens: Zweckbestimmung und Fehlerfolgenrecht in der Reform, DVBl 2011, 1317.

Buschbaum, Henning/*Reidt*, Olaf: Wie flexibel ist die Bundesfachplanung bei der Realisierung von Höchstspannungsleitungen nach dem NABEG?, RdE 2015, 385.

Buus, Marcel: Bedarfsplanung durch Gesetz. Unter besonderer Berücksichtigung der Netzbedarfsplanung nach dem EnWG, 1. Auflage, Baden-Baden 2018 (zitiert als: *Buus*, Bedarfsplanung durch Gesetz).

Calliess, Christian: Europarechtlicher Hintergrund der SUP, in: Erbguth, Wilfried (Hrsg.): Strategische Umweltprüfung (SUP) – Stand, Rechtsfragen, Perspektiven – Rostocker Umweltrechtstag 2005, 1. Auflage, Baden-Baden 2006, S. 21 (zitiert als: *Calliess*, in: Erbguth, Strategische Umweltprüfung).

Calliess, Christian: Europarechtliche Vorgaben für ein Umweltgesetzbuch. Ein Beitrag zur Maßstabswirkung der Systementscheidungen des europäischen Umweltrechts für das nationale Recht, NuR 2006, 601.

Calliess, Christian: Die neue Europäische Union nach dem Vertrag von Lissabon. Ein Überblick über die Reformen unter Berücksichtigung ihrer Implikationen für das deutsche Recht, 1. Auflage, Tübingen 2010 (zitiert als: *Calliess*, Die neue Europäische Union).

Calliess, Christian: Klimapolitik und Grundrechtsschutz – Brauchen wir ein Grundrecht auf Umweltschutz? –, ZUR 2021, 323.

Calliess, Christian: Rechtsstaat und Umweltstaat. Zugleich ein Beitrag zur Grundrechtsdogmatik im Rahmen mehrpoliger Verfassung, 1. Auflage, Tübingen 2001 (zitiert als: *Calliess*, Rechtsstaat und Umweltstaat).

Calliess, Christian/*Dross*, Miriam: Alternativenprüfungen im Kontext des Netzausbaus – Überlegungen mit Blick auf die Strategische Umweltprüfung des Bundesbedarfsplans Übertragungsnetze, ZUR 2013, 76.

Calliess, Christian/*Dross*, Miriam: Neue Netze braucht das Land: Zur Neukonzeption von Energiewirtschaftsgesetz und Netzausbaubeschleunigungsgesetz (NABEG), JZ 2012, 1002.

Calliess, Christian/*Ruffert*, Matthias (Hrsg.): EUV/AEUV. Das Verfassungsrecht der Europäischen Union mit Europäischer Grundrechtecharta. Kommentar, 5. Auflage, München 2016 (zitiert als: *Bearbeiter*, in: Calliess/Ruffert, EUV/AEUV).

Cremer, Wolfram: Verfassungskräftiger Klimaschutz nach Maßgabe völkerrechtlich verbindlicher Verpflichtungen und Ziele, ZUR 2019, 278.

Däuper, Olaf/*von Bernstorff*, Adrian: Gesetz zur Suche und Auswahl eines Standortes für die Endlagerung radioaktiver Abfälle – zugleich ein Vorschlag für die Agenda der „Kommission Lagerung hoch radioaktiver Abfallstoffe“, ZUR 2014, 24.

de Witt, Siegfried/*Durinke*, Peter: Das Netzausbaubeschleunigungsgesetz Übertragungsnetz (NABEG) – eine Zwischenbilanz, ER 2016, 22.

de Witt, Siegfried/*Durinke*, Peter/*Runge*, Karsten: Zur Planungsmethodik der Bundesfachplanung bei HGÜ-Erdkabeltrassen, NuR 2016, 525.

de Witt, Siegfried/*Scheuten*, Frank-Jochen (Hrsg.): NABEG. Netzausbaubeschleunigungsgesetz Übertragungsnetz mit Energieleitungsausbaugesetz (EnLAG). Kommentar, 1. Auflage, München 2013 (zitiert als: *Bearbeiter*, in: de Witt/Scheuten, NABEG).

Deutscher Anwaltverein: Stellungnahme des Deutschen Anwaltvereins durch den Ausschuss Verwaltungsrecht zum Referentenentwurf eines Gesetzes zur Vorbereitung der Schaffung von Baurecht durch Maßnahmengesetz im Verkehrsbereich (Genehmigungsbeschleunigungsgesetz – GbG), Stellungnahme Nr.: 47/2019, Stand: 16. 10. 2019 (zitiert als: Deutscher Anwaltverein, Stellungnahme MgvG-E).

Deutscher Anwaltverein: Stellungnahme des Deutschen Anwaltvereins durch den Ausschuss Umweltrecht zu dem Referentenentwurf eines Gesetzes zur Anpassung des Umwelt-Rechtsbehelfsgesetzes und anderer Vorschriften an europa- und völkerrechtliche Vorgaben,

Stellungnahme Nr.: 26/2016, Stand: 19.04.2016 (zitiert als: Deutscher Anwaltverein, Stellungnahme UmwRG-E).

Di Fabio, Udo: Integratives Umweltrecht. Bestand, Ziele, Möglichkeiten, NVwZ 1998, 329.

Dippel, Martin/*Hamborg*, Karla: Gestufte Netzausbauplanung nach dem NABEG – mit Tempolimit zur „Stromautobahn", I+E 2014, 248.

Dittes, Eva: „Umweltrechtsschutz, quo vadis?" – Bericht zur wissenschaftlichen Tagung „Rechtsschutz im Umweltrecht" vom 7. 2. 2014 an der Humboldt-Universität zu Berlin, DÖV 2014, 666.

Dolde, Klaus-Peter: Grundrechtsschutz durch einfaches Verfahrensrecht?, DVBl 1982, 65.

Dolde, Klaus-Peter: Naturschutzfachliche Einschätzungsprärogative – Normkonkretisierung tut not!, NVwZ 2019, 1567.

Dörr, Oliver: Die Anforderungen an ein zukunftsfähiges Infrastrukturrecht, VVDStRL 73 (2014), 323.

Dreier, Horst (DVBl.): Grundgesetz. Kommentar, Band, I, Präambel, Artikel 1–19, 3. Auflage, Tübingen 2013 (zitiert als: *Bearbeiter*, in: Dreier, GG).

Dreier, Horst (DVBl.): Grundgesetz. Kommentar, Band, II, Artikel 20–82, 3. Auflage, Tübingen 2015 (zitiert als: *Bearbeiter*, in: Dreier, GG).

Durner, Wolfgang: Arbeitskreis DVBl: Bundesfachplanung von Trassenkorridoren für Höchstspannungsleitungen (Diskussionszusammenfassung), in: Gesellschaft für Umweltrecht (DVBl.), Dokumentation zur 38. wissenschaftlichen Fachtagung der Gesellschaft für Umweltrecht e. V. Leipzig 2014, Berlin 2015, S. 149 (zitiert als: *Durner*, in: GfU, 38. wissenschaftliche Fachtagung).

Durner, Wolfgang: Die aktuellen Vorschläge für ein Netzausbaubeschleunigungsgesetz (DVBl) – Bewertung der Verfassungsmäßigkeit und des Beschleunigungspotenzials, DVBl 2011, 853.

Durner, Wolfgang: Vollzugs- und Verfassungsfragen des DVBl, NuR 2012, 369.

Eckertz-Höfer, Marion: Erneuter Reformbedarf beim Umweltrechtsbehelfsgesetz?, DVBl 2013, 499.

Eisenmenger, Sven: Ein neues Infrastrukturrealisierungsmodell als Grundlage des Netzausbaus?, NVwZ 2014, 1614.

Eisenmenger, Sven: Realisierungsgesetze zur Durchsetzung von Infrastrukturprojekten. Zur besonderen Renaissance der „Stendal-Entscheidung" des BVerfG, NVwZ 2013, 621.

Ekardt, Felix: Das Umweltrechtsbehelfsgesetz vor dem EuGH und dem BVerwG. Ende der reduktionistischen Debatte um Verbandsklage, verwaltungsrechtliche Fehlerlehre und Vorsorgeprinzip?, NVwZ 2012, 530.

Epiney, Astrid/*Diezig*, Stefan/*Pirker*, Benedikt/*Reitemeyer*, Stefan: Aarhus-Konvention. Handkommentar, 1. Auflage, Baden-Baden 2018 (zitiert als: *Epiney/Diezig/Pirker/Reitemeyer*, HK Aarhus-Konvention).

Epiney, Astrid/*Gruber*, Reto: Verkehrsrecht in der EU. Zu den Gestaltungsspielräumen der EU-Mitgliedstaaten im Bereich des Landverkehrs, 1. Auflage, Baden-Baden 2001 (zitiert als: *Epiney/Gruber*, Verkehrsrecht in der EU).

Epping, Volker/*Hillgruber*, Christian: Beck'scher Online-Kommentar Grundgesetz, 47. Edition, Stand: 15.05.2021, München 2021 (zitiert als: *Bearbeiter*, in: Epping/Hillgruber, BeckOK GG).

Erb, Mareen: Untersuchungsumfang und Ermittlungstiefe bei Umweltprüfungen, in: Gesellschaft für Umweltrecht (Hrsg.): Dokumentation zur 38. wissenschaftlichen Fachtagung der Gesellschaft für Umweltrecht e. V. Leipzig 2014, Berlin 2015, S. 195 (zitiert als: *Erb*, in: GfU, 38. wissenschaftliche Fachtagung).

Erbguth, Wilfried: Rechtliche Anforderungen an Alternativenprüfungen in (abfallrechtlichen) Planfeststellungsverfahren und vorgelagerten Verfahren, NVwZ 1992, 209.

Erbguth, Wilfried: Abbau des Verwaltungsrechtsschutzes – Eine Bestandsaufnahme anhand des Fachplanungs- und Immissionsschutzrechts –, DÖV 2009, 921.

Erbguth, Wilfried: Anmerkung zu EuGH (1. Kammer), Urt. v. 3.3.2011 – C-50/09 (Europäische Kommission/Irland), NVwZ 2011, 935.

Erbguth, Wilfried: Energiewende: großräumige Steuerung der Elektrizitätsversorgung zwischen Bund und Ländern, NVwZ 2012, 326.

Erbguth, Wilfried: Trassensicherung für Höchstspannungsleitungen: Systemgerechtigkeit und Rechtsschutz, DVBl 2012, 325.

Erbguth, Wilfried: Ziel, Konzeption und Entwicklungslinien der Umweltverträglichkeitsprüfung, ZUR 2014, 515.

Erbguth, Wilfried/*Schubert*, Mathias: Das Gesetz zur Einführung einer Strategischen Umweltprüfung und zur Umsetzung der Richtlinie 2001/42/EG, ZUR 2005, 524.

Erbs, Georg (Begr.)/*Kohlhaas*, Max (vorm. Hrsg.)/*Häberle* (Hrsg.): Strafrechtliche Nebengesetze, Loseblatt, Werkstand: 235. Ergänzungslieferung, Stand: März 2021, München 2021 (zitiert als: *Bearbeiter*, in: Erbs/Kohlhaas, Strafrechtliche Nebengesetze).

Erichsen, Hans-Uwe/*Ehlers*, Dirk (Hrsg.): Allgemeines Verwaltungsrecht, 13. Auflage, Berlin 2005 (zitiert als: *Erichsen/Ehlers*, Allgemeines Verwaltungsrecht).

Faßbender, Kurt: Der Klima-Beschluss des BVerfG – Inhalte, Folgen und offene Fragen, NJW 2021, 2085.

Fechter, Jennifer: Entwürfe des „Gesetzes zur weiteren Beschleunigung von Planungs- und Genehmigungsverfahren im Verkehrsbereich (PlBeschlG)" und des „Gesetzes zur Vorbereitung der Schaffung von Baurecht durch Maßnahmengesetz im Verkehrsbereich (Maßnahmengesetzvorbereitungsgesetz – MgVG), jurisPR-UmwR 12/2019, Anm. 1.

Feldt, Walter/*Schumacher*, Jochen: Die Alternativenprüfung im Rahmen des Verfahrens zur geplanten Elbvertiefung, NuR 2015, 391.

Feldt, Walter/*Schumacher*, Jochen: Zur (Un)Rechtmäßigkeit der geplanten Elbvertiefung, NuR 2017, 676.

Fellenberg, Frank: Kumulation, Kontrolldichte und Kohärenzsicherung – aktuelle Streitfragen im Habitatschutzrecht, NVwZ 2019, 177.

Fest, Philip: Der Netzausbau im Recht der Energiewende, NVwZ 2013, 824.

Fest, Philip/*Operhalsky*, Benedikt: Der deutsche Netzausbau zwischen Energiewende und europäischem Infrastrukturrecht, NVwZ 2014, 1190.

Fisahn, Andreas: Demokratie und Öffentlichkeitsbeteiligung, 1. Auflage, Tübingen 2002 (zitiert als: *Fisahn*, Demokratie und Öffentlichkeitsbeteiligung).

Fischerauer, Sven: Die Verordnung zu Leitlinien für die transeuropäische Energieinfrastruktur. Die Europäisierung der nationalen Genehmigungsverfahren für Vorhaben von gemeinsamem Interesse, EnWZ 2013, 56.

Forsthoff, Ernst: Die Verwaltung als Leistungsträger, 1. Auflage, Stuttgart/Berlin 1938 (zitiert als: *Forsthoff*, Die Verwaltung als Leistungsträger).

Fraenkel-Haeberle, Cristina: Zur Multifunktionalität der Partizipation bei großen Infrastrukturvorhaben, DÖV 2016, 548.

Franke, Peter/*Wabnitz*, Miriam: Konzentrierter Rechtsschutz: Das Spannungsfeld zwischen Beschleunigung, Transparenz und Rechtssicherheit am Beispiel des NABEG, ZUR 2017, 462.

Franzius, Claudio: Modernisierung des subjektiven öffentlichen Rechts. Zum Funktionswandel der Verwaltungsgerichtsbarkeit, UPR 2016, 281.

Franzius, Claudio: Baustellen des Umweltrechtsschutzes, DVBl 2018, 410.

Franzius, Claudio: Genügt die Novelle des Umwelt-Rechtsbehelfsgesetzes den unionsrechtlichen Vorgaben?, NVwZ 2018, 219.

Frenz, Walter: Braunkohlentagebau und Verfassungsrecht, NVwZ 2014, 194.

Frenz, Walter: Unsicherheiten in der FFH-Verträglichkeitsprüfung, NuR 2016, 30.

Frenz, Walter: Klimaschutz nach BVerfG-Beschluss und EU-Klimagesetz, EnWZ 2021, 201.

Frenz, Walter/*Ehlenz*, Christian: Leitlinien für transeuropäische Netze, IR 2010, 173.

Frenz, Walter/*Müggenborg*, Hans-Jürgen (Hrsg.): BNatSchG. Bundesnaturschutzgesetz. Kommentar, 3. Auflage, Berlin 2020 (zitiert als: *Bearbeiter*, in: Frenz/Müggenborg, BNatSchG).

Freshfields Bruckhaus Deringer (Hrsg.): Möglichkeiten zur Beschleunigung der Planung und Genehmigung von Verkehrsprojekten. Eine Untersuchung am Beispiel des Ersatzneubaus von Brücken bei Autobahnen und im Schienenverkehr, abrufbar unter https://www.promobilitaet.de/fileadmin/user_upload/PDF_Allgemein/Verbaende_Gutachten_Planungsbeschleunigung.pdf, abgerufen am 14.08.2021, 08:33 Uhr (zitiert als: *Autor*, in: Freshfields Bruckhaus Deringer, Möglichkeiten zur Beschleunigung).

Frey, Christopher: Grundrechtliche Probleme bei einem beschleunigten Ausbau der transeuropäischen Energienetze, ZeUS 2013, 19.

Friedrich, Jürgen: International Environmental „soft law". The Functions and Limits of Nonbinding Instruments in Internationel Environmental Governance and Law, 1. Auflage, Heidelberg 2013 (zitiert als: *Friedrich*, International Environmental „soft law").

Friends of the Supergrid (FOSG): Position paper on the EC Communication for a European Infrastructure Package, Stand: Dezember 2010.

Friesecke, Albrecht: WaStrG. Bundeswasserstraßengesetz. Kommentar, 7. Auflage, Köln 2019 (zitiert als: *Bearbeiter*, in: Friesecke, WaStrG).

Füßer, Klaus/*Lau*, Marcus: Die Alternativenprüfung nach Art. 6 Abs. 4 FFH-RL: Rechtsdogmatik, Detailfragen und Perspektiven nach der Münster/Osnabrück-Rechtsprechung, NuR 2012, 448.

Gärditz, Klaus Ferdinand: Europäisches Planungsrecht. Grundstrukturen eines Referenzgebiets des europäischen Verwaltungsrechts, 1. Auflage, Tübingen 2009 (zitiert als: *Gärditz*, Europäisches Planungsrecht).

Gärditz, Klaus Ferdinand: Die Entwicklung des Umweltrechts im Jahr 2011: Umweltpolitische Herausforderungen zwischen Partizipation, Wutbürgertum und Energiewende, ZfU 2012, 249.

Gärditz, Klaus Ferdinand: Verwaltungsgerichtlicher Rechtsschutz im Umweltrecht, NVwZ 2014, 1.

Gärditz, Klaus Ferdinand: Rechtsschutz im Standortauswahlverfahren für ein Endlager hochradioaktiver Abfälle, in: Schlacke, Sabine/Beaucamp, Guy/Schubert, Mathias (Hrsg.): Infrastruktur-Recht. Festschrift für Wilfried Erbguth zum 70. Geburtstag, 1. Auflage, Berlin 2019, S. 479 (zitiert als: *Gärditz*, in: FS Erbguth).

Gassner, Erich: Die Umweltpflichtigkeit nach Art. 20a GG als Pflicht zur Maßstabsbildung, DVBl 2013, 547.

Gassner, Erich: Zur Maßstabsqualität des Art. 20a GG, NVwZ 2014, 1140.

Gerhardt, Michael: Funktioneller Zusammenhang oder Zusammenstoß zweier Rationalitäten? Das Verhältnis von Verwaltungsverfahren und Verwaltungsprozess am Beispiel der jüngeren Verfahrensfehlerlehre, in: Hoffmann-Riem, Wolfgang/Schmidt-Aßmann, Eberhard (Hrsg.): Verwaltungsverfahren und Verwaltungsverfahrensgesetz. Schriften zur Reform des Verwaltungsrechts, Band 9, 1. Auflage, Baden-Baden 2002, S. 413 (zitiert als: *Gerhardt*, in: Hoffmann-Riem/Schmidt-Aßmann, Verwaltungsverfahren).

Germann, Michael: Dynamische Grundrechtsdogmatik von Ehe und Familie?, VVDStRL 73 (2014), 257.

Giesberts, Ludger/*Reinhardt*, Michael (Hrsg.): Beck'scher Online-Kommentar Umweltrecht, 58. Edition, Stand: 01.04.2021 (zitiert als: *Bearbeiter*, in: Giesberts/Reinhardt, BeckOK Umweltrecht).

Giesberts, Ludger/*Tiedge*, Andreas: Die Verordnung zu Leitlinien für die transeuropäische Energieinfrastruktur, NVwZ 2013, 836.

Ginzky, Harald: Die Richtlinie über die Prüfung der Umweltauswirkungen bestimmter Pläne und Programme – Interpretation und Umsetzungsempfehlungen –, UPR 2002, 47.

Goppel, Konrad: Projektbezogene Ziele der Raumordnung zu Verkehrsvorhaben des Bundes und deren Bindungswirkung, DVBl 2000, 86.

Grabitz, Eberhard (Begr.)/*Hilf*, Meinhard/*Nettesheim*, Martin (Hrsg.): Das Recht der Europäischen Union: EUV/AEUV, Loseblatt, Werkstand: 72. Ergänzungslieferung, Stand: Februar 2021, München 2021 (zitiert als: *Bearbeiter*, in: Grabitz/Hilf/Nettesheim, Recht der EU).

Greinacher, Dominik: Energieleitungsausbau: Tatsächliche Herausforderungen und rechtliche Lösungen, ZUR 2011, 305.

Grigoleit, Klaus Joachim/*Weisensee*, Claudius: Das neue Planungsrecht für Elektrizitätsnetze, UPR 2011, 401.

Groß, Thomas: Die Alternativenprüfung in der Umweltverträglichkeitsprüfung, NVwZ 2001, 513.

Groß, Thomas: Klimaschutzgesetze im europäischen Vergleich, ZUR 2011, 171.

Groß, Thomas: Stuttgart 21: Folgerungen für Demokratie und Verwaltungsverfahren, DÖV 2011, 510.

Groß, Thomas: Rechtsschutz gegen Verkehrsprojekte als Störfaktor einer Politik der maximalen Beschleunigung, VerfBlog, 2019/11/06, abrufbar unter https://verfassungsblog.de/rechtsschutz-gegen-verkehrsprojekte-als-stoerfaktor-einer-politik-der-maximalen-beschleunigung/, abgerufen am 14.08.2021, 07:36 Uhr (zitiert als: *Groß*, VerfBlog 2019/11/06).

Groß, Thomas: Verfassungsrechtliche Klimaschutzverpflichtungen, EurUP 2019, 353.

Groß, Thomas: Rechtsschutz gegen Maßnahmengesetze im Verkehrsbereich, JZ 2020, 76.

Groß, Thomas: Beschleunigungsgesetzgebung – Rückblick und Ausblick, ZUR 2021, 75.

Guckelberger, Annette: Maßnahmengesetzvorbereitungsgesetz und weitere Überlegungen zur Beschneidung des Umweltrechtsschutzes, NuR 2020, 805.

Guckelberger, Annette: Schnellerer Energienetzausbau durch Unionsrecht?, DVBl 2014, 805.

Gudynas, Eduardo: Politische Ökologie: Natur in den Verfassungen von Bolivien und Ecuador, juridikum 2009, 214.

Gusy, Christoph: „Das Deutsche Reich ist eine Republik" – Die Weimarer Reichsverfassung nach 100 Jahren, JA 2019, 561.

Hagmann, Joachim/*Thal*, Daniel: Die Bewältigung von Lärmkonflikten bei der Zulassung von Höchstspannungsleitungen, NVwZ 2016, 1524.

Heliskoski, John: Mixed agreements as a technique for organizing the international relations of the European Community and its member states, 1. Auflage, Den Haag 2001 (zitiert als: *Heliskoski*, Mixed agreements).

Hendler, Reinhard: Das Gesetz zur Einführung einer Strategischen Umweltprüfung, NVwZ 2005, 977.

Hendler, Reinhard: Die SUP-RL: Bedeutung für die Verkehrswegeplanung, in: Ziekow, Jan (Hrsg.): Aktuelle Probleme des Fachplanungs- und Raumordnungsrechts 2004. Flughafenplanung, Immissionsschutz in der Fachplanung, Umweltprüfung von Plänen. Vorträge auf den Sechsten Speyerer Planungsrechtstagen und dem Speyerer Luftverkehrsrechtstag vom 10. bis 12. März 2004 an der Deutschen Hochschule für Verwaltungswissenschaften Speyer, 1. Auflage, Speyer 2005, S. 267 (zitiert als: *Hendler*, in: Ziekow, Aktuelle Probleme des Fachplanungs- und Raumordnungsrechts).

Hendler, Reinhard: Zum Verhältnis von räumlicher Gesamtplanung und räumlicher Fachplanung, in: Knopp, Lothar/Wolff, Heinrich Amadeus (Hrsg.): Umwelt – Hochschule – Staat. Festschrift für Franz-Joseph Peine zum 70. Geburtstag, 1. Auflage, Berlin 2016, S. 103 (zitiert als: *Hendler*, in: FS Peine).

Henle, Victor: Errichtungsgesetze für Großvorhaben? – Zur Aufgabe von Gesetzgebung und Verwaltung bei der Planung von Flughäfen –, UPR 1982, 253.

Henneke, Hans-Günter: Wutbürger in Verantwortung: Partizipation und direkte Demokratie in Kommunen und Ländern, DVBl 2012, 1072.

Henning, Jan/*Krappel*, Thomas: Natura 2000-Recht in gestuften Planungs- und Zulassungsverfahren – am Beispiel der Planung von Hoch- und Höchstspannungsleitungen, UPR 2013, 133.

Henning, Jan/*Lühmann*, Tobias: Raumordungs- und Planfeststellungsverfahren für den Aus- und Umbau der Hochspannungsnetze, UPR 2012, 81.

Hermes, Georg: Planungsrechtliche Sicherung einer Energiebedarfsplanung – ein Reformvorschlag, ZUR 2014, 259.

Heß, Franziska: Aktivierung der Umweltverbandsklage, ZUR 2018, 686.

Heß, Franziska: Der Einfluss der Entscheidungen des Aarhus Convention Compliance Committee (ACCC) auf das deutsche Umweltrecht, UTR 133 (2017), 177.

Hien, Eckart: Partizipation in Planungsverfahren, UPR 2012, 128.

Hien, Eckart: Quo vadis Umweltrechtsschutz?, DVBl 2018, 1029.

Hoppe, Werner: Die Bedeutung von Optimierungsgeboten im Planungsrecht, DVBl 1992, 853.

Hoppe, Werner/*Beckmann*, Martin/*Kment*, Martin (Hrsg.): UVPG. UmwRG. Gesetz über die Umweltverträglichkeitsprüfung. Umwelt-Rechtsbehelfsgesetz. Kommentar, 5. Auflage, Köln 2018 (zitiert als: *Bearbeiter*, in: Hoppe/Beckmann/Kment, UVPG).

Ibler, Martin: Zur Bindungswirkung der Planungs- und Linienführungsbestimmung des Bundesministers für Verkehr bei der Fernstraßenplanung, DVBl 1989, 76.

Jarass, Hans D.: Die Zulässigkeit von Projekten nach FFH-Recht, NuR 2007, 371.

Jarass, Hans D.: Probleme um die Entscheidungsfrist der immissionsschutzrechtlichen Genehmigung, DVBl 2009, 205.

Jarass, Hans D./*Beljin*, Saša: Die Bedeutung von Vorrang und Durchführung des EG-Rechts für die nationale Rechtsetzung und Rechtsanwendung, NVwZ 2004, 1.

Jarass, Hans D./*Schnittker*, Daniel/*Milstein*, Alexander: Schwerpunktbereich – Einführung in das Raumordnungs- und Landesplanungsrecht, JuS 2011, 215.

Johlen, Heribert/*Oerder*, Michael (Hrsg.): Münchener Anwaltshandbuch Verwaltungsrecht, 4. Auflage, München 2017 (zitiert als: *Bearbeiter*, in: Johlen/Oerder, MAH Verwaltungsrecht).

Jornitz, Philipp/*Förster*, Gesa C.: Paradigmenwechsel beim Netzausbau: Vorrang der Erdverkabelung bei neuen Gleichstromleitungen, NVwZ 2016, 801.

Kahl, Wolfgang: Neuere höchstrichterliche Rechtsprechung zum Umweltrecht – Teil 1, JZ 2012, 667.

Kahl, Wolfgang/*Gärditz*, Klaus Ferdinand (Hrsg.): Umweltrecht, 11. Auflage, München 2019 (zitiert als: *Kahl/Gärditz*, Umweltrecht).

Keienburg, Bettina: Verfassungs- und europarechtliche Fragen hinsichtlich der Standortauswahl eines Endlagers für hochradioaktive Abfälle, NVwZ 2014, 1133.

Keller, Karsten/*Rövekamp*, Christiane: Anmerkung zu EuGH (2. Kammer), Urt. v. 15.10. 2015 – C-137/14 (Europäische Kommission/Bundesrepublik Deutschland), NVwZ 2015, 1672.

Kistner, Petra: Das Konzept des SuperGrids im Lichte der Verordnung zu Leitlinien für die transeuropäische Energieinfrastruktur (TEN-E-VO). Europa auf dem Weg zum SuperGrid?, EnWZ 2014, 405.

Klein, Hans: „Der totale Staat" – Betrachtungen zu Ernst Forsthoffs gleichnamiger Schrift von 1933, in: Blümel, Willi (Hrsg.): Ernst Forsthoff. Kolloquium aus Anlaß des 100. Geburtstags von Prof. Dr. Dr. h.c. Ernst Forsthoff, S. 21 (zitiert als: *Klein*, in: Kolloquium Forsthoff).

Klein, Oliver/*Sennekamp*, Christoph: Aktuelle Zulässigkeitsprobleme der Verfassungsbeschwerde, NJW 2007, 945.

Klinger, Remo: Anmerkung zu EuGH, Urteil vom 8. November 2016 – Rs. C-243/15, ZUR 2017, 90.

Klinski, Stefan/*Scharlau*, Jan/*Swieykowski-Trzaska*, Lilly von/*Keimeyer*, Friedhelm/*Sina*, Stephan: Das Bundes-Klimaschutzgesetz, NVwZ 2020, 1.

Kment, Martin: Suche nach Alternativen in der Strategischen Umweltprüfung, DVBl 2008, 364.

Kment, Martin: Keine unzulässige Rechtsausübung bei Erwerb so genannter Sperrgrundstücke?, NVwZ 2014, 1566.

Kment, Martin: Bundesfachplanung von Trassenkorridoren für Höchstspannungsleitungen – Grundlegende Regelungselemente des NABEG, in: Gesellschaft für Umweltrecht (Hrsg.): Dokumentation zur 38. wissenschaftlichen Fachtagung der Gesellschaft für Umweltrecht e.V. Leipzig 2014, Berlin 2015, S. 57 (zitiert als: *Kment*, in: GfU, 38. wissenschaftliche Fachtagung).

Kment, Martin: Die Umweltverfassungsbeschwerde – Unionsrechtlich erzwungener Rechtsschutz von Umweltverbänden gegen die gesetzliche Standortwahl eines atomaren Endlagers, in: ders. (Hrsg.): Das Zusammenwirken von deutschem und europäischem öffentlichem Recht. Festschrift für Hans D. Jarass zum 70. Geburtstag, 1. Auflage, München 2015, S. 301 (zitiert als: *Kment*, in: FS Jarass).

Kment, Martin (Hrsg.): Energiewirtschaftsgesetz, 2. Auflage, Baden-Baden 2019 (zitiert als: *Bearbeiter*, in: Kment, EnWG).

Kment, Martin (Hrsg.): Raumordnungsgesetz mit Landesplanungsrecht, 1. Auflage, Baden-Baden 2019 (zitiert als: *Bearbeiter*, in: Kment, ROG).

Knappe, Lukas: Gestufter Netzausbau und Bundesfachplanung im Spannungsfeld des effektiven Rechtsschutzes, DVBl 2016, 276.

Knauff, Matthias: Öffentlichkeitsbeteiligung im Verwaltungsverfahren, DÖV 2012, 1.

Koch, Hans-Joachim: Die Verbandsklage im Umweltrecht, NVwZ 2007, 369.

Koch, Hans-Joachim/*Hofmann*, Ekkehard/*Reese*, Moritz (Hrsg.): Handbuch Umweltrecht, 5. Auflage, München 2018 (zitiert als: *Bearbeiter*, in: Koch/Hofmann/Reese, Umweltrecht).

Köck, Wolfgang: Immissionsschutzrechtliche Aspekte des Ausbaus der Übertragungsleitungen für Strom – Zur Novelle der Verordnung über elektromagnetische Felder –, ZUR 2014, 131.

Köck, Wolfgang: Die Bedarfsplanung im Infrastrukturrecht. Über rechtliche Möglichkeiten der Stärkung des Umweltschutzes bei der Bedarfsfeststellung, ZUR 2016, 579.

Kokott, Juliane/*Sobotta*, Christoph: Rechtsschutz im Umweltrecht – Weichenstellungen in der Rechtsprechung des Gerichtshofs der Europäischen Union, DVBl 2014, 132.

Kopp, Ferdinand (Begr.)/*Ramsauer*, Ulrich (Hrsg.): Verwaltungsverfahrensgesetz. Kommentar, 22. Auflage, München 2021 (zitiert als: *Bearbeiter*, in: Kopp/Ramsauer, VwVfG).

Korbmacher, Florian: Die Zulassung von Vorhaben durch Gesetz – unter besonderer Berücksichtigung des Wasserwegebereichs. Bericht zum 366. Wasserrechtlichen Kolloquium des Instituts für das Recht der Wasser- und Entsorgungswirtschaft (IRWE) an der Rheinischen-Friedrich-Wilhelms-Universität Bonn am 4. September 2020, NuR 2021, 112.

Kost, Susanne/*Döring*, Martin: Alles für „Kohle"? – Garzweiler und die sozialräumlichen Dimensionen des Heimatverlustes durch den Braunkohletagebau, ZfU 2017, 183.

Kühne, Gunther: Verfassungsrechtliche Fragen der bergrechtlichen Enteignung. Zum Garzweiler-Urteil des BVerfG vom 17.12.2013, NVwZ 2014, 321.

Külpmann, Christoph: Anmerkungen zum gegenwärtigen Stand des Umweltrechtsschutzes, DVBl 2019, 140.

Kümper, Boas: Das Verhältnis der Bundesfachplanung nach §§ 4 ff. NABEG zur kommunalen Bauleitplanung, DÖV 2016, 929.

Kunig, Philipp: Einzelfallentscheidungen durch Gesetz, Jura 1993, 308.

Kürschner, Alexandra: Legalplanung. Eine Studie am Beispiel des Standortauswahlgesetzes für ein atomares Endlager, 1. Auflage, Tübingen 2020 (zitiert als: *Kürschner*, Legalplanung).

Langstädtler, Sarah: Effektiver Umweltrechtsschutz in Planungskaskaden. Untersucht für die Planungsverfahren des FStrG, NABEG und StandAG, 1. Auflage, Baden-Baden 2021 (zitiert als: *Langstädtler*, Effektiver Umweltrechtsschutz).

Lau, Markus: Arten- und Gebietsschutz in der Bundesfachplanung, in: Bundesnetzagentur, Tagungsband Wissenschaftsdialog 2016, S. 30 (zitiert als: *Lau*, in: BNetzA, Tagungsband Wissenschaftsdialog 2016), abrufbar unter https://www.netzausbau.de/SharedDocs/Downloads/DE/Publikationen/Tagungsband_16.pdf?__blob=publicationFile (abgerufen am 14.08.2021, 07:41 Uhr).

Lechner, Hans (Begr.)/*Zuck*, Rüdiger (Hrsg.): Bundesverfassungsgerichtsgesetz. Kommentar, 8. Auflage, München 2019 (zitiert als: *Bearbeiter*, in: Lechner/Zuck, BVerfGG).

Leemans, Rik/*Asrar*, Ghassem/*Busalacchi*, Antonio/*Canadell*, Joseph/*Ingram*, John/*Larigauderie*, Anne/*Mooney*, Harold/*Nobre*, Carlos/*Patwardhan*, Anand/*Rice*, Martin/*Schmidt*, Falk/*Seitzinger*, Sybil/*Virji*, Hassan/*Vörösmarty*, Charles/*Young*, Oran: Developing a common strategy for integrative global environmental change research and outreach: the Earth System Science Partnership (ESSP), Current Opinion in Environmental Sustainability (1/2009), 4.

Leidinger, Tobias: Europäisiertes Verbandsklagerecht und deutscher Individualrechtsschutz. Das Trianel-Urteil des EuGH und seine Folgen für das deutsche Verwaltungsrechtssystem, NVwZ 2011, 1345.

Leidinger, Tobias: Antragstellung für die Bundesfachplanung und die Planfeststellung – beschleunigter Netzausbau durch beschleunigte Verfahren?, et 63 (4/2013), 89.

Leidinger, Tobias: Abwägung und Alternativenprüfung beim Stromnetzausbau – Zum aktuellen Streitstand, DVBl 2014, 683.

Leidinger, Tobias: Die Gesetzesnovellen zum Energieleitungsbau: Neue Rahmenbedingungen für Netzentwicklungsplanung und Einsatz von Erdkabeltechnik, NuR 2016, 585.

Lenz, Sebastian: Legalplanung nach dem Maßnahmengesetzvorbereitungsgesetz – ein probates Mittel zur Beschleunigung von Infrastrukturprojekten?, NdsVBl 2020, 229.

Lieber, Tobias: Habitatschutz in der Raumordnung. Zur Reichweite und Ermittlungstiefe der FFH-Verträglichkeitsprüfung in der Landes- und Regionalplanung, NuR 2008, 597.

Linßen/Aubel: (Noch) schnellerer Netzausbau durch neue TEN-E VO?, DVBl 2013, 965.

Lübbe-Wolff, Gertrude: Europäisches und nationales Verfassungsrecht, VVDStRL 60 (2001), 246.

Ludwig, Grit: Die Kontrolle von Bedarfsplanungen im Infrastrukturrecht – Überlegungen zur Ausweitung von gerichtlichen und außergerichtlichen Überprüfungsmöglichkeiten, ZUR 2017, 67.

Lütkes, Stefan/*Ewer*, Wolfgang (Hrsg.): BNatSchG. Bundesnaturschutzgesetz. Kommentar, 2. Auflage, München 2018 (zitiert als: *Bearbeiter*, in: Lütkes/Ewer, BNatSchG).

Maaß, Volker/*Vogt*, Matthias (Hrsg.): Fernstraßenausbaugesetz, 1. Auflage, Baden-Baden 2013 (zitiert als: *Bearbeiter*, in: Maaß/Vogt, FStrAbG).

Madner, Verena/*Schulev-Steindl*, Eva: Dritte Piste – Klimaschutz als Willkür? Anmerkungen zu VfGH 29.06.2017, E 875/2017, E 886/2017, ZÖR 2017, 589.

Marschall, Ernst (Hrsg.): FStrG. Bundesfernstraßengesetz. Kommentar, 6. Auflage, Köln 2012 (zitiert als: *Bearbeiter*, in: Marschall, FStrG).

Martini, Mario/*Finkenzeller*, Xaver: Die Abwägungsfehlerlehre, JuS 2012, 126.

Martini, Stefan: Gibt es ein subjektives Recht auf öffentlichen Verkehr? Grundrechte statt Daseinsvorsorge, Discussion Paper SP III 2006–103, Wissenschaftszentrum Berlin für Sozialforschung (2006), abrufbar unter https://www.econstor.eu/bitstream/10419/47929/1/525357734.pdf, abgerufen am 14.08.2021, 07:45 Uhr (zitiert als: *Martini*, Grundrechte statt Daseinsvorsorge).

Matz, Daniel: Die Bundesfachplanung aus der Perspektive der BNetzA. Praktische Herausforderungen aus rechtlicher Perspektive, in: Gesellschaft für Umweltrecht e.V. (Hrsg.): Dokumentation zur 38. wissenschaftlichen Fachtagung der Gesellschaft für Umweltrecht e.V. Leipzig 2014, Berlin 2015, S. 129 (zitiert als: *Matz*, in: GfU, 38. wissenschaftliche Fachtagung).

Maunz, Theodor/*Dürig*, Günter (Begr.)/*Herdegen*, Matthias/*Herzog*, Roman/*Klein*, Hans/*Scholz*, Rupert (Hrsg.): Grundgesetz Kommentar, Loseblatt, Werkstand: 94. Ergänzungslieferung, Stand: Januar 2021, München 2021 (zitiert als: *Bearbeiter*, in: Maunz/Dürig, GG).

Maurer, Hartmut/*Waldhoff*, Christian: Allgemeines Verwaltungsrecht, 19. Auflage, München 2017 (zitiert als: *Maurer/Waldhoff*, Allgemeines Verwaltungsrecht).

Mayen, Thomas: Die Umweltverträglichkeitsprüfung nach dem UVP-Gesetz und der UVP-Verwaltungsvorschrift, NVwZ 1996, 319.

Mecking, Christoph: Zum Umfang des Rechts auf Einsichtnahme in ausgelegte Unterlagen, NVwZ 1992, 316.

Meinel, Florian: Der Jurist in der industriellen Gesellschaft. Ernst Forsthoff und seine Zeit, 2. Auflage, Berlin 2012 (zitiert als: *Meinel*, Der Jurist in der industriellen Gesellschaft).

Merli, Franz: Ein seltsamer Fall von Willkür: Die VfGH-Entscheidung zur dritten Piste des Flughafens Wien, wbl 2017, 682.

Meßerschmidt, Klaus: Europäisches Umweltrecht, 1. Auflage, München 2011 (zitiert als: *Meßerschmidt*, Europäisches Umweltrecht).

Meßerschmidt, Klaus (Hrsg.): Bundesnaturschutzrecht. Kommentar und Entscheidungen zum Bundesnaturschutzgesetz einschließlich Naturschutzgesetze der Länder mit Anmerkungen und Hinweisen sowie wichtigsten Durchführungsbestimmungen – Band 1, Loseblatt, Werkstand: 154. Aktualisierung, Stand: Juni 2021, Heidelberg 2018 (zitiert als: *Meßerschmidt*, BNatSchR).

Milstein, Alexander: Neue Entwicklungen im Umweltrechtsschutz – Münsteraner Gespräche zum Umwelt- und Planungsrecht –, NuR 2019, 601.

Moench, Christoph/*Ruttloff*, Marc: Netzausbau in Beschleunigung, NVwZ 2011, 1040.

Moench, Christoph/*Ruttloff*, Marc: Rechtsschutzgarantie und Bundesfachplanung, NVwZ 2014, 897.

Möllers, Christoph: Anmerkung zu BVerfG, Beschl. v. 30.06.2015 – 2 BvR 1282/11, JZ 2015, 1103.

Nebelsieck, Rüdiger: Entwurf eines Gesetzes zur Vorbereitung der Schaffung von Baurecht durch Maßnahmengesetz im Verkehrsbereich (Maßnahmengesetzvorbereitungsgesetz – MgvG). Rechtliche Bewertung, im Auftrag des NABU Deutschland e. V., Stand: 10.01.2020, abrufbar unter https://www.nabu.de/imperia/md/content/nabude/verkehr/200117-nabu-stellungnahme-mgvg.pdf, abgerufen am 14.08.2021, 07:49 Uhr (zitiert als: *Nebelsieck*, Stellungnahme MgvG).

Nettesheim, Martin: Transeuropäische Energieinfrastruktur und EU-Binnenmarkt – Die Neuregelung der TEN-E, in: Giegerich, Thomas (Hrsg.): Herausforderungen und Perspektiven der EU, S. 77 (zitiert als: *Nettesheim*, in: Giegerich, Herausforderungen und Perspektiven der EU).

Ossenbühl, Fritz: Verwaltungsverfahren zwischen Verwaltungseffizienz und Rechtsschutzauftrag, NVwZ 1982, 465.

Ossenbühl, Fritz: Der Gesetzgeber als Exekutive – Verfassungsrechtliche Überlegungen zur Legalplanung, in: Erbguth, Wilfried/Oebbecke, Janbernd/Rengeling, Hans-Werner/Schulte, Martin (Hrsg.): Planung. Festschrift für Werner Hoppe zum 70. Geburtstag, 1. Auflage, München 2000, S. 183 (zitiert als: *Ossenbühl*, in: FS Hoppe).

Otto, Christian-W.: Rechtsschutz im Umweltrecht nach dem EuGH-Urteil vom 15.10.2015 – C-137/14. Symposium in Berlin, NVwZ 2016, 292.

Pernice-Warnke, Silvia: Das Maßnahmengesetzvorbereitungsgesetz des Bundes, EurUP 2020, 145.

Peters, Birgit: Die Bürgerbeteiligung nach dem Energiewirtschafts- und Netzausbaubeschleunigungsgesetz – Paradigmenwechsel für die Öffentlichkeitsbeteiligung im Verwaltungsverfahren?, DVBl 2015, 808.

Peters, Heinz-Joachim/*Balla*, Stefan/*Hesselbarth*, Thorsten: Gesetz über die Umweltverträglichkeitsprüfung. Handkommentar, 4. Auflage, Baden-Baden 2019 (zitiert als: *Bearbeiter*, in: Peters/Balla/Hesselbarth, HK UVPG).

Peters, Wolfgang: Rechtliche Anforderungen und praktische Erfahrungen aus der behördlichen Arbeit am Beispiel der Windenergienutzung, UVP-report 31 (4/2017), 258.

Pielow, Johann-Christian: Grundstrukturen öffentlicher Versorgung. Vorgaben des Europäischen Gemeinschaftsrechts sowie des französischen und des deutschen Rechts unter besonderer Berücksichtigung der Elektrizitätswirtschaft, 1. Auflage, Tübingen 2001 (zitiert als: *Pielow*, Grundstrukturen öffentlicher Versorgung).

Pieroth, Bodo/*Schlink*, Bernhard (Hrsg.): Grundrechte. Staatsrecht II, 28. Auflage, Heidelberg 2012 (zitiert als: *Pieroth/Schlink*, Grundrechte).

Pleiner, Tom: Überplanung von Infrastruktur am Beispiel energiewirtschaftlicher Streckenplanungen, in: Gesellschaft für Umweltrecht e. V. (Hrsg.): Dokumentation zur 40. wissenschaftlichen Fachtagung der Gesellschaft für Umweltrecht e. V. Leipzig 2016, 1. Auflage, Berlin 2017, S. 201 (zitiert als: *Pleiner*, in: GfU, 40. wissenschaftliche Fachtagung).

Porsch, Winfried: Verwaltungsgerichtlicher Rechtsschutz im Umweltrecht. Über die Stärkung der Verbandsklage zur Umwelt-Popularklage?, NVwZ 2013, 1393.

Posser, Herbert/*Faßbender*, Kurt: Praxishandbuch Netzplanung und Netzausbau. Die neue Infrastrukturplanung der Energiewende in Recht und Praxis – NABEG, EnLAG und das InfraStrPlanBeschG, 1. Auflage, Berlin 2013 (zitiert als: *Bearbeiter*, in: Posser/Faßbender, Praxishandbuch Netzplanung).

Posser, Herbert/*Wolff*, Heinrich Amadeus (Hrsg.): Beck'scher Online-Kommentar VwGO, 58. Edition, Stand: 01.04.2021, München 2021 (zitiert als: *Bearbeiter*, in: Posser/Wolff, BeckOK VwGO).

Ramsauer, Ulrich: Vom Umweltrecht zu Eigenrechten der Natur?, in: Schlacke, Sabine/Beucamp, Guy/Schubert, Mathias: Infrastruktur-Recht. Festschrift für Wilfried Erbguth zum 70. Geburtstag, 1. Auflage, Berlin 2019 (zitiert als: *Ramsauer*, in: FS Erbguth).

Redeker, Konrad: Verfahrensrechtliche Bedenken gegen die Verbandsklage, ZRP 1976, 163.

Reese, Moritz: Leitbilder des Umweltrechts. Zur Zukunftsfähigkeit leitender Schutzkonzepte, ZUR 2010, 339.

Rehbinder, Eckard: Neue Nachhaltigkeitskonzepte im Umwelt- und Planungsrecht – ein Beitrag zu einer nachhaltigen Wirtschaft und Gesellschaft?, ZfU 2015, 257.

Rehbinder, Eckard: Endlagerung hochradioaktiver Abfälle und Rechtsschutz – ein Königsweg zur Lösung eines „verzwickten" Umweltproblems?, EurUP 2018, 61.

Reichert, Götz/*Nader*, Nima: Europäische Kommission: Leitlinien für den Ausbau des transeuropäischen Verkehrsnetzes (TEN-V), IR 2012, 34.

Reichert, Götz/*Voßwinkel*, Jan S.: Europäische Kommission: Leitlinien für den Ausbau transeuropäischer Energienetze (TEN-E), IR 2012, 98.

Reidt, Olaf: Beschleunigungsgesetze – Machen Gesetze wie das NABEG Planungsverfahren schneller?, DVBl 2020, 597.

Reidt, Olaf: Maßnahmengesetze für Infrastrukturvorhaben – Ein Modell für die Zukunft?, EurUP 2020, 86.

Reimold, Iris/*Ulland*, Christiane: Das Gesetz zur Beschleunigung von Planungs- und Genehmigungsverfahren im Verkehrsbereich vom 29.11.2018, UPR 2019, 476.

Renn, Ortwin/*Köck*, Wolfgang/*Schweizer*, Pia-Johanna/*Bovet*, Jana/*Benighaus*, Christina/*Scheel*, Oliver/*Schröter*, Regina: Öffentlichkeitsbeteiligung bei Vorhaben der Energiewende. Neun Thesen zum Einsatz und zur Gestaltung der Öffentlichkeitsbeteiligung, ZUR 2014, 281.

Rennert, Klaus: Übersicht über die Rechtsprechung des Bundesverwaltungsgerichts zum Umweltrecht, in: Gesellschaft für Umweltrecht e. V. (Hrsg.): Dokumentation zur 40. wissenschaftlichen Fachtagung der Gesellschaft für Umweltrecht e. V. Leipzig 2016, 1. Auflage, Berlin 2017, S. 201 (zitiert als: *Rennert*, in: GfU, 40. wissenschaftliche Fachtagung).

Rennert, Klaus: Verwaltungsrechtsschutz auf dem Prüfstand, DVBl 2017, 69.

Rennert, Klaus: Die Rechtsprechung des Bundesverwaltungsgerichts zum Umweltrecht im Zeitraum 2018/2019, DVBl 2020, 389.

Rieger, Stefan/*Groß*, Johannes: Wegfall der Präklusion in UVP-Verfahren. Gesteigertes Investitionsrisiko durch EuGH-Urteil, NZBau 2017, 195.

Rockström, Johan/*Steffen*, Will/*Noone*, Kevin/*Persson*, Åsa/*Chapin*, F. Stuart III/*Lambin*, Eric F./*Lenton*, Timothy M./*Scheffer*, Marten/*Folke*, Carl/*Schnellnhuber*, Hans Joachim/*Nykvist*, Björn/*de Wit*, Cynthia A./*Hughes*, Terry/*Van der Leeuw*, Sander/*Rodhe*, Henning/*Sörlin*, Sverker/*Snyder*, Peter K./*Costanza*, Robert/*Svedin*, Uno/*Falkenmark*, Malin/*Karlberg*, Louise/*Corell*, Robert W./*Fabry*, Victoria J./*Hansen*, James/*Walker*, Brian/*Liverman*, Diana/*Richardson*, Katherine/*Crutzen*, Paul/*Foley*, Jonathan A.: A safe operating space for humanity, Nature, Vol. 461, Issue 7263 (2009), 472.

Rojahn, Ondolf: Umweltschutz in der raumordnerischen Standortplanung von Infrastrukturvorhaben. Gestaltungsmöglichkeiten und Kompetenzgrenzen, NVwZ 2011, 654.

Roland Berger Strategy Consultants: Permitting procedures for energy infrastructure projects in the EU: evaluation and legal recommendations. Tender No. ENER/B1/452–2010. Final Report. European Commission Directorate-General for Energy, Stand: 31. Juli 2011, Berlin/Brüssel, abrufbar unter https://www.ab.gov.tr/files/ardb/evt/Permitting_procedures_for_energy_infrastructure_projects_in_the_EU_evaluation_and_legal_recommendations_2011.pdf, abgerufen am 14.08.2021, 07:51 Uhr (zitiert als Roland Berger Strategy Consultants, Energy infrastructure projects).

Roland Berger Streatgy Consultants: Best-Practices-Studie zur Verkehrsinfrastrukturplanung und -finanzierung in der EU. Endbericht, Stand: Oktober 2013, abrufbar unter https://bdi.eu/media/presse/publikationen/infrastruktur-und-logistik/20131024_BDI_Verkehrsinfrastruktur_Langfassung_gesamt.pdf, abgerufen am 14.08.2021, 07:52 Uhr (zitiert als: Roland Berger Strategy Consultants, Best-Practices Verkehrsinfrastruktur).

Ronellenfitsch, Michael: Beschleunigung und Vereinfachung der Anlagenzulassungsverfahren, 1. Auflage, Berlin 1994 (zitiert als: *Ronellenfitsch*, Beschleunigung und Vereinfachung).

Ronellenfitsch, Michael: Der Verkehrssektor als Bereich der öffentlichen Daseinsvorsorge in Deutschland, in: Hrbek/Nettesheim (Hrsg.): Europäische Union und mitgliedstaatliche Daseinsvorsorge, 1. Auflage, Baden-Baden 2002, S. 89 (zitiert als: *Ronellenfitsch*, in: Hrbek/ Nettesheim, Europäische Union und mitgliedstaatliche Daseinsvorsorge).

Ronellenfitsch, Michael: Daseinsvorsorge als Rechtsbegriff – Aktuelle Entwicklungen im nationalen und europäischen Recht, in: Blümel, Willi (Hrsg.): Ernst Forsthoff. Kolloquium aus Anlaß des 100. Geburtstags von Prof. Dr. Dr. h.c. Ernst Forsthoff, Berlin 2003, S. 21 (zitiert als: *Ronellenfitsch*, in: Kolloquium Forsthoff).

Ronellenfitsch, Michael: Die Plan-Umweltprüfung bei der Verkehrswegeplanung, in: Grupp, Klaus (Hrsg.): Umsetzung und Vollzug von EG-Richtlinien im Straßenrecht. Referate eines Forschungsseminars der Universität des Saarlandes und des Arbeitsausschusses „Straßenrecht“ am 22./23. September 2003 in Saarbrücken, S. 35 (zitiert als: *Ronellenfitsch*, in: Grupp, Umsetzung und Vollzug von EG-Richtlinien im Straßenrecht).

Ronellenfitsch, Michael: Daseinsvorsorge und servce d'intérêt général im Interventionsstaat, in: Magiera, Siegfried/Sommermann, Karl-Peter (Hrsg.): Daseinsvorsorge und Infrastrukturgewährleistung. Symposium zu Ehren von Willi Blümel zum 80. Geburtstag, 1. Auflage, Berlin 2009, S. 28 (zitiert als: *Ronellenfitsch*, in: Symposium Blümel).

Roßnagel, Alexander/*Hentschel*, Anja: Alternativenprüfung für atomare Endlager? – zur Prüfpflicht des öffentlichen Vorhabenträgers im Fachplanungsrecht, UPR 2004, 291.

Rosin, Peter/*Pohlmann*, Mario/*Gentzsch*, Andrees/*Metzenthin*, Andreas/*Böwing*, Andreas (Hrsg.): Praxiskommentar zum EnWG – Gesetz und Verordnungen –, Loseblatt, Werkstand: 9. Aktualisierung 2018, Stand: Dezember 2018 (zitiert als: *Bearbeiter*, in: Rosin, Praxiskommentar EnWG).

Rubel, Rüdiger: Aktuelle Probleme bei der Planfeststellung von Höchstspannungsleitungen, DVBl 2017, 585.

Rubel, Rüdiger: Umweltrechtsschutz in der gerichtlichen Praxis, EurUP 2019, 386.

Ruge, Reinhard: Zur Alternativenprüfung in Netzentwicklungsplan und Bundesbedarfsplan, ER 2013, 143.

Ruge, Reinhard: „We Love Cable“: Erdkabel im Höchstspannungsbereich als Allheilmittel für mehr Akzeptanz für den Netzausbau, RdE 2016, 105.

Ruge, Reinhard: Bundesfachplanung nach NABEG: Beschleunigungsgesetz ohne Beschleunigungswirkung?, ER 2016, 154.

Ruge, Reinhard: NABEG 2.0: Die Zeit ist reif für Beschleunigungsgesetzgebung mit voller Beschleunigungswirkung, EnWZ 2019, 1.

Ruge, Reinhard: Schadensbegrenzungsmaßnahmen und projektimmanente Maßnahmen in der FFH-Vorprüfung – über das Risiko, am falschen Ende Zeit gespart zu haben, UPR 2019, 456.

Ruge, Reinhard/*Kohls*, Malte: Potenzialanalysen und Worst-Case-Betrachtungen in Planfeststellungsverfahren und Bundesfachplanung – Teil 1, ZUR 2015, 652.

Ruge, Reinhard/*Kohls*, Malte: Potenzialanalysen und Worst-Case-Betrachtungen in Planfeststellungsverfahren und Bundesfachplanung – Teil 2, ZUR 2016, 23.

Runge, Karsten/*Schomerus*, Thomas: Klimaschutz in der Strategischen Umweltprüfung – am Beispiel der Windenergienutzung in der Ausschließlichen Wirtschaftszone, ZUR 2007, 410.

Ruß, Sylvia/*Sailer*, Frank: Der besondere Artenschutz beim Netzausbau, NuR 2017, 440.

Ruttloff, Marc/*Freihoff*, Lisa: Intertemporale Freiheitssicherung oder doch besser „intertemporale Systemgerechtigkeit"? – auf Konturensuche, NVwZ 2021, 917.

Sachs, Michael: Verwaltung an den „Funktionsgrenzen der Rechtsprechung", DVBl 2020, 311.

Sachs, Michael (Hrsg.): Grundgesetz. Kommentar, 9. Auflage, München 2021 (zitiert als: *Bearbeiter*, in: Sachs, GG).

Sachverständigenrat für Umweltfragen: Für eine entschlossene Umweltpolitik in Europa. Umweltgutachten 2020, Stand: Januar 2020, abrufbar unter https://www.umweltrat.de/SharedDocs/Downloads/DE/01_Umweltgutachten/2016_2020/2020_Umweltgutachten_Entschlossene_Umweltpolitik.pdf;jsessionid=E5A335CF3B38B654265F352F8591DB7B.1_cid331?__blob=publicationFile&v=31, abgerufen am 11.09.2021, 10:25 Uhr (zitiert als: SRU, Sondergutachten 2020).

Sachverständigenrat für Umweltfragen: Umwelt und Straßenverkehr. Hohe Mobilität – Umweltverträglicher Verkehr. Sondergutachten, Stand: Februar 2005, abrufbar unter https://www.umweltrat.de/SharedDocs/Downloads/DE/02_Sondergutachten/2004_2008/2005_SG_Umwelt_und_Strassenverkehr.pdf;jsessionid=8A641A092A62C51C519F0B314A338532.1_cid284?__blob=publicationFile&v=6, abgerufen am 14.08.2021, 07:54 Uhr (zitiert als: SRU, Sondergutachten 2005).

Sachverständigenrat für Umweltfragen: Verbandsklage wirksam und rechtskonform ausgestalten: Stellungnahme zur Novelle des Umwelt-Rechtsbehelfsgesetzes, Stand: Oktober 2016, abrufbar unter https://www.umweltrat.de/SharedDocs/Downloads/DE/04_Stellungnahmen/2016_2020/2016_10_AS_20_Verbandsklage.pdf?__blob=publicationFile&v=5, abgerufen am 14.08.2021, 07:56 Uhr (zitiert als: SRU, Stellungnahme Verbandsklage).

Säcker, Franz Jürgen (Hrsg.): Berliner Kommentar zum Energierecht, 4. Auflage, Frankfurt am Main 2019 (zitiert als: *Bearbeiter*, in: Säcker, Energierecht).

Sangenstedt, Christof: Vorstellung und Bewertung der Richtlinie der EG zur Strategischen Umweltprüfung, in: Reiter, Sven (Hrsg.): Neue Wege in der UVP – Novellierte UVP-Gesetzgebung und innovative Methodik, 1. Auflage, Bonn 2011, S. 235 (zitiert als: *Sangenstedt*, in: Reiter, Neue Wege in der UVP).

Saurer, Johannes: Heilung von Verfahrensfehlern in umweltrechtlichen Zulassungsverfahren, NVwZ 2020, 1137.

Saurer, Johannes: Perspektiven eines Bundes-Klimaschutzgesetzes, NuR 2018, 581.

Schadtle, Kai: Neue Leitungen braucht das Land – und Europa! – Die Neuregelung der TEN-E-Leitlinien und deren Konsequenzen für das deutsche Planungs- und Genehmigungsrecht für Höchstspannungsleitungen unter besonderer Berücksichtigung der Vorschriften über die Öffentlichkeitsbeteiligung –, ZNER 2013, 126.

Schaller, Werner/*Henrich*, Marius: Aktuelle Rechtsfragen der Bundesfachplanung, UPR 2014, 361.

Scheele, Ulrich: Stromnetze als NIMBY-Güter? Kompensationslösungen zur Verbesserung der Akzeptanz von Energieinfrastrukturen, IR 2012, 247.

Schenke, Wolf-Rüdiger: Rechtsschutz gegen normatives Unrecht, JZ 2006, 1004.

Schiller, Gernot: Unionsrechtliche Vorgaben für die Alternativenprüfung, UPR 2016, 457.

Schink, Alexander: Die Umweltverträglichkeitsprüfung – eine Bilanz, NuR 1998, 173.

Schink, Alexander: Umweltprüfung für Pläne und Programme – Verfahrensanforderungen, NuR 2005, 143.

Schink, Alexander: Umweltprüfung für Pläne und Programme. Anwendungsbereich der SUP-Richtlinie und Umsetzung in deutsches Recht, NVwZ 2005, 615.

Schink, Alexander: Öffentlichkeitsbeteiligung – Beschleunigung – Akzeptanz. – Vorschläge zur Verbesserung der Akzeptanz von Großprojekten durch Öffentlichkeitsbeteiligung, DVBl 2011, 1377.

Schink, Alexander: Verhältnis der Planfeststellung zur Raumordnung, DÖV 2011, 905.

Schink, Alexander: Änderung der UVP-Richtlinie und Auswirkungen auf das nationale Recht, DVBl 2014, 877.

Schink, Alexander: Neue Impulse aus dem Energierecht (NABEG) für eine Modernisierung des Planungsrechts?, in: Kment, Martin/Battis, Ulrich/Kloepfer, Michael/Reidt, Olaf (Hrsg.): Das Zusammenwirken von deutschem und europäischem Öffentlichen Recht. Festschrift für Hans D. Jarass zum 70. Geburtstag, 1. Auflage, München 2015, S. 483 (zitiert als: *Schink*, in: FS Jarass).

Schink, Alexander: Raumordnung und Netzausbau, NWVBl 2018, 45.

Schink, Alexander: Entwicklungen und Stand der UVP, NuR 2018, 21.

Schink, Alexander/*Versteyl*, Andrea/*Dippel*, Martin (Hrsg.): NABEG. Kommentar zum Netzausbaubeschleunigungsgesetz Übertragungsnetz, 1. Auflage, Berlin 2016 (zitiert als: *Bearbeiter*, in: Schink/Versteyl/Dippel, NABEG).

Schlacke, Sabine: Überindividueller Rechtsschutz. Phänomenologie und Systematik überindividueller Klagebefugnisse im Verwaltungs- und Gemeinschaftsrecht, insbesondere am Beispiel des Umweltrechts, 1. Auflage, Tübingen 2008 (zitiert als: *Schlacke*, Überindividueller Rechtsschutz).

Schlacke, Sabine: Bundesfachplanung für Höchstspannungsleitungen. Der Schutz von Natur und Landschaft in der SUP und der fachplanerischen Abwägung, NVwZ 2015, 626.

Schlacke, Sabine: Rechtsschutz von Umweltverbänden gegen die Bundesfachplanung, in: Kment, Martin/Battis, Ulrich/Kloepfer, Michael/Reidt, Olaf (Hrsg.): Das Zusammenwirken von deutschem und europäischem Öffentlichen Recht. Festschrift für Hans D. Jarass zum 70. Geburtstag, 1. Auflage, München 2015, S. 379 (zitiert als: *Schlacke*, in: FS Jarass).

Schlacke, Sabine (Hrsg.): GK-BNatSchG. Gemeinschaftskommentar zum Bundesnaturschutzgesetz, 2. Auflage, Köln 2016 (zitiert als: *Bearbeiter*, in: Schlacke, GK BNatSchG).

Schlacke, Sabine: Konzentrierter oder phasenspezifischer Rechtsschutz: Individual- und Verbandsklage – Einsatzbereiche, Ergänzung, Kompensation?, ZUR 2017, 456.

Schlacke, Sabine: Aktuelles zum Umwelt-Rechtsbehelfsgesetz. Kompensation des Wegfalls der materiellen Präklusion, Rügebefugnis und Kontrollmaßstab im Spiegel der Rechtsprechung, NVwZ 2019, 1392.

Schlacke, Sabine: Klimaschutzrecht im Mehrebenensystem. Internationale Klimaschutzpolitik und aktuelle Entwicklungen in der Europäischen Union und in Deutschland, EnWZ 2020, 355.

Schlacke, Sabine: Klimaschutzrecht – Ein Grundrecht auf intertemporale Freiheitssicherung, NVwZ 2021, 912.

Schlacke, Sabine/*Römling*, Dominik: Die Novelle von NABEG und EnWG 2019: Beschleunigung des Planungsverfahrens durch Verfahrensvereinfachung und Flexibilisierung, DVBl 2019, 1429.

Schlacke, Sabine/*Schrader*, Christian/*Bunge*, Thomas (Hrsg.): Aarhus-Handbuch. Informationen, Beteiligung und Rechtsschutz in Umweltangelegenheiten, 2. Auflage, Berlin 2019 (zitiert als: *Bearbeiter*, in: *Schlacke/Schrader/Bunge*, Aarhus-Handbuch).

Schlarmann, Lieselotte: Die Alternativenprüfung im Planungsrecht, 1. Auflage, Münster 1991 (zitiert als: *Schlarmann*, Alternativenprüfung).

Schmidt, Alexander/*Zschiesche*, Michael: Die umweltrechtliche Verbandsklage im Zeitraum von 2013 bis 2016 – Ergebnisse einer empirischen Untersuchung, NuR 2018, 443.

Schmitz, Holger/*Jornitz*, Philipp: Regulierung des deutschen und des europäischen Energienetzes: Der Bundesgesetzgeber setzt Maßstäbe für den kontinentalen Netzausbau, NVwZ 2012, 332.

Schmitz, Holger/*Uibeleisen*, Maximilian: Netzausbau. Planung und Genehmigung, 1. Auflage, München 2016 (zitiert als: *Schmitz/Uibeleisen*, Netzausbau).

Schneider, Jens-Peter/*Theobald*, Christian (Hrsg.): Recht der Energiewirtschaft. Praxishandbuch, 5. Auflage, München 2021 (zitiert als: *Bearbeiter*, in: Schneider/Theobald, Energiewirtschaft).

Schneller, Christian: Objektbezogene Legalplanung. Zur Zulässigkeit von Investititonsmaßnahmengesetzen, 1. Auflage, Berlin 1999 (zitiert als: *Schneller*, Objektbezogene Legalplanung).

Schoch, Friedrich: Soll das kommunale Satzungsrecht gegenüber staatlicher und gerichtlicher Kontrolle gestärkt werden?, NVwZ 1990, 801.

Schoch, Friedrich/*Schneider*, Jens-Peter/*Bier*, Wolfgang (Hrsg.): Verwaltungsgerichtsordnung. Kommentar, Loseblatt, Werkstand: 40. Ergänzungslieferung, Stand: Februar 2021, München 2021 (zitiert als: *Bearbeiter*, in: Schoch/Schneider/Bier, VwGO).

Schoeneberg, Jörg: Umweltverträglichkeitsprüfung, 1. Auflage, München 1993 (zitiert als: *Schoeneberg*, Umweltverträglichkeitsprüfung).

Schüren, Jonas/*Kramer*, Malte: EuGH-Entscheidung zum UmwRG: Das Aus für materielle Präklusion und traditionelle Verfahrensfehlerfolgenlehre?, ZUR 2016, 400.

Schwarze, Jürgen/*Becker*, Ulrich/*Hatje*, Armin/*Schoo*, Johann (Hrsg.): EU-Kommentar, 4. Auflage, Baden-Baden 2019 (zitiert als: *Bearbeiter*, in: Schwarze, EU-Kommentar).

Seelig, Robert/*Gündling*, Benjamin: Die Verbandsklage im Umweltrecht. Aktuelle Entwicklungen und Zukunftsperspektiven im Hinblick auf die Novelle des Bundesnaturschutzgesetzes und supranationale und internationale rechtliche Vorgaben, NVwZ 2002, 1033.

Seibert, Max-Jürgen: Verbandsklagen im Umweltrecht. Aktueller Stand, Perspektiven und praktische Probleme, NVwZ 2013, 1040.

Siegel, Gustav: Die Elektrizitätsgesetzgebung der Kulturländer der Erde, 1. Auflage, Berlin 1930 (zitiert als: *Siegel*, Elektrizitätsgesetzgebung).

Siegel, Thorsten: Zur Einklagbarkeit der Umweltverträglichkeit – Wesen und Reichweite von Umwelt-Rechtsbehelfen –, DÖV 2012, 709.

Siegert, Stephan: Beschleunigung von Planungsverfahren – Kann Deutschland von Dänemark lernen?, UPR 2019, 468.

Sobotta, Christoph: Artenschutz in der Umweltprüfung, NuR 2013, 229.

Sodan, Helge/*Ziekow*, Jan (Hrsg.): Verwaltungsgerichtsordnung. Großkommentar, 5. Auflage, Baden-Baden 2018 (zitiert als: *Bearbeiter*, in: Sodan/Ziekow, VwGO).

Spannowksy, Willy: Notwendigkeit und rechtliche Anforderungen an die Alternativenprüfung in der Bauleitplanung, UPR 2005, 401.

Spannowksy, Willy/*Runkel*, Peter/*Goppel*, Konrad (Hrsg.): ROG. Raumordnungsgesetz. Kommentar, 2. Auflage, München 2018 (zitiert als: *Bearbeiter*, in: Spannowsky/Runkel/Goppel, ROG).

Sparwasser, Reinhard/*Engel*, Rüdiger/*Voßkuhle*, Andreas: Umweltrecht. Grundzüge des öffentlichen Umweltschutzrechts, 5. Auflage, Heidelberg 2003 (zitiert als: *Sparwasser/Engel/Voßkuhle*, Umweltrecht).

Sporbeck, Otto/*Drygalla-Hein*, Stefan: Die Strategische Umweltprüfung zum Ausbau des Höchstspannungsnetzes auf den Ebenen des Bundesbedarfsplans und der Bundesfachplanung, UVP-report 26 (3+4/2012), 156.

Steffen, Will/*Richardson*, Katherine/*Rockström*, Johan/*Cormell*, Sarah E./*Fetzer*, Ingo/*Bennett*, Elena M./*Biggs*, Reinette/*Carpenter*, Stephen R./*de Vries*, Wim/*de Wit*, Cynthia A./*Folke*, Carl/*Gerten*, Dieter/*Heinke*, Jens/*Mace*, Georgina M./*Persson*, Linn M./*Ramanathan*, Veerabhadran/*Rexers*, Belinda/*Sörlin*, Sverker: Planetary boundaries: Guiding human development on a changing planet, Science, Vol. 347, Issue 6223 (2015), 736.

Steinbach, Armin: Keine Energiewende ohne Netze: Die Umsetzung des Bedarfsplangesetzes im reformierten Rechtsrahmen, DÖV 2013, 921.

Steinbach, Armin/*Franke*, Peter (Hrsg.): Kommentar zum Netzausbau. NABEG/EnLAG/EnWG/BBPlG/PlfZV, 2. Auflage, Berlin 2017 (zitiert als: *Bearbeiter*, in: Steinbach/Franke, Netzausbau).

Steinberg, Rudolf/*Wickel*, Martin/*Müller*, Henrik: Fachplanung, 4. Auflage, Baden-Baden 2012 (zitiert als: *Steinberg/Wickel/Müller*, Fachplanung).

Stelkens, Paul/*Bonk*, Heinz Joachim/Leonhardt, Klaus (Begr.)/Sachs, Michael/Schmitz, Heribert/Bonk, Heinz Joachim (Hrsg.): VwVfG. Verwaltungsverfahrensgesetz. Kommentar, 9. Auflage, München 2018 (zitiert als: *Bearbeiter*, in: Stelkens/Bonk/Sachs, VwVfG).

Storm, Christoph/*Bunge*, Thomas (Hrsg.): Handbuch der Umweltverträglichkeitsprüfung, Loseblatt, Werkstand: Aktualisierung 4/2019, Stand: Dezember 2019, Berlin 2019 (zitiert als: *Bearbeiter*, in: Storm/Bunge, HdUVP).

Storost, Ulrich: Rechtsprechung zum Verkehrswegeplanungsrecht, DVBl 2012, 457.

Storost, Ulrich: Rechtsschutz der Natur in der gerichtlichen Kontrolle von Planfeststellungsbeschlüssen, UPR 2018, 52.

Stracke, Marius: Öffentlichkeitsbeteiligung im Übertragungsnetzausbau. Akzeptanzförderung als gesetzgeberisches Leitbild. Umsetzung und Defizite unter Berücksichtigung der TEN-E-

Verordnung Nr. 347/2013, 1. Auflage, Baden-Baden 2017 (zitiert als: *Stracke*, Öffentlichkeitsbeteiligung).

Streinz, Rudolf (Hrsg.): EUV/AEUV. Vertrag über die Europäische Union, Vertrag über die Arbeitsweise der Europäischen Union, Charta der Grundrechte der Europäischen Union, 3. Auflage, München 2018 (zitiert als: *Bearbeiter*, in: Streinz, EUV/AEUV).

Strobel, Tobias: Die Verordnung zu Leitlinien für die transeuropäische Energieinfrastruktur: primärrechtliche Einordnung und genehmigungspflichtige Implikationen, ZeUS 2013, 167.

Stüer, Bernhard: Habitatschutz auch in der Bundesverkehrswegeplanung?, NVwZ 2002, 1164.

Stüer, Bernhard: Handbuch des Bau- und Fachplanungsrechts. Planung. Genehmigung. Rechtsschutz, 5. Auflage, München 2015 (zitiert als: *Stüer*, Bau- und Fachplanungsrecht).

Stüer, Bernhard: Gesetz zur Beschleunigung von Planungs- und Genehmigungsverfahren im Verkehrsbereich 2018, DVBl 2019, 351.

Stüer, Bernhard: Planungsbeschleunigungsgesetze 2020 und Maßnahmengesetzvorbereitungsgesetz, DVBl 2020, 617.

Stüer, Bernhard: Verkehrsinfrastruktur-Maßnahmengesetze als Problem des Verfassungs- und Unionsrechts, EurUP 2020, 163.

Stüer, Bernhard/*Buchsteiner*, Dirk: 12. Speyerer Planungsrechtstage und Luftverkehrsrechtstag, DVBl 2011, 335.

Stüer, Bernhard/*Probstfeld*, Willi: Die Planfeststellung. Fachplanung in der Praxis, 2. Auflage, München 2016 (zitiert als: *Stüer/Probstfeld*, Planfeststellung).

Sydow, Gernot: Horizontale und vertikale Verzahnung der Strategischen Umweltprüfung mit anderen umweltbezogenen Prüfverfahren, DVBl 2006, 65.

Tausch, Felix: Gestufte Bundesfernstraßenplanung. Unter besonderer Berücksichtigung der Richtlinie über die strategische Umweltprüfung, 1. Auflage, Hamburg 2011 (zitiert als: *Tausch*, Gestufte Bundesfernstraßenplanung).

The Intergovernmental Panel on Climate Change: Global Warming of 1.5 °C. Special Report 2018, abrufbar unter https://www.ipcc.ch/sr15/, abgerufen am 11.09.2021, 10:23 Uhr (zitiert als: IPCC, Special Report 2018).

Theobald, Christian/*Kühling*, Jürgen (Hrsg.): Energierecht. Kommentar, Loseblatt, Werkstand: 109. Ergänzungslieferung, Stand: Januar 2021, München 2021 (zitiert als: *Bearbeiter*, in: Theobald/Kühling, Energierecht).

Vallendar, Willi: Europäisches Naturschutzrecht: Die Verbandsklage – Risiken und Nebenwirkungen für Infrastrukturvorhaben, UPR 2008, 1.

Verheyen, Roda/*Schayani*, Kilian: Der globale Klimawandel als Hindernis bei der Vorhabengenehmigung. Entscheidungsbesprechung zum Urteil „Heathrow Airport" und Einordnung in die internationale Rechtsprechung, ZUR 2020, 312.

Vogt, Matthias/*Maaß*, Volker: Leitlinien für die transeuropäische Energieinfrastruktur – Netzausbau die Zweite, RdE 2013, 151.

Von Danwitz, Thomas: Aarhus-Konvention: Umweltinformation, Öffentlichkeitsbeteiligung, Zugang zu Gerichten, NVwZ 2004, 272.

Von Lewinski, Kai: Weimarer Reichsverfassung und Grundgesetz als Gesellen- und Meisterstück, JuS 2009, 505.

Von Mangoldt, Hermann (Begr.)/Klein, Friedrich/Starck, Christian (vorm. Hrsg.)/Huber, Peter/Voßkuhle, Andreas (Hrsg.): Kommentar zum Grundgesetz. GG, 7. Auflage, München 2018 (zitiert als: *Bearbeiter*, in: v. Mangoldt/Klein/Starck, GG).

Von Weschpfennig, Armin: Renaissance der Legalplanung? Verfassungs- und europarechtliche Fragen anlässlich des Maßnahmengesetzvorbereitungsgesetzes vom 22. März 2020, AöR 2020, 438.

Voßkuhle, Andreas: Rechtsschutz gegen den Richter. Zur Integration der Dritten Gewalt in das verfassungsrechtliche Kontrollsystem vor dem Hintergrund des Art. 19 Abs. 4 GG, 1. Auflage, München 2013 (zitiert als: *Voßkuhle*, Rechtsschutz gegen den Richter).

Voßkuhle, Andreas: Umweltschutz und Grundgesetz, NVwZ 2013, 1.

Voßkuhle, Andreas/*Kaiser*, Anna-Bettina: Grundwissen – Öffentliches Recht: Demokratische Legitimation, JuS 2009, 803

Wagner, Jörg: Bundesfachplanung für Höchstspannungsleitungen – rechtliche und praktische Belange, DVBl 2011, 1453.

Wagner, Jörg: Verfahrensbeschleunigung durch das Verkehrswegeplanungsbeschleunigungsgesetz, NVwZ 1992, 232.

Wahl, Rainer: Das Raumordnungsverfahren am Scheideweg, in: Franßen, Everhardt/Redeker, Konrad/Schlichter, Otto/Wilke, Dieter (Hrsg.): Bürger – Richter – Staat. Festschrift für Horst Sendler zum Abschied aus seinem Amt, 1. Auflage, München 1991, S. 199 (zitiert als: *Wahl*, in: FS Sendler).

Wahl, Rainer: Materiell-integrative Anforderungen an die Vorhabenzulassung – Anwendung und Umsetzung der IVU-Richtlinie, NVwZ 2000, 502.

Walter, Christian: Internationalisierung des deutschen und Europäischen Verwaltungsverfahrens- und Verwaltungsprozessrechts – am Beispiel der Århus-Konvention, EuR 2005, 302.

Watson, Sir Graham: Large-Scale Electricity Supergrids and the Transition to Electricity From Renewable Sources, RELP 2012, 87.

Wegener, Bernhard: Der Braunbär lernt schwimmen. Die „Protect"-Entscheidung des EuGH stärkt den Rechtsschutz im Umweltrecht, ZUR 2018, 217.

Wegener, Bernhard: Die europäische Umweltverbandsklage, ZUR 2011, 363.

Wegener, Bernhard: Ohne Rechtsschutz und ohne Zukunft, Gastbeitrag auf lto.de, 24.02.2020, abrufbar unter https://www.lto.de/recht/hintergruende/h/grossprojekte-infrastruktur-umwelt-entschiedung-behoerde-gesetz-massnahmegesetz-bmvi/, abgerufen am 14.08.2021, 08:05 Uhr (zitiert als: *Wegener*, LTO, 2020/02/24).

Wegener, Bernhard: Verkehrsinfrastrukturgenehmigungen durch Gesetz und ohne fachgerichtlichen Rechtsschutz? Verfassungs-, völker- und europarechtliche Anforderungen an die Maßnahmengesetzgebung im Verkehrsbereich, ZUR 2020, 195.

Wegener, Bernhard: Verkehrsinfrastrukturgenehmigungen durch Gesetz und ohne fachgerichtlichen Rechtsschutz? Verfassungs-, völker- und europarechtliche Anforderungen an die Maßnahmengesetzgebung im Verkehrsbereich. Rechtsgutachten für die Bundestagsfraktion

Bündnis 90/Die Grünen, Stand: 10. Januar 2020, abrufbar unter https://www.gruene-bundestag.de/fileadmin/media/gruenebundestag_de/themen_az/mobilitaet/pdf/gutachten-massnahmegesetzgebung.pdf, abgerufen am 14.08.2021, 08:05 Uhr (zitiert als: *Wegener*, Stellungnahme MgvG).

Weingarten, Elke/*Peters*, Wolfgang: Ausbau der Stromleitungsnetze: Neue Herausforderungen für die Umweltprüfung, UVP-report 27 (1+2/2013), 93.

Weisensee, Claudius: Erdkabel oder Freileitung – Was will der Gesetzgeber?, ER 2016, 68.

Wemdzio, Marcel: Die UVP – Unheimlich viel Papier?, NuR 2008, 479.

Weyreuther, Felix: Verwaltungskontrolle durch die Verbände? Argumente gegen die verwaltungsgerichtliche Verbandsklage im Umweltrecht, 1. Auflage, Düsseldorf 1975 (zitiert als: *Weyreuther*, Verwaltungskontrolle durch die Verbände?).

Wickel, Martin: Symbolische Gesetzgebung in der Verkehrswegeplanung? – Anmerkung zur erneuten Verlängerung des Verkehrswegeplanungsbeschleunigungsgesetzes, NVwZ 2001, 16.

Wieckhorst, Arno: Grundrechtsschutz durch Legislativverfahren, 1. Auflage, Tübingen 2017 (zitiert als: *Wieckhorst*, Grundrechtsschutz durch Legislativverfahren).

Wiegand, Marc André: Konsens durch Verfahren? Öffentlichkeitsbeteiligung und Rechtsschutz nach dem Standortauswahlgesetz im Verhältnis zum atomrechtlichen Genehmigungsverfahren, NVwZ 2014, 830.

Winter, Gerd: Kompetenzverteilung und Legitimation in der Europäischen Mehrebenenverwaltung, EuR 2005, 255.

Winter, Gerd: Ökologische Verhältnismäßigkeit, ZUR 2013, 387.

Wissenschaftliche Dienste des Deutschen Bundestags, Verfassungsrechtliche Zulässigkeit planfeststellender Gesetze. Zu den Vorgaben des Bundesverfassungsgerichts, Ausarbeitung WD 3 – 3000 299/16 vom 25. Oktober 2016, abrufbar unter https://www.bundestag.de/resource/blob/484630/0f6d6573dbe89082f92765718268caa6/wd-3-229-16-pdf-data.pdf, abgerufen am 14.08.2021, 08:06 Uhr (zitiert als: Wissenschaftliche Dienste des Deutschen Bundestags, Planfeststellende Gesetze).

Wissenschaftliche Dienste des Deutschen Bundestags: Die Verbandsklage im Naturschutz- und Umweltrecht. Historische Entwicklung, europarechtliche Vorgaben, Klageberechtigung, Ausarbeitung WD 7 – 3000 – 208/18 vom 6. November 2018, abrufbar unter https://www.bundestag.de/resource/blob/583690/fdd232be9af1080c21194c82c420a5e9/WD-7-208-18-pdf-data.pdf, abgerufen am 14.08.2021, 08:07 Uhr (zitiert als: Wissenschaftliche Dienste des Deutschen Bundestags, Verbandsklage).

Wolf, Ulrike/*von Danwitz*, Thomas/*Seitz*, Helmut/*Preis*, Ulrich/*Prögler*, Wolfgang/*Butzke*, Volker: Der 59. Deutsche Juristentag in Hannover 1992, JZ 1993, 82.

Wolff, Hans K. (Begr.)/*Bachof*, Otto/*Stober*, Rolf/*Kluth*, Winfried (Hrsg.): Verwaltungsrecht I, 13. Auflage, München 2017 (zitiert als: *Wolff/Bachof/Stober/Kluth*, Verwaltungsrecht I).

Wollenteit, Ulrich: Das neue Standortauswahlgesetz: Gesetzliche Standortfestlegung, Rechtsschutz und Standortsicherung, NuR 2018, 818.

Wollenteit, Ulrich: Standortplanung für ein atomares Endlager ohne Klagerechte? Zum aktuellen Entwurf für ein Standortsuchgesetz, ZNER 2013, 132.

Wulfhorst, Reinhard: Der Bundesverkehrswegeplan und die Beteiligung der Öffentlichkeit, DVBl 2012, 466.

Wulfhorst, Reinhard: Die Untersuchung von Alternativen im Rahmen der Strategischen Umweltprüfung, NVwZ 2011, 1099.

Wulfhorst, Reinhard: Konsequenzen aus „Stuttgart 21": Vorschläge zur Verbesserung der Bürgerbeteiligung, DÖV 2011, 581.

Wysk, Peter: Planungssicherstellung in der COVID-19-Pandemie, NVwZ 2020, 905.

Ziekow, Jan: Die Berücksichtigung späterer Erweiterungsmöglichkeiten als Option in der straßenrechtlichen Planfeststellung, VerwArch 106 (2015), 528.

Ziekow, Jan: Handbuch des Fachplanungsrechts. Grundlagen. Praxis. Rechtsschutz, 2. Auflage, München 2014 (zitiert als: *Ziekow*, Handbuch des Fachplanungsrechts).

Ziekow, Jan: Verfahrensrechtliche Regelung der Vorbereitung von Maßnahmengesetzen im Verkehrsbereich. Das Maßnahmengesetzvorbereitungsgesetz, NVwZ 2020, 677.

Ziekow, Jan: Vorhabenplanung durch Gesetz. Verfassungsrechtliche und prozedurale Anforderungen an die Zulassung von Verkehrsinfrastrukturen durch Maßnahmengesetz, 1. Auflage, Baden-Baden 2020 (zitiert als: *Ziekow*, Vorhabenplanung durch Gesetz).

Ziekow, Jan/*Oertel*, Martin-Peter/*Windoffer*, Alexander: Dauer von Zulassungsverfahren. Eine empirische Untersuchung zu Implementation und Wirkungsgrad von Regelungen zur Verfahrensbeschleunigung, 1. Auflage, Köln 2005 (zitiert als: *Ziekow/Oertel/Windoffer:* Dauer von Zulassungsverfahren).

Zschiesche, Michael: Stellungnahme des Unabhängigen Instituts für Umweltfragen (UfU) zur Anhörung des Ausschusses für Verkehr und digitale Infrastruktur des Deutschen Bundestages am 15. Januar 2020, Ausschussdrucks. 19(15)308-D (zitiert als: *Zschiesche*, Stellungnahme MgvG).

Rechtsquellenverzeichnis

Völkerrecht

Århus-Konvention (AK)	Übereinkommen über den Zugang zu Informationen, die Öffentlichkeitsbeteiligungen an Entscheidungsverfahren und den Zugang zu Gerichten in Umweltangelegenheiten vom 25. Juni 1998 (ABl. 2005 L 124 S. 4, BGBl. 2006 II S. 1251, Celex-Nr. 2005 A 0417 (01)), zuletzt geändert durch das Änderungsübereinkommen vom 27. Mai 2005 (BGBl. 2009 II S. 794).
Kyoto-Protokoll	Kyoto Protocol to the United Nations Framework Convention on Climate Change vom 11. Dezember 1997, abrufbar unter https://unfccc.int/sites/default/files/kpeng.pdf, abgerufen am 14.08.2021, 08:36 Uhr.
Pariser Klimaübereinkommen	Übereinkommen von Paris vom 12. Dezember 2015, abrufbar unter https://www.bmu.de/fileadmin/Daten_BMU/Download_PDF/Klimaschutz/paris_abkommen_bf.pdf, abgerufen am 14.08.2021, 08:37 Uhr.
Ramsar-Konvention	Convention on Wetlands of International Importance especially as Waterfowl Habitat vom 2. Februar 1971, abrufbar unter https://www.ramsar.org/sites/default/files/documents/library/current_convention_text_e.pdf, abgerufen am 14.08.2021, 08:37 Uhr.

Europarecht

AEUV	Vertrag über die Arbeitsweise der Europäischen Union in der Fassung der Bekanntmachung vom 9. Mai 2008 (ABl. C 115 S. 47), zuletzt geändert durch Art. 2 ÄndBeschl. 2012/419/EU vom 11.07.2012 (ABl. L 204 S. 131).
EU-Klimagesetz	Verordnung (EU) 2021/1119 des Europäischen Parlaments und des Rates vom 30. Juni 2021 zur Schaffung des Rahmens für die Verwirklichung der Klimaneutralität und zur Änderung der Verordnungen (EG) Nr. 401/2009 und (EU) 2018/1999 („Europäisches Klimagesetz“, ABl. L 243 S. 1).
EUV	Vertrag über die Europäische Union in der Fassung des Vertrags von Lissabon vom 13. Dezember 2007 (ABl. C 306 S. 1, ber. ABl. 2008 C 111 S. 56, ABl. 2009 C 290 S. 1, ABl. 2011 C 378, S. 3), zuletzt geändert durch Art. 13, 14 Abs. 1 EU-Beitrittsakte 2013 vom 09.12.2011 (ABl. 2012 L 112 S. 21).

FFH-RL	Richtlinie 92/43/EWG des Rates vom 21. Mai 1992 zur Erhaltung der natürlichen Lebensräume sowie der wildlebenden Tiere und Pflanzen (ABl. L 206 vom 22.07.1992), zuletzt geändert durch Richtlinie 2013/177EU des Rates vom 13. Mai 2013 zur Anpassung bestimmter Richtlinien im Bereich Umwelt aufgrund des Beitritts der Republik Kroatien (ABl. L 158/193 vom 10.06. 2013).
GrCh	Charta der Grundrechte der Europäischen Union vom 12. Dezember 2007 (ABl. C 303 S. 1, BGBl. 2008 II S. 1165, Celex-Nr. 1 2007 P/TXT).
IE-RL	Richtlinie 2010/75/EU des Europäischen Parlaments und des Rates vom 24. November 2010 über Industrieemissionen (integrierte Vermeidung und Verminderung der Umweltverschmutzung) (ABl. EU 2010 L 334/17).
IVU-RL	Richtlinie 2008/1/EG des Europäischen Parlaments und des Rates vom 15. Januar 2008 über die integrierte Vermeidung und Verminderung der Umweltverschmutzung (ABl. Nr. L 24/8 vom 29.01.2008).
Luftreinhalte-RL	Richtlinie 2008/50/EG des Europäischen Parlaments und des Rates vom 21. Mai 2008 über Luftqualität und saubere Luft für Europa (ABl. L 152 vom 11.06.2008, S. 1).
Nitrat-RL	Richtlinie 91/676/EWG des Rates vom 12. Dezember 1991 zum Schutz der Gewässer vor Verunreinigung durch Nitrat aus landwirtschaftlichen Quellen (ABl. Nr. L 375/1 vom 31.12. 1991).
Öffentlichkeitsbeteiligungs-RL	Richtlinie 2003/35/EG des Europäischen Parlaments und des Rates vom 26. Mai 2003 über die Beteiligung der Öffentlichkeit bei der Ausarbeitung bestimmter umweltbezogener Pläne und Programme und zur Änderung der Richtlinien 85/337/EWG und 96/61/EG des Rates in Bezug auf die Öffentlichkeitsbeteiligung und den Zugang zu Gerichten (ABl. EU 2003 L 156/17).
RL 2008/57/EG	Richtlinie 2008/57/EG des Europäischen Parlaments und des Rates vom 17. Juni 2008 über die Interoperabilität des Eisenbahnsystems in der Gemeinschaft (Neufassung, ABl. L 191/1).
RL 2011/92/EU	Richtlinie 2011/92/EU des Europäischen Parlaments und des Rates vom 13. Dezember 2011 über die Umweltverträglichkeitsprüfung bei bestimmten öffentlichen und privaten Projekten (ABl. vom 28.01.2012, L 26/1)
RL 2014/52/EU	Richtlinie 2014/52/EU des Europäischen Parlaments und des Rates vom 16. April 2014 zur Änderung der Richtlinie 2011/92/EU über die Umweltverträglichkeitsprüfung bei bestimmten öffentlichen und privaten Projekten (ABl. vom 15.04.2014, L 124/1)

RL 96/53/EG	Richtlinie 96/53/EG des Rates vom 25. Juli 1996 zur Festlegung der höchstzulässigen Abmessungen für bestimmte Straßenfahrzeuge im innerstaatlichen und grenzüberschreitenden Verkehr in der Gemeinschaft sowie zur Festlegung der höchstzulässigen Gewichte im grenzüberschreitenden Verkehr (ABl. L 235 S. 59), zuletzt geändert durch VO (EU) 2019/1242 des Europäischen Parlaments und des Rates vom 20.06.2019 (ABl. L 198 S. 202).
SUP-RL	Richtlinie 2001/42/EG des Europäischen Parlaments und des Rates vom 27. Juni 2001 über die Prüfung der Umweltauswirkungen bestimmter Pläne und Programme (ABl. vom 21.07. 2001, L 197/30).
TEN-E-VO	Verordnung (EU) Nr. 347/2013 des Europäischen Parlaments und des Rates vom 17. April 2013 zu Leitlinien für die transeuropäische Energieinfrastruktur und zur Aufhebung der Entscheidung Nr. 1364/2006/EG und zur Änderung der Verordnungen (EG) Nr. 713/2009, (EG) Nr. 714/2009 und (EG) Nr. 715/2009 (TEN-E-VO) (ABl. Nr. L 115 S. 39), zuletzt geändert durch VO (EU) 2018/540 der Kommission vom 23.11. 2017 (ABl. Nr. L 90 S. 38).
TEN-Leitlinien	Verordnung (EU) Nr. 1315/2013 des Europäischen Parlaments und des Rates vom 11. Dezember 2013 über Leitlinien der Union für den Aufbau eines transeuropäischen Verkehrsnetzes und zur Aufhebung des Beschlusses Nr. 661/2010/EU (ABl. L 348/1).
UVP-RL	Richtlinie 85/337/EWG des Rates der Europäischen Gemeinschaften vom 27. Juni 1985 über die Umweltverträglichkeitsprüfung bei bestimmten öffentlichen und privaten Projekten (ABl. vom 05.07.1985, L 175/40), inzwischen ersetzt durch Richtlinie 2011/92/EU des Europäischen Parlaments und des Rates vom 13. Dezember 2011 über die Umweltverträglichkeitsprüfung bei bestimmten öffentlichen und privaten Projekten (ABl. vom 28.01.2012, L 26/1) und geändert durch die Richtlinie 2014/52/EU des Europäischen Parlaments und des Rates vom 16. April 2014 zur Änderung der Richtlinie 2011/92/EU über die Umweltverträglichkeitsprüfung bei bestimmten öffentlichen und privaten Projekten (ABl. vom 15.04.2014, L 124/1).
Vogelschutz-RL	Richtlinie 79/403/EWG des Rates vom 2. April 1979 über die Erhaltung der wildlebenden Vogelarten, ersetzt durch Richtlinie 2009/147/EG des Europäischen Parlaments und des Rates vom 30. November 2009 über die Erhaltung der wildlebenden Vogelarten (ABl. 20/7 vom 26.01.2010), zuletzt geändert durch Richtlinie 2013/17/EU des Rates vom 13. Mai 2013 zur Anpassung bestimmter Richtlinien im Bereich Umwelt aufgrund des Beitritts der Republik Kroatien (ABl. L 158/193 vom 10.06. 2013).

Deutsches Recht

Artikel-Gesetz zur Beschleunigung des Energieleitungsausbaus	Gesetz zur Beschleunigung des Energieleitungsausbaus vom 13. Mai 2019 (BGBl. I S. 706).
AtG	Gesetz über die friedliche Verwendung der Kernenergie und den Schutz gegen ihre Gefahren (Atomgesetz) in der Fassung der Bekanntmachung vom 15. Juli 1985 (BGBl. I S. 1565), zuletzt geändert durch Art. 239 Elfte ZuständigkeitsanpassungsVO vom 19.06.2020 (BGBl. I S. 1328).
BBodSchG	Gesetz zum Schutz vor schädlichen Bodenveränderungen und zur Sanierung von Altlasten (Bundes-Bodenschutzgesetz – BBodSchG) vom 17. März 1998 (BGBl. I S. 502), zuletzt geändert durch Art. 3 Abs. 3 VO zur Neuordnung der Klärschlammverwertung vom 27.9.2017 (BGBl. I S. 3465).
BBPlG	Gesetz über den Bundesbedarfsplan (Bundesbedarfsplangesetz – BBPlG) vom 23. Juli 2013 (BGBl. I S. 2543), zuletzt geändert durch Art. 3 des Gesetzes zur Beschleunigung des Energieleitungsausbaus vom 13. Mai 2019 (BGBl. I S. 706).
BImSchG	Gesetz zum Schutz vor schädlichen Umwelteinwirkungen durch Luftverunreinigungen, Geräusche, Erschütterungen und ähnliche Vorgänge (Bundes-Immissionsschutzgesetz – BImSchG) in der Fassung der Bekanntmachung vom 17. Mai 2013 (BGBl. I S. 1274), zuletzt geändert durch Art. 103 Elfte ZuständigkeitsanpassungsVO vom 19.6.2020 (BGBl. I S. 1328).
BImSchVOen	Verordnungen zur Durchführung des Bundes-Immissionsschutzgesetzes.
BNatSchG	Gesetz über Naturschutz und Landschaftspflege (Bundesnaturschutzgesetz – BNatSchG) vom 29. Juli 2009 (BGBl. I S. 2542), zuletzt geändert durch Art. 290 Elfte ZuständigkeitsanpassungsVO vom 19.06.2020 (BGBl. I S. 1328).
BSWAG	Gesetz über den Ausbau der Schienenwege des Bundes (Bundesschienenwegeausbaugesetz – BSWAG) vom 15. November 1993 (BGBl. I S. 1874), zuletzt geändert durch Art. 1 des Dritten ÄndG vom 23. Dezember 2016 (BGBl. I S. 3221).
BVerfGG	Gesetz über das Bundesverfassungsgericht (Bundesverfassungsgerichtsgesetz – BVerfGG) in der Fassung der Bekanntmachung vom 11. August 1993 (BGBl. I S. 1473), zuletzt geändert durch Art. 4 des Gesetzes zur Umsetzung der RL EU/2016/680 im Strafverfahren sowie zur Anpassung datenschutzrechtlicher Bestimmungen an die VO EU/2016/679 vom 20.11.2019 (BGBl. I S. 1724).
EnLAG	Gesetz zum Ausbau von Energieleitungen (Energieleitungsausbaugesetz – EnLAG) vom 21. August 2009 (BGBl. I S. 2870), zuletzt geändert durch Art. 250 Elfte ZuständigkeitsanpassungsVO vom 19.6.2020 (BGBl. I S. 1328).

EnWG	Gesetz über die Elektrizitäts- und Gasversorgung (Energiewirtschaftsgesetz – EnWG) vom 7. Juli 2005 (BGBl. I S. 1970), zuletzt geändert durch Art. 1 des Gesetzes zur Änderung des EnergiewirtschaftsG zur Umsetzungder RL (EU) 2019/692 des Europäischen Parlaments und des Rates über gemeinsame Vorschriften für den Erdgasbinnenmarkt vom 5. Dezember 2019 (BGBl. I S. 2002).
FStrAbG	Fernstraßenausbaugesetz (FstrAbG) in der Fassung vom 20. Januar 2005 (BGBl. I S. 201), zuletzt geändert durch Art. 2 des Sechsten ÄndG vom 23. Dezember 2016 (BGBl. I S. 3354).
GenBeschlG	Gesetz zur Beschleunigung von Genehmigungsverfahren (Genehmigungsverfahrensbeschleunigungsgesetz – GenBeschlG) vom 12. September 1996 (BGBl. I S. 1354).
Gesetz über Maßnahmen zur Beschleunigung des Netzausbaus Elektrizitätsnetze	Gesetz über Maßnahmen zur Beschleunigung des Netzausbaus Elektrizitätsnetze vom 28. Juli 2011 (BGBl. I S. 1690).
Gesetz zur Beschleunigung des Ausbaus der Höchstspannungsnetze	Gesetz zur Beschleunigung des Ausbaus der Höchstspannungsnetze vom 21. August 2009 (BGBl. I S. 2870).
Gesetz zur Beschleunigung von Planungs- und Genehmigungsverfahren im Verkehrsbereich	Gesetz zur Beschleunigung von Planungs- und Genehmigungsverfahren im Verkehrsbereich vom 29. November 2018 (BGBl. I S. 2237).
Gesetz zur Beschleunigung von Planungsverfahren für Infrastrukturvorhaben	Gesetz zur Beschleunigung von Planungsverfahren für Infrastrukturvorhaben vom 9. Dezember 2006 (BGBl. I S. 2833).
Gesetz zur weiteren Beschleunigung von Planungs- und Genehmigungsverfahren im Verkehrsbereich	Gesetz zur weiteren Beschleunigung von Planungs- und Genehmigungsverfahren im Verkehrsbereich vom 3. März 2020 (BGBl. I S. 433).
GG	Grundgesetz für die Bundesrepublik Deutschland vom 23. Mai 1949 (BGBl. I S. 1), zuletzt geändert durch Art. 1 ÄndG vom 15.11.2019 (BGBl. I S. 1546).
InfGG	Gesetz zur Errichtung einer Infrastrukturgesellschaft für Autobahnen und andere Bundesfernstraßen (Infrastrukturgesellschaftserrichtungsgesetz – InfrGG) vom 14. August 2017 (BGBl. I S. 3122, 3141), zuletzt geändert durch Art. 6 des Achten ÄnderungsG zur Änderung des BundesfernstraßenG und zur Änderung weiterer Vorschriften vom 29.06.2020 (BGBl. I S. 1528).
InvBeschlG	Gesetz zur Beschleunigung von Investitionen (Investitionsbeschleunigungsgesetz) vom 3. Dezember 2020 (BGBl. I S. 2694).
KSG	Bundes-Klimaschutzgesetz vom 12. Dezember 2019 (BGBl. I S. 2513).

KSG-E	Gesetzentwurf der Bundesregierung eines Erstes Gesetzes zur Änderung des Bundes-Klimaschutzgesetzes vom 11.05.2021, abrufbar unter https://www.bmu.de/fileadmin/Daten_BMU/Download_PDF/Glaeserne_Gesetze/19._Lp/ksg_aendg/Entwurf/ksg_aendg_bf.pdf, abgerufen am 29.08.2021, 17:11 Uhr.
Maßnahmengesetz Stendal	Gesetz über den Bau der „Südumfahrung Stendal" der Eisenbahnstrecke Berlin-Oebisfelde vom 29.10.1993, BGBl. I, S. 1906.
Maßnahmengesetz Wismar	Gesetz über den Bau des Abschnitts Wismar West-Wismar Ost der Bundesautobahn A20 Lübeck-Bundesgrenze (A 11) vom 02.03.1994, BGBl. I, S. 734.
MgvG	Gesetz zur Vorbereitung der Schaffung von Baurecht durch Maßnahmengesetz im Verkehrsbereich (Maßnahmengesetzvorbereitungsgesetz – MgvG) vom 22. März 2020 (BGBl. I S. 640).
MgvG-E	Entwurf eines Gesetzes zur Vorbereitung der Schaffung von Baurecht durch Maßnahmengesetz im Verkehrsbereich (Maßnahmengesetzvorbereitungsgesetz – MgvG) vom 2. Dezember 2019, BT-Drucks. 19/15619.
NABEG	Netzausbaubeschleunigungsgesetz Übertragungsnetz (NABEG) vom 28. Juli 2011 (BGBl. I S. 1690), zuletzt geändert durch Art. 2 des Gesetzes zur Beschleunigung des Energieleitungsausbaus vom 13. Mai 2019 (BGBl. I S. 706).
PlanSiG	Gesetz zur Sicherstellung ordnungsgemäßer Planungs- und Genehmigungsverfahren während der COVID-19 Pandemie (Planungssicherstellungsgesetz – PlanSiG) vom 20. Mai 2020 (BGBl. I S. 1041).
PlfZV	Verordnung über die Zuweisung der Planfeststellung für ländерübergreifende und grenzüberschreitende Höchstspannungsleitungen auf die Bundesnetzagentur (Planfeststellungszuweisungsverordnung – PlfZV) vom 23. Juli 2013 (BGBl. I S. 2582), zuletzt geändert durch Art. 12 des Gesetzes zur Beschleunigung des Energieleitungsausbaus vom 13. Mai 2019 (BGBl. I S. 706).
PlVereinfG	Gesetz zur Vereinfachung der Planungsverfahren für Verkehrswege (Planungsvereinfachungsgesetz – PlVereinfG) vom 17. Dezember 1993 (BGBl. I S. 2123).
PlVereinhG	Gesetz zur Verbesserung der Öffentlichkeitsbeteiligung und Vereinheitlichung von Planfeststellungsverfahren (PlVereinhG) vom 31. Mai 2013 (BGBl. I S. 1388).
ROG	Raumordnungsgesetz (ROG) vom 22. Dezember 2008 (BGBl. I S. 2986), zuletzt geändert durch Art. 159 Elfte ZuständigkeitsanpassungsVO vom 19.06.2020 (BGBl. I S. 1328).
StandAG	Gesetz zur Suche und Auswahl eines Standortes für ein Endlager für hochradioaktive Abfälle (Standortauswahlgesetz – StandAG) vom 5. Mai 2017 (BGBl. I S. 1074), zuletzt geändert durch Art. 247 Elfte ZuständigkeitsanpassungsVO vom 19.06.2020 (BGBl. I S. 1328).
Strukturstärkungsgesetz Kohleregionen	Strukturstärkungsgesetz Kohleregionen vom 8. August 2020 (BGBl. 2020 I S. 1795).

UmwRG	Gesetz über ergänzende Vorschriften zu Rechtsbehelfen in Umweltangelegenheiten nach der EG-Richtlinie 2003/35/EG) (Umwelt-Rechtsbehelfsgesetz – UmwRG) in der Fassung der Bekanntmachung vom 23. August 2017 (BGBl. I S. 2390), zuletzt geändert durch Art. 4 des Gesetzes zur Änderung des Erneuerbare-Energien-G, des Kraft-Wärme-KopplungsG, des EnergiewirtschaftsG und weiterer energierechtlicher Vorschriften vom 17. 12. 2018 (BGBl. I S. 2549).
UVPG	Gesetz über die Umweltverträglichkeitsprüfung (UVPG) in der Fassung der Bekanntmachung vom 24. Februar 2010 (BGBl. I S. 94), zuletzt geändert durch Art. 247 Elfte ZuständigkeitsanpassungsVO vom 19. 06. 2020 (BGBl. I S. 1328).
VPlBeschlG	Gesetz zur Beschleunigung der Planungen für Verkehrswege in den neuen Ländern sowie im Land Berlin (Verkehrswegeplanungsbeschleunigungsgesetz – VPlBeschlG) vom 16. Dezember 1991 (BGBl. I S. 2187).
VwGO	Verwaltungsgerichtsordnung (VwGO) in der Fassung der Bekanntmachung vom 19. März 1991 (BGBl. I S. 686), zuletzt geändert durch Art. 181 Elfte ZuständigkeitsanpassungsVO vom 19. 06. 2020 (BGBl. I S. 1328).
VwVfG	Verwaltungsverfahrensgesetz (VwVfG) in der Fassung der Bekanntmachung vom 23. Januar 2003 (BGBl. I S. 102), zuletzt geändert durch Art. 5 Abs. 25 des Gesetzes zur Einführung einer Karte für Unionsbürger und Angehörige des Europäischen Wirtschaftsraums mit Funktion zum elektronischen Identitätsnachweis sowie zur Änderung des PersonalausweisG und weiterer Vorschriften vom 21. 6. 2019 (BGBl. I S. 846, geänd. durch G v. 20. 11. 2019, BGBl. I S. 1626).
WaStrAbG	Bundeswasserstraßenausbaugesetz (WaStrAbG) vom 23. Dezember 2016 (BGBl. I S. 3224).

Historische Rechtsquellen

GewO Norddeutscher Bund	Gewerbeordnung für den Norddeutschen Bund vom 21. Juni 1869, §§ 17–19, digitalisiert abrufbar unter https://digital.slub-dresden.de/werkansicht/dlf/101453/1/, abgerufen am 14. 08. 2021, 08:37 Uhr.
GewO Preußen	Allgemeine Gewerbe-Ordnung für die preußische Monarchie vom 17. Januar 1845, digitalisiert abrufbar unter https://reader.digitale-sammlungen.de/resolve/display/bsb10551333.html, abgerufen am 14. 08. 2021, 08:38 Uhr.
HChE	Herrenchiemseer Entwurf zum GG
PKV	Paulskirchenverfassung
PrALR	Allgemeines Landrecht für die Preußischen Staaten (PrALR) vom 1. Juni 1794, Zwölfter bis Dreiundzwanzigster Teil, digitalisiert abrufbar unter https://digital.staatsbibliothek-berlin.de/werkansicht?PPN=PPN647185806&PHYSID=PHYS_0005&DMDID=DMDLOG_0001, abgerufen am 14. 08. 2021, 08:38 Uhr.

Preußisches Enteignungsgesetz	Preußisches Enteignungsgesetz vom 11. Juni 1874, digitalisiert abrufbar unter https://digital.staatsbibliothek-berlin.de/werkansicht?PPN=PPN655955976&DMDID=DMDLOG_0001&PHYSID=PHYS_0460, abgerufen am 14.08.2021, 08:39 Uhr.
WRV	Weimarer Reichsverfassung

Staatliche Dokumente

Bosch und Partner: Entwicklung eines Verfahrens zur Beurteilung umwelt- und naturschutzfachlicher Wirkungen von Verkehrsinfrastrukturen (LOS 2). FE-Nr. 24.0015/2011. Methodenhandbuch für das Bundesministerium für Verkehr und digitale Infrastruktur (BMVI), Fassung März 2014, abrufbar unter https://www.bmvi.de/SharedDocs/DE/Anlage/G/BVWP/bvwp-2015-methodenhandbuch-los-2.pdf?__blob=publicationFile, abgerufen am 14.08.2021, 08:40 Uhr (zitiert als: Bosch und Partner, Methodenhandbuch BVWP).

Bosch und Partner: Erarbeitung eines Konzepts zur „Integration einer Strategischen Umweltprüfung in die Bundesverkehrswegeplanung“. FE-Vorhaben 96.0904/2007. Endbericht Juli 2011, abrufbar unter https://www.bmvi.de/SharedDocs/DE/Anlage/G/BVWP/bvwp-2015-sup-endbericht.pdf?__blob=publicationFile, abgerufen 14.08.2021, 08:40 Uhr (zitiert als: Bosch und Partner, SUP BVWP).

Bundesministerium für Umwelt, Naturschutz und nukleare Sicherheit: Klimaschutzplan 2050. Klimaschutzpolitische Grundsätze und Ziele der Bundesregierung, Stand: November 2016, abrufbar unter https://www.bmu.de/fileadmin/Daten_BMU/Download_PDF/Klimaschutz/klimaschutzplan_2050_bf.pdf, abgerufen am 14.08.2021, 08:40 Uhr (zitiert als: BMUB, Klimaschutzplan 2050).

Bundesministerium für Verkehr und digitale Infrastruktur: Bundesverkehrswegeplan 2030, Stand: August 2016, abrufbar unter https://www.bmvi.de/SharedDocs/DE/Publikationen/G/bundesverkehrswegeplan-2030-gesamtplan.pdf?__blob=publicationFile, abgerufen am 14.08.2021, 08:40 Uhr (zitiert als: BMVI, BVWP 2030).

Bundesministerium für Verkehr und digitale Infrastruktur: Innovationsforum Planungsbeschleunigung. Abschlussbericht, abrufbar unter https://www.bmvi.de/SharedDocs/DE/Publikationen/G/innovationsforumplanungsbeschleunigung-abschlussbericht.pdf?__blob=publicationFile, abgerufen am 14.08.2021, 08:41 Uhr (zitiert als: BMVI, Abschlussbericht Innovationsforum Planungsbeschleunigung).

Bundesministerium für Verkehr und digitale Infrastruktur: Reformkommission Bau von Großprojekten. Komplexität beherrschen – kostengerecht, termintreu und effizient. Endbericht, Stand: Juni 2015, abrufbar unter https://www.bmvi.de/SharedDocs/DE/Publikationen/G/reformkommission-bau-grossprojekte-endbericht.pdf?__blob=publicationFile, abgerufen am 14.08.2021, 08:41 Uhr (zitiert als: BMVI, Endbericht Reformkommission Bau von Großprojekten).

Bundesministerium für Verkehr und digitale Infrastruktur: Strategie Planungsbeschleunigung, Stand: 24. Mai 2017, abrufbar unter https://www.bmvi.de/SharedDocs/DE/Publikationen/G/innovationsforumplanungsbeschleunigung-strategiepapier.pdf?__blob=publicationFile, abgerufen am 14.08.2021, 08:41 Uhr (zitiert als: BMVI, Strategie Planungsbeschleunigung).

Bundesministerium für Verkehr und digitale Infrastruktur: Umweltbericht zum Bundesverkehrswegeplan 2030, Stand: März 2016, abrufbar unter https://www.bmvi.de/SharedDocs/

DE/Anlage/G/BVWP/bvwp-2030-umweltbericht.pdf?__blob=publicationFile, abgerufen am 14.08.2021, 08:42 Uhr (zitiert als: BMVI, Umweltbericht zum BVWP 2030).

Bundesministerium für Wirtschaft und Energie: Aktionsplan Stromnetz, Stand: 14.08.2018, abrufbar unter https://www.bmwi.de/Redaktion/DE/Downloads/A/aktionsplan-stromnetz.pdf?__blob=publicationFile&v=10, abgerufen am 14.08.2021, 08:42 Uhr (zitiert als: BMWi, Aktionsplan Stromnetz).

Bundesnetzagentur: Bedarfsermittlung 2017–2030. Umweltbericht. Strategische Umweltprüfung auf Grundlage des 2. Entwurfs des NEP Strom und O-NEP, abrufbar unter https://data.netzausbau.de/2030/UB/Umweltbericht_2030.pdf, abgerufen am 14.08.2021, 08:43 Uhr (zitiert als: BNetzA, Umweltbericht zur Bedarfsermittlung 2017–2030).

Bundesnetzagentur: Bedarfsermittlung 2019–2030. Umweltbericht – Teil I. Strategische Umweltprüfung auf Grundlage des 2. Entwurfs des NEP Strom, Stand: März 2020, abrufbar unter: https://data.netzausbau.de/2030-2019/UB/2020-03-11_UBI_FINAL.pdf, abgerufen am 14.08.2021, 08:42 Uhr (zitiert als: BNetzA, Umweltbericht zur Bedarfsermittlung 2019–2030).

Bundesnetzagentur: Hinweise für die Planfeststellung. Übersicht der Bundesnetzagentur zu den Anforderungen nach §§ 18 ff. NABEG, Stand: April 2018, abrufbar unter https://www.netzausbau.de/SharedDocs/Downloads/DE/Methodik/Eingriffsregelung/Hinweise_Planfeststellung_2018.pdf?__blob=publicationFile, abgerufen am 14.08.2021, 08:42 Uhr (zitiert als: BNetzA, Hinweise für die Planfeststellung).

Bundesnetzagentur: Leitfaden zur Bundesfachplanung nach §§ 4 ff. des Netzausbaubeschleunigungsgesetzes Übertragungsnetz (NABEG), Stand: 07. August 2012, abrufbar unter https://www.netzausbau.de/SharedDocs/Downloads/DE/Methodik/BundesfachplanungLeitfaden.pdf?__blob=publicationFile, abgerufen am 14.08.2021, 08:44 Uhr (zitiert als: BNetzA, Leitfaden Bundesfachplanung).

Bundesnetzagentur: Methodenpapier. Die Strategische Umweltprüfung in der Bundesfachplanung im Rahmen der Unterlagen gemäß § 8 NABEG, Stand: Februar 2015, abrufbar unter https://www.netzausbau.de/SharedDocs/Downloads/DE/Methodik/BFP_MethodenSUP-Freileitung.pdf?__blob=publicationFile, abgerufen am 14.08.2021, 08:44 Uhr (zitiert als: BNetzA, Methodenpapier SUP Bundesfachplanung (Freileitungen)).

Bundesnetzagentur: Methodenpapier. Die Strategische Umweltprüfung in der Bundesfachplanung für Vorhaben mit Erdkabelvorrang im Rahmen der Unterlagen gemäß § 8 NABEG, Stand: September 2017, abrufbar unter https://www.netzausbau.de/SharedDocs/Downloads/DE/Methodik/BFP_MethodenpapierSUP-Erdkabel.pdf?__blob=publicationFile, abgerufen am 14.08.2021, 08:44 Uhr (zitiert als: BNetzA, Methodenpapier SUP Bundesfachplanung (Erdkabel)).

CDU/CSU/SPD: Ein neuer Aufbruch für Europa. Eine neue Dynamik für Deutschland. Ein neuer Zusammenhalt für unser Land. Koalitionsvertrag zwischen CDU, CSU und SPD, 19. Legislaturperiode, 12. März 2018, abrufbar unter https://www.bundesregierung.de/breg-de/themen/koalitionsvertrag-zwischen-cdu-csu-und-spd-195906, abgerufen am 14.08.2021, 08:46 Uhr (zitiert als: CDU/CSU/SPD, Koalitionsvertrag 19. Legislaturperiode).

Deutsche Bundesregierung: Aktionsplan Großprojekte, abrufbar unter https://www.bmvi.de/SharedDocs/DE/Anlage/G/reformkommission-bau-grossprojekte-aktionsplan.pdf?__blob=publicationFile, abgerufen am 14.08.2021, 08:46 Uhr (zitiert als: Bundesregierung, Aktionsplan Großprojekte).

Deutsche Bundesregierung: Aktionsprogramm Klimaschutz 2020. Kabinettsbeschluss vom 3. Dezember 2014, abrufbar unter https://www.bmu.de/fileadmin/Daten_BMU/Download_PDF/Aktionsprogramm_Klimaschutz/aktionsprogramm_klimaschutz_2020_broschuere_bf.pdf, abgerufen am 14.08.2021, 08:46 Uhr (zitiert als: Bundesregierung, Aktionsprogramm Klimaschutz 2020).

Deutsche Bundesregierung: Deutsche Nachhaltigkeitsstrategie, Aktualisierung 2018, abrufbar unter https://www.bundesregierung.de/breg-de/service/publikationen/deutsche-nachhaltigkeitsstrategie-aktualisierung-2018-1559086, abgerufen am 14.08.2021, 08:47 Uhr (zitiert als: Bundesregierung, Nachhaltigkeitsstrategie).

Deutsche Bundesregierung: Energiekonzept für eine umweltschonende, zuverlässige und bezahlbare Energieversorgung, Stand: 28. September 2010, abrufbar unter https://archiv.bundesregierung.de/resource/blob/656922/779770/794fd0c40425acd7f46afacbe62600f6/energiekonzept-final-data.pdf?download=1, abgerufen am 14.08.2021, 08:48 Uhr (zitiert als: Bundesregierung, Energiekonzept).

Deutsche Bundesregierung: Klimaschutzprogramm 2030 zur Umsetzung des Klimaschutzplans 2050, Stand: 08.10.2019, abrufbar unter https://www.bundesregierung.de/breg-de/themen/klimaschutz/klimaschutzprogramm-2030-1673578, abgerufen am 14.08.2021, 08:49 Uhr (zitiert als: Bundesregierung, Klimaschutzprogramm 2030).

Eisenbahnbundesamt: Richtlinien über den Erlass von Planrechtsentscheidungen für Betriebsanlagen der Eisenbahnen des Bundes nach § 18 Abs. 1 AEG sowie der Magnetschwebebahnen nach § 1 MBPlG (Planfeststellungsrichtlinien), Stand: Februar 2019, abrufbar unter https://www.eba.bund.de/SharedDocs/Downloads/DE/PF/Planfeststellung/51_pf_richtlinien.pdf?__blob=publicationFile&v=10, abgerufen am 14.08.2021, 08:49 Uhr (zitiert als: EBA, Richtlinien Planrechtsentscheidungen).

Eisenbahnbundesamt: Umwelt-Leitfaden für die eisenbahnrechtliche Planfeststellung und Plangenehmigung, Teile I–VII, Stand: Juli 2010–Juni 2018, abrufbar unter https://www.eba.bund.de/DE/Themen/Planfeststellung/Umweltbelange/umweltbelange_node.html, abgerufen am 14.08.2021, 08:49 Uhr (zitiert als: EBA, Umwelt-Leitfaden).

Europäische Kommission: Die Biodiversitätsstrategie der EU bis 2020, Stand: 3. Mai 2011, abrufbar unter https://ec.europa.eu/environment/nature/info/pubs/docs/brochures/2020%20Biod%20brochure_de.pdf, abgerufen am 14.08.2021, 08:50 Uhr (zitiert als: EU-Kommission, EU-Biodiversitätsstrategie 2020).

Europäische Kommission: Guidance Document Streamlining environmental assessment procedures for energy infrastructure Projects of Common Intereset (PCIs), 2013, abrufbar unter https://ec.europa.eu/environment/eia/pdf/PCI_guidance.pdf, abgerufen am 14.08.2021, 08:50 Uhr (zitiert als: Europäische Kommission, Streamlining environmental assessment procedures).

Europäische Kommission: Mitteilung der Kommission an das Europäische Parlament, den Rat, den Europäischen Wirtschafts- und Sozialausschuss und den Ausschuss der Regionen. EU-Biodiverstitätsstrategie 2030. Mehr Raum für die Natur in unserem Leben, abrufbar unter https://eur-lex.europa.eu/legal-content/DE/TXT/?qid=1590574123338&uri=CELEX%3A52020DC0380, abgerufen am 14.08.2021, 08:50 Uhr (zitiert als: EU-Kommission, EU-Biodiversitätsstrategie 2030).

Europäische Kommission: Natura 2000-Gebietsmanagement. Die Vorgaben des Artikels 6 der Habitat-Richtlinie 92/43/EWG, Amt für amtliche Veröffentlichungen der Europäischen Gemeinschaften, Luxemburg 2000, abrufbar unter https://ec.europa.eu/environment/nature/natura2000/management/docs/art6/provision_of_art6_de.pdf, abgerufen am 14.08.2021, 08:51 Uhr (zitiert als: Europäische Kommission, Natura 2000-Gebietsmanagement).

Kommission Lagerung hoch radioaktiver Abfallstoffe: Abschlussbericht. Verantwortung für die Zukunft. Ein faires und transparentes Verfahren für die Auswahl eines nationalen Endlagerstandortes, Stand: 19.07.2016, BT-Drucks. 18/9100 (zitiert als: Endlager-Kommission, Abschlussbericht).

Landesbetrieb Straßenbau NRW: Planungsleitfaden Umweltverträglichkeitsprüfung (UVP), Stand: März 2015, abrufbar unter https://www.strassen.nrw.de/files/oe/umwelt/pub/planungsleitfaden-uvp.pdf, abgerufen am 14.08.2021, 08:51 Uhr (zitiert als: Landesbetrieb Straßenbau NRW, Planungsleitfaden Umweltverträglichkeitsprüfung).

Umweltbundesamt (Hrsg.): Anforderungen der SUP-Richtlinie an die Bundesverkehrswegeplanung und Verkehrsentwicklungsplanung der Länder, Berlin 2004, abrufbar unter https://www.umweltbundesamt.de/sites/default/files/medien/publikation/long/2638.pdf, abgerufen am 14.08.2021, 09:23 Uhr (zitiert als: Bearbeiter, in: UBA, Anforderungen der SUP-Richtlinie).

Umweltbundesamt (Hrsg.): Die Umweltverbandsklage in der rechtspolitischen Debatte. Eine wissenschaftliche Auseinandersetzung mit Argumenten und Positionen zur Umweltverbandsklage, zugleich ein rechts-vergleichender Beitrag zur weiteren Diskussion des Verbandsrechtsschutzes im Umweltbereich, Stand: November 2016, Dessau-Roßlau 2017, abrufbar unter https://www.umweltbundesamt.de/sites/default/files/medien/1410/publikationen/2017-11-03_texte_99-2017_umweltverbandsklage.pdf, abgerufen am 14.08.2021, 08:51 Uhr (zitiert als: Bearbeiter, in: UBA, Umweltverbandsklage).

Umweltbundesamt (Hrsg.): Evaluation von Gebrauch und Wirkung der Verbandsklagemöglichkeiten nach dem Umwelt-Rechtsbehelfsgesetz (UmwRG), Stand: Juni 2013, Dessau-Roßlau 2014, abrufbar unter https://www.umweltbundesamt.de/sites/default/files/medien/378/publikationen/texte_14_2014_evaluation_von_gebrauch_und_wirkung_der_verbandsklagemoeglichkeiten_0.pdf, abgerufen am 14.08.2021, 08:52 Uhr, zitiert als: Bearbeiter, in: UBA, Evaluation der Verbandsklagemöglichkeiten).

Umweltbundesamt (Hrsg.): Leitfaden zur Strategischen Umweltprüfung (SUP), Stand: April 2009, Desssau-Roßlau 2009, abrufbar unter https://www.umweltbundesamt.de/sites/default/files/medien/publikation/long/3746.pdf, abgerufen am 14.08.2021, 08:52 Uhr (zitiert als: Bearbeiter, in: UBA, Leitfaden SUP).

Umweltbundesamt (Hrsg.): Weiterentwicklung von nationalen Indikatoren für den Bodenschutz – Konkretisierung der international vorgeschlagenen Indikator-Konzepte mit national verfügbaren Parametern –, Berlin 2002, abrufbar unter https://www.umweltbundesamt.de/sites/default/files/medien/publikation/long/2160.pdf, abgerufen am 14.08.2021, 08:52 Uhr (zitiert als: Bearbeiter, in: UBA, Weiterentwicklung von nationalen Indikatoren für den Bodenschutz).

Umweltbundesamt (Hrsg.): Zugang zu Gerichten und gerichtliche Kontrolle im Umweltrecht. Rechtsvergleich, völker- und europarechtliche Vorgaben und Perspektiven für das deutsche Recht, Berlin 2002 (zitiert als: Bearbeiter, in: UBA, Zugang zu Gerichten).

Umweltbundesamt: Stellungnahme des Umweltbundesamtes zum Entwurf des BVWP 2030 mit Umweltbericht, Stand: 29.05.2016, abrufbar unter https://www.umweltbundesamt.de/sites/default/files/medien/376/dokumente/stellungnahme_des_umweltbundesamtes_zum_entwurf_des_bundesverkehrswegeplans_2030_mit_umweltbericht.pdf, abgerufen am 14.08.2021, 08:52 Uhr (zitiert als: UBA, Stellungnahme BVWP 2030).

United Nations Economic Commission for Europe (Hrsg.): Guide to the Aarhus Convention Compliance Committee, Second edition, May 2019, abrufbar unter https://www.unece.org/fileadmin/DAM/env/pp/Publications/Guide_to_the_Compliance_Committee__second_edition__2019_/English/Guide_to_the_Aarhus_Convention_Compliance_Committee__2019.pdf, abgerufen am 14.08.2021, 08:52 Uhr (zitiert als: UNECE, Guide to the ACCC).

United Nations Economic Commission for Europe (Hrsg.): The Aarhus Convention. An Implementation Guide, Second edition, 2014, abrufbar unter https://www.unece.org/fileadmin/DAM/env/pp/Publications/Aarhus_Implementation_Guide_interactive_eng.pdf, abgerufen am 14.08.2021, 08:52 Uhr (zitiert als: UNECE, Aarhus Convention Implementation Guide),

Wissenschaftlicher Beirat der Bundesregierung Globale Umweltveränderungen: Hauptgutachten. Welt im Wandel. Gesellschaftsvertrag für eine Große Transformation, Stand: 17.03.2011, abrufbar unter https://www.wbgu.de/fileadmin/user_upload/wbgu/publikationen/hauptgutachten/hg2011/pdf/wbgu_jg2011.pdf, abgerufen am 14.08.2021, 08:52 Uhr (zitiert als: WBGU, Hauptgutachten 2011).

Sachwortverzeichnis

Abschichtung
– auf Bedarfsebene 95
– auf Korridorebene 108
– Begriff 95
– und faktische Bindungswirkung 222
Abweichungsprüfung *Siehe* FFH-Verträglichkeitsprüfung
Akzeptanzsteigerung 68, 255, 270
Alternativenprüfung
– in der FFH-Verträglichkeitsprüfung 105
– in der Strategischen Umweltprüfung 87, 99, 233
– in der Umweltverträglichkeitsprüfung 99, 110
Arhus Convention Compliance Commitee 145
Arhus-Konvention 67, 142
– Anwendbarkeit auf Legislativakte 149
– Rechtsschutzvorgaben 148
– Verbindlichkeit 142
Art. 20a GG 52, 194, 249, 252
Artenschutzprüfung 49, 113
Autobahn-GmbH 37, 185

Bagatellgrenze 103
Bedarfsplanung
– Begriff 28
Bindungswirkungen
– der Bedarfsplanung 42
– der Korridorplanung 45
– der Umweltprüfungen 114
– Faktische 44, 222
Bundesbedarfsplan
– Rechtscharakter 184
– Strategische Umweltprüfung 56
– Verfahren 32
Bundesfachplanung
– Rechtscharakter 35, 190
Bundesklimaschutzgesetz 82, 93, 213, 247
Bundesverkehrswegeplan
– Rechtscharakter 183
– Strategische Umweltprüfung 55
– Verfahren 29

CO_2-Budget 249, 252
Crossrail Act 151

Dänemark 258
Daseinsvorsorge 28
DPSIR-Ansatz 110

Effektivität des Rechtsschutzes
– im Verfassungsrecht 118, 130
– im Völker- und Europarecht 175
– in gestuften Verwaltungsverfahren 135, 176, 217
Elbvertiefung 223, 240, 243
Endlagersuche 254
EuGH-Entscheidungen
– Altrip 166
– Boxus 158
– Inter-Environnement Wallonie 178
– People Over Wind 57
– Protect 165
– Slowakischer Braunbär I 172
– Slowakischer Braunbär II 173
– Solvay 158
– Trianel 164
– Vertragsverletzungsverfahren Kommission/Deutschland 2015 62, 161, 167
– Vertragsverletzungsverfahren Kommission/Irland 2011 60
EuGH-Entscheidungen
– Protect 174
– Slowakischer Braunbär I 143
– Waddenvereniging und Vogelsbeschermingsvereniging 171, 173
Europäisches Klimagesetz 249, 253
Evidenzkontrolle 218

Faktische Bindungswirkungen *Siehe* Bindungswirkungen

Fehlerheilung 53 f., 132, 168, 171
Fehmarnbelt-Querung 258, 266
Feststellungsklage
– gegen Maßnahmengesetze 202
FFH-Richtlinie
– Rechtsschutzvorgaben 173
FFH-Verträglichkeitsprüfung
– Abweichungsprüfung 243
– auf Bedarfsebene 56, 93, 235
– auf Korridorebene 102, 238
– auf Projektzulassungsebene 243
– Begriff 48
– Prüfungsumfang und -tiefe 103

Garzweiler-Entscheidung 136, 220
Gemischtes Abkommen 142
Geradlinigkeitsgebot 97
Grundrechtecharta 154
Grundrechtsschutz durch Verfahren 134

Interdependenz-Vergleich 91
Investitionsmaßnahmengesetze 74
Inzidentkontrolle
– der Bedarfsplanung 218
– der Korridorplanung 219

Klimaschutz-Beschluss 52, 137, 194, 213, 247, 250
Klimaschutzziele 17, 82, 234, 247
Konzeptalternativen 90, 111
Kyoto-Protokoll 81

Legalplanung
– Begriff 73
– Geschichte der 73

Materielle Präklusion 69, 71, 130, 168, 172, 216, 225, 259, 269
MgvG
– Ablauf des Gesetzgebungsverfahrens 37
– Einfluss auf die Inzidentkontrolle höherer Planungsstufen 224
– Rechtsschutzmöglichkeiten 192
Monetarisierung von Umweltbelangen 83, 232

Naturschutzfachliche Einschätzungsprärogative 238

Nebenanlagen 236
Netzentwicklungsplan 33
Netzverknüpfungspunkte 42, 91
NIMBY-Effekt 268
Normenkontrollantrag
– gegen Maßnahmengesetze 203
NOVA-Prinzip 91
Nullvariante 89, 100, 102, 107, 112, 114

Öffentlichkeitsbeteiligung
– auf Bedarfsebene 187
– Entstehungsgeschichte der 67
– im Rahmen der Umweltprüfungen 48, 61
– im Rahmen des NABEG 71
– in Dänemark 260
– nach der Arhus-Konvention 148, 153
– nach der TEN-E-VO 41
– nach der UVP-Richtlinie 157, 160
Ökologische Tragekapazitäten *Siehe* Planetary Boundaries
Ökologische Verhältnismäßigkeit 250
Ökologisches Existenzminimum 249
One-stop-shop-Prinzip 32

Pariser Klimaziele 81, 214, 252 f.
Partizipationsmöglichkeiten *Siehe* Öffentlichkeitsbeteiligung
Phasenspezifischer Rechtsschutz 135, 224, 254, 272
Planerische Abwägung
– Begriff 50
– Berücksichtigung von Umweltbelangen 51
– Gerichtliche Kontrolle 133, 197
Planetary Boundaries 248
Planrechtfertigung
– durch verbindliche Bedarfsfestlegung 30, 42, 111
– und planetare Grenzen 249
Planung
– Begriff 27
Planzielkonformität 234
Potenzieller Bedarf 231
Projects of Common Interest 39
Projektverhinderungstaktiken 264
Prozedurale Legitimation 62
Pufferräume 77

Recht auf gerechte Abwägung 193, 196
Recht auf Vergessen 211
Rechtsschutzkonzentration 71, 135, 176
Rechtsschutzmöglichkeiten
– Begriff 24
– der Übertragungsnetzbetreiber 184, 190
– gegen das Ergebnis des Raumordnungsverfahrens 189
– gegen die Bedarfspläne 183
– gegen die Bedarfsplangesetze 186
– gegen die Bundesfachplanung 190
– gegen die Linienbestimmung 189
– gegen Maßnahmengesetze 192
Rechtsschutzverkürzung
– Begriff 24
Rechtswidrigkeitszusammenhang 132, 168

Sankt-Florians-Prinzip *Siehe* NIMBY-Effekt
Signifikanzkriterium 103
Sperrgrundstücke 186, 195
Standortauswahlgesetz 254
Strategische Umweltprüfung
– Alternativenprüfung 87, 99
– Begriff 47
– Prüfungsablauf 84, 98
– Prüfungsgegenstand und Bewertungsmaßstäbe 77, 96, 229 f.
Subjektive Rechtsverletzung 130, 138, 169, 195
Südumfahrung Stendal 73, 126
SUP-Richtlinie
– Rechtsschutzvorgaben 172
Szenariorahmen 32, 90

TEN-E-Verordnung 39
TEN-Verordnung 41
Trassenplausibilisierung 77

Übertragungsnetzbetreiber 32, 184
Umweltanwaltschaften 247
Umweltprüfungen
– auf Bedarfsebene 55
– auf Korridorebene 57
– auf Projektzulassungsebene 59, 109
– Begriff 47
– Prüfungsinhalte 77
Umweltverfassungsbeschwerde 210
Umweltverträglichkeitsprüfung
– Alternativenprüfung 99, 110
– Begriff 47
– Prüfungsablauf 98, 109
– Prüfungsgegenstand und Bewertungsmaßstäbe 96, 109, 235, 240
UVP-Richtlinie 155
– Anwendbarkeit auf Legislativakte 156
– Rechtsschutzvorgaben 155
– Unmittelbare Anwendbarkeit 210

Verfahrensautonomie der Mitgliedstaaten 39, 175, 179
Verfassungsbeschwerde
– Darlegungslast des Beschwerdeführers 200
– Prüfungsmaßstab des BVerfG 196
Verkehrspolitische Ziele 30
Verkehrsprojekte Deutsche Einheit 73
Vertragsstaatenkonferenz der Arhus-Konvention 145
Vollüberprüfungsanspruch 138, 169
Vordringlicher Bedarf 31

Weservertiefung 200, 216, 240, 243
Wutbürger 268